LEIPZIG – VISIONEN
GESTERN UND HEUTE

IN

SCIENCE FICTION

UND

STÄDTEBAU – PHANTASIEN

LEIPZIG – VISIONEN
GESTERN UND HEUTE

IN

SCIENCE FICTION

UND

STÄDTEBAU – PHANTASIEN

Herausgegeben vom Freundeskreis Science Fiction Leipzig e.V.

Illustratoren:	Dirk Berger, Mario Franke, Thomas Hofmann, Carsten Mell und Erich Schmitt
Redaktion:	Thomas Braatz, Ralf Eiben und Manfred Orlowski
Korrektur:	Kathrin Beyer, Ralf Eiben, Ellen Radszat und Tanja Wolf
Organisation:	Thomas Braatz, Ralf Eiben, Manfred Orlowski und Sabine Seyfarth
Gefördert durch:	Kulturamt der Stadt Leipzig

Hinweis: Texte vor 1945 wurden in der alten Rechtschreibung belassen, Texte nach 1945 wurden ggf. an die neue Rechtschreibung angepasst. Zitate wurden grundsätzlich orthografisch nicht verändert.
Nicht in allen Fällen war es möglich, die Inhaber der Urheberrechte zu ermitteln. Berechtigte Ansprüche werden im Rahmen der üblichen Vereinbarungen abgegolten.

Impressum
Zusammenstellung © 2015 by FKSFL e.V.
© der Einzelbeiträge bei den Autoren, Übersetzern und Illustratoren
Schutzumschlag: Mario Franke
1. Auflage
© Edition SOLAR-X, Zossen 2015
Printed in Germany

ISBN   978-3-945713-09-9
Preis: 29.90 Euro

Inhalt

Ralf Eiben: Leipziger SF-Visionen – Visionen über und aus Leipzig 11

Danksagungen 15

C. D.: 1936 oder Leipzig in hundert Jahren (1836) 18

Erik Simon: Und nichts wird sein wie zuvor (2013) 28

Leipzig im Jahr 2036 (1836) 29

Robert Kraft: Die Totenstadt (1901) 58

Max Bunge: Die Dollarfürstin aus der Petersstraße (1921) 93

Erich Kästner: Karneval und Messe (1924) 127

Gustav Herrmann: Einer vom Brühl (1930) 135

Kurt Reiße: Der Yokh von Elmo (1936) 143

Ernst Hasse: Eine Hochbahn durch die innere Stadt Leipzig (1893) 151

Übersichtsplan der Projekte an der Elster (Lindenauer Wiesen bzw. Frankfurter Wiesen) im Bereich der Frankfurter Straße (heute Jahnallee) 161

Ed. Hansen: Das zukünftige Leipzig (1894) 162

Steffen Poser: Die Kampfbahn Leipzig vor dem Völkerschlachtdenkmal (1894) 179

Theodor Goecke: Die Vorschläge zur Bebauung der Frankfurter
Wiesen in Leipzig (1912) 183

Gesamtplanung der Deutschen Bücherei in Leipzig (1916) 188

Ein Bücherhof für Leipzig (1918) 191

Thomas Nabert: Messe- und Bürohaus auf den Lindenauer
Wiesen (1920) 201

Übersichtsplan der Innenstadtprojekte 204

Ernst Schuchardt: Luftbahnhof im Zentrum der Stadt (1920) 206

Welt-Mess-Hof Leipzig (1920) 212

Ein Wolkenkratzermeßpalast (1920) 217

Flachbauten und Hochbauten – Ein 30-stöckiges Meßhaus
für Leipzig (1920) 220

Der Leipziger Messeturm (1922) 223

Dr. Max Kuhn: Erläuterungen des Bauprojektes Königsplatz (1921) 227

Der Leipziger Milliarden-Bau (1921) 229

Ein Spaziergang (1921) 233

Meßbaracken, -Palast oder -Turm? (1921) 240

Ernst Goldfreund: Sollen wir den Schwanenteich zuschütten? (1921) .. 243

Messeturm oder Welthandelspalast? (1922) 245

Gutachten über den Messeturm (1922) 249

Peter Leonhardt: „Stern des Bundes" –
Haus der Volkshochschulgemeinschaft (1924) 250

Frankfurter Wiesen – Stadionbau (1926) 253

Thomas Braatz: Eine visionäre Idee – das Kugelhaus in
Leipzig (1927) 255

Peter Leonhardt: Weltverkehrshafen (1928) 265

Der Generalbebauungsplan der Stadt Leipzig (1929) 266

Hauptbahnhof – Messeforum (1929) 275

Wolfgang Hocquél: Das unvollendete Richard-Wagner-
Nationaldenkmal in Leipzig (1933) 276

Gutenberg-Reichsausstellung Leipzig 1940 (1940) 281

Werner Bender: Messeabenteuer 1999 (1956) 286

Jason Dark: Der Leichenfürst von Leipzig (1990) 332

Erik Simon: Progression (1977/78) 341

Norman Spinrad: Bilder um 11 (1997) 342

Marcus Hammerschmitt: Troubadoure (2000) 346

Andreas Eschbach: Eine Billion Dollar (2001) 352

Christian v. Ditfurth: Der Consul (2003) 367

Erik Simon: Vom wirklichen Weltraum (1969) 382

Wolfgang Schüler: Sherlock Holmes in Leipzig (2011) 383

Tino Hemmann: Das Leipziger Experiment (2008) 392

Erik Simon: Zukunftsbilder (1977/78) 401

Brian Lumley: Necroscope (2009) 402

Christian von Aster: Als sie mich schließlich doch bekamen (2015) 410

Anja Buchmann: Viva La Revolution (2015) 416

R. C. Doege: Die Rückkehr der Kraniche (2015) 423

Christiane Gref: Der Wunschsand (2015) 432

Claudia Hornung: Die Rückkehr (2015) 440

Liv Modes: Miranda (2015) 447

Wilko Müller jr.: Wo ist Leipzig? (2015) 453

Uwe Schimunek: Solidar-System (2015) 457

Angela und Karlheinz Steinmüller: Leipzig durch die
Cyber-Brille (2015) 465

Auditorium maximum (1968) 470

Politisch-ideologische Grundlage für die Gestaltung des
Karl-Liebknecht-Platzes (1969) 475

Das Kosmodrom an der Nonne (1970) 479

Thomas Nabert: Olympia (1989) 481

Ute Müller: Leipzig 2000 – Das Greenpeace-Modell (1994) 486

Plagwitzer Hochhaus-City (1997) 488

Engelbert Lütke Daldrup und Marta Doehler-Bezahdi: Eine Zeitreise
 in das Jahr 2012 – Leipzig nach den olympischen Spielen (2004) ... 490

Clemens Haug: Neues Stadtviertel auf der Westseite des
 Hauptbahnhofs (2015) 495

Clemens Haug: Wolkenkratzer am Goerdelerring (2015) 496

Clemens Haug: City-Tunnel Nummer zwei (2015) 497

Sebastian Ringel: Visionen (2015) 498

Postkarten-Visionen 501

Lene Voigt: Wenn mir ärscht Seeschtadt sin … (1936) 509

Robert Zimmermann: Ausgunfd 513

Der Scherbelberg 515

Autoren 521

Quellen- und Literaturverzeichnis 528

Abbildungen/Grafiken/Zeichnungen 533

Leipziger SF-Visionen – Visionen über und aus Leipzig

Ralf Eiben

Der Begriff Vision stammt aus dem Lateinischen und bedeutet „Sehen, Erscheinung"[1]. Er ist im europäisch-abendländischen Kulturkreis zunächst und lange Zeit in einem religiösen Sinne zu verstehen. Aber schon die Vision des Johannes im Neuen Testament weist auf ein zukünftiges Geschehen hin. Karlheinz Steinmüller spricht in diesem Zusammenhang von Zukunftsvisionen[2]. Die Bedeutung des Begriffes Zukunft (lat. futurum) ändert sich seit etwa 1800 und wird nun nicht mehr im Sinne eines bevorstehenden Abschlusses durch das Erscheinen von Christus als Weltenrichter beim Jüngsten Gericht verstanden, sondern ist „ohne die Begrenzung des Weltendes" und also „undeterminiert, beispielsweise in Richtung auf die Freiheit als nie vollendetem Ziel der Geschichte (G. F. W. Hegel)"[3] zu denken. Zusammen mit den vor allem im 19. Jahrhundert sich im Wortsinne Bahn brechenden technischen Möglichkeiten der industriellen Revolution und dem damit einhergehenden Fortschrittsoptimismus entwickelt sich eine spezifische Literaturgattung, die explizit die Zukunft, also Visionen, zum Thema hat. Auch die hier versammelten Texte haben direkt oder indirekt, positiv wie negativ einen visionären Charakter. Dabei war der Wunsch maßgeblich, alle bekannten Texte aus der SF, die in Leipzig spielen oder in denen die Stadt erwähnt wird, zu vereinigen (ggf. in Auszügen).

Die Idee zu einer Publikation, die Leipzig in der SF zum Thema hat, entstand, als Thomas Braatz 2008 die Broschüre des SF-Clubs Andymon „Berlin in SF-Romanen und -Geschichten" kaufte. Sie enthielt Romanauszüge und Kurzgeschichten, die in der Zukunft Berlins spielen, Bilder von Großmachtphantasien vergangener Zeiten und städte-

---

[1] Christoph Auffarth, Hans G. Kippenberg, Axel Michaels: Wörterbuch der Religionen, Stuttgart 2006, S. 557
[2] Angela und Karlheinz Steinmüller: Visionen 1900 2000 2100. Eine Chronik der Zukunft, Hamburg 1999, S. 12
[3] Wörterbuch der Religionen, S. 583

bauliche Visionen. Aber Jahre vergingen und die Idee wurde – vorerst – nicht weiter verfolgt. Es fehlte das nötige Geld und auch die Zeit. 2014 begannen die Vorbereitungen für das 1000-jährige Stadtjubiläum. Die Zeit für Leipzig in der SF war reif und es wurde Geld beantragt, das dem Freundeskreis Science Fiction Leipzig e.V. (FKSFL e.V.) die Realisierung dieses Projektes ermöglichte. Der Dank gilt an dieser Stelle insbesondere der Stadt Leipzig sowie einem Sponsor.

So konnte der FKSFL e.V. zu einem zweigeteilten Wettbewerb aufrufen, Texte zum Thema „Leipzig – Visionen gestern und heute" einzureichen. Der Handlungsort sollte Leipzig sein und die Geschichte aus Sicht des Erzählers oder der Protagonisten in der Zukunft spielen.

In der Kategorie „Autoren deutschlandweit" gewann Cornelia Hornung, in der Kategorie „Jugendliche aus Leipzig" gab es ebenfalls eine Gewinnerin, Liv Modes. Beide Geschichten werden hier präsentiert. Die Anthologie versammelt außerdem vollständig oder auszugsweise ältere SF-Werke mit einem Bezug zu Leipzig seit dem 19. Jahrhundert[4]. Auch Gegenwartsschriftsteller des In- und Auslandes haben in ihren SF-Texten über Leipzig geschrieben und sind in dieser Sammlung vertreten. Nicht zuletzt haben auf Bitte des FKSFL e.V. Autoren Kurzgeschichten beigesteuert, die erstmals hier veröffentlicht werden. Allen Autoren, bei denen wir angefragt und die uns Texte zur Verfügung gestellt oder sie eigens geschrieben haben, sei ganz herzlich dafür gedankt.

Wie stellt man sich Leipzig in der Zukunft vor? Der Inhalt reicht von der Darstellung einer technischen Infrastruktur, die mit allerlei ausgeklügelten Geräten und Fahrzeugen ausgestattet wurde, und ihren gesellschaftlichen und sozialen Auswirkungen bis hin zu einem Leipzig,

---

[4] Zwei Texte stammen aus dem Jahr 1836. Ein Text wurde „niedergeschrieben von C. D.", der andere mutmaßlich von C. Wilhelm Heinrich Morgenstern, einem Mitglied der Kramerinnung und Händler für englische und französische Kurzwaren in Leipzig (Andreas Schöne: Leipzig im Jahr 2036 – eine Utopie, in: R. Lambrecht, U. Morgenstern: „Kräftig vorangetriebene Detailforschungen". Aufsätze für Ulrich von Hehl zum 65. Geburtstag, Leipzig und Berlin 2012, S. 357). Es fragt sich, ob die Verfasser sich abgesprochen oder bezüglich ihrer Visionen miteinander konkurriert haben oder ob beide Texte nur zufällig in ein und demselben Jahr entstanden sind. All dies wäre literaturhistorisch noch näher zu untersuchen.

das gar nicht mehr existiert. In einigen Texten wird die Stadt auch mit ihrer historischen Vergangenheit verbunden, ausdrücklich sei hier die Beschreibung der Friedlichen Revolution des Herbstes 1989 genannt.

Ein zweiter inhaltlicher Schwerpunkt ergab sich aus dem Entschluss, die Sammlung von SF-Werken durch städtebauliche Visionen zu ergänzen. Futuristisch anmutende Architektur, die für Leipzig geplant, aber nie realisiert wurde, soll in Bildern und Texten (sie umfassen sowohl Auszüge aus Originalquellen wie Akten oder Zeitungen als auch Beiträge von Fachleuten) lebendig werden. Hierbei haben wir uns auf eine Auswahl von Architekturvisionen seit dem 19. Jahrhundert bis heute beschränkt.

Nicht jedes Bauprojekt sollte allerdings als Vision verstanden werden – dieser Begriff umfasst m. E. mehr als nur ein einzelnes Bauprojekt –, vielmehr ist dieses immer auch Ausdruck einer umfassenderen städtebaulichen Vorstellung oder eines Gesamtbildes von der Zukunft, die eine andere Qualität als die Gegenwart besitzt. Beispiele für Leipzig sind der Weltmesspalast (Leipzig als Weltmesse), die Ringcity (Anpassung der Innenstadt an die Erfordernisse einer modernen City), oder Olympia (als Vehikel einer nachhaltigen Stadtentwicklung).[5]

Wie bereits gesagt, musste vieles unberücksichtigt bleiben, zumal es nicht Leipzig im engeren Sinne betraf, wie das Leipziger Neuseenland, oder nur eingeschränkt eine Zukunftsvision darstellte, wie das geplante Lustschloss Augusts des Starken im Rosental (tatsächlich dort angelegt wurden nur die große Wiese und die Sichtschneisen).

Brauchen wir in der heutigen Zeit noch Visionen? Angesichts des Bevölkerungswachstums in den Städten, bevorstehender Ressourcenverknappung beispielsweise bei Erdöl und den Herausforderungen bei der Bewältigung des Klimawandels und den damit einhergehen-

---

[5] Zu nennen wäre hier auch die geplante Errichtung von Kugelhäusern, die nicht nur als Einzelgebäude, sondern auch als Ensemble hätten entstehen können. Am nächsten kommt dieser ausgesprochen futuristischen Architektur – die Kugelform war übrigens auch für das Planetarium auf dem neu zu bebauenden Gelände des Karl-Liebknecht-Platzes (Wettbewerb 1968/69) vorgesehen –, vielleicht noch das Kundenzentrum von Porsche (das uns möglicherweise nur deshalb als ‚visionär' erscheint, weil seine Form auf kollektive Vorstellungen von dem, was futuristisch sei, zurückgreifen kann).

den sozialen und ökonomischen Problemen ist es sehr wahrscheinlich, dass unsere Städte in vielen Bereichen anders aussehen werden. Hier könnte Leipzig Vorbild sein, wenn wir alle – Bürger, Politiker und Unternehmer – rechtzeitig ein entsprechendes Zukunftsbild entwickeln und in die Tat umsetzen.

In diesem Sinne wünschen wir den Leserinnen und Lesern unserer Anthologie nicht nur viel Spaß beim Entdecken neuer Texte sowie Betrachten visionärer Bauprojekte der Vergangenheit, sondern auch bei der produktiven Auseinandersetzung mit den literarischen und architektonischen ‚Erscheinungen', die hoffentlich „auch zu neuen Einsichten führen."[6]

---

[6] Wörterbuch der Religionen, S. 558.

Die visionären Bauprojekte sind nicht losgelöst von der Zeit zu betrachten, in der sie entstanden sind, sie sind immer auch Resultat des jeweiligen Zeitgeistes. Häufig waren sie von nationalistischem Denken beeinflusst oder ging es um rein wirtschaftliche Interessen (im Falle des Weltmesshofes führten Wirtschaftlichkeitsüberlegungen sogar zum Verzicht auf Bauschmuck). Immer wieder scheiterten die Projekte auch an ihrer Unfinanzierbarkeit. So gibt der Leipziger Stadtbaurat Bühring in einem Schreiben an einen Kollegen vom 25.1.1924 an, der Messeturm sei „schon an der Platzfrage" gescheitert: „Im übrigen waren weitere Kreise überzeugt, daß die Baukosten nicht würden aufgebracht werden, mithin bestenfalls mit einem Torso zu rechnen sei". Zum Internationalen Zentral-Welt-Handels- und Welt-Messe-Palast bemerkt er: „Wie schon der Name verrät, ist für dieses Unternehmen mit viel Geschrei geworben worden, doch galt es nicht als reell. Die Leipziger Tageszeitungen haben jedenfalls die Werbung abgelehnt." (Quelle: Stadtarchiv Leipzig, Hochbauamt 243). Es ist darauf hinzuweisen, dass um die Bauprojekte leidenschaftlich gestritten wurde und keineswegs alle Zeitgenossen das Prinzip des Höher-Schneller-Weiter befürworteten.

Auch die Frage nach der gesellschaftlichen und herrschaftsbezogenen Funktion von Architektur muss sich der Leser/Betrachter selbst beantworten, diese ist immer auch Ausdruck einer bestimmten Mentalität oder Geisteshaltung, einer spezifischen Kultur, das Spiegelbild von Wünschen und Träumen, letztlich unserer kollektiven Sehnsüchte.

Problematisch ist auch, dass Visionen oft nur bedingt einer genaueren Betrachtung standhalten: Die Vision von Leipzig als Austragungsort Olympischer Spiele (2004 und 2012) wird sowohl durch das Wissen um staatlich organisiertes Doping in der DDR bzw. nicht enden wollende Doping-Skandale auch heute in Frage gestellt. Siehe dazu beispielsweise: Grit Hartmann, Cornelia Jeske, Jens Weinreich: Operation 2012. Leipzigs deutscher Olympiatrip, Leipzig 2004.

Danksagung

Unser herzlicher Dank gilt Holm Lischewski. Mit seiner Hilfe konnte dieses Buch in der vorliegenden Form publiziert werden.

Der Freundeskreis Science Fiction Leipzig e.V. bedankt sich bei all denen, die das Erscheinen des Buches mit Hinweisen oder Materialien tatkräftig unterstützt haben.

Das sind insbesondere die SF-Sammler und -Leser: Klaus-Jürgen Behrchen, Ivo Gloss, Michael Grochowski, Roland Hoigt und Joachim Stein.

Besonderer Dank an dieser Stelle für die freundliche Genehmigung zur Veröffentlichung von Textauszügen bei: Steffen Poser, Dr. Peter Leonhardt, Dr. Thomas Nabert, Dr. Wolfgang Hocquél, Prof. Dr. Engelbert Lütke Daldrup, Dr. Marta Doehler-Behzadi, Sebastian Ringel, Clemens Haug, Erik Simon, Festa-Verlag und Dr. Ute Müller.

Ohne die Mitarbeit aus den Archiven hätten wir nicht so viel Bild- und Textmaterial zusammentragen können. Besonders hervorheben möchten wir die Mitarbeiterinnen des Stadtarchivs: Dr. Beate Berger, Carla Calov, Dr. Anett Müller, den Mitarbeiter des Stadtgeschichtlichen Museums Christoph Kaufmann, die Mitarbeiter des Staatsarchivs, den Mitarbeiter des Archivs von Pro Leipzig: Peter Schiefner, die Mitarbeiterin des Architekturmuseums der Technischen Universität München Dr. Anja Schmidt, den Leiter der Volkshochschule Rolf Sprink, die Postkartensammler: Heinz-Jürgen Böhme, Günter Clemens, Frank Gaitzsch, Dr. Hans-Joachim Schindler und Wieland Paul.

Danke an die Illustratoren und Grafiker: Dirk Berger, Mario Franke, Gerhard Hauser, Thomas Hofmann, Carsten Mell und Peter Seitz.

Wertvolle Tipps erhielten wir von Klaus Petermann und Maik Punzel.

Außerdem danken wir den Nachlassverwaltern für die Abdruckgenehmigungen: Harald Dzubilla, Dr. Maria Gross, Eberhard Reincke (Musculus) und der Berliner Buchverlagsgesellschaft BEBUG.

1936

oder

Leipzig

in hundert Jahren.

Ein poetischer Traum

geträumt am Osterheiligabend 1836

und niedergeschrieben

von

C. D.

Auf Verlangen aus der constitutionellen Staats=Bürger=
zeitung besonders abgedruckt.

Grimma, 1836.

In Commission des Verlags=Comptoirs.

1936 oder Leipzig in hundert Jahren

C. D.

Zu kühnen Bildern führte mich ein Traum;
Entrückt dem Taumel, der mit uns geboren,
Sah' ich im Schlaf der stillen Mitternacht
Ein neu Jahrhundert glänzend sich entfalten.
Aus dem Spanischen des Th. de Yriarte.

Kühl wehte der Nachtwind über die Flur, welche seit einigen Tagen ihren Auferstehungstag gefeiert und den ewig neuen Reiz der Schöpfung entfaltete, den das eisige Band des Winters gefesselt hatte. Trübe Wolken umgaben den Himmel und prasselnd schlug der Regen an die Jalousieen meines Fensters. Es war der 2. April, der Osterheiligabend des Jahres 1836. – Tiefe Ruhe lag über der weltberühmten Lindenstadt, über welche die Nacht ihre Flügel ausgebreitet hatte; das rege Treiben der geschäftigen Menge war erstorben, und nur der einförmige Stundenruf der Wächter unterbrach die Stille der Nacht. Ermüdet von einem tiefen Studium klappte ich den schweinsledernen Folianten zu, legte mich langsam in die Eiderdunen, ließ den Gedanken freien Lauf, und wie dem Wallenstein, am Tage vor der Lützner Action „ging mein ganzes Leben, vergangenes und gegenwärtiges, in diesem Augenblick an meinem inneren Gesicht vorüber, und an des nächsten Morgens Schicksal knüpfte der ahnungsvolle Geist die fernste Zukunft."

Immer ernster wurde die Stille; unheimlich, gleich dem Todtenwurm, pickte meine Taschenuhr; wehmüthig blickte die weiße Büste des größten deutschen Dichters, der einst Theclas Geisterstimme sang, vom Schranke herab, und das Lämpchen auf dem Nachttisch wucherte mit dem letzten Tropfen Oel. – Dunkle Nacht, dachte ich, so finster wie die Zukunft, die uns die ewige Gottheit verhüllt. Ja! wenn es Einem der Sterblichen vergönnt wäre, einen Blick in die Zukunft zu werfen, wenn sich ihm die Perspective der Zukunft nur auf Minuten eröffnete, um zu wissen, wie es wohl aussähe, wenn ein Jahrhundert in das Meer der Ewigkeit gesunken. Reich, wie die Fülle der Gedanken streute der Schlummergott seine Körner aus „und dieses bei mir denkend schlief ich ein."

> Süßer Schlaf! du kommst wie ein reines Glück, ungebeten, unerfleht am willigsten. – Du lösest die Knoten der strengen Gedanken; verwischest alle Bilder der Freude und des Schmerzes. Ungehindert fließt der Kreis innerer Harmonien.
> Egmonts Traum und Erwachen.

So auch umfing mich der Halbbruder des Todes – des Seins Flammenpfeil hielt mich zwar noch an diesem Leben, aber ein Traum entführte mich dieser Gegenwart und versetzte mich als ein Wesen geistiger Natur in eine andere Welt. Dichter Nebel umhüllte die Ferne und scheu irrten meine Gedanken umher. Doch sieh'! – unter himmlischen Klängen theilte sich der Nebel, mit den weichen Tönen verschmolz das Gewölk und in dem reinen Azur strahlte im Rosenlicht des Paradieses mir die Zahl 1936.

Sanfter flötete der Sphärenklang, der Traumgott schwebte zu mir hernieder und rief: „Geh' hin, Erdensohn! Schaue und höre, bis ich dich wieder rufe."

Langsam schwanden die Wolken unter meinen Füßen und ich betrat als Geist den Erdboden. Glühend stieg Eos aus dem Schooße der Nacht und in ihrem Glanze breitete sich vor meinen Augen eine Stadt aus, die wie fließend Silber ein Flüßchen umwand. Ist's Täuschung? – Eine Feenwelt? – Traumgott, wohin führst du mich? – Doch nein! ist's möglich, die bekannten Thürme! – Ja! ja, ich kenne dich, du bist es mein Leipzig.

O, ihr Zeitgenossen! Wenn ihr hättet einen Blick auf die vielberühmte Stadt werfen können, welche Größe, welche Pracht; welcher Reichthum in der weltberühmten Lindenstadt. Ja, schönste Perle in Sachsens Städtekrone, du bist jetzt nur die Hälfte von dem, was du in hundert Jahren sein wirst. Straßen und Plätze an Orten, wo jetzt Unkraut wuchert; das Dorf Reudnitz nebst den Straßenhäusern mit der Stadt verbunden, bildeten Neustadt-Leipzig. Nach allen vier Weltgegenden liefen Eisenbahnen; prachtvolle Landhäuser im italienischen Geschmack schmückten die Gärten; Equipagen der wohlhabenden Einwohner und fremden Consuln, Reiter, Fußgänger, Lastträger durchkreuzten sich tausendfach. Ein ewig reges Leben.

Doch hört! – Bellona hatte wieder ihre Geißel geschwungen und es war während dieser Zeit zweimal Krieg in Deutschland gewesen und der Tummelplatz war leider wieder ein Land geworden, das sieben Jahre lang im Kriege Armeen verpflegte, während dis im Frieden für Arme nur spärlich geschieht. – Allein grade nach diesen Stürmen und Umwälzungen blühte das geistige Leben der Völker wieder auf.

Das Geld war in Umlauf gebracht worden, denn die eiserne Faust des Krieges hatte mächtig an die Kästen der Geizhälse und Wucherer gepocht, zu welchen früher nur der Tod den Schlüssel hatte. Der Arme wurde von dem Reichen geachtet, denn der Krieg hatte Alle vereinigt und Land mit Land fester miteinander verknüpft.

Auch schien man bei Besetzung öffentlicher Stellen jede Willkühr sorgfältig zu meiden. Kein Kaufmann, der nach den Regeln der Kunst sein Vermögen erhalten, das ist zu deutsch: Bankerott gemacht hatte, gukte aus irgend einem amtlichen Bureau heraus; kein weiland Wüstling und Schwelger, der sein Vermögen verpraßt, und nun, um nicht der Stadt zur Last zu fallen, irgend eine einträgliche Stelle erhalten hat, stand auf der Liste der Beamten.

A. So manchen edlen Mann sah ich im Staube liegen, und Matz ward
    schier aus Nichts zum großen
            Matador:
    Du kennst ihn ja, wodurch ist er so hoch gestiegen:
B. Gestiegen? – hm! – er kroch empor!

Dem Verdienste seine Krone! hatte das Wort der Zeit gedonnert. Kommt heraus aus euern Kämmerlein, ihr treuen Diener des Herrn, die ihr jahrelang mühselig unterm Actenstaube geschmachtet und thränend die sauer verdiente Rinde verzehrt; gehet ein in die Stätte größern Wirkens und der Lorbeer eurer Mühen wird euch grünen am heißerrungenen Ziele. –

Was doch nicht alles die körperlose fesselfreie Zeit, die ewige Gebärerin und Vernichterin alles dessen, was die Erde umfaßt, thun kann.

Träumer! höre auf zu philosophieren, du wirst sentimental! höre ich sagen; darum, Phantasie, zaubere mir noch einmal die Bilder vor, die ich sah; führe mich hin auf den Marktplatz, wo an der jetzigen Stätte sich ein neues Rathhaus aufgethürmt hatte; hin, wo einst der Tetzelthurm stand und in den Rundtheilen Fontainen plätscherten; hinaus an den Ort, wo jetzt die Milchinsel steht und wo eine Häusermasse prangte, umgeben von Gärten im schönsten Blumenflor.

> Doch, wie ich wallte auf und ab im Träume,
> Was ich als Geist gehöret und geseh'n,
> Vernehmt es jetzt, in diesem Blätterraume,
> Und richte, Nachwelt, – ob es auch geschehn.

Unter den vielen Verschönerungen erfreute sich Leipzig auch eines großen Platzes, denn der Stadtgraben von der Bürgerschule bis zum Petersthor war völlig ausgefüllt und von der neuen Pforte und dem Peterszwinger, bis an den Kurprinz und das Hotel de Prusse, wo im Sommer ausgezeichnete Concerte gegeben, öfters der Stuhl mit 4 und 8 Groschen bezahlt und noch öfterer ausgezeichnet geprellt wird, war ein gleicher Flächenraum, und der jetzt in der Tiefe liegende Roßplatz nicht nach jedem kleinen Regenschauer mit Wasser angefüllt, daß die Passirenden gezwungen sind, wider Willen ein lehmiges Fußbad zu nehmen.

Die Promenaden glichen den Longchamp-Promenaden in Paris, und das herrliche Rosenthal, der schönste Ort außerhalb der Stadt, dessen Eingang wirklich mit Rosen gezieret erschien, war ein Tummelplatz für Alt und Jung, und ein zweiter Prater in Wien, wo Volksfeste aller Art gefeiert wurden. Bunte Flaggen wehten von den Tabagieen, die man auf der großen Wiese angelegt hatte, von allen Seiten ertönte Musik, aber keine Walzer von dem Männlein mehr, der die deutschen Staaten mit seinen Musiktreibern durchzog und dem die Tunnelgesellschaft in Leipzig für ein paar Stunden Tanzmusik 300 Thlr., schreibe Dreihundert Thaler, in Golde bezahlte. Längst war das Wiener Sträußchen verblüht und auch der gute Lanner, trotz seinen Schwimmern in dem Meer der Zeit versunken. Allen musikalischen Schnickschnack, die leeren tonlosen Muschelschaalen und die falben Gräser, erzeugt auf sandigem Boden, hatte die Wellenbrandung der Jahre hinweggestrudelt und dafür reine Perlen und duftende Blumen aus tiefern Quellen heraufgesandt. Hinsichtlich der Kunst, die ihren höchsten Gipfel erreicht hatte, stand Leipzig unter Europa's Städten mit oben an und neben dem jetzigen Schauspielhause, wo die Schöpfungen der beiden großen deutschen Barden, welche jetzt vereint in der Fürstengruft zu Weimar schlummern, unter dem ewig grünen

Lorbeer ihres Ruhmes, noch die Welt entzückten, besaß Leipzig, gleich Berlin, ein Opernhaus, was die Büsten der drei verklärten großen Sangesmeister, Mozart, Weber und Beethoven zierten. Die unsterblichen Werke dieser gefeierten Tondichter waren noch auf dem Repertoir und die Gewalt ihres Genies forderte noch von künftigen Generationen die Achtung, die ihnen die Welt schon bei ihren Lebzeiten zollte.

Recensenten gab es jedoch noch wie Sand vor den Thoren Berlins, und die dem buntscheckigen Deutschling so eigenthümliche Krankheit zu raisonniren und vorzüglich die Geistesproducte seiner Landsleute vor den Augen der Welt in ein schlechtes Licht zu setzen, schien die Zeit nicht geheilt, sondern vielmehr gleich dem Cadmus, Drachenzähne nach allen Winden scheffelweise ausgesät zu haben.

Lotteriespiel war verpönt. – Verzweifelnd standen die Collecteure um das bestäubte Glücksrad, ob der mächtigen Niete, die das Rad der Zeit für sie ausgeworfen hatte.

Über die Spielhäuser, worin schon so mancher Familienvater, mancher Jüngling unglücklich geworden, hatte die Polizei ein wachsames Auge, und fast stündlich wurden diese verruchten Sündennester scharf durchsucht, obgleich es noch manchmal vorgekommen sein mag, daß der vor der Lasterpforte wachhabende Petrus dem Engel der Gerechtigkeit, der einmal unerwartet bei Nacht und Nebel angestiegen kam, eine klimpernde Libation in die Kralle gedrückt, um ihn mit den Geistern zu versöhnen die drinnen am Pharotisch ihr Heil versuchen wollten. –

Hinsichtlich der Moden stand der Deutsche noch unter der Vormundschaft der Franzosen und Engländer, und Langbeins Worte in seiner „deutschen Volkstracht":

„Alles, was dort Schneiderwitz erfand,
Wird von ihm als ein Gesetz erkannt."

fanden noch treffliche Anwendung. Süßliche Kaufmannsdiener in langen englischen Knöchelwärmern und großen massiven Stöcken, spazierten um die Stadt, als wenn sie diese Knittel aus Fürsorge vor Straßenräubern führten.

Das rußige vis-à-vis des palastähnlichen Schützenhauses, die alte Barake des innern Einnehmers am Hinterthor, der mit vollem Rechte singen kann:

„Ich hab' ein kleines Hüttchen nur,"

so wie das alte wankelmüthige Universitätsgebäude auf dem alten Neumarkte, worein sich einst zu Luthers Zeit eine Partei flüchtete, jetzt aber jedem Vorübergehenden ein Compliment macht, hatte der Zahn der Zeit genagt und bessere, der Zeit und dem guten Geschmacke angemessene Häuser dafür gedrechselt.

Vor dem Augusteo, welches im Sturm der Zeit schon etwas ergraut war, hatten auf Ruhebänken die Musensöhne Platz genommen. Ein freieres Leben schien das neue Jahrhundert auch für sie geboren zu haben und die alten academischen Freiheiten aus ihrer Verbannung zurückgekehrt zu sein. Der Militairzwang der Studirenden war gleicherweise aufgehoben. Der Gelehrte hat es immer mit dem Denken zu thun, aber in einem Stande, wo in allen Fällen unbedingter Gehorsam erfordert wird, hat alles Denken ein Ende, und die Zeit mochte es wohl gelehrt haben, daß der Studirende, dem das große Feld der Wissenschaften vorliegt, nicht zum Kamaschendienst passe und die Hauptwache nicht der Ort sei, wo sich der Theolog Kenntnisse für die Kanzel sammeln kann. Hatte denn der thatenkräftige studirende deutsche Jüngling auf der Ofenbank gelegen, als Deutschland sich ermannte? Hunderte tragen noch unterm Amtsrock die Zeichen, die im Kampfe die Kugeln und Säbelklingen hinterlassen,

„Und wenn ihr die schwarzen Jäger fragt"

die werden euch Rede und Antwort geben.

Aber auch in spätern Zeiten der Noth hatte der Sohn der Musen seine Kraft bewährt. – Während ich eben diesen Gedanken nachhing, drang ein dumpfer Ton in mein Ohr; ha! eine Trommel, auf! die Bürger ziehen zur Wacht, oder auf den Exercierplatz!

Und kundig der bewußten Wege,

Ging's freudig über Brück' und Stege

hinaus, wo einst der Schießgraben die Bürgerschützen in sich aufnahm, die nicht selten durch ihr Schießen die Pferde auf der Straße scheu machten. – Das Scheit- oder Floßholz aus den Voigtländischen

Waldungen kam nicht mehr auf nassem Wege zu uns. Die wässerigen Zeiten waren vorüber; – der Dampfwagen führte es schneller und sicher in Leipzigs Mitte. An der Stelle der jetzigen segensreichen Rathsfreischule, in deren engen niedrig gebauten Classen oft 180 bis 200 Kinder zusammengepreßt sind, gewahrte ich ein großes, zweckmäßiges Gebäude, in dem noch der Geist eines Plato und Dolz wehte, obschon diese würdigen Männer längst der Hügel deckte.

S'ist alles verschönert, man kennt's gar nicht mehr, kam mir unwillkürlich in den Sinn, als ich auf diesem Streifzuge einen Blick in Reichels Garten warf. O ihr Städte und Städtchen im Voigtlande und Erzgebirge, kaum kann manche von euch sich mit diesem einzigen Grundstücke messe, das schon jetzt eine Art Stadt bildet. –

Während ich so nach Westen meine stille Wanderung in Staunen versunken begann, und unter den blühenden Linden als Geist dahin schwebte, traten ein paar schöne militairische Männer aus dem Bogengange. Es waren zwei Polen, über deren heimathliche Gefilde jetzt die Sonne des Friedens und der Eintracht schien. Ich folgte ihnen auf dem Fuße nach, und jeder heitere Blick, jedes freudig gesprochene Wort drang wohlthuend in mein Herz. Sie wanderten Arm in Arm dem Orte zu, wo einst in verhängnißvoller Zeit ein Sprosse ihres Fürstenhauses blieb, und umwunden von den Perlenarmen der Elster sein nasses Grab fand.

Aber keine gierige Hand streckte sich am Eingange entgegen, um das Sechstel eines „Gott mit uns" für Anschauung der heiligen Stätte zu verlangen. Frei, wie sie es selbst waren, wallten beide durch die düstern Laubengänge dem Steine zu; Ihre Blicke wurden ernster, ihr Gang langsamer und mit Ehrfurcht naheten sie sich dem Monumente, das sie, versunken in sich selbst, mit Wehmuth betrachteten. Doch als sie Hunderte von Namen ihrer Brüder erblickten, die im Jahre 1831 auf ihrer Flucht hier gekniet und zu dem Ewigen für ihres Landes Rettung gefleht, und dann, verbannt und verstoßen, hinaus flohen in die weite Welt, da entquollen ihren Augen Thränen und mit erstickter Stimme sprach der Eine? „Ruhet sanft, ihr Brüder, die ihr den Tod im wilden Meere oder in jeder Hemisphäre gefunden habt! Ach! es war euch nicht vergönnt, das müde Haupt im

Schooße des Vaterlandes niederzulegen!" Weiter ließ ihn der Strom seiner Zähren nicht sprechen und ich, ich weinte mit, weinte wie ein Kind, das am Grabhügel der Mutter steht; denn ich müßte ein Herz gehabt haben, so kalt wie der steinerne Würfel der an jene denkwürdige Zeit erinnert.

Ich wendete mich weg von der Gruppe und entschwebte der Stätte, wo jetzt 1836 nach Christi Geburt, die Weltgeschichte verhandelt und für 4 Gr. verkauft wird. Wahrlich, es wundert mich, da dieses noble Geschäftchen so rentirt, daß nicht auch auf die Verzahlung der welthistorischen Denkmäler bei Lützen und Breitenfeld speculirt worden ist! –

Schon senkte sich der Abend hernieder, Hesperus erglänzte am Himmel, sanft lispelte der West in den Wipfeln der Linden und die Gaslichter flammten in den Straßen und Plätzen auf, als mich der Flug hinausführte auf die weite Ebene, die man „1813" nannte. Tiefe Stille lag auf der Flur; leise, wie das Stöhnen eines Sterbenden strich der Nachtwind über die Felder hinweg, über welche einst der Gigant flog, der noch groß war, als er wankte und sich von den Trümmern seines Ruhmes ein Denkmal in die Weltgeschichte bau'te, welches dasteht wie die Pyramiden und zeigen wird von den Hünen, wenn die tausendjährigen colossalen Wächter des Nyls längst versunken und in Staub zerfallen sind.

Dort auf dem Hügel, wo einst die drei Monarchen dem Herrn der Schlachten knieend für den errungenen Sieg gedankt hatten, stand ein riesiges Granit-Monument und durch den Nebel, der es umgab leuchteten schwach bei des Mondes Silberbleiche und den Geflimmer der Sterne die Zahlen und Worte:

d. 16. 17. 18. u. 19. Octbr. 1813.

hervor, welche aus den eisernen Kreuzen gegossen waren, die man zu jener Zeit ausgetheilt hatte. Auf der anderen Seite des Monuments, wozu ganz Deutschland, oder besser gesagt: die deutschen Staaten ihr Scherflein beigetragen, stand der Stiftungstag:

d. 19. Octbr. 1913.

Langsam stieg der Nebel von der Erde auf, was in den Stürmen und Umwälzungen unserer Zeit untergraben, wird wieder auftauchen und reiner Sinn für das Wahre, Einfache, Große und Erhabene sich wieder verkünden. Unsere Zeit hascht immer nach dem Besten, ohne das Gute festhalten zu können, und nennt sich zu aufgeklärt, weil unserer Generation in so vielen Regionen menschlichen Lebens, Treibens und Wissens, in der That manch neues Licht aufgegangen ist, – welches nur leider nicht immer auch wärmt, wohl aber, wie jedes starke Licht, immer auch starke Schatten wirft. Doch die Nacht der Vorurtheile wird schwinden; auch über dich, mein Leipzig, wird eine neue Sonne aufgehen und ein neues Leben wird deinen Bewohnern in ihrem Strahle erblühen. – Bis dahin gehabt Euch wohl! – **Der Segen des Himmels sei über Euch! die Hoffnung einer schönern Zukunft lebe ich Euch! und für die Gewährung laßt die milde Hand des Allgütigen sorgen!**

Und nichts wird sein wie zuvor

Erik Simon

Die Menschheit forschte nach dem Sinn
des Seins, nach ihrem Platz darin,
und lauschte weit ins All.
Und eines Tages kam von fern,
von einem namenlosen Stern,
statt Rauschen ein Signal.
Die Menschheit hielt den Atem an.
In neuem Licht betrieb sie dann
Zerstörung, Mord und Qual.

14.10.2013

Leipzig im Jahr 2036.

Ein

vielverheißendes Gemälde

in Briefform,

den verehrlichen Gründern und Actionärs

der

Leipzig-Dresdener Eisenbahn

gewidmet.

Nebst einem lithographirten Plan

und

den in's Kleine ausgeführten Abbildungen des heil. Eintrachtsdomes und des Denkmales

der

Leipzig-Dresdener Eisenbahn-Gründer.

Leipzig, 1836.

Leipzig im Jahr 2036

Wahrmann

Motto: Was sind Hoffnungen, was sind Entwürfe,
Die der Mensch, der flücht'ge Sohn der Stunde,
Aufbaut auf dem betrüglichen Grunde?
                    (Schiller.)

Aber soll er das Hoffen d'rum lassen,
Da die Zeit, die kräft'ge, wie wir schauen,
Aufruft, auf sich're Erfolge zu bauen?

Wahrmann in Leipzig an Gläubig in Quebeck.

Leipzig, am 1. Juni 2036.

Mein Freund,

Seit einem vollen Jahre bin ich nun, in meinem Geschäftszweige mich sehr wohl befindend, wieder hierher zurück in das Land, das vor beinahe zweihundert Jahren unsre Vorältern des fünften Grades kleinmüthig verließen, um aus dem, sieben Stunden von hier gelegenen Städtchen Lausigk nach Amerika auszuwandern. Aus Angst vor der Gefahr, wegen Gewerbsniederlage gänzlich verarmen zu müssen, enteilten sie dem Vaterlande und der Vaterstadt, um in dem vierten Welttheile ein gelobtes Land zu suchen und zu finden. Ob sie es daselbst gefunden haben mögen? – Ich glaube nicht! Sie mußten in dem Lande, das unser Vaterland geworden ist, so wie unsre Familiennachrichten darthun, weit thätiger auftreten, um zu bestehen, als in den cultivirten und gesegneten Fluren, die sie verließen.

Und: Was ist nun gerade im Verlaufe der Zeit zwischen ihrer Auswanderung und jetzt aus diesem, am Herzen der Jungfrau Europa gelegenen, für immer gesegneten Lande geworden? Statt des Nothstandes, in welchen Viele es damals irriger Weise schon versunken sah'n, ist es in den allerblühendsten Wohlstand versetzt worden, und prangt nun an dem Busen der, in ihrem Armstuhle sich gütlich thuenden Schönen, gleich dem üppigsten Rosenstrauß.

Nun und Leipzig, die Stadt, welche ich mir zum Wohnsitze erkor, die Heimath der Wissenschaften, des Großhandels (durch den sie jetzt wahrhaft weltberühmt ist), so wie des licht- und heilbringenden Buchhandels: was ist es geworden seit jener Zeit, als es noch keine Eisenbahnen kannte?

Nach allen geschichtlichen Werken jener Zeit über diese berühmte Stadt, welche mir zu Gesicht kamen, unter denen ich das eines Doctor Dolz und das eines Doctor Gretschel am Meisten zu Rathe zog, war sie allerdings schon lange Zeit vor der Eisenbahnen-Epoche durch dieselben Zierden im Flore, die ihr jetzt den Strahlenglanz geben; aber immer wurde dabei bedauert, daß sie weder an einem schiffbaren Strome liege, noch durch einen tüchtigen Kanal mit dem größten in ihrer Nähe, mit der Elbe, verbunden sei. Segnen wird sie daher in den fernsten Zeiten ihrer Blüthe das Jahr 1835, das Jahr, in welchem Männer, deren Andenken sie durch ein Monument ehrte und stets ehren wird, die Idee zur Erbauung der Leipzig-Dresdner Eisenbahn faßten, durch deren Entstehen diese Stadt alle ferneren Sorge, mit einem schiffbaren Strome in Verbindung zu kommen, überhoben wurde.

Diese, nach vorliegenden alten Plänen, seit dem Jahre 1836, stufenweise, aber schnell genug und regelmäßig vergrößerte, Handelsbegünstigte liegt an den Flüßchen Pleiße, Elster und Parda, welche bei ihr zusammentreffen und deren letztes im Nordbezirk der Stadt in einen, g'radaus geleiteten, schönen Kanal geführt ist, von welchem bloß ein kleiner Beiarm – wie der mitfolgende Plan beweist – ein Paar andere Straßen der Länge nach durchschneidet.

Jetzt zählt diese europäische Herzstadt an 7000 Häuser und über 200,000 Einwohner, ohne die Menge sich stets hier aufhaltender Fremden; denn was sie sonst nur alljährlich, in getrennten Fristen 9 Wochen lang war, das ist sie jetzt das ganze Jahr hindurch, nämlich: eine immerwährende Mess'stadt.

Nun zu einer, nur höchst flüchtigen, Beschreibung dieser Himmelsgesegneten.

Der Hauptbezirk (oder die eigentliche Altstadt) ist eine, weniger regelmäßig angelegte Partie des Ganzen, aber doch so gebaut, daß förmliche Uebelstände in ihr nicht so hervortreten wie in anderen alten deutschen Städten.

Dieser Theil enthält: 11 Plätze, 27 Straßen, Gassen und Gäßchen, 4 Ein- und Ausfahrten, 6 Ein- und Ausgänge, 7 Kirchen, worunter zwei ohne Thurm, 2 Universitäts-Vorbereitungsschulen (die Thomas- und Nikolausschule), 2 große Bürgerschulen, 4 Armenschulen, 1 Rathaus (erbaut seit 1850), 1 Banquiers- und Waarenhändlerbörse, 1 Buchhändlerbörse, 1 altes Schloß mit mehreren neuen Gebäuden, 1 Theater, 1 Reitschule und mehrere andere merkwürdige Gebäude und Gärten.

Die Namen der Straßen sind:

1) Brühl,
2) Hallesche Gasse,
3) Neukirchgasse,
4) Weststadtgäßchen,
5) Schulgasse,
6) Thomasgäßchen,
7) Hainstraße,
8) Katharinenstraße,
9) Bött'chergäßchen,
10) Börsengäßchen,
11) Reichsstraße,
12) Goldhahngäßchen,
13) Schuhmachergäßchen,
14) Nikolausstraße,
15) Ritterstraße,
16) Grimma'sche Straße,
17) Altmarkt,
18) Ballhausgäßchen,
19) Kramergäßchen,
20) Roßmarktgäßchen,
21) Neumarkt,
22) Buchhändlergäßchen,
23) Petersstraße,
24) Sporergäßchen,
25) Schloßgasse,
26) Burgstraße,
27) Logengasse.

Die vorzüglichsten darunter sind: Die Katharinenstraße, Grimma'sche Straße, der Neumarkt, die Hainstraße, die Petersstraße und ein Theil des Brühls.

Die Plätze heißen:

A) Der Markt,
B) der Börsenplatz,
C) der Nikolauskirchplatz,
D) der Thomaskirchplatz,
E) Peterskirchplatz,
F) Neukirchplatz,
G) der Fleischmarkt,
H) der Holz- und Kohlenmarkt,

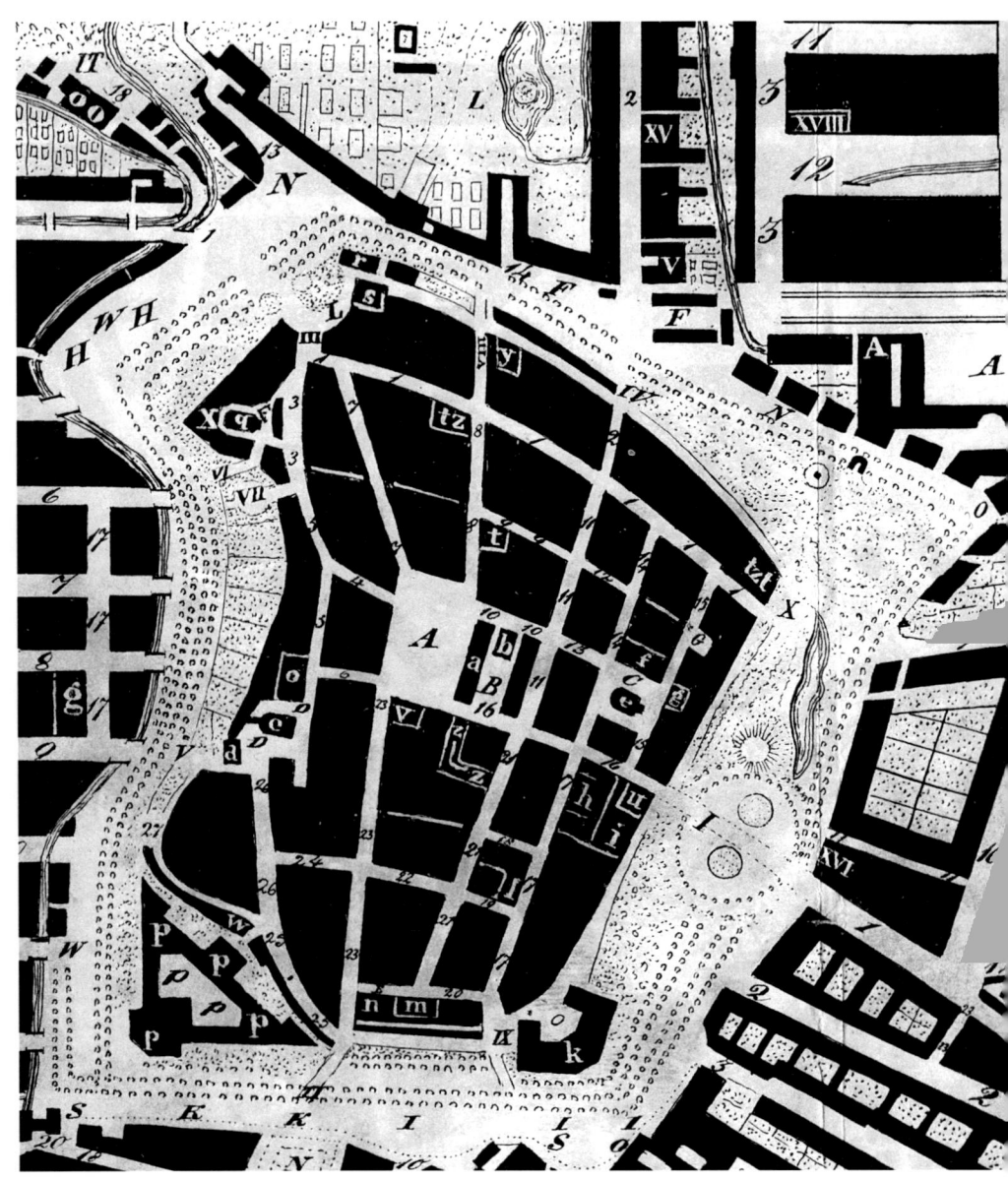

Innenstadt – Ausschnitt aus dem fiktiven Stadtplan von Leipzig im Jahr 2036;
Quelle: Stadtgeschichtliches Museum Leipzig

I)   der Roßmarkt, K) Getreidemarkt,
L)   der Theaterplatz. –
Der Markt ist ein ungefähr 200 Schritt langes und 100 Schritt breites imposantes Viereck; der Börsenplatz ist ein Drittheil so groß und dem Markte ähnlich; der Roßmarkt ist ungeregelt aber von bedeutender Ausdehnung; die übrigen sind weniger erwähnungswerth.
Ein- und Ausfahrten und Ein- und Ausgänge heißen:
I)   Ostfahrt, II)   Südfahrt,
III) Westfahrt, IV)   Nordfahrt,
V)   Thomasgang, VI)   Neukirchgang,
VII) Westgang, VIII) Nordgang,
IX) Johannisgang, X)   Georgengang.
Die äußern Linien des Hauptbezirks nennt man:
O) Ostlinie, S) Südlinie,
W) Westlinie, N) Nordlinie.
Der Raum vor diesen Linien, welche durch Gränzsteine markirt sind, ist, wo er sich nicht in freie Plätze verliert, bis an die Häuser seines Bezirks mit Alleen und an diesen sich hinziehenden Lustgartenpartieen besetzt, in welchen die herrlichsten Blumenbeete prangen. Die schönste und ausgedehnteste derselben erstreckt sich von der Ostfahrt links bis zur Nordfahrt. Sie enthält einen Hügel (Schneckenberg genannt), nach dessen, mit Pappeln verzierten, runden Hochpunkte schneckenartige Gänge führen. Durch einen künstlichen Fall bewässert, zieht sich von seinem Fuße aus der längliche Schwanenteich hin, bis in die Gegend des Georgenhauses, wo das Monument des Schöpfers dieser Anlagen, eines Kriegsrath's Müller, steht, der überhaupt für Leipzig viel gewirkt haben soll. Oben, nach der Hauptallee, führt dort eine steinerne gothische Pforte.
Merkwürdige Gebäude des Hauptbezirk's sind:
a) Das **Rathhaus**, Gebäude im italienischen Stil, von einem Parterre und zwei Stock, mit flachem Dach und einer, dieses umlaufenden Galerie, nebst einem Portalthurm mit glockenförmiger Kuppel, in welchem die Stadt-Hauptuhr. Dieses Gebäude enthält sowohl das Stadt-Hauptgerichtsamt, als auch das Stadt-

Hauptsicherheitsamt. Die Zeit seiner Entstehung ist das Jahr 1850. –

b) Die Börse, altes aber schönes Gebäude in dergleichem Geschmack mit Treppen-Vorsprung, flachem Dach und Galerien ringsum, welche durch entsprechende Statuen verziert sind. –

c) Die **Thomaskirche**, Gebäude gothisch-deutschen Stils, mit einem alterthümlich-schönen Altar. –

d) Die Thomasschule, ein zweckmäßiges Gebäude mit dem Denkmal eines Musikdirectors Hiller vor seiner Alleefront. –

e) Die **Nikolauskirche**, ähnliches Gebäude wie die Thomaskirche mit schönen inneren Verzierungen von schwankendem Geschmack und einem schönen Altarblatt von Oeser. –

f) Die **Nikolausschule**, zweckmäßig-einfaches Bauwerk. –

g) Die Buchhändlerbörse, (man könnte sie mit Recht die Börse des deutschen Gesammtbuchhandels nennen), Gebäude im modernen Geschmack mit einem hohen Parterre und einem eben solchen Stockwerke, in welchem ein prächtiger Versammlungssaal mit Seitengalerien. Im Parterre befinden sich ebenfalls ein Saal und mehrere Zimmer. Ward erbaut im Segensjahre der Leipzig-Dresdner Eisenbahn-Anlage. –

h) Das **Paulinum**, großes Gebäude in einfachem Stil, dem sich in der Alleefront

i) das **Augusteum** verzweigt, dessen Frontispice die Insignien der vier Facultäten schmücken. Ferner enthält das Paulinum eine einfache Kirche mit spitzigem Thurm, ein anatomisches Theater und zwei Höfe. –

k) Die **Bürgerschule**, großes, einfach-schönes Bauwerk mit geräumigem Innern, einem, sich im Mittel befindenden, schönen Betsaale und einem offenen, geregelten Hofe. –

l) Das **Concert-Ball- und Stadtbibliothekshaus**, großes vierfrontiges Gebäude in einfach-edlem Stil, mit mehreren schönen Sälen, vielen Zimmern, Magazinen und geräumigem Hofe. –

m) Das **Kommun-Versammlungshaus**, langes, einfach-großartiges Gebäude mit mehreren Sälen. In diesem befindet sich das Museum der Stadt. –

n) Die **Peterskirche**, einfaches Gebäude ohne Thurm. –
o) Die **Bürgerfreischule**, ein ebendergleichen, aber dem Zwecke vollkommen entsprechendes Bauwerk mit vielem Gelaß, worunter ein sehr passend eingerichteter Betsaal und Wohnungen für das Lehrer-Collegium. –
p) Das, ehemals feste, **Schloß Pleißenburg** mit geräumigem, driangelförmigen Gehöf und ebenso aufgestellten Gebäuden, in welchen sich eine Kirche, ein Landes-Urtheil-Spruch-Collegium, ein Gerichtsamt, eine Malerakademie und noch einige Expeditionen befinden, auch ist eine Militairkaserne darin. Auf dem schönen runden Thurme ist die Stadt-Sternwarte. Durch dieses Schloß und die Allee führt ein Gang nach dem Westbezirk. –
q) Die **Neukirche**, einfaches, anderen dicht verzweigtes Gebäude mit kleinartigem Thurm. –
r) Das **Hauptbezirks-Theater** mit einer ziemlich gut eingerichteten Bühne und amphitheatralisch geordneten Zuschauerplätzen von beschränktem Raume, nebst einem kleinen Restaurationssaale. –
s) Die **Reitschule**, ein altes, einfaches, aber zweckmäßiges Gebäude. –
t) Das **deutsche Kaffeehaus**, hohes imposantes Gebäude mit ziemlichem Zuspruch. –
u) Das **französische Kaffeehaus**, mit der Front nach der Ost-Allee, von nicht großem Umfange, aber geschmackvoller innerer Einrichtung. –
v) Das **italienische Kaffeehaus**, ein freundliches, zweistockiges Bauwerk in modernem Stil, mit der Aussicht nach dem Markte. –
w) Die **Minerva-Loge**, einfaches, aber geräumiges und zweckmäßiges Versammlungshaus der Freimaurer.
x) Die **Balduin-Loge**, weniger geräumiges Gebäude der Art. –
y) Die **Apollo-Loge**, zur Klasse der vorhergehenden zu zählen. –
z) **Auerbachs Hof**, ein, von alten Zeiten her, berühmter Durchgang vom Markte nach dem Neumarkt, in welchem ein, durch den berüchtigten Doctor Faust berühmter Weinkeller. –

tz) Das **Gebäude der europäischen Handels-Compagnie**, mit geräumigem Saal und dergleichen Zimmern. –

tzt) Das **Georgenhaus**, mit einer einfachen Kirche, worauf ein Thurm, ein in seiner Art großartiges Gebäude mit schöner Front nach der Allee. Es hat mehrere Flügel und Hofräume von ausgedehntem Umfange und mehrfacher Bestimmung.

So viel, von der Altstadt Leipzig oder dem Hauptbezirk; jetzt zu den übrigen, seit Einführung der Eisenbahnen größten Theils ganz neu angelegten Bezirken, zu welchen, nach mir vorliegenden Plänen, vom frühern Zustande des so berühmt gewordenen Platzes nur Vorstadttheile der Altstadt gekommen sind. Sie zeichnen sich noch jetzt durch Unregelmäßigkeiten aus, die wohl nicht leicht ausgeglichen werden konnten. Ihre Namen findest Du im Anhange meiner flüchtigen Schilderung. **Die Straßen-Namen der neueren Bezirke sind größtentheils durch die Zuströmung der verschiedensten Völker der Erde entstanden, die sich in Leipzig, des nicht gnügend zu beschreibenden Tauschhandels halber, entweder nach und nach festsetzten, oder wenigstens zahlreich oft und lange hier verweilten und stets mehr und mehr verweilen werden.**

Die Schilderung dieser Bezirke beginne ich mit dem **Ostbezirk**.

Dieser gränzt im Osten an Felder und Gärten und an eine eigentliche Vorstadt von Leipzig, das Dorf Klein-Leipzig, (worauf auch der Name deutet), das ebenfalls herrliche Gebäude und sogar solche enthält, welche eigentliches großleipziger Communbesitzthum sind. Westsüdlich gränzt er an die Chemnitz-Freiberger Landstraße, im vollen Westen an die Ost- und an die Nordallee des Hauptbezirkes, im Norden an die Ost-Eisenbahn.

Straßen in der geregeltsten Anlage hat dieser Bezirk: 19, Plätze 6, Thore 4, Kirchen 2, ferner: 1 Hauptschule und 14, außer den genannten, noch zu bemerkende Gebäude.

Die Namen der meist mit schönen Bauwerken besetzten Straßen sind:

1) Ost-Eisenbahn,   2) Perserstraße,

3) Tibetstraße,
4) Chinastraße,
5) Indierstraße,
6) Neuhollandstraße,
7) Böhmenstraße,
8) Ungarnstraße,
9) Armenierstraße,
10) Dalmazierstraße,
11) Galizierstraße,
12) Dresdner Landstraße,
13) Tigersprung,
14) Muhamedanerstraße,
15) Serviergasse,
16) Griechenstraße,
17) Mamelukensprung,
18) Bazargasse,
19) Driangelgasse.

Die Plätze heißen:
A) Ost- und Nordbahnplatz (mit den zum Bahn-Amt gehörigen Gebäuden und einem schönen Gast- u. Kaffeehaus ebenfalls mit A bezeichnet),
B) Bazar,
C) Holz- und Kohlenmarkt,
D) Hauptbezirksfriedhof,
E) Völkerplatz,
F) Bezirksfriedhof.

Unter den genannten Plätzen ist der, mit herrlichen Privatgebäuden umstellte **Völkerplatz** E) der imponirendste. 300 Schritte lang ist er fast eben so breit, und präsentirt in seiner Mitte den, von Bäumen umgebenen, in der Beschreibung folgenden Dom.

A) Der Ost-Nordbahnplatz ist über 200 Schritte lang und 100 Schritte breit.
B) Der Bazar ist an 200 Schritte lang und ebenso breit, auch ist er, gleich dem Völkerplatz, von schönen Gebäuden umgeben.
C) Der Holz- und Kohlenmarkt, ist über 400 Schritte lang, aber nur wenig über 100 Schritte breit.
D) Der Friedhof des Hauptbezirkes, besteht in mehreren großen Abtheilungen.
F) Der Bezirks-Friedhof, ein großes längliches Quadrat, außerhalb des Stadttheiles.

Merkwürdige Gebäude des Ostbezirks sind:
I) **Der heil'ge Eintrachtsdom auf dem Völkerplatze, eine**

vollkommene Rotunda, rings um mit Säulencolonnaden und nach den vier Weltgegenden hin mit hervortretenden Hallen. Dieses größten Theils marmorplattirte Bauwerk, das beim darauf fallenden Sonnenlicht im Silberglanze erscheint, ist über 50 Fuß hoch, und sein Umfang ist fast ein Viertel des Platzes, worauf es steht. Das Dach diese Gebäudes bildet drei, stufenweise sich zurückziehende Galerien mit flachen Absenkungen und unter der zweiten und dritten Galerie angebrachten Bogenfenstern. In Mitten der obersten Galerie erhebt sich der ebenfalls runde Thurm, der außer einer, in seinem Innern sich schlangenartig nach der Galerie hinauf windenden Treppe, ganz hohl ist. Rund um ist er mit Bogenfenstern versehen, an welchen hinweg sich die Treppe schwingt. Auf der Galerie dieses Thurmes erhebt sich eine durchsichtige, eiserne Pyramide, auf deren Spitze eine vergoldete Weltkugel ruht. Nach den vier Weltgegenden gerichtet, stehen auf der ersten Galerie des Domdaches und gerade über den Eingangshallen, deren 4 sind, die Statuen der Weltweisen: Confucius, Moses, Christus, Muhamed, als die Führer zum Glauben an den einzig-wahren Gott. Das einfach-schöne, geräumige Innere, dessen Wölbung ebenfalls von einer hohen corinthischen Säulenrunde getragen wird, empfängt seine magische Beleuchtung blos durch die, oben unter den Galerien und im Thurme sich befindenden Fenster. Durch den Galerieboden des Thurmes herunter strahlt ein, in starkes Glas gemaltes, Auge Gottes auf den einzigen, in der Mitte des Dombodens stehenden Rundaltar, den ringsum vielfache, breite Stufen umgeben. Auf diesem Altare befinden sich in knieder, gebetwürdiger Stellung die schön gearbeiteten Figuren eines Chinesen, eines Israeliten, eines Muhamedaners und eines Christen, in deren Mitte sich eine Marmorrunde erhebt, an welcher herum

Darstellung des Heiligen Eintrachtsdomes;
Quelle: Stadtgeschichtliches Museum Leipzig

mit goldener Schrift im Chinesischen, Türkischen, Persischen, Hebräischen, Griechischen, Lateinischen, so wie auch im Deutschen, die Worte zu lesen sind: „Allmächtiger, du warst, du bist und du wirst sein!" Diesem Altare seitwärts zur Rechten ist ein Meisterbild angebracht, darstellend, wie der feste Glaube an Gott den Erdenpilger durch Grabesnacht in das, im Rosenlicht strahlende, Land der Ewigkeit leitet. Ein zweites, diesem gegenüber stellt die vier, bei der Beschreibung des äußern Domes schon genannten, Weisen dar, wie sie an der Pforte des Jenseit Alle willkommen heißen, die hienieden Gott im Licht und in der Wahrheit anbeten. **Es ist dieser herrliche Dom blos zum Bethause, nicht für Kanzelvorträge bestimmt; daher auch keine Kanzel darin ist. Viermal des Tages ertönt hier ein mächtig-ergreifendes, unter der ersten Galerie angebrachtes, unsichtbares Harmonichord in erhabenen Melodieen, während die den Dom Besuchenden im Stillen sich zu Gott wenden. Und so ist dieses heil'ge Haus eines, das schwerlich seines Gleichen hat.**

II) Das Bezirksgericht- und Sicherheitsamt, so wie
III) die Bezirkspost sind einfache, aber stattliche Gebäude, eben so
V) das Bezirkssteueramt.
IV) Die Bazarbörse, ist ein, im morgenländischen Geschmack aufgeführtes Gebäude von zwei hohen Stockwerken mit einem sehr großen Saale und mehreren Beizimmern nebst bedeutenden Magazinen im Erdgeschoß.
VI) Die Ost-Bezirks-Hauptschule, ein großes imponirendes Bauwerk mit mehreren Sälen und Zimmern, worin zugleich eine besondere Abtheilung für Kinder der ärmsten Klasse.
VII) Die, vor ungefähr hundert Jahren, im Innern einfach verschönerte Johanniskirche, ein Gebäude altdeutschen Geschmackes.
VIII) Der Theaterhof, mit einer Opern- und einer besondern Gaukler-Bühne, ein prachtvolles Gebäude in orientalischem Stil. Beide darin enthaltenen Bühnen sind geräumig und schön dekorirt, so wie die amphitheatralischen Plätze für die Zuschauer eben so dekorirt und bequem sind.
IX) Die Schule der höhern Reitkunst mit einem Cirkus für Kunstreiter, Equilibristen und Akrobaten, ist ebenfalls ein schönes, großartiges Bauwerk italienischen Stil's und die Einrichtung des Cirkus, so wie die der Logen und Galerien prachtvoll.

X) Das Concert- und Ballhaus, zwei kolossale Säle mit Galerien enthaltend, ist äußerlich, wie innerlich, sehr zweckmäßig und schön, auch ebenso mit den passendsten Emblemen geschmückt.

XI) Der **Chinesenhof** ein großes zweistockiges Quadrat, auf welchem mehrere runde Thürme mit trichterförmiger Bedachung, deren schnabelartige Friese von accordmäßiggestimmten Klingeln garnirt sind, welche bei der geringsten Luftbewegung oft seltsame Harmonieen ertönen lassen. Die Spitzen der Thürme sind mit Kugeln und Fahnen, die Fronten des Gebäudes, so wie die Mauern der Thürme, mit seltsamen Nationalscenen verziert. In diesem Gebäude befinden sich: Das chinesische Consulat, Wohnungen für hier Studirende jenes Landes, ein bedeutendes Waarenmagazin und ein besonderes Bethaus.

XII) Der **Perserhof**, ein schönes, im persischen Geschmack ausgeführtes Bauwerk, in welchem sich ebenfalls ein Bethaus befindet; es ist die Wohnung des persischen Consuls, so wie hier studirender Perser, und zugleich eine Hauptniederlage persischer Erzeugnisse.

XIII) Das indische Kaffeehaus und

XIV) das persische sind im italienischen Stil erbaute, geräumige und schöne Gebäude.

XV) Das **chinesische Thee- und Kaffeehaus**, ist ein Bau echt chinesischen Geschmackes, mit dergleichen Zierden als der Chinesenhof, und gilt als das besuchteste im Ostbezirk.

XVI) Das Leipziger Ober-Postamt, ein einfach schönes und zweckmäßiges, dreifrontiges Gebäude, mit bequemen Amtslokalitäten und eben solchem Hof. Es erstreckt sich an der Ostlinie des Hauptbezirkes hinab von der Chemnitz-Freiberger Landstraße bis zur Galizierstraße und zeigt dort eine der schönsten Vorderfronten.

XVII) Das Johannisspital, ein großes, einfaches Versorgungshaus am Friedhofe des Hauptbezirk's, in welchem alte, erwerbslose Hauptbezirks-Einwohner verpflegt werden.

XVIII) Ein großes Mildthätigkeitsstift, gleicher, aber ausgedehnterer Bestimmung, liegt über den Ostbezirk hinaus in Klein-Leipzig.

Die Thore des geschilderten Bezirkes heißen:
OB) Ostbahnthor,　　　　　KT) Klein-Leipziger Thor,
DT) Dresd'ner Thor,　　　　SGT) Sterngartenthor.

Von hier gehe ich zum **Südbezirk** über. Dieser gränzt ostnördlich an den Ostbezirk, im Süden an Feld und Gärten, im Westen an den Pleißefluß, im Norden an die Südlinie und Ostlinie des Hauptbezirkes. Derselbe hat 25 Straßen, 7 Plätze, 4 Thore, 1 Kirche, 1 Bezirks-Hauptschule und 12 andere bemerkenswerthe Gebäude.

Die Namen der Straßen sind:
1) Chemnitz-Freiberger Landstraße,　2) Johannisgasse,
3) Deutschestraße,　　　　4) Ulrichsstraße,
5) Glockenstraße,　　　　6) Webergasse,
7) Brüdergasse,　　　　　8) Friedrichsstraße,
9) Kronprinzengäßchen,　　10 Wienerstraße,
11) Römerstraße,　　　　12) Mailänderstraße,
13) Triesterstraße,　　　　14) Ägypterstraße,
15) Löwensprung,　　　　16) Timpuktustraße,
17) Algiererstraße,　　　　18) Tyrolergäßchen,
19) Ätnagäßchen,　　　　20) Kanalgasse,
21) Tunisgäßchen,　　　　22) Corsikastraße,
23) Friedhofgäßchen,　　　24) Baiernstraße,
25) Nepa'lerstraße.

Die schönsten davon sind: Die Chemnitz-Freiberger Landstraße, die Römerstraße, die Ägypterstraße (in welcher mehrere Gebäude im Stil jenes Landes), die Algiererstraße.

Die Plätze dieses Bezirkes heißen:
I)　Der Holz- und Kohlenmarkt (ein Dreieck von bedeutender Größe),
K)　der Südkirchplatz (über zweihundert Schritte lang und fast eben so breit),

L) der Südmarkt (ungefähr hundert u. funfzig Schritt lang und eben so breit),
M) der Getreidemarkt (ein schräges Quadrat von ziemlicher Länge u. differenter Breite),
N) der Friedrich-Augustusplatz. (Er ist gegen 250 Schritte lang und ungefähr halb so breit.) In seiner Mitte steht die Statue des ehemaligen Königs Friedrich August von Sachsen, eines Bundesgenossen des großen Napoleons, dessen eingedenk Leipzig eine Corsika- und eine St. Helenastraße hat. Vor und hinter der Statue sind große Rasenquadrate mit Blumenbeeteinfassungen, und der ganze Platz ist mit einer schönen Allee umgeben.
O) Der Bezirks-Friedhof (außerhalb des Bezirkes) von großem Umfange,
TZ) das Johannisthal, eine durch Quergänge unterbrochene Gärtenanlage von weiter Ausdehnung mit drei großen Quadratplätzen, worauf artesische Brunnen. Die Gärten darin sind nach sehr differentem Geschmack, bald mehr elegant, bald mehr nützlich angelegt; in einigen sind Pavillons, in andern bloß Lauben. Das Ganze gibt vom **östreichischen Kaffeehause** l) aus ein höchst angenehmes Bild.
SZ) Der Glockenplatz nahe der Glockengießerei, ist ein Platz mittler Größe und ein Beimarkt des Bezirks.
SZS) Der Bauhof, ein wenig größerer Platz als der Glockenplatz.
Y) Der Süd-Eisenbahnplatz mit den Expeditionsgebäuden, welcher außerhalb des Bezirks liegt.

Die schönsten dieser Plätze sind der Südkirchplatz und der Südmarkt.

Merkwürdige Gebäude dieses Bezirkes sind:
a) Die Südkirche, ein Bauwerk italienischen Stils mit nicht hohem Thurme, den eine Glockenkuppel ziert. Das Innere ist einfach schön u. das Altargemälde, Jesus am Ölberge, werthvoll.
b) Das Bezirksgerichts- u. Sicherheitsamt,
c) die Bezirkspost u.

e) das Bezirks-Steueramt sind Gebäude einfacher, aber imponirender Bauart.
d) Die Südbörse, ist mittlerer Größe, ähnlich der des Hauptbezirks.
f) Die Bezirks-Hauptschule, zeigt sich als großes, einfach-schönes und wohl eingerichtetes Gebäude mit mehreren Abtheilungen.
g) Das Südtheater, ist etwas größer als das des Hauptbezirks und bequemer in seinem Innern, hat auch ein imposanteres Äußere.
h) Das Concert- u. Ballhaus, ein Gebäude von schönem Aeußern in gemischtem Stil, hat drei große Säle, mehrere Zimmer und zweckmäßige Parterreabtheilungen.
i) Der **Wiener Hof**, Wohnung des östreichischen Consuls, verzweigt einem bedeutenden Magazin östreichischer Fabrikate und einem Gasthause.
k) der **Römer-Hof**, großartiges Gasthaus von prachtvollem Äußern u. Innern.
l) **Östreichisches Kaffeehaus**, Bauwerk italienischen Stils mit herrlicher Aussicht auf das Johannisthal.
m) Römisches Kaffeehaus, ein Gebäude derselben Art mit einer offenen Mitte des ersten Stockes und schönen Verzierungen.
n) Burleskentheater, ein, seinem Zwecke vollkommen entsprechendes Bauwerk mit netter Bühne, bequemen, zirkelförmiggereih'ten Zuschauerplätzen und starker Frequenz.
o) **Neap'ler Hof**, schönes Gasthaus am Friedrich-Augusts-Platz.
p) Leipziger Handelsschule ein schönes großes Gebäude mit zweckmäßigem Innern.
q) Süd-Schießhaus mit Doppelgebäuden von schönem Aeußern und Innern mit drei Schießbahnen und heitern Gartenpartien. (Liegt außerhalb des Bezirks.)

Die Thore des Südbezirks tragen die Namen:
CFT) Chemnitz-Freiberger Thor.
TT) Timbuktuthor.
AT) Alschiererthor.

RT) Römerthor.
IT) Inselthor.

Jetzt zum **Westbezirk**. – Dieser gränzt im Osten an den Pleißefluß, im Süden an's Feld und den botanischen Garten der Universität, im Westen an Wiesen, Wald und die Westeisenbahn, im Norden
an den Rosenhain.

Dieser Bezirk hat 19 Straßen, 4 Plätze, 5 Thore, 2 Kirchen, 1
Bezirks-Hauptschule und ungefähr 15 merkwürdige Gebäude.

Die Straßen heißen:
1) Frankfurth-am-Mainer-Straße, 2) Kasslergäßchen,
3) Stuttgartergasse, 4) Straßburgergäßchen,
5) Pariserstraße, 6) Madriterstraße,
7) Neujorkerstraße, 8) St. Helenastraße,
9) St. Thomasstraße, 10) Martinistraße,
11) Mejikostraße, 12) Wassingtonstraße,
13) Gibraltarstraße, 14) Fernambukstraße,
15) Quitostraße, 16) Antwerpnerstraße,
17) Brüsslerstraße, 18) Jacobsstraße,
19) Lamasprung.

Die schönsten davon sind: Die Frankfurt-am-Mainer, zur Hälfte
mit dem Elsterkanal, die Pariser, die Madriter, die St. Helenastraße,
die St. Thomasstraße, die Mejikostraße und die Antwerpnerstraße.

Die Plätze heißen:
P) Der Westmarkt,
Q) West-Kirchplatz,
R) West-Eisenbahnplatz (mit den Expeditionsgebäuden),
S) der Friedhof außerhalb des Bezirks. An Größe sind diese
Plätze (außer dem Friedhof) sich ziemlich gleich u. ungefähr
250 Schritte ins Gevierte.

Merkwürdige Gebäude des Westbezirkes sind:
a) Die West-Kirche, einfach-schönes Bauwerk mit einem Kup-
pelthurm, schönem Altargemälde und bequemen Galerien,
b) Die Westbezirks-Hauptschule, zweckmäßig-schönes Gebäude von Umfang.

c) Die Bezirkspost, mittles Werk der Art.
d) Das Bezirks-Justiz- und Sicherheitsamt;
e) das Bezirks-Steueramt, beides Gebäude von mittlerem Umfang und einfach-schön.
f) Das Westtheater, großes Bauwerk in italienischem Stil. Bühne und Zuschauerplätze sind so geschmackvoll als bequem.
g) Das Bezirks-Concert- und Ballhaus, Gebäude gleich dem zuvor angeführten, mit herrlichen Sälen und mehreren Zimmern.
h) Die Westbörse, Bauwerk deutsch-italienischen Stils mit einer Vorhalle, prächtigem Saal und schönen Emblemen am Äußern.
i) Das **Pariser Kaffeehaus**, geschmackvolles, seinem Namen entsprechendes Bauwerk mit eben solchem Innern.
k) **Mejiko-Kaffeehaus**, Gebäude gleich dem Pariser, eben so
l) das **Antwerpner**.
m) Der **Madriter Hof**, ein Gebäude, das dem spanischen Stolze entspricht. Es ist die Wohnung des Consuls und zugleich ein Haupt-Waarenmagazin spanischer Kaufleute.
n) Der **Wassingtonhof**, ein großes, einfach-schönes Bauwerk, wo der Consul der gesammten amerikanischen Staaten und viele, sich hier aufhaltende Amerikaner wohnen. In diesem ist ebenfalls ein bedeutendes Waarenmagazin.
o) Der **Gibraltarhof**, ein brillantes Gebäude, worin mehrere Säle, in welchen sich verschiedene Klubbs versammeln.
oo) Das Jakobsspital, sehr großes, höchst zweckmäßiges Krankenhaus mit Bädern aller Art.

Die Thore dieses Bezirks führen die Namen:
IT) Jakobsthor,
FT) Frankfurth-am-Mainer-Thor,
WT) Westbahnthor,
GT) Gibraltarthor.

Der **Nordbezirk**. – Er gränzt gegen Osten an das freie Feld, gegen Süden an die Nordallee des Hauptbezirks, gegen Westen an den Rosenhain, gegen Norden an Gärten und Felder.

Straßen hat dieser Bezirk 14, Plätze 6, ferner 1 Kirche, 1 Bezirks-Hauptschule, und so mehrere Gebäude von Interesse, die später folgen werden.

Die Straßen heißen:
1) Amsterdamer Straße,
2) Lond'ner Straße,
3) Copenhagner Straße,
4) Nord-Eisenbahn,
5) Stockholmer Straße,
6) Warschauer Straße,
7) Petersburger Straße,
8) Berliner Straße,
9) Braunschweiger Straße,
10) Magdeburg-Hamburger Straße mit d. Pardakanal,
11) Tartarei-Straße,
12) Mongolei-Straße,
13) Theatergasse,
14) Insel-Rügen-Gasse.

Sie alle sind höchst geregelt, doch sind die vorzüglichsten darunter: die Nordbahn, die Petersburger-, die Berliner-, die Warschauer-, die Magdeburg-Hamburger-, die Tartarei- und die Mongolei-Straße.

Die Plätze dieses Bezirks heißen:
A) Der Denkmahlplatz,
B) der Nordmarkt,
C) der Nordkirchplatz,
D) der Holz- und Kohlenplatz und
E) der Friedhof (außerhalb des Bezirks).
F) Der Haupt-Steueramtsplatz.
Ihre Größe verhält sich zu den Angaben der übrigen Bezirke.

Merkwürdige Gebäude sind:
I) Die Nordkirche, Gebäude in holländischem Geschmack mit schönem Thurm und überraschendem Innern.
II) Der Handelshof, großartiges Bauwerk in italienischem Stiel mit großem Saal und vielen Nebenräumen. Im untern Stock sind viele Magazine.
III) Die Nordbezirkspost.
IV) Das Bezirk-Justiz- und Sicherheitsamt und
VI) das Bezirkssteueramt, sind imponirende Gebäude.
V) Das Leipziger Hauptsteueramt. Es gleicht der Residenz eines Quadratmeilenlandes, nimmt sich aber in seinem

Miniaturzustande recht gut aus, auch hat es noch zweckmäßige Nebengebäude.

VII) Das Nord-Theater, ein großartiges Gebäude modernen Geschmackes, mit einer, jedem Anspruch genügenden Bühne u. amphitheatralisch geordneten, schön verzierten Zuschauerplätzen.

VIII) Das Bezirks-Concert- u. Ballhaus, ein, seinem Zwecke, durch passende u. schöne Einrichtung, vollkommen entsprechendes Bauwerk imposanter Art.

IX) Das **russische Kaffeehaus**, ein, diesem Riesenlande Ehre machendes Gebäude mit vollkommen russischer Einrichtung.

X) Das **englische Kaffeehaus**, groß, einfach-schön und zweckmäßig.

XI) Das polnische, ein ähnliches Bauwerk.

XII) Das **tartarische** ist ein asiatisch-originelles Gebäude mit ebensolcher Einrichtung.

XIII) Der **Petersburger Hof**, ein Prachtbau mit bedeutendem Gelaß, worin der russische Consul wohnt. Im Erdstock hat er große Magazine.

XIV) Der **Londner Hof**, ein noch schöneres Gebäude in eignem höchst modernem Stil, Wohnung des englischen Consuls; im Erdgestock hat es sehr große Englisch-Ostindische-Waaren-Magazine.

XV) Der Lederhof, Verkaufshaus der Gärber.

XVI) Die Bezirks-Hauptschule von einfach-schönem Äußern und sehr zweckmäßigem Innern.

XVII) Denkmal der Ost-Eisenbahnstifter, die anfänglich die Leipzig-Dresdner hieß. Es ist dies ein hoher marmorner Obelisk mit der Erdkugel auf der Spitze, an der sich die fünf bekannten, sogenannten Welttheile zeigen. In den vier, spitzigzulaufenden Feldern sind die Attribute der Handlung angebracht. Es soll dieß sagen, daß die Anlegung der genannten Eisenbahn den Grund zu dem hierher verpflanzten Welt-Tauschhandel legte. An den Fries des Quadrates lies't man:

Den, die Ferne Durchschauenden,
Hier rühmlichst Genannten,
Widmete diese Denksäule
Das dankbare Leipzig.

In den Quadratfeldern des Säulenfußes stehen die Leipziger Namen:

Fr. Brockhaus, H. Courvousier, D. W. Crusius, Bürgerm. D. Deutrich, A. Düfour-Feronce, Prf. O. L. Erdmann, Kreisd. v. Falkenstein, Stadtr. Fr. Fleischer, Kammerr. C. G. Frege, Kammerr. C. Gruner, Ludw. Gelbke, Appellationsr. D. Haase, D. H. Härtel. Fr. Hark, Gust. Harkort, D. C. G. Hillig, Mechan. C. Hofmann, Stadtr. W. Lampe, Baumstr. J. B. Limburger, Consul Fr. List, Wilh. Lücke, C. W. Morgenstern, Aug. Olearius, G. L. Preußer, H. F. W. Richter, Stadtr. Jul. Salomon, P. L. Sellier, W. Seyfferth, D. Th. Schmidel, H. W. Schmidt, Jak. Schönkopf, Stadtgerichtsr. E. A. Steche, C. F. Tenner, D. Rob. Vollsack, H. Willhöft; – die Dresdner: Obersteuerproc. Eisenstuck, Maj. Eppendorf, Bürgm. Hübler, Louis Meisel, J. C. Stavenhagen, D. Struwe; – der Hallsche: Stadtr. Wucherer.

Dieser Obelisk ist rund um von Cypressenpappeln umgeben, zwischen denen jeder Frühling die lieblichsten Blumen bietet.

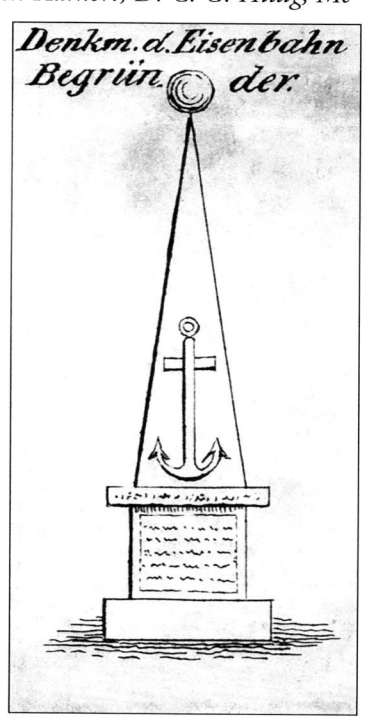

Denkmal der Eisenbahnbegründer;
Quelle: Stadtgeschichtliches Museum Leipzig

XVII) Der dänische Hof, ein ausgezeichnet schönes und bequemes Gasthaus.

Die Thore dieses letzten Bezirkes heißen:
RT) Rosenhainthor,
LT) Lond'ner Thor,
NT) Nordbahnthor,
WT) Warschauer Thor,
FT) Friedhofthor,
TT) Theaterthor.

An Gärten sind, außer mehreren, in diesem kleinen Plane der großen Stadt, (von der es noch einen weit ausgeführteren gibt) gar nicht berührten, die bemerkenswerthesten; außerhalb des Südbezirks: Der Sterngarten, eine Blumen- und Gemüsebeet-Anlage von bedeutendem Umfange mit zwölf, die Chemnitz-Freiberger Straße durchkreuzenden Obst-Alleen. Das in seiner Mitte sich bildende Quadrat ist mit Blumenrundtheilen, in deren Mitte sich artesische Springbrunnen befinden, verziert, hinter welchen geschmackvolle Wirthshäuser stehen.

W) Der Lindengarten, eine große Anlage von Rosenwaldquadraten und Lindenalleen mit schönen Statuen, nebst einem herrlich eingerichteten Gasthause.

Q) Das Südschießhaus, mit Doppelgebäuden, schönen Gartenanlagen und dreifachen Schießbahnen. Ferner im Westbezirk:

U) der botanische Garten der Universität des Hauptbezirks, eine Anlage seltener Vollkommenheit mit den Statuen der ausgezeichnetsten Männer dieses Faches.

T) Der Insel-Corsikagarten mit großem seeartigen Teiche, worauf die Insel genannten Namens, (Geburtsland Napoleons) eine großartige Anlage von einigen Abschnitten mit Park- und Blumengartenpartien, Wirthschafts- und Gastgebäuden, Brücken und Alleen. Der Rosenhain zwischen dem West- und Nordbezirk gelegen. Ein wunderschöner Eichen- und Buchenwald mit einem großen Wiesenquadrat in der Mitte, das ein prächtiges Wirthshaus mit zwei Höfen ziert. Ziemlich vom Punkte dieses Hauses aus durchschneiden den Wald 13 fahrbare Alleen mit Nebenpfaden für die Fußgänger an deren Ausgängen sich Dorf- oder Stadt-Prospecte zeigen. Vom Jakobsthor an durchläuft diesen Wald und seine Sternalleen von Links nach Rechts eine sich rund hinschwenkende Hauptfahr- und Gangallee, an welcher sich mehrere Wirthshäuser zeigen. Das Innere des großen Gebäudes auf der Wiesenmitte enthält mehrere Ball-Spiel- und Speisesäle, Carroussels und dergleichen, wie auch eine Burleskenbühne. In der Mitte des weitläufigen, mit Galerien versehenen Flachdaches befindet sich auch ein besonders erhöhtes Observatorium. Dieser Rosenhain, der durch die darin angelegten Rosenwaldpartien seinen Namen in der That verdient, ist der beliebteste und stets besuchteste Spaziergang der Weltstadtbewohner, und man findet daselbst jederzeit (selbst im Winter, wo man bei gnügendem Schnee Schlittenpartien durch seine Alleen macht), die verschiedenartigsten Bewohner aller Weltgegenden. Am Nordbezirk sind noch:

H) Der Bremer Garten, eine freundliche Anlage mehr englischen Geschmacks mit schönem Wirthschaftsgebäude.

G) Die nordische Blumenflur, großer, gutangelegter Blumengarten mit herrlichen Alleen und imposanten Wirthschaftsgebäude.

I) Der Londner Garten, eine Anlage ähnlicher Art wie die des Bremer Gartens.

K) Das Nordschießhaus, Anlage gleich der des Südbezirkes. Ferner ist in diesem Bezirk noch besonders aufzuführen:

L) Der Insel-Rügengarten mit einem Teich, worauf eine Insel. Die Gebäude dieses Gartens sind im italienischen Geschmack, der Garten selbst aber mehr im englischen angelegt. Wegen der, auf dem Pardakanal sehr lebhaften Dampf-Gondelnfahrt nach der Pleiße und auf dieser um den Rosenhain hinum in die Elster, auf dieser aber wieder nach dem Westbezirk, sind dieser Garten und das ihm gegenüber liegende, gartenartige Kanalufer sehr besucht.

Und somit hätte ich denn das allerdings höchst flüchtige Bild dieser Weltstadt, deren sämmtliche merkwürdige Amtsgebäude, Schulen, Hotels, Privat-Gärten und so weiter zu beschreiben, wenigstens nicht Gegenstand für einen bloßen Brief ist, vollendet; doch muß ich noch der DW) Dampfwasserleitung erwähnen, die außerhalb des Südbezirkes an der Pleiße gelegen, den Süd- und Ostbezirken Flußwasser zuführt, auch muß ich noch bemerken, daß es in Leipzig eine, im Plane nicht angegebene Menge von Dampfmühlen und artesischen Brunnen giebt, die der Stadt von großem Nutzen sind.

Wenn Leipzigs umsichtiger Magistrat – wie es seit ungefähr zweihundert Jahren geschehen, von den klugen und gewerbthätigen Bewohnern der Stadt stets unterstützt, so fortfährt, zu verbessern, zu verschönern und zu vergrößern, und die Weltereignisse hierin keinen Strich durch die Rechnung machen; so weiß ich nicht, wie es im Jahr 2236 einer Feder möglich werden dürfte, nur eine eben so flüchtige Beschreibung von ihr zu liefern, wie die von mir versuchte.

Heil und Glück für immer der Beschriebenen, in welcher auch dich bald erwartet.

Dein Freund Wahrmann.

Veränderung einiger Straßen- und Ortsnamen in und bei der Altstadt Leipzig

Neumarkt	früher	Neuer Neumarkt
Grimmaische Straße	„	Grimmaische Gasse
Buchhändlergäßchen	„	Preußergäßchen
Schulgasse	„	Klostergasse
Neukirchgasse	„	Fleischergasse
Weststadtgäßchen	„	Barfußgäßchen
Nordgang	„	Hallsches Pförtchen
Börsengäßchen	„	Salzgäßchen
Börsenplatz	„	Naschmarkt
Altmarkt	„	Alter Neumarkt
Ballhausgäßchen	„	Gewandgäßchen
Kramergäßchen	„	Kupfergäßchen

Roßmarktgäßchen	"	Stadtpfeifergäßchen
Tyrolergäßchen	"	Klostergäßchen
Friedrich-Augusts-Platz	"	Esplanade
Kanalgasse	"	An der Wasserkunst
Ätnagäßchen	"	Klitschergäßchen
Römerstraße	"	Peterssteinweg
Wienerstraße	"	Windmühlgasse und Kauz
Ulrichstraße	"	Ulrichgasse und Sandgasse
Glockenstraße	"	Glockengasse und Holzgasse
Holz- und Kohlenmarkt	"	Fleischerplatz
Frankfurth-a/M-Straße	"	Ranstädter Steinweg
Kassler-Gäßchen	"	Naundörfchen
Theatergasse	"	An der alten Burg
Jakobsgasse	"	Am Rosenthalthor
Insel-Rügengasse	"	Neue Straße
Lond'ner Straße	"	Gärbergasse
Chemnitz-Freiberger Str.	"	Grimmaisch Steinweg
Dalmazierstraße	"	Quergasse
Galizierstraße	"	Neue Johannisgasse
Böhmenstraße	"	Hintergasse
Friedhofgäßchen	"	Todtengäßchen
Logengasse	"	Schulgasse
Tunisgäßchen	"	Am Rohrteiche
Kronprinzgäßchen	"	Schrötergäßchen
Bürgerfreischule	"	Ober-Postamt
Klein-Leipzig	"	Kohlgarten
Corsikagarten	"	Schimmelsgut
Insel-Rügengarten	"	Hofr. Keils Garten

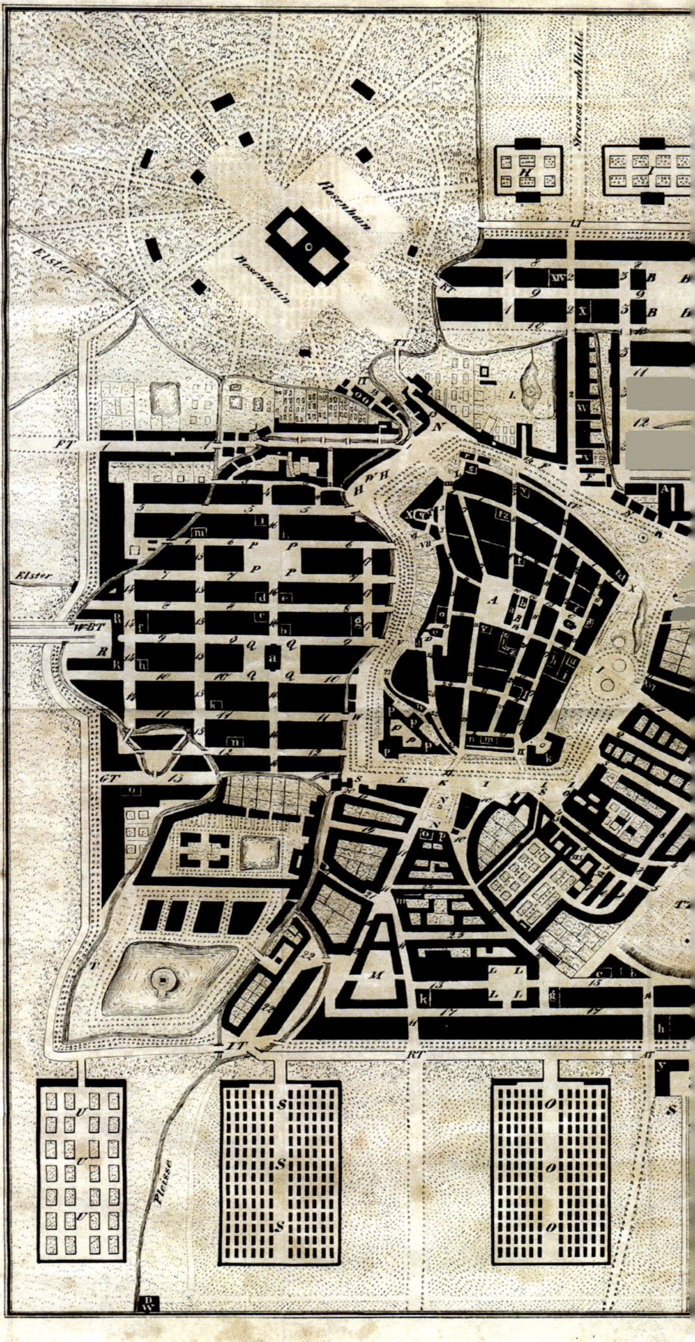
Rosenhain
Rosenhain
Strasse nach Halle
Elster
Elster
Pleisse

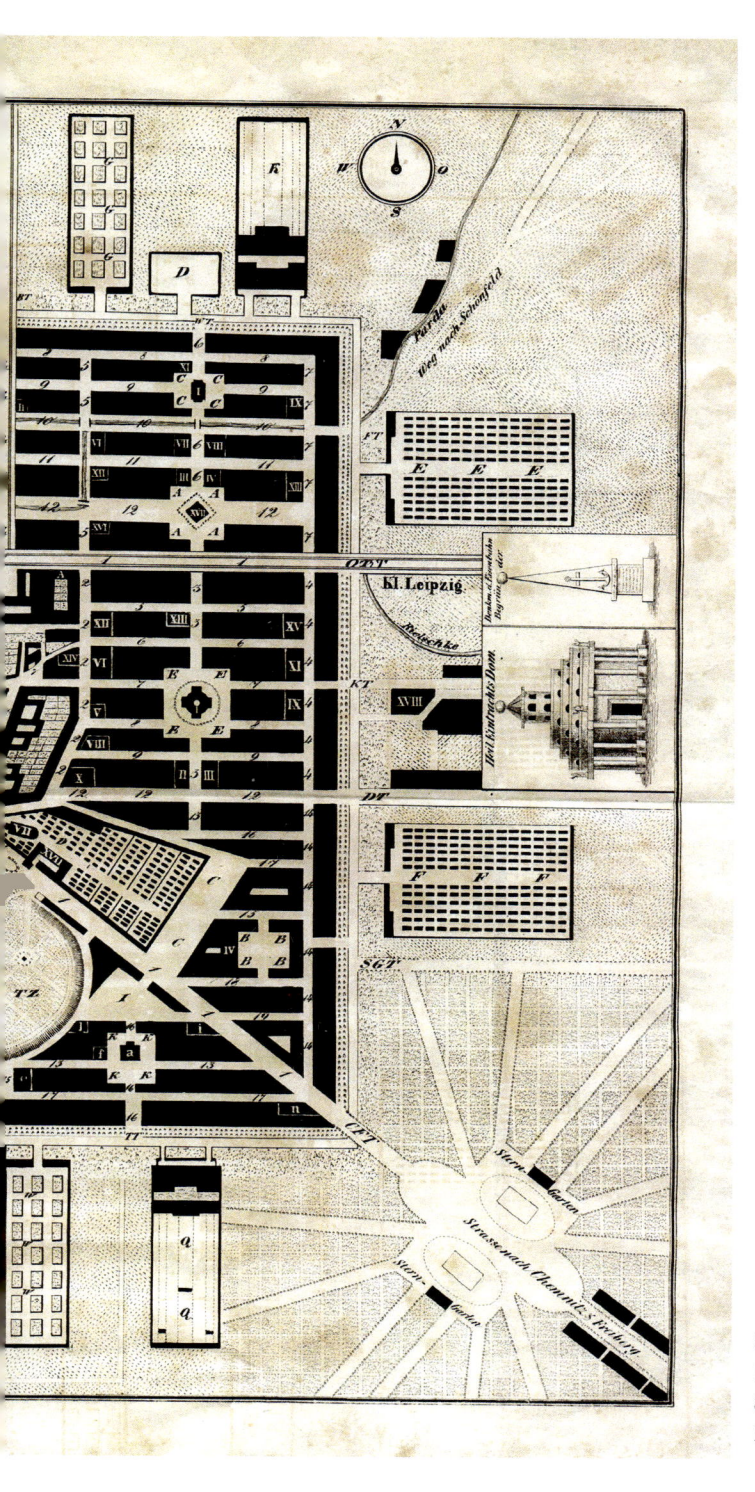

Stadtplan von 2036 [1836]; Quelle: Stadtgeschichtliches Museum Leipzig

Aus dem Reiche der Phantasie.

Herausgegeben von Robert Kraft.

Heft 2.   **Preis 10 Pfg. = 14 Heller = 15 Ctm.**

DIE TOTENSTADT.

2.   Verlag und Druck von H. G. Münchmeyer, Dresden.

Robert Kraft: Die Totenstadt (Titelbild) [1901]; Quelle: Archiv Thomas Braatz

Auszug aus der erklärenden Einleitung zum ersten Bändchen

Richard ist bis zum zwölften Jahre ein kräftiger, lebensfroher Knabe gewesen, als er durch ein Unglück gelähmt wird.

Am Abend seines vierzehnten Geburtstages sitzt der sieche Knabe allein in der Stube, traurig und freudlos, kein Ziel mehr im Leben kennend. Da erscheint ihm eine Fee. Sie nennt sich die Phantasie, will ihm ihr Geburtstagsgeschenk bringen und sagt ungefähr Folgendes:

In Richards Schlafzimmer befindet sich eine Kammertür. Jede Nacht wird er erwachen (das heißt nur scheinbar), er soll aufstehen, jene Tür öffnen, und er wird sich stets dort befinden, wohin versetzt zu sein er sich gewünscht hat. Er kann sich also wünschen, was er will, er kann allein sein oder mit Freunden, er kann auch den Gang seiner Abenteuer ungefähr im voraus bestimmen; hat er aber einmal die Schwelle der Tür überschritten, dann ist an dem Laufe der Erlebnisse nichts mehr zu ändern. Alles soll folgerichtig geschehen, der Traum nichts an Wirklichkeit einbüßen. –

Die Erscheinung verschwindet, Richard erwacht aus dem Halbschlummer. Aber die gütige Fee hält Wort, und so findet der arme Knabe im Traume einen Ersatz für sein unglückliches Leben.

Jede Erzählung schildert nun eins seiner wunderbaren Erlebnisse, wie sie ihm die Phantasie eingibt.

Die Totenstadt

Robert Kraft

Auf dem Kirchturme

Als Richard die Kammertür öffnete, kam ihm eine schneidende Kälte entgegen, und wie er die Schwelle überschritt, sah er sich auf dem Söller des Kirchturmes seiner Vaterstadt.

Er stand nicht zum ersten Male hier oben und kannte schon das Panorama, das sich tief unter ihm ausbreitete.

Es war ein kalter, klarer Januartag eines schneereichen Winters. Der Schnee lag zu beiden Seiten der Straßen hoch aufgehäuft und hing festgefroren über die Dächer hinab.

Reizend war das lebende Bild, von hier oben aus gesehen. Wie die kleinen Menschlein in den Straßen trippelten, wie sie in den Durchgängen verschwanden und auf der anderen Seite wieder zum Vorschein kamen, wie die Pferdchen vor den winzigen Wagen trabten und die Droschkenkutscher unten am Halteplatze neben der Kirche die Arme um den Leib schlugen! Dort war der Schwanenteich; Schlittschuhläufer tummelten sich darauf, und weiter über die Stadt hinaus sah Richard die Umgegend unter dem weißen Leichentuche des Winters liegen, und nur dunkle Punkte bezeichneten die Lage der eingeschneiten Dörfer.

Plötzlich geschah dort unten etwas Besonderes. Zuerst sah Richard eine Dame hinfallen, die ausgeglitten sein mochte, und die nicht wieder aufstand, da ihr niemand behilflich sein mochte, – dann stürzten zwei andere Menschen, dann ein Pferd und noch eins, und nun sanken die soeben auf der Promenade mit klingendem Spiel marschierenden Soldaten eines Regimentes in Reihen zu Boden, gerade so, als wenn man aufgestellte Bleisoldaten der Reihe nach umwirft. Und überall, wohin Richard auch blicken mochte, wiederholte sich dieses sonderbare Schauspiel.

Von hier oben beobachtet, wirkte es allerdings nur possierlich, dort unten aber schien eine Panik entstanden zu sein. Die ganze Stadt glich einem aufgestocherten Ameisenhaufen, die Straßenpassanten gingen nicht mehr nur in schnellem Geschäftsschritt, nein, jetzt rannten sie wirklich aufgeregt hin und her – um dann früher oder später ebenfalls nieder zu stürzen und sich nicht wieder zu erheben.

Gleichzeitig merkte Richard noch etwas anderes. Bis vor einem Augenblick hatte er noch die schneidende Kälte verspürt; jetzt plötzlich wurde es ihm siedend heiß. Und das war keine Einbildung. Die Wärme lag wirklich in der Luft, denn plötzlich begann es von den Dächern zu tropfen. Es floß, es goß, und schon polterte der Schnee donnernd auf die Straßen hinab!

Richard verließ den Söller, um sich hinunter zu begeben.

Was sich Richard gewünscht hatte

Tag und Nacht entstehen durch die Drehung der Erde um sich selbst, der Wechsel der Jahreszeiten aber wird durch die Drehung der Erde um die Sonne verursacht. Dabei bleibt sich die Erdachse auf der elliptischen Laufbahn um die Sonne immer parallel. Diese Achse der Erde geht durch den Nordpol und durch den Südpol.

Nun hatte Richard gewünscht, daß sich die Achse der Rotation um neunzig Grad verschöbe, daß also die neuen Pole auf den bisherigen Äquator zu liegen kämen.

Die Insel Singapur wird von dem Äquator durchschnitten. Denkt man sich von ihr aus eine Linie durch das Centrum der Erde gezogen, so stößt man gerade auf die Stadt Quito in dem südamerikanischen Staate Ecuador. Diese beiden Punkte hatte Richard als die neuen Pole der Erdachse bestimmt.

Macht man sich dies auf einem Globus klar, so wird man finden, daß der dadurch entstandene neue Äquator durch Deutschland geht, und zwar genau über Leipzig. Dies hatte Richard gewollt. An einem eiskalten Januartage sollte seine Vaterstadt durch einen Rutsch der Erdachse plötzlich direkt auf dem Äquator liegen.

Die plötzliche Wärme und das Schmelzen des Schnees konnte er sich also wohl erklären, nicht aber das Umfallen von allem Lebendigen.

In der Totenstadt

Er hatte den Fuß der Turmtreppe noch nicht erreicht, als er schon auf eine Leiche stieß. Es war diejenige des Türmers, eines alten Mannes, der allein hier oben gehaust hatte.

Als Richard aus der Tür auf die Straße trat, kam ihm vollens die Ueberzeugung, daß alles Lebende vernichtet worden war. Menschen, Pferde, Hunde, Tauben, Sperlinge – alles lag tot da; sie konnten nicht gelitten haben, die Gesichter der Menschen zeigten wohl Angst, aber keine Leiden.

Doch nein, nicht alles war tot. Von einem Dache flatterte eine Schar Tauben herab und ließ sich zwischen den Leichen nieder. Wie waren diese dem Tode entronnen?

Daß eine Erdrevolution stattgefunden hatte, wie er es sich früher manchmal in Gedanken gewünscht, daß er sich nun plötzlich auf dem Äquator befand, dessen war Richard sich sofort bewußt gewesen, ohne sich darüber näher Rechenschaft geben zu können. Jetzt überlegte er nur, wie er selbst und diese Tauben noch zu leben vermochten, während alle anderen Menschen und Tiere doch verendet waren. Endlich fand er eine Erklärung. Die veränderte Erdumdrehung mochte doch nicht so ganz ohne alle Folgen geblieben sein. Vielleicht waren irgendwo anders vulkanische Ausbrüche erfolgt und der Erde giftige Gase entströmt, die, schwerer als die Luft, dicht über den Boden hinstrichen und in einem Augenblick alles darauf Lebende vergifteten, so daß nur noch die hoch über ihrem Bereiche befindlichen Wesen, wie zum Beispiel einzelne Vögel und er selbst, von dem Untergange verschont geblieben waren.

Die Äquatorregion machte sich immer mehr bemerkbar. Die mächtigen Schneehaufen schmolzen zusehends zusammen, die Schleusen konnten das Wasser nicht mehr schlucken, Bäche ergossen sich durch die Straßen, den Flüssen und tief gelegenen Teichen zu, deren Eis schon handhoch mit Wasser bedeckt war.

Richard warf Mantel und Jacke weg und hielt weitere Umschau in seiner Vaterstadt. Alles war tot, alles gehörte ihm! In den Geschäften

Robert Kraft: Die neue Erde (Titelbildausschnitt) [1910]; Quelle: Archiv Thomas Braatz

lagen die Verkäufer tot hinter den Ladentischen, in den Restaurationen Wirt und Kellner tot neben den Gästen.

Er gelangte auf den Bahnhof. Auch dort war alles gestorben. Die Uhr ging noch, der Fahrplan sagte ihm, daß gleich ein Zug einlaufen müßte; aber es kam kein Zug, und niemals mehr konnte man auf die Ankunft eines solchen rechnen.

Dann fiel ihm ein, sich einmal in einem Hause umzusehen. Er betrat also das höchste in dieser Stadt gelegene fünfstöckige Gebäude, auf dessen Dache sich außerdem noch eine Mansarde befand. In der zweiten Etage lag ein Dienstmädchen; es hatte die Treppe gekehrt und die Vorsaaltür offen gelassen. Richard sah, daß die ganze Familie und auch die Katze den giftigen Gasen erlegen waren.

Er stieg noch höher, bis in die Mansarde hinauf. Auch hier war die Vorsaaltür geöffnet. In dem Wohnzimmer saßen ein Mann und eine Frau, die den Kopf auf den Tisch gelegt hatten.

Es mußte ein Schuhmacher sein, der hier zu Hause arbeitete; das Ehepaar hatte sich eben zum Frühstück hingesetzt; Brot, Butter, Käse und eine Schnapsflasche standen noch auf dem Tisch, als sie der Tod überraschte. Schon wollte Richard wieder gehen, als er ein Röcheln vernahm. Die Frau bewegte sich! Er holte Wasser und rieb ihre Schläfe; sie kam zu sich, und dann auch der Mann. Das giftige Gas hatte hier oben nur noch eine schwache Wirkung gehabt.

Verstört vernahmen sie Richards Bericht. Sie vermochten ihm nicht eher zu glauben, als bis sie aus dem Fenster geblickt hatten. Dann gingen sie mit ihm auf die Straße hinab.

Die Herren der Erde

Es war ein noch junges Ehepaar ohne Kinder, der Mann war Schuster.

Schließlich begriffen sie, daß sie allein am Leben geblieben.

„Herrjeh, Marie," rief der Mann, „wenn niemand mehr lebt, dann gehört doch alles uns!"

Vorsichtig nahm er einen schönen Spazierstock auf, dabei ängstlich nach einem toten Schutzmann blickend, dann warf er ihn wieder weg und untersuchte die Taschen eines elegant gekleideten Herrn, ließ auch wieder davon ab und betrat endlich den ersten Laden in seiner Nähe, ein Juweliergeschäft, um bald jubelnd, die Hände gefüllt mit Ringen und Uhren, wieder heraus zu kommen.

Auch die junge Frau fand sich rasch in ihre Lage, sie nahm einer vornehmen Dame Pelz und Hut ab und schmückte sich damit, obgleich die Sonne schon furchtbar heiß vom Himmel herabbrannte.

Vergebens bat Richard die beiden, sich doch mit ihm zu überlegen, was nun zu tun sei; hier in dieser Totenstadt könnten sie doch nicht bleiben, auch müßten sie an ihren Lebensunterhalt denken, da sie schon in kurzer Zeit keine Nahrungsmittel mehr haben würden.

„Was, wir hätten bald nichts mehr zu essen?" lachte der Schuster. „Die Fleischerläden, die Handlungen mit Delikatessen – alles steht uns ja frei. Jetzt gehe ich aber erst in eine Weinstube. Hei, nun soll ein Schlaraffenleben beginnen!"

Damit stürzte er davon, in die nächste Weinhandlung, während die Frau neugierig in ein Modewarengeschäft trat. Als Richard ihr nachging, fand er sie vor einem Spiegel stehen, wie sie eine Reihe von Hüten ausprobierte. Die besten Gesellschafter hatte Richard gerade nicht gefunden, beide waren durch die ungewohnte Situation fast närrisch geworden.

Er sagte der Frau, daß er einem Ausflug in die Umgegend machen wolle, um sich zu überzeugen, wie es draußen aussehe, und da sie sich in der verödeten Stadt nicht leicht wiederfinden könnten, sollte sie nicht vergessen, auf den Altar der Kirche einen Zettel zu legen, wenn sie sich eine andere Wohnung wählten. Er würde es auch so tun, dann wüßten sie doch immer, wo sie einander zu suchen hätten. Die Frau bejahte zerstreut und sagte, sie wolle daran denken.

Dann ging Richard in ein Fahrradgeschäft, das auch Waffen führte, wählte sich das beste, für ihn passende Rad aus, ebenso das schönste Gewehr und einen Revolver, versorgte sich mit Munition und bestieg das Rad, um in die Umgegend zu fahren.

Dies alles zeigte, daß er selbst der Verlockung erlag, unbeschränkter Herr und Besitzer der Stadt zu sein, auch er griff nach dem, wonach sein Sinn stand. Er fuhr erst lange Zeit auf der aufgeweichten

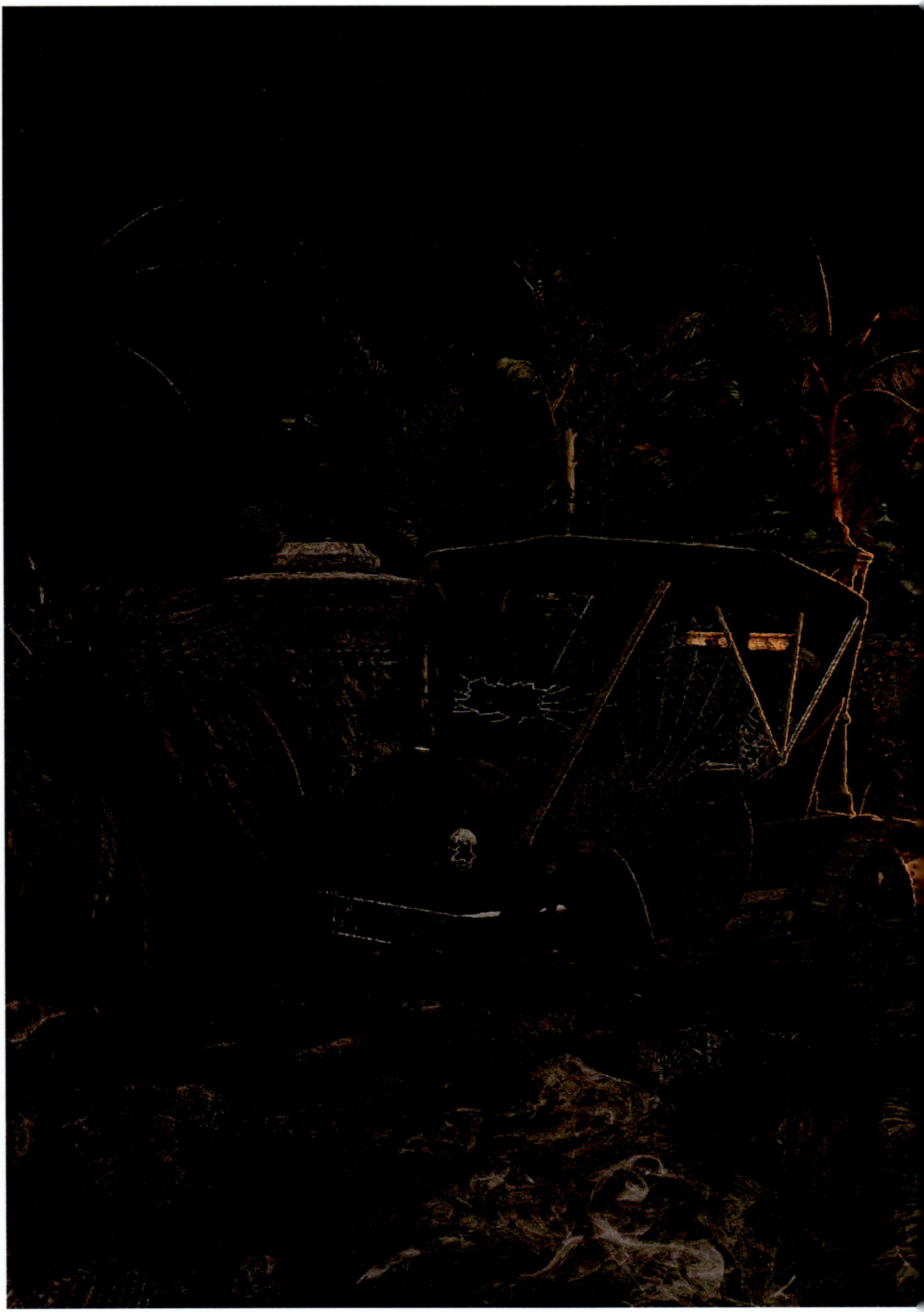

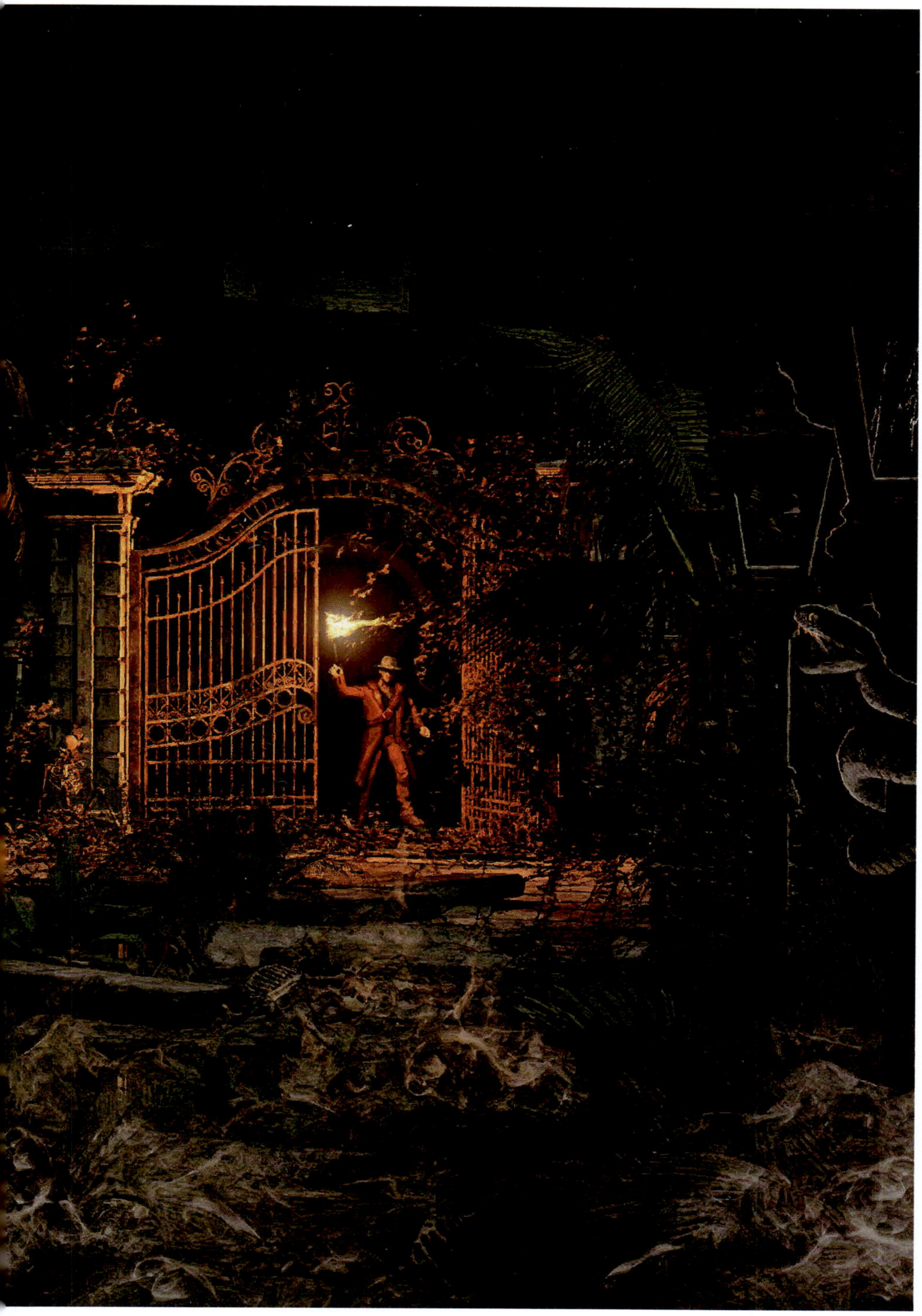

Straße, ehe es ihm einfiel, daß ihm ja niemand mehr verbieten könne, das Trottoir zu benutzen.

Nur eine halbe Stunde war mit seiner Ausrüstung vergangen, aber als er wieder durch jene Gegend kam, wo er die beiden Gefährten verlassen hatte, sah er bereits den Schuster, eine Champagnerflasche in der Hand, so betrunken durch die Straßen taumeln, daß auch er voraussichtlich bald wie eine Leiche am Boden liegen mußte, seine Frau aber stolzierte neben ihm als vornehme Dame einher, von oben bis unten mit blitzendem Schmuck behangen.

Richards Annahme

Die Landstraße war von der hochstehenden Sonne schon getrocknet. Von den Feldern war der Schnee weggeschmolzen, die frischen, grünen Spitzen der Wintersaat zeigten sich bereits und bildeten mit den unbestellten Aeckern und den blätterlosen Bäumen einen merkwürdigen Gegensatz. Auch ein auf der Landstraße stehender Schlitten nahm sich seltsam aus, der Kutscher war tot vom Bock gefallen, davor lag das Pferd. Ferner sah Richard viele tote Mäuse, Hasen und Vögel, alles hatte die Giftwelle vernichtet, doch wurde die Luft noch immer von Vögeln belebt. Aber ein vierfüßiges Tier schien nicht mehr zu leben.

Während des Fahrens überlegte sich Richard, daß der Schuster schließlich doch recht hatte, wenn auch anders, als er meinte. Eine Hungersnot konnte für sie nicht eintreten. Es mußte ja ungeheure Vorräte an Mehl und Hülsenfrüchten geben, die nicht so leicht verdarben, und bis dies geschah, war das Getreide und das Obst reif, das in dem neuen, heißen Klima herrlich gedeihen würde. An Fleisch konnte es ebenso wenig fehlen, dafür sorgten zunächst die Konserven, und dann gaben die Vögel, schon allein die Tauben, die sich stark vermehren würden, wenn man sie in Ruhe ließ, genug jagdbares Wild ab.

Wie mochte aber später, vielleicht in zehn Jahren, diese Gegend aussehen? Sie würde jedenfalls ein sehr glückliches Land werden. Getreide, Kartoffeln und Obst wuchsen dann gewiß in Überfluß und trugen hundertfältige Frucht, der Mensch brauchte ja nur etwas Fleiß auf das Land zu verwenden, das ihn ernähren sollte. An Fleisch mangelte es auch nicht. Die Plagen der südlichen Länder – Schlangen, Skorpione, Mosquitos und so weiter – fehlten ganz. Denn in dieser Gegend war nie eine Kreuzotter gefangen worden, und schließlich konnte man sich dieser kleinen Schlangen leicht erwehren, ihre furchtbare Gefährlichkeit spukte mehr in den Köpfen ängstlicher Menschen, als sie in Wirklichkeit vorhanden war. Ebenso wenig gab es Raubtiere.

Den bunten Charakter einer tropischen Region würde die Landschaft allerdings nicht annehmen. Sie blieb auch unter der Äquatorsonne die deutsche voller Eichen und Buchen, die sich allerdings zu Urwäldern vermehren würden, auch aus den Raupen in den Puppen, wenn diese nicht getötet wurden, konnten sich nur die bekannten deutschen Schmetterlinge entwickeln – kurz, es blieb alles beim alten, die neue Lage auf dem Äquator änderte daran nichts. Nie würde ein Tiger den Wald, eine riesige Giftschlange das Feld, ein Krokodil das Wasser unsicher machen.

Alles das, was der Mensch zu seiner Bequemlichkeit bedarf, war noch für viele Jahre aufgespeichert, und ehe alles vom Witterungseinfluß zerstört worden war, hatte man sicher gelernt, sich zu behelfen. Mußte man sich dann zum Beispiel mit einem aus Pflanzenfasern selbstgewebtem Hemd begnügen, das Feuer mit dem Zündstahl anschlagen, die Tauben mit Pfeil und Bogen erlegen, so schadete dies alles nichts, schließlich würde man auch das wieder erfinden, was man verlernte.

Selbst der Schuster und seine Frau würden sich schon in ihre Lage besser schicken, wenn ihr Rausch erst verraucht war. –

Das heißt, so dachte Richard. Wir werden bald sehen, daß er sich in allem vollkommen geirrt hatte.

Eingeregnet

Das Erwägen der Lebensmittelfrage hatte ihm Appetit gemacht. Außerdem brannte jetzt die Sonne mit einer fürchterlichen Glut herab, und die im Winter erkaltete Erde sog ihre Strahlen nicht mehr auf.

Schweißgebadet lenkte Richard einen Nebenweg ein und stieg vor einem alleinstehenden, jedoch von Schuppen umgebenen, massiven Gebäude ab, das ihm als eine am Flusse liegende Mühle bekannt war. Kein Hund begrüßte ihn, er sah auch keine Leiche. Die Haustür war verschlossen. Er rückte einen Holzbock an die Mauer, kletterte hinauf, zerschlug ein Fenster und stieg ein.

Wie ein schneller Gang durch alle Räume ergab, hatte sich zurzeit, als der Tod seine Sichel geschwungen, niemand im Hause befunden. Desto besser, so brauchte Richard keine Leichen zu beseitigen. Es war ein wohlhabendes Haus, in der schönen, großen Küche fand er alles, was er bedurfte, er machte also ein Feuer an, und da eine angeschnittene Rehkeule noch ganz frisch roch, und man, um ein Stück Fleisch zu braten und Kartoffeln zu kochen, keine hohe Küchenschule durchgemacht zu haben braucht, so konnte Richard bald seinen Hunger an einem delikaten Mittagessen stillen, zu dem sich auch eine von der Hitze erwachte Winterfliege einstellte.

Die Hitze war wirklich außerordentlich. Richard öffnete daher die Fenster des Schlafzimmers in der ersten Etage, wobei er bemerkte, daß sich der Horizont verdunkelte; dann legte er sich auf ein Bett und war bald sanft entschlummert.

Ein Donnern und Rauschen weckte ihn. Es war ein heftiger Gewitterregen. Zuerst dachte er an sein draußen gebliebenes Fahrrad. Aber er konnte die Haustür nicht öffnen, er hätte erst wieder durch das Fenster steigen müssen, und nun war es doch schon einmal naß, nun mochte es noch so lange draußen bleiben, bis es aufgehört hatte zu regnen.

Aber dies sollte nicht so bald der Fall sein. Die Nacht brach schon an, und es goß noch immer in Strömen. Als Richard in die Küche ging, um sich ein Abendbrot zu bereiten, prallte er entsetzt vor der heißen, pestilenzialisch riechenden Luft zurück, die ihm hier entgegenschlug. Er wußte, woher das kam, bezwang sich aber, stürzte hinein, riß ein Fenster auf und warf die Rehkeule hinaus. Aber auch noch manches andere mußte er nachfolgen lassen: den Inhalt der ganzen Speisekammer, Würste, Schinken und alles, was mit Fleisch zusammenhing. Mochten die geräucherten Sachen auch noch gut sein, er hätte jetzt doch keinen Bissen Fleisch mehr über die Lippen bringen können.

So blieb für heute sein Abendbrot auf Kaffee und trockenes, sehr trockenes Brot beschränkt, nachdem er vergebens nach Butter gesucht hatte – er fand nur ein flüssiges, auch sehr ranzig riechendes Fett.

Der Regen milderte die Hitze nicht; Richard konnte die ganze Nacht ihretwegen kaum schlafen, und dazu belästigten ihn noch einige Mücken – im Januar. Doch nein, durch die Drehung der Erdachse befand er sich jetzt ja schon im August.

Am nächsten Tage regnete es auch noch, am dritten ebenfalls, und so schien es fortgehen zu wollen. Der Fluß war ausgetreten, die ganze Umgegend bildete einen See, und schon hatte das Wasser einen Weg ins Haus gefunden.

Bald wußte Richard nicht mehr, was er essen solle, obgleich das einsame Mühlenhaus überreichlich mit Vorräten aller Art versehen war. Die Fleischsachen waren verdorben, das Mehl schmeckte bereits modrig, Kartoffeln, Zwiebeln, Linsen, Erbsen und alle andere Pflanzenkost blühte und keimte lustig.

Wie kam das? In jenen Zonen des Äquatorialregens kann man doch Erbsen und Bohnen lange Zeit aufbewahren! Ja, aber diese Hülsenfrüchte sind auch dort gewachsen, sie haben einen ganz anderen, durch keinen Winter zurückgehaltenen Lebenskeim in sich, sie widerstehen der feuchten Wärme.

Zum Glück fand Richard einige Büchsen mit Konserven, doch – er mußte sie roh essen, wollte er nicht Hungers sterben. Kein Streichholz zündete mehr, und obgleich er einen Feuerbohrer konstruierte, fand sich doch kein trockenes Holz, alles war feucht, schimmelte und moderte, es war also unmöglich, ein Feuer zu entzünden, das zum Kochen der Speisen hätte dienen können.

Richard wußte nicht, wie lange er so gefangen gewesen – vielleicht war es eine Woche – als endlich die Sonne wieder von einem wolkenlosen Himmel herabstrahlte. Nach einem Tage schon hatte sich das Wasser verlaufen, schnell trocknete der Boden, und Richard dachte nun an seine Rückkehr nach der Stadt. Da aber sein Rad ebenso wie seine Waffen zu einer verrosteten Eisenmasse geworden waren, mußte er zu Fuß wandern. Doch wo war denn der Weg geblieben? Alles, wohin das Auge auch blickte, bildete nur eine einzige grüne Wiese mit meterhohem Grase. Von einer Landstraße war gar nichts mehr zu sehen. Schließlich unterschied er sie doch an dem kürzeren Grün, das ebenso wie auf den unbestellt gewesenen Feldern mehr aus Unkraut bestand, während die Wintersaat schon meterhoch geschossen war. Das mußte eine herrliche Ernte geben! Und alles das hatte der Regen einer einzigen Woche bewirkt! Das immer alles unter Wasser gestanden, hatte nicht geschadet. Ebenso zeigten alle Bäume schon frische Blätter und sogar Blüten. Die Knospenzeit war bereits vorüber.

Richard schritt der Stadt zu. Was ihm sonst noch auffiel, waren die vielen kleinen und großen Raubvögel, die im Äther schwebten. Auch dicht vor ihm stieg, einen Anlauf nehmend, ein Raubvogel von solcher Größe auf, daß er erschrocken stehen blieb. Das konnte nur ein Adler oder Geier gewesen sein. Wie kam ein solcher nach Deutschland? Nun, einem Segler der Lüfte konnte eine Reise von der Schweiz nach hier nur eine Kleinigkeit gewesen sein.

Schon aus der Ferne sah Richard den Schlitten auf der Landstraße stehen. Er machte jedoch einen großen Bogen über die Felder um ihn herum, ein solch übler Geruch ging von dem verwesenden Pferde aus, das vor dem Schlitten verendet war, und als er noch nicht die ersten Häuser der Stadt erreicht hatte, gab er seinen Vorsatz auf, dieselbe zu betreten, denn ein pestartiger Gestank wehte ihm schon hier entgegen. Dieser war es jedenfalls gewesen, der die zahlreichen Raubvögel angelockt hatte.

So kehrte Richard denn nach der Mühle zurück, nicht wissend, was aus dem jungen Ehepaar geworden sei.

Die weitere Entwicklung

Für Richard begann jetzt kein anderes Leben, als wie es Robinson auf seiner weltverlassenen Insel geführt hatte, obgleich er sich noch immer in dem Glauben befand, von allen Erzeugnissen der Kultur in

Hülle und Fülle umgeben zu sein. Er mußte in allem fast gänzlich von vorn anfangen, als wenn er nackt auf die Welt gekommen sei, und er arbeitete denn auch eifrig.

Zunächst mußte er sich Feuer verschaffen, denn die Streichhölzer waren zwar getrocknet, aber blieben unbrauchbar. Es gelang ihm, die Patronen des Revolvers, so verrostet dieselben auch waren, zur Entzündung zu bringen. Er öffnete eine Patrone, rieb einen trockenen Lappen mit Pulver ein und schoß ihn in Brand.

Auch an Fleisch und Brot mangelte es ihm nicht. Das Mehl trocknete zwar ein, lieferte aber trotzdem schmackhaftes Gebäck, und da sich Tauben einstellten, die er fütterte, was natürlich dieselben noch mehr anzog, so brauchte er einen vortrefflichen Braten nicht zu entbehren.

Dann fand er in dem Hause außer einigen Jagdgewehren mit Munition auch Angelgerätschaften, so daß der Fluß ihm öfters Fische bieten konnte, und die Zeit verging ihm schnell, denn er hatte immer Beschäftigung. Bald putzte er Gewehre, bald konstruierte er schon für später, wenn er einmal keine Patronen mehr besaß, einen Feuerbohrer oder fertigte Bogen und Pfeile, indem er als Spitzen für dieselben Nägel benutzte. Dann wieder sorgte er für die Zukunft, indem er Kartoffeln pflanzte, und endlich fertigte er einen Holzrahmen an, den er mit Gardinen überzog, um so, wenn er diese heißen Stunden im Schatten verträumt, einen Schutz gegen die Mücken zu haben, die hier am Flusse in zahllosen Schwärmen auftraten. Inzwischen beobachtete er die Vegetation und die Tierwelt. Da bemerkte er gar Sonderbares. Die Wintersaat war schon zwei Meter hoch und begann zu verdorren. Neues Grün sproßte zwischen den gelben Halmen hervor, und es zeigten sich doch keine Ähren. Das heißt, Ähren mit Samen waren wohl da, aber das waren keine Getreidekörner.

Das Getreide wuchs eben auf Kosten des Samens so rasch in die Höhe. Es verwilderte, es vergraste. Denn unser Roggen, Weizen, Gerste sind schließlich auch nichts weiter als eine Grasart, die aber in gemäßigtem Klima auf Kosten ihrer Halmhöhe soweit veredelt worden ist, daß sie mehligen Samen, Körner, hervorbringt. Es gedeiht in südlichen Gegenden solches Getreide überhaupt nicht, d. h., es wächst dort nur als hohes Gras und gibt keine Ähren.

Dieselbe Erfahrung machte Richard bei den einheimischen Obstbäumen, wie Kirschen, Äpfeln, Birnen und so weiter. Die Bäume trieben ungeheure Blüten und Blätter, aber alles auf Kosten der späteren Früchte. Diese wurden nur ganz klein und holzig, und nach wenigen Jahren mußte sich der schönste, aromatische Tyrolerapfel in eine ungenießbare Holzkugel verwandelt haben. Nicht einmal die Pfirsiche wollten recht gedeihen, auch sie wurden holzig oder verfaulten am Stamm.

Hast Du, lieber Leser, nicht schon von den köstlichen Früchten gehört und gelesen, die auf dem heißen Gürtel der Erde dem Bewohner jener glücklichen Gegenden zum Munde hineinwachsen? Von der saftigen, herrlichem Ananas zum Beispiel, die wild im Freien gedeiht?

Glaube es nicht, es ist nicht wahr! Die Ananas, die dort unten wächst, ist ganz holzig und ungenießbar. Diejenige, die wir essen, ziehen wir bei uns in Gewächshäusern, und will der Westinder eine gute Ananas haben, so muß er sie auch erst im Hause ziehen. Aber er tut das nicht, er bezieht sie aus – England, und daher sind die Ananas in ihrer Heimat viel, viel teurer als in Deutschland, Frankreich und England. Fast ähnlich ist es mit allen anderen Früchten, um welche wir manchmal die glücklichen Südländer so beneiden. Was ist denn an den mehligen, widerlich süßen Bananen, an den wässerigen Orangen, an dem groben Fleische der Kokosnuß dran? Mit einem Apfel, einer Birne und dem feinen Kern einer Haselnuß läßt sich dies doch nicht vergleichen. Der Nordbrasilianer lobt seine Früchte über alles, er hat prächtige Namen für sie, aber wenn man hinkommt, so legt er sie erst in Essig oder Spiritus und Zucker ein, ehe er sie ißt, und mit solchen Ingredienzien kann man schließlich auch Nußschalen wohlschmeckend machen.

Nein, mit allen diesen vielgepriesenen Früchten des heißesten Südens ist es nichts; nur die gemäßigte Zone bringt an Geschmack das Beste und Edelste hervor, wie schon der Rheinwein beweist.

Mit den Blumen ist es etwas anderes, da kommt nicht die Frucht in Betracht, und so sah auch hier Richard sich herrliche Blüten entwickeln, die er wegen ihrer Größe und ihres Duftes kaum als die einstigen, ihm wohlbekannten Blumen wiedererkannte. Dagegen verholzte auch das Gemüse im Garten.

Aber nicht alles verdarb. Das veränderte Klima, es brachte auch Neues, Nützliches hervor. Auf dem Mühlenhof entstand von selbst ein Feld, als die Halme wuchsen und einige sehr breite Blätter trieben, entwickelten sich Aehren, und nun erkannte Richard mit Erstaunen, daß es ein mit Reis vermischtes Maisfeld war.

Er konnte sich das Wunder bald erklären. Er hatte die Tauben mit vorgefundenem Reis und Mais gefüttert. Der Mais wurde rasch groß und lieferte Kolben, der Reis allerdings wollte nicht recht gedeihen, der verlangte eine besondere Pflege und hauptsächlich viel Feuchtigkeit. Richard hatte gelesen, wie die Chinesen ihre Reisfelder anlegen, die bald unter Wasser gesetzt, bald wieder trocken gelegt werden müssen, und er wollte die Reiskultur schon ausprobieren.

Die Tierwelt veränderte sich zunächst viel weniger, und Richard wußte auch gar nicht, wie sie sich hätte verändern sollen. Neue Tiere konnten doch nicht entstehen! Wohl sah er Adler und große Geier. Diese verschwanden aber gar bald wieder. Dagegen fanden sich an dem Flußufer Reiher ein, die den Fischen auflauerten, dann auch Pelikane, Flamingos und andere südländische Vögel.

Unangenehm machten sich auch die Mücken bemerkbar, die den Wassertümpeln entstiegen. Sie stachen ganz anders wie früher, der Stich juckte nicht mehr, sondern schmerzte und verursachte oft bösartige Beulen und Geschwüre, gerade, als wenn die Mücken schon Mosquitos geworden wären.

Aber sind denn Mosquitos etwas anderes als unsere Mücken? Wir stellen sie uns nur immer größer vor, oft so groß wie Bremsen. In Wirklichkeit sind sie aber nicht größer als unsere Mücken. Es sind überhaupt nur unsere Mücken in allen ihren Abarten. Der Nordamerikaner nennt sie nur Mosquitos, in Südamerika, wo sie besonders eine Plage sind, kennt man diesen Namen schon nicht mehr. Dort heißen sie Iegenes oder Tempraneros oder Zecundos, jede Gegend hat ihren anderen Namen für diese Insekten. Dort wirkt ihr Stich gefährlicher, weil das Blut, das beim ersten Stich an ihrem Rüssel hängen bleibt, schnell in Verwesung übergeht, oder weil sie sich auch direkt auf faulendes Fleisch gesetzt haben, so daß ein jeder neuer Stich eine Blutvergiftung erzeugt, die sich als Eiterbeule und auch durch Fieber äußert.

Es waren also schon echte Mosquitos, die Richard stachen.

Die Tauben vermehrten sich ungeheuerlich. Eines Tages ließ sich ein großer Schwarm auf sein Reis- und Kornfeld nieder, fraß im Handumdrehen das letzte Korn auf, vereinigte sich mit einem anderen, noch größeren Schwarm, der aus der Richtung der Stadt kam, dann flogen beide auf Nimmerwiedersehen davon, und es schien gar keine Tauben mehr zu geben.

Die Tauben sind Körnerfresser, und da sie hier keine Körner mehr fanden, so wurden sie Wandervögel, die nach besseren Weideplätzen ausspähten. Dafür stellten sich aber andere Vögel ein, die mit Grassamen und Insekten vorlieb nahmen. Doch diesen mußte Richard schon mehr als Jäger nachstellen, und da nach einigen Regenperioden auch die Patronen zu versagen begannen, war er auf den Ertrag von Pfeil und Bogen angewiesen.

Die Angelhaken verloren sich nach und nach, Nägel, soweit sie nicht verrostet waren, ließen sich doch schlecht dazu verwenden, und so begann Richard auch die Fische mit Pfeilen zu schießen. Der Fluß wimmelte von ihnen, und zwar befanden sich darunter recht große. Auch etwas anderes fiel ihm auf. Früher, wenn er mit dem Schmetterlingsnetz botanisieren ging, war es immer für ihn ein Triumph gewesen, einen Salamander mit nach Hause zu bringen. Jetzt waren Salamander keine Seltenheit mehr, und sie erreichten eine außergewöhnliche Größe, ebenso wie die Frösche, die des Nachts ein mächtiges Gebrüll anstimmten. Das heiße Klima schien ihnen gut zu bekommen.

Dann erschrak Richard einmal vor einer ungeheuren Schlange. Wenigstens im ersten Augenblick kam sie ihm ungeheuerlich vor. Doch als er sie durch einen glücklichen Steinwurf tötete, erkannte er in ihr nur eine harmlose Ringelnatter, die allerdings die ansehnliche Länge von mehr als einem Meter erreicht hatte. Leider war er bald darauf gezwungen, auch eine Kreuzotter zu töten, die ihm ebenfalls recht groß vorkam.

Wieder in der Stadt

Richard führt einen Kalender, und dieser sagte ihm, daß er nun schon ein Jahr in der Mühle gehaust hatte. Er dachte jetzt daran, doch einmal nach der Stadt zu gehen. Erstens wollte er seine Gefährten wieder aufsuchen, und dann fehlte ihm auch Verschiedenes, was er sich aus der Stadt zu holen beabsichtigte, so zum Beispiel war ihm die Seife ausgegangen. Bisher hatte ihn immer die Erinnerung an die verwesenden Leichen von einem Stadtbesuche abgehalten.

Kleiderschränke und Kommoden enthielten noch brauchbare Sachen genug. Er machte also Toilette, wenn auch nicht gerade für eine Gesellschaft, Schnitt sich vor dem Spiegel, der ihm ein schwarzbraunes Gesicht mit Mosquitobeulen zeigte, das lange Haar ab, bewaffnete sich mit Axt, Messer, Bogen und Pfeilen, nahm zur Fürsorge auch den Feuerbohrer mit und war reisefertig.

Bis zur Stadt hatte er, seiner Meinung nach, nur eine Stunde zu marschieren. Erinnerte er sich doch, obwohl er wußte, daß die nähere Umgebung des Mühlenhofes, aus der er sich bei seinen Jagden niemals entfernt, sehr verwildert war, noch deutlich der allerdings bereits mit hohem Grase bedeckten Landstraße, die er ja bei seinem Marsche benutzen konnte.

Allein jetzt war auch nicht mehr eine Spur von der ehemaligen Landstraße zu entdecken. Die ganze Gegend war eine Savanne von über mannshohem Grase geworden, durch welches Richard sich förmlich durchbrechen mußte; dazwischen wuchs undurchdringbares Gestrüpp, das hier früher auf dem freien Felde noch nicht vorhanden gewesen sein konnte.

Hätte sich Richard nicht nach der Sonne zu orientieren verstanden, er würde die Stadt überhaupt nicht wiedergefunden haben. Später tauchte die Spitze des Kirchturmes auf und diente ihm zur Richtschnur.

Endlich kam er zwischen die Häuser. Das Pflaster der Straße war natürlich ein schlechter Boden für Vegetation, aber grün überzogen war alles, und zwischen den Fugen der Steine schossen schon schlanke Halme empor. Ebenso hatten sich die Häusermauern mit Grün bedeckt, wo sich nur die kleinste Fuge befand, da trieb und knospete es, und wie diese kleinen Wurzelchen das feste Steinpflaster dereinst in Humuserde verwandeln mußten, so würden sie auch bald die Häuser auseinandertreiben und die ganze Stadt in Ruinen legen. Es war eine vergessene, unter Pflanzen begrabene Stadt, wie sie die Reisenden ähnlich in Südamerika als Andenken an die alten Azteken finden.

Richard hatte in seiner Vaterstadt doch jeden Winkel gekannt, jetzt fand er sich kaum noch zurecht. Er verirrte sich und gelangte auf einen Platz, auf den er sich nicht entsinnen konnte.

Was aber war das? An den Häusern kletterten ja schon tropische Schlingpflanzen mit prachtvollen, tellergroßen Blüten empor. Wo kamen die her? Die Szenerie wurde immer exotischer, dieses kleine aus dem Boden sprossende Blatt konnte nur das einer Palme sein, hier wuchs eine ganze Palme, dort ein Kaktus, und noch einige Schritt weiter, so befand sich Richard in einem Orangenhain mit großen, goldgelben Früchten; auch sah er tragende Dattelpalmen, mehrere Feigenbäume, und diese schmalen, langen Früchte an jedem Strauche, sie konnten nur Bananen sein.

Richard war vor Staunen außer sich. Schon wollte er die Erklärung darin suchen, daß Vögel den unverdauten Samen dieser exotischen Pflanzen hierhergetragen hätten, wobei freilich immer noch rätselhaft blieb, wie sich die Samenkörner innerhalb eines Jahres zu fruchttragenden Bäumen entwickelt haben konnten, denn so schnell geht die Sache doch nicht, auch nicht unter dem Äquator, als er die richtige Lösung des Geheimnisses fand.

Hier war, wie er aus den zersprungenen am Boden und auf Kisten liegenden Glasfenstern schloß, eine Kunstgärtnerei gewesen, deren Besitzer zum Privatvergnügen einen botanischen Garten mit exotischen Pflanzen angelegt hatte. Diese hatten die Umhüllung des Gewächshauses gesprengt und sich in Freiheit entwickelt. Ihr Samen würde sich nun verbreiten und die Eichen, Buchen und Birken verdrängen, und wichen diese nicht schnell genug, so würden sie die Schlingpflanzen in ihrer Umarmung ersticken.

Überall lagen noch die Skelette von Menschen und Tieren, schneeweiß gebleicht, neben ihnen Goldstücke, Gold- und Silberuhren oder echter Schmuck, soweit sie solchen getragen hatten, alles andere war den Raubvögeln und dem Zahne der Zeit zum Opfer gefallen und spurlos verschwunden. Sachen aus anderem Metall, wie zum Beispiel Taschenmesser, waren vor Rost ganz unkenntlich geworden. Die Raubvögel hatten die Gegend verlassen, weil es nichts mehr für sie zu fressen gab.

Richard erreichte den Marktplatz mit der Kirche. Dieser war zementiert gewesen, deshalb hatte er sich nur mit einer Moosart überziehen können. Aber auch diese würde den harten Boden sprengen. An den Schleusen aber hatten sich schon Gebüsche gebildet.

Die zukünftigen Raubtiere

Plötzlich erfüllte ein durchdringendes Pfeifen die Luft, und Richard sah, nicht weit von sich entfernt, eine Schar Mäuse aus einer Haustür kommen. Doch nein, das, was er sah, war nur der Anfang eines unerschöpflichen Stromes, der sich quer über den Marktplatz ergoß und in einem anderen Hause verschwand, während aus dem ersten immer neue hervordrangen.

Erschrocken war Richard auf einen hohen Prellstein gesprungen. Es war ein scheußliches Gewimmel; es mußten Millionen sein. Wie war das möglich? Nun, es brauchten nur ein Dutzend Mäusepaare am Leben geblieben sein, nur die auf dem Turm gewesenen, so war das Rätsel gelöst. Ein einziges Mäusepaar kann ja in einem Sommer eine Nachkommenschaft von 25000 Jungen haben, und das ist noch eine ganz mäßige Berechnung. Hier hatten die Mäuse außerdem auch keinen nachstellenden Feind gehabt, denn Mausefallenhändler, giftstreuende Kammerjäger und Katzen waren ja tot, und Raubvögel allein konnten die Vermehrung wenig beeinträchtigen.

Aber sie hatten doch Feinde, Richard bemerkte es erst, als er sich an das Gewimmel gewöhnte. In dem lebenden Strome befanden sich nämlich auch Ratten, sie würgten die Mäuse ab. Solch eine Ratte trug soeben eine besonders große Maus seitwärts davon, um sie in Ruhe zu verzehren. Da aber schoß ihr bereits eine andere nach, und Richard meinte zuerst nicht anders, als daß es ein ihm unbekanntes Raubtier gewesen sei, so groß war diese Ratte, so abnorm hatte sie sich entwickelt. Jetzt fiel sie wieder eine kleinere Ratte an, und ein Kampf entspann sich, in dem natürlich der Stärkere siegte. Das Ungetüm von einer Ratte fraß erst schnell die Maus, dann machte sie sich an den eigenen Kollegen.

Lächelnd über seine Furcht war Richard von dem Steine herabgesprungen und schlich sich mit gespanntem Bogen auf das reißende Ungetier zu. Aber er hatte gar nicht nötig, so zu schleichen, die Ratte floh nicht, sie hob den Kopf, zischte und fletschte die langen Zähne nach ihm. Ja, vielleicht war es gut, daß sein Pfeil sie durchbohrte, sonst hätte er sich noch mit dem Messer wehren müssen.

Richard ging in ein Haus. Daß hier die Mäuse schon gewesen waren, konnte er aus ihren hinterlassenen Spuren sehen, sonst aber gähnten ihm nur die nackten Wände des einst möblierten Hauses entgegen, und auf dem Estrich des abgedielten Bodens lagen Eisenteile, Glas, Porzellan und eine Lampe. Alles andere hatten die Mäuse aufgefressen, das Bett so gut wie das Klavier bis auf die eisernen Schrauben.

So würden nunmehr die Mäuse, nachdem sie keine wirkliche Nahrung mehr hatten, mit fürchterlichem Hunger weiter hausen und sich dabei in die Billionen vermehren. Gab es dann gar nichts mehr zu nagen, so mußten sie sich entweder zu grüner Pflanzennahrung wenden oder den gefräßigen Zahn gegen das eigene Geschlecht kehren. Allerdings würden die Ratten endlich doch die Vermehrung der Mäuse beschränken, und dann auch über sich selber herfallen. Denn die Ratte frißt die Ratte, und da das Starke siegt, das Schwache aber verschwindet, so würde jedes neue Geschlecht von Ratten immer größer werden, bis die Natur eine Grenze setzt und ihnen ein anderes Raubtier zur Vernichtung schickte.

So dachte Richard, als er das Haus wieder verließ. Er hatte von dieser Entwicklungstheorie gelesen und schon ein Beispiel mit eigenen Augen gesehen.

Er begab sich in die Kirche, durch dieselbe Türe, die er vor einem Jahre nicht hinter sich geschlossen hatte. Die Mäuse waren auch hier

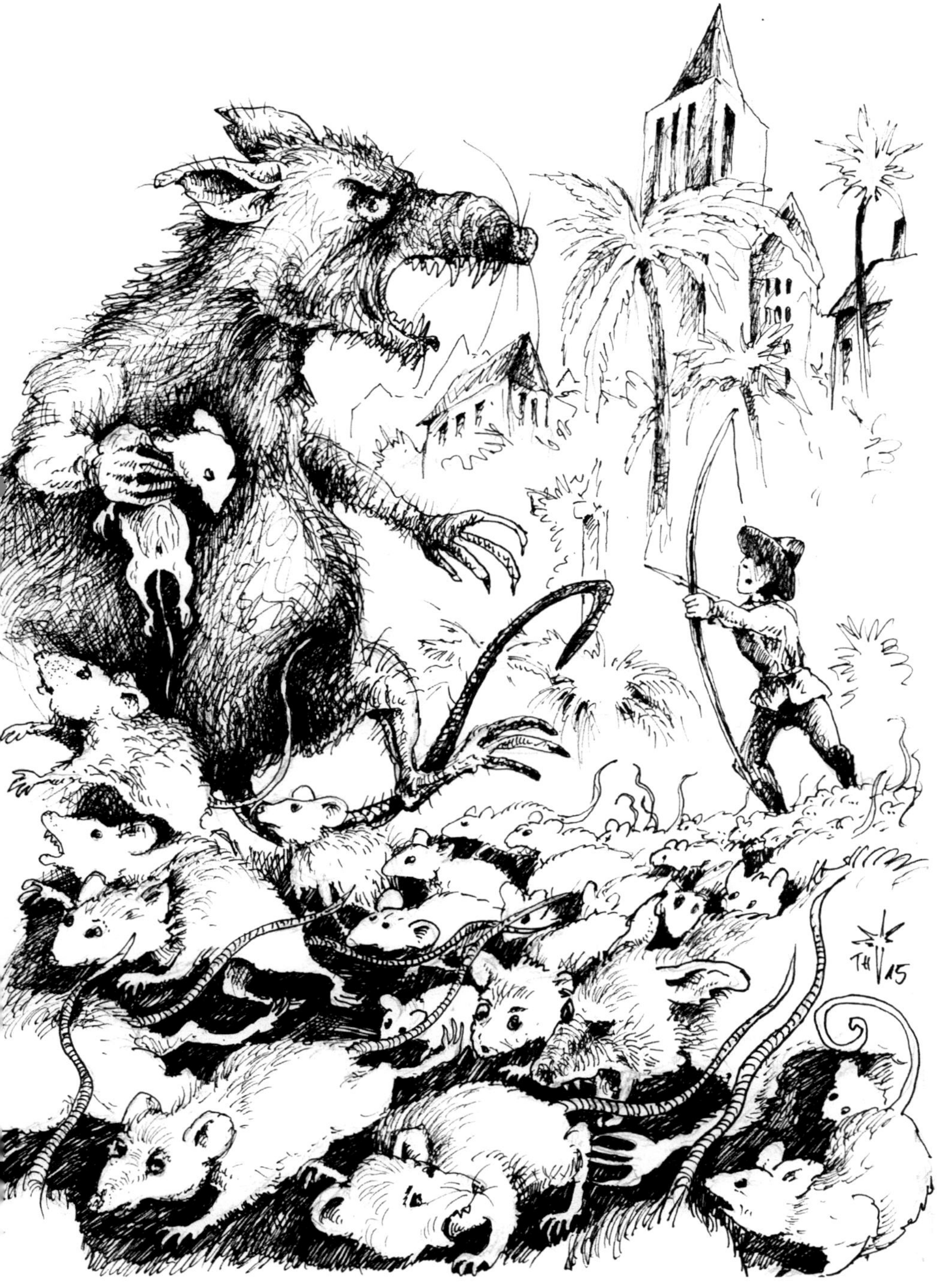

eingedrungen, wenn sie nicht schon von oben aus dem Turm gekommen waren, und hatten die Kirche leer gefressen. Deshalb konnte auch auf dem Altar kein Zettel liegen. Wo mochten nur der Schuster und seine Frau sein?

Natürlich war nicht schon der Inhalt der ganzen Stadt den Mäusezähnen zum Opfer gefallen, das wäre zu schnell gegangen. Sie drangen nur in die Häuser ein, wo sie keinen Widerstand fanden, deren Türen dem Strome direkt offen standen. Später allerdings würden sie sich auch den Eintritt mit Gewalt erzwingen. So fand Richard noch die meisten Häuser und Läden unversehrt, er mußte nur die Tür erbrechen. Statt der Mäuse aber waren durch die meistenteils zertrümmerten Fensterscheiben Myriaden von Insekten eingedrungen und hatten, im Verein mit der warmen Feuchtigkeit, auch schon arge Verwüstungen angerichtet. Ein Schlag auf ein Sofa ließ eine Wolke von Motten aufwirbeln, über den Holzteilen fiel alles in Staub, Gardinen und Decken gab es gar nicht mehr. Dennoch fand Richard dasjenige, was er brauchte, er mußte nur suchen, Seife sowohl als noch brauchbare Streichhölzer und Petroleum gelangten in seinen Besitz, und schließlich entdeckte er in einem trockenen Hause auch gut erhaltene Sämereien und nützliche Bücher in wohlverschlossenen Schränken. Er beschloß, sich dieses alles anzueignen, was er für später wohl gebrauchen konnte.

Zunächst aber mußte er sich eine neue Wohnung suchen. In der am Waldflusse gelegenen Mühle war es zu feucht, er hatte dort auch schon einmal einen Fieberanfall gehabt und hier schien es wiederum viel zu trocken zu sein.

Er verbrachte jetzt einige Tage damit, durch die Stadt zu streifen und Häuser zu besichtigen. Auch las er in geeigneten Büchern der gut erhaltenen Stadtbibliothek, wie er sich unter dem Äquator einzurichten habe, wie man dort sät und erntet und so weiter. Hier begegnete er immer wieder neuen Mäuseschwärmen, niemals aber seinen der Katastrophe entgangenen Gefährten.

Endlich hatte er einen festen Entschluß gefaßt. Eine halbe Stunde von der Stadt entfernt lag auf einer Anhöhe der Pulverturm, ein zweistöckiges, massives Gebäude, das oben einen Söller hatte. Die einzige Tür des Turmes bestand aus verzinktem Eisen, auch die Fenster konnten durch Eisenplatten verschlossen werden, und das Ganze wurde noch von einer Mauer umgeben. Unten an dem Hügel aber floß ein Bach vorbei, während drinnen im Hofe sich ein Brunnen befand. Die Gegend war frei, nur an der einen Seite des Turmes grenzte der Wald. Richard hatte sich, da die Tür zufällig offen gewesen, von dem soeben Angeführten selbst überzeugt und war entschlossen, den Pulverturm zu seinem neuen Heim zu machen. Hierher würden sich die Hausmäuse wohl schwerlich verirren, hier wollte er die zukünftigen Felder anlegen, alles war dazu wie geschaffen.

Er beseitigte die Skelette und das, was er sonst nicht brauchte, auch das Pulver, bis auf einige Säcke, die ihm vielleicht später noch einmal Dienste leisten konnten, und schaffte im Laufe der Zeit alles aus der Stadt hierher, was ihm für sein neues Einsiedlerleben verwendbar schien, besonders Handwerkszeug, Sämereien und Bücher. Zwischen den starken Mauern war ihre Erhaltung ebenso sicher wie in der alten Äquatorialgegend, wo man doch auch alles aufheben konnte, wenn man nur einige Sorgfalt auf die Gegenstände verwandte. Ein Spaten freilich, den man nie benutzt, ist in der heißen Zone innerhalb eines Jahres in Rost gefallen, und das Buch, das man nie aus dem Schranke nimmt, lassen die Ameisen bis auf die Deckelschalen verschwinden.

Die Phantasie ist frei, mit ihr lassen wir die Jahre vergehen.

Richards kindlicher Wunsch, einmal Robinson zu sein, war in Erfüllung gegangen, wenn er auch nicht daran gedacht hatte, daß dies möglich sein würde, als er seine Vaterstadt unter den Äquator versetzte. Es war vieles ja ganz anders gekommen, als er erwartet hatte, aber er hatte doch bewiesen, daß er sich in jeder Lage zu helfen wußte.

Wenn er auf dem Söller seiner Festung saß, überblickte er einige Morgen Landes, die seiner Hände Arbeit mit Reis, Mais und Hirse bestellt hatte, er konnte die Felder vom Bache aus überrieseln und sie bei zu viel Feuchtigkeit durch eine andere Schleuse wieder trocken legen. Mancher Spatenstich mit krummem Rücken, viel Zimmermannsarbeit und noch mehr Erfindungsgeist war dazu nötig gewesen.

Auf dem Söller selbst klappert dann und wann eine kleine Mühle. Auch sie war aus seiner Hand hervorgegangen, sie entschälte den Reis und mahlte den türkischen Weizen.

Neben den Feldern waren Orangen- und Zitronenhaine entstanden, und Anlagen von Feigen- und Bananenkulturen. Schon trugen Dattel- und Kokosnußpalmen Früchte, und innerhalb der Umfassungsmauern gediehen die herrlichsten Blumen.

Das war eigentlich alles, was Richard durch sich selbst geschaffen hatte, aber es war sehr viel.

Eine Steinaxt und ein Lederkostüm brauchte er sich nicht zu fertigen. Zeit seines Lebens war er mit Werkzeugen versorgt, in Truhen lag ein unerschöpflicher Vorrat an Kleidern und Wäsche, welche er nur trocken und von Insekten frei zu halten hatte; er besaß auch sonst alles, was zu des Leibes und Lebens Notdurft gehört; auch Seife brauchte er nicht selbst zu fabrizieren und konnte daher seine Zeit ganz dem widmen, was ihm die Vergangenheit nicht mehr lieferte, sondern wozu eigener Fleiß nötig war, also zum Beispiel dem Bebauen seiner Felder und seines Gemüsegartens.

Die Zeit verstrich ihm wie im Fluge. Neben der Arbeit sorgten Lesen, das Einsammeln von Holz und die Jagd für Abwechslung. Dabei bediente er sich der Bogen und Pfeile, hielt aber auch Feuerwaffen für alle Fälle in Stand.

Die Pflanzenwelt hatte jetzt ganz einen tropischen Charakter angenommen, dafür hatten der botanische Garten und dann Wandervögel gesorgt, die den Samen aus allen Weltteilen mitbrachten. Es hatten sich auch neue Vogelarten als ständige Bewohner eingestellt, aber die andere Tierwelt blieb dieselbe, nur daß die vorhandenen Tiere an Größe zunahmen. Er hatte schon eine Ringelnatter von zwei Meter Länge gefunden und eine fast nicht minder große Kreuzotter, er hatte gesehen, wie die erstere eine Ratte von der Größe einer echten Bulldogge – etwa einen viertel Meter hoch – angriff und in ihrer Umschlingung erdrückte.

Dieses Wachsen der Tiere war Richard teils ein Rätsel, teils hatte er sich durch Lesen und eigenes Nachdenken einiges Verständnis dafür verschafft.

Es ist hier in dem kurzen Rahmen dieser Erzählung die Erklärung nicht möglich, dazu gehört das Studium der Werke solcher Gelehrten, die sich mit ähnlichen Fällen beschäftigt haben, wie zum Beispiel Darwin. Es war ein Walten der Natur, die sich selbst zu helfen weiß, indem sie Tierarten, die sie nicht mehr braucht, aussterben läßt, und anderen forthilft, um vom Geschick vernachlässigten beizustehen und neue zu erzeugen – wenn sie solche braucht.

Als Beispiel dafür, daß die Natur die Welt regiert und sich nichts vorschreiben läßt, sondern selbstständig denkt und arbeitet, daß alles das notwendig ist, was sie erschafft, mag nur eine verbürgte Geschichte erzählt werden.

Doch zuerst eine Frage: Wer kann sagen, wozu die Krokodile da sind? Etwa dazu, daß sie die Fische wegfressen und einmal einen Menschen wegschnappen? Wo bleibt da deren Nützlichkeit?

Und doch müssen die Krokodile im Haushalte der Natur wohl nützlich sein, sie müssen es – sonst würde sie die Natur aus der Liste der Kreaturen streichen.

Die Frage ist beantwortet worden vor gar nicht langer Zeit.

Ein ackerbautreibender Indianerstamm in Brasilien wurde von den Alligatoren sehr belästigt, die in dem neben dem Dorfe vorbeifließenden Flusse hausten. Sie richteten unter dem zur Tränke geführten Vieh viele Schäden an, zogen badende Menschen unter Wasser, schlugen sogar einen über den Fluß setzenden Mann mit dem Schwanz aus dem Boote.

Eine vornehme Jagdgesellschaft kam in das Dorf, hörte die Klagen und machte sich den Spaß, den Alligatoren den Vernichtungskrieg zu erklären. Die Jäger gingen nicht eher, als bis der Fluß keinen Krokodilschwanz mehr enthielt und die Sonne kein Ei mehr ausbrütete. Die Eingeborenen bedankten sich bei ihnen, nun hatten sie ja Ruhe vor den Unholden.

Im nächsten Jahre aber machten sich äußerst viele Wasserratten bemerkbar, und im übernächsten konnten die Eingeborenen kein Korn von den Feldern ernten, der Fluß spie immer neue hungrige Ratten aus. Sie fraßen das Korn auf den Feldern und in der Scheuer, und keine Katze und kein Gift konnte helfen. Die Plage wurde schließlich so groß, daß die Eingeborenen ihr Dorf und die ganze Gegend zu verlassen beschlossen.

Da erfuhr die Regierung von der Rattenseuche. Sachverständige Praktiker und Gelehrte wurden befragt. Und das einstimmige Resultat der Beratung war: Hier gibt es kein anderes Mittel, als daß wieder Alligatoren importiert und in den Fluß gesetzt werden.

So geschah es auch, die neuen Alligatoren räumten nun schnell unter den Wasserratten bis zur erlaubten Anzahl auf, die faulen Eingeborenen wurden angehalten, Viehtränken und Badeplätze einzuräumen und eine Brücke zu bauen, und seitdem leben sie friedlich neben den Alligatoren.

Verwildert

Als Richard eines Tages von dem Söller Umschau hielt, sah er am Saume des Waldes eine dunkle Figur sich bewegen. Die Entfernung war zu groß, als daß er etwas Näheres unterscheiden konnte; doch groß mußte das Geschöpf sein, es schien auf zwei Beinen zu gehen, also war es wahrscheinlich ein Mensch.

Zitternd vor Aufregung holte Richard ein Fernrohr und richtete es auf die Gestalt – es war in der Tat ein Mensch! Ohne erst durch das Fernrohr nähere Beobachtung anzustellen, griff er gewohnheitsmäßig nach den Waffen und eilte der Richtung zu, wo er den Menschen zuletzt gesehen hatte. Er mußte dabei durch Wald, dann verbarg ihn hohes Gras, und plötzlich stand er vor dem Betreffenden.

Es war ein vielleicht zehnjähriger Knabe. Splitternackt mit schwarzbrauner Haut, das hellblonde Haar lang auf den Rücken fallen lassend, hielt er in den Händen einen Bogen und Pfeile und trug außerdem noch vielen Goldschmuck um die Hand- und Fußgelenke und um den Hals. Auf der Brust hing ihm eine goldene Uhr, an den Fingern blitzten Ringe, auch in den Ohren – es war alles solches Geschmeide, wie es Richard noch jetzt auf den Straßen und in Läden der Stadt liegen sah.

Die Begegnung war keine andere, als wenn ein Australneger zum ersten Male mit einem Europäer zusammenstößt. Der kleine mit scharfen Sinnen begabte Wilde hatte die Annäherung Richards offenbar schon gehört und sich zur Flucht gewandt, war aber überrascht worden. Jetzt stand er hilflos da, zitternd und die Pfeile hinter dem Rücken versteckend, in dem stupiden Gesicht halb grenzenloses Staunen, halb entsetzliche Angst, und nicht wissend, ob er jetzt noch eine Flucht wagen dürfe.

„Fürchte Dich nicht, ich tue Dir nichts," sagte Richard. „Wer bist Du, Kleiner?"

Schon dachte er, daß der Wilde sein Deutsch ja nicht verstehen könne, als jener den Mund öffnete und antwortete: „Ich heiße Anton."

Jetzt war es Richard, der furchtbar erschrak. Denn vermutlich war der Junge kein anderer, als der Sohn des Schusterehepaares. Er starrte vor Schmutz und Ungeziefer, wie Richard jetzt bemerkte, er war ein vollkommener Wilder geworden, zu welchen Befürchtungen bezüglich seiner Eltern berechtigten nicht die Erziehung und das Aussehen dieses Kindes!

„Bist Du der Sohn des Schusters?" fragte Richard.

„Mein Vater heißt Karl und meine Mutter ist die Marie. Anton hat Hunger," entgegnete der Knabe, einen fürchterlichen Fluch hinzufügend.

Richard lockte ihn mit sich. Er wurde immer von neuem Entsetzen befallen, noch mehr aber von Mitleid; der Menschheit ganzer Jammer faßt ihn an – konnte man auch von ihm sagen.

Dieses Wesen, das neben ihm einherschritt und an Gestalt einem Menschen glich, war fast schon weniger als ein auf der tiefsten Stufe stehender Wilder. Auch ein Wilder ist das Produkt der Entwicklung seines Geschlechtes und hat eine gewisse Erziehung genossen – dieses Geschöpf aber besaß gar keine, es war ein verwilderter Mensch oder vielmehr ein Raubtier. Das drückte sich schon in des Jungen Augen aus, als er jetzt, zutraulicher geworden, mit gieriger Hand und doch angstvoll Richards Kleider und sein Gewehr betastete. Sein ganzes Gebaren war ein widerwärtiges Gemisch von menschlichem Verstand und tierischer Gier.

Wenig, sehr wenig konnte Richard von dem Jungen erfahren. Er sprach deutsch, aber unzählige Worte fehlten ihm. Seine Eltern lebten. Sie wohnten im ‚Schweizerhaus'. Das war ein Vergnügungsetablissement in der Nähe der Stadt gewesen. Es waren noch sechs andere Kinder da, zusammen drei Jungen und vier Mädchen. Eine Kleidung kannten sie nicht mehr. Wozu auch Kleidung bei der Wärme? Ihre Pfeilspitzen bestanden aus verrosteten Nägeln, doch wurden auch schon spitze Steine verwendet. Die Mutter hatte einen schweren, scharfen Stein, wenn sie Holz hackte. Sie schossen Vögel, Ratten, Mäuse, Fische, Eidechsen und Frösche und brieten sie am Feuer. Wenn es aber sehr feucht war, daß sie durch Reiben oder Schlagen kein Feuer entzünden konnten, aßen sie jene Tiere roh. Als Zukost dienten Früchte.

Das war so ziemlich alles, was Richard aus dem Jungen herausbringen konnte. Er sah ein, daß, wenn die letzten Nägel in Rost zerfielen, die Nachkommen des Ehepaares wieder ganz zu Steinmenschen und noch tiefer herabsinken mußten. Schon dieser Knabe war das schreckliche Zerrbild eines Menschen. Er fluchte beständig, wie er es vom Vater gehört hatte, und mißbrauchte dabei den Namen Gottes, aber von einem Gott selbst wußte er nichts. Der Name ‚Mensch' war ihm völlig unbekannt. Ja, seine Eltern, Geschwister und er selbst hatten nicht einmal neue Namen erfunden; die Bananen nannte Anton zum Beispiel ‚lange Dinger', und dieses Wort würde nun feststehend in ihre neue, eigene Sprache übergehen.

Richard nahm den Jungen mit auf seine Festung, aber nicht in das Innere derselben. Die Unreinlichkeit Antons verbot das. Gierig verschlang dieser zunächst die dargereichten Speisen, dann schaute er mit verwunderten Blicken um sich und staunte die einfachsten Dinge an, während andere ihm wieder geläufig waren. Vor der klappernden Windmühle fürchtete er sich, daß sich aber der Zeiger seiner Uhr früher mit einem tickenden Geräusch bewegt hatte, gerade wie auch Richards große Wanduhr, das wußte er noch. Über dieses Geheimnis hatte er aber nie nachgegrübelt, war auch nicht darüber belehrt worden. Zum Spaß schoß Richard ein Gewehr ab, und der kleine Wilde fiel vor Schreck nieder. Ebenso fürchtete er sich, als er durch das Fernrohr blickte. Hinwiederum dachte er nicht an ‚Zauberei'. Er dachte überhaupt nichts, er war ja nur ein beschränktes Tier.

„Hast Du auch Schnaps?" fragte Anton schließlich zu Richards Staunen.

In der Stadt gab es schon längst weder Wein noch Spirituosen, der ganze Vorrat war von selbst verschwunden, denn auch das beste Faß mußte bei dem Wechsel von Feuchtigkeit und Hitze Sprünge bekommen und auslecken, und Wein verdunstet auch durch den Kork der Flasche, wie jeder Weinhändler weiß, weshalb die Flaschen mit den alten Weinen immer nachgefüllt werden müssen, sonst wäre auch im kühlsten Keller nach zwanzig Jahren nichts mehr darin. Es vergeht eben alles, was von Menschenhand erzeugt ist, wenn es nicht von Menschenhand gepflegt wird.

Der Junge aber mußte den Branntwein noch kennen.

„Mein Vater sucht immer noch nach Schnaps, wenn er nicht verrückt ist," setzte er hinzu.

Richard ging in das Haus, um noch mehr Brot zu holen. Als er zurückkam, war Anton verschwunden samt dem auf dem Hofe gebliebenen Fernrohr und dem Gewehr.

Das war sehr betrübend. Umsomehr aber hatte Richard Grund, seinen Schicksalsgefährten, die sich gerade nach der anderen Richtung hin entwickelt hatten, einen Besuch abzustatten. Schon am anderen Tage machte er sich auf den Weg, ein gebackenes Brot und eine der Flaschen Branntwein mitnehmend, die er sich als Medizin aufbewahrt hatte. Auf den Brotlaib war er stolz, er galt ihm als ein Beweis seines Fleißes und seiner Intelligenz, und darin hatte er recht; mit der Flasche Branntwein gedachte er dem Schuster eine Freude zu machen.

Mit vieler Mühe fand er sich nach dem Schweizerhause zurecht. Einst in einem schönen Parke gelegen, umgab es jetzt ein völliger Urwald. Die deutschen Bäume waren unter dem neuen Klima mächtig emporgeschossen, dabei aber hatten sie ihre Lebenskraft verbraucht, die Eiche hatte sich in zehn Jahren wie in hundert Jahren entwickelt. Deshalb starb sie auch jetzt schon ab. Die älteren Bäume lagen bereits verwesend am Boden, als Humuserde für die künftige, neue

Generation der tropischen Flora arbeitend, die sich bereits durch Schlingpflanzen ankündigte. Kein Singvogel zwitscherte in dem undurchdringlichen Laubgewirr, unter dem eine schwüle, feuchte Luft herrschte; Schlangen, Eidechsen und Frösche fühlten sich auf dem sumpfigen Boden wohl. Ein drückendes Schweigen herrschte überall, das auch Richard mit trauriger Niedergeschlagenheit erfüllte, die noch zunahm, als er das Schweizerhaus betrat.

In dem zu ebener Erde gelegenen einst prächtigen Saale des Vergnügungsetablissements hauste die dem Tode entgangene Familie. Aus dem düsteren Raume wehte ihm ein Pesthauch entgegen; hier starrte natürlich erst recht alles vor Schmutz. Trotz ihres Elendes aber wollten die Leute leben, und die nackten, mit Gold behangenen Kinder fühlten sich schließlich auch glücklich, wenn sie nur im Kote patschen konnten.

In einem dunklen Winkel lag auf moderigem Laube wimmernd ein Weib, es hatte das Sumpffieber. Daneben war ein ganzer Haufen von Gold- und Edelsteinschmuck aufgehäuft; das Sammeln dieser Schätze mußte den bedauernswerten Menschen noch heute Spaß machen.

Auf der anderen Seite des Goldstapels kauerte ein ebenfalls völlig nackter, alter Mann und stierte mit blöden Augen den vor ihm Stehenden an. Er erkannte ihn nicht, staunte aber auch nicht und fürchtete sich nicht.

„Kennst Du mich nicht mehr?" fragte Richard ihn endlich, indem er die Wort kaum herausbrachte.

Der Mann lachte nur blöde vor sich hin und schüttelte den Kopf.

„Das ist doch der Junge, der damals am Leben geblieben war," erklang es da stöhnend aus dem Winkel.

Richard wollte dem Gedächtnis des Schusters zu Hilfe kommen, aber der verwilderte Mensch, der heute wahrscheinlich seinen verrückten Tag hatte, antwortete nur immer mit „ja ja."

Plötzlich kam mehr Leben in sein Auge, sein Blick war auf die Flasche gefallen, die halb aus Richards Jagdtasche heraussah.

„Was hast Du da?" fragte er gierig.

Richard nahm die Flasche und gab sie ihm.

Mit zitternden Händen griff der Mann nach derselben, zog den durch die Hitze schon emporgetriebenen Kork völlig heraus und trank in gierigen Zügen.

„Siehst Du, Karl," erklang es jetzt wieder in der Ecke, „ich sagte es Dir doch gleich, dort, in dem Hause, wo Anton den da gefunden hat, giebt es noch Branntwein. Gieb her die Flasche. Dann wollen wir mit ihm, er muß uns das Haus zeigen."

Zu spät erkannte Richard, welches unglückliche Geschenk er mitgebracht, ja, welche Gefahr er sich bereitet hatte.

„Es ist ein rundes Haus, das auf einem Hügel steht, erzählte Anton," fuhr die Frau dann fort, „es liegt etwas von der Stadt ab, ich glaube, das kann nur der Pulverturm gewesen sein. Nicht wahr, Du wohnst im Pulverturm?"

Richard schleuderte das Brot hin, und hastig, ohne Antwort, ohne Abschied, ohne an sein gestohlenes Gewehr und Fernrohr zu denken, entfernte er sich. Er floh förmlich.

Als er durch den Wald eilte, hörte er ein Rascheln hinter sich. Sich umdrehend, erblickte er den ehemaligen Schuster, der ihm, einen keulenähnlichen Stock in der Hand, vorsichtig nachschlich.

„Was willst Du von mir?" fragte Richard drohend, nach dem geladenen Revolver greifend.

„Nun, ich gehe eben auch so im Walde wie Du," entgegnete der Mann mit dreistem Lächeln. Der genossene Branntwein hatte ihn völlig verändert; jetzt war Leben in ihm, und seine Augen glühten.

„Entferne Dich, und wenn Du mir folgst oder Dich nur ein einziges Mal am Pulverturm blicken läßt, schieße ich Dich wie eine Ratte nieder," rief Richard, den Revolver erhebend.

Der Mann mochte sich der Wirkung solch einer Feuerwaffe noch erinnern, mit einem Sprunge verschwand er hinter einem Baumstamme.

Mit vermehrter Schnelligkeit, sich manchmal umblickend, setzte Richard nun seinen Weg fort. Es war ihm plötzlich so unsäglich elend zu Mute, und dieses Gefühl des Unglücks steigerte sich noch, als er die Stadt wieder betrat.

Wohl grünte blühte und duftete alles, aber es erfreute nicht mehr sein Herz. Die Schlingpflanzen wucherten ja an Häusern empor, in denen einst ein fröhliches Familienleben geherrscht hatte, in den Straßen tummelten sich Mäuse und Ratten, die altehrwürdige Kirche war eine Brutstätte von Schlangen und Fröschen – und aus dem Manne, der einst ein fleißiger Handwerker, ein Bürger dieser Stadt gewesen, war jetzt ein barbarischer Wilder geworden, der es auf sein Leben abgesehen hatte.

Plötzlich entstürzten den Augen des sonst so unverzagten Richard Thränen des bittersten Jammers. Er fühlte sich so unendlich verlassen und unglücklich.

„Ich möchte, dies alles wäre nur ein böser Traum," schluchzte er, „und ich könnte daraus erwachen!" –

Erstaunt blickte er um sich.

Das war ja sein altes Schlafzimmer! Er lag im Bett! Er hatte nur geträumt.

Aber noch einmal fühlte er dieselbe Empfindung nach, die er eben im Traume gehabt, und schauderte zusammen.

„Über kurz oder lang hätte mich der Schuster doch ermordet," flüsterte er. „Es ist schrecklich, wie schnell ein Mensch verwildern kann, wenn er nicht stark genug ist, sich allein fortzuhelfen."

Richard verließ das Bett und schleppte sich zum Fenster.

Es war ein schöner Sommermorgen, die Straßen schon belebt, Handwerker und Geschäftsleute eilten der Arbeit zu, die Nachbarn wünschten sich einen guten Morgen.

Dem Knaben floß plötzlich das Herz von dankbarer Freude über.

„Gott sei gelobt, daß es nur ein Traum war," flüsterte er noch einmal.

Die Dollarfürstin aus der Petersstraße (Auszug)

Max Bunge

Aufmerksamkeit auf sich zu lenken. Namen brodeln. Auf den Simsen hüpfen die letzten Errungenschaften der Industrie. Fahnen hangeln die Häuser hinauf. Rot und grün und gelb. Die Branchen quirlen und vertragen sich in Eintracht. An allen Ecken, aus allen Schaufenstern gellt es: „Hier bin ich! Wer kauft?" Modelle, Meßmuster, Nouveautés. Die Luft ist von internationalen Düften gesättigt. Der sächsische Dialekt, der sonst wie zäher Leim die Menschen überkrustet, hat sich schüchtern aus dem Staube gemacht und schnattert mit zahnlosen Kiefern. Als ungeheure Raupe wälzt sich der Zug abenteuerlich herausstaffierter Plakatmenschen durch die Kanäle. Alles gafft. Der schlammige Strom der Eingeborenen, auf dessen Oberfläche die Fremdlinge wie schäumende Blasen aufsteigen, staut sich. Scharen von Arbeitslosen geben sich als wandelnde Litfaßsäulen her. Ein Auto, als Karnewalfisch, posaunt ein neues Schuhputzmittel in die erschrockenen Ohren der Menge. Indianer, Trapper, Chinesen, Azteken – sämtlich mit einem sächsischen Motor in der Brust – ringeln sich faul durch die aufgepeitschten Magennerven der Stadt. Man erfährt, daß die Caramba-Zange die Nägel direkt aus dem Holz zieht, – daß Pryms Druckknöpfe einzig sind in ihrer Art, – daß der Aerozon-Rauchverzehrer in den meisten besseren Haushaltungen im Gebrauch steht, – daß man mit Ceradin 25 Prozent Ersparnis erzielt, – daß man Glas-Christbaumschmuck am vorteilhaftesten bei der Meiningischen Genossenschaft in Lauscha kauft, – daß Geyers Tischkaffeemühlen unverwüstlich sind in der Benutzung, – daß Kohler u. Rosenwald in Nürnberg tragfähige Teddy-Bären herzustellen sich zum Lebenszweck erkoren haben, – daß Dermofix ein keimfreies Tierhautpflaster auf Rollen ist, – daß Färbol nicht etwa ein x-beliebiges, sondern schlechthin *das* Sohlen-Imprägnierungsmittel darstellt, – daß die Herren Baukloh u. Co. in Düsseldorf eine Ente konstruiert haben, die sich laut mit dem Schnabel klappernd voranbewegt.

Wer ohne jedwede Ueberleitung wie vom Himmel herab in den Meßtaumel schneite, der mußte einen imposanten Eindruck erhalten von der Großartigkeit Leipzigs.

Den Meßfremden erging es so. Sie sahen die Stadt nicht im Aschenbrödel-Gewand. Sie sahen nicht die Pleiße, die ein dreckiger Fluß ist. Sie sahen den Goldstrom.

Erst sie, die Messe, macht Leipzig zur Weltstadt.

Zur Weltstadt von vierzehntägiger Dauer.

***

Weekling, obschon in amerikanischen Verhältnissen groß geworden, verabscheute die nach Deutschland verpflanzte Idee der Wolkenkratzer-Bauten und trat für Meßhäuser von der üblichen europäischen Höhe ein. Wohl dünkten ihn Wolkenkratzer geeignet zur Aufnahme von Büro-Räumlichkeiten, keinesfalls jedoch schienen sie ihn den Bedingungen zu entsprechen, die ein Meßpalast in allererster Hinsicht zu erfüllen hatte. Und ein Meßpalast hatte ganz einfach ein Meßpalast zu sein und nichts anderes. Es ging nicht an, ein Zwitterding zu erzeugen, das heute Büros beherbergte und morgen Ausstellungskojen. Das Projekt, einen Messeturm zu bauen, verwarf er, nachdem er es ohne jede Voreingenommenheit und ohne jede Gefühlsduselei geprüft hatte.

Zur Bewältigung des Personen- und Güterverkehrs war es erforderlich, dem Messeturm ein System von Fahrstühlen einzubauen, zwei Dutzend an der Zahl, die bei einer Grundfläche von insgesamt 100 Quadratmetern angeblich 500 Menschen, in Wahrheit aber knapp 300 fassen würden. Das machte sich recht gut auf dem Papier, zumal wenn die Behauptung aufgestellt wurde, daß diejenigen Stockwerke, die über dem normalen Niveau lagen, keineswegs von den Einkäufern gemieden, sondern ebenso gern aufgesucht werden würden wie sechsstöckige Bauten. Außerdem war es dem weitblickenden Amerikaner bedenklich, den an sich verfehlten Messeturm ausgerechnet auf dem zugeschütteten Schwanenteich zu errichten, wo er nicht nur die Promenade, den letzten Rest landschaftlichen Reizes, vom Blücherplatz

Max Bunge

Die Dollarfürstin aus der Petersstrasse

bis hinauf zum Augustusplatz zerstören, sondern jeglichen Verkehr als solchem das Grab schaufeln würde, insofern es den Prinzipien moderner Städtebaukunst Hohn sprach, zwei Herzpunkte des Verkehrs – Hauptbahnhof und Messeturm – aneinanderzupferchen.

Weeklings Ideen deckten sich, wenngleich völlig unabhängig von ihnen entstanden, mit den Entwürfen der Herren Kuhn und Bühring, deren erster ein Messezentrum am Königsplatz, deren zweiter einen Palast am Frankfurter Tor errichten wollte. Das Projekt des Doktor Bühring bedurfte einer Revision, indem es eine Zersplitterung der Messe herbeizuführen und den Widerstand beteiligter Kreise zu erregen geeignet war. Dennoch leuchtete ein, daß die aus zwei elfgeschossigen Hauptgebäuden bestehende Häusergruppe an anderer Stelle realisierbar sein werde, und Weeklings Agenten hatten bereits Vorarbeiten geleistet, einen der traurigsten Schönheitsflecke aus Leipzigs Antlitz zu tilgen: den Bayrischen Bahnhof. Mit dessen Beseitigung war die Misere behoben. So, wie die Dinge gegenwärtig standen, waren die Bürger der Stadt, soweit sie nicht im Südviertel wohnten, durch keine Macht der Erde zu bewegen, die Bayerische Straße zu betreten. Abgesehen von der umständlichen Straßenbahnverbindung sprach ein psychologisches Moment mit.

Seit alters wagt sich der Leipziger immer nur bis zu einem gewissen Punkt, und über diesen Punkt hinaus bringen ihn keine zehn Pferde.

Wie lange hatte es gedauert, bis sich die Theatergäste an den Marsch nach der Sophienstraße gewöhnt hatten! Stägemann hatte im Carola-Theater schliff gebacken, und auch Anton Hartmann, dem eine überaus günstige Konjunktur zu Hilfe gekommen war, hatte nicht vermocht, das Publikum nach dem Südviertel zu gewöhnen. Erst unter Viehwegs stetiger Leitung hatten die Leipziger ihr Vorurteil sachte abgelegt und sich dazu aufgerafft, das Schauspielhaus regelmäßig zu beehren.

Aehnlich verhielt es sich mit dem Kleinen Theater, das unter der ungeschickten Bezeichnung „Theater in der Elsterstraße" von vornherein abschreckend gewirkt hatte. Ecke Wald- oder Frankfurter Straße würde es eine ansehnliche Frequenz aufzuweisen gehabt haben. Die Elsterstraße aber – nein, dahin wanderte das Publikum nicht.

Gruß aus Leipzig – Messeturm [ca. 1920]; Quelle: Archiv Günter Clemens

Leipzig Zentralmeßpalast, Grimmaische Straße [1912/13] (wurde gebaut);
Quelle: Archiv Günter Clemens

Und warum war die Volksbühne pleite gegangen, die mit so großen Hoffnungen ins Leben segelte? Weil sie schrägüber vom Bayerischen Bahnhof gelegen war, diesem abscheulichen Kasten, der allen auf die Nerven fiel.

Zur Not richtete der Leipziger seine Schritte bis zur Windmühlenstraße, seit die tatkräftige und geschmackssichere Direktion des Astoria-Lichtspielhauses den Bann gebrochen und die große Menge mit Inseraten, Plakaten und makellosen Darbietungen in den Tempel der jüngsten Muse, der Kinaphrodite, geluxt hatte.

Weeklings Unterhandlungen, die auf einen Ankauf des gesamten Areals am Bayerischen Platz abzielten, waren in aller Stille zum Abschluß gelangt. Es stand lediglich die Preisfrage offen, und die spielte für den Amerikaner keine Rolle.

Das Projekt des Doktors Kuhn, des ruhigen und klugen Besitzers und Erbauers des Meßhauses „Drei Könige", hatte ebenfalls einen Haken. Kuhn war davon ausgegangen, daß der neue Meßpalast in unmittelbarer Nähe des Stadtzentrums gelegen sein müsse, und daß der Neubau, der nicht auf die Unterbringung von Büros und Wohnungen eingestellt sein dürfe, die Verschandelung der öffentlichen Plätze durch Baracken, wie sie in grauenerregender Weise immer mehr um sich greift, illusorisch zu machen habe. Sein Entwurf umfaßte den Häuserblock zwischen Markthallenstraße und Königsplatz bis zum derzeitigen Stadtsteueramt, den nördlichen Teil des Königsplatzes mit Ueberbrückungen einbegriffen.

Das Haupthindernis, das sich Kuhns Plänen entgegenstellte, bestand in der Unmöglichkeit, Wohn- und Geschäftshäuser niederzureißen, ohne den bisherigen Benützern anderweitige Unterkunftsstätten gewährleisten zu können. Mit einer interimistischen Umquartierung war es nicht getan. Es mußten vielmehr an Stelle der abgebrochenen Bauten Bürohäuser errichtet und für die verlorengegangenen Wohnungen Ersatz geschaffen werden. Hierbei war es Sache des Magistrats, helfend einzugreifen und städtische Mietshäuser zu errichten. Fünfzig Millionen Mark waren das Minimum, das hierfür in Rechnung gestellt werden mußte. Doktor Kuhn hatte sich nicht verhehlt, daß dem gesündesten Projekt von Seiten der Eigentümer und Mieter der am Abbruch bestimmten Grundstücke die größten Schwierigkeiten bereitet und daß die Forderungen der Hausbesitzer einem rein privaten Unternehmen spekulativen Charakters entsprechend hoch geschraubt werden würden. Aus diesem Grunde drang er auf den Ausschluß privatwirtschaftlicher Gelüste und wollte seinen Plan als gemeinnützige Unternehmung aufgefaßt wissen. Unter solchen Umständen, rechnete er, werde die moralische und finanzielle Beihilfe der öffentlichen Körperschaften nicht ausbleiben.

Aber nicht nur die Spießer, sondern auch die Stadtväter hatten einen Hang zur Sentimentalität und schraken vor dem Kostenaufwand zurück. Im Grunde genommen waren jedoch alle solche Fragen sekundär, das hatte Weekling begriffen. Worauf es in erster Linie ankam, das war die Schaffung neuer Unterkunftsmöglichkeiten für Meßfremde.

Nicht in dem Mangel an Ausstellungsräumlichkeiten lag die Gefahr, sondern in dem Mangel an Hotels, und es war mit mathematischer Sicherheit zu berechnen, daß diejenigen Städte des Auslandes die Vorherrschaft an sich reißen und Leipzig ausstechen oder gar in seiner Eigenschaft als Welthandelsstadt brachlegen würden, die für Bequemlichkeit und tunlichst mollige Beherbergung ihrer Gäste Sorge trügen.

Was Leipzig zur Meßstadt prädestinierte, das war seine geographische Lage.

Was Leipzig zu Meßstadt ungeeignet machte, das waren seine Bewohner. Die Scheu der Meßfremden, privat logieren zu müssen, griff wie eine ansteckende Krankheit um sich. Der begreiflichen Abneigung gegen Bürgerquartiere mußte Rechnung getragen werden, wenn anders die Aufwärtsentwicklung der Messe nicht abgeschnürt werden sollte.

Hier setzte Weekling ein. Hotels waren zu bauen. Nichts als Hotels. Hotels für die Fremden, die zur Messe wie Heuschreckenschwärme auf Leipzig herniederprasselten.

Erst, wenn die Hotels aus dem Boden gestampft waren, ging es an, die Projekte Kuhns und Bührings zu verwirklichen.

Der Amerikaner scharte den Stab seiner Mitarbeiter um sich, und wie ein Feldherr, der siegesgewiß in die Zukunft schaut, erteilte er seine Befehle.

Dann schloß er sich von der Außenwelt ab und vergrub sich in die Arbeit. Mit Ausnahme Carlas duldete er keinen Menschen in seiner Nähe. Seinen Zustand mißachtend, hatte er sich mit der Tatsache, nur noch eine erbärmliche Spanne Zeit auf Erden atmen zu dürfen, abgefunden.

***

Weekling wartete vor dem Astoria-Hotel auf Carla, mit der er sich für einen Meßbummel verabredet hatte. Rufe nach Boys, Lastträgern und Autos durchknatterten die Luft. Die Mehrzahl der Gäste waren Amerikaner und Engländer.

In Weeklings Nähe verhandelte ein langer Brite mit einem Chauffeur. Der Autolenker sprach ein tadelloses Englisch. Auf eine anerkennende Bemerkung hin erklärte er mit breitem Grinsen:

„Aber mein Herr, was glauben Sie wohl? Wir Leipziger Meß-Chauffeure sprechen durchschnittlich vier Sprachen. Außer Sächsisch. Einige Kollegen sieben und zwei sogar zwölf fremde Sprachen. Unser Stolz ist Kollege Bormann. Sehen Sie, dort hält er!"

„Kollege Bormann", fuhr der Chauffeur fort, „spricht sämtliche englischen und französischen Dialekte. Er unterhält sich mit Glasgowern auf glasgowisch, mit dem man of Wales auf walesisch und mit dem Provencalen auf provencalisch."

In diesem Augenblick sah Bormann nach dem Hotel herüber. Der Chauffeur grüßte durch Handanlegen an die Mütze, und Weekling nickte unwillkürlich mit dem Kopfe.

Da stand Carla vor ihm.

„Guten Tag!"

Sie drückten sich lächelnd die Hand.

Carla sah rot und erhitzt aus. Um sich nicht zu verspäten, war sie die größte Strecke des Weges gelaufen.

„Willst du ein Bad nehmen?"

Carla nickte.

Sie bestiegen ein Auto und hielten zwei Minuten später vor dem Stadtbad.

Gruß Leipziger Fischerstechen [1909]; Quelle: Archiv Frank Gaitzsch

Mächtige Schilder verkündeten die Sensation des Tages:

Heute
grosses Strandfest!
Echtes Seewasser!
Lachs-Stechen im Paddelbassin!

Weekling begab sich auf die Zuschauertribüne des Hallen-Bades und nahm das bunte Bild in sich auf.

Badeanzüge in allen ersinnlichen Farben, Strandkörbe, Miniatur-Segelboote, künstlicher Wind, Scheinwerfer, die den Sonnenauf- und -untergang produzieren halfen.

In eine Woche war die ganze Herrlichkeit vorüber.

Weekling interpellierte einen der weißgekleideten Bademeister, der sich als Werner Retnelak vorstellte. Von ihm erfuhr Weekling, daß es sich tatsächlich um garantiertes Nordseewasser handele, welches der Magistrat in eigens hierzu konstruierten Tankwagen hatte heranschaffen lassen.

Beim Entleeren der Salzwasser-Behälter waren einige meterlange Lachse zum Vorschein gekommen, die heute gefangen werden sollten. Die Teilnehmerkarte für Meßbesucher kostete zweihundert Mark. Für diesen Betrag erwarb der Meßfremde das Recht, sich an dem Rande des Bassins mit einer Harpune aufzustellen und nach den Fischen zu schießen.

Herr Retnelak berichtete von einem Lederhändler aus Esthland, der bereits seit morgens acht Uhr, also seit der Eröffnung des Bades, keuchte. Man sah, wie der kleine, dicke Mann scharf luchste, mit der Rechten die Lanze führte, sie abwarf und alsdann schnell das Tau einholte. Während Weeklings Anwesenheit wiederholte sich dieses Manöver mindestens zwanzigmal.

Unterdessen hatte sich Carla erfrischt.

Sie schritten zu Fuß nach dem Blücherplatz, um der Meßbörse einen Besuch abzustatten.

Als sie in die Nähe des Gebäudes kamen, wurden die Türen hinter dem letzten Händler geschlossen.

„Ein Uhr," sagte Weekling. „Schade."

Sie spazierten die Promenade entlang und wollten eben am Alten Theater einbiegen, als sie vom Promenaden-Cafe her großes Hallo vernahmen. Menschen stauten sich.

Weekling faßte Carla bei der Hand und drängte sich mit ihr durch die Umstehenden durch.

Am Boden lag ein anscheinend schwer verletzter Mann, der laute Hilferufe ausstieß.

Die Menge war verdutzt und ratlos.

Plötzlich erscholl ein „Aufgepaßt!", und der Arm eines Kranes griff nach dem Verunglückten. Eine Zeltplane umwickelte den Menschen, der Arm ging hoch und näherte das Bündel einem Fenster des Etablissements „Eldorado".

Da richtete sich der Mann an der Kran-Kette auf und schleuderte ganze Ballen von Zetteln in die Luft, die wie Tauben auf die Köpfe der kopflos Gewordenen herunterflatterten.

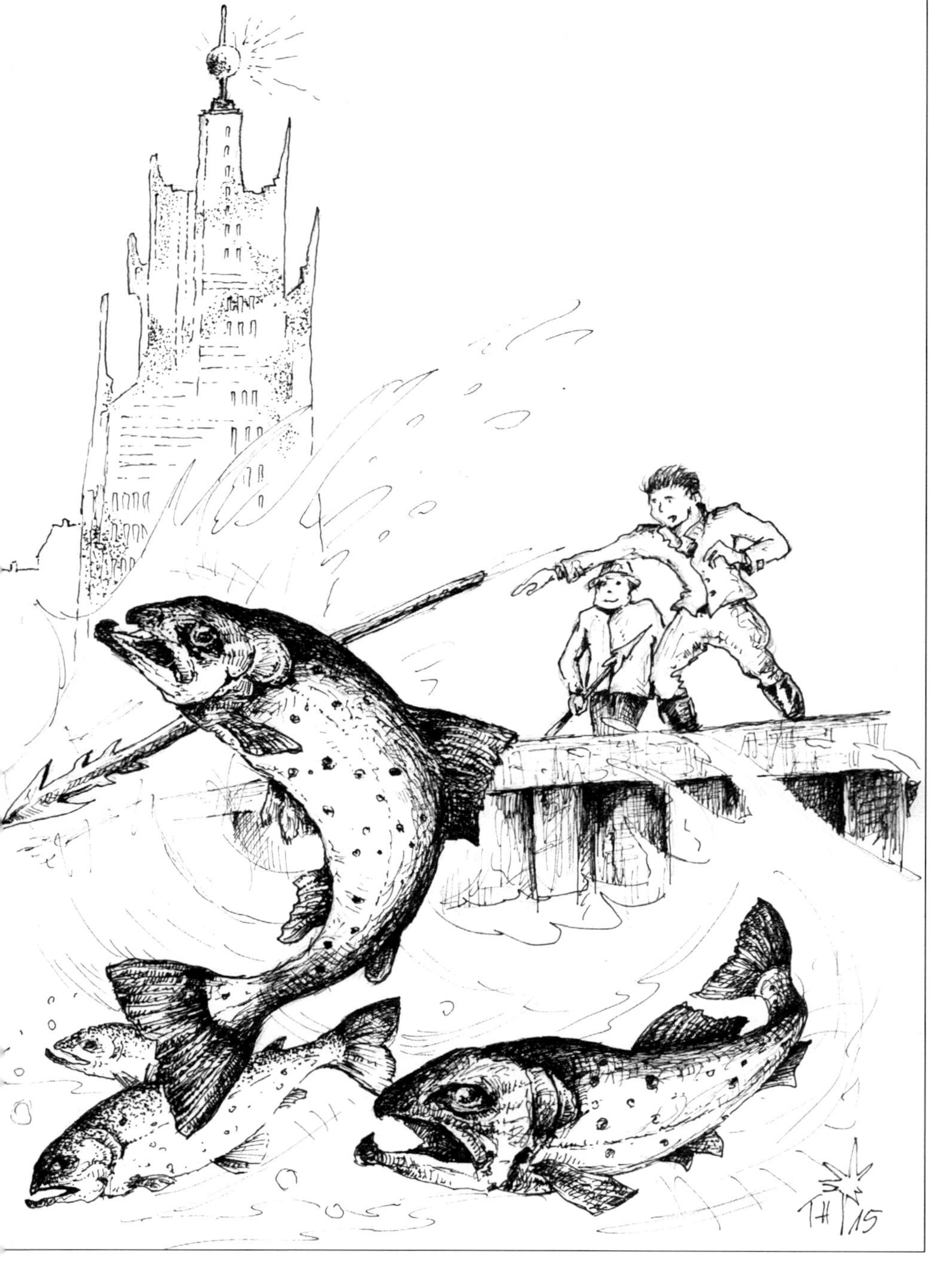

Auf den Blättern stand die Anpreisung moderner chirurgischer und sanitärer Instrumente.

Als Weekling seine Blicke wieder der Straße zuwandte, nahm er wahr, wie sich zwei Löwen den Weg durch das Gewühl bahnten. Auf ihren Rücken waren Reklameschilder befestigt: „Putzt Eure Zähne nur mit Zahnol!"

Carla, die derartiges in Leipzig noch nie erlebt hatte, äußerte ihr Erstaunen darüber, daß man die Raubtiere gänzlich ohne Aufsicht umherlaufen ließ.

Ein vorüberschlendernder Herr klärte sie und den ebenso erstaunten Weekling auf.

„Das Meßamt hatte die Absicht, die Tierwelt des Zoos in den Dienst der Messe zu stellen, um die Bilanz des Unternehmens zu verbessern. Anfangs wollte man die größten und schönsten Exemplare in fahrbare Käfige setzen und auf Kirmeswagen in der Stadt spazieren fahren. Da geriet ein Stadtverordneter auf einen überaus klugen Einfall und ließ den Hypnotiseur Kara Iki aus Berlin kommen, und dieser nimmt sich nun jeden Morgen zwanzig bis dreißig Raubtiere vor, versetzt sie in Schlafzustand und schreibt ihnen eine bestimmte Route vor. Dann werden Reklameschilder angebracht – auf die Kinder der Wildnis –, und die Biester durchqueren die Stadt im Zustande des Tiefschlafs. Sie sind vollkommen ungefährlich und kehrten bis jetzt regelmäßig wohlbehalten in ihre Quartiere zurück."

Weekling dankte dem Sachverständigen und lud Carla ein, sich mit ihm die Porzellan-Ausstellung auf dem Fleischer-Platz anzusehen.

Hier gab es herrliche Figuren, die mit peinlicher Gewissenhaftigkeit gearbeitet waren. Der Expressionismus schien vollkommen überwunden, und Naturalismus war Trumpf.

So hatte ein Künstler die Füße einer weiblichen Statuette mit einem Paar Hochschaftstiefel bekleidet, – offenbar zu dem alleinigen Zwecke, die dreihundertfünfundzwanzig Oesen und ebensoviel Haken modellieren zu können. Am Sockel der Figur lehnte ein kleines Schild mit der Aufschrift: „Herstellungsdauer 36 Monate."

Nach den Preisangaben zu urteilen, waren diejenigen Werke, welche die längste Herstellungszeit beansprucht hatten, die teuersten.

Nachdem Carla und Weekling das Ausstellungsgebäude verlassen hatten, benützten sie die festlich geschmückte Straßenbahn, um nach der Turnhalle am Frankfurter Tor zu fahren, wo die Photo- und Kino-Industrie untergebracht war.

Als sie am Torhaus ausstiegen, bot sich ihnen ein überwältigender Anblick dar:

Der weite Meßplatz war von Bataillonen Arbeitsloser in ein Theater verwandelt worden. Ein Ring von ungefähr hundert Metern Durchmesser wurde von Sitzplätzen umgeben, die nach hinten anstiegen. Auf den Bänken saßen an die hunderttausend Personen, die gespannt nach der Mitte des Platzes schauten.

Hier war absolut nichts los. Aber beim näheren Hinsehen und bei einiger Geduld bemerkte man eine männliche Person, die auf ganz unerklärliche Weise in den Ring gekommen war. Diese Person nahm unterschiedliche Stellungen ein, tanzte ein Menuett und verbeugte sich sodann nach allen Windrichtungen. Hierauf verschwand der Mann, als hätten ihn die Lüfte entführt.

Ein Beifallssturm brauste los. Man hörte den Ruf: „Harry Piel!" Der Mann erschien abermals und begann, an einem mitgebrachten Fabrikschornstein emporzuklettern.

Oben angelangt, warf er die Arme in die Luft und sprang hinab in die Tiefe.

Carla vermochte einen leisen Aufschrei nicht zu unterdrücken. Doch was war das?

Der Schornstein war verschwunden, der innere Ring leer.

In der vordersten Sitzreihe brach eine Panik aus.

Eine Dame war auf die Bank gestiegen, stieß in ein Nebelhorn und hielt folgende Ansprache:

„Damen und Herren! Was Sie soeben gesehen haben, war eine Veranstaltung der Plastikino-Gesellschaft. Sie haben ihren Liebling Harry Piel gesehen, als wäre er lebend. Die Aufnahme geschah in der Weise, daß Harry Piel nicht bloß von einem, sondern von dreihundertsechzig Operateuren zu gleicher Zeit unter den dreihundertsechzig Graden des Winkelkreises gekurbelt wurde. Dadurch wurden dreihundertsechzig Bildstreifen gewonnen, die heute von dreihundertsechzig Vorführungsapparaten nach einem einzigen Zentralpunkt projiziert wurden. Die Absicht des Erfinders hat sich glänzend verwirklicht. Man sieht die Gestalt Harry Piels in täuschender Plastik von allen Seiten. Der optische Eindruck hat nichts mehr mit der flächenhaften Erscheinung des Kino-Wandbildes zu tun. In kurzer Zeit werden überall Freilicht-Plastikinos entstehen – – es lebe die Plastikinogesellschaft!"

Die Zuschauer patschten in die Hände. Weekling aber beeilte sich, mit Carla den Platz zu verlassen, ehe der allgemeine Aufbruch erfolgte.

Zur Rückfahrt wurde ein elegantes Straßenflugzeug benutzt, das den Amerikaner nebst seiner Gefährtin in einer Höhe von fünfzehn Metern nach dem Stadtinnern davontrug.

Dieses ideale Fortbewegungsmittel – für Meßfremde – existierte nur für eine einzige Woche.

Vor dem Meßhaus „Kosmos" landeten sie.

In dem Gebäude hatte die Tabakindustrie ausgestellt. Weekling verzichtete auf eine Besichtigung und begab sich mit Carla in das C. T.-Weinrestaurant, um ein Diner einzunehmen.

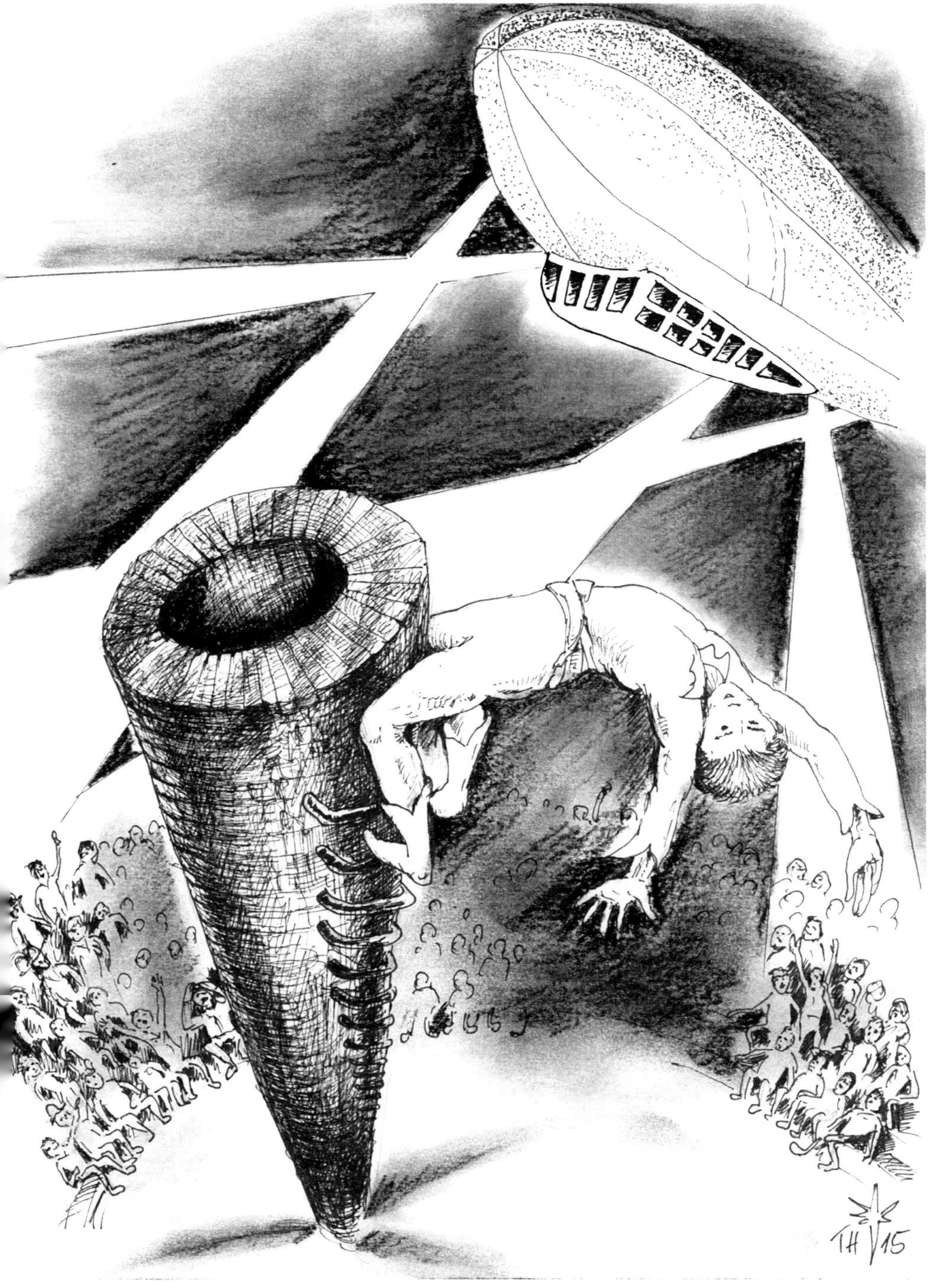
TH 15

Das Lokal war bis auf den letzten Platz besetzt.

Der liebenswürdige Wirt machte die Herrschaften auf die Bar aufmerksam, wo man gleichfalls zu Mittag speisen könne.

Die Bar war von einem außerordentlich elegant gekleideten Publikum besucht.

Nachdem Carla und Weekling ihren Hunger gestillt hatten, beschlossen sie, ihre Orientierungsreise unverzüglich fortzusetzen.

Vor dem Kabarett „Blumensäle" standen die Menschen Polonnäse. Um den Wartenden die Zeit zu verkürzen, hatte sich ein Humorist auf dem Asphalt aufgestellt und riß einige außerkontraktliche Witze.

Weekling begab sich mit Carla nach der Hainstraße, im „Jägerhof" die Büro-Bedarfsartikel zu besichtigen.

Hier waren selbsttätige Schreibgeräte zu sehen, die mit Hilfe elektrischer Wellenübertragung das gesprochene Wort lautrichtig fixierten. Die auf diese Weise entstandenen Schriftbilder gaben einen Prüfstein ab für die Aussprache des Diktierenden. Sprach er beispielsweise ein d statt eines t, so konnte man das aus dem Schriftsatz ersehen. Da infolgedessen für Sachsen, speziell für Leipziger, der Apparat wertlos gewesen wäre, hatte man eine Ergänzungserfindung gemacht, und vor den eigentlichen Schreibapparat wurde ein Sprechfehler-Korrektor eingeschaltet, welche die dialektischen Verschiedenheiten ausglich.

Der Apparat arbeitete vorzüglich.

Carla konnte sich nur schwer trennen, als sie von ihrem Begleiter zum Mitgehen aufgefordert wurde.

Neben dem „Jägerhof" war die Einfahrtsstation der Untergrundbahn Hainstraße-Brühl-Völkerschlachtdenkmal.

Fünfzig Wochen lang lag die Untergrundbahn öde und verlassen. Während der Messe trat sie in Tätigkeit. Das Verkehrsmittel funktionierte ohne Schaffner und Kontrolleure.

Auf einer rechteckigen Plattform stand ein großer, eleganter Wagen bereit.

In das Innere des Wagens führten sechzehn Drehtüren, die sich nach Einwurf eines porzellanenen Dreimark-Stückes einen Viertelkreis um ihre Achse bewegten.

Das Innere des Waggons bestand aus sechzehn Abteilen. Hatte er ein bestimmtes Gewicht erreicht, so ertönte ein elektrisches Klingelzeichen, der Waggon versank im Schacht und fuhr zur Station Brühl. Wer aussteigen wollte, mußte die Tür durch abermaligen Einwurf eines Dreimark-Stückes öffnen. Der Einheitspreis für die ganze Strecke sowie für jede Teilstrecke betrug sechs Mark. Da die Waggons nach Bedarf verkehrten, konnte der größte Verkehr spielend leicht bewältigt werden. Infolge der automatischen Gewichtskontrolle waren die Wagen nie überfüllt und fuhren mit einer Geschwindigkeit von hundert Kilometern in der Stunde.

Niemand wußte, daß dieses ideale Verkehrsmittel dem amerikanischen Milliardär Weekling zu verdanken war. Er hatte es während der Monate, in denen er seine Ueberfahrt nach Deutschland betrieb und seine Wurzeln aus der fremden Scholle löste, ersonnen und bauen lassen.

Während der Messe verkehrten die Waggons Tag und Nacht.

Für die Besucher des Kabaretts „Nachtfalter" hatte man eine Fahrstuhlverbindung nach den im ersten Stock gelegenen Tanzräumen hergestellt. Um den besonderen Bedürfnissen der Leipziger Bevölkerung, die sich unter die Meßfremden mischte, Rechnung zu tragen, hatte es Direktor Schwarz durchgesetzt, daß Familien-Sonderwagen, die Gelegenheit zum Kaffeewärmen enthielten, eingerichtet worden waren.

Als Weekling mit Carla weitergehen wollte, machte er die unangenehme Entdeckung, daß es zu regnen anfing. Was tun?

Da bemerkte Carla, daß die meisten Passanten mit prima Regenschirmen versehen waren, und bald erkannte sie die Ursache der überraschenden Erscheinung.

Die dem „Nachtfalter" gegenübergelegene Schirmfabrik Hampel hatte eine Verleih-Abteilung eingerichtet, und man erhielt gegen Hinterlegung einer gewissen Summe den schönsten Schirm. Hampel machte dabei ein ausgezeichnetes Geschäft, da die meisten Herrschaften den Schirm gegen bequeme Ratenzahlung behielten. Wer es übers Herz brachte, ein Parapluie mit dem weithin sichtbaren Namen „Gustav Hampel" zu benützen, bekam fünfzig Prozent Preisermäßigung.

Carla und Weekling ersparten sich die Besichtigung der Meßhalle auf dem Markt und schalteten eine halbstündige Pause ein, um ein Glas Wein zu trinken.

Es war vor dem Eingang zu Aeckerleins Keller.

Die neuen amerikanischen Besitzer hatten umfangreiche bauliche Veränderungen vorgenommen. Die stabile Treppe war in eine bewegliche Rolltreppe verwandelt worden, deren Stufen dick gepolstert waren. Am unteren Ende standen zwei Chinesen, welche die Herabgleitenden auffingen. Durch das lustige Akrobatenstückchen kamen die Kunden von vornherein in beste Stimmung, und dieses hatte beträchtliche Einwirkung auf den Weinkonsum.

Der Umbau von Aeckerleins Keller war dem Leipziger Maler-Bildhauer-Architekten Willy Hardt übertragen worden. Der Künstler war persönlich anwesend und erklärte den Interessenten in seiner lebhaften, musikalischen Sprechweise, die etwas Artilleristisches an sich hatte, den Sinn seiner Schöpfung. Das Ganze war als das Innere einer Schnellzuglokomotive gedacht. Die Fragen der Heizung und Ventilation beantworteten sich damit von selbst.

Willi Hardt erklärte: „Heizung und Ventilation sind bis jetzt immer die Steine des Anstoßes gewesen bei der Ausgestaltung von stilvollen Restaurationsräumen, das ist doch klar. Sie fielen stets aus dem Rahmen des Ganzen, verstanden? Polstersessel und Windpropeller – scheußlich. Ich habe die Aufgabe der stilgerechten Einordnung von Wärme- und Durchlüftungsanlagen glänzend gelöst. Eine Lokomotive *muß* geheizt werden, das ist doch logisch, nicht wahr? Ebenso wird für den Abzug der Hochdruck-Atmosphären gesorgt. Nun passen Sie auf!"

Willy Hardt konnte ein stolz-bescheidenes Lächeln nicht unterdrücken, als er jetzt die Hand nach einem eisernen Kolben ausstreckte. Er drückte den Hebel nach vorn. Ein melodischer Pfiff ertönte.

„Das ist unsere Dampfpfeife – originell, was?"

Weekling lud den netten Herrn zu einer Flasche Wein ein.

Sie ließen sich auf Sitzgelegenheiten nieder, die den Namen „Kohlen-Rost" führten, und tranken mitsammen eine Pulle „Schmieröl".

Der Künstler erzählte Anekdoten aus Paris, schwärmte von seinem Freund Iribe, wies seine erbberechtigten Ansprüche an den englischen Königsthron nach und erklärte sich bereit, das Paar in einige Etablissements der Katharinenstraße zu begleiten.

Die drei nahmen in einem Fahrstuhl Platz, der sie durch den Schornstein der Lokomotive zur Erdoberfläche zurückbrachte.

Man suchte die Italiaander-Diele auf.

Der Besitzer war ein kleiner Mann mit einem zielstrebigen Gesicht. Er versicherte, daß er holländischer Untertan sei, und daß sich zur Meßzeit alle Holländer bei ihm zu treffen pflegten. Im Herbst – sagte er – werde der Geburtstag der Königin Wilhelmintje mit großer Pracht gefeiert, zur Frühjahrsmesse dagegen stünden regelmäßig Vorfeiern statt.

Die Niederländer schienen den Maler bestens zu kennen. Sie begrüßten ihn durch lautes Zuprosten.

Nach einer Viertelstunde schied Weekling mit seinen Gefährten aus der lustigen Gesellschaft und stattete der „Taberna" einen kurzen Besuch ab.

Hardt machte den Vorschlag, sich einige Nummern des Kabaretts „Rakete" anzusehen. Man zahlte den Einheitspreis von fünfhundert Mark und begab sich in den entzückend-intimen Vortragsraum.

Das Programm bestand aus einem weißen Karton mit angehängtem Reklamebleistift.

Der Besitzer des Kabaretts hatte den prächtigen Einfall gehabt, überhaupt keine Künstler zu engagieren.

Der Beginn der Vorstellung wurde durch das Abbrennen einer richtiggehenden Rakete markiert. Darauf trat der künstlerische Leiter auf das Podium und hielt eine kurze Ansprache, aus der hervorging, daß jeder sein eigener Spaßmacher sein möge. Wer eine Idee habe, solle gefälligst vorkommen und sein Sprüchlein aufsagen. Die Hauptsache sei, daß recht viel „Deebs" gemacht werde.

Das Publikum belohnte die gewissermaßen markigen Worte mit starkem Beifall. Drei Herren verlangten gleichzeitig Gehör.

Das Los entschied.

Herr Kanner durfte als erster einige galizische Witze erzählen. Er wurde abgelöst von Herrn Pankow, der dieselben Witze auf berlinisch vorführte. Ihm folgte Herr Meyer, der die nämlichen Späße auf sächsisch herschnurrte.

Man amüsierte sich königlich.

Die blonde Wirtin strahlte über das ganze Gesicht und rief Weekling ein herzliches „Auf Wiedersehn!" nach.

Vor der „Kahlbaum-Stube" standen einige junge Mädchen, die durch die Scheiben in das Innere des Lokales schlunzten. Auf Befragen erklärten sie, daß sie auf „ihren" Meßonkel warteten, den sie allabendlich nach Hause begleiteten. Es sei bald so weit.

Weekling gedachte, im „Löwenbräu" einzukehren.

Hier quetschten sich die Menschen fast zu Tode. Wer von einem der bayrischen Deandln ein Glas fünfzigprozentiges Vollbier erwischt hatte, schätzte sich glücklich. Die Söhne der kleinen Tuchfabrikanten aus dem Zwickauer Kohlenbecken waren in ihrem Element. Sie kniffen in Schürzen und Röcke, johlten Schlager, äußerten gewagte Geschäftspraktiken, lachten dröhnend, titschten Würstchen in den Senf – und wurden überraschenderweise ganz kühl und formell, sobald es ans Bezahlen ging. Ein Geschäftsmann aus Kassel zeigte die Photographien seiner Kinder herum, erzählte von einer Reisebekanntschaft aus den Alpen, erbleichte, sank unter den Tisch und wurde von dem fliegenden Zigarrenhändler hinausgeführt.

Weekling bestellte drei Löwenbräu-Schnitzel, erhielt acht Portionen „Raggouhfeng" (Ragout fin) und verließ das Lokal mit Willy Hardt und Carla, nachdem er der Kellnerin einen Zweihundertmarkschein in die Patschhand gedrückt hatte.

Sie bogen in den Brühl ein und blieben vor der „Blauen Maus" stehen, um das übermütige Treiben der Bar-Prinzen und barlosen Prinzessinnen zu beobachten. Der Blick drang ungehindert bis ins Innere – der Bar –, da Herr Mielke, der Besitzer, ein japanisches Teehaus aus der „Blauen Maus" gemacht hatte, dessen – des Hauses – bewegliche Vorderwand zurückzuschieben war. Zuweilen mischten sich die Paare unter die Passanten und steppten auf dem Fußsteig. Die Straße war taghell erleuchtet; alle Meßpaläste, Geschäftshäuser gerichtet. Aus dem Café „Reichspost" erklangen die Fiedeln. Das Lokal durfte zwar von Einzelpersonen betreten, mußte aber paarweise verlassen werden.

Ecke Brühl und Reichsstraße verabschiedete sich der Kunstmaler-Bildhauer. Carla und Weekling betraten das Meßhaus „Rose" und besichtigten die Hüte- und Mützen-Ausstellung. Die abenteuerlichsten Formen herrschten vor. Eine entzückende Neuheit waren die automatischen Damenhüte. In einem Topfhut war das Modell eines Bergwerkes angebracht, und man sah, wie die Förderstühle auf und nieder sausten. Eine Glockenform stellte ein winziges Krematorium dar; die Kapelle war mit weißen Lilien ausgestickt, im Einäscherungsraum glühten rotseidene Nelken. Unter den Mützen nahm die Ballonmütze mit Gasfüllung den ersten Platz ein. Sie wurde wegen ihres ungeheuren Umfanges und ihrer großen Leichtigkeit bevorzugt. Der Fabrikant wies sein Notizbuch vor, in dem er Bombenabschlüsse verzeichnet hatte. Eine südamerikanische Republik hatte zehntausend Stück mit Kokarde für ihre Heeresangehörigen bestellt.

In „Specks Hof" waren Edelmetalle ausgestellt. Berechtigtes Aufsehen erregte die goldene Hundertmeterkette mit Silberspiegeln, die um Hals und Brust geschlungen werden mußte. Der Nasenring mit Brillant-Boutons, die Smaragdbrille, der Rubinkneifer und die Platin-Wärmflasche waren das Neueste für verwöhnte Nachkriegsgewinnler.

In der „Kakadu-Bar" wurden die Meßmuster am lebendigen Leibe gezeigt. Der erste Raum war völlig dunkel und diente als Aufenthaltsort für kontrollierende Polizeibeamte. Im zweiten Raum befand sich das Bar-Büfett. Davor saßen auf hohen Stühlen dreißig bis vierzig ernste junge Männer, die gasförmige Liköre mittels zweier Strohhalme durch die Nase einsogen. Weihevolle Stille. Im Nebenraum wurde getanzt. Die Damen trugen sogenannte Fensterkleider mit Goldvergitterung. Der Wirt setzte sich zu Weekling und Carla und begrüßte sie herzlich. Er schien sie mit Bekannten zu verwechseln. Weekling machte ihn auf seinen Irrtum aufmerksam, worauf er sich erhob und bemerkte, daß er allerdings einen ausgedehnten Freundeskreis besäße. Es gäbe manchen, der ihn darum beneide. Wenn Weekling etwas Geschäftliches zu besprechen habe, so bäte er ihn, morgen, nein, übermorgen wiederzukommen. Morgen müsse er nämlich zum Rennen. Aber übermorgen sei er auf seinem Büro von zwölf bis eins zu sprechen. Hinterher pflege er seinen Geschäftsfreunden stets eine

Tasse Kaffee anzubieten, jetzt jedoch müsse er um Entschuldigung bitten. Er habe schon manche Stampe getrunken und sei nicht mehr recht auf der Höhe. Nach diesen Worten trat er an den Flügel, bestellte etwas Geräuschloses und setzte sich sodann an die grüne Seite einer Dame, die zweifellos dem bewußten Bekanntenkreis angehörte.

Als Carla und Weekling wieder auf der Straße standen, bemerkten sie einen Herrn, der eine Kreuzung zwischen preußischem Leutnantsrock und katholischer Priesterkutte trug. Er spielte Violine und zog – wie weiland der Rattenfänger von Hameln – an der Spitze einer Horde kleiner Kinder daher. Ein Vorübergehender erklärte, daß dieser Mann ein früherer Schriftsteller und Kapellmeister sei.

Man folgte dem expressionistischen Kapellmeister bis zum Neumarkt. Vor der holländischen Trinkstube machte er halt, spielte ein Stückchen Musik und bekam von dem Wirt eine Stärkung verabreicht, die er dankend quittierte. Er zog weiter, um im „Naumann-Bräu" ein Meß-Gastspiel zu geben.

Bei Mey & Edlich waren Sportartikel ausgestellt. Die Abteilung für Fußball-Dreß lockte zahlreiche Käufer an. Man zeigte einen Trikot, den man in der Uhrkapsel mit sich führen konnte. Damit fiel der lästige Umstand weg, daß die Fußballspieler bei auswärtigen Spielen stets eine Reisetasche mitschleppen mußten. Die Firma August Klötzer (Schuhhaus nach orthopädisch-wissenschaftlichen Grundsätzen, Grimmaischer Steinweg 12) hatte einen Fußballstiefel konstruiert, der durch einen Handgriff in eine zweiteilige Sportmütze verwandelt werden konnte.

Stilvolle Korbmöbel sah man im „Dresdner Hof". Besonders beliebt war die „Ausstattung im Rucksack". In einem Tornister, den ein zweijähriges Kind tragen konnte – wenigstens versicherte dies der Verkäufer – waren vier Rohrsessel, ein Liegestuhl und ein Gartentisch sinnreich verstaut; für Familienausflüge, Sommerreisen und Picknicks war die „Ausstattung im Rucksack" unerläßlich.

Auch die komprimierten Nahrungsmittel im Zeißighaus stellten das Aeußerste an Zwerghaftigkeit dar, was Gewicht und Umfang anlangte. So war durch fortgesetzte Verdichtung eine achtpfündige gebratene Gans auf die Größe eines Uhrkettenanhängsels gebracht worden, ohne daß auch nur ein einziger Nährstoff verloren gegangen wäre.

Carla, deren Leben so jäh aus der altgewohnten Bahn geschleudert worden war, strich sich mit der Hand über die Stirn und faßte nicht, was sie sah. War es ein Traum? War ihr Leben ein Traum? War das Wirklichkeit, was ihre Augen schauten? Oder waren es Märchen? Ja, es war ein Märchen. Es waren Träume. Sie saß Weekling zur Seite und ließ sich von ihm Märchen erzählen. Weeklings glühende Phantasie malte dem aufhorchenden Menschenkind aus, wie dereinst in vielen, vielen Jahren die Leipziger Messe beschaffen sein könnte. Noch war es nicht so weit. Noch gab es keine komprimierten Gänse. Aber wenn Weekling sprach und mit beredten Worten malte, wie er sich das künftige Meßgetriebe dachte, dann erstanden die Visionen vor Carlas Geist, als seien sie lebendige Irdischkeit. Vielleicht lag sie auch nur im Bett und träumte. Träumte das, was Weekling ihr vorphantasiert hatte. Oder war es dennoch Wirklichkeit?

Carla wanderte an Weeklings Arm nach der Meßhalle auf dem Roßplatz, wo moderne Spielwaren vorgeführt wurden. Hier war insofern ein beachtlicher Fortschritt zu verzeichnen, als sämtliche Geräte aus eßbarem Material hergestellt waren. Es gab nichts, was nicht hätte gekaut oder gelutscht werden können. Bälle, Bären, Puppen, Baukästen, Eisenbahnen: – alles verdaulich und von wohlschmeckender Süße. Begehrt waren die eßbaren Bilderbücher, die wie Frucht-Oblaten schmeckten. Vor der Halle hatte der Vertreter einer Olbernhauer Firma ein Schlagball-Spiel arrangiert. Die siegende Partei durfte ihre Bälle verzehren und erhielt obendrein eine neue Garnitur.

Das „Panorama" war buchstäblich auf eine neue Grundlage gestellt worden. Man hatte das ganze Gebäude auf eine Scheibe montiert, die sich mit mäßiger Geschwindigkeit drehte. Die Fenster bestanden aus buntem Glas und trugen Reklame-Inschriften. Das glatte Dach war in einen Palmenhain verwandelt worden. Unter Benutzung von Fallschirmen, die sich zentrifugal ablösten, gelangte man nach dem „Grünen Baum", nach dem „Hauffe" oder nach der „Eden-Bar".

In der „Eden-Bar" übte man mondäne Tänze. Das ultramodernste war der Handtanz, den aber nur eine recht bescheidene Zahl von Besuchern beherrschte. Am geschicktesten erwiesen sich die Japaner. Der Tanz bot Gelegenheit, die letzten Modeschöpfungen zu bewundern. Die Füße waren entweder nackt oder mit seidenen Halbhandschuhen bedeckt, und an den Zehen steckten kostbare Ringe.

Durch die Kurprinzenstraße gelangen Weekling und Carla nach der Windmühlenstraße, die ein ganz aktuelles Verkehrsmittel darstellte. Die Straße – so träumte Carla – bestand aus biegsamen Stahlplatten, die miteinander verschweißt waren. Der Boden befand sich in fortlaufender, wellenförmiger Bewegung. Der Personen- und Güterbeförderung dienten kleine Karren, die jeder selbst steuern mußte. Sämtliche Fahrzeuge waren mit Reklamewimpeln geschmückt. Das Ganze erinnerte an ein Meer, auf dem sich Boote tummelten. Carla nahm mit Weekling in einem Rollsessel Platz, und Weekling steuerte am „Rosenhof" vorbei nach der „Altenburger Windmühle", wo man eine Tasse Kaffee trinken wollte. Das Café war bedeutend vergrößert worden, ohne dadurch seinen lauschigen Charakter eingebüßt zu haben. Die Zahl der Nischen betrug an die tausend. Orchestrions mit Windschutz sorgten für Unterhaltung. Gartenlaubenartige Gebilde hingen von der Decke hernieder. Hänge-Nischen. Die Herren gelangten durch Flaschenzüge, die Damen selbstverständlich durch Leitern in das Innere dieser grün umrankten Käfige.

Carla und Weekling machten sich wieder auf den Weg und rollten die Windmühlenstraße hinunter, am „Weißen Hirsch" vorbei, nach dem Königsplatz.

Vor der „Intimen Bar" war ein Auflauf. Etwa hundert Meßfremde verließen das Lokal im Gänsemarsch, ein jeglicher eine mächtige Weinbrandflasche unter dem Arm, umzogen die Textilmeßhalle und sangen ein Lied, das unzählig viele Strophen hatte. Plötzlich verstummten sie, ein Stichwort kletterte vom ersten bis zum letzten Mann, und im Nu hatten die fidelen Knöpfe ihre Notizblöcke gezogen und mischten sich unter die Kaufleute, die in den Meßpalast strömten.

Was hatte dies zu bedeuten?

Ein Polizist gab Auskunft. Ein eben eingetroffener Funkspruch aus München offenbarte, daß die bayrische Landwirtschaftskammer beschlossen hatte, die Valuta der Mark wieder um einen Pfennig zu senken, damit die Ernteverluste ausgeglichen würden. Infolgedessen sahen sich die Käufer veranlaßt, ihre Abschlüsse zu verringern, zum Teil sogar rückgängig zu machen. Ein Buckskinfabrikant aus Crimmitschau verlor sämtliche Aufträge, wurde darob tiefsinnig und vertrank das Geld für die Rückfahrt in Meurers Likörstube.

Das Neue Rathaus beherbergte die Entwurf- und Modell-Messe. Hier war die Vermittlungsstelle zwischen Künstler und Fabrikanten. Immer neue überraschende Artikel brachten die Produzenten an den Künstlertisch. Die Zeichner liefen in grünseidenen Mänteln einher und pflanzten sich, mit Skizzenblöcken bewaffnet, vor den Meßmustern auf. Dann kam der erhabene Augenblick: Die Intuition. Die Maler sanken in sich zusammen, kauten elementar an den Fingernägeln und skizzierten sodann in drei Sekunden den Entwurf. Der Schriftblock wurde mittels eines Klischees daruntergepinselt und das fertige Plakat auf chemischem Wege vervielfältigt. Eine Viertelstunde später konnte der Fabrikant mit dem Dienstmann, der die Abzüge trug, das Gebäude verlassen.

Gern wurde die Drahtseilbahn benutzt, die vom Rathausturm nach dem Völkerschlacht-Denkmal führte. Leipziger Bürgertöchter leisteten ehrenamtlich Schaffnerdienste. Der Reingewinn des Unternehmens floß in die Kasse für reparaturbedürftige Tennis-Plätze.

Carla warf vom Turm aus einen Blick auf die Stadt, stieg hierauf mit Weekling hinunter, um den Rundgang fortzusetzen. Der Eingang zur Petersstraße war durch eine Postenkette abgesperrt, und nur, wer sich als auswärtiger Meßbesucher legitimierte, durfte die Petersstraße benutzen. Für die Einheimischen war die Untergrund-Straße bestimmt, die acht Meter unter dem Erdboden dahinführte. Arbeiter, Frauen, Schulkinder und Dienstboten tauchten auf und verschwanden. Weekling blickte nach der Uhr. Es war vier Uhr morgens.

„Gehen denn die Kinder nachts zur Schule?" fragte er eine ältere Frau.

„Festolin, nein," antwortete diese. „Aber während der Messe gibt es für uns keinen Unterschied zwischen Tag und Nacht. Die Messe dauert siebenmal vierundzwanzig Stunden. Die Stunden werden fortlaufend gezählt. Ueber die Zeit als Ganzes wird rationell verfügt. So kann es geschehen, daß der Schulunterricht in eine Zeit fällt, die man für gewöhnlich „Nacht" nennt. Festolin."

„Weekling ist mein Name."

„Festolin. Ich heiße Brückner. Festolin."

„Erlauben Sie, warum gebrauchen Sie fortgesetzt den Ausdruck ‚Festolin'?"

Die Frau lächelte.

„Festolin, ich will es Ihnen erklären. Sehr viele Eingeborene haben mit Fabrikanten einen Vertrag geschlossen und sich verpflichtet, am Anfang und Schluß eines jeden Satzes ein bestimmtes Schlagwort zu gebrauchen, das ein Erzeugnis des betreffenden Fabrikanten bezeichnet, Festolin. Dafür erhalten sie tausend Mark, Festolin. Mein Reklamewort ist leicht zu sprechen, Festolin. In meiner Familie sind eine Menge schöner Bezeichnungen vertreten: Miki, Rugafi, Kolundro, Rowä, Abaka. Natürlich werden wir von Angestellten der betreffenden Firma überwacht, Festolin."

Weekling folgte Carla, die vor der Auslage der Bugra-Messe stehen geblieben war. Bücher, deren Format nach dem goldenen Schnitt angelegt waren, gab es nicht mehr. Trapeze, Rhomben, unregelmäßige Polygone, Kreise und Ellipsen waren die gebräuchlichen Formate. Die meisten Bücher wurden von hinten nach vorn gelesen, bei anderen mußte man in der Mitte beginnen und sich nach einem bestimmten Schlüssel durch das Buch hindurchlesen.

In den „Drei Königen" fand ein Ehrenabend für die ungarischen Gäste statt. Kapellmeister Josef Nemeti schwang seinen Dirigentenstab und spielte gelegentlich die Violine. Bei der ungarischen Nationalhymne straffte sich Nemetis samtene Tangoweste, der junge Flötist küßte sein Instrument, und das Fräulein am Harmonium drückte vor Gefühlsüberschwang auf die falschen Tasten.

Die Meßhäuser „Großer Reiter", „Goldener Arm", „Stenzlers Hof" und „Grönländer" boten eine Fülle neuer Muster. Lange verweilten Weekling und Carla im Meßhaus Balke, wo der unsterbliche Fancois Haby aus Berlin ausgestellt hatte und folgendes offerierte:

Wach auf, mein Volk – Das permanente Rasiermittel
Flammenzeichen – die beste Puderquaste
Schweig von Paris – eine Duftei von unerhörtem Reiz
Es ist erreicht – Bartwuchswachs
Habyfix – unentbehrlich zum Bügeln des Scheitels.

„Gehen wir zu Mampe!" entschied Weekling.
Links vom Eingang saß eine Dame in mittleren Jahren, die hinter ihrem Kneifer boshaft lächelte. Die vier hintereinander gelegenen Galerie waren angefüllt mit rauchenden, schwatzenden und trinkenden Menschen. Als Spezialität führte Mampe: Gummiliköre, die wie Hartspiritus aussahen und gekaut werden mußten. Die Wirkung war frappant. Ein ziemlich robuster Mann, anscheinend Rittergutsbesitzer, genoß vier Würfel Blackberrybrandy, zwei Alasch, einen Maraschino, zwei Whisky Rob Roy und fünf Champagner-Flips und befand sich nach dieser verhältnismäßig geringfügigen Quantität in einem desolaten Zustand. Er hielt eine Dame, die weder seine Frau noch seine Geliebte war, umarmt und schraubte an ihr herum.

„Wie heißt du?"
„Ich heiße Liesbeth."
„Nein, du heißt Bertha."
„Nein, Liesbeth."
„Bertha!"
„Liesbeth!!"
„Bertha!!"
„Liesbeth!!!"

Der Geschäftsführer, Herr Vetter, näherte sich, bezahlte aus der Brieftasche des Gentlemans und begleitete ihn samt seiner Liesbeth-Bertha zum Tore hinaus. Herr Vetter war ein äußerst geschickter Geschäftsführer, der die meisten Meßfremden persönlich kannte, zumal er früher in Amerika prominente Stellungen eingenommen hatte.

Auch das benachbarte Café Knaut genügte allen Anforderungen der Meßkundschaft.

Die Sitzgelegenheiten waren durch zierliche Schemel vermehrt worden. Ein Glas Tee kostete zwei Mark fünfzig. Papa Knaut lief geschäftig umher, sein Sohn kontrollierte mit gedoppelter Strenge die Ladenmädchen.

Natürlich entging es ihm nicht, daß die Verkäuferin aus Württemberg mit Landsleuten schwätzte und dabei die übrigen Kunden vergaß; daß Fräulein Lies einem jungen Kavalier über den Ladentisch hinweg die Hand reichte und mit dem Aermel eine Othello-Torte beschädigte; daß sich das kleine Fräulein, allgemein „Pfannkuchen" genannt, von einem Fremden einen Zettel nebst Photographie zustecken ließ.

Alles das bemerkte der junge Knaut und dachte in seinem Busen: „Wartet nur bis nach der Messe!"

Emil, der Ober, lehnte melancholisch an der Registrierkasse. Hinter dem Küchenvorhang vertilgte sein Kollege eine Schmalzstulle.

Weekling bestellte zwei Tassen Kakao.

Bestellte zwei Tassen Kakao und erhielt:

Einen Mokka-trocken,

drei Stück Bismarckeiche,

das Adreßbuch und

den Schlüssel zur Telephonzelle.

Als er sein Erstaunen äußern wollte, wurde ihm von einem dicken Herrn, der ihm gegenübersaß, erklärt, daß dieses Geschäftsgebaren eine geheiligte Tradition des Hauses Knaut sei und keineswegs auf Meß-Psychose zurückgeführt werden dürfe.

Weekling zahlte und entfernte sich mit Carla.

Ehe sie plangemäß bei Kantorowicz ihre letzte Station machten, fuhren sie auf wenige Minuten in den „Sachsenhof", die Hochburg der Buchhändler.

Neunzehnhunderteinundzwanzig sollte das Hotel – angeblich infolge mangelnder Rentabilität – verkauft und zu einem Mietshaus umgebaut werden. Das Projekt war aber rechtzeitig durchkreuzt worden, und nichts hatte sich gegen die Vorjahre verändert.

Wer die Gastzimmer betrat, hätte meinen mögen, die Herren Buchhändler seien wie in einem Dornröschenschlaf von früheren Messen her sitzen geblieben. Der Zahn der Zeit, an dem sich inzwischen mancher die Pfoten verbrannt hatte, war spurlos an ihnen vorübergeglitten.

Es waren immer noch dieselben Herren in der gleichen Gruppierung. Wie eh und je fehlte der dicke Rösl aus München, der im Fürstenhof saß und bei einer guten Flasche Weines Erinnerungen austauschte mit dem Direktor Bischoff von der „Täglichen Rundschau". Desgleichen Hofrat Borngräber, der seit drei Jahren die Pleißestadt zierte und aus überzeugter Abneigung den „Sachsenhof" mied.

Aus dem Musikzimmer erschollen wüste Geräusche, die büschelweise ins Lokal hineindonnerten, so oft ein Neugieriger die Tür öffnete, um den Urheber der Klavier-Vergewaltigung zu erspähen.

Es war Heinz Karter, der am Pianoforte saß und mit galoppierendem Temperament die neuesten Tanzschlager parodistisch vorführte. Er walkte mit Händen und Füßen. Andor Brunn, der einen Buchexport größten Stiles in Frankfurt aufgemacht hatte, tanzte mit Karters kleiner Freundin, wohingegen der Gott der „Silbergäule", in einen Korbsessel gegossen, herzbrechende Töne von sich gab und im Geiste einen fabelhaften Inseratentext entwarf.

Emsig umlagert war der Tisch der Bahnhofsbuchhändler. Er übte die Anziehungskraft und Wirkung eines Gesundbrunnens aus. Wie Päpste saßen sie da, die Gewaltigen, und ließen Verlockungen und Schmeicheleien über sich erschwirren.

Lautes Gelächter erklang. Musikdichter Albrecht Bode gab kölsche Krätzcher zum besten. Rowohlt prustete. Die beiden Courths-Mahler-Verleger schrien vor Lachen. Draußen war ihr gelbes Auto vorgefahren. Es durfte warten. Heute pressierte nichts.

Als eigentliche Betriebsonkels fungierten Oskar Schiefelbein, „Lieschen" genannt, und der lange, hagere Knoblauch, dessen Glatze feucht-fröhlich schimmerte. Er war von einer leichten Dauernarkose behaftet und hatte, obwohl nicht Sachse, den sächsischen Dialekt zugeritten. Jetzt aber trugen sie beide zum elfhundertsten Male ihre berühmte „Räuber-Szene" vor.

Eine Gruppe Bugra-Aussteller saßen fachsimpelnd um den runden Stammtisch. Sie hatten eben den Morgenkaffee bestellt, um den neuen Tag damit einzuleiten.

Weekling begab sich mit Carla zu Kantorowicz.

Als sie den kleinen Vorraum betraten, kam ihnen ein junger Mann entgegen. Er sah sehr angegriffen aus. Seine Knie wankten. Er nahm seinen Strohhut ab und hielt ihn vor sich hin.

„Verzeihung, mein Herr, kaufen Sie mir meinen Strohhut ab. Er ist so gut wie neu, stammt von der bewährten Firma Hecht. Ich verkaufe ihn für fünf Mark."

Weekling und Carla hatten Halt gemacht.

Der junge Mann bettelte: „Fünf Mark!"

„Was sind Sie?" fragte Weekling.

„Ich bin ein Opfer der Messe."

Weekling lud ihn ein, mit ihm und Carla in das Lokal zurückzukehren.

Sie setzten sich und verlangten die Getränkekarte.

Es war jedoch unmöglich, aus den eigenartig benannten Likören eine Auswahl zu treffen.

Der Besitzer, ein freundlicher, hochgewachsener Herr, hatte lächelnd die drei beobachtet, trat jetzt an den Tisch und bot seine Hilfe an.

„Die originelle Bezeichnung der Mischgetränke ist eine Spezialität unseres Hauses. Ich empfehle Ihnen: Blick ins Jenseits – Ausgleichende Gerechtigkeit – Familie Schnurzel – Liebeskuss – und zum Schluss einen langsamen Selbstmord."

Weekling versprach, den Rat zu befolgen, und wendete sich dem jungen Manne zu, der trübetimplig vor sich hinstarrte.

„Wollen Sie mir erzählen, warum Sie sich ein Opfer der Messe nennen?"

„Kaufen Sie meinen Strohhut?"

„Ja."

„Gut. Sehr gut. Hören Sie also die Geschichte meines Unglücks. Ich lebe seit ungefähr drei Jahren in Leipzig. Anfangs freute ich mich auf die Messe. Die vielen Fremden, die zahlreichen Ausstellungen, das machte mir Vergnügen. Der Meßbetrieb, das Gerücht von ungeheuer großen Summen reizte meine Phantasie. Nebenbei mag wohl auch die Hoffnung mitgespielt haben, daß von dem vielen Gelde auch in meine Tasche etwas fließen werde. Diese Erwartung wurde jedesmal getäuscht. Jeder hatte seinen Nutzen. Jeder. Auf irgendeine Art. Nur ich ging leer aus. So kam es, daß ich der Messe allmählich gram wurde. Als die jetzige ihren Schatten vorauszuwerfen begann, sank mein Stimmungsbarometer auf Null. Vierzehn Tage vorher sammelte ich bereits ganze Hände voll Sturmzeichen. Das Wachsen der festen Meßbaracke auf dem Völkerschlachtgelände verfolgte ich mit Mißvergnügen. Am liebsten hätte ich den ganzen Klumpatsch in die Luft gesprengt. Tagsüber trieb ich mich an der Baustelle umher und begleitete jeden Balken, der gesetzt wurde, mit einem Fluche. Als der Monumental-Sarg fertiggestellt war, heulte ich vor Wut. Dann begann ich, nach anderen Meßschauderhaftigkeiten zu suchen. Wer hat zuerst die Gemeinheit begangen, unschuldige Einzelwörter dadurch zu verballhunzen, daß er ihnen die Silbe „Meß-" voranstellte? Ich glaube, die „Libelle" hat den Anfang gemacht. Sie kennen sicher den Laden in der Windmühlenstraße. Am ersten März, früh sieben Uhr dreißig, las ich an der noch hinter den Ohren feuchten Plakatsäule: „Der Meßonkel. Urfidele Meßposse. Extra für die Messe geschrieben und komponiert!" – Das mochte noch hingehen. Aber hören Sie, was unter diesem Texte stand! Es stand allen Ernstes darunter: „Allabendlich ausverkauft!" Allabendlich ausverkauft! Ich griff mir an den Schädel. Acht Tage vor Beginn der Messe! Acht Tage vor der Erstaufführung versicherte die Direktion, daß die Meßposse allabendlich ausverkauft sein werde! Aber es kam noch toller. Mitten während der Messe wurde der „Meßonkel" ununterbrochen eine Woche lang uraufgeführt! Man führte den „Meßonkel" vierundzwanzigmal zum urersten Male urauf und annoncierte beim fünfundzwanzigsten Male: „Zum fünfundzwanzigsten Male: Der Meßonkel!"... Nun ging es Schlag auf Schlag. Die Straßenbahn hatte sich eines Morgens mit Messefähnchen verunziert, die Tageszeitungen traten über die Papierufer, die ersten Meßschwalben aus Kattowitz gesellten sich zu den bodenständigen Meßlerchen. Der große Nepp begann. Der Generalnepp. Meine Wirtin arbeitete fieberhaft. Ich wohne nämlich in Untermiete. Zunächst hatte die Frau die Absicht, mich und den anderen Mieter in ein Bett zu legen. Nur auf dringliches Bitten bewilligte sie uns zwei Lagerstätten. Allerdings entführte sie mir den Wandspiegel für den guten Onkel aus Stuttgart. Teppich, Tischlampe, Kohlenkasten, Nippes – alles für den Salon des reichen Onkels aus Zürich. Das Waschservice bekam der Onkel aus Düsseldorf. Ich verlernte das Lachen. Seit damals waschen wir uns, so oft Messe ist, in einer Fußbadewanne. Diesmal ist auch die Fußbadewanne verschwunden und hat einem wasserdichten Frühstückskörbchen Platz gemacht. Es ist schön von Ihnen, mein Herr, daß Sie nicht lachen! Es ist wirklich nicht zum Lachen. Mein Stubennachbar und ich lachen bestimmt nicht. Um Kaffee zu erhalten, müssen wir beide früh um sechs aus den Federn. Das Kaffeegeschirr ist nämlich nur von sechs Uhr fünfzehn bis sechs Uhr siebzehn frei. Manchmal auch nur bis sechs Uhr sechzehn. Es ist schon oft vorgekommen, daß uns die Wirtin die Tasse vom Mund gerissen hat, wenn sie den Ruf eines Onkels zu vernehmen glaubte. Ich schweige vom Wasserklosett. Ich schweige davon, daß es fortwährend klingelt, und daß zu allen Stunden des Tages und der Nacht versehentlich fremde Personen in unser Zimmer eindringen. Ich schweige von den Preisen." –

Der seltsame Gast mit dem Strohhut war unheimlich. Ob er das einzige Exemplar der von der Messe Zertretenen war? Carla und Weekling, die gebannt dem sonderbaren Menschen zuhörten, schüttelten das Haupt.

„Es war in Pragers Biertunnel, als mich ein gewerbsmäßiger Mit-dem-Messer-Esser fragte, ob ich der Messe wegen in Leipzig sei. Ich antwortete mit Nein und fügte hinzu, daß ich ständig hier wohne. Darauf sagte der Mit-dem-Messer-Esser: „Na, ja, es muß auch Leipziger Plebs geben!" ... Der Mann hatte recht. Es muß auch Leipziger Plebs geben. Warum sollte ausgerechnet ich nicht zum Leipziger Plebs gerechnet werden? Ich faßte den Entschluß, mich an der allgemeinen Jagd nach der Meßonkel-Brieftasche zu beteiligen. Meine Herrschaften, ich bin drei Wochen lang Ortskommandant von Gruyères gewesen und kenne daher den Schwindel. Die französische Sprache habe ich damals ganz leidlich erlernt. Schön. Ich meldete mich beim Meßamt als Fremdenführer. Der Herr, der mich empfing, war sehr zuvorkommend und erkundigte sich, ob ich tschecho-slowakisch sprechen könnte. Als er vernahm, daß ich bloß französisch parliere, zeigte er mir eine Liste, in der bereits achtzehntausend Namen für die nächsten sechzig Messen vorgemerkt waren: Studenten, Oberlehrer, Autodidakten. Alle sprechen sie angeblich perfekt französisch. Nun, damit war es also nichts. Sollte ich tschecho-slowakisch lernen? Hm. Ich dachte mir: Wie wäre es, wenn ich meine schriftstellerischen Fähigkeiten benützte, um Geld zu verdienen?"

Hier schaltete der junge Mann eine kleine Pause ein, nahm einen Schluck vom „Langsamen Selbstmord" und zog aus seiner Tasche einen Zettel hervor, den er auf den Tisch legte.

Dann fuhr er fort:

„Ich bin nämlich dichterisch veranlagt. Vielleicht haben Sie nichts dagegen, wenn ich Ihnen ein kleines Gedicht von mir vorlese. Darf ich? Es ist betitelt: ‚Waldblümelein'."

> Weiß ein Blümlein an dem Walde,
> Blüht mit Sonnenbrand und Sehnen,
> Herz, mein Herz – du schöne Blume,
> Bist es ja, nach der wir streben.
>
> Und ein Vöglein in der Nähe
> Piept ein traurig-leises „Ach!"
> Tannen stehen schwarz im Walde,
> Blutigrot vergeht der Tag,
>
> Jahre kommen, Jahre gehen,
> Staub und Asche wird der Wald,
> Herz, mein Herz – du schöne Blume,
> Blühst, verblühest hier so bald.

Dieses Gedicht habe ich gemacht. Ich bilde mir nichts drauf ein. Ich glaube, es taugt nichts. Vielleicht ist es sogar großer Kitsch. Ich habe viele ähnliche Gedichte gemacht, und die Ueberzeugung von meiner poetischen Sendung gab mir den Mut, folgenden Plan zu verwirklichen: Ich gedachte, zu den Besitzern der Weinrestaurants, Bars und Kabaretts zu gehen und ihnen meine Dienste bei der Abfassung von Reklameaufsätzen anzubieten."

Als der junge Mann mit dem Strohhut bis hierher gediehen war, trank er seinen „Langsamen Selbstmord" aus und bat den Amerikaner um eine Zigarette. Nachdem er sie erhalten und angezündet hatte, schloß er seinen Bericht:

„Ja, aber es war alles nichts. Alle Versuche schlugen fehl. Und wenn ich Franz Werfel wäre oder Walter Hasenclever oder Rabindranath Tagore: Niemals würden die Kaufleute ein Geschäft mit mir machen. Sie sind den Schreibenden über. Soll ich Ihnen von meinen Mißerfolgen in „Mampes Guter Stube", im „Café Oriental", in der „Palmengrotte", in „Schäfers Weinrestaurant" und im „Café Corso" erzählen? Ich bin am Ende meiner Kraft und meiner Barmittel. Die ganze Stadt kennt mich. Die einen hassen mich. Die anderen schätzen mich. Aber die, die mich schätzen, sind keine gebürtigen Leipziger. Alle bilden sich ein, es gehe mir zu gut, weil ich noch einen Strohhut habe. Aber es geht mir gar nicht gut. Oh, im Gegenteil. Ich bin nur ein Schriftsteller. Also ein Dreck. Bitte, kaufen Sie mir meinen Strohhut ab!"

Der junge Mann hielt die Hände vor sein Gesicht und schluchzte.

Leise erhob sich Weekling, legte eine Tausend-Dollar-Note auf den Tisch, zahlte am Büfett und ging.

Carla folgte ihm.

Schweigend schritten sie die Grimmaische Straße hinab.

Es war acht Uhr morgens.

Vielleicht hatte Carla alles nur geträumt.

Karneval und Messe

Erich Kästner

Hauptbahnhof und Bogenlampen.
Welch Getümmel vor den Rampen!
Laut ertönt's von fern und nah:
„Der Berliner Zug ist da!"
Und ein Herr, der extraklug ist,
ruft: „Ob das der Damen-Zug ist?"
Und es scheint: der Herr hat recht!
Nichts als weibliches Geschlecht!
Nichts als Mädels – Donnerwetter!
Immer hübscher, immer netter!
Lu und Li und Lee und Lo,
Ern und Trud und Mi und so ...
Puderhauch und frohe Stimmung.
Pelzjackett mit sanfter Krümmung.
Lauer Duft wie von Lavendel.
Necessaire und Reisemäntel.
Seidenstrumpf und Glockenhut:
Na, mein Kleiner! Keinen Mut? ...
Rot und Gelb und Grün und Blau!
Lachen, Schreien, Mordsradau!
Mädchen – schlank wie Rehe –:
Na! Wer hat noch keine Frau
für acht Tage Ehe? ...

Meine Wirtin hat vier Zimmer.
Doch wir waren fleißig!
Bauten um und räumten immer:
Jetzt ist Platz für dreißig ...
Jede Stube, Stück für Stück,
wird halbiert durch einen Strick.
Ja! So wurden wirklich acht

Zimmer aus nur vier gemacht …
Sehr moralisch ist das kaum,
seien wir doch ehrlich …
Strick als Wand und Zwischenraum
ist nicht ungefährlich!
(Und zudem entbehrlich …) –
Links vom Strick ist Lehmanns Bett –
rechts ist Meiers Lager:
Beide Fraun sind längst zu Bett,
die Frau Meier dick, fast fett,
die Frau Lehmann hager …
Auf den Gatten warten beide –
horch, da kommt der eine an!
Findet er die richt'ge Seite?
Ach wie leicht der brave Mann
in der Richtung irren kann!
Und – da beide Frauen sächseln –,
oh, man kann sie leicht verwechseln …
Denn wer kennt des Zufalls Grenzen?
Und – wer trägt die Konsequenzen? –

Bis hierher zeigt das Gedicht:
Einfach ist die Messe nicht!
Nichts als Sorgen, nichts als Plage,
Angebot und Nachgefrage.
Bargeschäft? Geschäft auf Sicht?
Kaufen? Oder besser nicht?
Warten, ob die Preise fallen?
Kauf in Wagen? Nur in Ballen?
Ist das Konto überzogen?
Bist du oder hast betrogen?
Ware halten? Oder brennt's?
Wie verkauft die Konkurrenz?
Über Weltmarkt oder unter?
Es wird immer kunterbunter! –

Seit die Mark stabilisiert ist,
wird der Handel wieder ernst!
Zeig, ob du noch instruiert bist
oder ob du's wieder lernst!
Dummheit ist kein Vorzug mehr,
wenn sich's um Geschäfte handelt.
Raffke denkt: „Es hat sich sehr,
hat sich sehr gewandelt …"
Wer sich am Tag mit Preis und Waren
und Risiko die Zeit vertreibt,
der will nicht auch am Abend sparen!
Er eilt, ob ledig, ob beweibt,
ein wenig in die Stadt … und kneipt …
Dies tut der Durchschnittsmensch. Indessen
gibt es auch höhre Interessen!
Die Kunst zum Beispiel ist beliebt,
weil sie der Seele manches gibt.
Man sitzt dann etwa im Theater:
Die Mutter rechts und links der Vater,
die lieben Kinder in der Mitte.
(Denn so verlangt's die gute Sitte!)
Wenn nach dem ersten Akt Applaus ist,
hofft der Papa, daß es bald aus ist.
Er schätzt die Kunst, versteht sich sehr;
Er rechnet sich nicht zu den Bauern.
Doch darf die Kunst nicht lange dauern!
Und ein Glas Pilsner schätzt er mehr …

Im Gewandhaus sitzen viele,
widmen sich dem edlen Spiele,
still, so wie es sich gehört.
Und man sonst den Nachbarn stört …
Große Augen macht der eine,
doch sein Nachbar hat fast keine;
und du denkst empört: Er schläft!

Nein, er träumt bloß vom Geschä-ä-äft.
Seine Gattin staunt beständig,
daß der Dirigent so winkt!
Wirkt er nicht wie tausendhändig?
Und wie laut die Pauke klingt! ...

Hohe Kunst ist nicht für alle –
Stimmungsbild in diesem Falle:
Zwischen Sekt und Zigarette
lauschen sie dem Nacktballette.
Liebe Mädchen ohne Kleider,
zart verziert mit Lendenschürzen,
springen, knien, walzen, stürzen,
hüpfen, fallen und so weiter.
Damen aus dem Publikum
wenden sich entrüstet um.
„Nein, wenn ich so wollte – oh!"
Kreischt die Frau von Bolt & Co.
Doch – sie wiegt zweihundert Pfund!
Und ihr Mann, entsprechend rund,
meint: „Du bist doch sonst gesund –"
Schließlich bei der letzten Szene
gruselt's alle eisekalt,
weil die Karin – hast du Töne? –
wütend mit der Peitsche knallt
und die andere, die Schöne,
prügelt, daß es widerhallt ...
Weil die Tanzkunst, wenn bewegt,
Ehemänner stark erregt,
sagen manche Frauen klug:
„Männe, komm! Du hast genug."
Und man sieht noch, wie sie hinten
Schimpfend mit dem Mann verschwinden. –
Andre haben Stolz im Leibe,
und sie denken: Nein, ich bleibe!

Doch im Grunde ist's nicht gut,
wenn die Frau erhaben tut …
Weiter geht's in Sekt und Geigen!
Und in Lärm und Eleganz!
Weiter geht's – „Der Rest ist Schweigen …"
Doch erst nach dem Tanz …
Ja, nach solchen Messewochen
Spürt der Onkel seine Knochen …
Nach dem siebenten Cocktail
Nannte sie ihn schon „Kamel".
Und sie trank noch immer!
Und es kam noch schlimmer!
Das Entsetzlichste vom Ganzen:
Elli wollte mit ihm – tanzen! –
Seide knistert. Kesses Lachen.
Schultern duften. Ringe blitzen.
Onkelchen sagt: „Nichts zu machen,
Kind, ich bleibe sitzen."
Aber Elli muß heut tanzen.
Tanzen ist der Clou vom Janzen.
„Also Kind, dann los!"
„Onkelchen, famos!"
Und der Onkel wird ganz krank, oh!
Denn man spielt gerade Tango.
Und er hupft in großen Sprüngen.
Doch es will nicht recht gelingen …
Denn er kann ja weiter – falls er
überhaupt tanzt! – nichts als Walzer!
Rotes Licht und Jazzkapelle,
Gläserbruch und Zwischenfälle,
Frauenblick und blauer Aal:
Karneval! Karneval! –
„Morgens, wenn die Hähne krähn,
müssen wir nach Hause gehn." –
Als er das Lokal verließ,

war dem dicken Onkel mies.
Elli war verschwunden ...
An der nächsten Straßenecke,
ausgestreckt im Straßendrecke,
hat man ihn gefunden ...
Zweie faßten Onkel unter,
und da war er wieder munter ...

Intressant nicht nur für Kenner,
sondern auch für andre Männer,
ja, eventuell für Frauen,
ist es, Schilder anzuschauen!
„Fix", das beste Haubennetz!
Grudeöfen und Korsetts.
Hausbriketts und Farbendruck.
Hosenträger. Christbaumschmuck.
Blumenvasen. Falsche Waden.
Schweizer Käse. Zinnsoldaten.
Grammophone, Schreibmaschinen.
Nagelscheren. Limousinen.
Filzpantoffeln. Steife Hüte.
Und Parfüms von seltner Güte.
Fleischkonserven. Bechsteinflügel.
Lockennadeln. Kleiderbügel.
Korbgemöbel. Wein in Flaschen.
Kontenhefter. Aktentaschen.
Mottenpulver. Perserbrücken.
Bilderbücher, zum Entzücken.
Tote Blumen. Und Konfekt.
Fisch in Dosen. Deutscher Sekt.
Kinderflugzeug. Dampfmaschinen.
Radiofunk und Apfelsinen.
Gold und echt Edelsteine.
Unterwäsche. Falsche Beine.
Bilder. Handgewirkte Tücher.

Yohimbin. Und neue Bücher.
Untertaillen. Zahnpasteten.
Haarfärbmittel und Trompeten.
Fliegenleim und Kinderwiegen –
alles, alles kannst du kriegen!

Wenn du Geld hast, selbstverständlich!
Gestern beispielsweise pendl' ich
Stillvergnügt, wie ich das liebe,
durch das tolle Meßgetriebe ...
Tausend neckische Gesichter.
Fensterglas. Laternenlichter.
Grauer Himmel. Weiche Flocken.
Blonde und auch braune Locken ...
Während ich noch überlege,
warum ich mich fortbewege,
streift mich eine kleine Hand;
Stulpenhandschuh. Elegant.
Blickgespräch. Oh, bitte sehr!
Also steig ich hinterher ...
Leider war das holde Kind
Schon mit Herrn versehen ...
Sie bleibt stehen, nicht geschwind –
hier muß was geschehen! – –
Dann, in einem Nachtlokal,
fand ich sie beim Tanze.
Frühjahrsmesse! Karneval!
Und ich ging aufs Ganze.
Zu dem Herrn, bei dem sie saß,
sagte ich: „Mein Bester,
geben sie mir auch ein Glas.
Sie ist meine Schwester." – –
Sie sagte: „Arno, setz dich her!
Der Herr kommt alle Messen.
Wir waren grad im ‚Blauen Bär',

hast du auch schon gegessen?"
Dann tranken und dann tanzten wir.
Und aßen in der Pause.
Der Herr war lieb und nett zu mir.
Dann brachte ich – so gegen vier –
Mein – Schwesterchen nach Hause …

Einer vom Brühl (Auszüge)

Gustav Herrmann

Generalversammlung

„… Ich begrüße ferner unsere Herren Kollegen und Kolleginnen aus Tientsin und Yokohama, endlich, darum aber nicht minder herzlich, die Vertreter aller nach Ort und Staat noch nicht genannter Handelszentren aus Ost und West, Nord und Süd.

Wir sind herbeigekommen, um in Verbindung mit unserer Generalversammlung zugleich die fünfzigste Wiederkehr der Begründung unserer Gemeinschaft zu feiern. Und die Gegenwart sämtlicher Repräsentanten spricht dafür, daß dieser Erinnerungsakt auch ein Manifest ist für die Zukunft. Wenn wir zurückschauen und an Hand der Archive dem Entstehen unserer ‚Wepeko' nachgehen, so kann man 1930 als ihr Geburtsjahr bezeichnen. Natürlich bedurfte es noch eines langen Weges bis zum Ausbau der großen Gedanken, die der Zusammenstrom aller Erdenvölker auf jener ‚Ipa' – jener ersten ‚Internationalen Pelzfach-Ausstellung zu Leipzig' – zeugte. Wir sind bei den sprunghaften Fortschritten, die unsere Technik, unsere Wirtschaftspolitik, unser kaufmännischer Geist auch in bezug auf Weltanschauung und Lebensführung während der letzten Jahrzehnte machte, gern geneigt, den engen Horizont und die Ideologie unserer Vorfahren zu belächeln.

Verehrte Anwesende! Gestatten Sie mir, daß ich Ihnen kurz die Vorbedingungen darlege, unter denen jene Männer von 1930 die Grundlagen zu unserem Zusammenschluß schufen. Nachdem ich mich der wohl jedermann geläufigen Einheitssprache bediene, darf ich hoffen, Sie nicht zu langweilen und von Ihnen allen gut verstanden zu werden. Als der erste Weltpelzkongreß stattfand, krankte die Menschheit noch schwer an einer Verirrung, wie sie nur ein in Haß und Liebe verworrener Seelenzustand verursachen konnte. Ich meine den durch vier volle Jahre tobenden Massenmord, damals Krieg benannt, und seine unermeßlich schweren wirtschaftlichen Folgen.

Wir, die wir heute jenseits von sentimentalen Schwächen und brutalen Leidenschaften zwischen den Geschlechtern und den Völkern unsere Lebenspflicht erfüllen, können uns kaum vorstellen, wie bei all diesen Hemmnissen ein Vorwärtskommen überhaupt möglich war. Da ist es nur ein Akt der Gerechtigkeit, anzuerkennen, daß gerade unsere am schwersten betroffenen deutschen Brüder den Anstoß zur ‚Wepeko', zur ‚Weltpelzkompanie' gaben, die nicht nur eine rationelle Zusammenfassung unserer besonderen Berufsinteressen, sondern auch eine Zentralisation der gesamten Weltgeldwirtschaft mit herbeiführte und den Völkerfrieden sichern half, dessen wir uns nun schon seit vielen Jahrzehnten erfreuen – zum Wohle jedes einzelnen, wie aller Nationen."

Der Präsident hielt inne und wartete die Wirkung seiner langsam, mit wuchtiger Betonung gesprochenen Worte auf die bunte, ihm mit sichtlicher Aufmerksamkeit folgende, Zuhörerschaft ab. Offenbar bereits im fünften Jahrzehnte seines Lebens stehend, erschien er durch die Straffheit seines schlanken Körpers, wie durch sein faltenloses Gesicht wesentlich jünger. Das kaum angegraute Haupthaar und die klar und kühl blickenden Augen erhöhten diesen Eindruck. Das ganze Wesen des Mannes strahlte ruhevolle Mäßigung aus. Ohne Hast waren seine spärlichen Gesten, und die niemals bebenden Flügel der scharf geschnittenen, energischen Nase ebenso wie die schmalen Lippen des unsinnlichen Mundes zeugten für das Fernsein aller vom Ziele ablenkenden Charakterzüge. Eine gleiche, gesicherte Ausgeglichenheit war das Merkmal der ganzen Versammlung, die aus Männern und von diesen kaum unterscheidbaren Frauen aller Erdenvölker bestand. Der Raum, in dem man tagte, das europäische Zentralbüro der „Wepeko", schien von Licht durchflutet. Die breite Wand gegenüber den Sesseln nahmen große Mattglasscheiben ein – Mikrophone, Lautsprecher und allerhand Fachinstrumente vollendeter Ausführung umkränzten die erhöhte Langtafel, an der das Präsidium saß. Ventilatoren und Ozonzerstäuber in den Ecken sorgten für sauerstoffreiche Gebirgsluft, und aus den Deckenhohlkehlen strömte hoher Tag, obwohl die große Uhr bereits auf 23 stand. Offenbar kannten diese Menschen keine Müdigkeit, denn ihre Reihen durch-

EINER VOM BRÜHL

GUSTAV HERRMANN

GUNDERMANN, Universal-Photo

WILHELM GOLDMANN VERLAG 522

mark 3.—

lief das leichte Beben freudiger Spannung, als der Herr Präsident den Faden seines Rückblickes wieder aufnahm. Nur ab und zu kräuselte eine Welle des Staunens auf der kompakten Masse, wenn sie zum Beispiel erfuhr, daß es früher Kredit und Pfand, Wechsel und Akzepte, Prolongationen und Proteste, Geschäftsaufsicht und Konkurse gab. Daß mit baren Geldern hantiert und hohe Zinsen gezahlt wurden, wobei jedes Volk eine andere Valuta hatte. Daß man zum Einkaufe in ferne Länder reisen oder Ware zur Ansicht versenden mußte; daß diese Waren auf der Straße und in dumpfen Läden gehandelt, viele Male, unter ständiger Verteuerung, ihren Besitzer wechselten – bis sie endlich an ihren eigentlichen Verbraucher gerieten. Manche gaben leise Zeichen des Schauderns, als der Sprecher die nervenzerrüttenden Sorgen und Aufregungen schilderte, die körperlichen und seelischen Schäden, die im Gefolge solch atavistischen Gebarens auftraten. Nur wenige wußten von alledem aus alter Überlieferung. Schon ihre Väter hatten, am Auktionstische sitzend, durch Bildfunk und Radiomeldung, ohne die Stätte ihres heimatlichen Wirkens verlassen zu müssen, auf den Glasschautafeln die Waren betrachtet, ihre Einkäufe durch das internationale Abrechnungshaus berichtigt. Bereits ihren geschäftlichen Vorgängern war unbedingte Rechtlichkeit zweite Natur, und die ständige Verbesserung der Fernseher, zu denen nun auch Ferntast- und Fühlapparate gekommen waren, sowie der stündliche Überblick über die ganze Weltwirtschaftslage, der fast einem Schauen in die Zukunft glich, sicherte vor jeder unliebsamen Überraschung. Geschäftliche Katastrophen waren ausgeschlossen, die Maschinen, von wenigen Fachleuten mit unerschütterlicher Stetigkeit bedient, lieferten Präzisionsarbeit. Das Wort „Zurverfügungstellung" fand man weder in irgendwelchem Handelslehrbuche, noch im Duden von 1980.

Die Uhr meldete Mitternacht, als der Herr Präsident – nachdem er noch viele bedeutsame Einzelheiten über die andauernde Entwicklung der „Wepeko" gegeben hatte – mit einem Hoch auf ihre Zukunft und auf das weltbrüderliche Zusammenwirken aller werktätigen Männer und Frauen schloß. Während die Menge der Anwesenden sich langsam verlief, blieben in den Ledersesseln des Büros noch die drei Herren des Präsidiums zurück. Dies und jenes aus der Ansprache ihres Vorsitzenden griffen sie auf und spannen sie fort. Auch die beiden anderen waren Männer vom Fach, Abkömmlinge alter Pelzhandelsgeschlechter, Vertreter eines Patriziats, das bei allen Neuerungen und Fortschritten der Zeit, bei allen Wandlungen der Begriffe auf praktischem, moralischem und ethischem Gebiete ihnen noch im Blute saß. Den Posten des juristischen Beirats, bei der Gründung der „Wepeko" noch der bedeutsamste des ganzen Verwaltungskörpers, hatte man längst gestrichen. Da Bankerotte ebensowenig vorkamen wie schlechte Lieferungen oder irgendwelche Schwindeleien, die zu Streitigkeiten hätten führen können, so braucht man auch keinen Syndikus mehr. Schon der letzte war so beschäftigungslos gewesen, konnte ein derartig geruhsames Götterleben führen, daß er jetzt noch als hoher Achtziger die stattliche Altersrente mit Würde verzehrte. Und seine mahnenden Worte, die er gewissermaßen als „letzten Willen" beim Übergang in den Ruhestand sprach, wurden gern beherzigt: In allem solle man mit der neuen Zeit gehn, nur die schönen, bequemen Lederklubsessel seines Büros dürften nicht den modernen Gebilden geopfert werden, für die man sich das Rückgrat zementieren lassen müsse, um vogelhaft darauf hocken zu können.

So saßen nun die drei Herren in den wohlig tiefen Sesseln der pensionierten Justitia, wie in Abrahams Schoß, rauchten nikotinfreie Zigarren, tranken ein Schälchen koffeinfreie Brühe und nippten dazu leicht gebräuntes Zuckerwasser aus den weiland Kognakschwenkgläsern des abgebauten Herrn Syndikus.

„Wahrlich – sonderbar malte sich in den Köpfen unserer Vorfahren des Kaufmanns Wesen und Welt …," begann überlegen lächelnd der eine, und der andere fügte hinzu: „wenigstens solange sie noch jung waren oder – wie man es damals wohl antraf – ewig in der Entwicklung und unreif blieben."

„Diese Einschränkung unseres werten Kollegen muß ich sehr unterstreichen" – nahm der Präsident selbst wieder das Wort. „Zu allen Zeiten gab es bei uns schon zielklare Charaktere, die ihrem Wesen nicht durch Zersplitterung die Stoßkraft nahmen. Jene besondere Generation, unter deren Ubiquität die tönernen Füße des Kolosses zusammenbrachen, war das Opfer eitler Erziehungsmethoden. Wohl keinem Vater eines Mozart wäre es eingefallen, das melodienträchtige Hirn des geborenen Musikers mit der Wissenschaft von Fellsortimenten zu belasten, keinem alten Uhrmacher oder Geigenbauer beigekommen, seinen Sohn überdies zu einem Grobschmied in die Lehre zu geben. Um die Wende des neunzehnten Jahrhunderts war aber jeder Kaufmann stolz darauf, seinen Sprößling, der auch geschäftlich dereinst das Erbe antreten sollte, in irgendeiner Kunst oder Wissenschaft nebenher dilettieren zu sehen, alle sollten am liebsten Universalgenies werden, wobei ganz vergessen wurde, daß man dies höchstens sein kann. Vor lauter Kenntnissen konnte man schließlich gar nichts, im Schwange idealer Forderungen verloren die meisten den nährenden Boden unter den Füßen. Und glückte eine Leistung, so geschah es gewissermaßen im Segelfluge. Man war sich seines Landungsplatzes nicht sicher und schwankte im Glauben an sich selbst bis zum tödlichen Absturze."

„Ja, ja" – meinte versonnen der gegenüber dem Sprecher sitzende Herr mit der großen, rundglasigen Brille, der besonders das Archiv der „Wepeko" verwaltete und daher noch wußte, was „Klassiker" waren – „man nannte das mit einem gewissen Stolze bei uns Deutschen den ‚Faustischen Drang'. Obwohl man sich der verhängnisvollen Unzweckmäßigkeit solcher Veranlagung für das praktische Leben durchaus bewußt war, förderte man sie dennoch …"

„– – und erzog dadurch ein Geschlecht von Bildungsprotzen, die sich ihres Brotberufes schämten, an tausend Sehnsüchten krankten und so aus einer Schwierigkeit in die andere gerieten. Was du bist, das sei ganz!" schloß der Dritte kurzerhand seine Betrachtungen, ohne daß ein lähmender Druck, der sich allmählich auf die Gemüter der sonst so unbeschwert dreinschauenden Männer gelegt hatte, ganz weichen wollte. Man blies blaue Ringe in die Luft, aber der taube Tabak wollte keinen Auftrieb geben. Man nahm einen Schluck aus den geschliffenen Kelchen, aber der fade Geschmack im Munde ließ keine gehobene Stimmung aufkommen. Der Herr Vizepräsident brach schließlich das längere Schweigen, indem er befriedigt feststellte, daß ja schließlich auch dieser Hochmut zerbrochen sei an den stetig im

Geheimen zu höherer Erkenntnis drängenden Wellen des Fortschritts. „Auf eine Zeit des Überinteresses an allem und jedem folgte als natürliche Rückwirkung eine Epoche vollkommener Gleichgültigkeit. In den kritischer veranlagten Köpfen führte dies zur Entthronung aller Illusionen, zur kühl sachlichen Lebensauffassung …"

„Sagen Sie schon lieber zur hundsschnäuzigen, verehrter Kollege." Der Herr Archivar begann auf einmal mit erhobener Stimme zu reden, und seine Wangen überflog eine leichte Röte. „Verstehen wir uns nicht falsch! Ich bin der letzte, der nicht die Notwendigkeit unserer realen Entwicklung einsieht, der nicht der Vorsehung als Menschenfreund dafür dankbar ist, daß heute die Gemüter wie die Geschlechter ausgeglichen sind, während früher Weib und Ehrgeiz fast eines jeden Mannes Leben zur Tragödie oder zur Tragikomödie machten. Aber, aber – meine Herren! In dieser Jagd nach Phantomen, in diesen aufwühlenden Stürmen sinnlicher Leidenschaften wurde auch Großes gezeugt, wurden Köstlichkeiten an die Oberfläche des menschlichen Daseins geworfen, wie Perlen vom Meeresgrunde an öde Ufer. Wir sind heute gemeisterte Rechenaufgaben und bemeisterte Maschinen, aber was zutiefst blutvolles Leben heißt, wissen wir nicht mehr!"

Wortlose Stille folgte diesem Gefühlsausbruche eines Rückfälligen, so peinlich, daß die Sekunden zu Ewigkeiten wurden. Seine wohltemperierten Gesellschafter wechselten verlegene Blicke untereinander. Aber er ließ sich nicht irre machen. „Unsere Jubiläumsfeier gab mir Anlaß, mich um ein halbes Jahrhundert zurückzuträumen. Tagelang habe ich die ältesten Bestände des Archivs durchstöbert und fand dabei auch ein Dokument des Glückes und der Seelennot von einem der Unsrigen, der es nicht sein wollte, nicht sein konnte und doch immer blieb." Der Sprecher erhob sich aus dem Sessel, er schien auf einmal gewachsen und beschwingt. Die Glätte seines fast weiblichen Gesichtes war geschwunden. Dem nahen Wandschrank entnahm er einen Band und legte ihn auf den Tisch. Mißtrauisch glitt der Blick des Herrn Präsidenten über die Aufschrift des bunten Buchdeckels, den er mit spitzen Fingern hob, um vom Innentitel wie ein Kind abzubuchstabieren: Einer vom Brühl. Vier fragende Augen hingen am Munde des Archivars. „Jawohl – ‚Einer vom Brühl'", wiederholte dieser bekräftigend, und es klang, als ob er in eigener Sache spräche. „Heute sitzen wir im dreißigsten Stockwerke unseres Hochhauses an Fernapparaten. Aber damals spielte sich hierzulande das geschäftliche Treiben unserer Branche wie ein Kampf Mann gegen Mann auf dieser Straße und in ihren Schlupfwinkeln ab. Und der diesen Roman schrieb ..."

„Roman? Bitte, was ist – ein Roman?" schallte es dazwischen.

„Beichte und Gegenwehr, Phantasie und Wirklichkeit, unerreichbares Ziel und träumerisch selbstgeschenkte Erfüllung. Der diesen Roman schrieb, könnte vielleicht auch euch manches sagen. Und verhülfe er euch nur zu der Pharisäerweisheit: Wir danken dir, Herr, daß wir nicht sind wie jener! Erst an seinen Wirrungen könnt ihr sehn, wie herrlich weit wir es brachten, und –", bei diesen Worten wich der ihm übel anstehende Zug leiser Ironie wieder aus den Mundwinkeln des Sprechers – „wie schwer die Menschen es hatten, als sie sich noch verzehrten und verzerrten in Liebe und Haß, als sie schimmernden Seifenblasen nachjagten, die bei der ersten Berührung zerplatzten. Solch bewahrtes Spiegelbild einer mit sich selbst in unklarer Fehde liegenden Generation enthält diese Geschichte eines Lebens gegen das Leben, nicht mehr und nicht weniger. Wollt ihr sie hören?"

Mit Resignation nickte der eine, aus erwachender Neugier stimmte der andere zu, und der Archivar begann.

Der Yokh von Elmo (Auszüge)

Kurt Reiße

Eine unübersehbare Menschenmenge drängte sich an jenem Abend um den weithin abgesperrten Leipziger Flughafen: Wenige Minuten nur noch und RAK I, der nach mehr denn zehnjährigen Berechnungen und zuerst unausführbar erscheinenden Versuchen fertiggestellte erste transkosmische Planetenkreuzer der Erde würde den ersten Vorstoß in die endlosen Tiefen des Weltenraumes unternehmen. Kaum gelang es dem zur Absperrung kommandierten Militär den immer stärker werdenden Andrang der zusammengeströmten Massen abzufangen. Denn es gab kein Land auf dieser Erde, aus welchem nicht Abgesandte aller Richtungen die betriebsame Handelsstadt aufgesucht hätte: Jener Traum zahlloser Menschengenerationen, in die Wunder der Tiefe mit der Entdeckungsfreude des menschlichen Geistes einzudringen, sollte nun in Erfüllung gehen – – –

Sechsfach gestaffelt umsäumten die Soldaten die Abflugstelle, in deren Mitte auf einer vierzehn Meter starken Plattform aus Eisenbeton das Weltraumschiff startbereit auf den Sprung ins Unbekannte wartete. Im Gegensatz zu zahlreichen früheren Versuchen war man bei der Konstruktion des ersten Raumfliegers zu einer Verschmelzung von Flugzeug und Rakete gekommen: Der Körper von RAK I hatte die Form eines riesigen Zylinders mit verdicktem, vorn abgerundeten Kopf. In seinem hinteren als auch vorderen Teil waren je achtzehn Raketenrückstoßmotoren eingebaut. Drei hintereinanderliegende, schmale Tragflächen in Verbindung mit vierundzwanzig Außenbordmotoren, von denen serienweise geschaltet bis zu achtzehn Propeller getrieben werden konnten, dienten zur Fortbewegung des Fahrzeuges innerhalb der Lufthülle des heimatlichen Planeten. Man hatte diese Anordnung getroffen, um den unnötigen Verbrauch einer zu großen Menge Rückstoßenergie schon am Start zu verhindern. Der Körper von RAK I hatte eine Länge von zweihundertdreißig und einen Durchmesser von zwölf Metern, die Flügelspannung betrug vierundfünfzig Meter. Die Außenhülle bestand aus Tophit, einer vor

Jahresfrist erst gefundenen Metallegierung, welche die Eigenschaft hatte, weder Wärme- noch Kältestrahlen durchzulassen. Und erst nach seiner Erfindung konnte man ernstlich nach lange festliegenden Plänen an den Bau dieses ersten Planetenkreuzers herangehen.

Aus verschiedenen Gründen erwartete die Welt in fieberhafter Spannung den Tag, an dem ihre kühnsten Pioniere die Fahrt in den Weltenraum antreten würden. Aber daß man seit fast fünf Monaten die Fertigstellung des Kreuzers in fieberhafter Eile betrieb, hatte einen besonderen Grund.

In der Nacht vom dritten zum vierten Februar entdeckte Professor Edgar Bruce bei der Beobachtung des Planeten Mars mit dem großen Kooker-Teleskop im südöstlichen Viertel der uns zugewandten Planetenscheibe eine in gewissen Zwischenräumen wiederkehrende Folge kaum wahrnehmbarer kurzer und langer Lichtzeichen. Innerhalb einer knappen Stunde folgten sich stets dieselben Zeichen, um späterhin nie wieder zu erscheinen.

Es war trotz fortgesetzter wochenlanger Versuche nicht gelungen, die sogenannte „Februar-Depesche" zu entziffern. Daß man es mit einem Raumsignal von ungeheurer Strahlungskraft zu tun hatte, wurde als einwandfrei feststehende Tatsache betrachtet.

Ursprünglich hatte die Absicht bestanden, Mond und Venus einen Besuch abzustatten. Aber unter dem Einfluß der „Februar-Depesche" wurde die Fahrt zum Mars beschlossen. Die Kosten des Baues und der Reise waren restlos von Dora Ellenkamp gezeichnet; sie besaß ein riesiges Privatvermögen und hatte darüber hinaus märchenhafte Einkünfte aus ihren Industrieunternehmungen im Rheinland. Als einzige Bedingung hatte sie ihre persönliche Teilnahme an der Fahrt beansprucht, an der als Chefpilot der geniale Konstrukteur des Planetenkreuzers, Dr. Walter Kessel, und als Vertreter der Vereinigten Weltzeitungskonzerne sein alter Schulfreund Erwin Schmidthammer teilnahmen.

Eine größere Besatzung war aus technischen Gründen nicht möglich.

Niemand wußte, aus welchen Gründen Dora Ellenkamp, die gefeierte und umworbene Erbin eines der größten Vermögen, sich einem

Kurt Reiße

Kurt
Reiße

Der
Yokh
von
Elmo

CURT ZSCHÄPE
VERLAG
LEIPZIG

Der Yokh
von Elmo

wegener

Wagnis anschloß, das in der Entwicklungsgeschichte der Menschheit einzig dastand und immerhin mit der größten persönlichen Gefahr verbunden war. Denn nie zuvor hatte sie jemals besonderes Interesse an den technischen Plänen und Fragen ihrer ausgedehnten Unternehmungen gezeigt. Es mußten Gründe aller persönlichsten Art sein, die sie bestimmt hatten, ihren fein abgestimmten Lebenskreis zu verlassen und sich einer höchst unsicheren Zukunft anzuvertrauen – – –

Genug: Sie fand sich am Abend des Startes ein und flog mit.

Es war kurz vor elf Uhr.

Die warme schimmernde Julinacht breitete ihren silbergestickten Mantel über die Erde. Atemlose Spannung hatte von den Hunderttausenden Besitz ergriffen, als die ersten drei Weltraumpiloten abschiednehmend von der obersten Plattform des Laufsteges herabwinkten und im Innern des Kreuzers verschwanden. Nachdem Dr. Kessel die beiden Zwischenschotten der Außentüre abgeschlossen hatte, folgte er seinem Gefährten in den Wohn- und Steuerraum. Dieser hatte die Form eines liegenden Ovals, an dessen vorderer Rundung sich eine halbkreisförmige, fast einen Meter hohe und zwei Meter breite Marmorschalttafel vor einem nach allen Seiten verstellbaren Sessel befand, die über und über mit Meßinstrumenten aller Art, Hebeln, Schaltern, Kontakten, Zugstangen und Griffen besetzt war. Die Innenwände des Steuerraumes waren, soweit andere technische Einrichtungen nicht Raum beanspruchten, mit einer sechzig Zentimeter starken Milchglasschicht ausgelegt, die auch Decke und Fußboden ausfüllte. Durch ein kompliziert angelegtes Röhrensystem wurden in über zweihundert schmalen Spiegelschlitzen die äußeren Lichtstrahlen gesammelt und warfen, auf das Milchglas abgeleitet, ein scharfes Bild der Außenwelt in den Raum.

Durch einen schmalen Gang gelangte man in drei hintereinanderliegende Kammern mit seitlich angeschlossenen kleineren Räumen, in denen jeder Quadratzentimeter bis aufs kleinste ausgenutzt war. Was die Innenmotore und sonstigen Maschinen an Raum freiließen, wurde durch Lebensmittelvorräte, Sauerstoffbehälter, Reserveinstrumente und Nephresitflaschen ausgefüllt. Die letzteren enthielten den Betriebsstoff der Raketenmotore, vollkommen ausreichend für

Hin- und Rückfahrt, sowie eine weitere Reservestrecke von zweiundfünfzig Millionen Kilometern; der gesamte Betriebsstoff war für eine Brennstrecke von zweihundert Millionen Kilometern vorgesehen.

Nephresit ist ein flüssiges Gas mit ungeheuren Ausdehnungskoeffizienten. In den Leuna-Werken war sechs Wochen lang Tag und Nacht in drei Schichten gearbeitet worden, um die erforderlichen Mengen rechtzeitig fertigzustellen.

Nach flüchtigem Blick in die einzelnen Räume begab sich Dr. Kessel wieder in den Führerstand.

„So, Fräulein Ellenkamp – Wenn ich bitten darf – – und dich, Erwin, bitte ich ebenfalls – nein – hier – Platz zu nehmen; es geht gleich los!"

Bei diesen Worten wies er auf zwei an armdicken Gummivertäuungen festgegurtete Sessel rechts und links seitlich des Führerplatzes. Die beiden schnallten sich fest und sahen durch die Glasspiegel nach draußen.

Dr. Kessel drückte auf einen grünen Schaltknopf mit der Ziffer 8, legte zwei der rotgelackten Schalthebel um – – –

Da brach – orkanartig – die Menge da draußen in einen einzigen, weithallenden Abschiedsruf aus, von dem das feine Surren der acht eingeschalteten Propeller vollkommen übertönt wurde.

RAK I stellte sich in einen Winkel von fast acht Grad auf den Schwanz und schoß nach einem weiteren Hebelgriff mit einer Anfangsgeschwindigkeit von fünfunddreißig Sekundenmetern in die sternenklare Nacht empor – – –

[…]

In den nächsten Tagen erhielten Dr. Kessel und seine Gefährten täglich für einige Stunden Besuch des ihnen bereits bekannten Gelehrten, unter dessen Anleitung sie erfreuliche Fortschritte in der Erlernung des Tsin, der Landessprache, machten.

RAK I befand sich unter Aufsicht einer starken Militärwache und war im übrigen täglich das Ziel Tausender von Markobaren, wie die Bevölkerung genannt wurde; aus allen Teilen des ausgedehnten Reiches strömten sie zu Fuß oder in Wagen heran, um die geheimnisvolle Wundermaschine aus dem fernen Lok anzustaunen.

Und langsam, aber stetig, drangen die Freunde in das Verständnis der Markobarensprache ein. Nach rund sechs Wochen konnten sie sich bereits ganz zufriedenstellend mit ihrer Umgebung und den Mitgliedern der fürstlichen Familie unterhalten, waren sie doch in ständiger Berührung mit der Sprache, auf die allein sie angewiesen waren.

Und allmählich erschloß sich ihnen alles Wissenswerte über den Planeten Elmo, wie der Mars hier genannt wurde, und seine Bewohner.

Es gab auf dem Mars nur zwei Festländer, die von riesigen, schnurgeraden Gebirgszügen kreuz und quer durchzogen wurden.

Der Kontinent, auf dem der Planetenkreuzer zuerst gelandet war, trug den Namen Kerabam, die Sprache seiner Bewohner, der Ker, war das Mlith und steckte noch in sehr primitiven Anfängen.

Der alte Gelehrte erzählte alles Wissenswerte von diesem rohen Barbarenvolk, das etwa zwanzig Millionen Köpfe zählte und oftmals schon versucht hatte, das friedliche, Ackerbau treibende Volk der Markobaren zu vernichten. Auf riesigen Flößen waren ihre Räuberhorden zum letzten Male erst vor rund zehn Jahren über das Weltmeer gesetzt, das in Zeiten der Herbstwende fast gar keine Stürme aufzuweisen hatte, und so eine vollkommen störungsfreie Überfahrt leider ermöglichte.

Nur dem Umstande, daß Ekbar, das Reich der Markobaren, über dreihundert Millionen Einwohner zählte, war es zu verdanken, daß dieses tapfere Volk immer wieder dem Untergange sich widersetzen konnte. Denn in den furchtbaren Abwehrschlachten, die sich nach den Einfällen der Ker abgespielt hatten, war es lediglich die zahlenmäßige Überlegenheit der Markobaren, die ihnen letzten Endes den Erfolg gesichert hatte. Aber auf einen Ker kamen stets hunderte von gefallenen Markobaren. – – –

Das letztemal, wie bereits erwähnt vor zehn Jahren, waren die Ker bereits in bedrohliche Nähe der Landeshauptstadt, Magh, gekommen. Unter ungeheuren Verlusten der Markobaren wurden sie schließlich über das Randgebirge zurückgeworfen, und nur einem einzigen Riesenfloß war es gelungen, die offene See zu gewinnen.

„Ich werde Ihnen", sagte eines Tages der alte Fürst von Ekbar, der den Titel „Yokh von Elmo" führte, „heute nachmittag einen Teil des Schlachtfeldes zeigen, auf dem sich damals ein großer Teil der Kämpfe abgespielt hat."

Gegen drei Uhr fuhr man hinaus. Vielleicht dreißig Kilometer von der Stadt entfernt, gen Süd-Ost, konnten sich Dr. Kessel und seine Gefährten von der unheimlichen Zerstörungswut der Ker überzeugen. Ein ganzer Kranz von damals blühenden Ortschaften war unter dem Hagel der Feldsteine, dem Angriff der Schleudermaschinen und ähnlichen primitiven Wurfgeräten in eine trostlose Wüste verwandelt worden. Was der Kampf verschont hatte, war den Flammen endgültig zum Opfer gefallen. Etwas über zweihundert riesige Grabhügel zeigten die Stellen, an denen die gefallenen Riesen ihr Ende gefunden.

Doch hiergegen mußte man die Verluste der tapferen Markobaren als ganz ungeheuerlich bezeichnen: Über siebenzigtausend Tapfere hatten in der „Schlacht von Morinar" ihr Leben für die Rettung des Vaterlandes hingegeben – – –

„Wie haben Hoheit Ihr Volk gegen eine erneute Überrumpelung gesichert?" fragte Erwin Schmidthammer im Verlaufe des Gesprächs den greisen Fürsten.

„Wir haben", antwortete der Yokh, „in gewissen Zwischenräumen längs der Küste Wachtabteilungen stationiert, von denen aus strahlenförmig Relaisstationen die Nachrichtenübermittlung an die Hauptstadt weiterleiten. Seit einem knappen Vierteljahr kann allerdings eine Nachricht, zum Beispiel von dem am weitesten entfernten Gebirgsposten, nach knapp zwei Minuten in Magh ankommen. Einer meiner Pionierhauptleute hat ein System riesiger Hohlspiegel erfunden, die einen Durchmesser von über zehn Metern haben und am Tage das Sonnenlicht, nachts die Strahlen des El, eines mit ungeheurer Stichflamme verbrennenden Salzes, weit ins Land werfen. Wir sind ja", fügte er lächelnd hinzu, da er den erstaunten Blick Dr. Kessels bemerkte, „allerdings in dem, was ihr auf dem Lok „Technik" nennt, weit, weltenweit entfernt, aber unter dem Zwange der immer häufiger werdenden Angriffe und Überfälle der Ker hat uns schon manches Naturgeheimnis seine Pforten aufgetan. Freilich –, in der Bewaffnung sind wir besser ausgerüstet wie die Ker, aber solche Mordrohre, von denen Sie uns erzählt haben, besitzen wir freilich nicht – – –"

„Wenn ich Hoheit meine Gewehre einmal vorführen könnte – – –?"

Gespannt sah Dr. Kessel den Fürsten an.

„Nun", gab der Yokh zurück, „wenn es Ihnen paßt? Vielleicht in den nächsten Tagen?"

Und ein warmer Blick dankbarer Freunde traf den Ingenieur.

Curt Zschäpe Verlag / Leipzig D 5

Der Yokh von Elmo

Bericht nach dem Bordbuch des Planetenkreuzers RAK I

*

Dieser Roman läßt den Leser eine Reise nach dem Mars miterleben. Mit großer Spannung wird er die abenteuerliche Fahrt nach diesem Planeten und die dort zu überstehenden Gefahren und Ereignisse verfolgen. Ein Pilot, ein Zeitungsberichterstatter und eine Dame wagen die Fahrt in das Ungewisse. Unzählige Gefahren haben sie zu bestehen, doch können sie dem Herrscher des Marsvolkes, dem Yokh von Elmo auch wertvolle Dienste leisten. Nur dem Pilot Dr. Kessel ist es vergönnt als einziger Überlebender die Erde wieder zu erreichen. In diesem phantastischen Zukunftsroman versteht es der Verfasser durch eine stilistisch einwandfreie und fließende Sprache dem Leser genußreiche Stunden zu verschaffen.

Eine Hochbahn durch die innere Stadt Leipzig

Vorschlag zur Lösung der Leipziger Centralbahnhofsfrage und zur Neuregelung des Leipziger Verkehrs von
Ernst Hasse

Die Vielheit der Leipziger Bahnhöfe, ihre große Entfernung von einander, besonders was den Bayerischen und den Berliner Bahnhof anbelangt, und die Schwierigkeit der Verbindungen dieser Bahnhöfe unter einander sind von jeher als lästige Übelstände empfunden worden, lästig für die Reisenden, für die Bahnverwaltungen und für die Stadt Leipzig. So lange die privaten Eisenbahngesellschaften bestanden, hat man mit Ausnahme der Anlegung eines Verbindungsgleises zwischen dem Dresdener und dem Bayerischen Bahnhofe auf die Herstellung einer Einheitlichkeit des Leipziger Bahnhofswesens verzichtet. Als aber durch die Verstaatlichung der sächsischen und der preußischen Eisenbahnen die Zahl der Interessenten von sieben auf zwei zusammengeschmolzen war, konnte man auf eine Minderung der vorliegenden Schwierigkeiten hoffen. In der That begannen bald nach der Durchführung der Verstaatlichung Verhandlungen zwischen den Verwaltungen der königl. sächsischen und der königl. preußischen Staatseisenbahnen über die Herstellung eines gemeinsamen Centralbahnhofes in Leipzig.

Die hierauf gerichteten Pläne gingen ursprünglich von der Absicht aus, eine gemeinsame Durchgangsstation für die Dresdner Bahn einerseits und für die Berliner, Thüringer und Magdeburger Bahnen andererseits herzustellen … Glücklicher Weise ist aber der Gedanke der Herstellung einer Durchgangscentralstation im Norden der Stadt fallen gelassen worden. Seine Durchführung hätte nämlich eine rechtwinklige Veränderung der Verkehrsaxen des Dresdener, Magdeburger und Thüringer Bahnhofes und damit eine wesentliche Hinauslegung des Bahnhofes um etwa 1,5 km bedingt … Niemand denkt mehr daran, den eigentlichen Großstädten, wie London, Paris, Berlin oder Wien, einen Centralbahnhof aufzunöthigen. Für Großstädte liegt das Problem überhaupt nicht in der Centralisirung, sondern in der Organisirung und Decentralisirung des Verkehrs. Hier gilt es, die Bahnhöfe möglichst nach dem Innern der Großstädte vorzutreiben, sie unter einander in Verbindung zu bringen und für den Personenverkehr innerhalb der Stadtgebiete eine möglichste Vielheit von Bahnhöfen zu beschaffen … Denn in der That haben die Verhandlungen bekanntlich dahin geführt …, die Idee eines Durchgangsbahnhofes fallen zu lassen und vielmehr für die sächsischen und preußischen Eisenbahnen einen gemeinsam (sic!) Bahnhof als Kopfstation auf dem Gebiete des Dresdner, Magdeburger und Thüringer Bahnhofes anzulegen. Ebenso bekannt ist es aber auch, daß die weiteren Verhandlungen ins Stocken gerathen sind …

Doch ermöglicht es dieser Stillstand in den Verhandlungen … die Frage aufzuwerfen, ob denn diese Kopfstation in der That die denkbar beste Lösung der vorhandenen Schwierigkeiten sei? … (D)er zweitwichtigste Leipziger Bahnhof, der Bayerische, und mit ihm die ganze Verkehrsrichtung nach dem Süden finden durch das genannte Project keine Berücksichtigung …

In der Herstellung einer directen und bequemen Verbindung zwischen dem Bayerischen Bahnhof und den nördlichen Bahnhöfen liegt … die zu lösende Aufgabe!

[…]

Schon bei Erbauung der sächsisch-bayerischen Eisenbahn im Jahre 1841 hat man die Herstellung einer directen Eisenbahn in Geländehöhe zwischen beiden Bahnhöfen geplant und erst nachdem man 1851 die indirecte Verbindungsbahn geschaffen hatte, wurde dieser Gedanke endgiltig fallen gelassen.

Die an anderen Orten, namentlich in Berlin gemachten Erfahrungen haben nun neuerdings auch in Leipzig daran denken lassen, zur Überwindung der nur 1,7 km langen Entfernung zwischen den beiden Bahnhöfen eine Stadtbahn herzustellen, und zwar entweder eine Hochbahn oder eine Untergrundbahn.

[…]

Die Anlage einer Tunnel- oder Untergrundbahn zur Herstellung einer directen Verbindung zwischen den südlichen und nördlichen Bahnhöfen scheint sehr Vieles für sich zu haben.

Zukunftsbild der fidelen Leipziger Untergrundbahn [1914]; Quelle: Archiv Hans-Joachim Schindler

[…]

Bei näherer Prüfung erheben sich aber doch gewichtige Bedenken gegen den Bau und den Betrieb einer derartigen unterirdischen Eisenbahn … Die Bahn müßte selbstverständlich normalspurig und doppelgleisig angelegt werden, ja im Interesse des … Ortsverkehrs ist die Anlage von vier Gleisen dringend erwünscht. Die Ausmaße eines Tunnels von etwa 16 Meter Breite würden aber große Schwierigkeiten darbieten. Und wenn er fertiggestellt ist, läßt sich ein Tunnel nicht weiter entwickeln, etwa wie eine Hochbahn durch Aufsetzung eines zweiten Stockwerkes für einen elektrischen Betrieb oder Ähnliches.

[…]

(S)o bleibt nichts anderes übrig als eine Hochbahn. Wir haben hierbei nicht an Hochbahnen nach Art derjenigen in New-York zu denken, welche besonderen Verkehrsformen dienen, z.B. elektri-

schen Bahnen, sondern an Einrichtungen, für welche die Berliner Stadtbahn voraussichtlich auf lange Zeit hinaus typisch bleiben wird.
[...]
Der nächstliegende Gedanke ist hier die Benutzung der Promenadenlinie. Aber wenn man schon in London die Führung der Hochbahnen den Straßenzügen entlang und unter Benutzung dieser nicht gestattet, so wird der vielgerühmte Schönheitssinn der Leipziger voraussichtlich niemals gestatten, die allen Leipzigern ans Herz gewachsene Promenade in dieser Weise zu „verunstalten". Somit bleibt nur die unmittelbare Aufsuchung der inneren Stadt übrig.
[...]
Eine vom Bayerischen Bahnhofe nach den Nordbahnhöfen durch die innere Stadt geführte Hochbahn dürfte folgende Linien einzuhalten haben: Von dem Bayerischen Bahnhof in Verlängerung seiner Axe durch den von Nürnberger, Liebig- und Windmühlenstraße gebildeten Block, am Eingang der Turnerstraße auf deren westliche Seite übersetzend, diagonal durch denjenigen Block, der von der Turner-, Windmühlen-, Brüder- und Kurprinzenstraße gebildet wird, parallel der Kurprinzenstraße über die Brüder- und Leplaystraße setzend, vor dem Eingang der Sternwartenstraße aus diesem Block heraustretend in einem S-förmigen Bogen die Promenade überschreitend nach dem westlichen Eingang der Universitätsstraße. In dem jetzt vom Gewandhaus eingenommenen 70 m langen Block zwischen Kupfergässchen und Gewandgässchen liegt der Bahnhof. Die Stadtbahn führt dann im Hinterlande zwischen Universitätsstraße und Neumarkt fort, überschreitet rechtwinklig die Grimmaische Straße, führt zwischen Reichsstraße und Nicolaistraße, geht nördlich der Schuhmachergasse auf die östliche Seite der Nicolaistraße über, überschreitet den Brühl in der Nähe der Ritterstraße, führt durch den Blauen Harnisch oder eines der Nachbargrundstücke und gelangt über die Promenade hinweg nach den Nordbahnhöfen, wenn nöthig mit einer Gabelung nach dem sächsischen und dem preußischen Bahnhof. Hierbei werden in 12 Blocks etwa 50 Grundstücke durchbrochen und elf Straßen, sowie die Promenade zwei Mal überschritten. Wie bei der Berliner Stadtbahn würde die Höhe der Bahn wenigstens

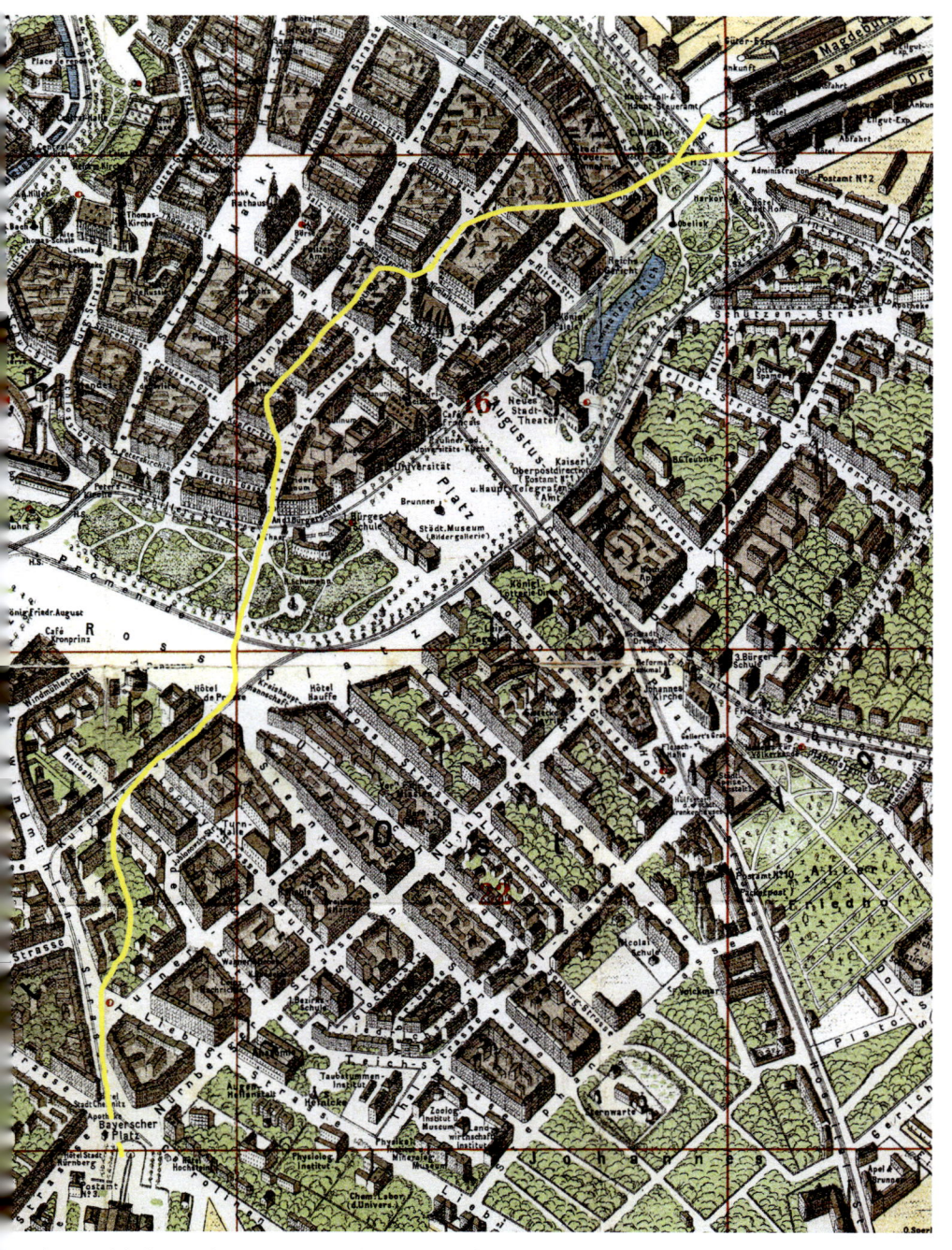

an der Hochbahnstrecke vom Bayerischen Bahnhof zu den sächsischen und preußischen Bahnhöfen;
Quelle: Archiv Thomas Braatz

4,4 m von Straßenoberkante bis Unterkante der Construction einhalten. Die Breite des Viaductes richtet sich nach der Zahl der Gleise. Bei 4 Gleisen ist eine Breite von 16 m erforderlich.

… In jedem Falle müßte die Bahnhofsstrecke von der Schillerstraße bis zur Grimmaischen Straße viergleisig zu halten sein. Schon von vornherein muß auf die Mitbenutzung des Baues für eine Rohrpost Rücksicht genommen werden, sowie auf die Möglichkeit, ein zweites Stockwerk aufzusetzen, um in diesem eine elektrische Hochbahn laufen zu lassen.

Gegen die vorgeschlagene Linie werden voraussichtlich zwei hauptsächliche Gründe geltend gemacht werden. Zunächst der ästhetische. Wir sind nun weit davon entfernt, zu behaupten, daß das geplante Bauwerk zur Verschönerung der Stadt Leipzig beitragen werde. Die wirthschaftlichen Rücksichten verlangen aber unseres Erachtens in so wichtigen Fragen unter allen Umständen den Vorrang vor den Schönheitsrücksichten. Und doch möchten wir behaupten, daß Brückenconstructionen, denn um solche handelt es sich im Wesentlichen, ein Städtebild nicht zu entstellen brauchen.

[…]

Der zweite zu erwartende Einwand liegt im Kostenpunkt. Hier ist zunächst festzustellen, daß von der Gesammtlänge der Linie von 1700 m ein beträchtlicher Theil auf öffentliche Verkehrsräume entfällt, nämlich rund 400 m auf die beiden Promenadenstrecken und etwa 158 m auf die elf zu überschreitenden Straßen. Auch das Gewandhaus in einer Ausdehnung von 70 m ist im städtischen Besitz. Somit bleiben wenig mehr als 1000 m aus privater Hand zu erwerben und zwar jedenfalls unter Benutzung des Expropriationsrechtes. Ferner kommen bei der Hälfte der berührten Privatgrundstücke nur die Hinterhäuser in Betracht. Endlich sind die Erdgeschoßräume des Viaductes innerhalb der Häuserblocks wirthschaftlich nutzbar zu machen und zwar entweder nach Art der Berliner Stadtbahnbogen oder, was wir lebhaft wünschen und hoffen, in der Art eines ununterbrochenen bedeckten Ganges, an dessen beiden Seiten dann in den Resten der zu erwerbenden Grundstücke Läden für Meßzwecke und andere Zwecke angelegt werden könnten. Dies wäre eine Passage so

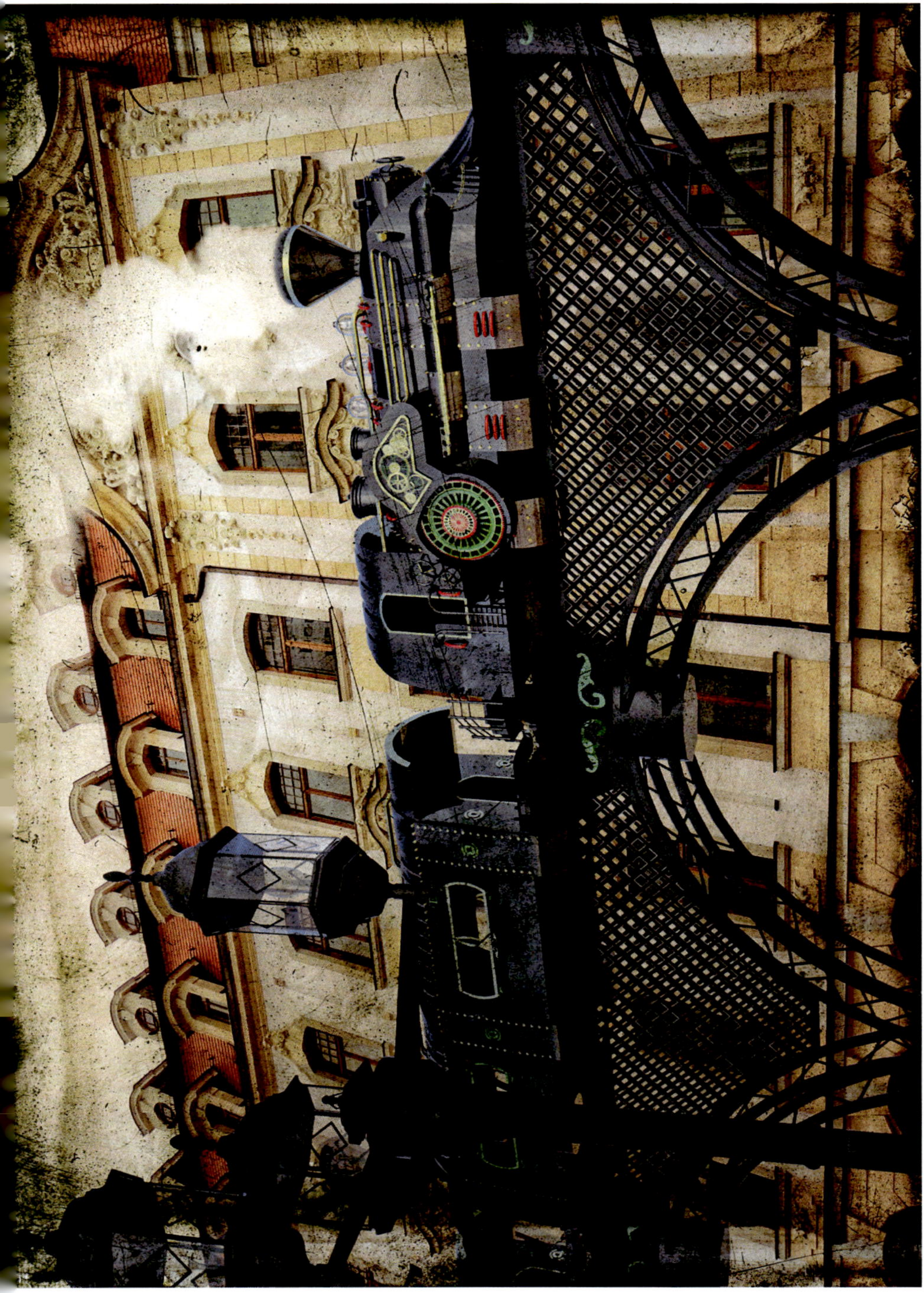

groß wie sonst keine in der Welt, im Winter eine trockene, im Sommer eine kühle Wandelbahn und ein Triumph über Bellamy's Regenschirm. Nicht zum Mindesten würde dabei der Charakter Leipzigs als einer Stadt der Durchgänge und Durchhöfe festgehalten.

[…]

Wenn wir ein Urtheil über den Nutzen gewinnen wollen, der von einer zu erbauenden Leipziger Stadtbahn zu erwarten ist, so müssen wir zunächst die Möglichkeiten der Verwendung dieser Hochbahn erörtern. Hier handelt es sich um zwei verschiedene Dinge. Einmal um die Benutzung der Bahn für die vorhandenen Verkehrseinrichtungen und zum Anderen um die Schaffung neuer Verkehre auf den vorhandenen und den zu erbauenden Eisenbahngleisen.

In ersterer Hinsicht werden nicht nur die Schnellzüge von dem Bayerischen nach den nördlichen Bahnhöfen und umgekehrt ohne Weiteres durchgeführt werden, sondern auch alle Personenzüge und die jetzt schon bestehenden sogenannten Localzüge werden über die Stadtbahn zu führen sein.

[…]

Die Station „Innere Stadt" wird hierbei für den Durchgangs- und für den Fernverkehr eine ganz hervorragende Bedeutung gewinnen.

[…]

Wie aber die Berliner Stadtbahn ohne allen Zweifel eines der wirksamsten Mittel gewesen ist, der Stadt Berlin unter den Millionenstädten Europas ihre jetzige Rangstellung zu erringen und die Stadt nicht nur an Menschenmassen anschwellen, sondern für diese auch eine Organisation des Wirthschaftens und Lebens finden zu lassen – so meinen wir, daß auch eine Leipziger Stadtbahn dazu beitragen könnte, der zwar großen aber doch noch recht wenig großstädtischen Stadt Leipzig die Verkehrsbedingungen zu schaffen, die erforderlich sind, um ein wirkliches großstädtisches Leben in Handel und Wandel, im Arbeiten, im Wohnen und in der Erholung zu ermöglichen.

[…]

Nach dem Gesetz, daß die Bedeutung eines Mittelpunctes um so größer wird, je größer der Kreis ist oder wird, für den ein Punct

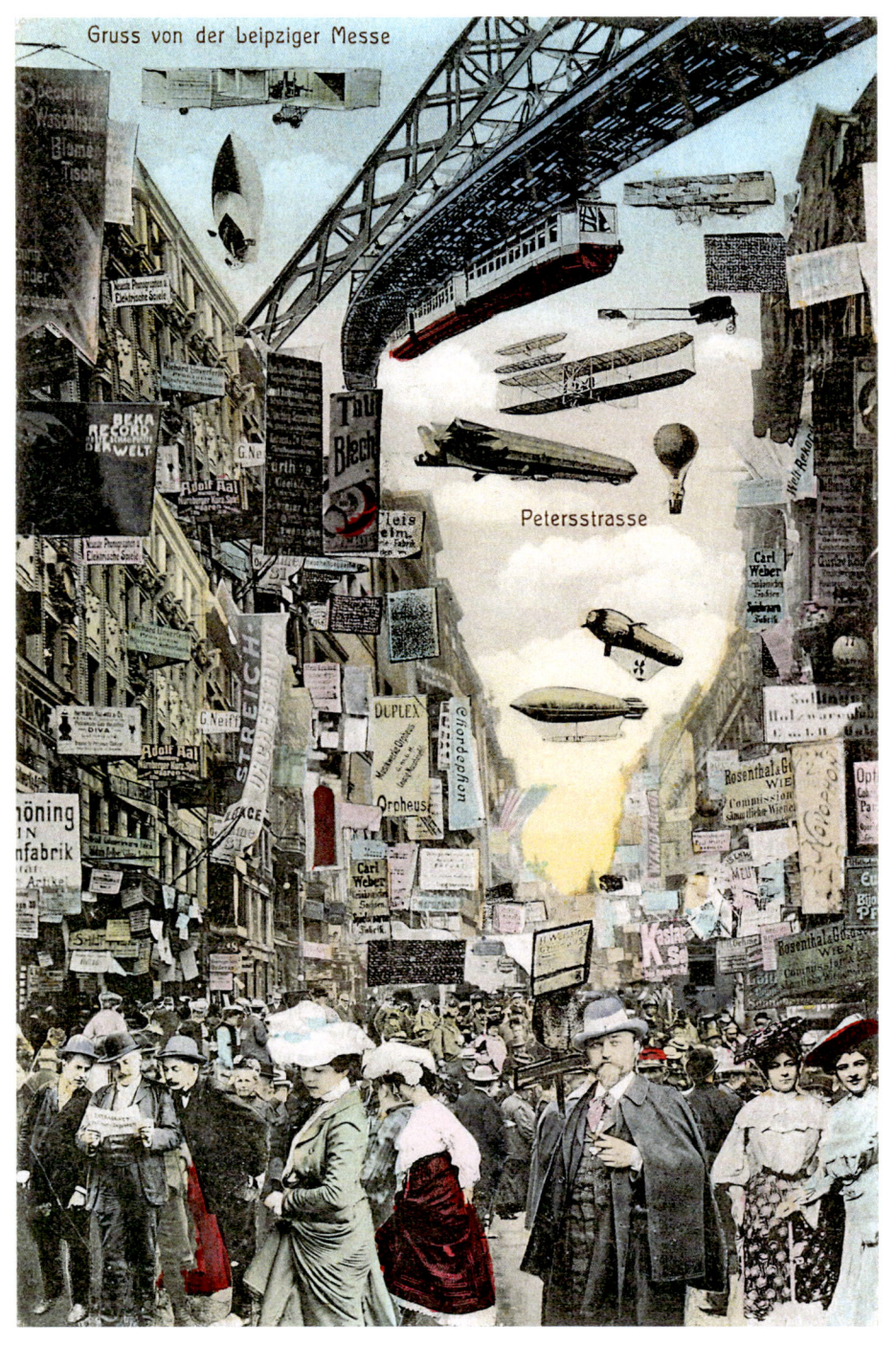

Gruß von der Leipziger Messe [1910]; Quelle: Archiv Frank Gaitzsch

als Mittelpunct dient, hat keiner der Leipziger Stadtbezirke von der Ausdehnung unserer Stadt so große Vortheile gehabt, als die innere Stadt. Und dies würde auch von Niemandem angezweifelt werden können, wenn nicht mit der äußeren Entwicklung Leipzigs ein Zurücktreten der Bedeutung der Messen, die sich ja gerade in der inneren Stadt abspielen, zufällig zeitlich zusammengefallen wäre.

Immerhin ist es eine billige Forderung der Verkehrslage der inneren Stadt gerecht werden zu müssen, um diese immer mehr zu einer City, d.h. einer von der Wohnbevölkerung entblößten reinen Geschäftsstadt zu machen. Und nichts kann wohl diesen Entwickelungsgang lebhafter und günstiger beeinflussen, als die Anlage einer Stadtbahn, mit einer Station in der inneren Stadt, durch die das Schwergewicht des Verkehres wieder in die der Pferdebahn nicht zugängliche innere Stadt fällt.

Wir haben Bedenken getragen, mit unseren Vorschlägen gerade jetzt an die Öffentlichkeit zu treten. Aber wir haben uns doch dafür entschieden, weil unsere Vorschläge, in dem Falle, daß sie von den zuständigen Behörden als beachtlich befunden werden sollten, gewisse andere, in der Ausführung begriffene Pläne, wie die Erweiterung der Universitätsstraße und die Umwandlung des Gewandhauses in ein Geschäftshaus für Messzwecke beeinflussen werden. Nicht zuletzt aber möchten wir Zeugniß ablegen gegen den leider so weit verbreiteten Kleinmuth und für einen muthigen Glauben an die wirthschaftliche Zukunft unserer guten Stadt Leipzig, der es an Lebensfähigkeit niemals mangeln wird, wenn zur rechten Zeit das Nöthige geschieht, um der bedürfnisreichen Gegenwart, und auch der weit anspruchsvolleren ferneren Zukunft in ihren Forderungen gerecht zu werden.

Übersichtsplan der Projekte an der Elster (Lindenauer Wiesen bzw. Frankfurter Wiesen) im Bereich der Frankfurter Straße (heute Jahnallee)

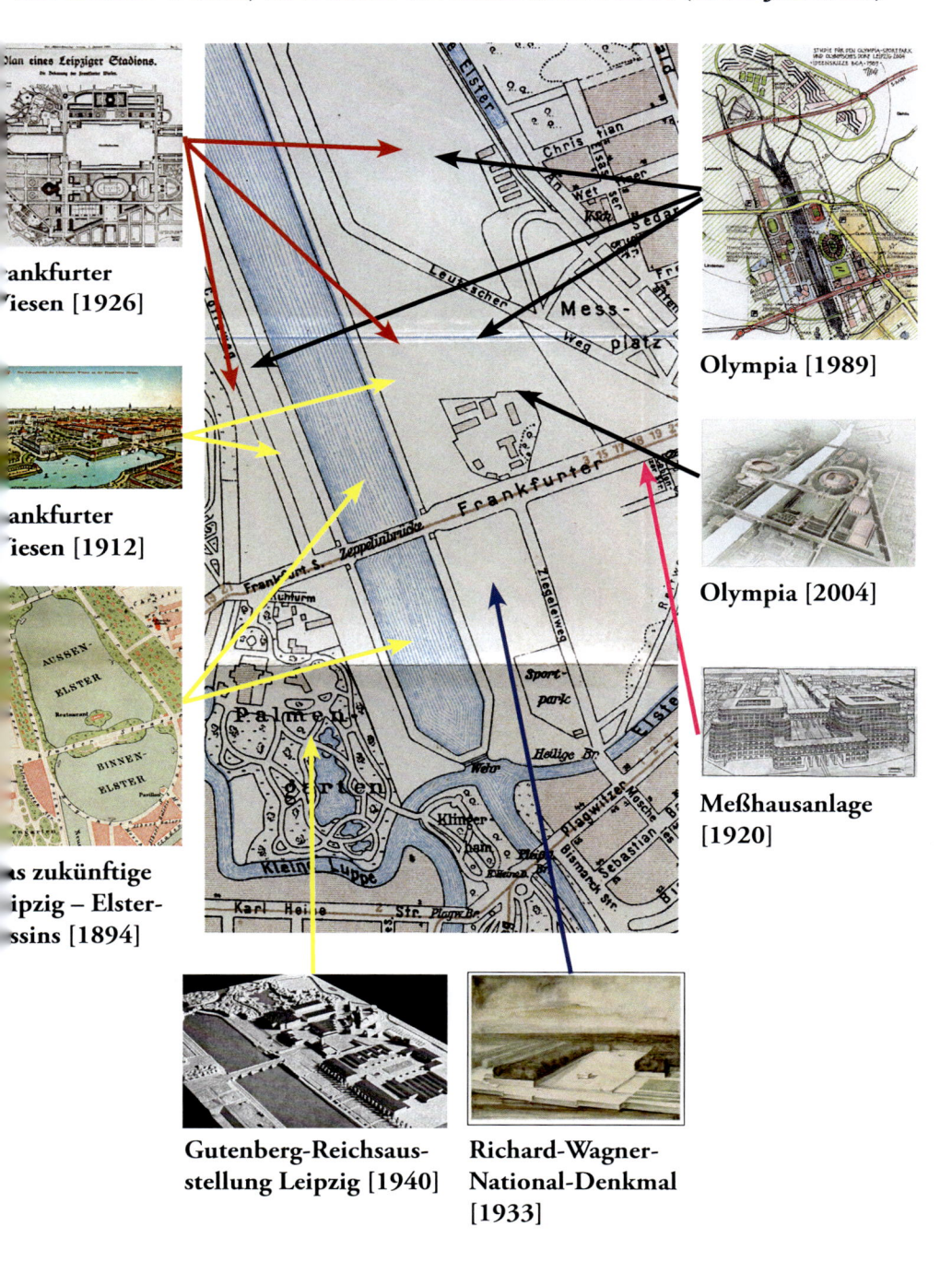

Frankfurter Wiesen [1926]

Frankfurter Wiesen [1912]

Das zukünftige Leipzig – Elsterbassins [1894]

Olympia [1989]

Olympia [2004]

Meßhausanlage [1920]

Gutenberg-Reichsausstellung Leipzig [1940]

Richard-Wagner-National-Denkmal [1933]

Das zukünftige Leipzig (Auszüge)

Ed. Hansen

An Lipsia!

Klein nur Lipsia sind die Gaben,
Die Natur Dir einst vermacht;
Sieh', was Schwesterstädte haben,
Womit sie von ihr bedacht. –
Dir fehlt noch zum Glanz die Krone,
Die den Schwestern ward zu Theil,
Die dem Bürger, Deinem Sohne,
Glück verschaffen soll und Heil!

Um die Gaben zu verbinden,
Schaffe Dir ein Silberband,
Reich geschmückt mit grünen Linden,
Von dem Wald zum Waldesrand.
Dieses Band aus zweien Seen
Soll fortan die Krone sein,
Es ersetzt Dir Berg' und Höhen,
Ladet Gäste zu Dir ein.

Welches Treiben, welches Leben,
Welchen Jubel, welche Lust
Wird's auf diesen Seen geben;
Frei dort athmet jede Brust.
Längst hört man Athen Dich nennen,
Doch wirst Du Athen erst sein,
Lernt man Dich als Seestadt kennen
Und als Eden Flur und Hain.

Das Zukuenftige Leipzig

Internationale Verlags & Kunstanstalt
J. Laurencic
Leipzig, Liebigstr. 11.

A. Leissner

Allgemeines zur Einleitung.

Die im Herzen Deutschlands gelegene Stadt Leipzig, der Ausdehnung und Bedeutung ihres Handels nach die erste Handelsstadt des Königreich Sachsen, ist nach erfolgter Einverleibung ihrer Vororte, der Bevölkerungszahl nach, die drittgrößte Stadt des deutschen Reiches geworden.

Die Bevölkerungszahl betrug nach der Volkszählung vom 1. Dezember 1890, 357 122 Seelen, nach statistischer Berechnung betrug dieselbe jedoch am 1. Juli 1893 schon 391 255 und wird am 1. December 1895 ungefähr 423 000 Seelen betragen.[1]

[…]

Obgleich die Stadt Leipzig auf dem Gebiete der Musik einen Weltruf besitzt und es weit und breit bekannt ist, daß Kunst und Wissenschaft in derselben in ausgedehntem Maße gepflegt werden, so ist es doch ebenfalls eine bekannte Thatsache, daß die Umgegend der Stadt als arm an Naturschönheiten verschrieen ist, und man darf sich hierüber nicht wundern, wenn sogar ein Leipziger Schriftsteller, „Johann Sporschil", in den fünfziger Jahren in einem größeren Reisewerk sich hierüber, wie folgt, äußert:

„**Mit Ausnahme der Waldungen an den Flußniederungen ist die Umgegend von Leipzig völlig reizlos, weder ‚malerisch' noch ‚romantisch'. Die Natur hat wenig für sie gethan, die Menschen gar nichts.** Mit Ausnahme der weitauseinanderstehenden Chausseepappeln, der überhaupt unschönen Obst- und wenigen hochstämmigen, über und über verstümmelten Bäume, die gleichsam nur Gerippe sind, bei den Dörfern, erblickt man auf diesen weiten Ebenen keinen einzigen Baum, ja nicht einmal einen Strauch, auf dem das Auge zur Abwechselung ruhen könnte. Alle Wege, mit einziger Ausnahme der

---

[1] Anm. Es ergiebt sich hieraus, daß die Bevölkerungszahl der Stadt im Laufe von 5 Jahren um 66 000 Seelen, oder annähernd 18 ½ % gewachsen sein wird. Findet eine Steigerung in gleichem Maße, wie bisher statt, was wohl angenommen werden darf, wenn keine Epidemien, Kriege, oder andere unvorhergesehene Zwischenfälle eintreten, dann wird einer Berechnung unter Zugrundelegung des erwähnten Procentsatzes, zufolge, die Einwohnerzahl nach weiteren 25 Jahren, demnach am 1. December 1920, eine Million betragen.

dürftig bepflanzten Kunststraßen, sind völlig baum-, mithin schattenlos, kein Punkt der Gegend ladet zum Besuch ein, denn sie bietet nirgends einen Wechsel, überall herrscht drückendes Einerlei."

Diese Aeußerungen, obgleich ungerechtfertigt, insofern die weiteren Umgebungen Leipzigs in Betracht kommen, werden ohne Zweifel auch in anderen Reisebüchern Aufnahme gefunden haben und liefern eine hinreichende Erklärung dafür, weshalb Leipzig seiner Naturschönheiten wegen von Reisenden nicht aufgesucht wird.

[…]

Es ließe sich die nächste Umgebung der Stadt mit leichter Mühe und verhältnismäßig geringen Kosten in ein wirkliches Eden umwandeln. Eine Anbahnung hierzu würde die Anlage der von dem Verfasser nach dem Muster der Alsterbassins in Hamburg projectirten Elsterbassins auf den Fleischerwiesen zu beiden Seiten der Frankfurterstraße, beziehentlich der Lindenauer Chaussee, nebst den sich anschließenden Canälen, sein, und der Zweck dieser Schrift ist, das Interesse aller Kreise der Leipziger Bevölkerung für diese Anlagen zu wecken und deren günstiges Urtheil für das Project zu gewinnen …

Die beiden Bassins und die damit verbundenen Anlagen würden nicht nur eine dauernde Anziehungskraft auf Fremde im Allgemeinen ausüben, sondern auch von den Leipzig besuchenden Meßfremden aufgesucht werden und somit gleichzeitig zur Hebung des Meßfremdenbesuchs beitragen.

Die im Allgemeinen veränderten Verhältnisse im Geschäftsverkehr führten es mit sich, daß die einst weltberühmte Leipziger Messe von Jahr zu Jahr immer mehr an Bedeutung verlor. Nachdem jedoch von anderer Seite der Versuch gemacht ward, den der Stadt noch verbliebenen Meßverkehr an sich zu reißen, ist man in Leipzig zu der Erkenntniß gekommen, daß die Messe, selbst in ihrer jetzigen Bedeutung, der Stadt noch so viele Vortheile gewährt, daß man keine Opfer scheuen darf, um ihr den Meßverkehr zu erhalten, und daß man auch den Besuchern der Messe ein größeres Entgegenkommen zeigen muß, wie bisher.

[…]

Fast möchte man glauben, daß ein Theil der Leipziger Bevölkerung sich in die neuen Verhältnisse, welche durch die Umwandlung der Stadt in eine Großstadt hervorgerufen wurden, noch nicht hineingelebt hat, sonst würde es kaum denkbar sein, daß die Stadt sich stets erst als Nachzügler die Erfindungen der Neuzeit zu Nutze macht und sich in dieser Beziehung von weit kleineren Städten hat überflügeln lassen. Die gehegten Hoffnungen und Erwartungen, daß sich mit Schaffung der Großstadt gleichzeitig großstädtische Einrichtungen einfinden würden, sind zum großen Theil nicht in Erfüllung gegangen, und hieraus erklärt sich, daß in Leipzig die Redensart: **„Wir erleben es nicht mehr"** gang und gäbe geworden ist.
[…]

Entstehung des Leipziger Elsterbassins-Projects und dessen Pioniere.

In einer Reisebeschreibung … steht zu lesen: „Links und rechts von der Lindenauer Chaussee liegen große Wiesen, die auf den beiden, fernen Seiten von den sich südwestlich und nordwestlich auf dem Flußgelände hindehnenden Waldungen begrenzt werden. Diese Wiesen sind … sumpfig, werden oft überschwemmt und täuschen dann den Fremden … durch den Anblick eines scheinbar unendlichen Seespiegels."

Unter den gegebenen Verhältnissen ist es erklärlich, daß man schon vor längerer Zeit auf den Gedanken kam, diese Wiesen … in große Wasserflächen zu verwandeln und dadurch der Stadt eine herrliche Zierde und einen unberechenbaren Nutzen zu verschaffen.

Schon in den 1870er und 80er Jahren nahmen zwei Leipziger Herren, Otto Schwabe (in Firma Friedr. Bernh. Schwabe) und Robert Freygang wiederholt mit einer Anzahl Leipziger Herren hierüber Rücksprache.

Vor etwa 20 Jahren wurde von Herrn Robert Freygang ein Plan entworfen und dem Rath der Stadt Leipzig unterbreitet. Dieser Plan fand seiner Zeit durch Wiedergabe in Leipziger Zeitungen auch weitere Verbreitung.
[…]

Panorama
aus der Vogelschau der projectirten Elster-Bassins und des Palmengartens in Leipzig.

„Das zukünftige Leipzig".

Dem Verfasser dieser Schrift fiel es nach seiner vor etwa 19 Jahren von Hamburg nach Leipzig erfolgten Uebersiedelung auf, in welchem verschwindend kleinen Maße die verschiedenen Flüsse, welche theils die Stadt Leipzig selbst, theils deren Umgebung durchschneiden, als Verkehrswege benutzt wurden. Er fand dies umsomehr unbegreiflich, als ihm aus eigener Erfahrung bekannt war, welchen bedeutenden Nutzen man aus solchen Wasserverkehrsstraßen in anderen Städten und besonders in Hamburg zieht. Schon damals leuchtete es ihm ein, daß sich ein ganz bedeutender Verkehr auf den Flüssen entwickeln könne, wenn dieselben vermittelst zweier zu beiden Seiten der Fankfurter Straße anzulegenden Bassins in directere Verbindung mit einander gebracht würden.

[…]

Das Comité …, aus einem Kreise angesehener Leipziger Bürger bestehend, trat unter dem Namen Elsterbassins Comité ins Leben …

Im Auftrage des Comités arbeitete Herr Regierungsbaumeister Richard Toepel … ein auf technischen Grundlagen beruhendes Gutachten aus.

[…]

Unter Berufung auf das erwähnte Gutachten, sowie unter Hinweis auf die günstigen Bodenverhältnisse wandte sich hierauf das Comité an den Rath der Stadt Leipzig mit dem Ersuchen:

Die Ausführung der projectirten Elsterbassins in absehbarer Zeit selbst in die Hand zu nehmen

oder:

das Terrain einer noch zu gründenden Privatgesellschaft auf 75 – 99 Jahre kostenlos zur Verwerthung mit dem Vorbehalte zu übergeben, daß die Anlage nach Ablauf der vereinbarten Zeit unter günstigen Bedingungen wieder an die Stadt zurückfällt

oder ferner:

nur das Terrain für die zu schaffenden Wasserbecken (also bis an die Ufer) gratis, oder pachtweise zur Verfügung zu stellen, so daß die Stadt immer Eigenthümerin dieses Terrains bleibt, und das gewonnene Bauland zu einem sich aus der noch vorzunehmenden Berechnung ergebenden Werthe der Privatgesellschaft zu verkaufen.

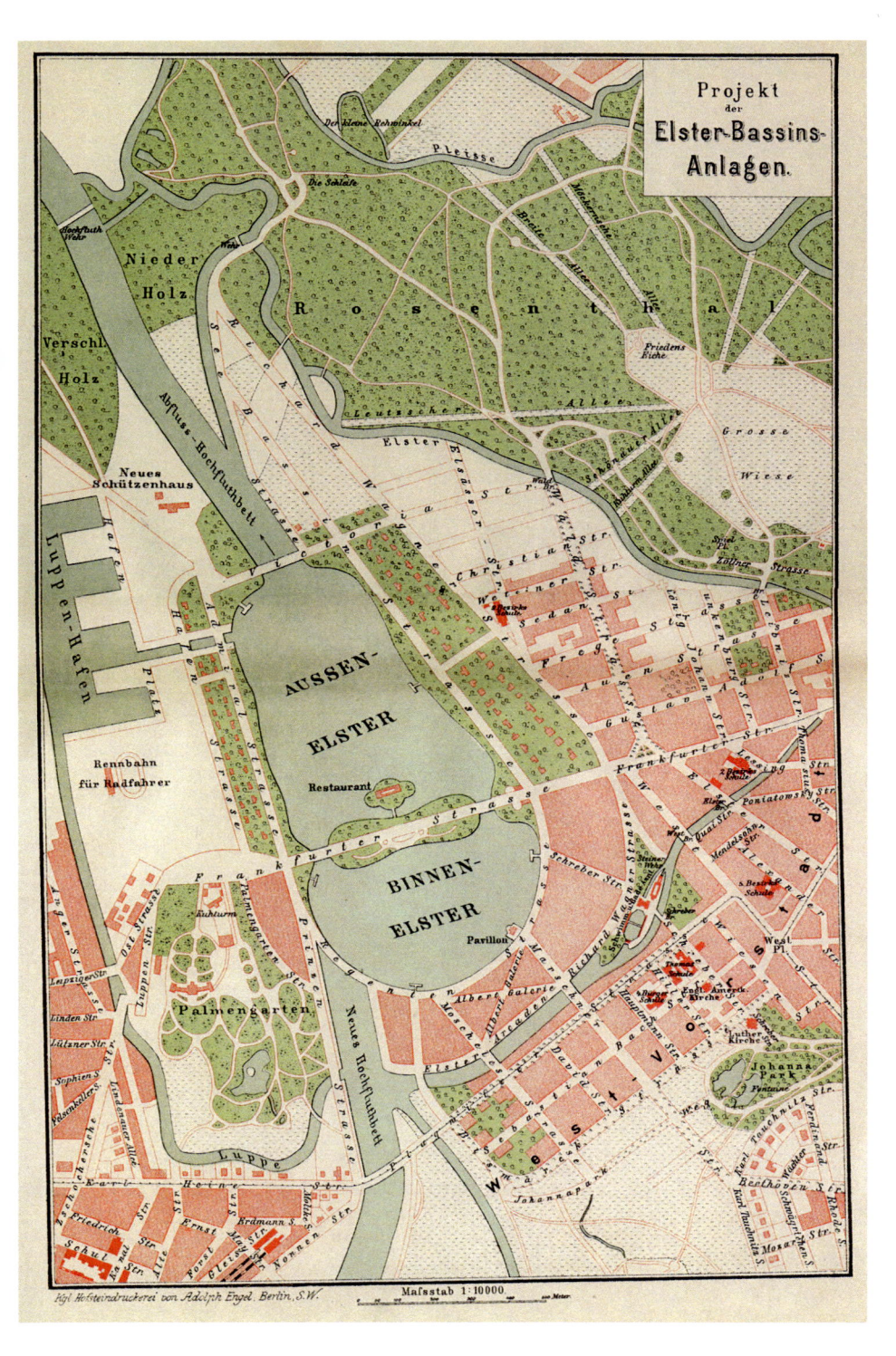

Projekt der Elster-Bassins-Anlagen.

Auf diese Eingabe ist dem Comité bisher kein Bescheid zugegangen, jedoch ist in Anbetracht der wohlwollenden Stellung, welche der Rath der Stadt Leipzig dem Projecte gegenüber einnimmt, sowie mit Rücksicht auf die eminenten Vortheile, welche die Ausführung der Anlagen der Stadt bieten würden, wohl kaum daran zu zweifeln, daß die Entscheidung im günstigen Sinne ausfallen wird.

[...]

Die Leipziger Elsterbassins

... Gleichwie die Alsterbassins den Glanz- und Mittelpunkt der Sehenswürdigkeiten von Hamburg bilden und ein Hauptanziehungspunkt für Fremde sind, wird es mit den Elsterbassins in Leipzig nach ihrer Ausführung der Fall sein. Die herrlichen Wasserflächen, von prächtigen Häusern und blühenden Gärten umgeben, werden nach ihrer Vollendung Leipzig zu einer der schönsten Großstädte Europas umgestalten, umsomehr da dieselben ein Verbindungsglied zwischen den schattigen Eichwaldungen bilden, um deren Besitz die Stadt Leipzig mit Recht von vielen anderen Städten beneidet wird ... Diese beiden Bassins würden zusammen eine symmetrische hufeisenartige Form bilden, welche deshalb gewählt ist, weil sie eine größtmögliche Ausnutzung des Terrains erlaubt und weil sie gestattet, von den auf die Bassins gerichteten Fenstern sämmtliche Gebäude, welche an ihnen zu liegen kommen werden, die denkbar schönste Aussicht zu genießen.

Die Leipziger Binnenelster

Das innere Bassin, welches den Namen Binnenelster erhalten soll, besitzt die Form eines ellipsenartig verlängerten Halbkreises, dessen ungefähren Diameter die Frankfurterstraße bildet ... Das Wasser zur Speisung der Bassins wird der Elster entnommen und durch einen Canal ... zugeführt. Dieser Canal kreuzt die Regentenstraße an einer zu überbrückenden Stelle. Die rechte Seite des Canals, sowie das linke Ufer der Elster dürfte einen vortrefflichen Bauplatz für Elsterarcaden, den Alsterarcaden in Hamburg ähnlich, abgeben. Diese Elsterarcaden

AUSSEN-ELSTER

Restaurant

BINNEN-ELSTER

Pavillon

Kuhturm

Palmengarten

Frankfurter Strasse

Admiral Strasse

Prinzen Str.

Regenten Strasse

9 Bezirks Schule

Albert Galerie

Binnen-Elster in Leipzig, vom Kuhthurme aus gesehen.

ließen sich von der Bismarck- bis zur Moschelesstraße und von dieser bis zur Marschnerstraße weiterführen, vorausgesetzt, daß die Elster mindestens bis hierher auf das Doppelte ihrer jetzigen Breite verbreitert würde. Die Fortsetzung der Elsterarcaden würde die Richard-Wagner-Straße bilden, in deren Mitte eine breite Allee anzulegen wäre, die bis an das Frankfurter Thor zu führen hätte, so daß diese Straße sich denjenigen, welche die Namen berühmter Componisten tragen, würdig anschließen würde. In Verbindung mit diesen Bogengängen wäre es sehr empfehlenswerth, zwischen der Moscheles- und Marschnerstraße, und zwar mit der Front nach der Regentstraße zu gelegen, eine Passage oder Galerie in Kreuzform nach Art der Galerie Victor Emanuel in Mailand[2] anzulegen.

[…]

---

[2] Passage Victor Emanuel. Die Galerie Victor Emanuel in Mailand verbindet den Domplatz mit dem Scalaplatz. Es ist dies der geräumigste und anziehendste architectonische Bau dieser Art in Europa …

Binnen- und Außenelster in Leipzig nebst Elsterarcaden.

In der Galerie könnten zu gewissen Zeiten Promenadenconcerte abgehalten werden, wodurch auch größeren Kreisen von Einheimischen und Fremden Gelegenheit geboten würde, die gerühmten Leipziger Musikverhältnisse kennen und würdigen zu lernen.

[...]

Durch die Marschner- und Schreberstraße wird die Binnenelster mit dem Johannaparke und dem neuen Stadttheile im Südosten in Verbindung gebracht und dadurch eine fast ununterbrochene Promenade bis an das Innere der Stadt gebildet.

An der Regentenstraße wäre Platz für vornehme Hotels und palastartige Wohnhäuser; in ihren Räumen zu ebener Erde, wie in denen der Albert-Galerie und der Elsterarcaden, könnten elegante Kaufläden errichtet werden und haben verschiedene intelligente Hoteliers und Kaufleute der inneren Stadt sich schon bereit erklärt, hier Filialen ihrer in der inneren Stadt befindlichen Geschäfte einzurichten. An der Regentenstraße ließe sich ferner ein Elsterpavillon anlegen, entweder gerade vor der Marschnerstraße oder gegenüber der Mitte derjenigen Front der Albert-Galerie, welche an die Regentenstraße zu liegen kommt, und vor der Rückseite des Pavillons eine Fontaine. An den Einmündungen der Straßen wären am passendsten die Halte- und Abfahrtsstellen für die Dampfer und Ruderboote anzulegen.

Die Leipziger Außenelster

[...]

Während das Ufer der Binnenelster einen Kranz von aneinander gereihten prächtigen Gebäuden bilden würde, müßten die drei Seiten der Außenelster lediglich für den Bau von Villen reservirt bleiben, die in einem malerischen Durcheinander zu liegen kämen, und müßte den Erwerbern von Grundstücken an der Außenelster die Bedingung gestellt werden, die Einfriedigungen der vor den Gebäuden angelegten Vorgärten so herstellen zu lassen, daß den Passanten in die letzteren ein Einblick von der Straße aus möglich wäre. Die Ufer ließen sich außerdem mit Gartenanlagen schmücken, während eine vor der Sedanstraße gelegene Terrasse eine Aussicht über die gesammten Anlagen gewähren würde. Die Anlagen müßten reichlich mit Ruheplätzen versehen werden. Die Victoriastraße, welche das neue Schützenhaus mit dem Eingang des Rosenthals in der Waldstraße verbindet, würde zu einer wahren Prachtstraße werden, da sie einerseits an die der Stadt gehörenden Waldungen, andererseits an die Außenelster angrenzt und von unvergleichlicher Schönheit sein dürfte. Besonders würde sich wohl von der das Flutbett überspannenden Brücke auf beiden Seiten den Blicken eine herrliche Rundschau entfalten ...

Die Frankfurter Straße[3]

... Zwischen den beiden Brücken, etwa in der Mitte der Straße, könnte ein Garten-Restaurant in der Außenelster auf einer Insel,

---

[3] Unter Frankfurter Straße ist vorkommenden Falls nur die äußere Frankfurter Straße oder sogenannte Lindenauer Chaussee zu verstehen.

Ausblick auf die Außenelster in Leipzig.

welche durch eine kleine Brücke mit der Chaussee verbunden ist, erbaut werden.

Die Aussicht, welche man von den erwähnten beiden Brücken genießen würde, dürfte derjenigen von der Hamburger Lombardbrücke an Schönheit nicht nachstehen, ja dieselbe sogar noch übertreffen. Besonders herrlich müßte sich von hier das die Straße im Bogen umspannende jenseitige Ufer der Binnenelster ausnehmen, und Abends, wenn dasselbe von unzähligen Gas- oder elektrischen Lampen erleuchtet wäre, eine wahrhaft entzückende Ansicht darbieten.

Der Flächeninhalt der beiden Bassins beträgt ungefähr 600 000 Quadratmeter, wovon etwa 200 000 auf die Binnenelster und 400 000 Quadratmeter auf die Außenelster kommen.

Der Leipziger Palmengarten

Auf Veranlassung des Oberbürgermeisters der Stadt Leipzig, Herrn Dr. Georgi, erfolgte vor etwa Jahresfrist die Bildung eines Comités, bestehend aus hochangesehenen Bürgern der Stadt, welche sich für die Errichtung eines Leipziger Palmengartens entschieden … (Es) soll der Leipziger Palmengarten auf demselben Areale errichtet werden, auf dem die Gartenbauausstellung im vorigen Spätsommer in so glänzender Weise ins Werk gesetzt worden ist …

[…]

Vor Kurzem hat nun eine Verständigung der Gesellschaft mit dem Rathe und dem Stadtverordneten-Collegium der Stadt Leipzig stattgefunden, und es ist ein Vertrag abgeschlossen worden, laut welchem die Stadtgemeinde der Gesellschaft den für ihre Zwecke erforderlichen Grund und Boden auf eine Reihe von 70 Jahren gegen Zahlung einer jährlichen Pachtsumme überläßt. Es steht daher zu erwarten, daß das Unternehmen in nächster Zeit zur Ausführung gebracht wird.

Von Seiten des Elsterbassins-Comités wird das obige Unternehmen mit großer Freude begrüßt, weil die großen Verdienste, welche die Mitglieder der für die Anlage des Palmengartens eintretenden Gesellschaft sich bisher um das Wohl der Stadt Leipzig erworben haben, dafür bürgen, daß auch in diesem Falle etwas Großartiges geschaffen wird und daß die Anlagen denen ähnlicher Etablissements in anderen großen Städten ebenbürtig zur Seite stehen werden, sowie insbesondere auch, weil dadurch das Elsterbassins-Project seiner Ausführung um einen bedeutenden Schritt näher gerückt wird. Aber auch dem Palmengartenunternehmen dürfte durch die Schaffung des Elsterbassins die weitgehendste Förderung erwachsen, denn so genial der Plan ausgedacht, so günstig seine Fundirung in finanzieller Beziehung auch ist, so kann die Befürchtung doch nicht von der Hand gewiesen werden, daß bei der großen Entfernung des Kuhturmgrundstücks von der inneren Stadt …, sowie der jetzigen Reizlosigkeit der langen Frankfurter Straße, beziehentlich Lindenauer Chaussee … leicht eine Theilnahmslosigkeit des Publicums Platz greifen dürfte, sobald der Reiz der Neuheit erst vorüber ist. Wie verändert jedoch

Ansicht der Binnenelster, von der Prinzen-Straße aus gesehen, die Frankfurter Straße und die Georgi-Brücke in Leipzig.

ist die ganze Situation, sobald sich rechts und links von der äußeren Frankfurter Straße die Wasserflächen des Elsterbassins mit ihren Anlagen, ihrem Verkehr, ihren reizvollen Ufern u. s. w. ausdehnen, dann dürfte zweifellos in dem Palmengarten nicht nur eine Zierde und Sehenswürdigkeit ersten Ranges, sondern auch ein für lange Zeiten vortrefflich rentirendes Unternehmen geschaffen sein.
[…]

Schlußwort.

[…]
Gewiß wird man nicht wollen, daß künftige Generationen gerechtfertigte Ursache haben, das Thun und Lassen ihrer Vorfahren zu tadeln und zu bemängeln, wie dies heut zu Tage von unseren Zeitgenossen den Vorfahren gegenüber in mancher Beziehung mit Recht geschieht. Dieser Gefahr würde man sich jedoch aussetzen, wenn man ein Terrain, wie dieses, welches die einzige Möglichkeit bietet,

Regenten-Straße und Elsterpavillon an der Binnenelster in Leipzig.

Anlagen, wie die geschilderten, zu schaffen, nicht zu solchen Zwecken verwendet; denn die Wiesen zu beiden Seiten der Frankfurter Straße sind das einzige noch verfügbare Terrain, welches sich überhaupt zu derartigen Anlagen eignet. Falls auch dieses Terrain der Bebauung anheimfallen sollte, würde ein Fehler begangen sein, der niemals, auch nicht mit den größten pecuinären Opfern, wieder gut zu machen wäre. Man darf daher mit Recht erwarten, daß alle Einwohner Leipzigs, denen das Wohl ihrer Heimathstadt am Herzen liegt, mit dazu beitragen werden, daß nichts geschieht, wodurch die Ausführung der Anlagen unmöglich gemacht wird, und daß sie darauf hinwirken werden, die Verwirklichung des Projects innerhalb kürzester Zeit herbeizuführen.

Die Kampfbahn Leipzig vor dem Völkerschlachtdenkmal

Steffen Poser

Noch vor der Gründung des Deutschen Patriotenbundes zur Errichtung eines Völkerschlacht-Nationaldenkmals bei Leipzig war 1892 ein Zentralausschuss für Volks- und Jugendspiele entstanden, der die 1814 von Arndt skizzierte Idee eines deutschen Nationalfestes aufgriff und mit dem Gedanken sportlicher Wettkämpfe verknüpfte. 1894, im Jahr der Gründung des Internationalen Olympischen Komitees durch Baron de Coubertin, veranstaltete der Zentralausschuss einen Ideenwettbewerb für ein „nationaldeutsches Olympia". Als möglicher Austragungsort solcher „Kampfspiele" wurde Leipzig ins Auge gefasst. Auch im Patriotenbund hatte man sich bereits im Februar 1896 mit der Möglichkeit beschäftigt, das zu errichtende Völkerschlachtdenkmal mit einer Stätte für sportliche Wettkämpfe zu verbinden. Als die Fertigstellung des Monuments absehbar wurde, nahmen die Denkmalspatrioten, unterstützt von einem inzwischen gegründeten Deutschen Kampfspielbund, den Stadiongedanken wieder auf.

Im Unterschied zu dem in Berlin geplanten internationalen Stadion sollte es bei dieser Sportstätte „nur auf streng nationale Gesichtspunkte und Betätigung ankommen". Tatsächlich wurden diesbezügliche Forderungen wörtlich genommen und selbst die Bezeichnung Stadion für die zu errichtende Wettkampfstätte, weil aus dem Griechischen stammend, beanstandet. „Fühlt man gar nicht den Widersinn", so ein erzürnter Leser in seiner Zuschrift an die Leipziger Neuesten Nachrichten, „auf der einen Seite das Deutschtum zu betonen und auf der anderen das Fremdwortunwesen zu fördern?" Man einigte sich schließlich auf die Bezeichnung Kampfbahn für die 280 Meter lange und 80 Meter breite nationale Feststätte, die vor dem Völkerschlachtdenkmal entstehen sollte. Bruno Schmitz, Architekt des Denkmals, wurde mit dem Entwurf beauftragt. Rat der Stadt Leipzig und Stadtverordnete erteilten ihre grundsätzliche Zustimmung zu dem Projekt. Im Juni 1912 hatte der Patriotenbund bereits

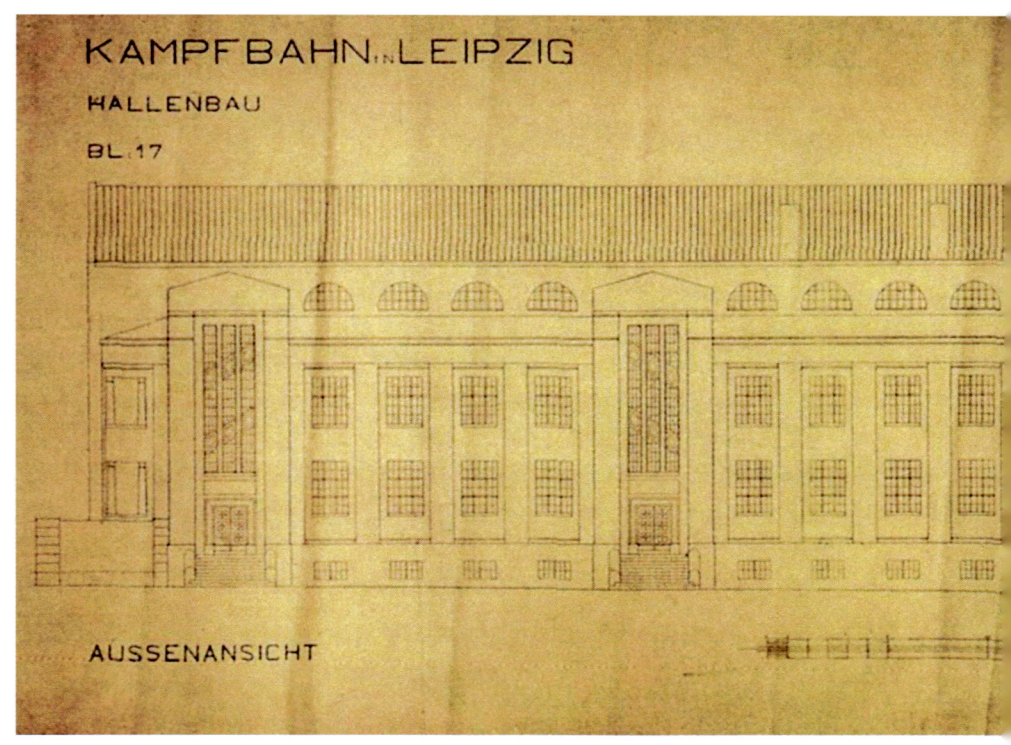

Hallenbau für die geplante Kampfbahn, Außenansicht (Ausschnitt) [1894]; Quelle: Stadtgeschichtliches Museum Leipzig

200 000 Mark für die Kampfbahn zurückgelegt und stellte bis 1915 weitere 300 000 Mark in Aussicht. Ein städtischer Zuschuss von rund 400 000 Mark sollte die Finanzierung vollständig abdecken. Das Stadionprojekt schien so greifbar nahe zu sein, dass der Deutsche Fußball-Bund darum bat, die Breite der Anlage auf 84 Meter zu erweitern, um sie allgemein üblichen Normen von Fußballarenen anzupassen. Bis 1914 wurde die Errichtung einer „deutschen Kampfbahn" vor dem Völkerschlachtdenkmal zielstrebig weiterverfolgt und die Baupläne fertiggestellt. Doch der Ausbruch des Ersten Weltkriegs unterbrach abrupt alle Erweiterungspläne für das Denkmalsareal, die auch später nicht wieder aufgenommen werden sollten.

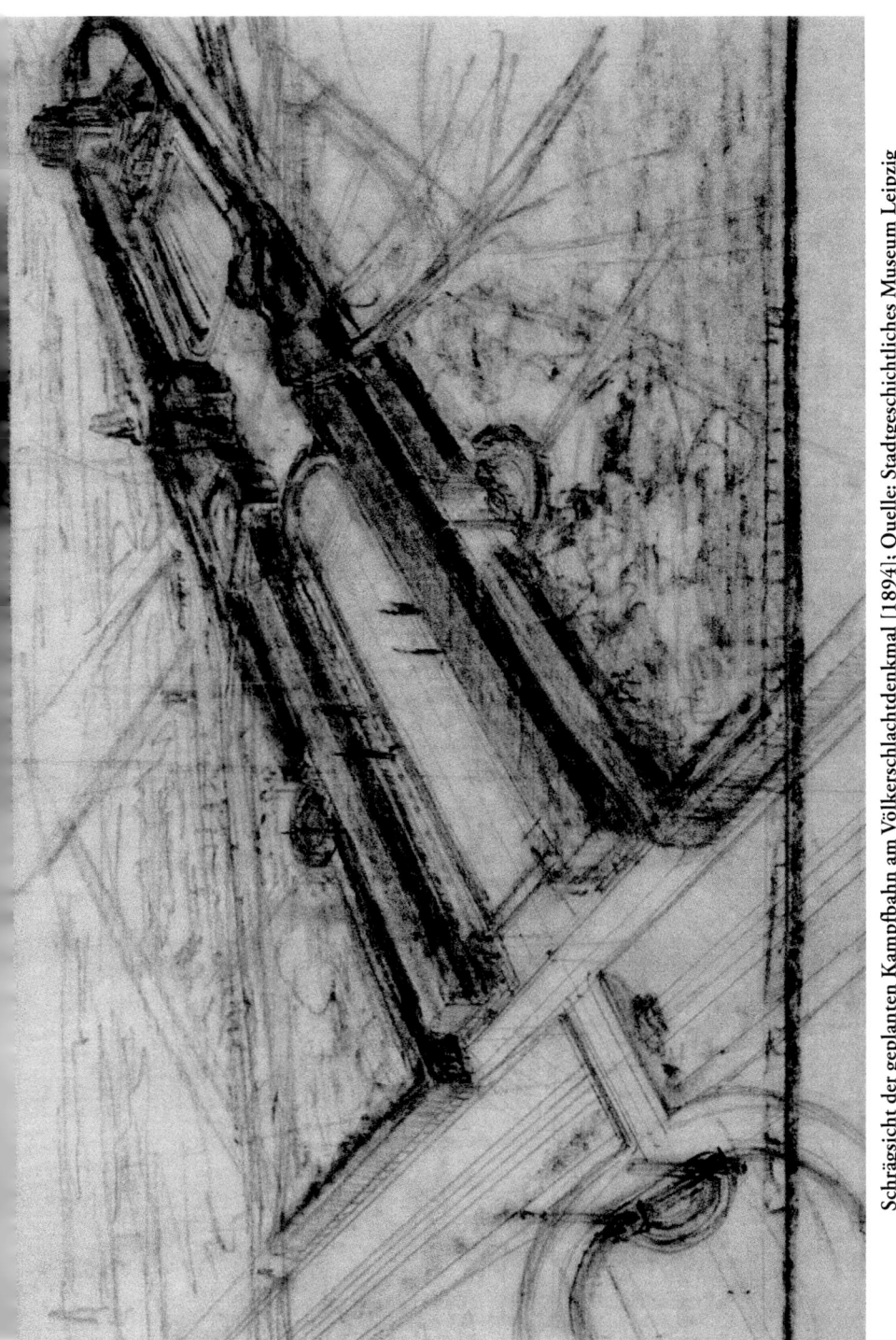

Schrägsicht der geplanten Kampfbahn am Völkerschlachtdenkmal [1894]; Quelle: Stadtgeschichtliches Museum Leipzig

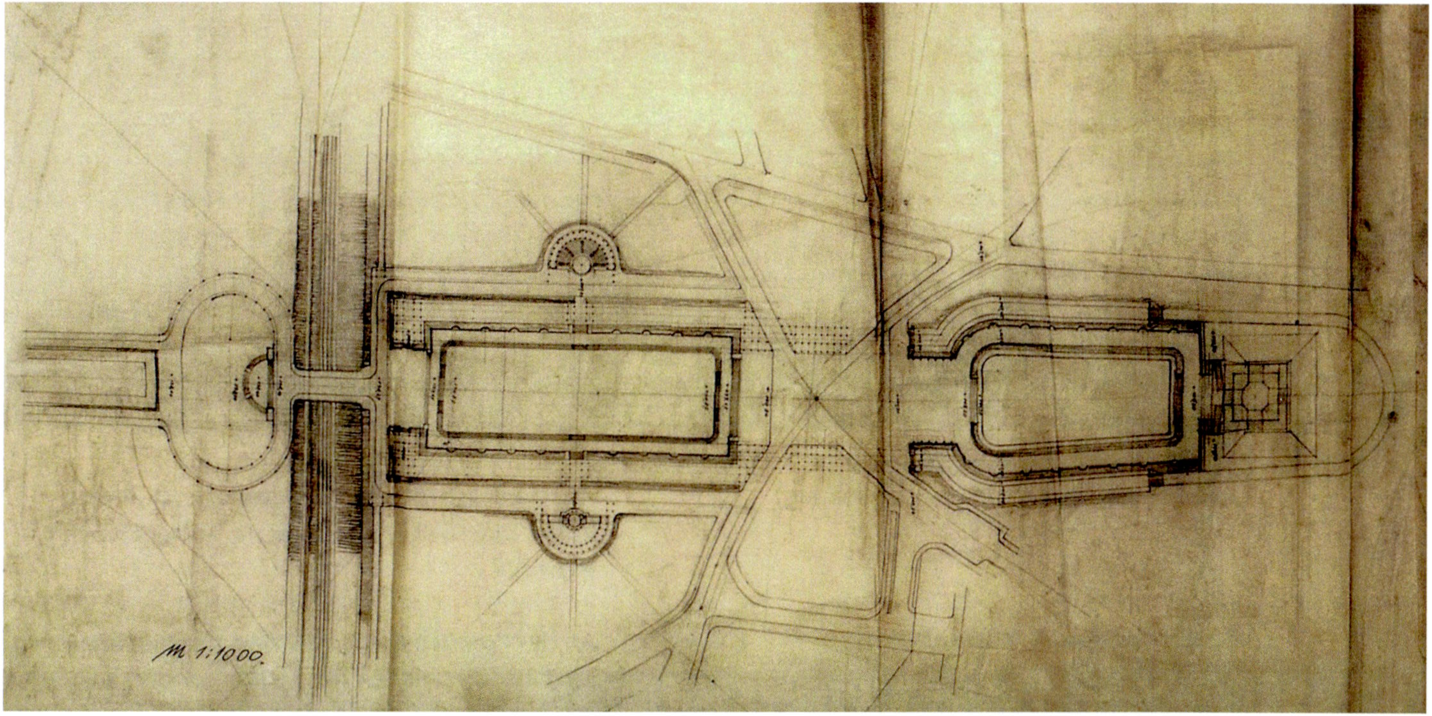

Grundriss der geplanten Gesamtanlage der Kampfbahn [1894]; Quelle: Stadtgeschichtliches Museum Leipzig

Die Vorschläge zur Bebauung der Frankfurter Wiesen in Leipzig

Theodor Goecke

Die Bedingungen des Wettbewerbs, der Vorschläge zur Bebauung der Frankfurter Wiesen[1] in Leipzig in reichlicher Fülle gebracht hat, sind … ausführlich mitgeteilt worden. Beim Anblicke der den gegenwärtigen Zustand der Frankfurter Wiesen wiedergebenden Abbildungen schon … wird manch einem mit dem Bedauern, daß die reizvolle Wiesenlandschaft der Bebauung geopfert werden soll, die Frage aufgestiegen sein, muß das sein? Zugleich aber mit dieser Frage auch die Überzeugung, daß, wenn es sein muß, eine möglichst weitgehende Schonung der die Wiesen schmückenden Baumgruppen, Alleewege und Wasserläufe, vor allem der das ganze Gelände umrahmenden Randwälder geboten ist. Und doch stand gerade dem das Programm in manchen Punkten entgegen.

Das Hochwasser der Elster und Pleiße, das diese Wiesen zuzeiten zu überfluten pflegt und der Stadt den im Liede verherrlichten Beinamen der großen Seestadt verschafft hat, soll in einer breiten geradlinigen Flutrinne zusammengefaßt werden. Ob dies notwendig ist, wenn keine Bebauung beabsichtigt wäre, vermag ich nicht zu beurteilen – bejahendenfalls könnte sich der Naturfreund aber wohl eine der Erhaltung der Landschaft günstigere Lösung vorstellen. Die dem Programm zugrunde gelegte bringt so einschneidende Veränderungen der Natur mit sich und hat eine so starre architektonische Form, daß eine Bebauung der Wiesen fast folgerecht erscheinen möchte. Die weitere Folge ist dann die Höherlegung der Straßen und damit verschwinden ganz von selbst so manche schöne Baumgruppe, die Alleewege und grünen Uferböschungen. Schade darum!

44 Entwürfe waren eingegangen …

---

[1] Die Frankfurter Wiesen wurden nach dem dort früher stehenden Frankfurter Tor benannt, aber auch Lindenauer Wiesen, da das links liegende Stadtgebiet Lindenau heißt.

Eingang zum Ausstellungspark

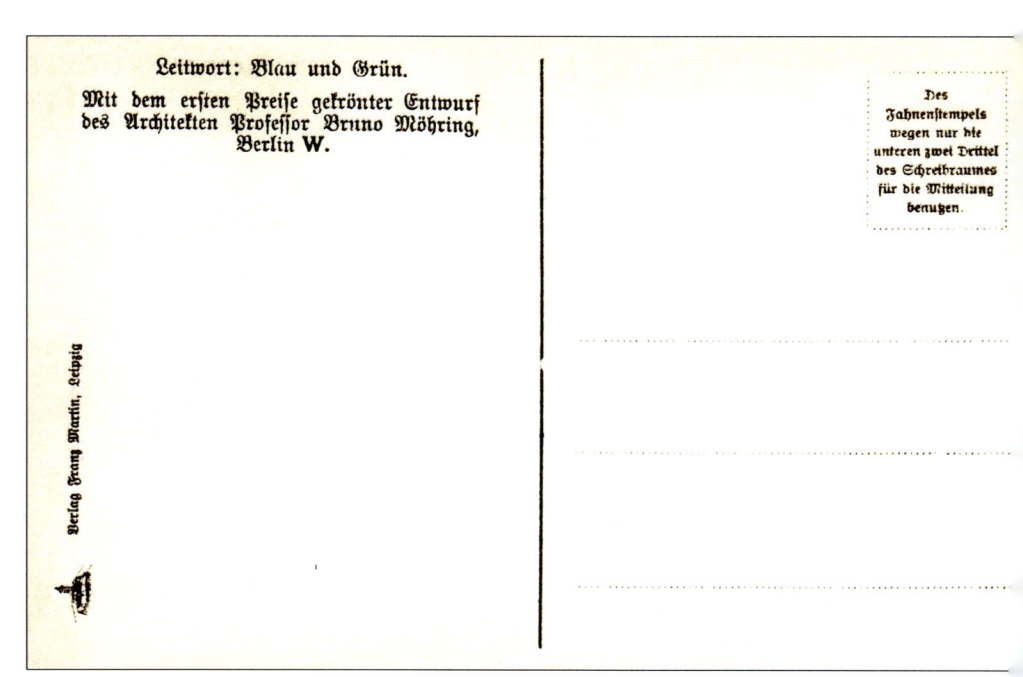

Leipzig, Lindenauer Wiesen.

Wohnstraße mit zweigeschossigen Einfamilienhäusern.

Leipzig Lindenauer Wiesen [1912]; Quelle: Archiv Wieland Paul

Leitwort: Blau und Grün.

Mit dem ersten Preise gekrönter Entwurf des Architekten Professor Bruno Möhring, Berlin W.

Des Fahnenstempels wegen nur die unteren zwei Drittel des Schreibraumes für die Mitteilung benutzen.

Verlag Franz Martin, Leipzig

Leipzig Lindenauer Wiesen [1912]; Quelle: Archiv Wieland Paul

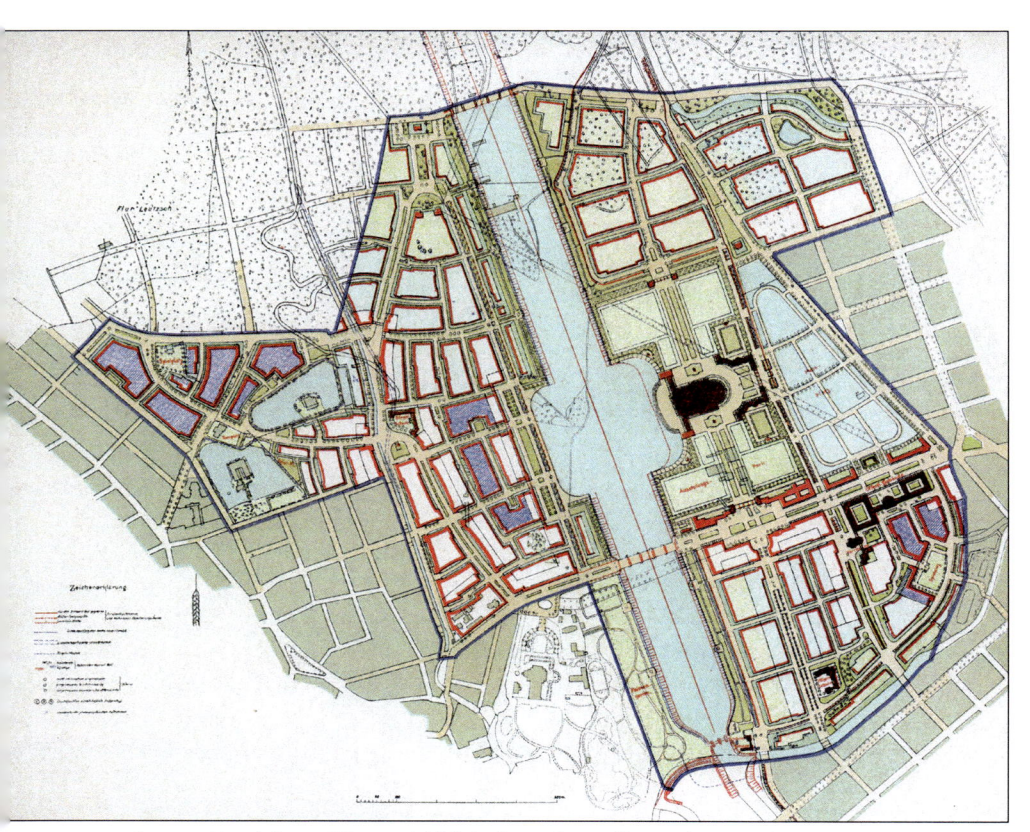

Leipzig Frankfurter Wiesen, Tafel 41 [1912]; Quelle: Archiv Frank Gaitzsch

Von den nicht mit Preisen bedachten Entwürfen sind es namentlich ... „Groß-Leipzig" ..., die ... besondere Erwähnung verdienen ... Der Entwurf No. 44 „Groß-Leipzig" ... rührt von den Erbauern des großartigen neuen Leipziger Bahnhofs-Empfangsgebäudes, Architekten Loßow & Kühne in Dresden her. Von diesem ist ein Schaubild auf Tafel 48 hier beigefügt, mit einer Architektur, die freilich erheblich über den ausführbaren Maßstab hinausgeht.

[...]

In den Leipziger Neuesten Nachrichten wurde es sogar – angeblich von fachmännischer Seite darauf hingewiesen – als bedauerlich bezeichnet, daß überhaupt Schaubilder bei einem derartigen Wettbewerbe gefordert und zugelassen worden seien, weil solche Bilder keinen Anspruch auf die Verwirklichung erheben könnten. Als ob es

Leipzig. Das Zukunftsbild der Lindenauer Wiesen [1912]; Quelle: Archiv Frank Gaitzsch

nur darauf ankäme! Die Stadtbaukunst ist Raumkunst im großen – wie jede Baukunst auf Grund wirtschaftlicher Notwendigkeiten. Der Zuschnitt der Baublöcke, die Gestaltung der Straßenecken, die Aufteilung der Baugrundstücke und ihre Ausnutzung nach Fläche und Höhe sind entsprechend für den Aufbau der Stadt. Das ist nicht nach dem Lageplan allein zu beurteilen, so wenig wie der Hausbau nach dem Grundrisse. Der Verfasser muß sich selber Rechenschaft ablegen über die Folgen seiner Planung, er muß seine Auftraggeber von ihrer Zweckmäßigkeit zu überzeugen suchen. Dazu bieten Schaubilder das Mittel; ob diese nachher in der Wirklichkeit erstehen werden, ist nebensächlich. Die Möglichkeit zu ihrer Entstehung muß geboten und nachgewiesen werden, die Anregung dem später zum Bauen Berufenen, wie er am vollkommensten zu seinem Ziele gelangen kann. Ob und wie dieser dann davon Gebrauch macht, bleibt seine Sache!

Verfasser: Architekten Professor William Lossow und Max Hans Kühne, Dresden
Kennwort: „Groß-Leipzig"

Leipzig Frankfurter Wiesen, Tafel 44 [1912]; Quelle: Archiv Frank Gaitzsch

Modell der Deutschen Bücherei von ca. 1913 [2015]; Quelle: Archiv Thomas Braatz

Gesamtplanung der Deutschen Bücherei in Leipzig

Umfang des Gebäudes

Für das Baugelände war am Deutschen Platz eine geschlossene Bauweise mit einer Hauptsimshöhe von 22,00 m in der Mitte und von 19,50 m an den an die Nachbargrundstücke anschließenden Bauteilen vorgeschrieben. Alle Gebäude am Deutschen Platz erhalten, um eine geschlossene Platzwirkung zu erzielen, gleiche Hauptsims- und Firstlinienhöhe.

Der jetzt errichtete erste Bauteil hat 120,00 m Frontlänge und in der Mittelachse 63,00 m Tiefe … Die Höhe von Kellerfußboden bis Oberkante Spitzboden beläuft sich auf 27,50 m, von tiefster Gründungssohle bis Spitze des Haupttreppenturmes 42,50 m.

Die gesamte Bauanlage wird später in ihrer geplanten Vollendung eine Fläche von 9 064,00 qm bedecken und wenigstens 10 Millionen

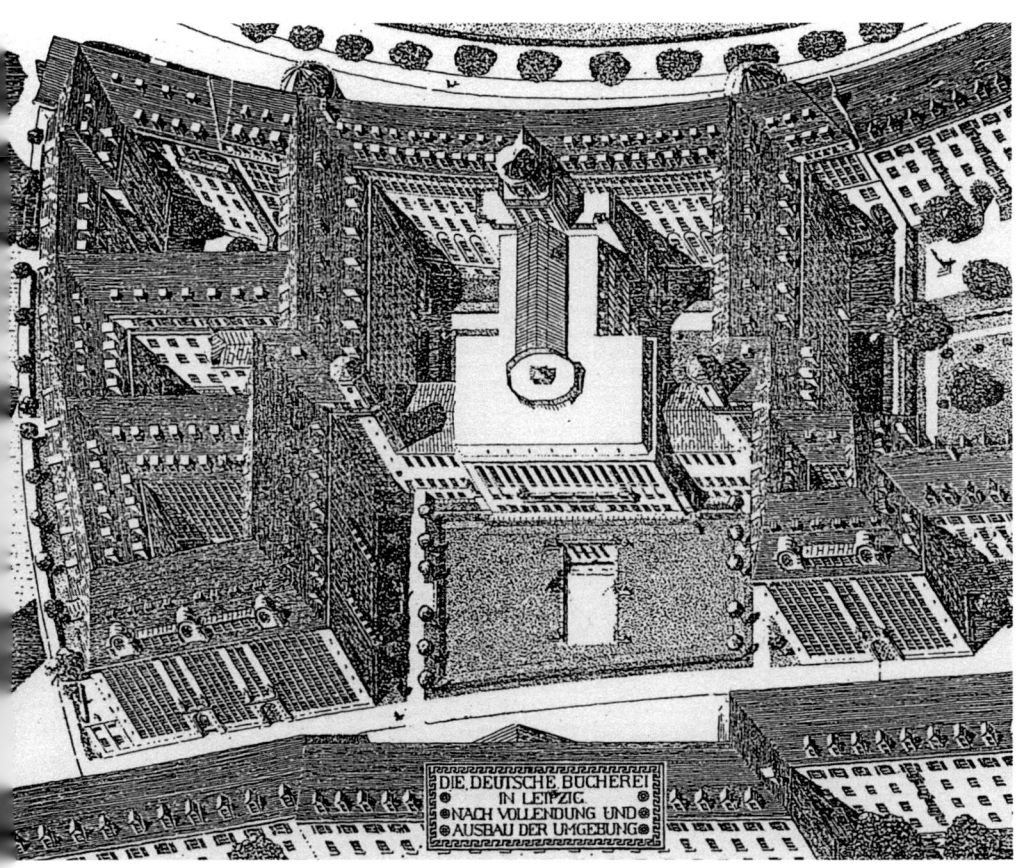

Gesamtansicht der Deutschen Bücherei in Leipzig aus der Vogelschau (nach etwa 200 Jahren),[1916];
Quelle: Denkschrift zur Einweihungsfeier der Deutschen Bücherei 1916,
Universitätsbibliothek Leipzig (Bibliographie 655-uhi)

Bände aufnehmen, annehmbar somit 200 Jahre ausreichen, wenn der jährliche Zuwachs, wie anzunehmen, 40 bis 50 000 Bände beträgt. Auch über diesen Zeitraum hinaus sind Erweiterungsmöglichkeiten gegeben, als benachbarte Wohn- und Geschäftshäuser für die Zwecke der Deutschen Bücherei eingerichtet und auch entfernter liegende Grundstücke bebaut und mit der Bücherei durch eine Erweiterung der im Gebäude vorhandenen Tunnelanlage zur maschinellen Heran- und Rückbeförderung der Bücher nach und vom Lesesaal in Verbindung gebracht werden können.

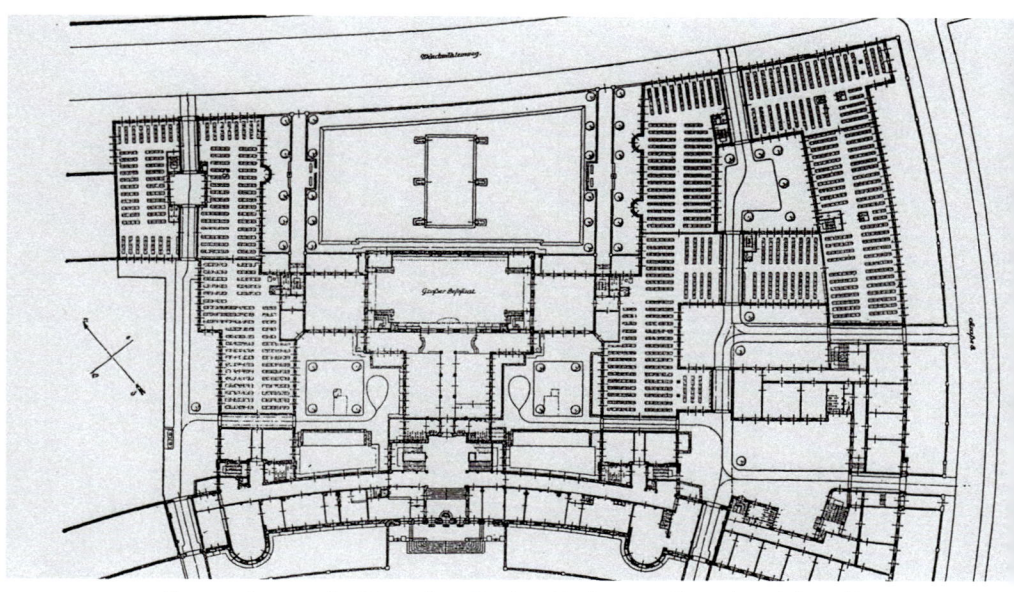

Gesamtplanung der Deutschen Bücherei in Leipzig (Ausschnitt) [1894];
Quelle: Denkschrift zur Einweihungsfeier der Deutschen Bücherei 1916,
Universitätsbibliothek Leipzig (Bibliographie 655-uhi)

Modell der Deutschen Bücherei von ca. 1913 [2015]; Quelle: Archiv Thomas Braatz

Die bauliche Entwicklung der Bücherei ist daher auf sehr lange Zeiträume gesichert, ohne die Gegenwart mit Ausgaben zu belasten.
[…]
Die völlig symmetrische Grundrißform des Gebäudes erinnert an einen neuzeitlichen Flugapparat.

Ein Bücherhof für Leipzig

In Leipzig sind seit einiger Zeit bemerkenswerte Bestrebungen zur Zentralisierung des Buchhandels wahrzunehmen. So haben die beiden großen buchhändlerischen Firmen K. F. Koehler und F. Volckmar in Leipzig schon seit Jahren im Interesse der Zentralisierung der gesamten buchhändlerischen Auslieferung in Leipzig gemeinsam gearbeitet. Sie haben auch in Berlin eine große Niederlage errichtet und die Stuttgarter Firma Paul Neff angekauft. Die beiden Firmen haben sich nun zu einer Aktiengesellschaft Koehler & Volckmar vereinigt und widmen sich dem in- und ausländischen Betrieb aller mit dem Buch- und Lehrmittel-, sowie dem Exporthandel jeder Art in Zusammenhang stehenden Geschäfte. Zu den vereinigten beiden größten Baarsortimenten Deutschlands gehören noch eine Reihe von Einzelfirmen. Es wird erwartet, daß nach diesem Zusammenschluß und nach etwaigen weiteren Zentralisierungen die gesamte Leipziger Auslieferung in die Gegend des Eilenburger Bahnhofes verlegt werden wird. Im Zusammenhang damit ist der Gedanke aufgetaucht, in unmittelbarer Nähe dieses Bahnhofes sowie des Buchhändlerhauses und des Buchgewerbehauses einen großen Bücherhof mit Bücherstapel- und Versandhalle zu erbauen, um von hier aus mit möglichster Zeitersparnis direkte Bücherwagen nach den Hauptorten des deutschen Buchhandels – nach Berlin, München, Hamburg und Stuttgart – zu befördern und die dortigen Auslieferungsstellen mit Erzeugnissen des Buchgewerbes zu versehen. Man spricht in Leipzig von einer in großem Sinn geleiteten Verkehrspolitik, mit welcher den Bestrebungen entgegen getreten werden soll, die im feindlichen Ausland und in den neutralen Ländern eingeleitet sind, den deutschen Buchhandel lahm zu legen und die führende Stellung Deutschlands an sich zu reißen. Man will auch den etwas zerfahrenen Verhältnissen im deutschen Buchhandel entgegen wirken und diesen wieder zu einem Hauptbesitzteil der deutschen Kultur machen. Dazu kommt, daß die neuen Lasten nach dem Krieg zu größter Sparsamkeit zwingen, soll Deutschland auf dem Weltmarkt konkurrenzfähig bleiben und daß somit alle überflüssige Arbeit vermieden, die Spesenlast verringert und der gesamte Betrieb so zweckmäßig wie möglich gestaltet wird. Dazu soll dem deutschen Buchhandel die Paket-Bestellanstalt mit kaiserlichem Bahn- und Bücher-Postamt und mit eigener Bank im Hause verhelfen. Es handelt sich um eine Angelegenheit des gesamten deutschen Buchgewerbes, um eine Aufgabe aller, „denen die Weltgeltung deutscher Kultur mehr als eine bloße Phrase ist".

Als Mittelpunkt dieser Bestrebungen nun soll der geplante Bücherhof dienen. Für ihn steht der denkbar günstigste Platz von Leipzig-Ost, ein Platz im Mittelpunkt der Arbeitsstätten des Buchgewerbes, „in erreichbarer Sicht" … Es handelt sich um die Vereinfachung des Kommissions-Wesens, insbesondere des Roll-Verkehres. Die Spedition der Pakete und Ballen vom Kommissionär oder Auslieferungslager zur Post oder zur Bahn mit mancherlei Umwegen muß aufhören, sie darf nur noch über die Straße gehen. Das teure Rollgeld und die vielen Zwischenhände müssen fortfallen. Eine Paket-Umtauschstelle ist einzurichten. Als ihre ideale Ausgestaltung läßt sich denken, daß die Pakete an der Stelle verbleiben, an der sie eingeliefert und ausgetauscht werden; daß sie hier von den Kommissionären alsbald in Ballen verpackt und unmittelbar in den Eisenbahnwagen eingeladen werden. Dazu wären nötig ein einziger großer Ballen-Speicher, Bücherhof oder Lagerhof, ein zweckmäßiger Ausbau und die Ausnutzung des Sammel-Bücherwagen-Verkehres und in engster Verbindung damit ein kaiserliches Bücher- Bahn- und Postamt, sowie eine Bank-Filiale. Es wird darauf hingewiesen, daß seinerzeit beim Neubau des Leipziger Haupt-Bahnhofes die günstige Gelegenheit, bei den Anlagen auch die Leipziger Bücherspedition zu berücksichtigen, versäumt worden sei. Es sei jedoch auch jetzt noch Zeit, das Versäumte nachzuholen und zwar im Mittelpunkt der Buchhändler-Lage.

… (A)uf dem Geviert zwischen Gerichtsweg, Hospital-Straße, Plato-Straße und Dolz-Straße liegen die Buchhändler-Börse, die Buchhändler-Lehranstalt und das Deutsche Buchgewerbehaus. Der Block zwischen Täubchenweg und Dolz-Straße, auf dem das städtische Pflegehaus liegt, könnte für die Zwecke einer Paket-Bestell-Anstalt erworben werden. Unter Annahme einer solchen Anstalt

Der Bücherhof für Leipzig, Hauptansicht [1918];
Quelle: Deutsche Bauzeitung 52. Jg. Nr. 74, S. 331

Bücherhof für Leipzig, Querschnitt durch eine Halle [1918];
Quelle: Deutsche Bauzeitung 52. Jg. Nr. 74, S. 329

würden dann der Eilenburger Bahnhof und seine Umgebung eine Umgestaltung … erfahren, … (so) daß Bestell-Anstalt und Bücher-Bahnhof sowohl im Mittelpunkt der großen Buchgewerbe-Anstalten – Buchhändlerbörse, Buchhändler-Lehranstalt, Deutsches Buchgewerbehaus, Fachschule und Schrift-Museum –, wie auch der großen Verlags- und Vertriebsfirmen liegen würde (sic!), z.B. F. Volckmar, Bibliographisches Institut, K. F. Koehler, E. A. Seemann, Hesse & Becker, Baumbach, Bösenberg usw. Es hat nun der Verlagsbuchhändler Max Merseburger in Leipzig, der den Gedanken hauptsächlich verfolgt, den Architekten Georg Wünschmann in Leipzig veranlaßt, dem Gedanken die hier dargestellte sichtbare Form zu geben. Die Anlage gründet sich auf die Annahme, daß der Eilenburger Bahnhof Sammelstelle für den Güterverkehr des Buchhändler-Viertels werden könne, aber für diesen Zweck umfassende Umbauten erfahren müsse. In diesem Fall könnten vom Bahnhof aus die Bücherwagen auf direkten Gleisen in die drei Innenhöfe des Gebäudes gebracht werden. Durch sechs Drehscheiben im Untergeschoß würde es möglich werden, die Eisenbahn-Bücherwagen an jede beliebige Stelle des Gebäudes und an besondere Aufzüge zu bringen. Sinnreiche Beförderungs-Einrichtungen in den einzelnen Stockwerken sollen es ermöglichen, von den Aufzügen aus die Verteilung der Bücherballen innerhalb des Gebäudes nach den einzelnen Mieträumen vorzunehmen. Post- und Eisenbahn-Nebenstellen, die im Unter- und im Erdgeschoß liegen, sind von allen Seiten durch die Bücherwagen unmittelbar erreichbar, wodurch eine glatte und beschleunigte Abfertigung erzielt werden soll. Im Erdgeschoß sind an den Kopfseiten des Gebäudes je zwei Ein- und Ausfahrten vorgesehen, um einen ungehemmten Rollwagen-Verkehr von und zur Stadt zu ermöglichen. Das Ein- und Ausladen der Güter erfolgt unter Laderampen mit Glas-Überdachung.

Die Geschoßgrundrisse des Gebäudes sind nur in ihren großen Zügen gezeigt. Die Decken der Geschosse sind so konstruiert, daß die Aufteilung in ganz beliebiger Weise erfolgen kann, wie es ja meist in großen Geschäftshäusern geschieht, die nicht nur einem großen, sondern mehreren kleinen Betrieben dienen. Im Grundriß des Erdgeschosses ist gezeigt, wie sich eine solche Aufteilung nach den Wün-

...rbindungshalle des erweiterten Gebäudes zwischen Täubchenweg und Dolz-Straße auf dem Gelände der Plato-Straße; Quelle: Deutsche Bauzeitung 52. Jg. Nr. 75, S. 333

schen der einzelnen Mieter ermöglichen lassen würde. Außer Waren-Aufzügen befinden sich bei jedem Treppenhaus Personen-Aufzüge mit Fahrstuhlbedienung, daneben aber auch Paternoster-Aufzüge, die ununterbrochen zur selbständigen Benutzung von Mietern und Besuchern laufen. Den beiden mittleren Haupttreppenhäusern an den Langseiten des Gebäudes sind monumentale Hallen vorgelagert, an denen Sprechzimmer, Räume für die Verwaltung sowie für eine Bankstelle sich befinden.

Die Verfasser berechnen die zur Verfügung stehende nutzbare Mietfläche auf 34 000 qm; es können in einem Geschoß zusammenhängend 4000 qm abgegeben werden ... Es wird darauf hingewiesen, daß durch Miete in diesem Gebäude eine außerordentliche Vereinfachung und Verbilligung der gesamten Geschäfts-Einrichtungen herbeigeführt werden wird, da bei der Erstellung des Bücherhofes alle bewährten Neuerungen Anwendung finden sollen. Erhält das Gebäude neben einer Bankstelle ein eigenes Bahn- und Postamt für den Bücher-Verkehr, dann könne, meinen die Verfasser, die reine Spedition fast ganz im Hause verbleiben. Bei einer Erweiterung des Verkehres der direkten Sammel-Bücherwagen kann die Verladung ohne den geringsten Zeitverlust erfolgen und es werden so viele Zwischenhände ausgeschaltet, soviel Rollgeld und so viel Hilfskraft erspart, daß die Urheber des Gedankens glauben, daß die Vorteile, die durch Benutzung des Bücherhofes für den deutschen Buchhandel entstehen, sich rechnerisch überhaupt nicht ohne weiteres feststellen lassen.

[…]

Die Urheber des Gedankens für einen Bücherhof in Leipzig sind so sehr von dem Gelingen ihres Planes überzeugt und rechnen in solchem Umfang mit der Teilnahme des deutschen Buchhandels an dem Unternehmen, daß sie bereits den Gedanken einer Erweiterung der Anlage auf den doppelten Umfang in Erwägung gezogen haben … Westlich der Plato-Straße befindet sich eine städtische Schule, die fast genau die Größe und die Form des geplanten ersten Teiles des Bücherhofes hat. Unter der Annahme, daß die Stadt Leipzig geneigt sein würde, dieses Gelände in den Dienst des deutschen Buchhandels zu überführen, könnte eine Erweiterung des Bücherhofes in absehbarer Zukunft auf mehr als den doppelten Umfang stattfinden. In diesem Fall könnte das zunächst zu errichtende Gebäude auf dem Gelände der städtischen Schule wiederholt und es könnte die Plato-Straße mit einer großen Halle als Verbindung der beiden Teile der großen Gesamtanlage überbaut werden … Die Halle über der Plato-Straße wäre zwischen zwei Verbindungsflügel eingespannt, die parallel mit der Dolz-Straße und dem Täubchenweg laufen. Auch der Erweiterungsbau bekäme die für den ersten Bauteil vorgesehenen Bahngleise mit Drehscheiben, sodaß ein ununterbrochener Bahnhof-Verkehr der ganzen Anlage mit dem Eilenburger Bahnhof möglich wäre. Allerdings würde der Verkehr der Plato-Straße zumteil durch

1. Obergeschoss

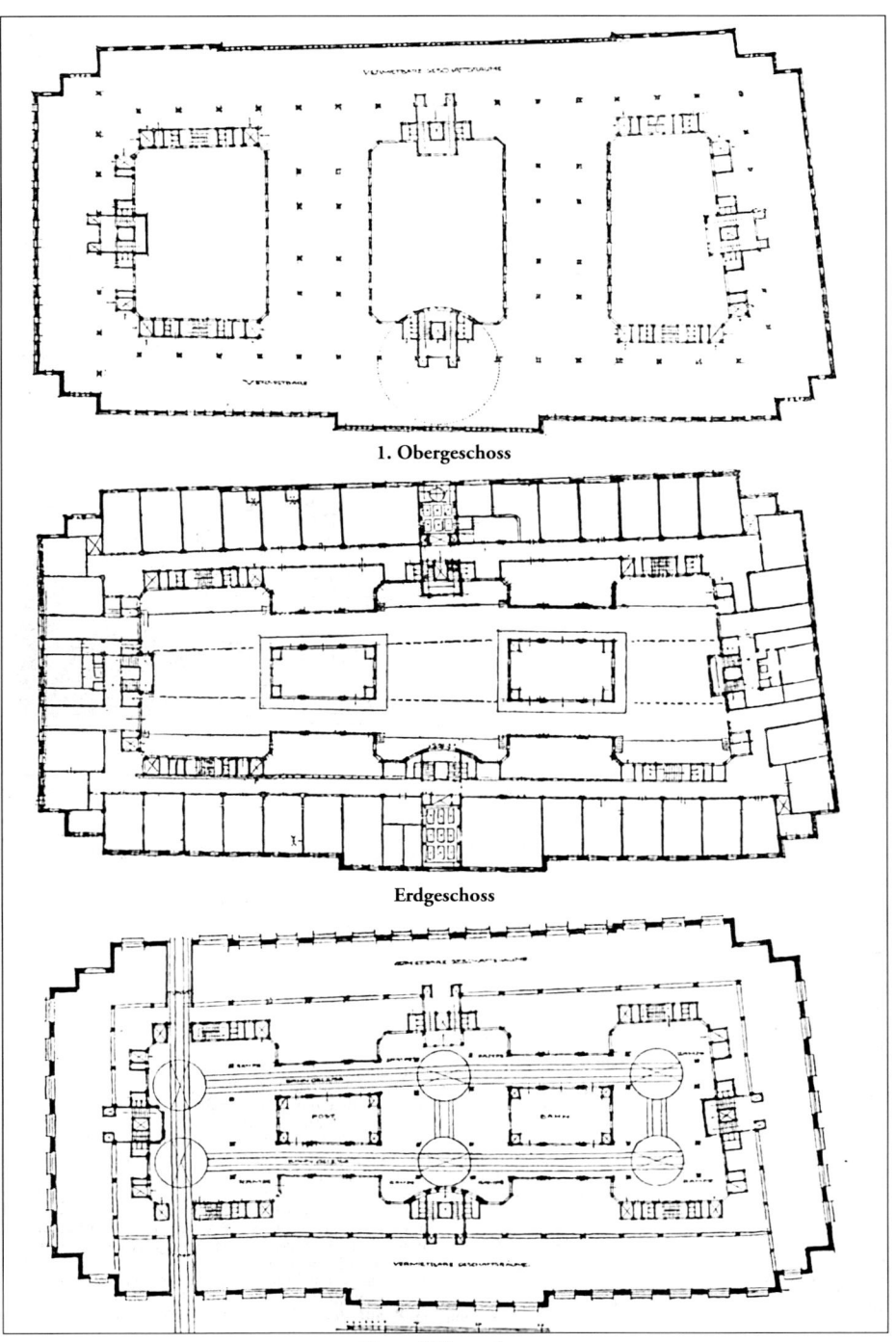

Erdgeschoss

Unteres Kellergeschoss
Bücherhof für Leipzig [1918]; Quelle: Deutsche Bauzeitung 52. Jg. Nr. 74, S. 330

die Dolz-Straße auf den Gerichtsweg abgelenkt werden müssen. Ein nicht geringer Teil des Verkehres könnte jedoch auch durch den großen überdeckten Lichthof über die Plato-Straße gehen. Es würde hier ohne Zweifel ein lebhafter Durchgangsverkehr entstehen, der es erwünscht erscheinen lassen könnte, zu beiden Seiten dieses Lichthofes vermietbare Räume einzurichten, die vielleicht als Verkaufsräume von Waren, deren der deutsche Buchhandel beim Vertrieb bedarf, dienen könnten. Auch Erfrischungsräume und andere Räume für den täglichen Gebrauch könnten hier ohne Zweifel eine zweckmäßige Unterkunft finden. Es würde wohl möglich sein, diesem Verbindungsbau eine so monumentale Gestaltung zu geben, daß er künstlerisch zu einem Hauptteil der umfangreichen Anlage werden würde. Allerdings würde wohl die Gefahr nicht verkannt werden können, daß die auf diesen bedeckten Lichthof mündenden Geschäftsräume in ihren Lichtverhältnissen nicht unerheblich beeinträchtigt werden würden, sodaß die Frage entsteht, ob man nicht die Verbindung zwischen den beiden großen Teilbauten nur durch die Flügelbauten suchen, im übrigen aber auf eine Überdeckung der Plato-Straße verzichten sollte. Denn ein vielleicht empfindlicher Ausfall an Rente wäre der immerhin teuere Kaufpreis für einen Baugedanken, der an sich bestrickend ist, für die Bauanlage aber keine organische Notwendigkeit wäre. Doch das sind spätere Sorgen, zumal der vorliegende Entwurf noch nicht die letzte Form und die Möglichkeit ja nicht auszuschließen ist, daß der an sich zu begrüßende Baugedanke im Lauf seiner weiteren Entwicklung noch manche Wandlung durchmachen wird.

Die Träger des Gedankens haben nun Urteile über diesen von Vertretern des deutschen Buchhandels gesammelt, die meist zustimmend lauten, wenn natürlich auch Zweifel an der Durchführbarkeit nicht unterdrückt werden. Eine Zustimmung von gewichtiger Seite erklärt den Gedanken für die idealste Lösung, die für den Leipziger Kommissionsplatz gefunden werden könne. An ihr habe der ganze Buchhandel das größte Interesse und an ihr mitzuwirken sei eine Aufgabe aller einsichtigen Männer des buchhändlerischen Berufes, sowie der am Buchhandel interessierten Staats- und städtischen Be-

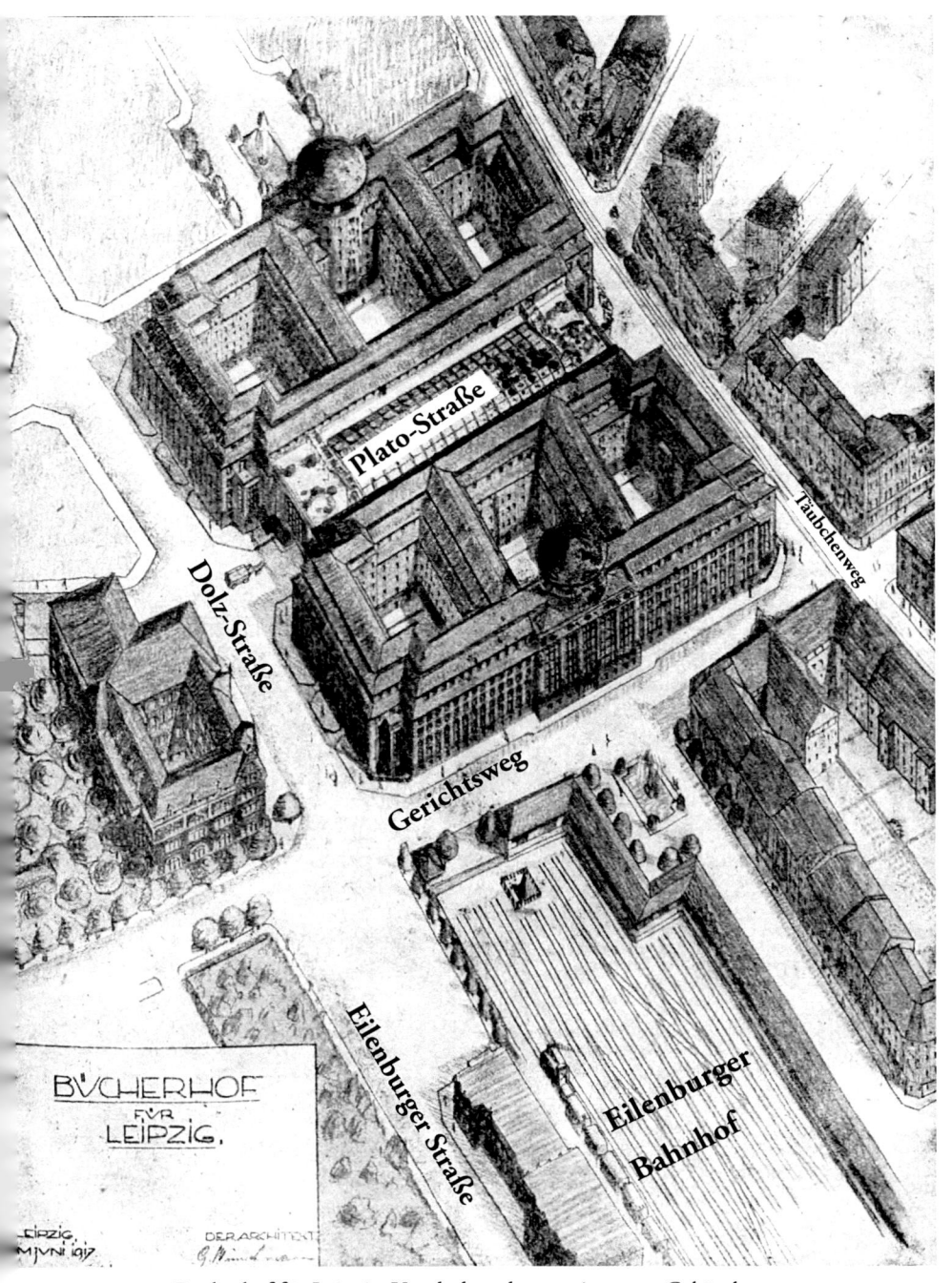

Bücherhof für Leipzig, Vogelschau des erweiterteten Gebäudes;
Quelle: Deutsche Bauzeitung 52. Jg. Nr. 75, S. 337

hörden. Von letzterer liegt gleichfalls volle Zustimmung vor. Der Rat der Stadt Leipzig äußert sich: „Ratsseitig wird Ihren Bestrebungen, die dazu dienen, den deutschen Buchhandel noch fester an Leipzig zu ketten, das vollste Verständnis entgegen gebracht, und wir können im voraus versichern, daß von hier aus alles getan wird, diese Bestrebungen zu unterstützen". Nicht gleich zustimmend lautet die Äußerung der kgl. Eisenbahn-Direktion Halle a. S. Sie glaubt schon jetzt darauf hinweisen zu müssen, daß die Anlagen des Eilenburger Bahnhofes sowohl für den bestehenden Personen- und Güterverkehr als auch für den Fall einer zukünftigen Verkehrssteigerung zur Verfügung der Eisenbahn-Verwaltung bleiben müßten. Auch hat die Eisenbahn-Verwaltung erhebliche Bedenken in betriebs- und verkehrstechnischer Hinsicht gegen die Zentralisierung des gesamten Bücherverkehres auf den Eilenburger Bahnhof. Die weiten Wege, welche die Bücherwagen bis zu ihrer Einstellung in die Züge zurückzulegen hätten, würden eine wesentliche Verzögerung in der Beförderung unvermeidlich machen. Das Reichspostamt behält sich nähere Prüfung für den Zeitpunkt vor, in dem der Plan festere Gestalt angenommen hat. Ist diese Zurückhaltung zu verstehen, so wird auch die Eisenbahn-Verwaltung die Möglichkeit finden, den Plan zu fördern, wenn sie die Überzeugung von seiner Notwendigkeit für die Entwicklung des deutschen Buchhandels im 20. Jahrhundert erkannt hat. Er ist in die Öffentlichkeit geworfen und wird sich durch die in ihm wohnende werbende Kraft durchsetzen, daran zweifeln wir nicht. Unser Wunsch geht nur dahin, der Plan möge auch baukünstlerisch eine Lösung finden, durch die er zu einem Denkmal des Leipziger Buchhandels und damit zu einem Kultur-Denkmal unseres Jahrhunderts wird.

Messe- und Bürohaus auf den Lindenauer Wiesen

Thomas Nabert

Die Diskussionen um die Nutzung der Frankfurter Wiesen bzw. die Art ihrer Bebauung gingen nach dem Wettbewerb von 1911 in unverminderter Heftigkeit weiter und zogen sich bis Anfang der 30er Jahre hin. Zunächst bestätigten die Stadtverordneten jedoch am 29. September 1912 den Hochwasserregulierungsplan des Tiefbauamtes, das zunächst mit dem Bau einer Flutrinne begann. Ein knappes Jahr darauf legte das Stadterweiterungsamt einen ersten Bebauungsplan zur Beschlussfassung vor, der jedoch am 8. Juli 1914 von den Stadtverordneten abgelehnt wurde … Sie forderten ein größeres, mindestens 400 m breites Becken, die Bebauung dürfe auf keinen Fall bis an das Wasser heranreichen, sondern müsse durch breite Grünbereiche von diesem getrennt sein, außerdem sollten die vorhandenen Kleingartenanlagen erhalten bleiben. Stadtbaurat James Bühring legte dann erst am 30. April 1917 einen neuen Bebauungsentwurf vor. Das Becken war wie gefordert 400 m breit und zu beiden Seiten erstreckten sich breite Grünstreifen. Auf der Ostseite des Beckens waren der Bau eines Museums, der Gebäude der Akademie, ein weiterer Kuppelbau und an der Westseite die große Stadthalle platziert. Um diese Gebäude gruppierte sich offene Wohnbebauung. Auf dieser Grundlage wurde bis Ende Oktober 1920 ein neuer Bebauungsplan erarbeitet. Für dessen Ausgestaltung lieferte Bühring selbst einen Monat später mit seinem Entwurf für ein Mess- und Bürohochhaus auf den Frankfurter Wiesen ein aufsehenerregendes Projekt. Das Vorhaben war eingebunden in seine weitgreifenden Stadtentwicklungsplanungen, die auf die Ausdehnung des innerstädtischen Messebereiches nach Westen entlang der Frankfurter Straße (heute Jahnallee) zielten. Im Anschluss an den Waldplatz sollte ein räumlich differenziertes, mit Klinkerziegeln verblendetes, torartig wirkendes Gebäudeensemble aus zwei elfstöckigen Turmhäusern und zwei viergeschossigen, die Straße überbrückenden Zwischenbauten angelegt werden.

Als potenziellen Nutzer eines Teils des Gebäudes hatte Bühring schon die Leipziger Ortskrankenkasse ausgemacht, die ihrerseits an dem Gelände hinter dem Waldplatz interessiert war. Das Grundstücksamt befürwortete daher den eigenen Entwurf der Krankenkasse vom Mai 1921 zunächst aus „städtebaulichen Bedenken" nicht. „Dagegen halten wir es für erwünscht, eine Planung in Erwägung zu ziehen, wonach in der Frankfurter Straße ein Bürohaus in der Art zwei Torpfeiler errichtet wird, wovon die Ortskrankenkasse den einen Teil bebaut." Diese widersetzte sich jedoch den Plänen und ging mit denen ihres Architekten Otto Droge in die Offensive. Der Entwurf Droges von 1921 sah ebenfalls die Schaffung einer Torsituation vor. Er bevorzugte allerdings zwei beiderseits der Frankfurter Straße liegende Gebäude, die durch repräsentativ gestaltete Eingangsbereiche mit vorspringenden Baufluchten die Torsituation bewirken sollten. Das südliche der beiden Gebäude war für die AOK gedacht. Der dann zwischen Mai 1922 und Oktober 1925 errichtete AOK-Neubau folgte in wesentlichen Zügen diesem ersten Entwurf.

Die Bebauung der Frankfurter Wiesen schien damit eingeleitet zu sein, anders, als es sich Bühring vorstellte und ohne einen wirklich dauerhaft gültigen Bebauungsplan. Der Widerstand gegen Bührings Auffassungen kam dann ausgerechnet auch noch aus den eigenen Reihen. Sein Baudirektor Rüster schlug am 25. November 1920 erstmals vor, die Frankfurter Wiesen gänzlich von einer Bebauung freizuhalten und dafür eine „landschaftliche Behandlung" des Areals vorzuziehen. Das sahen offenbar noch andere Vertreter der Stadt und des Stadtrates so, denn schon am 29. August 1921 beschloss der einflussreiche Siedlungsausschuss, die Verwendung der Frankfurter Wiesen zu Spiel- und Sportzwecken vorzubereiten. Die Debatten über die Art und Weise der Bebauung der Frankfurter Wiesen wandelte sich plötzlich in eine Debatte über die Freihaltung des Areals aus „stadthygienischen Gründen". Am 10. März 1924 erging schließlich an die Stadtverwaltung der Auftrag, einen neuen Plan für die Frankfurter Wiesen zu erarbeiten. Die Abwahl Bührings und die Wahl Hubert Ritters als neuen Stadtbaurat im Herbst 1924 blieb von diesen Entscheidungen unberührt.

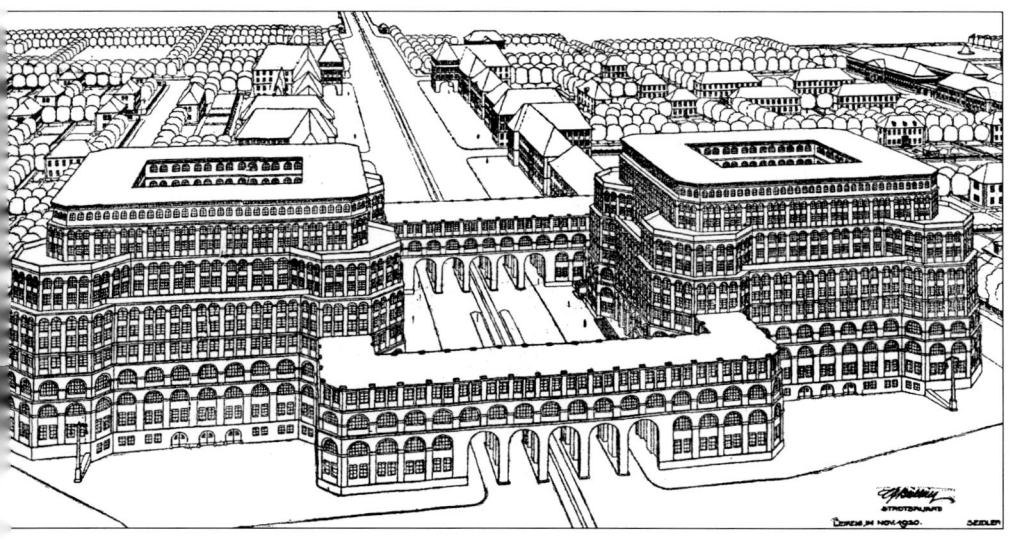

Schrägansicht der Meßhausanlage an der Frankfurter Straße [1920];
Quelle: Stadtarchiv Leipzig

[...]

Auf Ritters Vorschlag hin beschloss am 15. November 1926 der Siedlungsausschuss, die Frankfurter Wiesen westlich der verlängerten Marschnerstraße von der Bebauung freizuhalten. Die Flächen sollten ... für eine etwaige Weltausstellung zur Verfügung gehalten werden. Eine entsprechende Vorlage an den Stadtrat fand am 1. Juni 1927 dessen grundsätzliches Einverständnis mit der Maßgabe, umgehend einen Bebauungsplan aufzustellen und eine Vorlage über die Verwendung des Geländes zur Errichtung u.a. eines Stadions, der Stadthalle und eines Zirkus zu unterbreiten.

Übersichtsplan der Innenstadtprojekte

verschiedene Messe-Hotels 20er Jahre*

Messe-Hotel*

Hochhaus Vittorio Gregotti [1994]*

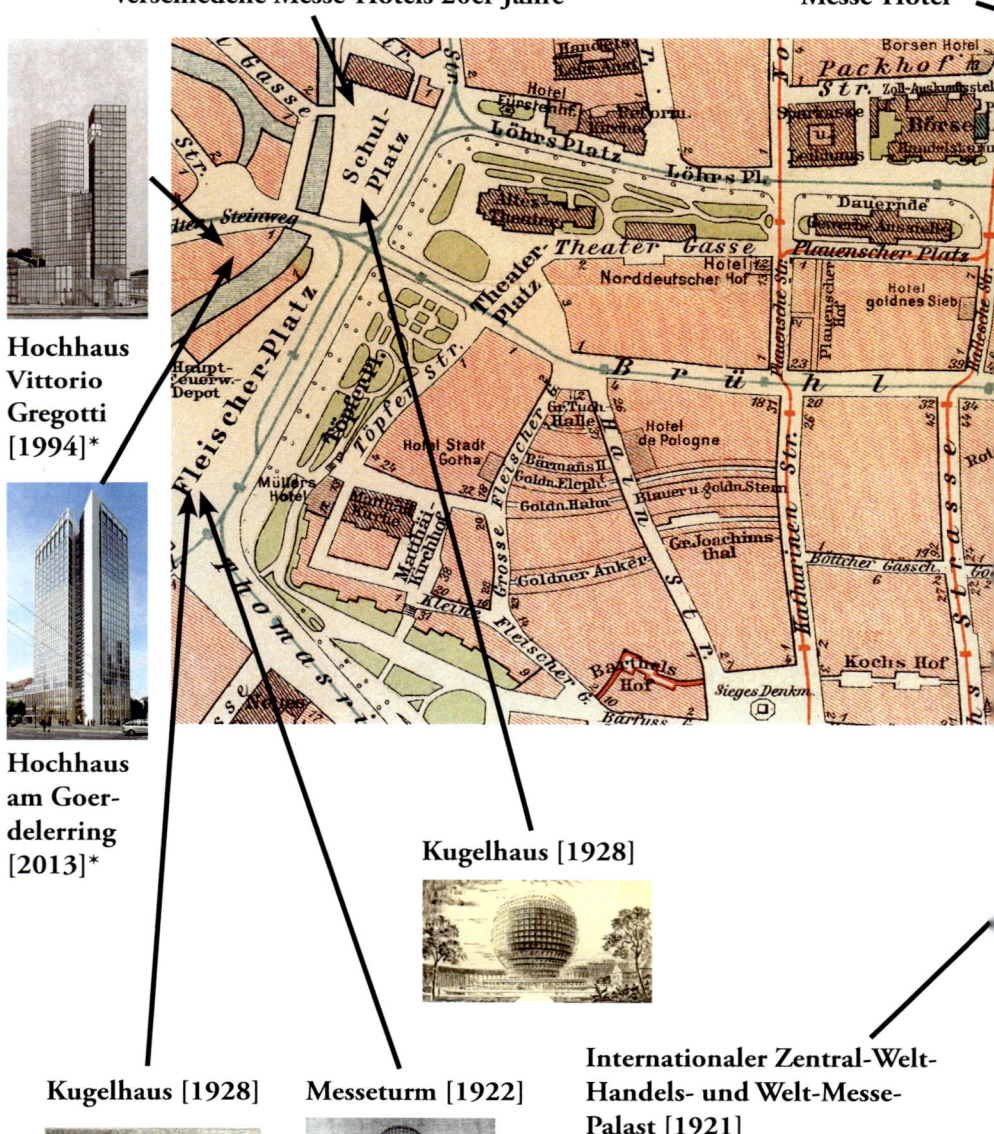

Hochhaus am Goerdelerring [2013]*

Kugelhaus [1928]

Kugelhaus [1928]

Messeturm [1922]

Internationaler Zentral-Welt-Handels- und Welt-Messe-Palast [1921]

Weltverkehrshafen [1928]

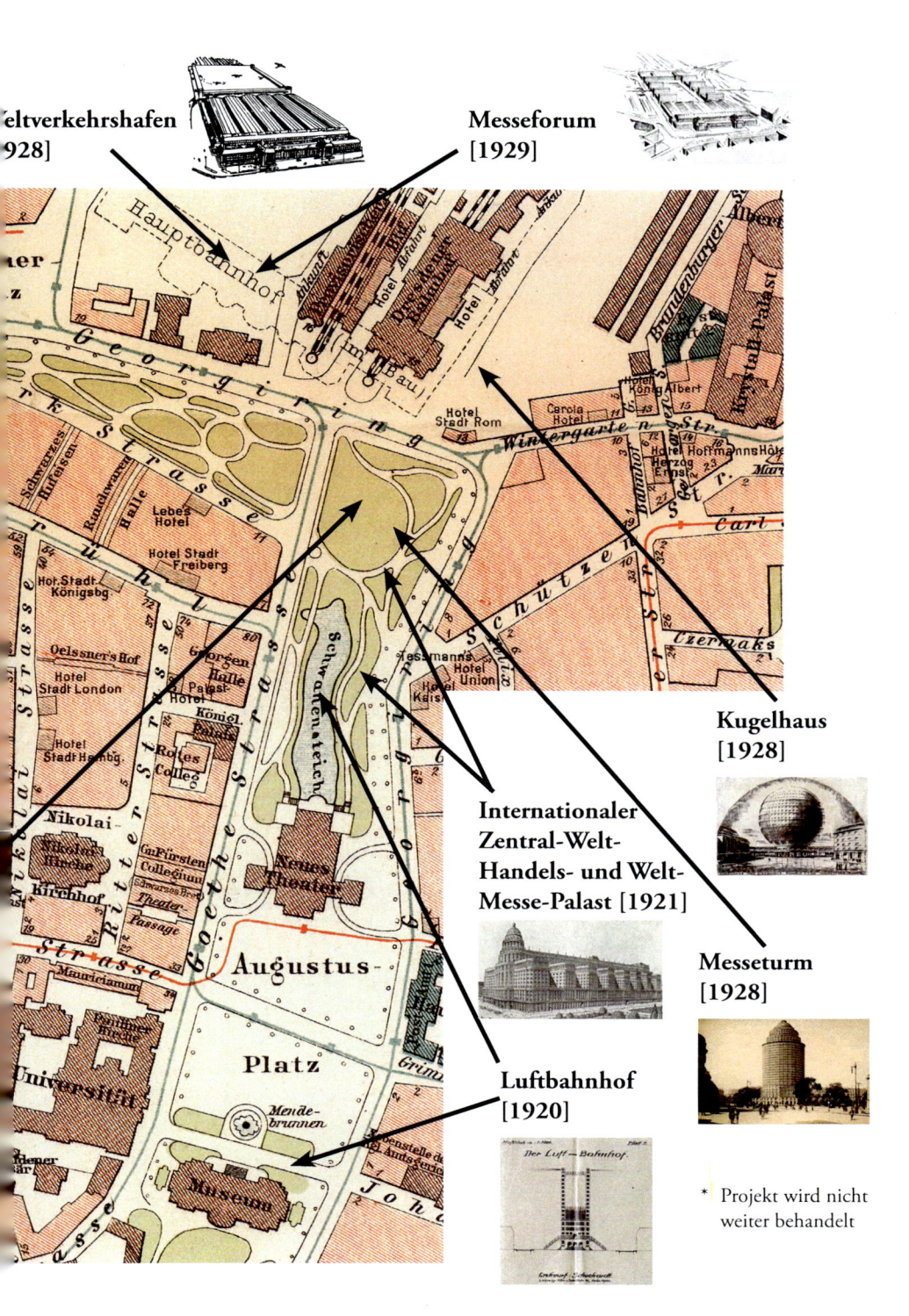

Messeforum [1929]

Kugelhaus [1928]

Internationaler Zentral-Welt-Handels- und Welt-Messe-Palast [1921]

Messeturm [1928]

Luftbahnhof [1920]

* Projekt wird nicht weiter behandelt

Luftbahnhof im Zentrum der Stadt

An den Rat der Stadt Leipzig   Dresden, den 6. September 1920
Bauamt

Da der Leipziger Geschäfts- und Messeverkehr sich fast nur im Stadtinnern abspielt, so ist es ein praktischer Gedanke, die Ankunfts- bez. Abfahrts-Station für Luftfahrzeuge im Herzen der Stadt zu legen. Gesellt sich in den nächsten Jahren zur Weltmustermesse noch ein Weltluftbahnhof, so wird die Stadt Leipzig mit einer solchen Einrichtung wiederum einen außergewöhnlichen Fremdenstrom und somit einen gewaltigen Messeerfolg zu verzeichnen haben.

Die Anordnung des Luftbahnhofes ist vom Rossplatz ausgehend über dem Augustusplatz sowie dem Schwanenteich bis zum Ende desselben gedacht, derart dass der Mittelbau – die Ankunft – sich auf dem Augustusplatz befindet ...

Die lichte Höhe der von dem Mittelbau aus nach zwei entgegen gesetzten Richtungen hin projektierten Terrassen ist mit 40 mtr bei 40 mtr Breite aufgenommen. Die Höhe der den Mittelbau charakterisierenden vier Ecktürme wird sich aus der möglichst in einer hohen Lage befindlichen Signalstation ergeben.

Projekt eines Luftbahnhofes im Zentrum der Stadt Leipzig

Projekt und Idee von Ernst Schuchardt, Ingenieur, Dresden. Im Auftrage eines Konsortiums

Die gegenwärtige Lage der Start- und Landungsplätze für Luftfahrzeuge kann nicht dazu beitragen, das Bedürfnis nach dem Luftverkehr zu erwecken. Wenn die direkte Fahrtdauer zum Beispiel zwischen Berlin und Leipzig zwar selbst nur ca. 1 Stunde beträgt, aber für den Verkehr von und nach den Flugplätzen viel Zeit notwendig ist, zumal die ausserhalb der Stadt und des Geschäftsverkehrs angeordneten Flugplätze für Handel und Industrie höchst

Maßstab ca.: 1:1000.   Blatt 2.

Der Luft—Bahnhof.

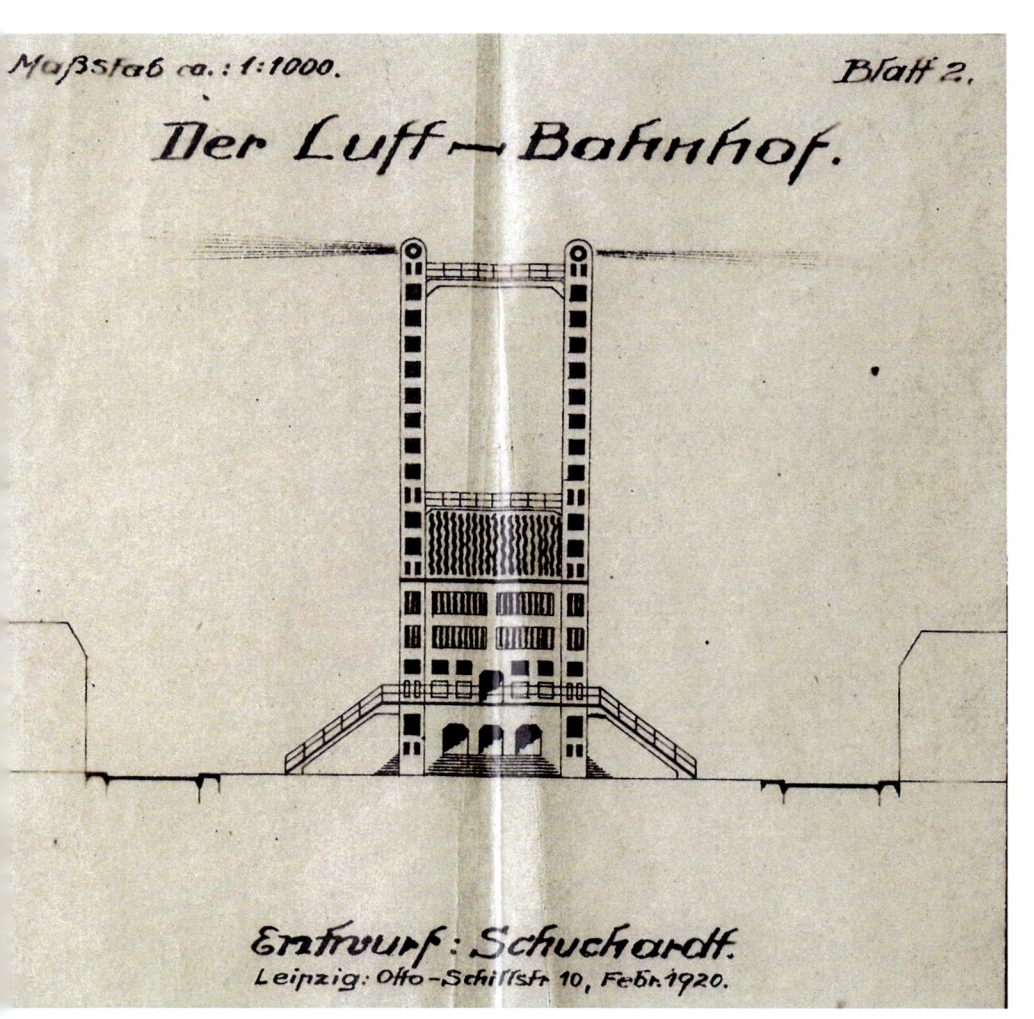

Entwurf: Schuchardt.
Leipzig: Otto-Schillstr. 10, Febr. 1920.

Mittelbau des Luft-Bahnhofes [1920]; Quelle: Stadtarchiv Leipzig

ungünstig liegen. Die Wege von und nach den Flugplätzen zeitraubend zurückgelegt werden müssen, also eine lange Fahrtdauer im Automobil oder Vorortzug beansprucht wird (Berlin-Johannesthal, Leipzig-Lindenthal). Deshalb ist es zur gemeinsamen Förderung des Luftverkehrs notwendig, die Ankunfts- und Abfahrtsstationen in die Zentren der Grossstädte zu verlegen, dieselben in geeigneter Ausführung innerhalb der Stadt als die modernsten Luftverkehrscentra-

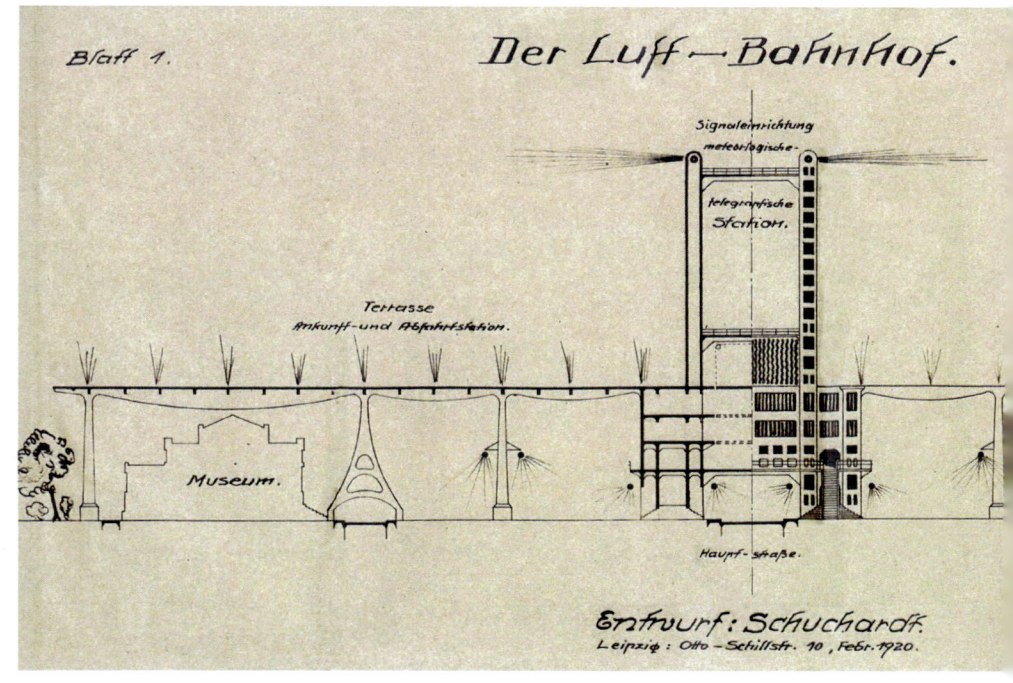

Der Luft-Bahnhof vom Museum (heute Gewandhaus) bis zum Schwanenteich [1920];
Quelle: Stadtarchiv Leipzig

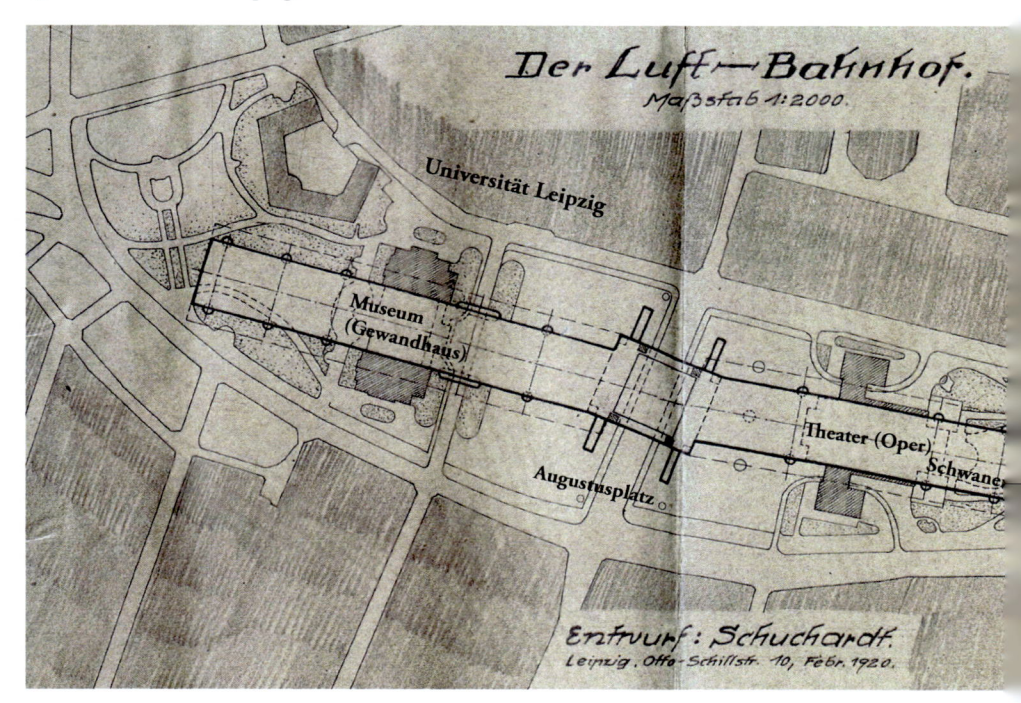

Maßstab ca.: 1:1000.

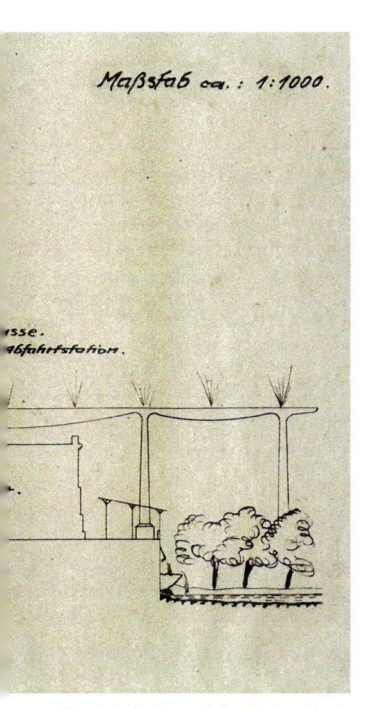

(Das Original wurde bearbeitet, damit es mit der unteren Abbildung bzgl. der Ausrichtung übereinstimmt.)

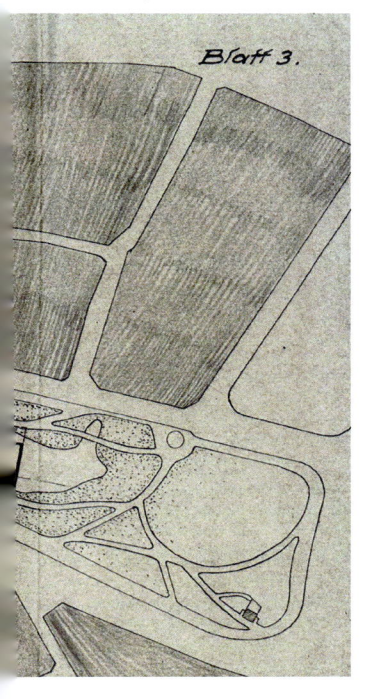

Blatt 3.

len zu gründen mit den Vorteilen, dass für den gesamten Staats-, Geschäfts- und Privatverkehr ein allseitig kurzer, gleichmässiger Zeitaufwand von und nach den Flugstationen erforderlich ist, folglich auf diese Weise die schnellste Personen- und Postbeförderung von Haus zu Haus der Städte möglich ist. Trotzdem haben die ausserhalb der Stadt gelegenen Flugplätze ihre volle Berechtigung als in „Endstation" für Flugzeug und Führer zur Übung und Ruhe. In Zukunft werden die Luftverkehrszentralen für ein modernes Grossstadtbild charakteristisch sein. Im Zentrum des gesamten Verkehrs, in welchem alle Fäden des telegrafischen Nachrichten- und Postwesens, alle Verkehrsadern zusammen laufen, der von allen Menschen am meisten gekreuzte Punkt, im Herzen der gesamten weiteren Industrie und bevölkerten Umgebung ragt der stolze, architektonisch künstlerische Bau in die Höhe. Die Luftverkehrszentrale, Start und Landungsstation, der „Luftbahnhof", welcher die im Auto, per pedes apostolorum ankommenden Passagiere am Fusse aufsaugt, in Fahrstühlen mit rasender Schnelligkeit in die riesenhafte Höhe der Abfahrtstationen jagt und von hieraus im Flugzeug mit dreimal grösserer Schnellzuggeschwindigkeit zu den fernsten in- und ausländischen Zielen befördert. Die Ankunft erfolgt auf einer um den Turm über die Höhe der Häuser angeordneten Terrasse. Von hier aus werden die angekommenen Passagiere wiederum mit Fahrstühlen in die Tiefe befördert und dem Verkehr der

Stadt übergeben. Die Flugzeuge kommen in die Abfahrtsstationen und beginnen ihre neue Fahrt, ihren weiteren Flug durch die Welt mit eiligen Menschen und eiliger Post.

Der hohe imposante Turm, welcher in seinem gewaltigen Äusseren die Luftverkehrszentrale weithin erkennen lässt, gliedert sich in drei Hauptteile, verbindet den am Fusse befindlichen Bahnhof mit den oberhalb angeordneten Ankunfts- bzw. Abfahrtsstationen und mit den im höchsten Punkte stationierten Signaleinrichtungen. Um die Aus- und Eingänge des Bahnhofes rauscht das weltstädtische Leben, während elektrische Bahnen, Equipagen und Automobile unter den Bahnhofsterrassen Passagiere an- und abfahren. Die aus der Bahnhofshalle heraustretenden Fremden verschwinden nicht in einer erdrückenden nahen Umgebung der Häuser, sondern geniessen einen ersten und guten Eindruck der Stadt, den die der Kunst und Wissenschaft errichteten Gebäude, Theater, Museen und Universität bereiten. Innerhalb der Bahnhofshalle sorgen schöne Läden für die Bedürfnisse einer langen oder kurzen Reise, ausserdem erneuern und erquicken Wartesäle mit Restaurationen, Friseurgeschäfte, Bade- und sanitäre Einrichtungen den Menschen vor und nach dem Fluge. Die in dem höchsten Punkte des Turmes geschaffenen Signaleinrichtungen sind das wachsame Auge der Grossstadt. Das strahlende Licht der Scheinwerfer leuchtet in dunklen Nächten weithin zum Grusse und als Ziel den ankommenden Luftfahrzeugen. Die meteorologische (sic!) und telegrafische Station warnt vor den Gefahren des Luftmeeres und übermittelt Nachrichten für die ganze Welt. Dann mahnt die Aussicht von einem so hohen Turme den Menschen an die unmöglichsten Gedanken und Träume für die Zukunft des Landes. Die weithin sichtbare Uhr gibt dem vorwärtsstrebenden menschlichen Geiste die Hoffnung auf eine frühe oder späte Erfüllung aller Wünsche. An dem Beispiele der Entwicklung des Eisenbahn- und Dampferverkehrs ist mit den günstigsten Annahmen für die Zukunft, auf einen grossartigen Aufschwung und einer grosszügigen welterobernden Entwicklung des Luftverkehrs und damit auf eine gute Wirtschaftlichkeit für die Luftverkehrs- sowie Luftbahnhofs-Gesellschaften zu rechnen.

Der Rat der Stadt Leipzig					22.9.1920

Der Gesuchsteller rechnet … mit einem außergewöhnlich starken Luftfahrtverkehre und – was die Hauptsache ist – mit einer nicht minder hohen Passagierzahl. Er verspricht sich ferner regste Benutzung aller sonstigen Einrichtungen des Luftbahnhofs als: Wartesäle mit Restaurationen, Friseurgeschäfte, Bade-Einrichtungen u. a. m.

Es würde also in erster Linie die regelmäßige An- und Abfahrt von Personenfuhrwerken am Mittelbau in Frage kommen, es wäre dort fernerhin das Ab- und Beladen von Lastfuhrwerken in Betracht zu ziehen, das der Betrieb und die Bewirtschaftung des Luftbahnhofes und aller seiner Nebeneinrichtungen mit sich bringen würde, dazu kommen noch die 8 Straßenbahnlinien, die über den Mittelweg des Augustusplatzes und um den Platz herum führen, schließlich der übrige ganz bedeutende Fahrverkehr zwischen Grimmaischer Straße und Grimmaischen Steinweg.

Für einen Fahrverkehr in solchem Umfange und mit solchen Schwierigkeiten reicht m. E. die Straße über den Augustusplatz, insbesondere am Mittelbau nicht aus …

Die glatte Abwickelung des Verkehrs namentlich am Mittelbau würde zum mindesten eine wesentliche Verbreiterung des Mittelwegs, am zweckmäßigsten um den Mittelbau herum bedingen. Solche oder ähnliche Veränderungen der Fahrstraße sind aber nicht ins Auge gefasst, ich kann daher auch der Genehmigung des Gesuchs nicht zustimmen.

Im übrigen aber bin ich der Meinung, daß die Entwickelung der Flugfahrzeugtechnik, namentlich in bezug auf Sicherheit, noch nicht so weit gediehen ist, daß ein Luftbahnhof, also die Abfahrt und besonders die Anfahrt von Luftfahrzeugen mit ihren großen Gefahren in nächster Nähe eines Großstadthauptbahnhofs unbedenklich über den verkehrsreichsten Teil einer Großstadt und noch dazu auf eine nur 40 m breite Terrasse verlegt werden kann.

Auch aus diesem Grunde kann ich mich für die Genehmigung des Luftbahnhofsbaues nicht aussprechen.

Welt-Mess-Hof Leipzig

2. Die Bauausführung
a) Baubeschreibung

Der Welt-Mess-Hof der Technik löst die Bauaufgabe, eine Vielheit in der Einheit zu schaffen, durch Anlage gedeckter kleinerer Höfe um einen großen offenen Hof herum. Die hofbildenden Baukörper schließen eine Rundgangverbindung untereinander in sich.

Die gebogenen Gänge der Ring- und Verbindungsbogenbauten bieten außer der Übersichtlichkeit auch noch einen künstlerischen Rahmen als bedeutendes Werbemittel für die Aussteller. Die gewährleistete durchsichtige Anordnung der Warenproben verbürgt ferner, daß die Mustermesse zur technisch vollendeten Durchführung gebracht wird ...

Für die Masse der Aussteller und Einkäufer ist die Verteilung und Unterbringung der Messeräume auf höchstens vier Geschosse Vorbedingung, da ein Höherliegen Verschwendung von Zeit und Kraft bedeutet. Die Einzel-Musterzellen haben eine derartige Fensteranordnung, daß auf Wunsch kleine Schreibräume und Kleiderablagen mit fließendem Zu- und Abwasser eingebaut werden können. Kleine Sprech- und Ruheräume stehen im Hochhaus gegen amtlich geregelte mäßige Preise zur Verfügung.

Die Schwer- und Fahrzeugindustrie erhält die entsprechend hohen, leicht zugänglichen ebenerdigen Hallen. Eine der Hallen mit Bühneneinrichtung kann zu großen Versammlungen, zu Vorträgen und Aufführungen, sowie als Messbörse dienen. Für die Kraftfahrzeuge sind die Verbindungsbogenbauten bestimmt, die nach beiden Seiten hin durchfahrbar sind und die erforderlichen Einrichtungen und Werkstätten bergen.

Die zukunftsreiche Flugtechnik erhält den hochgelegenen Malplatz in Verbindung mit Wetterwarte und Funksprechdienst. Eine 10 x 20 große Fahrbühne ermöglicht das Unterbringen einzelner Schnellflugzeuge des Hausdienstes in dem Flughafen, der im obersten Geschoss liegt.

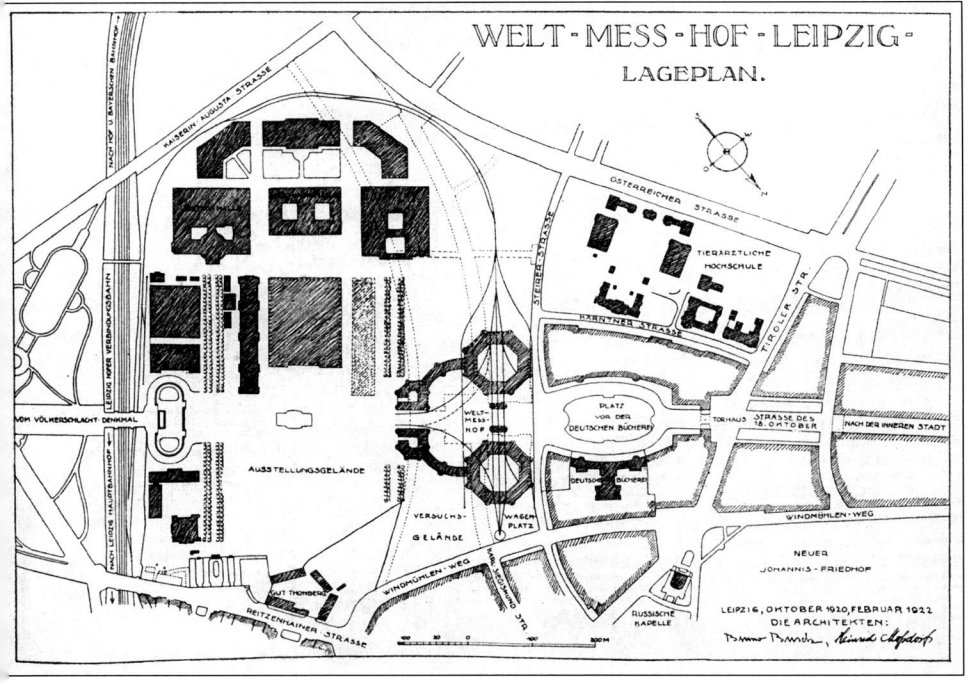

Welt-Mess-Hof Lageplan (oben) und Vogelschau Richtung Deutscher Platz (unten) [1920];
Quelle: Staatsarchiv Leipzig

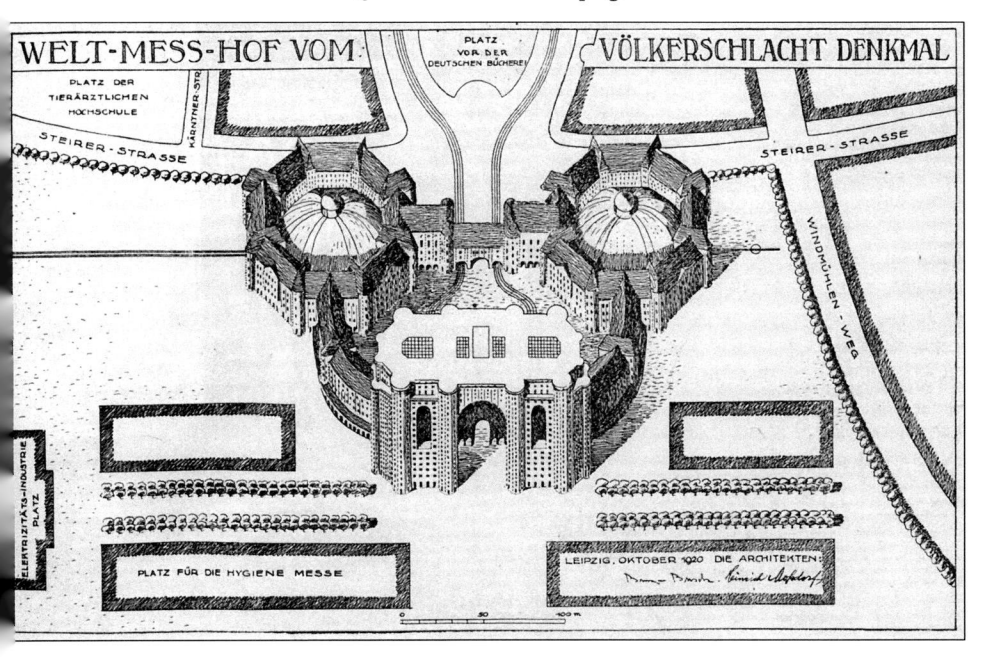

Indem der tragende Unterbau des auf Erfahrungsmassen beruhenden Flugplatzes durch Gastwirtschafts-, Gasthofs-, Ruhe-, Wohn-, Verwaltungs-, Ausstellungs- und Werkräume ausgenutzt wird, führt das Bedürfnis in natürlicher Entwickelung ohne Künstelei zum werbekräftigen Hochhaus, das die unerschütterliche Lebensfähigkeit und Aufstiegskraft der deutschen Messe aller Welt eindringlich verkündet.

Dadurch, daß ein ganzes Geschoss als Wohnungen für Angestellte eingerichtet wird, trägt der Welt-Mess-Hof nicht unwesentlich zur Behebung der volkswirtschaftlich drückenden Wohnungsnot bei.

Die Verfrachtung der Güter geschieht durch Einfahren der Eisenbahnwagen in und durch die Gebäude und Hallen hindurch, wo Hebemaschinen und Krane für schnelles und geordnetes Entladen, Aufstellen und Abbauen sorgen, was für die Muster der oberen Geschosse genügend viel Aufzüge und Lagerräume besorgen. Die Geleise und Laderampen sind auf Leistung höchster Beanspruchung berechnet.

[…]

Lastaufzüge und Fahrstühle vermitteln die Verbindung unter den Geschossen und schnelle Durchgangsverbindung. Desgleichen auch Treppen, die nach den Außenseiten und nicht nach den Binnenhöfen zu angeordnet worden sind ... Das Dach des Hochhauses ist als Flugplatz natürlich flach, nur mit Berücksichtigung des Gefälles für Entwässerung.

Da es sich nicht mehr um Warenstapel, sondern um eine Musterschau handelt, hat sich der „Messhof" derart in die Breite entwickelt, daß er überallhin einer Fülle von Licht Zutritt lässt. Ein enger Lichthof, der diesem Erfordernis nicht reichlich nachkommt, würde den Entwickelungsgedanken des „Hofes" völlig verkennen ...

Außer den Posträumen sind noch Konsulate, größere und kleinere Sitzungssäle, Schreibzimmer, Ruheräume, sowie Lichtspielräume für Technik und Unterhaltung vorhanden. Weitere Erfrischungsräume, Fernsprechämter und die sonst üblichen erforderlichen Räumlichkeiten werden in den Geschossen nach erfahrungsgemäßer Art verteilt. Weiträumige Wagen- und Auto-Abstellhallen werden im ersten Kellergeschoss durch Rampen zugänglich gemacht.

Welt-Mess-Hof Vogelschau [1920] Straße des 18. Oktober bis Völkerschlachtdenkmal; Quelle: Staatsarchiv Leipzig

Die Ausführung erfolgt selbstverständlich in massiver feuersicherer Bauweise ...

Das baukünstlerische Gepräge muss aus Sparsamkeitsgründen nur durch eindrucksvolle Gliederung der Massen und Umrisse erzielt werden, während in den Einzelheiten eine der Zeit entsprechende Schlichtheit, veredelt durch dauerhafte Baustoffe und durch Ausführung höchster Güte zu walten hat. Mit Rücksicht auf das landschaftlich überaus reizvolle Gelände und im Anschluss an die bereits geplante Straßenführung und Bebauungsart zeigt sich das Hochhaus als breitgelagerter Torturm, der sich als beherrschender Teil des Messhofes in der Flucht der Hauptzugangsstraßen städtebaulich einfügt: als neuer Auftakt zum geschichtlichen Völkerschlachtdenkmal, als Wahrzeichen der deutschen Technik und der Leipziger Messe!

**Logo des Welt-Mess-Hofes [1920];
Quelle: Staatsarchiv Leipzig**

Ein Wolkenkratzermeßpalast

Das in der Abbildung gebrachte, auf der Baumesse zur Ausstellung skizzenhaft dargestellte Wolkenkratzerprojekt des Bauanwalts vom Berg, Leipzig, Dittrichring 3 pt., erreicht bei 16 Stockwerken und einer verfügbaren Bauplatzgröße von nur 1 400 qm, deren Erwerbskosten verhältnismäßig billig und jetzige Benutzungsmöglichkeit gering ist, eine Ausstellungsfläche von ca. 9 000 qm; um die gleiche Ausnutzungsfläche zu erzielen, müßte der Bauplatz bei normaler Bebauung viermal größer sein. Außerdem werden noch 3 000 qm für Lagerzwecke in den Kellerräumen gewonnen. Die Bau- und Grundstückskosten bedingen nach dem heutigen Stand der Preise einen Kostenaufwand von 12-13 Mill. Mark. Bei dem hohen Stand der Preise für Meßzwecke ergibt sich noch eine Verzinsung von 10 Proz. Das Gebäude ist in allen Teilen in Eisenbeton gedacht. Zu ebener Erde zieht sich um das Gebäude ein Laubengang. Durch eine Säulenhalle gelangt man zum Haupteingang des Gebäudes. Nach Durchschreiten der zur besseren Entleerung nach drei Seiten verteilten Zu- und Ausgänge gelangt man in eine durch zwei Stockwerke gehende große kreisförmige Halle, der nach den Straßenseiten zu Läden vorgelagert sind. Von hier aus stellen außer drei Treppen neun Personen- und Lastaufzüge die Verbindung mit den oberen Stockwerken her. Die Ausstellungsräume gehen in jedem Stockwerke in ganzer Breite durch und sind durch Kojen und kleine Stände zweckentsprechend geteilt gedacht.

Durch Zusammenfassen der Branchen, kurze Wege und Übersichtlichkeit bietet sich ohne Zeitverlust die schnellste Orientierungsmöglichkeit für Käufer.

Das Gebäude soll am Roßplatz entstehen; mit der Bauausführung soll nach Erledigung der umfangreichen Vorarbeiten und zeitraubenden behördlichen Verhandlungen und Genehmigungen begonnen werden.

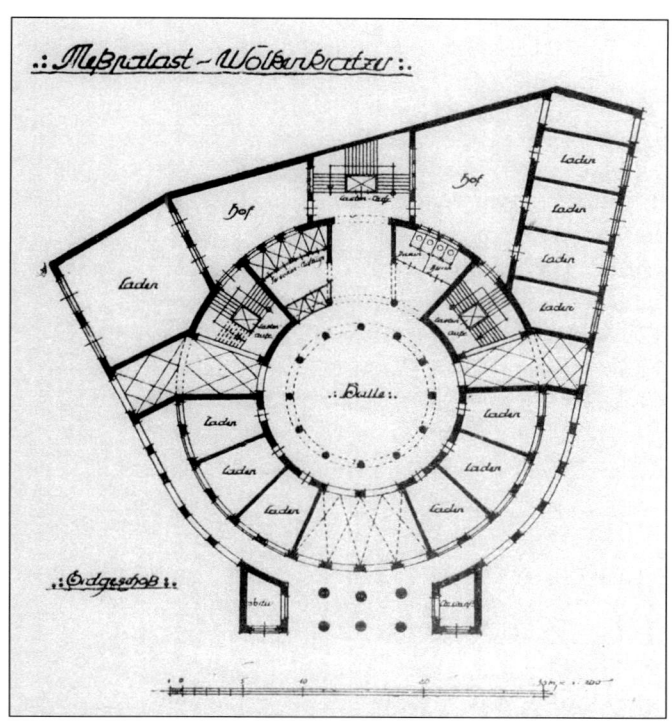

Wolkenkratzermeßpalast Erdgeschoß [1920];
Quelle: Der Leipziger, 1920 Heft 22, Universitätsbibliothek Leipzig (Dt.Zs.442-na)

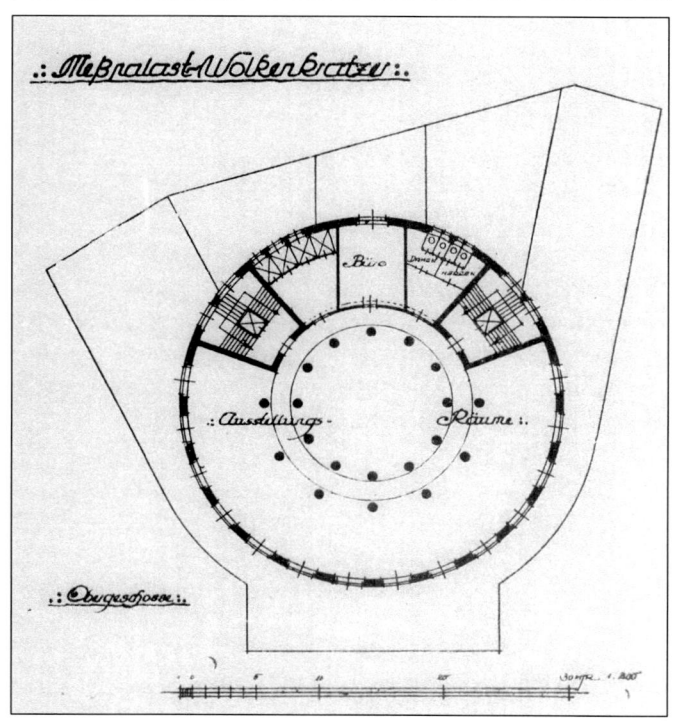

Wolkenkratzermeßpalast Obergeschoß;
Quelle: Der Leipziger, 1920 Heft 22, Universitätsbibliothek Leipzig (Dt.Zs.442-na)

Wolkenkratzermeßpalast auf dem Platz des Panoramas (Roßplatz) [1920];
Quelle: Der Leipziger, 1920 Heft 22, Universitätsbibliothek Leipzig (Dt.Zs.442-na)

Flachbauten und Hochbauten –
Ein 30-stöckiges Meßhaus für Leipzig

Um dem dringenden Bedarf an Meßräumen abzuhelfen, sah sich das Meßamt für die Mustermessen veranlaßt, an einigen öffentlichen Plätzen im Stadtinnern Flachbauten als einstweilige Hallen für Meßzwecke zu errichten, die unter den obwaltenden Umständen derzeit hohe Herstellungs- und später Abbruchkosten verursachen. Die Verlegung eines Teils der Technischen Messe in die Hallenbauten auf dem Gelände der Iba, wie auch deren zeitliche Trennung von der allgemeinen Mustermesse, darf ebenfalls als Notbehelf betrachtet werden. Daß die Hallen-Flachbauten nicht allen verwöhnten Ansprüchen der Neuzeit gerecht werden können, wird unter den gegebenen derzeitigen wirtschaftlichen Verhältnissen gern in Kauf genommen, obwohl die für Rettungs- und Sicherheitszwecke vorteilhafte Anordnung von zur ebenen Erde liegenden Räumen keineswegs zu verkennen ist.

Im Gegensatz zu den Flachbauten stehen die Hochbauten, die, mit allen Errungenschaften der neuzeitlichen Baukunst ausgestattet, einerseits die Ausnutzung der Grund- und Bodenflächen gestatten, anderseits Baulichkeiten von dauerndem Wert darstellen und Räume bieten, die in hygienischer und technischer Hinsicht, wie in bezug auf die Ansprüche des modernen Kaufmannes nichts zu wünschen übrig lassen. Bei der fortwährenden Steigerung der Arbeitslöhne, Rohstoff- und Bodenpreise, alles in allem genommen eine Folge der ungelösten Valuta- und Kohlenfrage, ist es an der Zeit, mit den veralteten baugesetzlichen Bestimmungen hinsichtlich der zulässigen Bauhöhe zu brechen, und erforderlichenfalls bei Hochbauten für Geschäfts- und Meßzwecke oder dergleichen eine mehrfache als die bisher zulässige und übliche Stockwerkzahl zu gestatten, so daß auch der Boden mehrfach ausgenützt werden könnte. Etwas Ungesetzliches anzustreben, ist nicht zu verurteilen, wenn Not und Mut ehrliche Veranlassung hierzu geben.

[...]

Auf der einen Seite also Hochbauten für Geschäfts- und Messezwecke oder dergleichen, auf der anderen Flachbauten für Wohn-

Messeturm [1920]; Quelle: Archiv Günter Clemens

zwecke. Aus diesen Erwägungen heraus, und von der Notwendigkeit der Errichtung eines großzügigen Meßhauses geleitet, hat der einheimische Dipl-Ing. Haimovici, unter künstlerischer Mitwirkung des Architekten Baurat R. Tschammer einer Anregung des Herrn Ratsbaudirektors Ruster folgend, einen Vorentwurf zu einem 30-stöckigen „Handelsbau Leipziger Messe-Turm" ausgearbeitet, der im ersten Märzheft der Festnummer „Die Leipziger Mustermesse" in Wort und Bild des näheren erläutert wird.

[...]

Ein bestimmter Bauplatz ist noch nicht gewählt, jedoch sind in Aussicht genommen entweder der Fleischerplatz, der Platz am Bayerischen Bahnhof, der Platz am Schwanenteich hinter dem Neuen Theater (als am geeignetsten in der Museums- und Theaterachse, schräg gegenüber dem Hauptbahnhof) oder andere geeignete Plätze bzw. andere öffentliche Anlagen, z.B. hinter dem Johannisplatz u. a. m. ...

Der Turm soll in erster Linie zum Wahrzeichen Leipzigs als Messestadt dienen und dadurch die Einheitlichkeit und Konzentrierung der in jüngster Zeit herrschenden Bestrebungen einer Zersplitterung der Messe wieder herbeiführen. Die für unsere deutschen Bauverhältnisse, von hohen Aussichts-, Denkmals-, Kirch- und Wassertürmen oder dergleichen abgesehen, neuartige Errichtung eines dreißigstöckigen Gebäudes, welches nur 3 bis 4mal jährlich während je einer Woche in Betrieb genommen werden soll, ist in den Überseeländern bereits mit doppelt so vielen Stockwerken als sogenannte Wolkenkratzer, und zwar für ständigen Betrieb, wiederholt ausgeführt worden. Was dort möglich ist, sollte doch auch bei uns zu ermöglichen sein, um so mehr, als doch einem dringenden Bedarf an Meßräumen in nicht zu großer Entfernung vom Stadtinnern entsprochen wird.

Der Leipziger Messeturm

Ehe noch das Jahr 1921 zu Ende ging, faßte der Rat einen Beschluß von weittragender Bedeutung, der zugleich eine Überraschung für die Einwohnerschaft Leipzigs bedeutete. – Der Beschluß ging, wie man schon in einem Teile der Sonntagsnummer unseres Blattes gemeldet, dahin, für die Errichtung eines Messeturmes den Platz am Fleischerplatz, gegenüber dem Alten Theater, da, wo jetzt das Hahnemann-Denkmal steht, in Aussicht zu nehmen. Die Errichtung eines Messeturmes an dieser Stelle bedingt eine völlige Verlegung der angrenzenden Straßen und der Anlagen. Wenn die Kosten hierfür von den Unternehmern getragen und wenn die Mittel sichergestellt werden, die zur Errichtung des Bauwerkes nötig sind, soll das Gelände auf 99 Jahre in Erbpacht gegen einen angemessenen Erbpachtzins überlassen werden. Zu dem Beschluß ist noch die Zustimmung der Stadtverordneten einzuholen.

Der Rat hat mit diesem Beschlusse die seit einigen Jahren die Gemüter Leipzigs erregende Frage der Erbauung eines Meßhauses in großartigstem Stile in gewissem Sinne zum Abschluß gebracht. Denn es kann selbstverständlich nicht daran gedacht werden, neben der Erbauung eines gewaltigen Messeturmes noch auf eines der anderen Projekte zuzukommen.

Es ist unseren Lesern bekannt, daß der vom Diplom-Ingenieur Heimovici entworfene und in Gemeinschaft mit den Architekten Baurat Tschammer und Caroli in seinen Einzelheiten ausgearbeitete „Messeturm" das ursprüngliche Projekt ist, das sich – so darf man wohl sagen – beim Publikum von Anfang an großer Sympathien erfreute ...

Über den Entwurf sei folgendes mitgeteilt:
Der hochaufragende Bau zeigt sich in seinem Äußern als ein vieleckiger, fast runder Turm von 30 Stockwerken, dessen obere Aufsätze eine mächtige Glaskuppel krönt. Der Schaft des Turmes hat einen Durchmesser von 60 Metern; durch Vorbauten wird seine Basis auf etwa 70 Meter verbreitert. Der ganze Bau stellt sich dar als

eine Vereinigung von sechs Häusern mit wechselweise verschieden hoch liegenden Stockwerken über gemeinsamer Grundfläche. Vier große Durchfahrten dienen dem Wagenverkehr und damit der Heranführung der Güter. Die Durchfahrten münden in den großen Hof, dessen Durchmesser 27 Meter beträgt und der sein Licht durch die Glaskuppel des Turmes erhält. Auf acht großen Warenaufzügen können die Meßgüter von den Durchfahrten aus direkt in die verschiedenen Stockwerke befördert werden. Die Größe dieser Warenaufzüge entspricht den Riesendimensionen des Baues. Für den Personenverkehr ist ein vollkommen neues System erdacht worden: es werden Fernfahrstühle und Nahfahrstühle eingerichtet werden. Die Fernfahrstühle, etwa zwölf an der Zahl, bedienen nur bestimmte, gleichweit voneinander liegende Geschosse, während sie die übrigen, ohne anzuhalten, durchfahren. Sie gleichen also den Eil- oder D-Zügen, die nur auf den großen Stationen halten, und die Kulminationspunkte des Verkehrs im Hause werden damit schnellstens erreicht. Den Verkehr der Stockwerke untereinander vermitteln die Nahfahrstühle, die je eine Gruppe übereinanderliegender Stockwerke bedienen. Selbstverständlich sind außer diesen Fahrstühlen auch die erforderlichen Treppen vorgesehen.

Der Frage der Feuersicherheit des ganzen Baues ist die größte Aufmerksamkeit gewidmet worden. Die sechs Teile des gesamten Turmes sind in feuersicherheitlicher Hinsicht hermetisch voneinander abgeschlossen. Im Falle höchster Gefahr können sich die Anwesenden durch schleusenartige Treppen in einen besonderen Feuerturm retten und das Freie erreichen.

Die Anordnung der Ausstellungsräume soll in praktischer Weise erfolgen. Alle hauptsächlichen Räume liegen nach der Straße zu, ein Rundgang vermittelt in jedem Geschoß den Verkehr zwischen den Räumen. Insgesamt sollen die 30 Obergeschosse 30000 Quadratmeter Ausstellungsfläche bieten, die Rundgänge umfassen 14500 Quadratmeter mit 4500 laufenden Meter Wandplätzen. Der ganze Bau dürfte etwa 4000 Meßausstellern Unterkommen geben.

Über die Verwendung der Räumlichkeiten in der verbreiterten Basis des Turmes sind bestimmte Beschlüsse noch nicht gefaßt; je-

Rich. Wagner Platz 1   Töpferstr. 1   LG Feuervers. Anst.   LG Lebensvers.   Fleischerplatz

Entwurf für einen Messeturm am Fleischerplatz [1922]; Quelle: Stadtarchiv Leipzig

denfalls werden Räume für ein größeres Restaurant und Café vorgesehen, vielleicht denkt man auch an die Einrichtung eines Hotels. Behörden oder sonstige amtliche Stellen könnten ebenfalls hier untergebracht werden. Die gesamte Höhe des Baues wird vom Erdboden bis zur Kuppel 126 Meter betragen; der Messeturm wird also noch um 20 Meter die Spitze unseres Rathauses überragen.
[…]

Handelsbau Leipziger Messeturm – Entwurfs-Verfasser: Dipl. Ing. Haimovici, Leipzig
Künstlerischer Mitarbeiter: Architekten Baurat Tschammer und Caroli, Leipzig [1922];
Quelle: Stadtarchiv Leipzig

Über den für den Messeturm in Aussicht genommenen Platz sei folgendes mitgeteilt: Der Turm soll errichtet werden in den Promenadenanlagen, die sich vom Hahnemann-Denkmal in Richtung nach dem für das Richard-Wagner-Denkmal in Aussicht genommenen Standort hinziehen. Die dortige Fahrstraße wird nach dem Feuerwehrdepot zu verlegt, und um den Turm herum werden Grünanlagen […] geschaffen. Es läßt sich annehmen, daß der Turm an der für ihn ausgewählten Stelle von einer städtebaulich guten Wirkung sein wird.

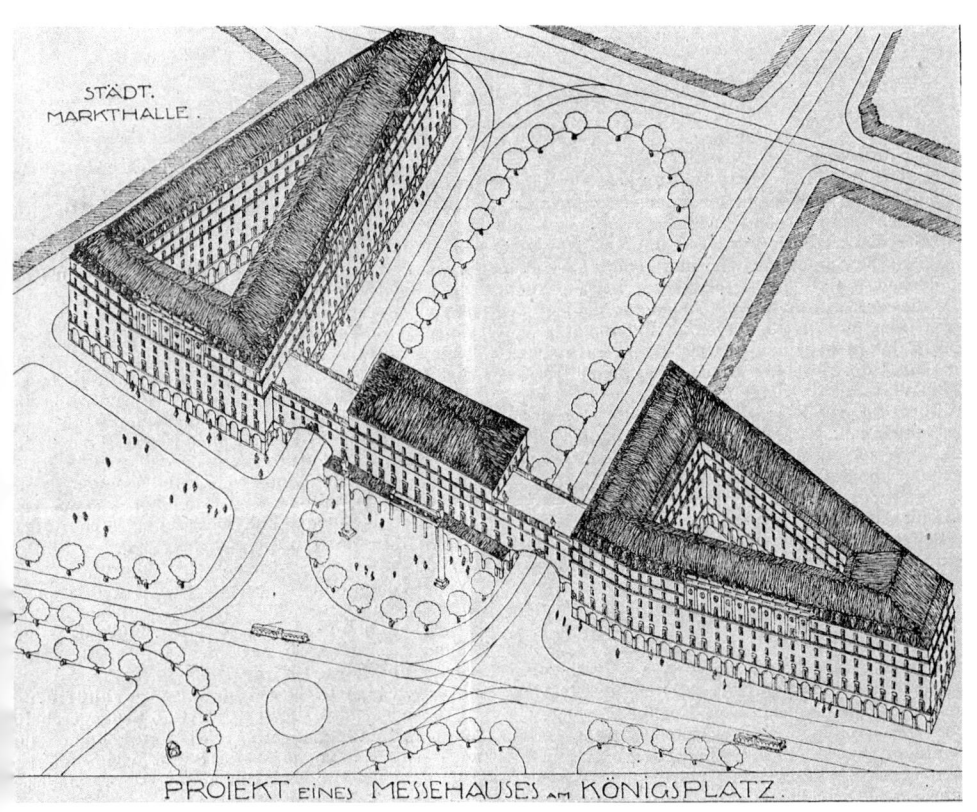

Schrägansicht des geplanten Messehauses am Königsplatz (heute: Wilhelm-Leuschner-Platz); Quelle: Stadtarchiv Leipzig

Erläuterungen des Bauprojektes Königsplatz

Dr. Max Kuhn

Das Projekt umfaßt drei Hauptteile: ein neues Meßhaus auf dem freien Nordende des Königsplatzes und je einen großen Meßpalast westlich und östlich des Platzes. Diese Hauptteile sind nacheinander zu erbauen: Mittelteil bis Ostermesse 1923, Westteil bis 1925, Ostteil 1927. Die Vollendung des ersten Bauteiles gibt sofort Raum zur Aufnahme der Ladengeschäfte des zweiten und dritten Bauteiles während deren Abbruch und Neubau. Ersatz für die Wohnungen und Büros im Westteil ist 1923, für die im Ostteil 1925 bereitzustellen.

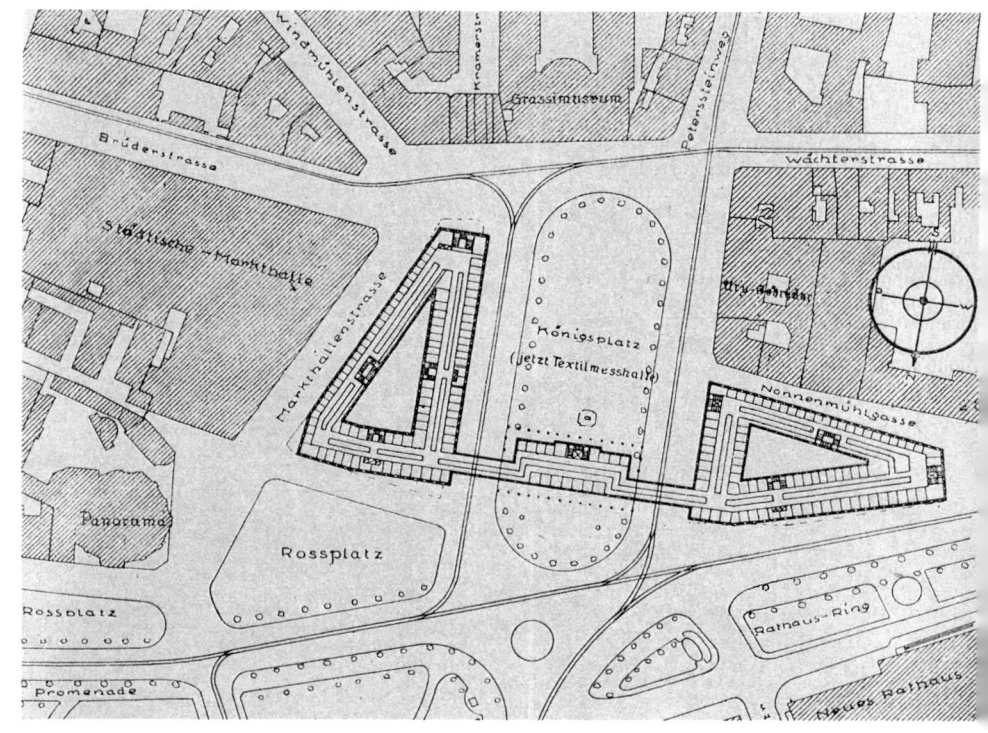

**Grundriss des geplanten Messehauses am Königsplatz (heute: Wilhelm-Leuschner-Platz);
Quelle: Stadtarchiv Leipzig**

Die Gesamtanlage ergibt rund 30 000 qm reine Mietausstellungsfläche. Nach der Formel: Mietanspruch auf 1 qm gegen einen Anteil von 1 500 M. würden von seiten der Aussteller allein 45 Mill. M. Baukapital zu schaffen sein. Bei einem Mietpreis von 200 M. pro Jahr und Quadratmeter ergeben die Meßmieten 6 Mill. M. jährlich. Aus den Ladenmieten für Erdgeschoß und Keller sind mindestens 3 Mill. M. zu erzielen. Eine annähernde Kostenschätzung ist erst auf Grund genauer Durcharbeitung des Projektes möglich.

Jeder der Seitenblocks ist geräumig genug, um sämtliche Meß-Baracken und Hallen, die heute in Alt-Leipzig und Gohlis existieren, zu ersetzen.

Die Hauptgebäude sind durch eine Überbrückung der Straßen verbunden. Hierdurch wird städtebaulich und messetechnisch eine einheitliche Anlage geschaffen.

Der Leipziger Milliarden-Bau
Der große Internationale Zentral-Welt-Handels- und Welt-Messe-Palast

Ein dringend notwendiges volkswirtschaftliches Riesenwerk als Gradmesser deutschen Unternehmungs-Geistes

Als Monumental-Handelswarte der Bau des Jahrhunderts

War vor Kriegsausbruch jedes Volk auf bescheidene, normale und stufenweise Entwicklung eingestellt, so zeigt uns die Gegenwart, daß von dieser Bescheidenheit nichts mehr zu verspüren ist. Ein nervöses Hasten und Drängen hat alle Völker befallen, daneben aber macht sich der „Zug ins Große" recht unangenehm bemerkbar. Die Welt wird regiert von der Milliardenpsychose und jeder trachtet darnach, von dem entstandenen Milliardensegen den denkbar größten Teil zu erraffen.

Ein allgemeiner Expansionsdrang hat die ganze Welt ergriffen. Der Gedanke, die Versäumnisse seit Kriegsbeginn und alle unmittelbar dadurch erlittenen Verluste wieder wettzumachen, hat derartig an Ausdehnung zugenommen, daß unter der Sucht, möglichst viel zu verdienen, jede andere Neigung verstummt.

Ein Gradmesser aber dafür, wie der internationale Handel nach Betätigung sucht, ist das Wachstum des Messe-Konkurrenzgedankens in allen Ländern, die als Handelsmetropolen Anspruch auf Weltgeltung erheben.

[…]

Die überragende Bedeutung der vier Jahrhunderte alten Mustermessen in Leipzig hat einen scharfen Wettbewerb geschaffen.

[…]

Aber trotz des zunehmenden internationalen Messe-Wettbewerbs hat die Leipziger Messe beständig eine gewaltig zunehmende Frequenz zu verzeichnen.

[…]

Wie sehr auch der Rat der Stadt Leipzig und das Messeamt, sowie private Kreise, bemüht sind, durch Notbauten und Umbau von

Wohn- und Geschäftshäusern zu Messehäusern den steigenden Bedürfnissen abzuhelfen, so müssen doch viele Tausende wegen gänzlichen Platzmangels von einer Messeausstellung in Leipzig ausgeschlossen bleiben.

Die Notbauten, in Gestalt von Baracken auf öffentlichen Plätzen, und Belegung von Sälen und Schulen, sowie Umbauten ... in von Messezentrum abseits gelegenen Wohnvierteln, brachten eine ungeheuerliche Zersplitterung der Leipziger Mustermessen mit sich.

[...]

In Erkenntnis dieser Notwendigkeit ... haben weitblickende Männer den Entschluß gefaßt, durch einen allumfassenden zeitgemäßen Bau, den „Internationalen Zentral-Welt-Handels- und Welt-Messe-Palast", für überdauernde Zeiten eine Universal-Weltmesse-Konzentration in Leipzig zu verankern und durch die Schaffung einer zentralen Handelswarte einen volkswirtschaftlichen Stützpunkt für Stadt, Staat und Reich zu begründen und somit den entscheidenden Wendepunkt in der Geschichte der deutschen Weltmesse durch diese größte und nützlichste Handels-Metropole für alle Völker der Welt herbeizuführen.

[...]

Mit unbeugsamer Vermessenheit strecken wir unsere Hände aus nach einem Altleipziger „geheiligten" Ort, dem ... Schwanenteichgelände. Und darob erhebt sich starker Widerspruch aus den Kreisen schwärmerischer Romantiker, die dem bisher in Versunkenheit dahin geträumten Schwanenteich plötzlich ein poesiegeschwelltes Gedenken widmen und in Erinnerung seines hygienischen Daseinszweckes so sachverständig von einer „Lunge der Stadt" als Grün- und Baumanlage sprechen können.

Aber in gleichem Atem opfern diese Historienphilister und Gesundheitsapostel den herrlichen Rabensteinplatz für ein Museumsprojekt, ein Anlagengelände, dessen idyllische Ruhe mit dem lärmumtobten Schwanenteich im hellsten Kontraste steht.

Doch: „Auch euch reißt's fort, die ihr den Fortschritt haßt!" – Wer heute einen alten Kupferstich von Leipzig zur Hand nimmt, der wird feststellen müssen, daß unzählige historische und romantische

ANSICHT VOM AUGUSTUS-PLATZ MIT „NEUEM THEATER"

Internationaler Zentral-Welt-Handels- und Welt-Messe-Palast in Leipzig [1921]; Quelle: Stadtgeschichtliches Museum Leipzig

Fleckchen dem Zug der Zeit geopfert worden sind. Und wäre dem nicht so gewesen, Leipzig wäre nicht die Weltmessestadt, um deren Existenz der Kampf geführt wird.

[...]

Es wäre grenzenloser Egoismus, wenn man der Nachwelt ein Stück Rasen mit Bäumen und einen fontänenverstopften Teich erhalten, ihr aber ein überragendes volkswirtschaftliches Riesenwerk versagen will, nur weil der eigene Gedankengang nicht mehr über die nötige Elastizität verfügt, das Epochale mit kühnem Entschluß anzuerkennen.

[...]

Der Internationale Zentral-Welthandels- und Weltmesse-Palast ist geplant als erstes deutsches Hochhaus in einer Länge von ca. 280 m und einer Breite von ca. 96 m. Seine Höhe soll 15 Stockwerke (bis zur Turmspitze ca. 80 m) betragen. An der Stirnseite krönt eine Kuppel den gewaltigen, mit architektonischen Feinheiten geplanten Bau.

Das heutige Gelände mit geplantem Untergrundbahnhof umfaßt ca. 32 500 qm vermietbare Räume, hiervon ca. 120 000 qm vermietbare Bodenfläche nebst 22 000 lfd. m Meßständen und ca. 100 000 qm Wand- und Deckenflächen für jeglichen Ausstellungszweck.

Ca. 20 000 Aussteller aller Branchen finden hier Platz.

Außerhalb der Messen ist Raum geschaffen für 1 000 Geschäftsläden, 4 000 Büroräume, 2 000 Hotel- und Badezimmer, je 2 Börsen-, Konferenz-, Kino-, Theater- und Fest-Säle, 64 Vereins-Salons und Klub-Zimmer, Garagen für 500 Autos mit Ausstellung, ca. 40 000 qm Engros-Markthallen, Kühlräume und Waren-Speicher, eigene Licht- und Kraftanlagen, Zentral-Heizung, Zentral-Funkenstation, Zentral-Sternwarte. 25 000 qm Sport- und Erholungs-Terrassen, Schwimmbassins, dazu im ganzen Gebäude an den Bedarfsstellen Restaurants, Cafés. Ein eigenes Postamt wird vorhanden sein, sowie eine ausgedehnte Fernsprechzentrale. Sämtliche behördliche Einrichtungen, soweit sie auf Welthandel und Weltmesse Einfluß haben, sollen in dem Bau eine möglichste Zentralisation finden.

Ein Spaziergang

Für den Leser [der Denkschrift]... ist es angebracht, in kurzen Umrissen einen Führer durch den Riesenbau zu zeichnen, und durch eine Wanderung im Geiste, innerhalb des Palastes einen geschlossenen Gesamteindruck über unser gigantisches Riesenwerk zu gewinnen.

Wir beginnen mit dem Moment, da der Palast-Besucher Europas größten Bahnhof verläßt. Sofort wird sein Blick gefesselt, indem zur linken Hand – südostwärts – in langgestreckter Front der Monumentalbau des Internationalen Zentral-Welt-Handels- und Welt-Messe-Palastes kuppelgekrönt hochragt in das azurblaue Himmelsgewölbe. Gebannt haftet der Blick auf dem wuchtigen Bau, dessen baum- und pflanzengezierte Terrassen, mit den Säulengalerien der villenartigen Flügelaufbauten einen überwältigenden Gesamteindruck hervorrufen.

Golden breitet sich die strahlende Frühlingssonne über die majestätische Hochburg deutschen Handelsfleißes aus und bricht sich glitzernd an der Glaskuppel des Palastturmes, sowie in den tausenden gewölbten blanken Fensterscheiben des fünfzehngeschossigen Flügelbaues mit langgestrecktem Hauptbau.

Der Besucher stutzt einen Augenblick. Seine Augen ruhen auf dem Verkehrsbild, das sich vor dem Hauptbahnhof abspielt. Ist es nicht zum Beginn der Frühjahrsmesse? Ja, aber wo ist der sonst so unbequeme Andrang an Menschen, Autos, Wagen, Gepäckstücken geblieben? Ist der Messebesuch so enorm zurückgegangen, daß das altgewohnte Bild allgemeiner Verkehrsstockung verschwand?

Nein, gewaltig ist die Universal-Weltmesse in Leipzig gewachsen, aber mit diesem Wachstum hat auch die Verkehrstechnik gleichen Schritt gehalten.

Ein Untergrundbahnhof geleitet den Haupt-Fremdenstrom direkt in den Welthandels-Palast, von wo er sich strahlenförmig in diesem Riesengebäude und nach der Stadt verteilt. Nur wer nicht mit einem eingelegten Sonderzug ankam, verläßt den Hauptbahnhof durch seine Portale.

Angenehm fällt es auf, daß die Linienführungen der Straßenbahnen etwas mehr vom Hauptbahnhof abgerückt worden sind. Die

Wagen und Autos fahren ihre Fahrgäste nicht mehr vor die Hauptportale, sondernten seitlich vor diesen, so daß eine große Gefahrenzone beseitigt ist. Vermehrte Verkehrsinseln bieten dem Ängstlichen reichlichen Schutz, bis er sich aus den ungewöhnlichen Verkehrsfluten auf den gefahrlosen Bürgersteig hinübergerettet hat. Wer aber eine Platz- und Straßen-Überquerung vermeiden wollte, der eilte durch die Palastgänge, die unterirdisch zwischen Hauptbahnhof und Welthandelspalast mit durchführenden Lichtschächten angelegt wurden.

Unser Besucher aber schreitet als weltgereister Mann zielsicher dem Tempel des Merkur zu, an dessen Hauptportal ihn die uniformierten Palast-Herolde begrüßen und ihm einen Palast-Boy als leichtfüßigen Führer zur Seite geben. Der Boy überreicht ihm einen Parterre-Plan … Geräuschlos öffnet sich automatisch die Portaltür. Schwere Fußmatten dämpfen jedes Geräusch. Schon rechts und links der Eingangshalle reihen sich mit Marmor und Glanzmetallen in der Fassade eingefaßte Prachtläden, deren zum Kauf dargebotene Kostbarkeiten sich vielfach in Kristallspiegelscheiben widerspiegeln und so eine Vergrößerung des Schauraumes vortäuschen.

Reichste Bildhauerarbeiten zieren die Decke der Eingangshalle. Beim Näherschreiten wird der Blick gefesselt durch zwei Wintergärten, deren fremdländische prachtvolle Flora das Stigma eines internationalen Treffpunktes unterstreicht.

Gedämpft hallen hier aus Nischen und Grotten die Idiome aller Völker wider. Hier herrscht das Fluidum einer exklusiven internationalen Reisewelt.

[…]

Doch … besinnen wir uns, daß der Besucher ein Einkäufer ist. Er kommt weit her. Von Übersee. Zum ersten Male besucht er die Universal-Weltmesse in Leipzig. Wird sie seine Erwartungen erfüllen? Große Vollmachten hat man ihm übertragen. Eine Vereinigung industrieller Unternehmungen hat ihn beauftragt, nach den modernsten Neuerscheinungen Ausschau zu halten. Die Vollmachten ermächtigen ihn, selbständig große Kaufabschlüsse zu tätigen.

Bei seiner Wanderung durch das Parterre … stellt der Besucher fest, daß dieser Riesenbau eigentlich nur einen Häuserblock darstellt,

GESAMT-ANSICHT VOM HAUPTBAHNHOF AUS.

Für ca. 20000 Aussteller aller Branchen bzw. außerhalb der Messen : für 1000 Geschäftsläden, 4000 Bureauräume, 2000 Hotel- und Badezimmer, je 2 Börsen-, Konferenz-, Kino-, Theater- und Fest-Säle, 64 Vereins-Salons, 500 Auto-Garagen mit Ausstellung. 25 000 qm Sport- und Erholungs-Terrassen, Schwimmbassins, Restaurants, Cafés etc. Ca. 40000 qm Engros-Markthallen, Kühlräume und Warenspeicher, 54 größte Fahrstühle, 2 Waggon-Last-Aufzüge. – Eigene Licht- und Kraftanlagen, Zentralheizung, Zentral-Funken-Station, Zentral-Sternwarte etc. — Baufertiges Gelände mit Untergrund-Bahnhof: ca. 32500 qm. Bebaute Fläche: (96 × 280 m) rund 25 000 qm, in 16 Stockwerken = ca. 225 000 qm vermietbare Räume, hiervon ca. 120 000 qm Bodenfläche, nebst 22 000 lfd. m Meßständen und ca. 100 000 qm Wand- und Deckenflächen für die Muster-Messen und Sonder-Ausstellungen reserviert.
Baukosten: rund 1,5 Milliarden Mark.   Bauzeit: ca. 2 Jahre in 3 Tagesschichten.

Internationaler Zentral-Welt-Handels- und Welt-Messe-Palast in Leipzig [1921];
Quelle: Stadtgeschichtliches Museum Leipzig

der durch zwei Längsstraßen und drei Querstraßen durchbrochen ist, und daß diese Straßen in Gestalt von Passagen erscheinen, rechts und links eingesäumt von Läden, deren Geschäftsauslage im Zeichen der Messe stehen.

Der Palast-Boy belehrte den Besucher auf seine Frage, daß die beiden großen Festsäle gegenwärtig durch zwei Tagungen besetzt seien. In dem vorderen Saal tagte die Gesellschaft für Universal-Weltmesse-Konzentration in Leipzig (e.V.), die alle größeren Industriewerke Deutschlands aufgefordert hatte, durch eine gemeinsame Versammlung die Frage zu lösen, wie der Bau von Zweigfabriken in unmittelbarer Nähe des erschlossenen Braunkohlengebietes rund um Leipzig am zweckmäßigsten zu fördern sei. Eine große Überland-Zentrale bei Böhlen versorgte das Industriegebiet mit Kraft und Licht. Eine umfassende Schwebebahn Altenburg-Weißenfels befand sich im Bau. Der Elster-Saale-Kanal, ebenfalls im Bau, eröffnete den Wasserweg nach den großen Übersee-Häfen. Obgleich Groß-Leipzig umfangreiche Eingemeindungen vorgenommen hatte, war dennoch eine weitere Eingemeindungszone entstanden, die in den Orten Gaschwitz, Knauthain, Miltitz, Dölzig, Hänichen, Lindenthal, Seehausen, Thekla, Sommerfeld, Engelsdorf, Holzhausen, Zuckelhausen, Liebertwolkwitz, Markkleeberg die werdende neue Millionenstadt Deutschlands verriet.

Im zweiten Festsaal tagte ein Groß-Leipziger Baukongreß, dessen Aufgabe es war, als Preisrichterkollegium über die eingereichten Bebauungspläne zu fungieren. Sofort mit Beginn des Palastbaues hatte nämlich in Groß-Leipzig die private Wohnungsbau-Tätigkeit eingesetzt, da die restlose Vermietung der Büroräume vielfach mit der Bedingung verknüpft war, auch eine Privatwohnung zu gestellen. Das hatte zu zahlreichen Neubauten geführt, die in der Waldnähe errichtet worden waren. Aber der unverkennbare Zug von Industrie, Handel und Gewerbe aus ganz Deutschland zwang zu einer großzügigen Lösung des Problems. Plante man doch innerhalb des neuen Zonengürtels die Errichtung mehrerer Tausend Einzelhäuser, Villen, sowie Häuser mehrgeschossig in geschlossener Bauweise.

Gespannt horchte der Übersee-Besucher den Erklärungen des Palast-Boys zu. Als der Besucher plötzlich erklärte, vergessen zu haben, die Ankunft in Leipzig durch ein Kabeltelegramm seinen Auftraggebern zu melden, lächelte der Boy verständnisinnig, griff in seine Brusttasche und sprach: „Den Text, bitte?"

Die Niederschrift in spanischer Sprache übergab der Boy zur Nachprüfung dem Gast. Alsdann schritt der Boy in eine Nische, schob mit einer Rolle das Telegramm in eine Öffnung, drückte auf einen Knopf und entfernte sich wieder.

„Wir haben Funkenstation in unserm Palast. Ihre Rohrdepesche wird schnellstens besorgt, die Gebühr steht auf der Hotelrechnung!"

Der Besucher musterte den fünfzehnjährigen Burschen. Dieser schien den Gedanken des Gastes zu erraten. Er erklärte:

„Sofort bei Baubeginn ließ die Welthandels-Palast-A.-G. eine Anzahl begabter Schüler durch die besten Lehrkräfte zum Palast-Boy ausbilden. Ich habe noch zehn Jahre hindurch eine ernste Lehre zu bestehen, dann darf ich mich Palastkaufmann nennen und besitze Anrecht auf eine Vertrauensstelle in den weitverzweigten internationalen Interessengemeinschaften unseres Welthauses."

Während der kleine Jünger Merkurs diese Auskunft mit geschulter Gelassenheit gab, führte er den Gast mit einem Lift abwärts in den untersten Keller. An Hand des Querschnitts wurde nun Raum für Raum besichtigt. Hier bemerkte auch der Gast die Gleisanlage für die Untergrundbahn. Die Messegüter rollten waggonweise an und wurden auf riesige Lastaufzüge gebracht, die sie in die bestimmten Stockwerke hinaufbeförderten. Der Palast-Boy erklärte, daß in den Kühlhallen riesige Mengen Lebensmittel lagerten. Ein eingeschalteter Groß-Markthallenbetrieb wurde durch die direkte Gleisanfuhr und die sinnreiche Verladung in Spezialwagen für den Detail, unter Inanspruchnahme der Lastaufzüge, zu einer bequemen Teilversorgung der näheren Palastumgebung.

Die eingebaute eigne Licht- und Kraftanlage diente nur als Reserve für Notfälle, denn die Hauptbelieferung erfolgte durch die Überlandzentrale. Das ganze riesige Gebäude war schornsteinlos. Nach einem bereits eingeführten System wurden Abdämpfe und Gase aufgefangen und mit Sauerstoff verbunden der Feuerung wieder zugeführt. Soweit nicht Dampfheizung die Erwärmung der Räume besorgte, traten elektrische Wärmeöfen in Funktion.

Neben den erstklassig und aufs modernste eingerichteten Bewirtschaftungsräumen fiel besonders die riesige Autogarage auf. Hier glitten geräuschlos auf Schienen die Autos von Palastbesuchern heran und reihten sich automatisch ein. Sofort wurde eine Prüfung durch geschultes Personal vorgenommen. Der Leerraum unter dem Auto erleichterte sichtbar die Nachprüfung der Tourentüchtigkeit. Entdeckte Schäden, die schnell zu beheben waren, wurden an Ort und Stelle oder in der angeschlossenen Reparaturwerkstätte der Vereinigten Autofabriken beseitigt. Wurde ein Auto vom Besitzer verlangt, so flammte die Standnummer auf, der Wagen rollte auf dem Rückfahrtgleis automatisch zum Ausfahrt-Aufzug zurück und stand innerhalb weniger Minuten zur Verfügung. Diese Zentral-Autogarage hatte einen riesigen Aufschwung des Autoverkehrs nach Leipzig hervorgerufen, zumal sich die tüchtigsten Autoreparateure hier niedergelassen hatten und alle Autofabriken der Welt hier eine Niederlassung in ihren Ersatzteilen unterhielten.

[…]

Ermüdet von der Wanderung und dem vielen Schauen, nahm der Gast einen Imbiß im „Schwanenteichkeller" ein. Hier waren durch riesige Wandölgemälde erster Leipziger Künstler Szenerien vom lieben alten Schwanenteich in pietätvoller Weise festgehalten.

Allein und ohne Boy begab sich jetzt der Besucher auf die Entdeckungsreise. An Hand der Pläne eilte er im zweiten Obergeschoß an Restaurants, Cafés, Läden, Wirtschaftsräumen vorbei.

[…]

Das 3te Obergeschoß … erreichte er mit einem Paternoster-Aufzug. Hier befanden sich nach der Hauptfront die Amtsräume der fremdländischen Konsulate. Anschließend daran reihten sich die Schiffahrtsgesellschaften der Welt und die internationalen Speditionsfirmen. Transport- und Übersee-Versicherungs-Unternehmen schlossen sich an … Kurzum, die Gliederung in diesem Stockwerk ließ erkennen, daß hier alle Faktoren planmäßig vereinigt waren, die bei der Waren-Einfuhr und -Ausfuhr in Tätigkeit treten.

Hier wie im 4ten Obergeschoß das gleiche Bild: Büros als Messeraum, im Korridor Messestände.

Im 5ten Obergeschoß änderte sich das Bild: Hier kam die veränderte Gruppierung durch die seitlichen Flügelbauten zur Geltung. Schöne Terrassen waren in Hochluftgarten ausgebaut. Restaurants und Cafés in kleinerem Ausmaß standen als Erfrischungsräume für die Palast-Insassen und -Besucher zur steten Benutzung. Hier hatten sich zahlreiche Vereine, Gesellschaften, Clubs angesiedelt, die hier ihre Versammlungen und Festlichkeiten abhielten.

[…]

Unser Besucher eilte nun mit dem Lift von Stock zu Stock. Überall das reiche, flutende Leben des Handels. Beim 13ten Obergeschoß nahm er eine Besichtigung der Freilicht-Terrassen für Sport jeglicher Art vor. Ausgedehnte Flächen standen für Luft- und Sonnenbäder als Liegestätten zur Verfügung. Zu Tausenden weilten hier täglich die Angestellten und Besucher zur kurzen erholenden Rast.

[…]

Zur vorgerückten Abendstunde begab sich unser Gast auf die Straße, um die Nachterscheinung des Palastkolosses auf sich wirken zu lassen. Die Hotelstockwerke waren erleuchtet, auch die Restaurationsstockwerke und das Parterre. Hoch oben aber von der Dachfläche des langgestreckten Hauptbaues drehten sich in langsamem Kreislauf vertikal acht riesige Scheinwerfer, die ihr magisches Licht über die ganze Stadt streuten und Winkel und Gassen hell erleuchteten. Sah man auch nicht diesen Internationalen Zentral-Welt-Handels- und Welt-Messe-Palast, so fühlte man doch durch die Lichtfülle die Macht seines Daseins.

Nach Ablauf der Messewoche aber hatte der fremde Besucher den Palast in allen seinen fortschrittlichen Einzelheiten kennengelernt. Keine Einrichtung blieb unbesucht, namentlich die Zentral-Sternwarte, die mustergültigen Sporteinrichtungen, die Bäderanlagen, die Lesesäle, Bibliotheken, vor allem aber die Welthandelskartei als modernste Schöpfung der vereinigten deutschen Auskunfteien erregte seine höchste Bewunderung, da ihm hier ein Meisterwerk deutschen Organisationstalentes vorgeführt wurde. Insbesondere die Internationale Patentschau im Palast hatte wundervolle Neuerungen im Entstehungsprozeß gezeigt.

Bei seiner Abreise schrieb er ins goldne Buch seines heimischen Konsulates im Palast: „Gesamteindruck überwältigend!"

Meßbaracken, -Palast oder -Turm?

Man rechne es mir nicht als einen Mangel an Lokalpatriotismus an, wenn ich meine lieben Leipziger Mitbürger einer gewissen – sagen wir – Schwerfälligkeit zeihe, die an vielen anderen Ortschaften unseres Vaterlandes nicht anzutreffen ist. Es hat zweifellos sein Gutes, nicht geradezu neuerungssüchtig zu sein, aber zur gegebenen, zur richtigen Zeit mit gutem Beispiele voranzugehen, ist auch eine schöne Sache.

[…]

In den großen Städten Deutschlands macht sich namentlich nach dem Kriege eine beängstigende Raumnot bemerkbar.

[…]

Aus anderen Gründen … ist in anderen Städten, wie Düsseldorf, wo man ein kolossales Verwaltungsgebäude für Industrie- und Handel plant, in München, in Köln, das Problem des Hochhauses aufgerollt worden. Mit zuerst wurde diese Frage in Leipzig angeschnitten. Hier drängte das Emporwachsen der Messe zur Berücksichtigung der Frage. Schon manches gute und nützliche Wort ist darüber gesprochen worden … Aber irgendwie vorwärtsgekommen ist man darum noch nicht, so brennend die Lösung für unser Leipzig ist. Bisher behilft man sich mit Provisorien, die gerade genug Geld verschlingen.

Nun ist ja ohne weiteres zuzugestehen, daß das amerikanische Muster der Hochhäuser nicht zur Nachahmung reizt. Die Nachahmung soll aber auch nicht sklavisch sein. Zunächst liegt es wohl auf der Hand, daß mit den Provisorien einmal gebrochen werden muß. Aus mannigfachen Gründen. Die Leipziger Messe hat eine Ausdehnung erfahren, daß der Raum für das Getriebe, das sich auf der Messe entwickelt, … nicht hinreicht. Durch vorläufige Bauten sucht man dem Übelstand zu begegnen. In den verschiedensten Stadtteilen werden Meßbaracken aufgeführt. Ganz abgesehen davon, daß diese Hallen, wie die Baracken schönfärbend genannt werden, das Stadtbild verschandeln und es nicht verzieren, so stellen sie auf Kosten der Meßinteressenten und Steuerzahler eine zweifelhafte Rentabilität dar und bilden obendrein ein schmerzlich empfundenes Verkehrshindernis. Sie sind zwar nur als vorläufig gedacht, werden auch hier und da niedergerissen, um wieder aufgebaut zu werden, bleiben aber auch vereinzelt zum Verdruß der Einwohner stehen und bieten obendrein doch nicht wünschenswerte und zeitgemäße Unterkunftsräume für die Messe.

[…]

Jeder Einsichtige muß daher zu dem Entschluß kommen, daß es mit der Hallenwirtschaft nichts ist. Also muß man der Raumfrage mit anderen Mitteln zu Leibe rücken. Da ist der Gedanke eines gewaltigen Meßpalastes aufgetaucht. Nun, Meßpaläste in geeigneter Lage des Stadtinnern zu errichten, verbietet zurzeit die bestehende Geschäfts- und Wohnraumnot von selbst. Der Abbruch alter Häuser kann nur die Verdrängung von Geschäfts- und Wohnungsinhabern und, wo nicht eine Verdrängung stattfindet, eine Mietsteigerung zur Folge haben. Der Bodenspekulation würden infolge des Abbruchs zu Meßzwecken Tor und Tür geöffnet werden, eine Mietpreispolitik müßte die Folge sein, die einer endlosen Schraube gleichkäme. Auch durch einen einzigen Palast den Nachteilen beizukommen, scheint uns ganz unmöglich. Es wird da auf dem Gelände des Schwanenteiches ein Bau propagiert, für den befremdlicherweise einige Persönlichkeiten aus der Industrie eintreten, was vielleicht darauf zurückzuführen ist, daß ein Abbruch alter Häuser nicht in Frage kommt. Anderseits treten aber auch hier die Schattenseiten klar zutage. Wir wollen gar nicht davon sprechen, daß damit eine der anziehendsten Anlagen, die unsere Stadt aufweist, verschwinden würde. Man überlege nur folgendes: Würde dieser Bau wirklich ausgeführt werden, was wäre dann die Folge? Die Läden, die im Erdgeschoß geboten würden, müßten einen Mietpreis erfordern, der geradezu phantastisch wäre. Ein Quadratmeter Fläche würde dort mindestens 1000 Mark kosten. Das wäre also für einen keineswegs ungewöhnlich großen Laden von 40 Quadratmeter ein Jahrespreis von etwa 50000 Mark! Dafür aber käme der Ladeninhaber in die angenehme Pflicht, während der Messe, um für die Erbauer noch höhere Mietpreise herauszuschlagen, zwei Drittel seiner Räume für Meßzwecke freizugeben. Letztere Bedingung würde auch für die Obergeschosse gelten, wobei sich allerdings die Erbauer mit einem wesentlich niedrigeren Jahrespreise bescheiden wollen. Man bedenke, daß sich heute noch die Mietpreise in Grenzen bis zu etwa 200 Mark für das Quadratmeter Ausstellungsfläche oder Ladenraum in erstklassiger Lage bewegen. Wie sich aber der Einfluß der gekennzeichneten Mietpreispolitik und die Freigabe der ermieteten Räume während der Messe nicht nur auf die Anlieger, sondern auch auf die derzeitigen Meßhausbesitzer äußern würde, ist gar nicht zu ermessen. Der Bodenwucher müßte ja geradezu in die Halme schießen.

Damit kämen wir zu der eingangs angeschnittenen Frage der Hochhäuser als dem letzten Mittel. Ein Turm, wie er nach einem der Stadtverordnung vorgelegten Projekt in Aussicht genommen ist, begnügt sich mit der Einhaltung der zurzeit üblichen Mietsätze, ohne daß die Rentabilität irgendwie gefährdet werde (…). Der Meßturm ist nicht auf den Nachahmungstrieb amerikanischer Verhältnisse, nicht auf spekulative Ausnutzung des Bodens zurückzuführen, sondern er ist einzig und allein aus der Not der Zeit hervorgegangen. Mit einem Messeturm würden Bodenwucher und Mietsteigerung unterbunden. … Der große Vorteil der Konzentrierung mehrerer Meßhäuser auf einer geringen Bodenfläche ist bei den heutigen Grundstückspreisen und Baukosten nicht von der Hand zu weisen, denn beispielsweise sechs Meßhäuser, wie sie in dem geplanten Messeturm vereinigt sind, sechs Meßhäuser von gleichem Nutzraum, wie ihn der Messeturm bietet, würden nicht nur weit mehr als das Sechsfache der Kosten eines einzelnen Baues erfordern, sondern auch erheblich mehr als die sechsfache Bodenfläche in Anspruch nehmen.

Sollen wir den Schwanenteich zuschütten?

Ernst Goldfreund

Ja, sollen wir es tun? Die Frage stellen, heißt sie unbedenklich verneinen. Es ist über die Meßprojekte, die sich um den Bauplatz drehen, auf dem sich jetzt der Schwanenteich befindet, meiner Empfindung nach schon reichlich viel geschrieben und gesprochen worden. Aber noch niemand hat daran gedacht, den Herren Projektemachern einmal die Tatsache unter die Nase zu halten, daß sie uns mit der Zumutung, den Schwanenteich zuzuschütten, nur weil sie darauf 10- und 30 stöckige Gebäude erbauen wollen, nicht nur Licht und Sonne, sondern auch ein großes Stück grünen Garten und einen reizenden Schmuckteich wegnehmen wollen.

Leipziger, wacht auf! Man will euch die schöne Promenade, die kaum eine andere Stadt der Erde so schön hat, wie euer Leipzig, verschandeln. Die Gefahr ist beileibe noch nicht abgeschlagen, denn man wird sich keineswegs damit zufriedengeben, daß die Stadtväter wieder einmal die Projekte abgelehnt haben. Leipziger, wacht auf! Das sagt euch einer, der von Geburt gar nicht Leipziger ist, dem aber eure Stadt lieb geworden ist ...

Wenn man hie Messturm – hie Welthandelspalast schreit, so meint man – hie Schwanenteich. Beide wollen dasselbe, und marschieren doch scheinbar getrennt. Beide behaupten, nur ihr Projekt könne dort erbaut werden. Warum? Sehr einfach. Man glaubt zu wissen, daß sich die Projekte an anderer Stelle nicht verzinsen werden. Wenn das der Fall ist, dann soll man sie überhaupt nicht bauen. Der Schwanenteich und seine Umgebung ist der Brennpunkt der Stadt, ihr Herz. Dort rentieren sich natürlich solche Bauten vorzüglich. Also möchte man um jeden Preis dorthin.

Aber ist es denn notwendig? Nein, und abermals nein.

Der Beweis? Hier ist er.

Die Messe befindet sich in der inneren Stadt. Sie hat sich durch die riesenhafte Ausdehnung nach dem Osten und Südosten hinausgezogen. Nur einzelne verstreute Inselchen, die aber auch kaum lange leben können und werden, befinden sich an anderen Stellen der Stadt. Nach dem Bahnhof zu ist der letzte Ausläufer das ehemalige königliche Palais, das Sonderausstellungen dient. Diese Gegend ist an sich schon, und nun gar erst in den Meßwochen, ein solcher Verkehrsbrennpunkt, daß es in verkehrstechnischer Beziehung ein schwerer Fehler wäre, wollte man an dieser Stelle den Verkehr noch künstlich steigern dadurch, daß man dort noch Riesengebäude hinsetzt.

Sollten sich die betreffenden Architekten denn noch niemals die Frage vorgelegt haben, wohin denn nun die Messe ganz naturgemäß ausschlagen muß? Wenn sie das getan haben oder hätten, müßten sie sich doch ganz von selbst die Antwort gegeben haben, daß das nur nach Südosten geschehen kann. Aber, warum versteifen sie sich denn doch so auf das Schwanenteich-Projekt?

Nach Südosten heißt's: Ausstellungsgelände, und in dieses mündet die große Prachtstraße vom 18. Oktober. Und diese schöne große Auffahrtstraße ist noch bis zur Deutschen Bücherei unbebaut. Was also könnte jemanden hindern, und schließlich am allerwenigsten einen großzügigen Architekten, die Messe mehr und mehr dort hinaus zu verpflanzen und dort so große, schöne und hohe Bauten aufzuführen, als er nur will und mag?

Dort, nur dort liegt die Zukunft der Leipziger Messe und nicht am Schwanenteich, der uns als Erholungsplatz lieb und teuer ist und den wir uns auf keinen Fall zuschütten lassen wollen, um dagegen einen großen Steinbaukasten einzutauschen.

Wacht auf Leipziger, wacht auf!

Messeturm oder Welthandelspalast?

An den Rat und die Stadtverordneten der Stadt Leipzig

Am 31. Dezember vorigen Jahres hat der Rat der Stadt Leipzig für die Entwicklung eines 30geschossigen Messeturmes unter gewissen Voraussetzungen den Fleischerplatz als Baugelände freigegeben. Durch diese bedingte Hergabe eines weiteren Teiles der grünen Ring-Anlagen – für den Welthandelspalast hat man bekanntlich seit dem 10. Januar 1921 das tiefgelegene Teichgelände am Hauptbahnhof als Baugrund abgelehnt – ist die Bedürfnisfrage zur Errichtung eines Messehochhauses anerkannt worden.

[...]

Von den in Leipzig aufgetauchten zahlreichen Projekten scheiden sich als die Vertreter zwei deutlich erkennbarer Bauarten zwei Projekte ganz besonders aus. Es ist dies der Entwurf über den vorerwähnten Messeturm und der Plan eines Welthandelspalastes auf dem Schwanenteich-Gelände. Diese zwei verschiedenen Bauarten drücken sich in der Frage aus: vertikale oder horizontale Messebau-Gliederung?

Der Messeturm sieht bei 126 m Höhe, seinen 30 Stockwerken und ca. 30 000 qm Nutzfläche die vertikale Bauart vor.

Der Welthandelspalast ist bei ca. 280 m Länge, durchschnittlich 90 m Breite, ca. 250 000 qm Nutzfläche und nur 11 Stockwerken für Messezwecke ein horizontaler Zweckbau.

Diese beiden Bauten stellen bei der Lösung des Messehochhaus-Problems eine Prinzipienfrage dar ...

Die aufgerollte Prinzipienfrage ist für die städtebauliche Entwicklung Leipzigs, für die Behauptung des Messevorgangs und die Ausdehnung als Haupthandelsstadt so enorm wichtig, daß ganz Leipzig den Scheideweg erkennen muß, der sich mit dem aufgeworfenen Bauproblem aufgetan hat.

Darum ist es an der Zeit, Messeturm und Welthandelspalast allen Sachverständigen-Urteilen auszusetzen. Damit für diese Werturteile Anhaltspunkte gegeben sind, treten wir in eine Gegenüberstellung der Nachteile und Vorteile beider Projekte, selbst auf die Gefahr hin,

Internationaler Zentral-Welthandels-Palast in Leipzig [1921]; Quelle: Archiv Günter Clemens

daß man unsere Darlegungen als den Eigeninteressen dienend, ablehnen sollte.

[...]

Noch steht nicht fest, ob der Baugrund auf dem Fleischerplatz überhaupt für die Errichtung eines derartigen massiven Steinturmes geeignet ist, ob hier nicht Sumpfterrain oder Triebsand vorherrscht und infolgedessen den 30stöckigen Turmbau gänzlich in Frage stellt.

Das Messeturm-Projekt in seiner heutigen Fassung sieht eine gründliche Umgestaltung des Fleischerplatzes und seiner Umgebung in Straßen und Straßenbahn vor. Selbst bei äußerster Beschleunigung wird dort der ganze Verkehr auf mehrere Jahre abgeriegelt.

[...]

Die eigens für den Messeturm „ersonnenen" und noch nirgends erprobten Schnellaufzüge sind weiterhin ein sehr gewagtes Experiment. Jede Außerbetriebsetzung von Fahrstühlen wird zu einem neuen und verstärkten Verkehrshindernis für die 30 Stockwerke des Turmes.

[...]

Der Messeturm wird in seinem Innenkern vom 25. Stockwerk abwärts in totale Finsternis gehüllt sein und nur die untersten 3 – 4 Stockwerke werden vielleicht wieder notdürftig etwas Licht durch die Straßendurchgänge erhalten. Ständige Beleuchtung wird somit bei dem Messeturm in seinen ganzen Innenräumen unumgänglich notwendig sein und auf Kosten der Aussteller und Besucher den Aufenthalt mit der Zeit unerträglich machen.

[…]

Der Messeturm wird als besonders feuersicher bezeichnet. Die Leipziger Feuerwehr ist mit ihrem Hilfsgerät höchstens auf 8 Stockwerke eingestellt und besitzt in der Bekämpfung der Rauch- und Feuersgefahr in einem Hochhaus mit 30 Stockwerken keinerlei Erfahrung und auch keinerlei Hilfsgerät.

Die Katastrophe ist nicht abzusehen, wenn etwa im 10. Stockwerk Brand mit starker Rauchentwicklung eintritt; dann würden bei einem vollen Messebetrieb die Besucher bis zu dem 30. Stockwerk in schwere Lebensgefahr geraten.

[…]

Das sind in großen Zügen die Nachteile, die mit einem Messeturm im Falle seiner Verwirklichung in die Erscheinung treten.

Die Leipziger Presse ist einer verhängnisvollen Täuschung zum Opfer gefallen, wenn sie den Messeturm als das einzig zweckmäßige Projekt bezeichnet und für dieses unter dem Laienkreis der Leser Stimmung zu machen versucht. In Amerika, dem klassischen Land

Handelsbau Leipziger Messeturm. — Entwurfs-Verfasser: Dipl.-Ing. Haimo-vici, Leipzig. Künstlerische Mitarbeiter: Architekten Baurat Tschammer und Caroli, Leipzig.

Leipziger Messeturm – Entwurf [1920]; Quelle: Archiv Günter Clemens

der „Wolkenkratzer", wählt man den Turmbau als Handels- oder Geschäftshaus wegen seiner längst erkannten absoluten Unpraktischkeit nach jeder Richtung hin überhaupt nicht, was an dieser Stelle mit ganz besonderem Nachdruck erwähnt wird.

Der Welthandelspalast dagegen soll auf einem bereits baufertigen Gelände in denkbar günstigster Geschäftslage Leipzigs mit direktem Anschluß für Untergrundbahnhof, ohne den geringsten Gebäudeabbruch, errichtet werden. Während der Bauzeit kommt keinerlei Verkehrsstockung in Betracht.

[…]

Der Welthandelspalast als horizontaler Zweckbau, dessen Rentabilität ganz außer jedem Zweifel steht, dürfte der Markstein werden für die Entwicklung Leipzigs zur Millionenstadt. Aus den gewaltigen Gesamtumsätzen aller Palast-Insassen, dem vervielfachten Fremdenverkehr und der Erschließung des Baumarktes wird die Stadt Leipzig solche Einnahmen erzielen, daß in absehbarer Zeit alle schwebenden Schulden gedeckt sind und Leipzig wirtschaftlich und finanziell an der Spitze der deutschen Städte marschiert.

Gutachten über den Messeturm

Vorwort:
 Der Studienausschuß für Messebau- und Raumfragen ... hat im November vorigen Jahres dem Stadtrat zu Leipzig ein Gutachten über Erbauung eines Messeturmes auf dem Platze des Hahnemanndenkmals eingereicht. Nachdem der Rat am 31. Dezember beschlossen hat, der Errichtung des Turmes auf dem Gelände des Fleischerplatzes unter gewissen Bedingungen zuzustimmen, hält sich der Ausschuß im öffentlichen Interesse für verpflichtet, sein Gutachten ... weiteren Kreisen zugänglich zu machen.
 [...]

Schlußfolgerung:
 Wie aus vorstehenden Darlegungen ersichtlich, sprechen eine große Reihe schwerwiegender Bedenken städtebaulicher, volkswirtschaftlicher, messetechnischer Art gegen die Errichtung eines Messeturmes auf dem Fleischerplatz. Der unterzeichnete Ausschuß hat sich nach eingehender Beschäftigung mit den einschlägigen Fragen diesen Bedenken nicht verschließen können. Ihm erscheint der Messeturm keine günstige und vorteilhafte Lösung zur Befriedigung des vorhandenen Raumbedürfnisses. Er hält es zur Zeit für richtig, normale Meßhäuser zu errichten, bei denen sich alle Verhältnisse besser überblicken und regeln lassen, die schneller fertig werden, kein so großes Risiko bilden und sich gegebenenfalls leichter veränderten Verhältnissen anpassen und für andere Zwecke einrichten und benutzen lassen, sowie letzten Endes auch eine erfreuliche architektonische Bereicherung des Stadtbildes bringen.

 Studienausschuß für Messebau- und Raumfragen.
 Regierungsbaudirektor J. Baer, Vorsitzender

„Stern des Bundes" – Haus der Volkshochschulgemeinschaft

Peter Leonhardt

Für die Leipziger Volkshochschule entwarf der in Halle tätige Architekt Johannes Niemeyer einen Gemeinschaftsbau, dessen Gestalt die pädagogischen Ziele gemeinschaftlicher Bildung im „Stern des Bundes" symbolisieren sollte. Ein hufeisenförmiger Saal mit geräumiger Bühne und 3000 Plätzen bildet den Mittelpunkt des Hauses. Er wird von den „Zellen" der Arbeitsgemeinschaften für jeweils 30-40 Personen umsäumt, die sich zum Saal hin als Logen öffnen. Ein äußerer Umgang erschließt die in den Spitzen gelegenen übrigen Arbeits- und Nebenräume. Nicht erst den fertigen Bau, schon seine Errichtung sollte ein neuer Geist durchziehen: „Der Bauvorgang soll so eingerichtet sein, daß zunächst die Zellen gebaut werden, ohne den kostspieligen Saal bereits in Angriff zu nehmen. Das Ganze soll Ausdruck einer Gemeinschaft bilden ... Sind die erforderlichen Mittel beisammen, kann an die Errichtung des Hauptbaues gegangen werden. Über dem beschriebenen Hufeisen wird aus hölzernen Gitterbalken mit Zwischenbindern, die ein Glasdach tragen, die Zentralhalle von 50 m Durchmesser gebildet."[1]

Niemeyers Entwurf ist ein später Nachfolger der kristallinen Gemeinschaftsbauten, die in den avantgardistischen Künstlergemeinschaften, dem „Arbeitsrat für Kunst" und der „Gläsernen Kette", in der unmittelbaren Nachkriegszeit ersonnen wurden. Formal ist das Projekt von Bruno Tauts „Haus des Himmels" (1920) und bis hin zur Ausführung als hölzerne Konstruktion von Otto Bartnings „Sternkirche" (1922) inspiriert.[2]

---

[1] Herrman Heller, Freie Volksbildungsarbeit. Grundsätzliches vom Volksbildungsamte der Stadt Leipzig, Leipzig 1924, S. 216 f.
[2] http://www.sternkirche.de

Entwurf für das Haus der Volkshochschulgemeinschaft Leipzig, Vogelschau [1924];
Quelle: Archiv Volkshochschule

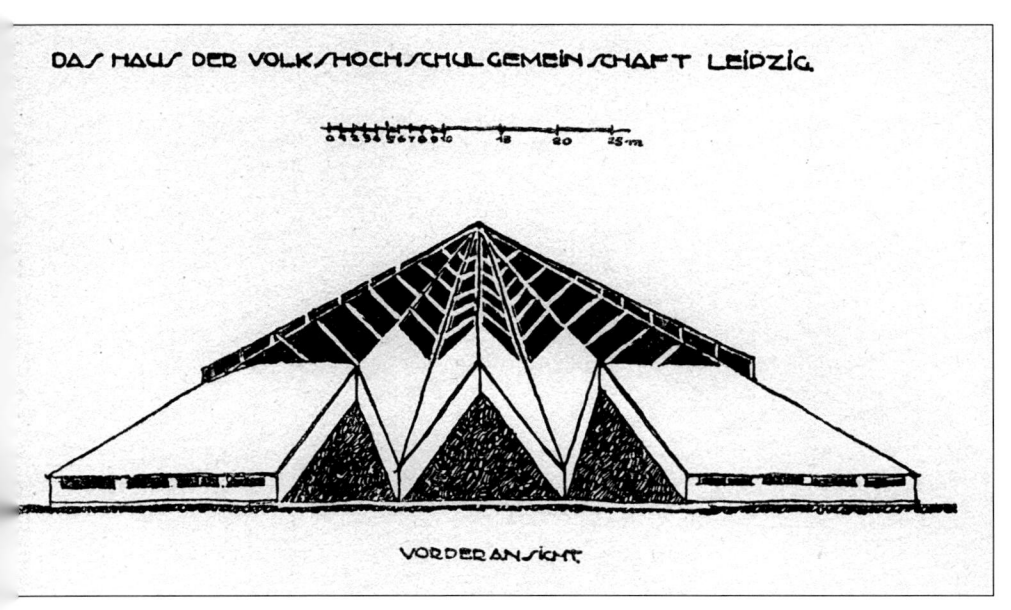

Entwurf für das Haus der Volkshochschulgemeinschaft Leipzig, Vorderansicht [1924];
Quelle: Archiv Volkshochschule

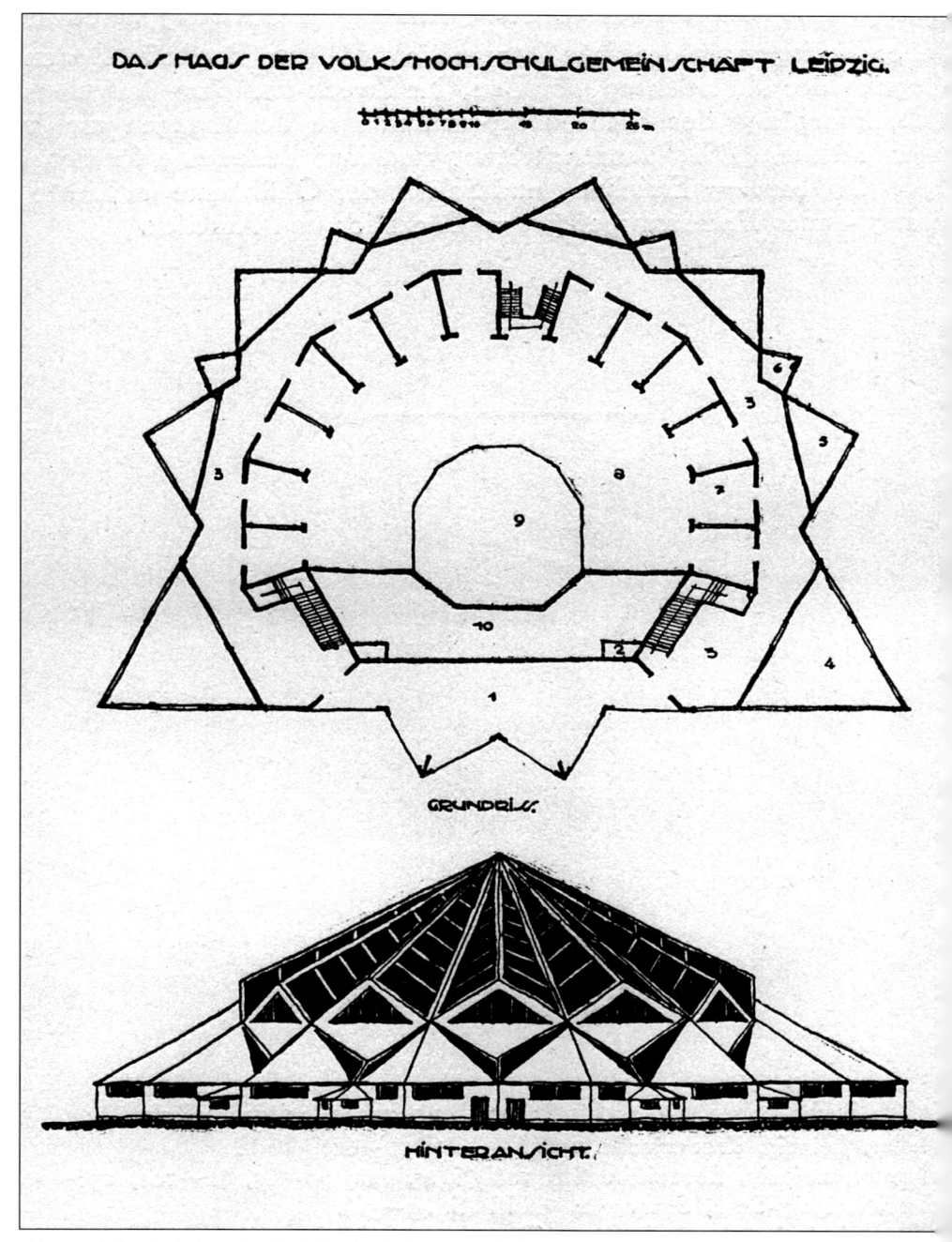

Entwurf für das Haus der Volkshochschulgemeinschaft Leipzig, Grundriss und Hinteransicht [192
Quelle: Archiv Volkshochschule

Frankfurter Wiesen – Stadionbau

In dem Artikel „Das zukünftige Leipzig" werden ersten Überlegungen für die Neugestaltung dieses Gebietes auf die Zeit zwischen 1870 und 1880 datiert. Es dauerte über 40 Jahre bis ein städtebaulicher Wettbewerb für dieses Gebiet gestartet wurde. 1913 begannen endlich die ersten Arbeiten. „Zuvor war endlos diskutiert worden, ob die Anlage analog zu Hamburg in Form einer Binnen- und einer Außenelster realisiert werden sollte oder als Flutbecken, dessen Breite, Zufall oder nicht, die der Elbe in Dresden um einige Meter übertraf. Letztere Variante setzte sich schließlich durch und mit ihr die Ansicht, dass die neuen Ufer durch ein prächtiges neues Stadtzentrum mit Geschäfts-, Messe- und Veranstaltungsbauten auf gewertet werden müssten.

Eigentlich sollten die Baumaßnahmen hierfür nach Beendigung der umfangreichen Erdarbeiten am Becken ab 1918 beginnen. Krieg und Krisen sorgten jedoch dafür, dass das Becken erst 1925 fertiggestellt wurde. Den Stadtplanern der neuen Ära erschien es nun aber sinnvoller, die Flächen für Sport und Erholung nutzbar zu machen, wenngleich neue Krisen die Umsetzung dieses Vorhabens um dreißig Jahre verschoben."[1]

Otto Droges Stadion-Vorschlag von 1926 wurde in den 50er Jahren umgesetzt. Vorher gab es in den 30er Jahren Pläne, die auch teilweise realisiert wurden, ein riesiges „Aufmarschgebiet" zu schaffen und an einer Uferseite das Richard-Wagner-Nationaldenkmal.

„Aufmarschgebiet" **Adolf-Hitler-Feld [1938];**
Quelle: Archiv Heinz-Jürgen Böhme

---

[1] Sebastian Ringel „Die ganze Welt im Kleinen" Leipziger Geschichten aus 1000 Jahren, Edition Leipzig, S. 138

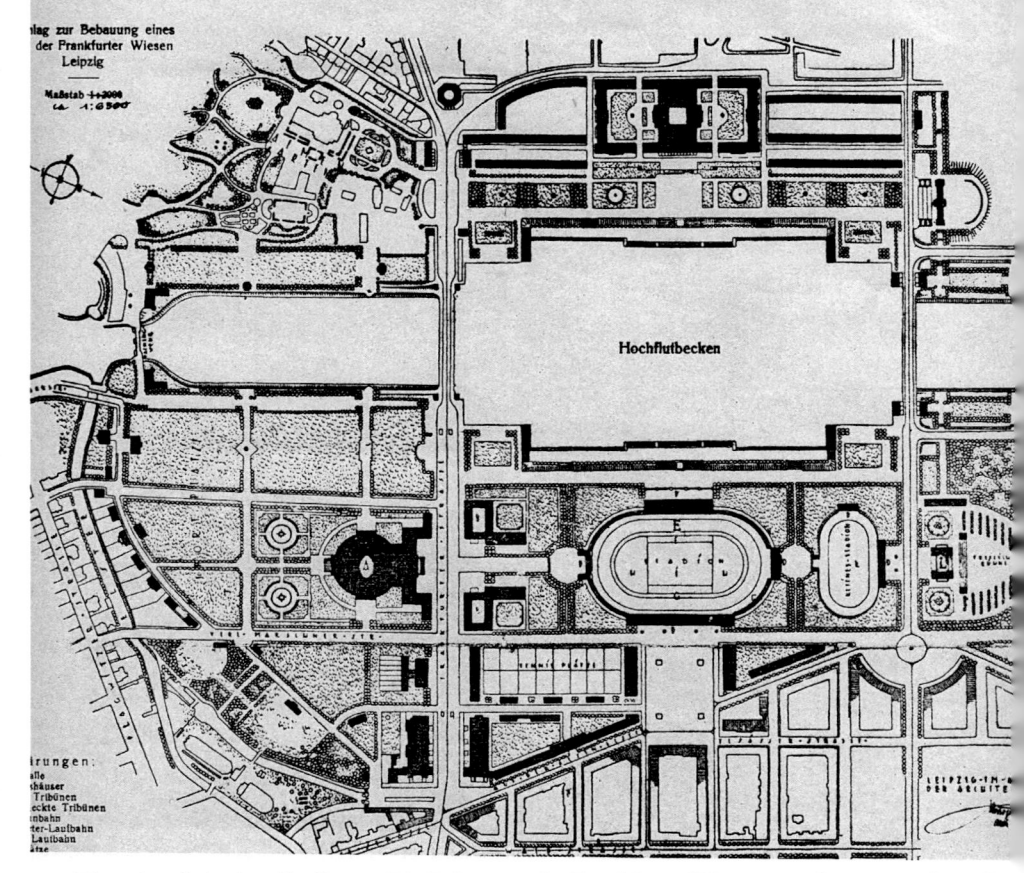

Plan eines Leipziger Stadions – Die Bebauung der Frankfurter Wiesen von Otto Droge [1926];
Quelle: Nachlass Otto Droge (Privat)

Eine visionäre Idee – das Kugelhaus in Leipzig

Thomas Braatz

Der Architekt Peter Birkenholz beschäftigte sich seit 1916 mit Kugelhäusern. Die Architektur der Kugelform faszinierte ihn. Viele Wettbewerbe bestritt er mit seinen Kugelhausentwürfen, z. B. die Brückenkopfbebauung Köln 1925 oder den Völkerbundpalast in Genf 1927. Das Kugelhaus in Dresden, 1928 errichtet und 1938 wieder abgerissen, blieb jedoch das einzige von ihm realisierte Kugelhaus. „Es handele sich", so die Ausstellungsleitung, „um einen neuartigen Baustil, ‚der noch niemals, auch nicht in Amerika, bisher verwirklicht worden ist.'"

Entwurf vom 18.12.1927 für ein Messehotel in Leipzig;
Quelle: Architekturmuseum München

„In Birkenholz' Projekt kamen verschiedene Anregungen zusammen: die stereometrischen Entwurfsideen der sogenannten französischen Revolutionsarchitektur (darunter Boullées Newton-Kenotaph oder Ledoux' Entwurf für das „Haus des Flurwächters"), die expressionistisch-utopischen Visionen des frühen 20. Jahrhunderts und schließlich Gedanken des russischen Konstruktivismus – nahezu zeitgleich entwarf Iwan Leonidow sein Lenin-Institut in Kugelform."

Ende 1927 entwirft er für die Stadt Leipzig das Kugelhaus als Messehotel. Die Entwürfe gehen weit über das in Dresden realisierte Kugelhaus (5 Etagen) hinaus. Für das Messehotel werden 14 Etagen geplant. Es ist über 60 m hoch, besitzt 1108 Gästezimmer mit 1700 Betten und 50 Personalzimmer mit 100 Betten. Des Weiteren stehen den Gästen ein Restaurant, ein Speisesaal und ein Tanzsaal zur Verfügung. Bei einer theoretischen Zimmertiefe von 20 m würden die Fenster auf der Aussenseite nicht ausreichen, deshalb ist das Kugelhaus innen hohl. Im „Innenhof" befinden sich ebenfalls Fenster und sie spenden Licht.

1928 fertigt er weitere Skizzen für die unterschiedlichen Standorte in Leipzig an. So enstehen Skizzen für die Standorte an der Ostseite des Haupbahnhofes mit einem Übergang, auf dem Schulplatz, auf dem Fleischerplatz und an der Straße des 18. Oktobers. In der Skizzenmappe des Münchners Architekturmuseums befinden sich weitere Entwürfe für die Stadt Leipzig, die örtlich nicht zugeordnet werden konnten.

Eindrucksvoll ist der Entwurf von mehreren Kugelhäusern in einer Leipziger Straße.

Leider wurde keine der Ideen in Leipzig umgesetzt. Die letzten Leipziger Skizzen datieren vom Dezember 1928.

Auf der nächsten Seite sind die Entwürfe für das Messehotel am Hauptbahnhof abgebildet. Es sollte rechts neben dem Bahnhof auf der Ostseite stehen (heute Taxi- und Busplatz). Vom Messehotel aus sollte es eine überdachte Verbindung zu den Bahngleisen geben.

Kugelhaus (Entwurf) am Hauptbahnhof in Leipzig [1928]; Quelle: Architekturmuseum München

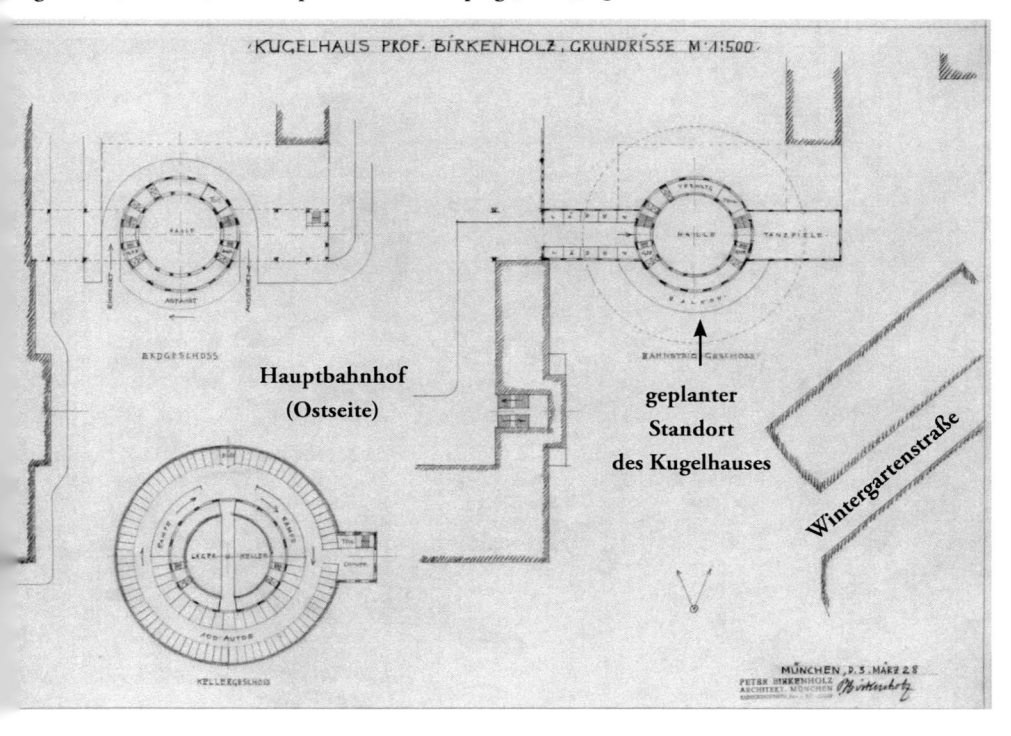

Hauptbahnhof
(Ostseite)

geplanter
Standort
des Kugelhauses

Wintergartenstraße

Schnittmodell (halbes Kugelhaus) [1928]; Quelle: Architekturmuseum München

Als Grund dafür, dass sich seine Ideen nicht durchsetzen, schreibt Hubertus Adam: „Auch wenn Birkenholz nicht müde wurde, die Vorzüge der Kugelbauweise zu preisen, konnte sich der Gedanke nicht durchsetzen. Mag auch der Winddruck-Koeffizient herabgesetzt sein und die Kugel ein Maximum an Inhalt bei einem Minimum an Oberfläche bieten, so bereitet allein die sich von Geschoss zu Geschoss verändernde Raumtiefe Schwierigkeiten bei der Belichtung."

2005 wurde in Dresden das Glaskugelhaus am Wiener Platz eröffnet, dieses ist jedoch nicht komplett freistehend.

Auf den folgenden Seiten werden einige Entwürfe von Peter Birkenholz erstmalig präsentiert. Seine Entwürfe gehören zu den phantastischen Ideen, die es für die Stadt Leipzig gegeben hat.

Quelle: Hubertus Adam in Neue Züricher Zeitung vom 29.01.2002 und Wikipedia

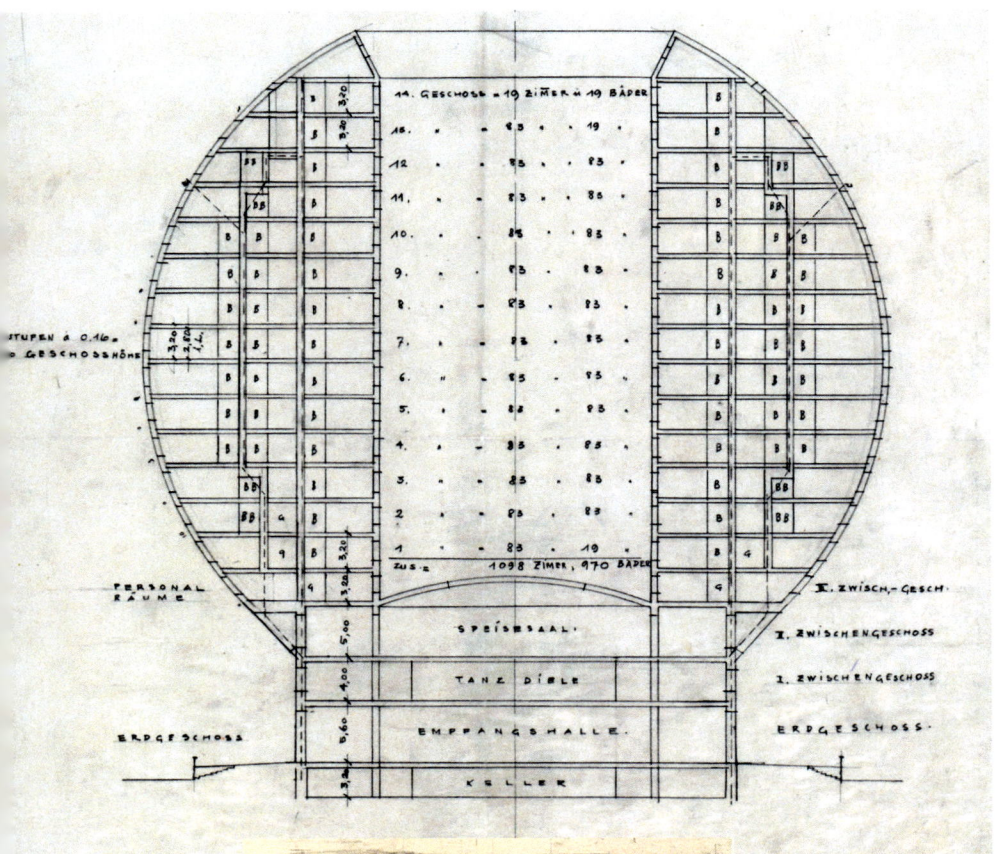

Abb. oben: Kugelhaus Querschnitt [1928]; Quelle: Architekturmuseum München

Abb. links: Kugelhaus Fassade [1928]; Quelle: Architekturmuseum München

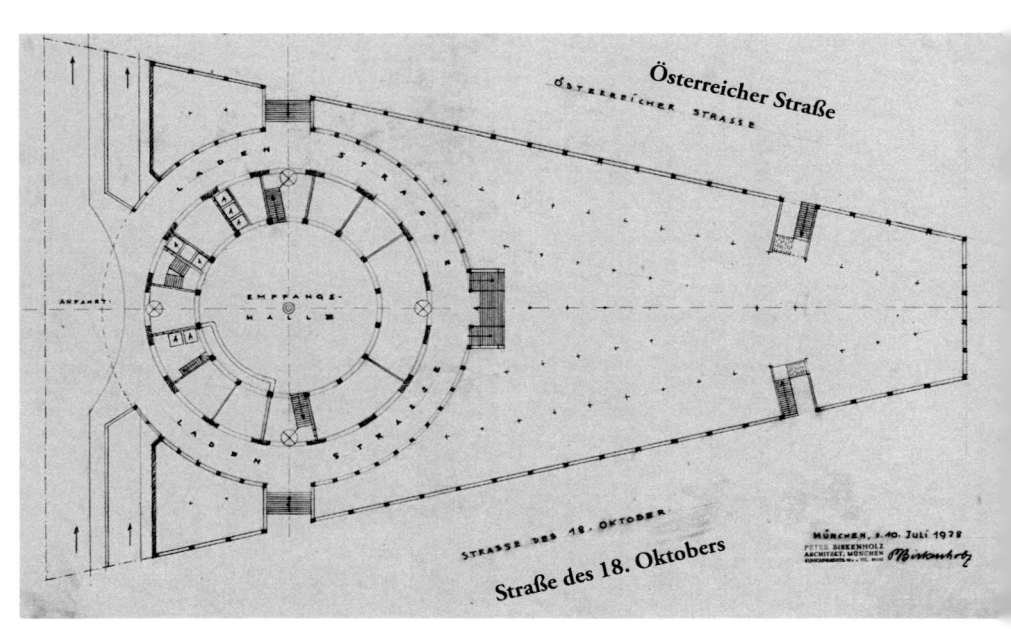

Kugelhaus (Entwurf) in der Straße des 18. Oktobers [1928]; Quelle: Architekturmuseum München

Kugelhaus (Entwurf) in der Straße des 18. Oktobers [1928]; Quelle: Architekturmuseum München

Kugelhaus (Enwurf) in der Straße des 18. Oktobers (im Hintergrund ist das Völkerschlachtdenkmal zu sehen) [1928]; Quelle: Architekturmuseum München

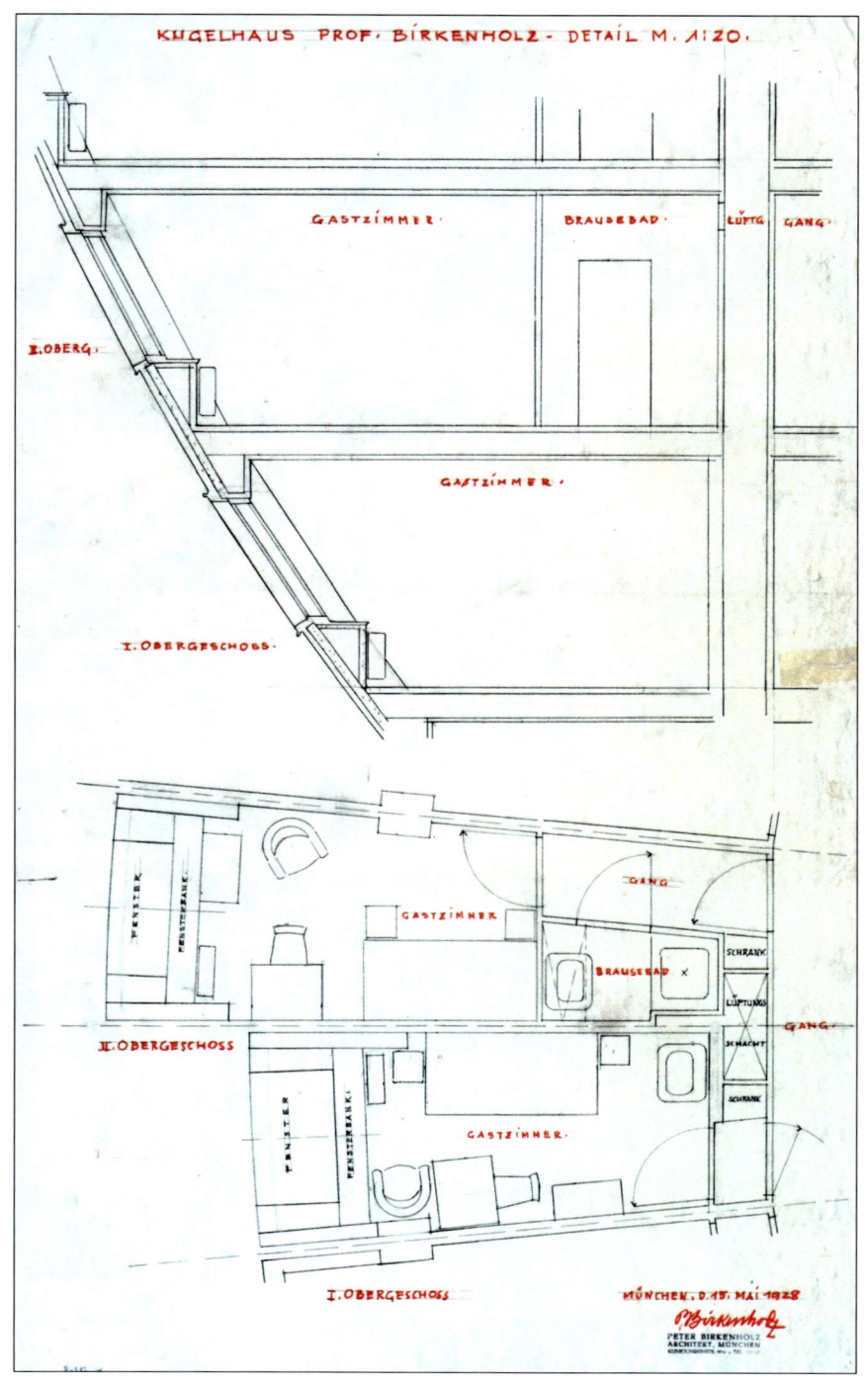

Kugelhaus Detail – Gästezimmer [1928]; Quelle: Architekturmuseum München

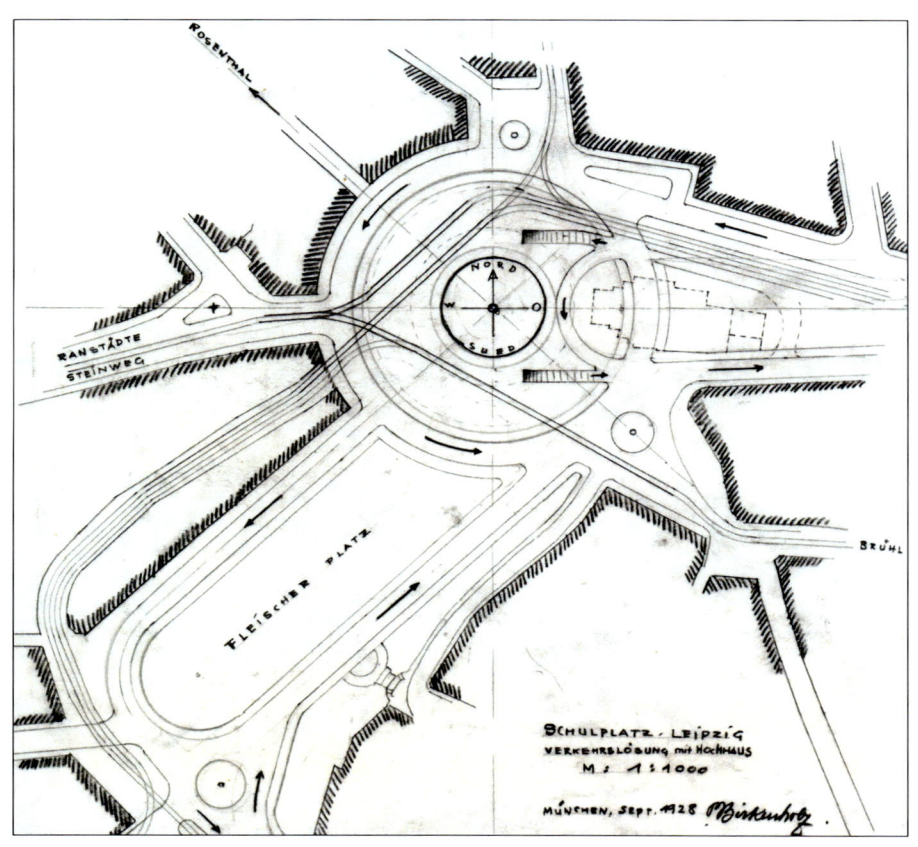

Schulplatz Leipzig – Lageplan Kugelhaus [1928]; Quelle: Architekturmuseum München

Kugelhaus auf dem Schulplatz [1928]; Quelle: Architekturmuseum München

Kugelhaus am Fleischerplatz [1928]; Quelle: Architekturmuseum München

Kugelhäuser in Leipzig [1927]; Quelle: Architekturmuseum München

Weltverkehrshafen

Peter Leonhardt

Der Entwurf zu einem „Weltverkehrshafen", den die Leipziger Neuesten Nachrichten am 11.März 1928 veröffentlichten, bot die Lösung für die in den 20er Jahren vielfach diskutierte Frage nach der effektiven Verknüpfung von Eisenbahn-, Automobil- und Luftverkehr. Über den Gleisanlagen des Hauptbahnhofs sollte eine „Hochgarage mit Fliegerdeck" errichtet werden, die „4000 Kraftwagen und 200 Flugzeugen Unterkunft" geboten hätte, wobei die Aufnahmefähigkeit der Garagen „durch einfache Angliederung neuer Hallen „bis ins Unendliche gesteigert" werden könne. „Der Zugverkehr spielt sich nach wie vor unter dem Garagengeschoß ab. Das Garagenforum ist durch eine ansteigende Anfahrtsrampe oder durch Aufzüge von außen her für die Kraftwagen erreichbar ... Während die Wagengaragen nach außen liegen, befinden sich die Flugzeughallen an der Innenseite nach dem Fliegerdeck zu."

Weltverkehrshafen [1928]; Quelle: Leipziger Neueste Nachrichten Nr. 71, 11. März 1928

Der Generalbebauungsplan der Stadt Leipzig
Herausgegeben vom Rat der Stadt Leipzig, Stadterweiterungsamt
(1929)

Verteilung der Flächen für Arbeit, Wohnung und Erholung in Leipzig

Die planmässige Verteilung der Flächen für Arbeit und Wohnung

Bei der Verteilung der Arbeitsflächen einer Großstadt spielt das Geschäftsviertel – die City – die wichtigste Rolle. Denn in der City findet die großstädtische Arbeit ihre höchste Konzentration. Von der richtigen Lage, Größe und Entwicklungsfähigkeit der City, von der gesundheitlichen Ausgestaltung dieses komplizierten Apparates, von der Regelung des Verkehrs zwischen den Bürogebäuden der City, zwischen der City und den übrigen Stadtgebieten, hängt der Leistungseffekt einer Großstadt, die Wirtschaftlichkeit ihrer Anlage in hervorragendem Maße ab.

In Leipzig sind die Geschäfts- und Messehäuser bisher fast ausschließlich im inneren Stadtkern entstanden, und entsprechend der raschen Entwicklung der Messe haben sie sich dort in letzter Zeit besonders stark vermehrt. Es steht zu erwarten, daß sich der Bedarf an neuem Geschäftsraum in Leipzig weiter erheblich steigern wird, wenn die deutsche Wirtschaft wieder erstarkt.

Es entsteht nun die Frage, ob man diesen Bedarf in Leipzig an gleicher Stelle wie bisher decken kann, d.h. ob man die City Leipzigs im inneren Stadtkern entwickeln soll und kann.

Der Leipziger Stadtkern hat einen Durchmesser von etwa 600 bis 800 m; er ist damit wohl der kleinste in den deutschen Großstädten. Die Straßen darin sind meist schmal und von malerischem Reiz. Sie genügen bei weitem nicht, um den starken Verkehr einer City zu bewältigen. Schon heute muß der Stadtkern während der Messe für den Fahrverkehr zeitweilig gänzlich gesperrt werden.

Die Häuser des Stadtkernes haben vielfach historischen und künstlerischen Wert. ... Leider sind die gesundheitlichen Zustände des Stadtkernes in seinen alten Teilen vielfach schlecht.
Man könnte zunächst daran denken, die alten und wenig hygienischen Teile des Stadtkernes niederzureißen, neue breite Straßen- und Platzflächen anzulegen und daran moderne Geschäftstürme emporzutreiben, wie das Le Corbusier für die alten Teile des Pariser Stadtkernes vorschlägt ...
Solch radikales Vorgehen gibt zwar die weitestgehenden Möglichkeiten zur Neugestaltung in verkehrstechnischer und hygienischer Hinsicht, es hat aber zur Folge, daß vorhandene historische Werte vernichtet oder um ihre künstlerische Wirkung gebracht und damit stark entwertet werden. Die Durchführung des Corbusierschen Vorschlages stößt endlich bei den heutigen Boden- und Besitzverhältnissen allerorts auf die allergrößten Schwierigkeiten. Ein solcher Vorschlag würde zum Grunderwerb, Straßen- und Häuserbau ein Riesenmaß von Gemeinsinn – oder Organisation – und ein gleiches Unmaß an Geld erfordern. Beides sind angesichts unserer politischen und wirtschaftlichen Verhältnisse in Deutschland auf absehbare Zeit Utopien.

Angesichts dieser Erwartungen ist man in Leipzig zu der Überzeugung gekommen, daß die Citybildung im Stadtkern vorerst verfehlt wäre.
Es wird statt dessen vorgeschlagen, den Stadtkern bis auf weiteres in seiner alten Form zu erhalten, die Verkehrsverhältnisse hier durch Ausschaltung jedes Durchgangsverkehrs zu verbessern und den Fußgängerverkehr durch systematische Ausgestaltung des für den Leipziger Stadtkern charakteristischen Netzes von Passagen zu erleichtern, die Erweiterung und den Ausbau der Geschäftsstadt aber nach und nach in Form eines Doppelringes um den alten Kern zu entwickeln [...]
Die breiten Ringstraßen werden den gesteigerten Verkehr einer City, auch den Zusatzandrang der Messe, ohne Schwierigkeit aufnehmen können. Die Ringform ist bekanntlich eine zweckmäßige Lösung, den an- und abwogenden Verkehr der Ausfallstraßen zu

Schrägansicht der geplanten Ring-City um die Leipziger Innenstadt [1929];
Quelle: Stadtgeschichtliches Museum Leipzig

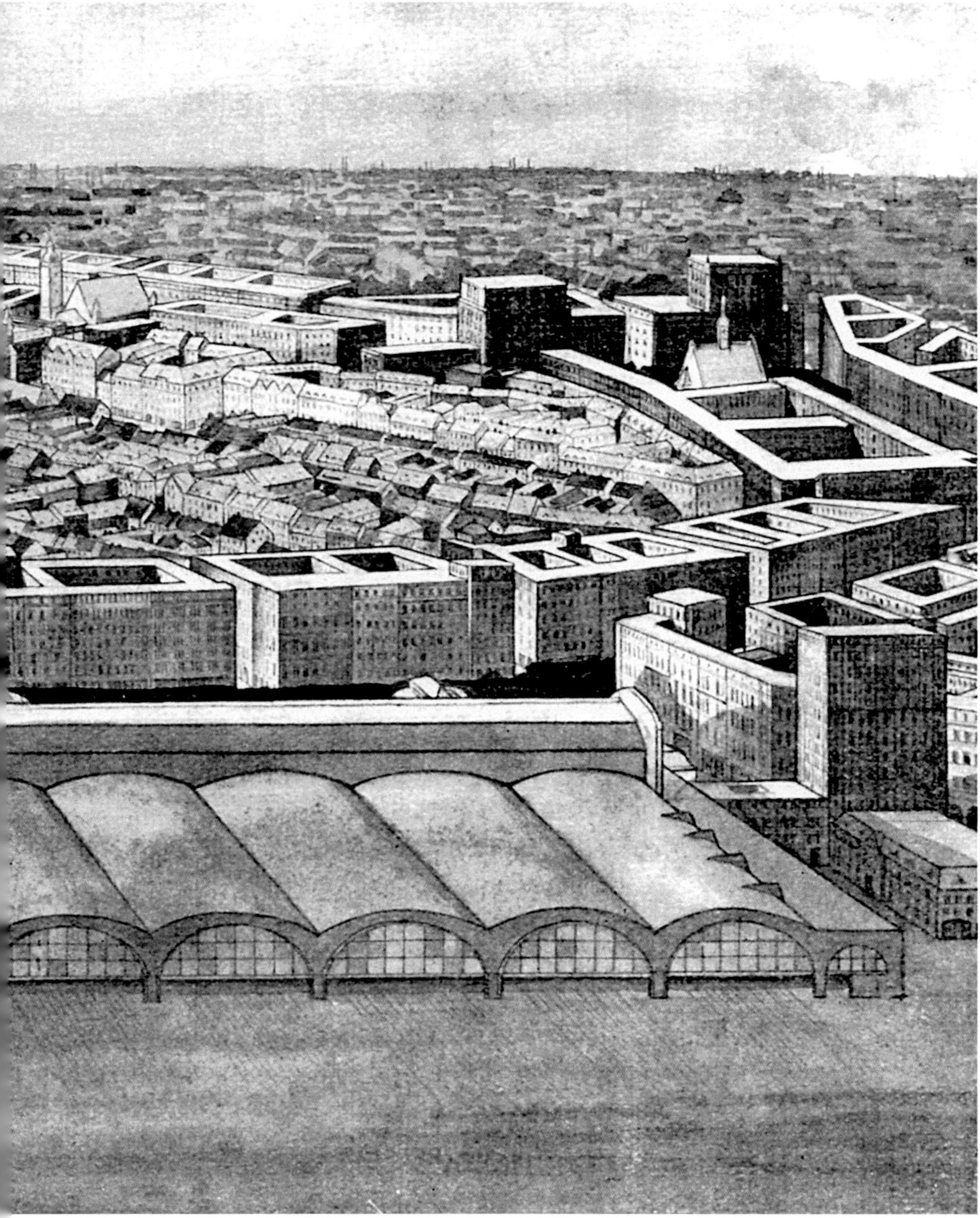

vermitteln. An den Ringstraßen können die neuen Geschäftshäuser entstehen, ohne daß wertvolle historische Gebäude zerstört oder in ihrer Wirkung beeinträchtigt werden. Die allgemeine Ringbebauung kann durchschnittlich acht Geschosse betragen, je nach der Breite der einzelnen Ringabschnitte, sowie nach städtebaulichen und sonstigen örtlichen Voraussetzungen. Die Höherzonung darf nicht schematisch durchgeführt werden. An einzelnen Stellen werden die vorhandenen Höhen beibehalten werden müssen, andere sorgfältig auszuwählende Stellen werden sich hingegen zum Bau von Hoch- und Turmhäusern eignen. Diese Turmhäuser können städtebaulich wichtige Haltepunkte geben und die einzelnen Abschnitte des Ringes wirkungsvoll betonen. Durch ein Ortsgesetz wurde in Leipzig bestimmt, daß für das 6. und jedes weitere Geschoß für das Quadratmeter Geschoßfläche eine Sonderbauabgabe von RM. 6,- für Zwecke der Stadterweiterung bezahlt werden muß. Eine Berechnung der möglichen Büro- und Messeflächen hat ergeben, daß dieser Doppelring dem Stadtkern an Fassungsvermögen gleichkommt.

Man wird einwenden, daß mit der Höherzonung der Ringbebauung auf 8 Geschosse eine neue Stadtmauer um den alten Stadtkern gelegt wird und daß damit Licht und Luft von diesem eng bebauten Gebiet abgeschnürt werden. Vergegenwärtigt man sich jedoch die Höhenunterschiede zwischen der geplanten Ringbebauung und dem inneren Stadtkern …, so können diese Bedenken nicht aufrecht erhalten werden, denn die Höhe der Ringbebauung übersteigt nur unwesentlich diejenige des gesamten Stadtkernes. Die Ringbebauung wird im übrigen an den Hauptausfallstraßen durch weite Öffnungen aufgerissen.

Die vorhandenen Freiflächen des Ringes dürfen nicht verringert werden. Die Grünanlagen des Ringes bildet (sic!) einen seltenen Schmuck der Stadt Leipzig, sie bieten inmitten des Steinmeeres dem Auge eine Erholung, sie bergen gesundheitliche Werte, sie sind deshalb sorgfältig zu pflegen und zu erhalten. Letzten Endes werden sie als Verkehrsreserve dienen.

Der Maßstab der Neubauten am Ring wird ein anderer als der im Stadtinneren sein; er wird den gesteigerten Geschwindigkeiten des

Verkehrs und der neuen Denkungsart der Großstadtmenschen Rechnung tragen. Aus diesem Gegensatz zwischen Altstadt und Ringcity wird ein starker künstlerischer Reiz erwachsen. Die neue Ringanlage mit ihren Kontorhäusern, Meßpalästen und Turmhäusern wird ein wirkungsvolles Sinnbild für den neuzeitlichen Geist und für den starken Willen Leipzigs zur geschäftlichen Entwicklung sein.

Die Erhaltung des alten Stadtkerns bedeutet nicht, daß dort unhygienische Zustände verewigt werden und daß neues Leben unterdrückt werden soll. Wo das Alte baufällig ist oder den gesundheitlichen Forderungen widerspricht, wo wirtschaftliche Notwendigkeit dazu zwingt, muß es dem Neuen weichen. Das Neue aber muß sich mit Takt dem Maßstab seiner Umgebung einfügen, es darf den Charakter seiner Umgebung nicht stören. Praktische Beispiele zeigen im übrigen, daß die hochgeschossigen Barockfassaden des alten Leipziger Stadtkernes mit ihren engen Fensterachsen die Einrichtung moderner Büro- und Geschäftsräume ohne Schwierigkeiten ermöglichen.

Die Erhaltung der alten Städtebilder und Häuser in Leipzig geschieht nicht nur aus Gründen der Denkmalpflege oder aus romantischer Gesinnung, sondern auch aus ganz nüchternen, geschäftlichen Erwägungen der Fremdenverkehrspolitik. Was zieht das internationale Reisepublikum immer wieder an? Besonderes, Charakteristisches – Dinge, die man nicht kaufen und mitnehmen kann. Dazu gehört in Leipzig der alte Stadtkern. Will man in Leipzig Fremdenverkehr, so muß man den alten Stadtkern möglichst lange erhalten.

Räumlich anschließend an den Doppelring wird man die City auch nach außen hin über Flächen entwickeln, deren Sanierung in hygienischer und sozialer Beziehung seit langem dringend erforderlich ist, über das sogen. Seeburgviertel, das alte Naundörfchen u.ä. Man wird es überhaupt bei der Anlage der City, wie bei den meisten grundlegenden Fragen des Städtebaues vermeiden, die Entwicklung in eine starre Form einfangen zu wollen. Brauchbar ist Städtebau nur dann, wenn er Richtung weist, Richtung, deren Ende nicht abzusehen ist, wenn seine Schöpfungen ewig unfertig bleiben.

[...]

Es ist ein idealer Gedanke, die Wohnstätten einer Großstadt weit hinaus – in die grüne Umgebung – zu legen, sie in neuzeitlich geplanten räumlich und kulturell in sich gefestigten Gartenstädten zusammenzufassen und diese mit den Arbeitsflächen der Großstadt durch Schnellbahnen zu verbinden. Gelungen ist die Verwirklichung dieses schönen Gedankens bisher selten, in Deutschland noch nie. Es ist auch schwer vorstellbar, daß eine deutsche Großstadt von sich aus weit außerhalb ihrer Macht- und Steuersphäre ein neues selbständiges kommunales Gebilde schafft. Für die Neugründung von Gartenstädten von privater Seite aus, wie sie in der Umgebung von London und Birmingham erfolgten, fehlen in Deutschland leider die persönlichen und sachlichen Voraussetzungen.

In Deutschland scheut man angesichts der wirtschaftlichen Not unserer Zeit davor zurück, große Kapitalaufwendungen für Ankauf umfangreicher außerhalb der Stadt liegender Ländereien, für die Aufschließung dieses Geländes, für die Verkehrsverbindung zwischen dem Stadtkörper und den neuen Gartenstädten zu machen. Man will auch dem Arbeiter den Zeitaufwand weiter Wege zwischen Arbeits- und Wohnstätte ersparen. In der Regel scheint es richtiger, die Wohnflächen in mäßiger Entfernung von der Stadt, in richtiger Windlage von den Arbeitsstätten anzulegen und sie mit allem Nötigen, mit Haus- und Pachtgärten, öffentlichen Anlagen, Sport- und Spielplätzen, mit den öffentlichen Gebäuden, die einen kulturellen Zusammenhang gewährleisten, auszustatten. Es scheint richtiger, den Großstädter in einer gesunden modernen Großstadt aufwachsen zu lassen, als ihn in das Idyll einer kleinen neu zu gründenden Trabantenstadt einzufangen.

Für Leipzig lag und liegt dieses Problem klar. Leipzig hat einen lockeren, durch zahlreiche Grünflächen weit aufgerissenen Stadtkörper ... Dazu kommt als ausschlaggebend für die Entwicklung seines Außengebietes, daß es rings von Gelände umgeben ist, welches vom Sächsischen Staat als Kohlenabbaugebiet erklärt wurde. Nach der bestehenden Rechtsprechung ist die Errichtung von Bauten auf diesem Gelände sehr erschwert, wenn nicht unmöglich. Dies verhindert auf der einen Seite eine wilde Bebauung des rein landwirtschaftlich genutzten Gebietes, auf der anderen Seite aber auch die Neuanlage von Trabantenstädten.

Dagegen befindet sich umschlossen von dem Kohlenabbaugebiet im Umkreis der Stadt bereits eine Anzahl wirtschaftlicher Kristallisationspunkte wie Taucha, Borsdorf, Naunhof, Zwenkau, Makranstädt, Schkeuditz, Delitzsch u.a. Günstige Verkehrsanbindungen von Leipzig dorthin sind vorhanden oder leicht zu schaffen. Diese Orte können Mittelpunkte in sich geschlossener Siedlungskomplexe mit einer gewissen Selbständigkeit bleiben. Durch geeignete Verwaltungsmaßnahmen wird man die Einheit mit der Kernstadt in finanziellen, technischen und sonstigen wichtigen Fragen sicherstellen.

Frühzeitige Verhandlungen zwischen der Großstadt und den vorhandenen Trabantenstädten werden dazu führen, die starken gemeinsamen Interessen aufzudecken und dort, wo die Ziele voneinander abweichen, rechtzeitig einen beiderseits befriedigenden Ausgleich anzustreben.

Eine „dekonzentrierte Zentralisation" der Großstadtverwaltung wird den vorhandenen Trabantenstädten freie Entfaltung gestatten und die unvermeidlichen Nachteile der rasch wachsenden Großstadt auf dem Gebiete des Siedlungswesens mildern.

Die Durchführung des Generalbebauungsplanes in Leipzig

Mit den Voruntersuchungen und Verhandlungen zum Generalbebauungsplan ... ist für die bauliche Entwicklung ein erster Schritt getan. Die weiteren, ebenso wichtigen liegen in der Durchführung des einmal beschlossenen baupolitischen Programms.

Die Entwicklung einer Großstadt ist durch die Energien des Bodens, durch die Spannungen des Ortes bedingt, sie hängt aber ... auch von dem Umformungsvermögen der Bevölkerung ab. Es ist nötig, dieses Umformungsvermögen und die inneren „Widerstände" in das Kalkul über die Durchführbarkeit eines Generalbebauungsplanes in Rechnung zu stellen. Für den Maßstab der Planung, d.h. für die Weite des Zieles, für die Großzügigkeit der Wege, die auf das Ziel hinführen, ist es von erheblicher Bedeutung, wie stark man den

Ehrgeiz und die Stoßkraft der Bevölkerung einer Großstadt in die Berechnung einsetzen darf und welche Abstriche die Indolenz, die Zwietracht und anderes davon machen.

Leipzig ist im wesentlichen aus eigener Kraft dahin gelangt, wo es heute steht. Seine überragende Stellung in Mitteldeutschland verdankt es in erster Linie der Initiative und der zähen Energie seiner Bürger. Diese aktiven Posten wurden bei der Erstellung für den Generalbebauungsplan voll in Rechnung gestellt. Es wurde angenommen, daß diese Initiative und Energie in Leipzig gleichmäßig fortwirken. Darüber hinaus wird damit gerechnet, daß die Überwindung der äußeren und inneren Widerstände künftig noch schärfer und damit erfolgreicher in die Hand genommen wird als es bisher manchmal der Fall war.

Es wird angenommen, daß es durch eine bessere, dekonzentrierte Gemeindeverwaltung gelingt, das Interesse und die Mitarbeit der Bürger an der Gemeindeverwaltung zurückzugewinnen, die Freude des Bürgers an seiner Heimat, den Stolz des Bürgers auf seine Stadt wieder zu wecken.

Für die Durchführung des Leipziger Generalbebauungsplanes ist es weiterhin von großem fördernden Wert, wenn es gelingt, auf der einen Seite das wohlwollende Interesse des Sächsischen Staates an seiner größten und lebendigsten Stadt zu steigern, auf der anderen Seite mit der Nachbarstadt Halle zu einem Übereinkommen, zu einem Interessenausgleich zu gelangen. Die räumliche Entfernung zwischen Halle und Leipzig schrumpft von Tag zu Tag zusammen. Einmal muß das Einvernehmen beider Städte doch hergestellt werden. Je eher es angebahnt wird, um so leichter, um so wirkungsvoller und nützlicher wird es sein. Daß man solches Einvernehmen schon früher mit Erfolg gesucht und erzielt hat, geht aus einem Abkommen hervor, daß beide Städte Ende des 15. Jahrhunderts über die Abhaltung der Messen trafen. Halle und Leipzig, Rücken an Rücken gelehnt, werden die Geschicke Mitteldeutschlands bestimmen.

Hauptbahnhof – Messeforum

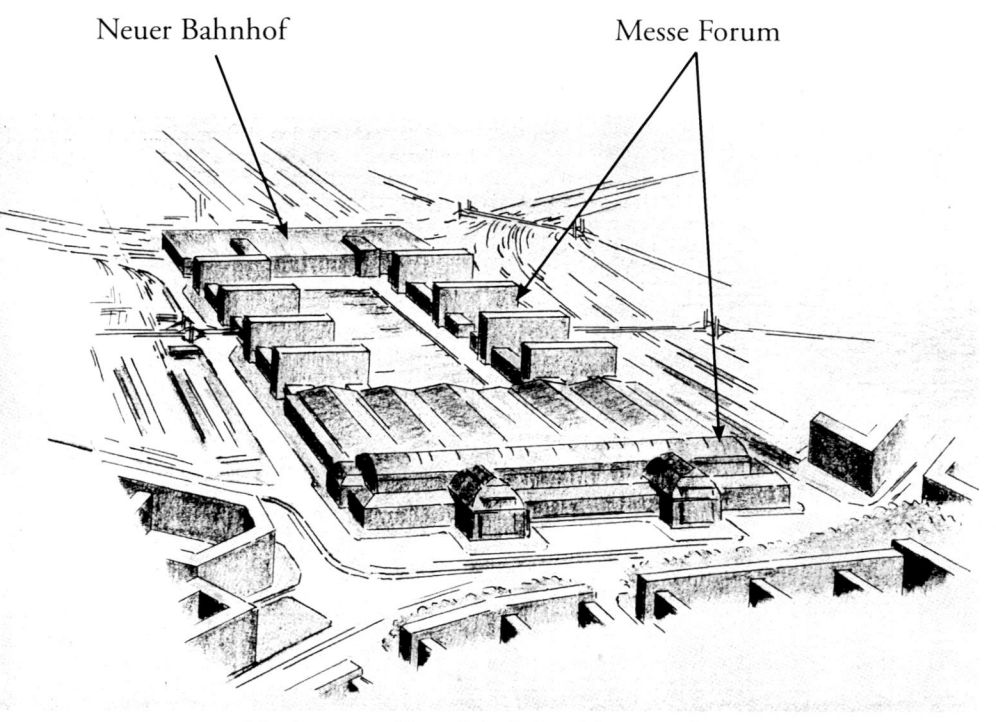

Neuer Bahnhof

Messe Forum

**Messforum am Hauptbahnhof in Schrägansicht;
Quelle: Stadtgeschichtliches Museum Leipzig**

Skizze für eine Verlegung des Hauptbahnhofes nach Nordosten (ca. 1 km) und für die Entwicklung eines Messeforums auf der freiwerdenden Fläche. Das alte Gebäude würde im Messeforum integriert werden.

Das unvollendete Richard-Wagner-Nationaldenkmal in Leipzig

Umgang mit seinen baulichen Resten in Sachsen und Bayern

Wolfgang Hocquél

In Vorbereitung des 50. Todestages von Richard Wagner im Jahr 1933, hatte sich unter Leitung des Leipziger Oberbürgermeisters Dr. Goerdeler am 22.09.1932 ein Ausschuß für die Errichtung eines Richard-Wagner-Denkmals gebildet. Aus diesem ging im Juni 1933 der „Richard-Wagner-Denkmal-Verein in Leipzig e.V." hervor. In der Mitte des Januars 1933 wurde ein Ideenwettbewerb unter deutschen und deutschsprachigen Künstlern ausgeschrieben.
[…]
Es wurden 10 gleiche Preise zu je 1 000 Reichsmark ausgesetzt … Unter den 10 preisgekrönten Arbeiten wurde später durch den Denkmalverein die des Stuttgarter Bildhauers Emil Hipp zur Realisierung empfohlen.
[…]
Der große Platz für das Denkmal war im wesentlichen schon mit der Ausschreibung formuliert worden. Ebenso lag die Art und Weise der Ufergestaltung bereits im Umriß fest. Mit der weiteren Detaillierung der baulichen Fassung wurde der Architekt Wilhelm Lossow aus Leipzig … verpflichtet. Die landschaftsgärtnerische Gestaltung lag in den Händen des Berliner Gartenbaudirektors Gustav Allinger.
[…]
Schon am 9. Dezember 1933 kam es zum Vertrag zwischen der Stadt Leipzig und der Marmor-Industrie Kiefer A.G. in Kiefersfelden bei Kufstein über die Lieferung der bearbeiteten Natursteine, für die Emil Hipp die Gipsmodelle zu fertigen hatte. Als Material war somit Undersberger Marmor festgelegt. Die bauliche Ausgestaltung des Denkmalkomplexes ist hingegen in Ehringsdorfer Travertin ausgeführt worden.
[…]

Schrägansicht des geplanten Richard-Wagner-Nationaldenkmals [ca. 1934];
Quelle: Archiv Wieland Paul

Das endgültige künstlerische Konzept sah am Ostufer einen Denkmalsplatz von 125 m Länge und 75 m Breite vor, der von einer 2,80 m hohen Natursteinmauer begrenzt werden sollte. In die Umfassungswand ... sollten 19 Marmorreliefs mit Darstellungen von Szenen aus Wagners Opern eingefügt werden. Ferner war eine Nische für die Siegfried-Gestalt und ein Rheintöchterbrunnen vorgesehen.

Der Denkmalsblock hatte Abmessungen von 10 x 10 x 5 m. Dahinter sollte eine große steinerne Brunnenschale von 12 m Durchmesser zur Aufstellung gelangen. Zum eigentlichen Denkmalsblock äußerte sich Hipp wie folgt: „Ich habe es absichtlich und bewußt vermieden, Gestalten aus Wagners Werk für meine Arbeit zu verwenden. Es lag mir vielmehr daran, den wagnerischen Ideengehalt und die musikalische Ausdeutung in plastische zeitlose Form zu bringen. Die 4 Seiten meines Reliefs kann ich folgendermaßen bezeichnen: Schicksal, Mythos, Erlösung, Bacchanal."

Dieser massige Block erhielt am westlichen Flußufer ein fast quadratisches Wasserbecken als Pendent, dahinter eine kräftige Pergola aus schmucklosen Travertinpfeilern als platzeinfassender Hintergrund.
[...]
Als die Marmor-Industrie-Kiefer AG Ende 1945 die Leipziger Stadtverwaltung aufforderte, die fertiggestellten Teile des Denkmals nach Leipzig zu holen, bekam sie ... folgende allzu verständliche Antwort:
Es bedarf „wohl kaum eines Hinweises, daß wir beim Neuaufbau unserer Stadt Leipzig zur Vollendung nationalsozialistischer Propaganda und Wahnsinnspläne weder Zeit noch Mittel zur Verfügung haben."
[...]
Es kann keine Frage sein, daß das Richard-Wagner-Nationaldenkmal einen wichtigen Punkt im stadtgeschichtlichen Koordinatennetz Leipzigs darstellt und nach den wissenschaftlich-methodischen Grundsätzen moderner Denkmalpflege zu erhalten ist. Ebenso selbstverständlich abzulehnen ist dagegen die nach der Wiedervereinigung nunmehr mögliche und in der Leipziger Volkszeitung diskutierte künstlerische Komplettierung des „Ehrenhains". Weniger aus Vorbehalten gegen eine im übrigen ja gar nicht erkennbare ideologische Ausrichtung der Hippschen Bildhauerkunst, sondern um den Bruch in der Geschichte bewußt zu markieren, um Nachdenken zu befördern und um Vergessen zu verhindern.
[...]
In Leipzig bereitet das Grünflächenamt der Stadt die Instandsetzung des Richard-Wagner-Hains planerisch vor.
Die große Pergola an der Westseite wurde bereits saniert und die ehemalige Gartenhalle (jetzt eine Pergola) an der Südseite soll wieder

Richard-Wagner-National-Denkmal - Feierliche Grundsteinlegung [1934];
Quelle: Günter Clemens

Sicht zum Richard-Wagner-Hain und Denkmalsblock; Quelle: Archiv Pro Leipzig

Denkmalblock des geplanten Richard-Wagner-Nationaldenkmals [1934]; Quelle: Archiv Pro Leipz

Gipsmodell vom großen Denkmalblock; Quelle: Archiv Heinz-Jürgen Böhme

ein Satteldach erhalten. Auch die Rekonstruktion des sogenannten Vogelbrunnens erscheint nicht ausgeschlossen.

Das Kulturamt erwägt den eigentlichen Denkmalstandort für temporäre Kunstpräsentationen neu zu nutzen.

Es gibt ein Angebot, als erstes Metallplastiken zum Thema Wagner des oberfränkischen Eisenbildners Claus-Frenz Claussen aus Eisenbühl aufzustellen.

[…]

Alles in allem darf man vielleicht doch eher froh sein, daß die Geschichte die Fertigstellung dieser gutgemeinten, ikonographisch überfrachteten Kultstätte verhindert hat.

[…]

Zweimal hat die Stadt Leipzig mit großem Ehrgeiz ein Denkmalprojekt für Richard Wagner verfolgt. Zweimal ist dabei nur ein Torso herausgekommen. Dabei kann man es nun getrost bewenden lassen.

Gutenberg-Reichsausstellung 1940

Für die Gutenbergfeier im Jahr 1940 aus Anlass der 500. Wiederkehr der Erfindung des Buchdrucks war für Leipzig eine Reichsausstellung von internationalem Charakter geplant, da die Stadt Leipzig die Sache des Buches und des Druckes „für das ganze Reich" würdig vertreten sollte. Dies wurde von den NS-Machthabern propagandistisch dazu benutzt, um der Welt zu zeigen, dass „die Erfindung des Buchdrucks eine Schöpfung des deutschen Geistes" und „in der Folge ... zum Geschenk der deutschen Nation an die Welt" sei[1]. Dazu sollten „die Uferflächen, die dem Richard-Wagner-Nationaldenkmal gegenüberliegen, bebaut werden"[2]. Das Gelände stellt man sich wie folgt vor:

„Durch die Frankfurter Straße wird das Ausstellungsgelände in zwei große Flügel geteilt, einen linken, dort wo heute der Palmengarten steht, und einen rechten, der jetzt noch Kleinmesse und Radrennbahn umfaßt. Beide Flügel der Ausstellung werden durch eine Brücke, die über die Straße hinwegführt und einen Turm als Wahrzeichen tragen wird, in Verbindung stehen.

Den Eintretenden, der über die Zeppelin-Brücke kommt und sich dem rechten Eingang zuwendet, wird zunächst die ‚Gutenberg-Halle' empfangen, die dem historischen Teil der Ausstellung gewidmet ist und die man das Kernstück der gesamten Planung nennen darf.

Es folgt das ‚Haus des Druckes', das sich dem Buch der Gegenwart widmet .... ‚Haus des Buches' heißt der folgende Gebäudekomplex, der die rechte Platzseite einsäumt. Die Leistungsschau der Verlage und des graphischen Gewerbes liegen hier ... Und das moderne Bibliothekswesen darzustellen, ist eine selbstverständliche Aufgabe für eine Ausstellung in Leipzig, der Stadt der Deutschen Bücherei."[3]

Von der Brücke und dem Turm ist später nicht mehr die Rede.[4]

---

[1] „Die Gutenberg-Reichsausstellung Leipzig 1940" von Erhart Kästner, in: Leipziger Jahrbuch 1, 1939, S. 29
[2] Ebd., S. 30
[3] Ebd.
[4] Peter Leonhardt/Volker Rodekamp: Totalitär – Leipzig 1933-1945: Städtebau und Architektur im Nationalsozialismus, Leipzig 2009, S. 67

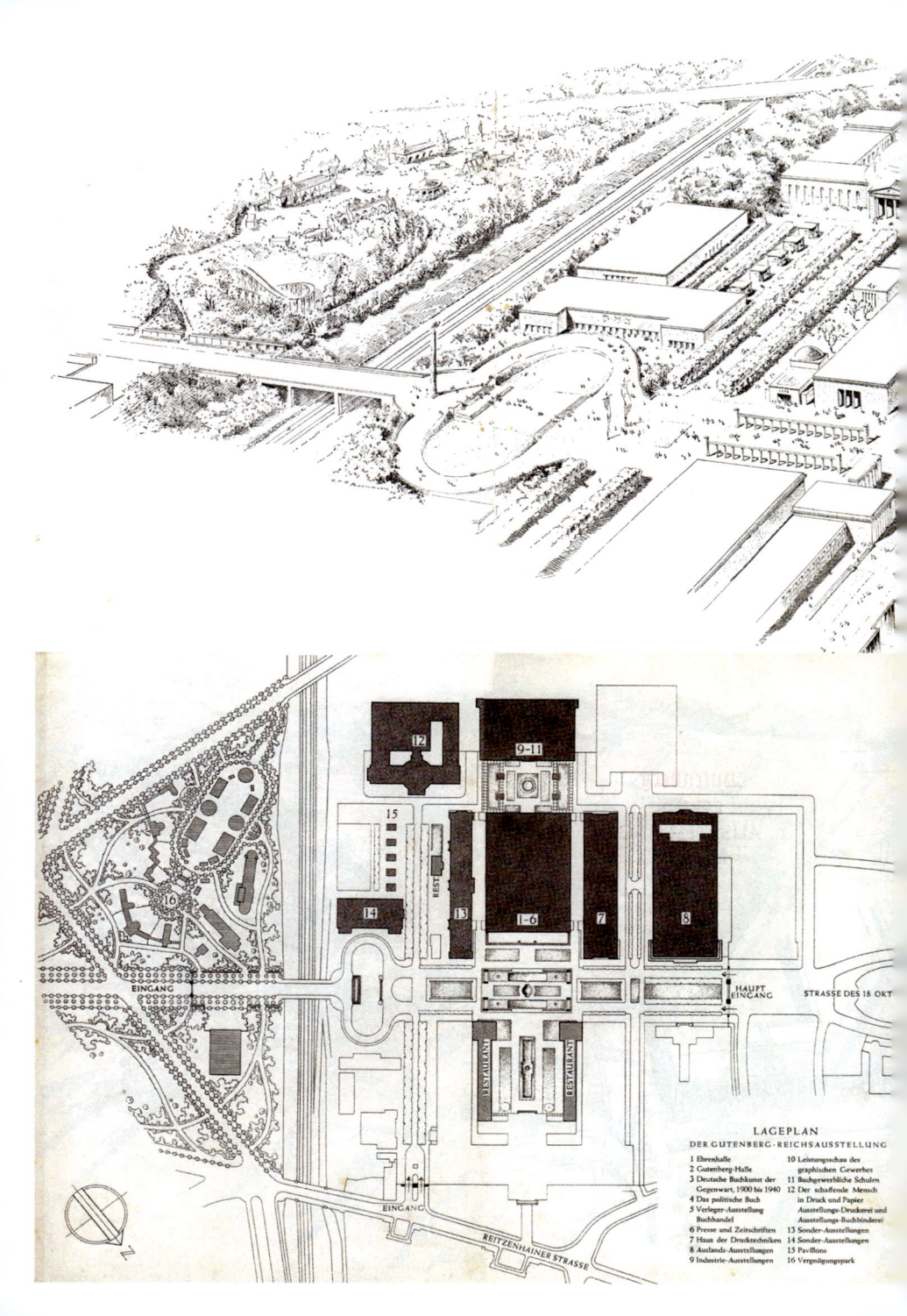

LAGEPLAN
DER GUTENBERG-REICHSAUSSTELLUNG

1 Ehrenhalle
2 Gutenberg-Halle
3 Deutsche Buchkunst der Gegenwart, 1900 bis 1940
4 Das politische Buch
5 Verleger-Ausstellung Buchhandel
6 Presse und Zeitschriften
7 Haus der Drucktechnik
8 Ausland-Ausstellungen
9 Industrie-Ausstellungen
10 Leistungsschau des graphischen Gewerbes
11 Buchgewerbliche Schulen
12 Der schaffende Mensch in Druck und Papier Ausstellungs-Druckerei und Ausstellungs-Buchbinderei
13 Sonder-Ausstellungen
14 Sonder-Ausstellungen
15 Pavillons
16 Vergnügungspark

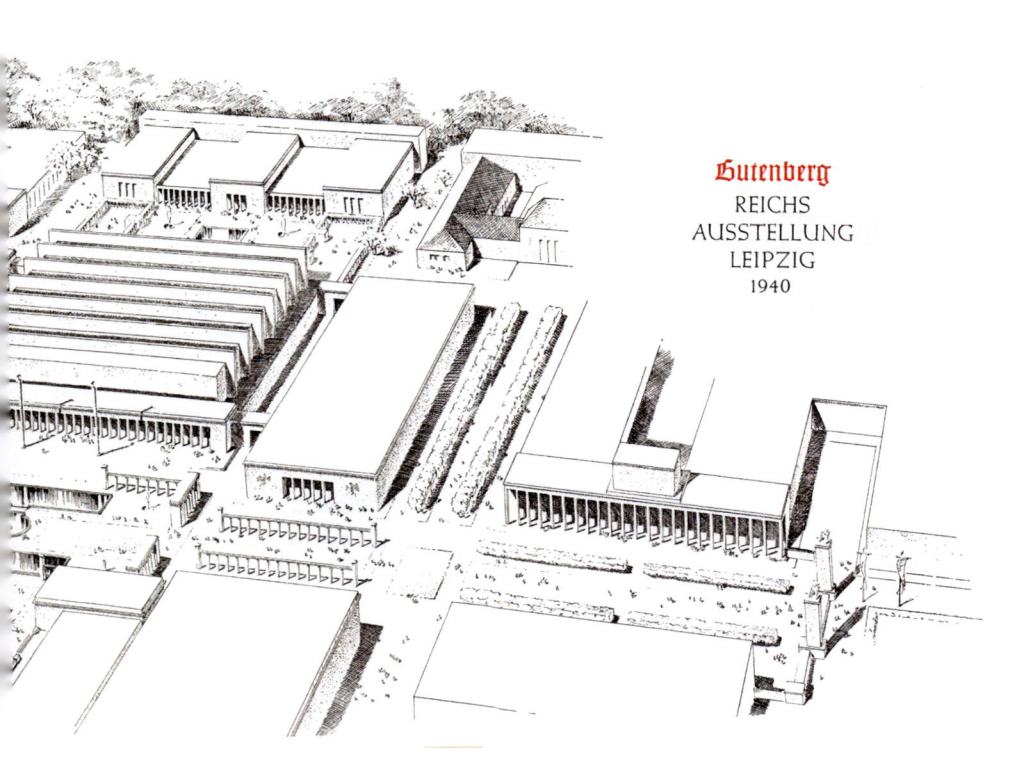

oben: Schrägsicht zur geplanten Gutenberg Reichsausstellung auf dem Gelände der Technischen Messe [1940]; Quelle: Archiv Günter Clemens

links: Lageplan zur geplanten Gutenberg Reichsausstellung auf dem Gelände der Technischen Messe [1940]; Quelle: Archiv Günter Clemens

Weiter heißt es:
„Im Mittelpunkt des linken Ausstellungsteiles wird die große neue Stadthalle liegen, die Raum für 7500 Menschen bieten wird und zunächst im Gutenberg-Jahr den zahlreichen Kongressen dient, die in Leipzig tagen werden, darüber hinaus für alle Zeiten erhalten bleiben."[5]

Im weiteren Verlauf der Planungen kam es zu Änderungen, die die Anordnung der Gebäude betrafen. Schließlich sagte das Reichspropagandaministerium schon im Frühjahr 1939 den Neubau der Ausstellungsgebäude ab.[6] Unter der Schirmherrschaft von Propagandaminister Goebbels und der Präsidentschaft des Leipziger Oberbürgermeisters Dönicke sollte die „Reichsausstellung mit internationaler Beteiligung" nunmehr auf dem Gelände der Technischen Messe stattfinden, vorgesehen war der Zeitraum vom 15. Juni bis 20. Oktober 1940.[7]

Der propagandistische Charakter der Veranstaltung wird deutlich, wenn man sich angesichts von erfolgter Gleichschaltung der Medien und staatlicher Zensur vor Augen führt, dass auch die gegenwärtige deutsche Presse ausdrücklich in der Ausstellung berücksichtigt werden sollte, die „heute täglich zum Leser spricht und damit Gutenbergs Erfindung eine ungeahnte Wirkungsmöglichkeit schafft".[8]

Auch diese Planungen wurden nicht realisiert, die Feierlichkeiten fanden aber doch noch in Form einer Gedenkfeier im Juni 1940 statt.[9]

---

[5] Kästner, Gutenberg-Reichsausstellung, S. 32
[6] Peter Leonhardt/Volker Rodekamp: Totalitär, a.a.O.
[7] Gutenberg-Reichsausstellung Leipzig 1940, hrsg. von der Gutenberg-Reichsausstellung Leipzig 1940 [S. 3]
[8] Ebd. [S. 10]
[9] Peter Leonhardt/Volker Rodekamp: Totalitär, a.a.O.

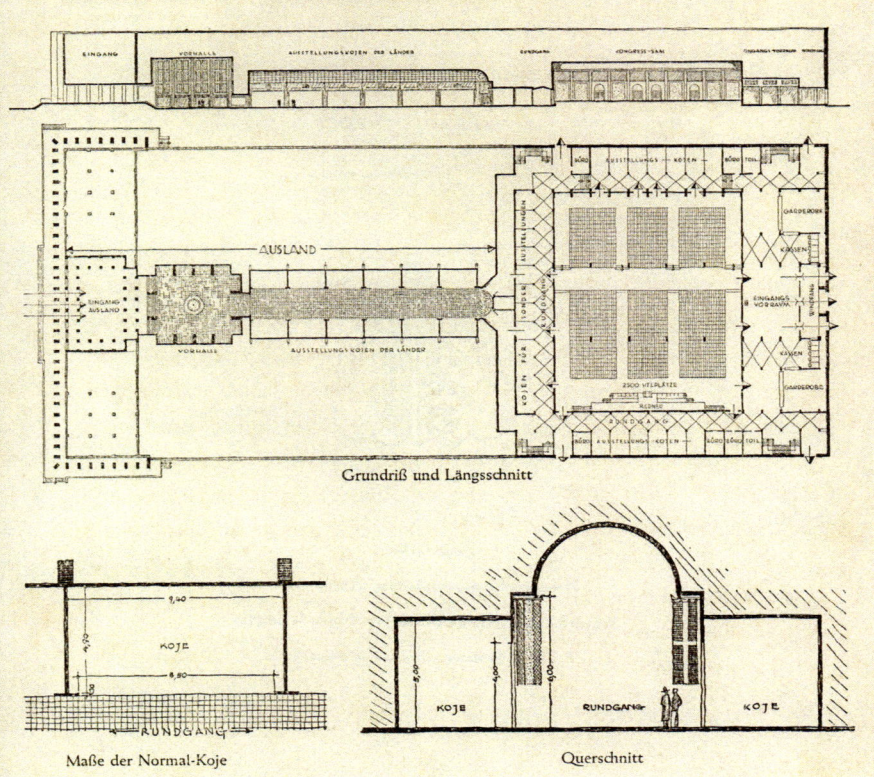

Gutenberg Reichsausstellung – Ausstellung der Länder [1940]; Quelle: Archiv Günter Clemens

Messeabenteuer 1999 (Auszüge)

Werner Bender

Im März des Jahres 1999 wurde im Unterhaltungsteil der „Leipziger Volkszeitung" unter dem gleichen Titel, den dieses Büchlein trägt, in mehreren Fortsetzungen eine Geschichte abgedruckt. Personen, Gedankengänge und Ereignisse, die darin geschildert werden, waren für die so anspruchsvollen Leser jener Zeit gewiss nicht von überwältigender Bedeutung, aber dennoch genossen sie die Lektüre nicht ohne Interesse. Nicht zuletzt, weil in der Ankündigung Folgendes zu lesen stand:

Was war das Geheimnis der olivgrünen Lokomotive? Wer setzte die größten Schachspieler matt?
Welcher Hirnverbrannte erfand den aufrecht stehenden Toten im Himalaja?
Wer entlarvte die Bildfälschung im „Museum des 20. Jahrhunderts"?
Wie entstand die entsetzliche Unwetterkatastrophe von Leipzig?
Wer rettete die Stadt der Weltmesse?
Warum erwarben zwei Minderjährige den Großen Messepreis?

All diese und andere Rätsel, worüber unsere Zeitung in den letzten Tagen wiederholt berichtete, werden in dieser Geschichte aufgeklärt. Wir versichern, dass keine der Begebenheiten und der handelnden Personen frei erfunden sind. Es ist alles getreulich so niedergeschrieben, wie es sich kürzlich hier zugetragen hat.

***

Mancher Leser dieses Büchleins dürfte nun mit einigen Einrichtungen und Gepflogenheiten, die für den Zeitungsabonnenten des Jahres 1999 selbstverständlich sind, nicht zur Genüge vertraut sein. Deshalb schien es ratsam, den Originaltext zu überarbeiten und an vielen Stellen umständlicher auf Verhältnisse und

WERNER BENDER

Im März des Jahres 1999 wurde im Unterhaltungsteil der „Leipziger Volkszeitung" unter dem gleichen Titel, den diese Geschichte trägt, in mehreren Fortsetzungen ein Bericht abgedruckt.
Personen, Gedankengänge und Ereignisse, die darin geschildert wurden, waren für die anspruchsvollen Leser jener Zeit gewiß nicht von überwältigender Bedeutung, aber dennoch genossen sie die Lektüre nicht ohne Interesse. Nicht zuletzt, weil in der Ankündigung folgendes zu lesen stand:
„Wer zog die Notbremse im ‚Fliegenden Leipziger'?
Was war im Restaurant ‚Italia' los?
Wer setzte die größten Schachspieler matt?
Wer rettete die Stadt der Weltmesse?
Warum erwarben zwei Jungen den Großen Messepreis?
All diese und andere undurchdringliche Rätsel, worüber unsere Zeitung in den letzten Tagen wiederholt berichtete, werden in dieser Geschichte aufgeklärt. Wir versichern, daß keine der Begebenheiten und der handelnden Personen frei erfunden sind. Es ist alles getreulich so niedergeschrieben, wie es sich kürzlich hier zugetragen hat."
Mancher Leser dürfte nun mit einigen Einrichtungen und Gepflogenheiten, die für den Zeitungsabonnenten des Jahres 1999 selbstverständlich sind, nicht zur Genüge vertraut sein. Deshalb schien es ratsam, den Originaltext zu überarbeiten und an vielen Stellen umständlicher auf Verhältnisse und Geschehnisse einzugehen, die andernfalls unverständlich bleiben würden.
Mit Recht könnte der Leser argwöhnen, die Geschichte habe durch die Umarbeitung an Güte und Wahrscheinlichkeit verloren. In diesem Falle sei ihm geraten, sich die Ausgaben der „Leipziger Volkszeitung" bis einschließlich 1. April 1999 selbst zu besorgen.

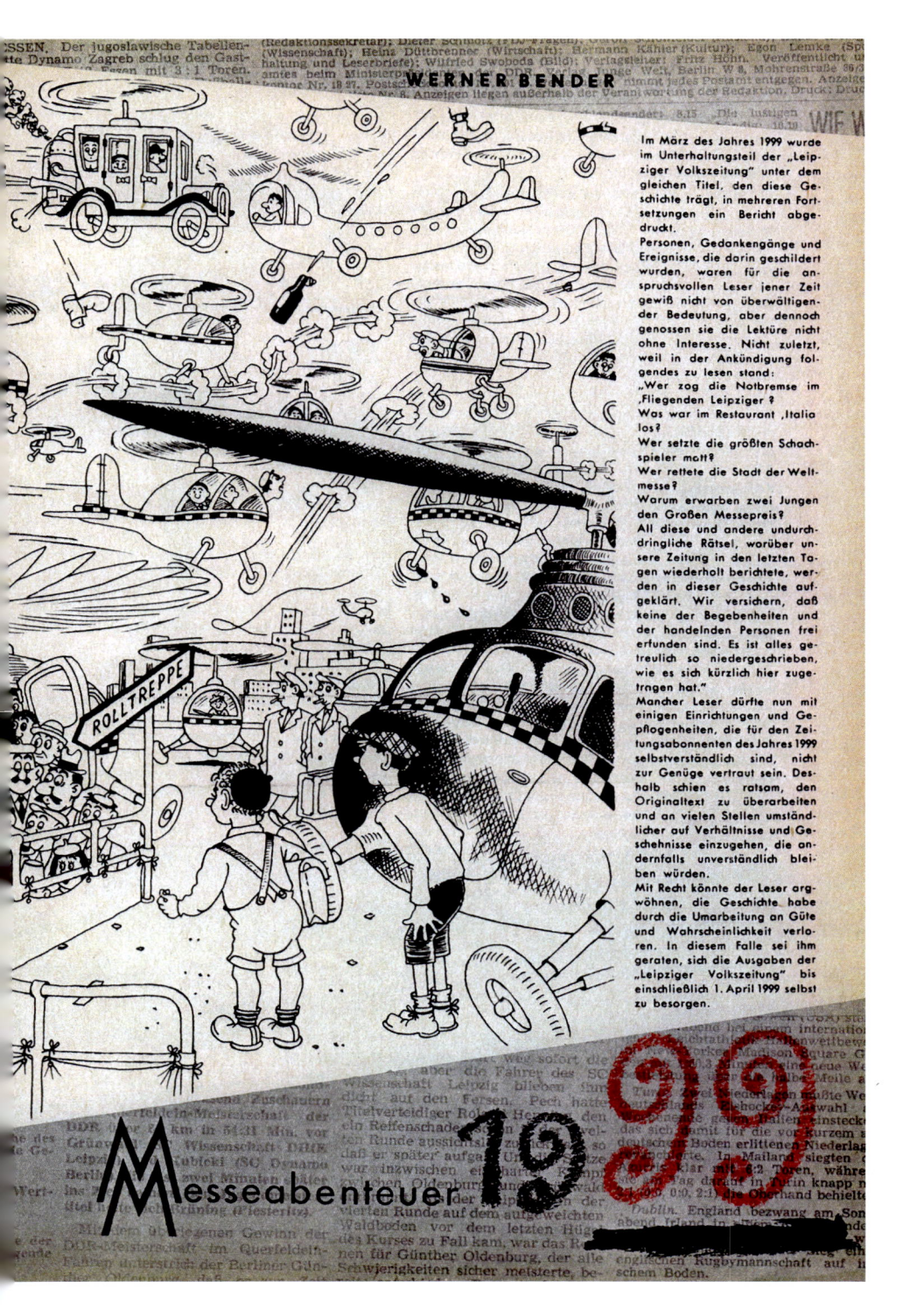

Messeabenteuer 1999

Geschehnisse einzugehen, die andernfalls unverständlich bleiben würden.

Mit Recht könnte der Leser argwöhnen, die Geschichte habe durch die Umarbeitung an Güte und Wahrscheinlichkeit verloren. In diesem Falle sei ihm geraten, sich die Ausgaben der „Leipziger Volkszeitung" bis einschließlich 1. April 1999 selbst zu besorgen.

I.

Eine stromlinienförmige Wagenschlange, rot, silbern und aus blitzendem Glas, huschte in rasender Fahrt vorbei an den nebelverhangenen Hügeln des Fichtelgebirges nach Norden.

Offenbar hat er's eilig, der Blitzzug München-Leipzig. Seine tausendpferdigen Atommotoren schnellten ihn in weniger als anderthalb Stunden über die vierhundert Kilometer lange Schiene. Der Zeiger des Tachometers im Führerstand wies auf Dreihundertfünfzig. Etwa zwanzig solcher Züge fuhren täglich in beiden Richtungen. Jetzt im März verkehrten sie aus gutem Grund sogar zweimal in der Stunde. Nach ihrem ebenso berühmten wie altmodischen Großvater – dem „Fliegenden Hamburger" – trugen sie den anmaßenden Namen „Die Fliegenden Leipziger".

Solche rassigen, elegant schillernden Geschöpfe hasteten hin und her zwischen München und Leipzig und den anderen großen Städten, nervös verhielten sie bisweilen für einen Augenblick auf kleineren Zwischenstationen, dann jagten sie mit einem ehrgeizigen, pfeifenden Geräusch weiter, das aber irgendwie beleidigt klang; denn auch die stolzen sogenannten „Fliegenden" wurden unaufhaltsam altmodisch, da war nichts zu retten. Schon hatten „Strahlflugzeug" und „Rasender Diskus", der in raschem Zickzack von Stadt zu Stadt übers Land sprang, ihnen die Hälfte aller Passagiere abspenstig gemacht. Und der „Fliegende Leipziger" wirkte nun wie einer, der aus dieser Entwicklung schrulligerweise erst die halbe Konsequenz gezogen hat: Er fuhr, sicher balancierend, nur noch auf einer Schiene.

[...]

WERNER BENDER

Messeabenteuer 1999

Am Pult flammte ein Signallämpchen in regelmäßigen Abständen auf: Im vierten Wagen die Notbremse gezogen!

[...]

Dem Franz war der Kerl ja gleich unheimlich vorgekommen, dieser Schaufenstermann, dieser Patentfeixer. Es war eine Viertelstunde vor dem Zwischenfall, da hielt es Franz einfach nicht mehr aus auf seinem schwellenden Polstersessel. Und daran war eben dieser ekelhafte Bursche schuld, der ihm direkt gegenübersaß und ihn mit eingefrorenem Lächeln immerfort anstierte. Dem Jungen sträubten sich die borstigen Haare. Er fühlte sich wie ein Kaninchen, mit dem eine Giftschlange poussiert. Exakt berechnet hat er die Augen wie ein geschlachteter Karpfen, dachte Franz zähneknirschend und blinzelte grimmig zu ihm hinüber. Und dazu diese komische Grimasse! Als wäre er Schaufensterpuppe von Beruf und hätte einen Hypnosekursus besucht!

Der eigentliche Grund aber, warum Franz dieses Subjekt heftiger verabscheute als jeden abgefeimten Zugräuber aus einem vergilbten Abenteuerroman des letzten Jahrhunderts, war folgender: Der Mann hatte es doch gewagt, eine Ladung Froletten aus der Tasche zu fingern, damit kaltblütig auf Franz zu zielen und ihn anzuschnarren: „Na, Kleiner, möchtest du ein Frolettchen?"

Die Froletten, eine himmlische Leckerei, beliebt bei Kind und Greis, waren etwa pflaumengroß. Obwohl sie sich durchaus nicht kalt anfühlten, zergingen sie sofort auf der Zunge und kühlten wie bestes Speiseeis. Dabei stieg einem ein so berauschendes Aroma in die Nase, dass man sich in den siebenten Himmel sämtlicher Südfrüchte versetzt glaubte. Trotzdem verschlug es dem Jungen sofort den Appetit. Er wurde puterrot, zischte wütend: „Danke! So was schmeckt bloß Kindern."

Kleiner, sagte dieser Patron! Zu ihm, Franz Kieninger, den seine Schulkameraden nur „Professor Radi" nannten und der unbestritten der gewitzteste Bastler eines ganzen Münchner Stadtviertels war! Zugegeben – er hatte es in seinen dreizehn Lebensjahren leider nur bis zu einer Länge von einem Meter und sechsundfünfzigkommafünf Zentimeter gebracht, exakt berechnet, und das war verdammt wenig. Er sah ein bisschen knollig aus, drum hatten sie ihm auch den Spitznamen „Radi" verliehen, nach dem in seiner Heimatstadt seit Urzeiten so hoch geschätzten Rettich gleichen Namens. Aber deswegen brauchte ihn dieser Herr Glotzauge noch lange nicht anzureden wie einen Säugling, auch wenn er seinen pomadisierten Mittelscheitel einen Meter und neunzig über dem Erdboden spazieren trug.

[...]

Franz quetschte sich beharrlich zwischen den Leuten durch, bis er plötzlich einen würdigen, grauhaarigen Mann sah. Er kannte dieses schwermütige Gesicht mit dem lustigen Knebelbart von vielen Zeitungsbildern her. Nun stand er hier, der große indische Wissenschaftler Ragpur, Ehrenpräsident des weltumspannenden „Vereinten Wirtschafts- und Forschungsrates". Keine drei Meter von Franz entfernt, über ein Rednerpult gebeugt, sprach er feierlich die Worte: „... erkläre ich die Leipziger Weltmesse des Jahres 1999 für eröffnet."

Der Präsident verschwand, und vor Franz tat sich ein Festsaal auf, geschmückt mit den Farben sämtlicher Länder. Beifall brauste los, und auch die Reisenden im Salonwagen klatschten impulsiv mit.

Die Täuschung war vollkommen. Der Raum hatte keine Rückwand, und dieser Wagen, der mit dreihundertundfünfzig Stundenkilometern durchs Fichtelgebirge raste, war in diesem Augenblick ein Teil jenes Festsaales in Leipzig ... Aber da war die Übertragung auch schon zu Ende. Der Ansager des Fernsehsenders kündigte an, dass das Programm nun mit den Bildberichten aus den Messehallen fortgesetzt werde.

II.

In einem Schienenkanal jagte B-ML 623 – genannt „Fliegender Leipziger" – unter dem Häusermeer weg und beendete seine Reise nach genauer Fahrplanzeit um 15.02 Uhr, zwei Stockwerke tief unter dem Afrikanischen Platz.

Im Augenblick war dieser Bahnsteig der Leipziger Südstation noch fast leer. Unter den wenigen Leuten, die den Zug erwarteten, stach eine kleine Gruppe würdiger Männer und Frauen hervor, die sich mit einem prächtigen Blumenstrauß ausgerüstet hatten, bereit zum Empfang irgendeines bedeutenden Gastes.

Am Rande dieser Gruppe war ein dreizehn- bis vierzehnjähriger Bursche zu bemerken: lang und dünn wie eine Spargelstange, sehr schick angezogen, aber durchaus nicht feierlich.

Ob er nun eigentlich dazugehörte, war nicht recht klar. Denn wenn er sich auch sichtlich bemühte, möglichst stocksteif dabeizustehen und ein erhabenes Gesicht zu schneiden, strahlte er doch eine unleugbare, geradezu überwältigende Schlaksigkeit aus.

Der Zug stoppt, die Türen schnellen auf, und augenblicklich entspringt dem ersten Wagen ein recht eigenartiges, winziges Wesen in original urbayrischer Lederhose und äugt aufgeregt den Bahnsteig hinauf und hinunter. Da beginnt der Schlaks sofort heftig mit den Armen zu rudern. Er signalisiert: Die Lederhose möchte unverzüglich zu ihm rüberkommen.

Auf der anderen Seite zuerst völlige Verständnislosigkeit. Dann heftige Gegensignale: Was soll denn das? Komm doch selbst!

Aus den Türen quellen die Fahrgäste. Die Empfangsgruppe setzt sich unentschlossen und würdevoll in Bewegung, der Schlaks immer dicht dabei. Er ringt verzweifelt die Hände ob der Begriffsstutzigkeit des Urbayern und winkt energisch jeden Widerspruch über den Haufen. So bleibt denn dem Lederbehosten schließlich nichts anderes übrig, als quer über den Bahnsteig weg unsicher auf den Blumenstrauß loszusteuern, und wie er gerade dort angelangt ist, sagt der Schlaks laut und vernehmlich, mit einer großartigen Handbewegung: „Es ist natürlich für uns alle eine monumentale Ehre, diese historische Person in den Mauern unserer Stadt willkommen zu heißen. Es handelt sich hierbei um den unsterblichen Erfinder vom klassischen Detektorempfänger, und außerdem wird ja bekanntlich das gesamte Radiowesen nach ihm benannt. Darf ich vorstellen – der berühmte Professor Radi aus München!"

Der so gefeierte „Professor Radi" einerseits und die Männer und Frauen der Empfangsgruppe andererseits starrten sich ein wenig ratlos an. Offenbar waren beide Parteien sehr aufgewühlt durch die unerwartete Ehre, die ihnen da zuteil wurde. Aber leider schien der Blumenstrauß bereits für einen anderen berühmten Menschen bestimmt zu sein, denn plötzlich rief einer der Männer: „Da hinten kommt ja der Professor Montinari!" – und die Gruppe entfernte sich eilends.

„Also Pepp", keuchte der in der Lederhose, „exakt berechnet, find ich das eine unglaubliche Gemeinheit!"

Egon Brockmann, genannt Pepp, setzte eine gekränkte Miene auf.

„Na, hör mal! Ich mühe mich hier ab, um dir einen festlichen Empfang zu verschaffen, und du findest das eine Gemeinheit? Wie soll ich mir das bloß erklären?"

[…]

Massig und steif, erschreckend unbeweglich, wie ein hochkant gestellter Klotz, der per Fließband befördert wird, glitt Blasius auf dem Rollsteig an ihnen vorbei. So lächerlich er ihn auch gern gefunden hätte – Franz überlief ein leichtes Frösteln.

Dem Egon entfuhr vor Überraschung ein Pfiff. „Ich konstatiere: Ein Schwergewichtler mit Starrkrampf. Und ein Gesicht hat er, wie …"

Franz ergänzte: „Wie eine Modepuppe aus dem Kaufhaus."

„Aber wie eine von den schlechten, die immer so dümmlich grinsen!" fand Egon. Dann zog er seinen Freund rasch auf den Rollsteig, und sie fuhren hinter Blasius her.

Hastig schilderte Franz, wie Blasius sich im Zug betragen hatte, und fügte hinzu: „Also entweder er ist einfach spinnert, dann hat er meinen Segen, oder ..." Er legte die Stirn grüblerisch in Falten.

„Oder was?" fragte Egon gespannt.

„Lach mich meinetwegen aus", murmelte Franz. „Aber ich kann mir nicht helfen, der Kerl kommt mir irgendwie verdächtig vor. Er hat was von einem Gespenst vom anderen Stern, exakt berechnet. Am Ende stammt er gar vom Saturn oder aus der Gegend vom Sirius, und er ist heimlich auf der Erde gelandet, um hier Unfug anzustellen."

„Hm, aber warum zieht er dann die Notbremse?" gab Egon zu bedenken.

„Na, um sich anzubiedern! Um sich wie ein Mensch aufzuspielen!"

„Das ist schon deshalb völliger Quatsch", behauptete Egon, „weil auf anderen Sternen ja gar nichts Menschenähnliches herumkriecht, wie du eigentlich wissen müsstest."

Diese altkluge Behauptung stellte Egon aber nur deshalb auf, weil er durch die Ergebnisse der Weltraumschifffahrt in den letzten Jahren zutiefst enttäuscht worden war. Und so wie ihm war es Millionen von einfältigen Gemütern ergangen. Vor dreißig Jahren war der erste Weltraumpilot auf dem Mond gelandet, 1997 wurde der Planet Mars erreicht, 1998 die Venus und der Merkur. Aber – o Schreck – man hatte weder Mondkälber noch Marsmenschen, noch Venusfrauen und Merkurbuben entdecken können. Auf Grund dieses Mangels verwandelten sich fünf Dutzend sehr spannende Zukunftsromane, die auf den genannten Planeten spielten, in Altpapier. Freilich – es gab Marsbewohner. Etwa hunderttausend davon lebten sogar im Biologischen Magazin von Egons Schule. Aber man konnte ihnen ja nicht mal guten Tag sagen, diesen albernen, winzigen Tierchen, die nur mit dem Mikroskop in Augenschein zu nehmen waren.

[...]

Sie fanden sich plötzlich auf dem flachen Dach der Eingangshalle zum unterirdischen Bahnhof, wo ein zentraler Landeplatz für Aerotaxis

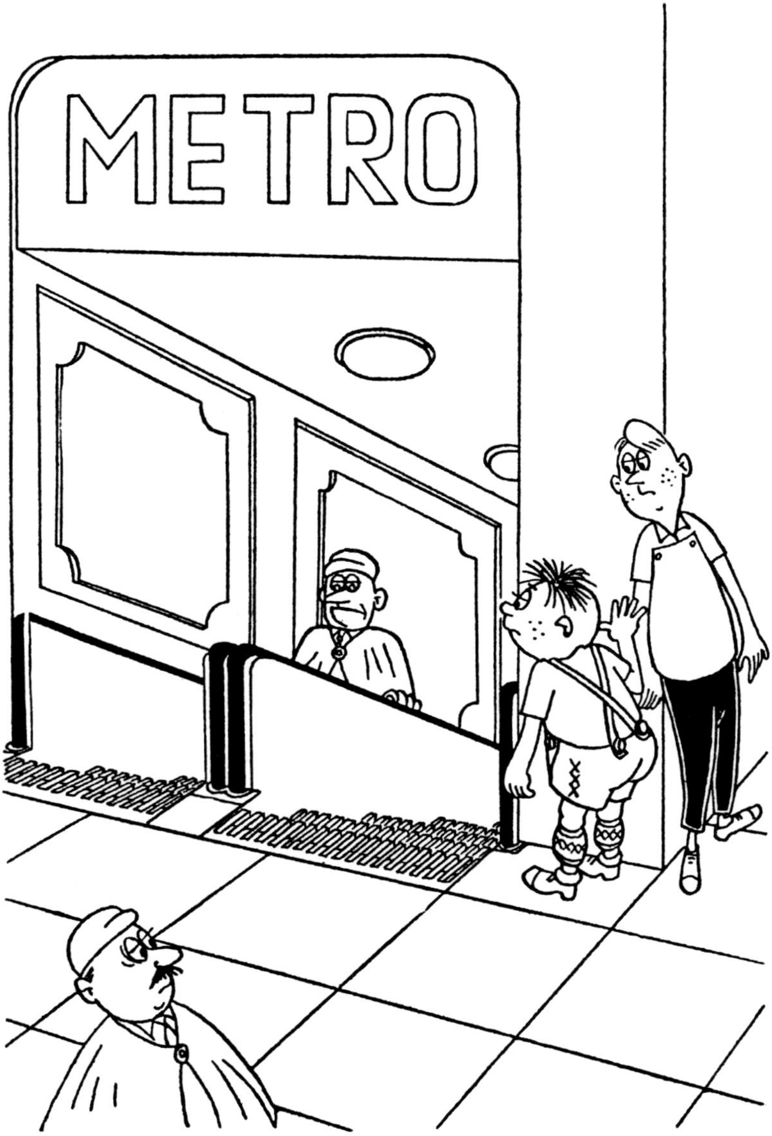
METRO

eingerichtet war. In ununterbrochener Folge hüpften die gedrungenen, kurzflossigen Gondeln mit einem leisen Aufheulen ihres Triebwerks senkrecht in die Höhe, standen einen Moment in der Luft still und flitzten dann hundert Meter über den Dächern waagerecht davon. Andere senkten sich langsam herab wie ein Fahrstuhl, setzten behutsam auf, um die Fahrgäste zu entlassen – und das Spiel konnte von neuem beginnen.

Vom vorderen Rand der Plattform aus ließ sich der ganze Afrikanische Platz überblicken. Die weite Fläche und die Fassaden der dutzendstöckigen Gebäude, die den freien Platz halbkreisförmig umschlossen, schimmerten matt unter den schrägen Sonnenstrahlen, in allen Abstufungen zwischen Grau und Weiß. Nebenan im Park, der die Südseite begrenzte, grünte und blühte es an diesem 5. März, als sei es längst Frühling. Auf den Fahrbahnen wimmelte es von flinken Autos, auf den mit Fliesen belegten Gehstraßen von farbenfroh gekleideten Menschen. Die Moden aller Erdzonen gaben sich ein malerisches Stelldichein am Nachmittag.

[...]

Am Skandinavischen Ring betrat der Mann ein großes Gebäude, das mehrere Institute und öffentliche Stellen beherbergte, wie aus den Schildern am Eingang zu ersehen war. Hier befand sich unter anderem der „Ständige Arbeitsausschuss für Erneuerung der deutschen Rechtschreibung", der bekanntlich schon seit vierzig Jahren darüber beriet, ob die Kleinschreibung der Hauptwörter eingeführt werden sollte oder nicht; ferner das „Büro für Staubbekämpfung", die „Verwaltung der Leipziger Treibhäuser" und das „Deutsche Institut für Automatenforschung – Außenstelle IV".

[...]

V.

Egons Vater war von Beruf Wetter-Regulator. Jeden Tag flog er mit seinem kleinen Aero-Sportkabriolett hinaus ins Vorfeld von Leipzig zur Zentralen Wetterregulierungsstelle.

Übrigens – er war sehr stolz auf seinen Beruf und kam sich ganz unentbehrlich vor. Immer, wenn er seinen achtwöchigen Jahresurlaub antrat, den er schrulligerweise nur am Nordkap verbrachte, hatte er Angst, dass in der Zeit seiner Abwesenheit irgendein unaufmerksamer Trottel das ganze Wetter versauen könnte. Freilich, der Beruf war noch neu, und es gab vorerst nur wenige erfahrene, mit allen Regenwassern gewaschene Wettermacher. Drum hatten sie auch eine viel längere Arbeitszeit als andere Berufe. Egons Vater stöhnte oft ein wenig wichtigtuerisch: „Tja, wir Wettermänner müssen schwer ran!" Er arbeitete übrigens sechs Stunden am Tag.

Außer Egons Vater, seinen Kollegen und dem Ansager des Senders, der den Wetterplan aufsagte, war in Leipzig keine einzige Menschenseele anzutreffen, die sich über die Schicksalsfrage unterhalten hätte: Wie wird das Wetter? Und so war eines der beliebtesten Gesprächsthemen, mit denen die Menschen sich in früheren Zeiten vergnügen konnten, erledigt.

Wenn während dieser Tage etwa einer zum anderen gesagt hätte: „Nein, ist heute aber ein entzückendes Wetter!", wäre das genauso dumm gewesen, als hätte er an einem Wintertag in der Wohnstube eines Bekannten ausgerufen: „Nein, haben Sie aber heute entzückend geheizt!" Denn Leipzig war während der Messetage eine einzige große sonnige und wohltemperierte Gaststube. Dieses „Messewetter" war das Ausstellungsstück der Wettermacher und wurde von Egons Vater und seinen Kollegen gemacht.

Mit Hilfe von künstlichen warmen und kalten Luftströmungen und dünnen sperrenden Nebelwänden sorgten sie dafür, dass über der Millionenstadt eine strahlende Sonne im klaren blassblauen Himmel stand.

Das Übrige taten die sogenannten Z-Strahler, die „Himmelsflecke", wie sie im Volksmund genannt wurden. Das waren einige Dutzend schwärzliche Scheiben, die – an Flugkörpern befestigt und gleichmäßig über das Stadtgebiet verteilt – einen Kilometer hoch unbeweglich in der Luft hingen. Sie strahlten kein Licht aus, aber sie heizten die Straßen und Plätze und erzeugten eine milde Maitemperatur zwischen achtzehn und zweiundzwanzig Grad Celsius.

[…]

Während sein Vater schwatzte, zischte und knallte es draußen ununterbrochen. Ja, oben auf dem Dach wurde sogar ein ganzes Schock Kanonenschüsse abgebrannt, doch die drei hatten nichts gehört. Der Lärmschlucker war eingeschaltet gewesen.

[…]

Nach all diesen Aufregungen verspürte Egon weiter nichts als Hunger. Er hieß seinen Vater und Franz sich ins große Zimmer an den Tisch zu setzen, er komme gleich mit dem Essen. Da er keine Mutter mehr hatte, erfüllte er so nebenbei die Hausfrauenpflichten. Das war in jeder Hinsicht ein Kinderspiel, nicht zuletzt dank des „Boduktors".

Aus dem Kühlschrank nahm er von einem Stapel flacher, weißer Kästen einen, auf dem „Persische Platte" stand. In vielen kleinen Fächern barg der Kasten eine raffinierte Mischung von Rohsubstanzen. Es gab diese „Speisekompletts" in allen Spielarten. Sie wurden in jedes Haus geliefert, und selbst der launischste Genießer fand, was er gerade begehrte. Die „Persische Platte" – ein wahres Feuerwerk für den Gaumen – schob Egon in den Boduktor, das Universalgenie des modernen Haushalts. Auf dem Kastenboden waren die Befehle für den dienstfertigen Boduktor aufgeprägt, und sofort ließ er es in den einzelnen Fächern brutzeln, dünsten oder tauen. Nebenbei gab er so viel blitzblankes Geschirr heraus, wie durch Knopfdruck von ihm verlangt wurde. Nach drei Minuten stand denn auch schon die „Persische Platte" vollendet auf dem Servierwagen. Egon liebte die Abwechslung; es war ungefähr das viertausendste Spezialgericht, das er zubereitete. Nur einmal hatte er sich wiederholt: Als der Boduktor noch ganz neu war, konnte er es sich nicht verkneifen, vor lauter Begeisterung binnen zwanzig Minuten hintereinander drei Weihnachtsgänse zu braten.

Sie begannen schweigend zu essen. Egons Vater, der es gewiss zum gefeierten Musiker gebracht hätte, wenn nicht das Wetter stürmisch mit ihm durchgegangen wäre, hatte das Radio eingeschaltet.

[…]

Dieses neue Klavierwerk von Nikolai Nekrassow gestaltet ein Erlebnis der modernen Technik und heißt: ‚Tanz der Automaten'. Vorgetragen wird es von Nathaniel Radius …"

299

Auf die Bühne des Konzertsaals polterte ein hochgewachsener Mann, massig und steif, vollführte mit mürrischer Miene eine eckige Verbeugung und hockte sich vor den Flügel hin.

„Blasius!" kreischte Egon. Franz rannte zur Fernsehscheibe, drückte sich um ein Haar die wunde Nase daran platt und rief: „Exakt berechnet – er ist's!"

[…]

Diese Griffe, diese Triller, diese rasenden Passagen! Ein teuflisches Klavierstück. Das schwierigste, das er je gehört hatte. Eigentlich ganz menschenunmöglich, es zu spielen. Und dabei hielt sich der plumpe Virtuose dort vorn so gleichmütig vor dem Flügel, als schaue er gelangweilt in ein Bierglas, während seine Hände auf der Klaviatur einen wahren Hexentanz vollführten. Immer wilder das Tempo, immer kühner die Kapriolen und kein Stocken, kein Abrutschen oder Klebenbleiben, kein Fehlgriff – nicht der Hauch einer Unebenheit. Der Wettermacher sah vor seinem inneren Auge plötzlich einen wirbelnden Tanz von blitzenden Metallskeletten, die eine Elektronenröhre als Kopf trugen; sie schnitten spöttische Grimassen und ahmten mit grotesken Gebärden Menschen nach. Toller und toller trieben sie das Spiel, hüllten sich schließlich in einen kreisenden Funkenwirbel – und mit einem übermütigen Triller brach das Stück ab. Als hätte jemand auf einen geheimen Knopf gedrückt, fiel der traumhafte Spuk in sich zusammen.

[…]

Der alte Soufflé meckerte amüsiert. Dann begann er Lydia den ganzen Sachverhalt überflüssigerweise noch einmal auseinanderzusetzen.

Die Dinge lagen nämlich so: Soufflé war am Tag vorher, am Abend des ersten Messetages, in Leipzig eingetroffen. Er hatte sich direkt nach seiner Ankunft eiligst zu dem führenden Sprachwissenschaftler der Leipziger Universität begeben, eben zu dem unpünktlichen Professor Sauerwald, und ungeduldig von ihm verlangt, er möchte ihm, Soufflé, schleunigst den „Polymetsch" zeigen.

Mit dem „Polymetsch" hatte es seine besondere Bewandtnis. Die Menschen des Jahres 1999, ganz gleich, aus welcher Weltgegend sie stammten,, verstanden sich im Großen und Ganzen ausgezeichnet. Sie stimmten zum Beispiel schon einige Jahrzehnte lang völlig darin überein, dass es unvernünftig sei, sich gegenseitig nach alten Spielregeln übers Ohr zu bauen und um die Früchte der Arbeit zu bringen oder, wie es früher vorgekommen war, sich abwechselnd Bomben auf die Köpfe zu werfen. Aber diese Schlauberger des Jahres 1999 wussten das nicht nur, sondern waren auch tatsächlich fast ausnahmslos feste dabei, ihre Welt recht vernünftig und freundlich einzurichten. Dabei verstanden sie sich eigentlich meistens glänzend.

Bloß die Ausdrucksweise machte ihnen manchmal noch peinliche Schwierigkeiten. Sie waren eben nicht alle solche Naturtalente wie der Doktor Soufflé, dem die fremden Sprachen nur so zuflogen.

Und da es nicht mehr vorkam, dass irgendein Ländlein der Erde mit seinem Kram allein rumwurschtelte, hatten die Leute sich furchtbar viel mitzuteilen, miteinander zu beraten oder zu streiten. Besuchsreisen über mehr als tausend Kilometer waren alltäglich. Außerdem mussten fortwährend ganze Riesenbibliotheken, unzählige Hefte und Zettel, aus einer Sprache in ein paar dutzend andere übersetzt werden. Ein Fünftel der arbeitenden Bevölkerung der Erde hätte sich im Jahre 1999 Tag und Nacht als Dolmetscher abschwitzen müssen, um diesen Haufen Arbeit zu bewältigen. Aber zum Glück gab es schon Dolmetscherapparate, die den guten Leuten einen Teil dieser Schinderei ersparten. Die machten ihre Sache unermüdlich und schnell, ohne auch nur eine Kopfschmerztablette oder eine Silbe zu verschlucken. Aber sie waren immer noch viel zu asthmatisch, umständlich und unhandlich, im ganzen ein gewaltiger Wasserkopf. Drum hatte vor fünf Jahren ein Stab von Technikern und Sprachgelehrten damit angefangen, eine reizende, handliche und neunmalgescheite Dolmetschermaschine zu konstruieren. Sie sollte so beschaffen sein, dass sie in alle Kongressräume, Hotels, Postämter, Hochschulen, Auskunftsbüros, Druckereien, Zeitungsredaktionen, Theater, Rundfunkstationen, ja – in alles, wo geredet und geschrieben wird – eingebaut werden konnte.

Zum Beispiel: Du wählst in deiner Leipziger Wohnung am Telefon die Nummer eines Streithammels in Schanghai, dem deine Frühlingsgedichte nicht gefallen. Du schimpfst auf Deutsch, dass es bloß an der schlechten Übersetzung der Gedichte läge – und der Schanghaier hört dein Geschimpfe per Post auf Chinesisch. Wählst du London, wird der dortige Streithammel dich einwandfrei Englisch fluchen hören. So ist das. Wenn du aber über dieselbe Frage einen empörten Artikel für die „Welt-Zeitung der Dichter" schreibst, so muss ein Setzermeister in einer Leipziger Druckerei diesen Artikel in eine Setzmaschine tippen; die Dolmetschermaschine bedient automatisch weitere siebenundzwanzig Druckereimaschinen, und der Artikel erscheint also in achtundzwanzig Sprachen genauso langweilig, wie du ihn vorher in Deutsch verfasst hast. – So naturgetreu sollte diese neue Dolmetschermaschine arbeiten.

Herrje! Da reden wir nun von altbekannten Dingen und vergessen dabei ganz den Doktor Soufflé, der immer noch auf der steinernen Ruhebank links vom Haupteingang zum „Museum des 20. Jahrhunderts" ungeduldig hin und her rutscht, weil seine Uhr steif und fest behauptet, es sei nun schon fünf Minuten nach elf Uhr.

„Über eine Stunde Verspätung!" brummte Soufflé aus Versehen mal in seiner eigenen Muttersprache. „Lydia, ich sage Ihnen, der Sauerwald hat fürchterliche Bauchschmerzen, weil er wieder einen Reinfall befürchtet wie im letzten Jahr. Er ist ein guter Kerl. Aber dass er uns deswegen einfach versetzt, das, finde ich, ist eine Gemeinheit."

Dieser bescholtene Leipziger Sprachprofessor Sauerwald war nun aber genau der Mann, der sich als Anführer einer Truppe von Sprachwissenschaftlern seit fünf Jahren, zusammen mit einem Haufen von Technikern, um die Erschaffung jener wundervollen Dolmetschermaschine bemühte, die er „Polymetsch" nannte. „Poly" kommt bekanntlich aus dem Griechischen und heißt „viel", „metsch" ist die zweite Silbe von „Dolmetsch". Auf der letzten Weltmesse 1998 war dieser „Vielmetsch" schon durch eine große internationale Kommission von Sprachwissenschaftlern begutachtet worden, seine Einführung für alle Länder der Erde vorgesehen. Aber Soufflé und Lydia Sarubina hatten dem „Polymetsch" einige dumme Übersetzungsfehler nachgewiesen. Der Kasten musste folglich verbessert werden. Also wurde die Prüfungskommission für die Weltmesse 1999 noch einmal einberufen. Die große Beratung sollte diesmal am vierten Messetag stattfinden, während Soufflé und Lydia schon für den zweiten bestellt waren, um eine erste Prüfung vorzunehmen. Aber Sauerwald hatte den voreiligen Soufflé am Abend des ersten Messetages mit faulen Ausreden abgewimmelt und die beiden auch am zweiten Tag nicht ins Institut gelassen, wo der „Polymetsch" herumstand, sondern sie unter ziemlich verdächtigen Vorwänden für zehn Uhr auf diese Bank bestellt. „Er hat jämmerliche Angst", knurrte Soufflé. „Ein Wissenschaftler – und Angst! Eine Schande."

„Ich habe auch immer Angst", meinte Lydia, „wenn ich mit einer neuen Sache auftreten und sie verteidigen soll. Ohne Angst geht es nicht ab."

Soufflé sagte darauf nichts, sondern er spitzte plötzlich die Ohren. Mit Interesse betrachtete er eine in unmittelbarer Nähe herumbummelnde Gruppe, obwohl er den erwarteten Sauerwald darin auch nicht entdecken konnte. Das gemischte Häuflein blieb zwei, drei Meter vor der Bank stehen. Es handelte sich offenbar um solche Zaungäste aus aller Welt, die in geschlossenen Gruppen und Grüppchen jede Leipziger Messe durchstreifen. Hier hatten sich auf einmal gleich ein halbes Dutzend Inder zusammengetan, dazu ebenso viele Japaner und zwei kakaobraune Frauen, die rein malaiisch kicherten, wie der kundige Soufflé sofort erlauschte. Daran war aber nichts Besonderes. Was Soufflé interessierte, war der einheimische „Messeführer", der vor seinen Schützlingen säuberlich einherstolzierte – wie ein motorisierter Elefant ungefähr. Freilich hätten sich die Fremden allein in Leipzig noch ein bisschen besser zurechtgefunden, aber der „Messeführer" gehörte nun eben mal zur individuellen Leipziger Gastfreundschaft. Na schön! Wenn irgendwo was Festliches passiert, müssen welche da sein, die den Auswärtigen erzählen, was die längst schon wissen: Wie man sich etwa da und dorthin verirrt, wie viele Kilogramm irgendein Denkmal wiegt und welche geschichtliche Bedeutung es verkörpert. Wenn solche ollen Kamellen nicht mindestens zehnmal als Neuigkeiten aufgetischt werden, fehlt eben die richtige festliche Stimmung. Und deshalb wurden vor einigen tausend Jahren unter anderem die Fremdenführer und die Festredner erfunden.

Dieser „Messeführer" hier also wies nun mit einer ungelenken Armbewegung auf das Museum und begann mit rauher Stimme loszuquasseln: „Gestern Nachmittag, am 5. März, wurde das ‚Museum des 20. Jahrhunderts' zugleich mit der letzten Weltmesse vor dem neuen Jahrtausend feierlich eröffnet. In seiner äußeren Gestalt ist es geschaffen als ein Denkmal zu Ehren dieses bewegten und entscheidenden Jahrhunderts, in dem die Menschheit so viel ..."

Er sagte sein Verschen zuerst auf Indisch, dann auf Japanisch und Malaiisch herunter. Er übersetzte unerhört genau und gewandt, ohne einmal zu stolpern.

Scheint ein ganz ordentlicher Kerl zu sein, dachte Soufflé. Obwohl er Dinge wiederkäut, die heute morgen in allen Zeitungen ...

Er nahm ein dickes illustriertes Heft, das zwischen ihm und Lydia auf der Bank lag, und blätterte darin. Es war die deutschsprachige Ausgabe der „Leipziger Volkszeitung" von diesem Morgen. Aha – da stand es ja. Soufflé überflog einen längeren Artikel auf Seite dreizehn, während der Messeführer gerade malaiisch schnarrte. Nanu! Der übersetzte ja diesen frischgebackenen deutschen Zeitungstext aus dem Kopf Wort für Wort in bestes Malaiisch!

Soufflé, der einen schönen Zeitvertreib witterte, sprang auf, lief zu dem Messeführer hin und rief auf Deutsch: „Wie bitte? Was ist das?" Dabei zeigte er auf das Museum.

Und ohne zu zögern schnarrte der andere beflissen in deutscher Sprache: „Gestern Nachmittag, am 5. März, wurde das ‚Museum des 20. Jahrhunderts' zugleich mit der letzten Weltmesse vor dem neuen Jahrtausend feierlich ..."

Soufflé las in der Zeitung mit, was der Kerl von sich gab: Es war Wort für Wort, Laut für Laut der Text des Artikels! „Mann, sind Sie aber ein Gedächtniskünstler!" rief Soufflé. Der Messeführer, der Soufflé unentwegt höflich grinsend anglotzte, schüttelte den massigen Schädel: „Nein, ich bin kein Künstler!"

Dem Soufflé fiel auf diese dämliche Antwort hin der Unterkiefer herunter. Hatte er doch nie und nimmer behauptet, der motorisierte Elefant sei ein Künstler! Aber ein Gedächtniskünstler war er immerhin, ohne Zweifel. Soufflé murmelte in einer wunderlichen Sprache, die außer ihm kaum ein zweiter Mensch verstand: „Mein Sohn, du bist offenbar leider doch ein wenig bekloppt!" – und wurde bleich, als der motorisierte Elefant in derselben Mundart trompetete: „Nein, das bin ich nicht!"

Auf Grund dieser umwerfenden Tatsache blieb dem Soufflé erst einmal für ein paar Minuten völlig die Spucke weg.

Der unheimliche Messeführer aber sagte seinen Zeitungsartikel weiter herunter, ohne im Geringsten empört auszusehen. Ja, er war sogar so hinreißend höflich, dass er die einzelnen Abschnitte jetzt abwechselnd indisch, japanisch, malaiisch und deutsch aufsagte, weil sein Beleidiger vorhin „Wie, bitte?" gefragt hatte. Er begann geduldig die altbekannte Geschichte Leipzigs, der Messe und des Museums durchzuhecheln. Und so las und hörte Soufflé zum Beispiel in vier Sprachen: „… die alte Leipziger Mustermesse erhielt in den siebziger Jahren dieses Jahrhunderts eine ganz neue Bedeutung, weil die Beziehungen zwischen den Völkern sich endgültig geordnet haben. Leipzig, das bis dahin schon erstrangige Heimstatt des Warenaustausches gewesen ist, wurde am 5. März 1978 von den Vertretern aller Völker zur ‚Stadt der Weltmesse' gewählt. Seitdem halten Wirtschaftler, Wissenschaftler und Produktionsfachleute aus aller Welt alljährlich in Leipzig eine Generalberatung ab. Die neuesten Erfindungen, Erfahrungen und Pläne werden dabei eifrig ausgetauscht und verglichen, alle Neuschöpfungen zu einer festlichen Schau vereinigt. ‚Festwochen der Technik' nennt man seitdem auch …"

Etwas später verbreitete sich der zungenfertige Messeführer über das Museum. Er berichtete laut Zeitungstext: „… das Museum ist innen in hundert Stockwerke unterteilt, darin geben sich alle segensreichen und alle furchtbaren Errungenschaften der letzten hundert Jahre ein Stelldichein." Er wusste auch: „Das Oberteil besteht aus einem künstlichen, selbstleuchtenden Quarzstein, der nur halb so schwer wie Kork ist und jetzt für den Bau von Häusern verwendet wird …"

In diesem Augenblick geschah dem Doktor Soufflé etwas, woran er noch heute denkt: Eine der beiden hübschen kakaobraunen Frauen sah ihn mitleidig an und fragte: „Geht es Ihnen nicht gut?" Darauf wurde der alte Schwerenöter Soufflé von kindischem Ehrgeiz gepackt. Er meckerte selbstbewusst und fand so die Sprache wieder. Und da er das dringende Bedürfnis verspürte, vor der hübschen kakaobraunen Frau zu glänzen, warf er sich unvorsichtigerweise mit der ganzen Wucht seiner Sprachkundigkeit auf den wie beschwipst lächelnden Dolmetscher-Elefanten. Soufflé bewaffnete sich mit einem afrikanischen Dialekt, nämlich mit der Suaheli-Sprache, und schoss plötzlich los: „Guter Mann, verzeihen Sie, aber ich habe Sie immer noch nicht ganz verstanden. Was sagten Sie doch über dieses Ding da?" Und er zeigte wieder auf das Museum.

Ohne Atempause ratterte der Messeführer in der Suaheli Sprache los: „Gestern Nachmittag, am 5. März, wurde das ‚Museum des 20. Jahrhunderts' zugleich mit ..."

Soufflé schluckte ein paarmal, dann fragte er weiter: auf Hebräisch, Arabisch, Türkisch und Mongolisch. Er bekam jedes Mal prompt die gleiche Antwort. Darauf kehrte er erst einmal leicht angeschlagen nach Europa zurück. Er versuchte es: Finnisch, Ungarisch, Bulgarisch, Griechisch, Spanisch und Norwegisch, Italienisch, Albanisch, Irisch und Holländisch. Da erlahmte sein Atem ein wenig – wegen des Tempos. Aber weil die Blicke der schönen Kakaobraunen ihm wieder Wind in die Segel bliesen, umrundete er flugs die halbe Welt und fing plötzlich mit der australischen Ursprache an. Darauf tastete sich Soufflé über Südseeinseln an die Südostküste des asiatischen Kontinents heran. Er schwatzte sich über den Polarkreis hinauf und ein Stück an Sibirien entlang, geriet dann nach einigen Abstechern plötzlich wieder nach Zentralafrika und blieb dort eine ganze Weile stecken, schweißüberströmt und mit trockenem Gaumen. Immerhin hatte er zuletzt fast vorwiegend Sprachen benutzt, die zwar durchaus noch gesprochen und geschrieben, aber im internationalen Verkehr aus Gründen der Zweckmäßigkeit kaum noch benutzt wurden.

Der elefantenhafte Messeführer jedoch kaute auch die seltsamsten Laute fröhlich durch wie sein zweites Frühstück. Soufflés geniale Zungenspitze begann hinter seinen tadellosen fünfundneunzigjährigen Zähnen verzweifelt zu flattern. Er sah wie durch einen Schleier, dass eine größere Menge Leute dem grausigen Kampf zwischen ihm und seinem unheimlichen Gegner amüsiert zuhörten. Kampfhähne! Sie kämpften mit dem Schnabel.

Schon hatte Soufflé in seine letzten Fragen vor Erschöpfung versehentlich einige französische Brocken eingestreut. Seine herrlichen Kenntnisse begannen sich in seinem Kopf rettungslos zu verheddern. Da hatte er plötzlich eine lächerlich einfache, rettende Idee: Dieser Tage erst war von ihm, Soufflé, ein schwieriges wissenschaftliches Werk über die Sprache des winzigen Volksstammes der Sjihsjuri erschienen, die bis 1971 fast unentdeckt am Ufer des Amazonenstromes gewohnt hatten. Zum ersten Mal hatte nun Soufflé die Sjihsjuri-Sprache ausgegraben und nach vollständigen Regeln ordentlich erfasst. Es war eine sehr schöne, eigenartige Sprache mit einer uralten Vergangenheit. Soufflés Werk aber war erst gestern, am ersten Weltmessetag, der Öffentlichkeit vorgelegt worden. Dieser satanische Wunder-Redner, dieser bullige Messeführer konnte also die Sjihsjuri-Mundart auf gar keinen Fall beherrschen! Um vor der schönen Kakaobraunen nicht als erbärmlich Unterlegener dazustehen, begann also Soufflé ein Rückzugsgefecht auf Sjihsjurisch: „Guter Mann", sagte er überlegen, „das ist ja alles noch kein Kunststück, nicht wahr? Aber kennen Sie vielleicht einen Mann namens Kjihkjahee?" Und dann hatte Soufflé auf einmal den Eindruck, dass ihm hier ein ganz übler Streich gespielt wurde. Denn sein Gegner begann süßlich grinsend loszuplaudern, so, als sei er bei den Sjihsjuris mal der Klassenerste gewesen: „Kjihkjahee war sozusagen der Goethe der Sjihsjuris, weil er ..."

Soufflé vernahm unter anderem, dass Kjihkjahee im 9. Jahrhundert nach der Zeitwende lebte, dass seine Dichtungen in die Haut lebender Tiere eintätowiert wurden, und dass er die Hauptwörter nach diesen und jenen Regeln gebeugt hatte. Als der Messeführer es schließlich unternahm, sämtliche unregelmäßigen Zeitwörter, die Kjihkjahee je gebraucht haben konnte, sachkundig auseinanderzunehmen, da schrie Soufflé ihn verstört an: „Mann, wer sind Sie?"

Der andere verbeugte sich steif und schnarrte: „Blasius."

„Kenn ich nicht!" ächzte Soufflé. „Und woher wissen Sie denn das alles, he?"

Komisch. Bisher hatte der Mann die unmöglichsten Sprachen verstanden. Aber diese deutsch gesprochene Frage Soufflés wollte ihm offenbar einfach nicht in die Ohren hinein.

Er grinste nur immerzu doof und überhöflich und zuckte bedauernd mit den massigen Schultern.

Auf einmal bemerkte Soufflé, dass seine Begleiterin Lydia Sarubina neben ihm stand, die er in der Hitze des Gefechtes ganz und gar vergessen hatte. Der erstaunte Franzose hörte, wie Lydia ein kleines Gedicht von Goethe in wundervoller russischer Übersetzung aufsagte. Das berühmte Gedicht von den Vöglein im Walde:

„… warte nur – balde ruhest du auch.

Auf Deutsch, bitte", sagte Lydia zu dem Messeführer. Und der übersetzte die beiden Zeilen prompt:

„Gedulden Sie sich, bitte, einen Augenblick! Auch Sie können sich ausruhen."

Er sagte das etwa ebenso schön auf wie der Geschäftsführer eines Hotels, der einen Gast beruhigt. Soufflé erstarrte vor lauter Verblüffung. Aber dann hörte er plötzlich dicht hinter sich eine wilde, kindische Lache. Er fuhr herum, bemerkte einen langen, dünnen Bengel, der sich prustend den Bauch hielt, und daneben einen Zwerg in kurzer Lederhose, der belustigt ausrief: „Das war, exakt berechnet, genau von Goethe!"

Das Jungenlachen erlöste Soufflé aus seiner Erstarrung. Er fand plötzlich alles wahnsinnig komisch und meckerte gewaltig. Auch dann noch, als er hinter den beiden Jungen Professor Sauerwald entdeckte, der sich also um ganze zwei Stunden verspätet hatte. Soufflé ging auf ihn zu, zeigte auf den Messeführer und meldete kichernd: „Sauerwald, er hat mich untergekriegt!"

Sauerwald drückte ihm die Hand. „Unmöglich, großer Kollege!" sagte er todernst, wobei es aber um seine Mundwinkel verdächtig zuckte. Auch sein Begleiter konnte sich nur mit Mühe seine Erschütterung verkneifen. Das war ein gewisser Ingenieur Prantl.

Sauerwald fasste den Franzosen um die Schulter. „Verzeihen Sie mir, oder bringen Sie mich um! Ich habe Ihnen etwas zu beichten …" Dann zog er ihn und Lydia Sarubina beiseite und redete leise auf die beiden ein.

[...]
„Auf die Plätze – fertig ..." Die sechs weltbesten Hundertmeterläufer heben ihre sechs verschiedenfarbig bespannten Hintern. Zweihunderttausendfaches atemloses Schweigen.

Übrigens fand die ordentliche turnusmäßige Olympiade erst im Jahre 2000 statt. Aber aus Anlass der Jahrtausendwende war man übereingekommen, diesmal zwei Olympiaden hintereinander zu veranstalten: Die eine zur Leipziger Weltmesse im letzten Jahr des alten und eine weitere im ersten Jahr des neuen Jahrtausends; die sollte fünfzehn Monate später in Globus ausgetragen werden. Globus war eine funkelnagelneue Stadt. Sie lag auf einer künstlich besonnten Halbinsel am Rand des eisigen antarktischen Erdteils, nicht allzu weit vom Südpol.

„Los!!" Ein trockener Knall – und die Sprinter jagen davon wie von Furien gehetzt. In fast vierhunderttausend Beinmuskeln hier im Stadion gibt es in diesem großen Moment einen schmerzhaften Ruck, und vierhunderttausend Augen verschlingen die Aschenbahn. Jetzt ist er da, der lang erwartete Augenblick! In weniger als zehn Sekunden wird es heraus sein, ob Jiri Atopek, der junge tschechische Wunderläufer, wirklich zum ersten Mal in der Geschichte des Hundertmeterlaufs die Neun-Sekunden-Grenze bezwungen hat! Die sportfreudige Menschheit vor den Fernsehschirmen glaubt einesteils daran, andernteils nicht ...

Da wird die erwartungsvolle, schicksalsträchtige Stille im Stadion plötzlich durch ein völlig unprogrammgemäßes Gerufe und Gezeter gestört. Erschreckt lassen diejenigen Zuschauer, die nahe dem Startplatz der Läufer sitzen oder stehen, den herrlichen Jiri Atopek aus den Augen – und alle erleben das gewiss außerordentlichste Ereignis in der Weltgeschichte des Sports.

Ein Mann ist unbeobachtet auf irgendeine unerlaubte Weise durch die Umzäunung des olympischen Kampfplatzes gelangt, und zwar direkt hinter dem Startplatz. Als der Knall ertönt, beginnt der Mann, diesen sechs schnellsten Burschen der Welt hinterherzuspazieren. Er kümmert sich dabei nicht um die unartikulierten Entsetzensschreie einiger aufsichtführender Kampfrichter. Er spaziert seelenruhig den Grasstreifen neben der Aschenbahn entlang. Es ist ein Mann in durchschnittlicher Straßenkleidung: olivgrüner Umhang, flache, helle Kappe von neuestem Schnitt. Er sieht schwer und massig aus, man würde ihm normalerweise höchstens zweimal pro Woche einen gemäßigten Laufschritt zutrauen. Aber hier ist es völlig sinnlos, dass die aufgeschreckten Aufpasser ihm nachrennen, um ihn zurückzuhalten … Der Mann rennt nicht. Er geht – oder genauer gesagt: Er stolziert, als hätte er einen Besenstiel verschluckt. Aber wie er stolziert!

Die Läufer hatten beim Startknall vielleicht acht bis zehn Meter Vorsprung. Und nun müssen's die ungläubig aufstöhnenden Zweihunderttausend mitansehen, dass der massige Tempostolzierer schon nach kaum fünfzig Metern mit dem Letzten, dem Klasseläufer Llanos aus Cuba, der sich mit pfeifender Lunge neben ihm abstrampelt, auf gleicher Höhe ist! Und majestätisch zieht der Olivgrüne an den nächsten Vieren vorbei … Dann gibt es mitten auf der Strecke einen kleinen Zwischenfall: Ein geistesgegenwärtiger Aufsichtsführender stellt sich dem Mann in den Weg und fuchtelt mit den Händen. „Platz da, Mensch!" schnarrte da der Stolzierer grob, und der andere muss zur Seite springen.

Ein zweihunderttausendfacher Aufschrei: Etwa zwanzig Meter vor dem Zielband hat der Olivgrüne den herrlichen Jiri Atopek, den Wunderläufer, eingeholt! Für einen Augenblick liegen sie auf gleicher Höhe. Jiri Atopek läuft den Lauf seines Lebens, schnellt sich nervös nach vorn, spurtet, spurtet … Er gibt das Letzte her. Der Olivgrüne neben ihm aber wirkt wie eine Lokomotive, die auf einem Sonntagvormittagsspaziergang mal etwas mehr Dampf zulegt. Er rennt nicht, er geht – geht fünf Meter vor Jiri Atopek durchs Ziel …

„Halt!" schreit dort auf einmal einer laut und klar. Mit einem Ruck bleibt da der unaufhaltsame Stolzierer stehen, wird von dem Halt-Rufer einfach beiseite genommen und hinausgeführt aus dem tosenden Stadion.

Für Jiri Atopek wurde eine Laufzeit von 8,99 Sekunden gestoppt. Natürlich konnte sie nicht offiziell gewertet werden.

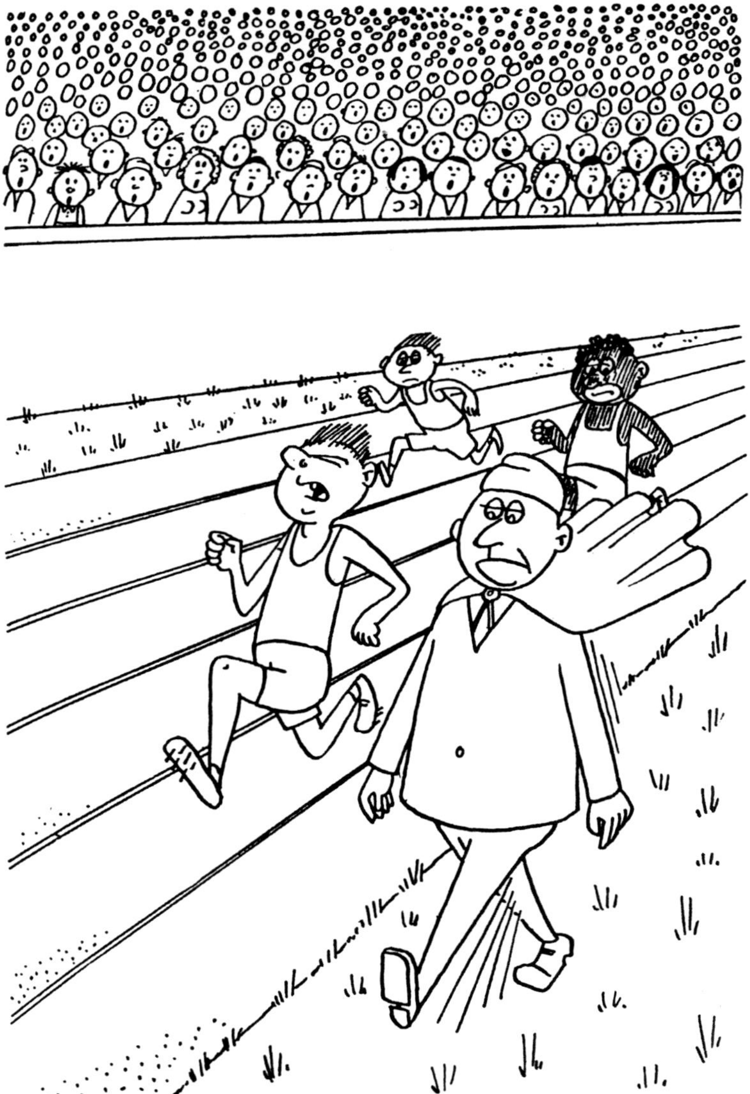

Fußgänger schlägt Wunderläufer!
Das Geheimnis der „Olivgrünen Lokomotive"

Diese Schlagzeilen lasen Franz und Egon einige Stunden später in der Nachtausgabe der Zeitung. Der sensationelle Vorfall war in allen Einzelheiten beschrieben. In der viel gelesenen Spalte „Buntes Messeallerlei"entdeckten sie außerdem auch eine launige Anekdote über einen sprachgewaltigen Professor, der heute von einem Messeführer, welcher nicht einmal Goethes einfachste Gedichte kannte, in Grund und Boden geredet worden sein sollte ...
[...]
„Und wie hat der Polizist den Fall dann notiert?" erkundigte sich der gewisse Mayer.

„Als ‚Hirngespinst zweier abenteuerlustiger Halbwüchsiger' natürlich!"

„Was trinken wir noch?" fragte Prantl.

„Jetzt wäre mir nach einem 1975er Rüdesheimer", sagte der gewisse Mayer lüstern.

Auf der Weinkarte stand hinter der gewünschten Sorte die Bezeichnung „R 122". In der Mitte der Tischplatte war eine Nummernscheibe eingelassen. Prantl wählte R-1-2-2- und entnahm nach wenigen Sekunden einem Wandfach die Flasche 1975er Rüdesheimer, die prompt aus dem Keller hochgeflitzt war. Die beiden gastfreundlichen Wirte (früher nannte man sie „Kellner" oder „Ober") – wahre Gelehrte des Weins – hätten die drei Gäste zwar gern beraten und bewirtet. Aber sie führten, wie gesagt, ein streng geheimes Gespräch und wollten ihren Wein im stillen Nischlein trinken wie Liebesleute.
[...]

X.

Franz und Egon fühlten sich nicht gerade so, als hätten sie diese Nacht auf paradiesischen Daunen geschlummert.

Übernächtigt, fahrig, blass wie der Käse, der auf dem Frühstückstisch stand, lasen sie in der Zeitung nicht von der Aufklärung eines unheimlichen Todesfalles, sondern eine blamable Meldung über die Auswüchse ihrer verderbten Phantasie!

Das gab ihnen den Rest.

Egons Vater dagegen war bei bester Laune. Genauer: Noch war er bei bester Laune. Er trällerte und sah einer Fernsehreportage zu, einer Direktübertragung vom Mond: Einweihung des ersten Mond-Hütten-Werkes. Massenhafte Gewinnung seltenster Metalle und so weiter ... Dann kamen Nachrichten aus aller Welt ... Unter anderem: Trauerfeier für den soeben verstorbenen Präsidenten der Vereinigten Staaten von Amerika, den Neger Abraham Hilton ...

Dann der Wetterbericht, den der Wettermacher aus bekannten Gründen besonders aufmerksam verfolgte. Der Ansager stand vor einer großen erleuchteten Wetterkarte. „Zuerst – wie jeden Tag im März – überflüssigerweise die Sonderansage für den Raum von Leipzig", plauderte der Fernsehmann unbeschwert. „Selbstverständlich herrscht hier unverändert das schönste Messew..."

Plötzlich hörte man, wie im Fernsehstudio eine Tür auf gerissen wurde, wie jemand, der nicht zu sehen war, aufgeregt „Pscht! Pscht!" machte und eindringlich flüsterte.

Der Ansager stockte also, machte mit entgeistertem Gesicht „Hä?" und stotterte dann: „Soeben erfahre ich – Himmel, es ist ein Sauwetter!"

Egons Vater hielt das zuerst für einen verfrühten Aprilscherz. Dann raste er zum Fenster, riss die dichten Vorhänge auseinander. Es blitzte und donnerte, der Sturm peitschte einen ekelhaften schneevermischten Regen. Die frühen Spaziergänger waren längst aufkreischend von den freien Plätzen geflohen, und parterre hatte man schon geistesgegenwärtig die Markisen ausgefahren, die bei schlechtem Wetter die Gehsteige überdachten. Morgens um acht Uhr fünfzehn war plötzlich aus heiterem Himmel die Unwetterkatastrophe über Leipzig hereingebrochen: Etwa hunderttausend nass gewordene Menschen waren zu beklagen ...

Egons Vater war ein Held. Dieser Schicksalsschlag vernichtete ihn nicht, sondern lieh ihm vielmehr nach Sekunden der Schwäche verdoppelte Energie. Wie er ging und stand, im Schlafrock, eilte er zu seinem Aero-Kabriolett und brauste durch Böen, Schneeschauer und zuckende Blitze nach Südosten an die Wetter-Front.

Kaum war Egons Vater draußen, da sprach Franz ein großes Wort aus. Bedeutungsvoll sagte er mit der säuberlichen Betonung eines unbegabten Schauspielschülers: „Menetekel."

Egon zuckte zusammen. „Himmel, hast du mich erschreckt! Was wolltest du sagen?"

„Me-ne-te-kel!" wiederholte Franz theatralisch. „Das ist ein altes Sprichwort aus der Bibel. Es heißt so ungefähr: Nun sieh dir das an, aber wart nur, jetzt geht's erst richtig los und kommt auch noch viel schlimmer! Also das da draußen ist kein Gewitterschneeregen, sondern ein Menetekel." „Wieso? Spielten denn in der Bibel auch schon Wettermacher mit?"

[...]

XI.

Am Rande der Zufahrtsstraße zum Ausstellungszentrum Süd verschwand eine ganze veraltete Häuserreihe durch die Luft und wurde sogleich durch eine neue ersetzt, die aus den Lüften herabgesegelt kam. Es war dies ein Schaustück der Bau-Messe, das vernünftigerweise gleich in der Leipziger Straßenpraxis vorgeführt wurde.

Den luftakrobatischen Kraftakt vollbrachten die Fliegenden Kräne, die mit Spitznamen „Kraniche" hießen: Flugkörper, ähnlich den bekannten Aerotaxis; nur vermochten sie hundertfach größere Lasten zu heben. Freilich hätte das längst noch nicht ausgereicht, um mit einem ganzen Haus davonzufliegen. Deshalb war da auch eine riesige Steinsäge. Die zerschnitt das dickste Gemäuer glatt und lautlos wie ein Messer die Butter. Ritsch, ratsch – und herausgesägt war das halbe Vorderteil eines vierstöckigen Gebäudes. Ein zweiarmiger Kran hielt das Stück dabei sorgsam fest, damit es nicht herunterfiel, kippte es dann sanft auf ein großes Tablett, das von vier gekoppelten Kranichen getragen wurde. Die Kraniche schwebten mit dem Ruinenbrocken über die Dächer davon, um ihn draußen irgendwo abzuwerfen und sich nach einer Viertelstunde die nächste Portion zu holen.

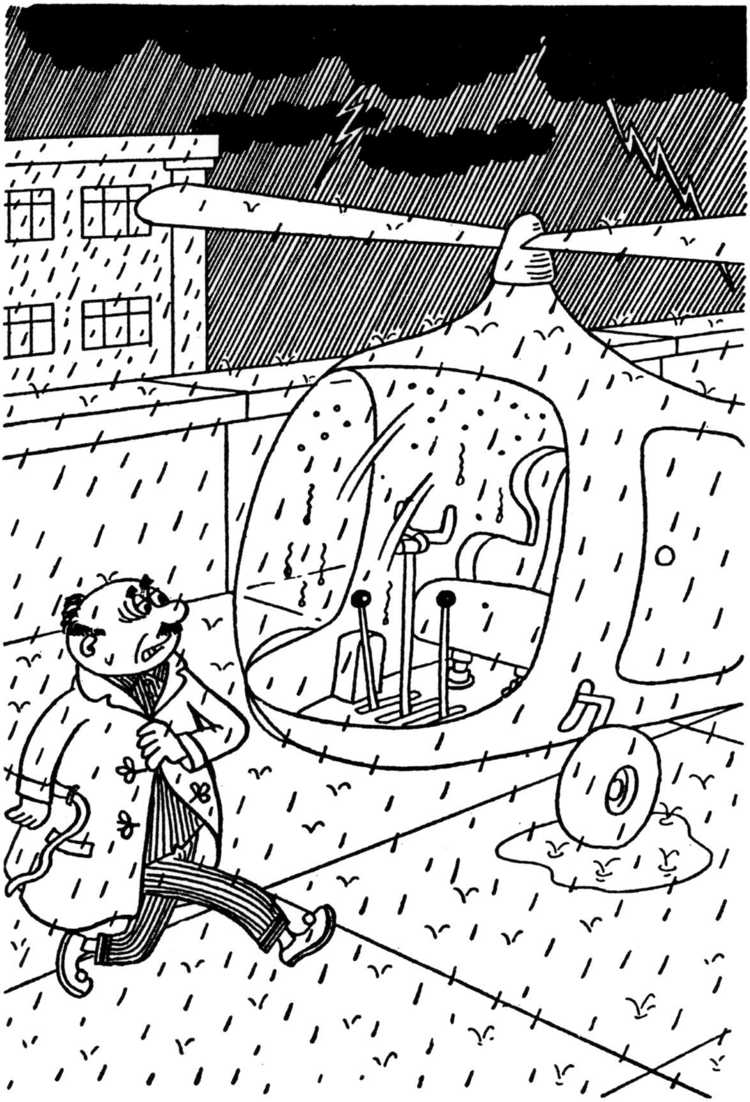

Es verging kaum ein halber Tag, bis so ein Gebäude sich säuberlich in nichts aufgelöst hatte.

Und es dauerte auch nicht viel länger, bis ein neues da stand. Keller gab es nicht mehr – wozu auch? Rasch war das Fundament gegossen und erstarrt, und dann wurde mit Bauklötzen gespielt. Die Kraniche brachten umfangreiche Würfel heran: ganze Zimmer oder Zimmerfluchten, die zum Teil schon eingerichtet waren, und Flure und Teile von Treppenhäusern ...

Langsam senkten sich die Kraniche der Reihe nach mit ihrer Last herunter, ein zweiarmiger Kran griff nach den Würfeln und passte sie geschwind säuberlich aufeinander. Die fliegenden Lasttiere hatten es hiermit leichter; denn diese Bauklötze bestanden hauptsächlich aus jenem federleichten, schimmernden Kunststein, woraus auch das „Museum des 20. Jahrhunderts" gefertigt war.

Zwei Männer saßen hinter einem Schaltpult und steuerten mit leichter Hand das flinke Spiel, das Verschwinden und Wachsen der Häuser. Kurz – mit diesem eleganten Hokuspokus ließ sich mitten in einer belebten Stadt eine neue Straße hinzaubern, ohne dass der Verkehr noch die Ruhe und Sauberkeit im Geringsten darunter litten.

Auf dem Weg zum Ausstellungsgelände kamen Franz und Egon an dieser Stelle vorbei und staunten das Bauklötzer-Spiel eine Weile an.

„Exakt berechnet!" ließ das kurzhosige Menschenkind sich plötzlich vernehmen.

Und sein längerer Begleiter brummte sehr mürrisch, da er seine Seelenqualen immer noch nicht überwunden hatte: „Sag von jetzt an ‚exakt verrechnet'! Dann stimmt's, Professor." „Du stolzer Spaßvogel", fuhr Franz fort, „nun schau dir bloß mal die beiden Kräne da an, wie sie mit ihren Armen in der Luft herumrudern. Ich find's urkomisch. Wenn nämlich der Blasius auf dem Tanzboden eine Madame umarmen tät, dann ..."

„Halt", rief Egon, „her mit einem Valütchen!"

Franz griff in die Hosentasche und holte zwei dünne Blechmarken heraus. „Da hast du gleich zwei, Bub. Und jetzt lass mich ausreden, bittschön. Also wenn der Blasius eine Madame umarmen tät, dann möcht das exakt genauso charmant ausschaun wie bei dem Zweiarmkran da, mein ich."

Die beiden hatten sich vorhin nämlich das heilige Versprechen gegeben, bis zum Abend nicht mehr einen Ton vom Fall Blasius zu reden. Das ganze greuliche Durcheinander wäre ihnen wohl doch ein wenig schlimm zu Kopf gewirbelt, und das alles müsste sich nun erst mal wieder setzen, damit sie einen klaren Kopf kriegten, so hatte Franz vorhin erklärt. In so einer verrückten Lage wäre exakt berechnet nichts wichtiger als ein exakter klarer Schädel. Und dann hatten sie ausgemacht, dass immer, falls einer die Schweigepflicht verletzen sollte, der Sünder zur Strafe ein Valut an den anderen zu zahlen hätte.

Das Valut war überhaupt die einzige Geldsorte, die in der ganzen Welt noch in Zahlung genommen wurde. Eine schlimme Strafe war es gerade nicht, was die beiden da ausgehandelt hatten. Geld war den meisten Leuten reichlich über; und viele ungeduldige Meckerer schimpften schon heftig, dass es noch immer nicht abgeschafft und im „Museum des 20. Jahrhunderts" begraben war, sondern erst im einundzwanzigsten beerdigt werden sollte.

So war es also nicht weiter verwunderlich, dass Egon jetzt die geballte Faust mit den zwei Valut in die Tasche steckte, aber sofort wieder herauszog und dem Franz eine seiner beiden Blechmarken zurückzahlte.

[…]

Drei große Ausstellungsgelände gab es in Leipzig: je eines im Zentrum, im Westen und im Süden. Das südliche war das größte. Es begann dort, wo ein uralter, düsterer Steinklotz namens „Völkerschlachtdenkmal" herumstand. Da war auch der Haupteingang. Und von hier aus erstreckte es sich in Form eines spitzen Dreiecks einige Kilometer weit nach Südwesten.

In diesem riesigen Dreieck lagen zwischen Wiesen, Beeten und Bäumen hohe, helle Hallen mit Glaswänden, die mehrere hundert Meter im Geviert maßen. Was die ganze Menschheit im vergangenen Jahr an technischen Wunderwerken neu vollbracht hatte, das bot sich hier den interessierten Blicken der unzähligen Schaulustigen und dem unbarmherzig kritischen Verstand der eingefuchsten Fachleute dar. Ganze Fabrikeinrichtungen in voller Tätigkeit waren ausgestellt.

Von der neuesten Weltraumrakete bis zum Kleinauto, vom Polymetsch bis zum verbesserten Boduktor gab es nichts, was da nicht vertreten war. Wenn irgendwo auf der Erde etwas neu entwickelt wurde: ein Metall, das hundertmal härter war als Stahl, oder ein Schnupfenmittel, das nun wirklich helfen sollte, alles ging nach Leipzig zur Messe, wurde gezeigt, von aller Welt auf Herz und Nieren geprüft und bis zum letzten Fetzchen durchberaten, ehe es so und nicht anders, in der vollkommensten Art und Weise, für die ganze Welt hergestellt wurde.

Es gab auf dem Ausstellungsgelände auch Konferenzräume und Laboratorien, Versuchsplätze und große Restaurants wie das „Italia".

Ohne alle Drängelei fluteten die Besuchermassen auf „Rollenden Wegen" rasch hierhin und dorthin. Aerotaxis verkehrten zwischen den wichtigsten Punkten, und über die breiten Alleen bewegte man sich auf winzigen motorisierten Flitzrollern stehend fort, die überall ausgeliehen wurden.

Franz war so benommen von den unerhörten technischen Delikatessen, die ihm da auf einer Platte von mehreren Quadratkilometern Größe verschwenderisch serviert wurden, dass er mit seinem Roller erst einmal konfus kreuz und quer flitzte, ohne nach einer Stunde noch zu wissen, was er gesehen hatte. So geschah es, dass er schließlich in einen Rundbau geriet, dessen Wände und Decke aus reinstem Glas bestanden. Franz staunte über den außerordentlich reichen Schmuck an fremdartigen Blumen und anderen abenteuerlichen Gewächsen; auch fiel ihm auf, wie ungewöhnlich warm und feucht es hier war. Auf der Suche nach Ausstellungsstücken tappte er einige Minuten umher. Er begegnete nur wenigen Menschen. Die verwirrende Dschungelpracht wollte und wollte nicht enden. Seufzend sank er auf eine Bank und schlug sich gegen die Stirn: Herrje, er war ja in den Botanischen Garten geraten!

[...]

Das muss ich sofort dem Radi erzählen dachte Egon. Aber o weh! Radi war ja nicht da und außerdem wahrscheinlich beleidigt bis auf die Unterhose. Womit er auch vollkommen recht hatte. War in der Tat eine ausgesprochene Gemeinheit, wie ich ihn behandelt habe, gestand sich Egon. Wie aber jetzt Radi aufspüren und die Freundschaft wieder einrenken? Egon nahm das nächstbeste Aerotaxi und ließ sich zum Ausstellungsgelände fliegen. Eigentlich Blödsinn, in einem Haufen von hunderttausend Menschen eine Nadel – in diesem Falle einen kleinen Bayern – aufspüren zu wollen. Aber Egon erinnerte sich, dass Franz vorhin auf dem Wege von einem erstaunlichen Prachtstück geschwärmt hatte: vom „Ur-Max". Sicher würde Radi einige Stunden bei diesem Fabelwesen zu Gast sein, und Egon konnte ihn dort leicht finden. An Ort und Stelle sah das allerdings etwas anders aus. Der „Ur-Max" entpuppte sich als gewaltiger Bursche, er nahm die ganze Halle 10 ein. Einige Tausend Besucher hatten sich bei ihm eingefunden. Egon raste durch Galerien, Gänge und Säle – von Radi keine Spur. Dann bestieg auch Egon einen Flitzroller und sauste kreuz und quer durchs Freigelände, von einem Gebäude zum anderen. Einmal fuhren die beiden dicht nebeneinanderher, ohne sich gegenseitig zu bemerken. Nach hundert Metern bog der eine nach links ab, der andere natürlich nach rechts.

[...]

Franz beschloss, bei seinem Messebummel endlich planmäßig vorzugehen. Er machte sich auf den Weg, um jemandem einen ausgiebigen Besuch abzustatten: dem Ur-Max.
Das riesenhafte Ungetüm hauste schon einige Jahre in der Halle 10; sie blieb seine ständige Wohn- und Arbeitsstätte. Denn es wäre unsinnig, ja unmöglich gewesen, den überdimensionalen Ur-Max mit seiner verwirrenden Unzahl behutsam aufeinander abgestimmter Einzelteile jedes Jahr anlässlich der Weltmesse von Neuem herbeizuschaffen, zusammenzubauen und nach vier Wochen wieder auseinanderzunehmen. Der Ur-Max war ein Apparat von der Größe einer

stattlichen Fabrik. Sein vollständiger, unaussprechlicher Name lautete übrigens: „Ur-Maximalkonstruktor".

Es gab derzeit sieben funktionierende Ur-Mäxe auf der Erde. Sie waren die Urerzeuger, die Sippenväter, der ganzen Industrie. Und ein Heer von Technikern mühte sich fieberhaft, weitere solche Giganten zur Welt zu bringen.

Der Leipziger Ur-Max spielte die Rolle des Versuchskaninchens. Immerfort bastelten die Wissenschaftler daran herum, operierten ihn, probierten Verbesserungen an ihm aus, und er musste – vor allem zur Weltmesse – allerlei schwierige Kunststücke vollbringen.

Franz drang nach langen Umwegen ins Zentralhirn des Ur-Max vor. Er geriet in einen kreisrunden Saal, dessen Wand ringsum von Schaltknöpfen, Tastaturen, Prüflampen und den runden Glasgesichtern der Kathodenstrahlgeräte übersät war. Aber all die Lampen und Scheiben lagen tot, lichtlos. Nur an einer Stelle, auf einer Prüftafel, glommen zwei dürftige Lichter – jetzt drei – vier ... Vor der Tafel stand eine größere Gruppe und sah dem Lichterspiel gespannt zu. Franz drängte sich hinzu, stieß dabei eine junge Frau an. Die drehte sich zu ihm herum und flüsterte: „Siehst du, er kommt langsam zu sich!"

„Ist einem schlecht?" fragte Franz verständnislos.

Sie lächelte amüsiert. „Vom Ur-Max rede ich! Er ist noch halbtot. Wir haben ihn entzweigemacht. Aber gleich wird er wieder lebendig sein."

In rascher Folge erschienen immer mehr helle Punkte und tanzende Linien auf der Prüftafel – und dann flammten nach einem tiefen Summen, das wie ein Aufatmen klang, ringsum an der Wand alle Lichter auf, flirrten, blinkten, tanzten. „Geschafft! Er hat sich wieder zum Leben gebracht", sagte sie theatralisch. „Weißt du, Junge, wir hatten ihm nämlich acht von seinen neun Elektronengehirnen, die er besitzt, absichtlich total gestört und außerdem den Produktionsgang an einer wichtigen Stelle unterbrochen, ihm sozusagen den Hals umgedreht. Keine drei Minuten – und er hat sich selbst wieder repariert."

„Das kann er? Wenn er tot ist, dann ist er gar nicht tot?" Sie nickte. „So ist es!"

„Und Sie –", fragte Franz nach einem misstrauischen Blick auf das höchstens zwanzigjährige Mädchen, „Sie haben wohl den Ur-Max mit erfunden?"

„I wo, ich mache hier bloß mein Praktikum. Will Facharbeiterin werden. Studiere erst das zweite Jahr."

Das Mädchen schwatzte weiter, es war wirklich sehr gesprächig. Dem Franz ging es auf die Nerven, dass sie dauernd „Junge" sagte und mit ihm redete wie eine Kindergärtnerin, die ihrem Schützling geduldig etwas beibiegen will. Himmel! – jetzt nahm sie ihn gar noch an die Hand, als wär er ein Dreikäsehoch, und begann dem kundigen Professor Radi haarklein zu erklären, was ein Ur-Max vorstellt.

„Also, nun pass mal auf. So ein Ur-Max, der berechnet und konstruiert nämlich alles, was du von ihm willst, und er stellt natürlich auch etwas her ..."

„Kann ich mir freilich denken", knurrte Franz wütend.

Aber das altkluge Mädchen achtete gar nicht darauf. „Und weißt du, was er herstellt? Hersteller stellt er her, hihi, das ist nämlich das Großartige an ihm."

„Was Sie nicht sagen!" bemerkte Franz spöttisch.

„Jaja", fuhr sie eifrig fort, „keine Bange, ich will dir's schon recht einfach erklären, damit du's verstehst, Junge. Also, du isst doch sicher gerne Frolettchen?"

„Nein!" schrie Franz und stampfte mit dem Fuß auf.

Das Mädchen geriet für einen Augenblick völlig aus dem Konzept. „Na schön", meinte sie enttäuscht, „dann versuchen wir's eben mit Suppengrün. Wenn man Suppengrün haben will, muss man es vorher ernten, nicht wahr? Und dabei muss man natürlich ganz bestimmte Regeln genau beachten." „Fein, dass der Ur-Max Suppengrün aberntet", fuhr Franz dazwischen.

„Aber nein, Junge", sagte sie in sanftem, tantenhaftem Ton, „nicht der Ur-Max, sondern ein Erntegerät besorgt das Ernten ganz selbständig. Und diese automatische Suppengrün-Mähmaschine muss ja nun irgendwie konstruiert und hergestellt werden, nicht? Siehst du, und das macht ..."

„Ein kleines Heinzelmännchen!"

„Stimmt beinahe, mein Junge. Aber in Wirklichkeit tut das ein großer Apparat, den man Konstruktor nennt oder Strux.

Es gibt Struxe für Suppengrün-Mahmaschinen, für Flitzroller, für Atomkraftwerke – für was du willst. Ja, und dann müssen doch schließlich auch die Struxe konstruiert und hergestellt werden, der Strux für Suppengrün-Erntegeräte zum Beispiel. Na, und das macht der Maximalkonstruktor, den man auch Max nennt. Die verschiedenen Mäxe aber werden nun erzeugt vom – na, sag's – vom ..."

„Von dem, der auch die Moritze macht."

Das geschwätzige Kindermädchen gab ein Geräusch von sich wie ein angestochener Luftballon. „Vom Ur-Max natürlich!" rief sie ärgerlich. „Nun ist es dir ja hoffentlich klar, was der Ur-Max für ein großartiges Ding ist. Denn wenn er einen Max macht, und der Max konstruiert einen Strux, und dieser Strux erzeugt eine automatische Suppengrün-Erntemaschine, und diese erntet ordentlich, siehst du, dann muss ja der Ur-Max schon von allem Anfang an die Ernteregeln genau berechnet und beachtet haben, damit er diese Eigenschaften den anderen Apparaten vererben konnte. Der Ur-Max kann alles und weiß alles. Er verfügt über einen Gedächtnisspeicher von tausend Billionen Tatsachen, erledigt in der Sekunde siebzehntausend Rechenexempel und sechsundvierzigtausendfünfhundert mechanische Arbeitsgänge. Verstanden?"

Freilich stimmte es im Großen und Ganzen, was sie da über den Ur-Max und die Stufen der industriellen Produktion von sich gab, aber von dieser Belehrungssuppe, die sie Franz überflüssigerweise einflößte, wurde ihm ganz verdächtig im Bauch.

„Tante, ich muss mal raus!" meldete er kläglich, nur um durchbrennen zu können. Aber sie hörte es gar nicht, sondern fragte ihn, ob er schon zur Schule ginge.

„Doch, ich geh schon ein ganz klein bissel in die Schule", versicherte Franz treuherzig. „Deswegen bin ich doch hier. Ich komm nämlich mit meinem Ferienaufsatz nicht zurecht und dacht mir, dass der Ur-Max vielleicht grad eins von seinen vielen Gehirnen mal nicht brauchen tät und mir drum den Aufsatz machen möcht."

Franz wollte mit seiner Bemerkung eigentlich nur die lästige Kindertante zermürben, aber da hatte er sich gründlich verrechnet. Sie nahm es ernst und fand die Idee rührend, putzig und schick.

„Himmlisch!" kicherte sie. „Mal sehn, ich glaube, das Gehirn Nummer sechs ist im Augenblick wirklich frei."

Sie zog ihn in eine geräumige Nische. Vor Tasten, Lampen, Zeigern und Scheiben saß da ein Mann. Das Ganze sah aus wie eine Mischung aus Orgel, riesiger Schreibmaschine und Rundfunksender. Die Säuglingspflegerin wies auf den Orgelspieler und belehrte Franz: „Guck mal, Jungchen, das ist nun einer von unseren allerbesten Programmgestaltern – der Charles Hunter aus London, ein Mathematiker. Jaja, es gibt auf der Welt viele Millionen von Programmgestaltern, weißt du. Vielleicht wirst du später auch mal einer, warum nicht? Ein herrlicher Beruf! Nicht wahr, Hunter? Sieh, Junge, den Ur-Mäxen, Mäxen und Struxen fällt natürlich von selber gar nichts ein, sie sind scheußlich dumm, wenn wir Zweibeiner sie nicht an die Kandare nehmen. Wir müssen ihnen die Befehle und die Fragen mundgerecht zubereiten, sonst kapieren sie gar nichts, so wie du auch nichts von diesen schwierigen Sachen verstehen würdest, wenn ich dir's nicht so fein erklärte. Na, und dazu sind nun eben all die Programmgestalter da, dass sie so einem Max oder Strux das Programm eintrichtern, was sie zu tun haben. O Junge, der Ur-Max weiß alles, aber er hat im Moment keine Ahnung, ob du dir in deinen kurzen Hosen vielleicht den Bauch verkühlst. Doch wenn Hunter ihn geschickt fragt, dann berechnet dir der Ur Max die richtige chemische Zusammensetzung und die günstigste Länge deiner Lederhose, damit sie gleichzeitig möglichst adrett aussieht und trotzdem deinen kleinen Bauch schont …"

Während der belehrende Sturzbach noch weiterrauschte, lächelte der Programmgestalter Hunter den Franz mitleidig und verständnisvoll an und drückte ihm die Hand. Als das Mädel endlich von dem angeblichen Ferienaufsatz redete, fragte Hunter: „Na, wie ist denn das Thema?"

Franz überlegte krampfhaft. Natürlich hatte er durchaus keinen Ferienaufsatz zu schreiben, so etwas gab es gar nicht. Diese Erwachsene waren aber auch reichlich ahnungslos in Schuldingen! Auf einmal musste er an den Fliegenfänger denken, und er beteuerte: „Ein ganz gescheites Thema, das meinem Lehrer da eingefallen ist. Es heißt: die Unentbehrlichkeit der Notbremse im Eisenbahnverkehr. Was soll ich da nur aufschreiben?"

Programmgestalter Hunter sah ihn ungläubig an. Er musste erst einmal ein paar Tasten drücken, um sich den ungebräuchlichen Begriff „Notbremse" in vernünftige technische Formeln übersetzen zu lassen. Gezackte Kurven erschienen auf drei runden Fenstern, und eine mit unverständlichen Zeichen bedruckte Papierschlange quoll aus einem Schlitz. „Nonsens! Was ein Blödsinn!" rief er. „Oh, es tut mir leid, ich möchte nicht deinen Lehrer beleidigen. Nun gut, wollen wir den Ur-Max für alle Fälle noch einmal fragen. Eben hat er gesagt, das Einbauen von Notbremsen ist ein alberner Menschenbrauch, wofür er nicht kann. Ich stelle ihm jetzt die Aufgabe: Was könnte aber passieren, wenn es keine Notbremse gäbe? Ich signalisiere ihm also: Notbremse gleich Null. Und dann lasse ich ihn alle nur denkbaren Zwischenfälle berechnen, die auf einer Eisenbahnfahrt vorkommen können. Es gibt da ein paar Millionen Möglichkeiten. Moment, gleich hat er es heraus."

Der Programmgestalter blickte kopfschüttelnd auf die tanzenden Lichtkurven und die Papierstreifen. Er bediente die Tasten noch einmal – und noch einmal ...

„Ich dachte es mir, mein Lieber", sagte er schließlich bekümmert, „dein Aufsatzthema ist Quatsch! Der Ur-Max meint, das Ziehen der Notbremse ist überhaupt nur in einem einzigen Falle berechtigt. Und diesen Fall erkläre ich mir aus seinen Angaben so: Jemand wirft einen Gegenstand aus dem Fenster eines fahrenden Zuges und will gerade hinausspringen, um sich das Ding wiederzuholen. Das ist die Unentbehrlichkeit der Notbremse."

„Hirnverbrannt!" äußerte sich die Kindertante. „Das tut doch kein Mensch! Aus dem Fenster springen! Selbst wenn jemand aus Versehen ein liebes Andenken hinausschmeißt, weiß man doch, dass man es garantiert auf dem nächsten Fundbüro abholen kann, falls es noch ganz ist."

Der Programmgestalter betonte achselzuckend: „Ur-Max sagt es. Er veranlasst die Struxe, Notbremsen in Züge einzubauen. Und dafür

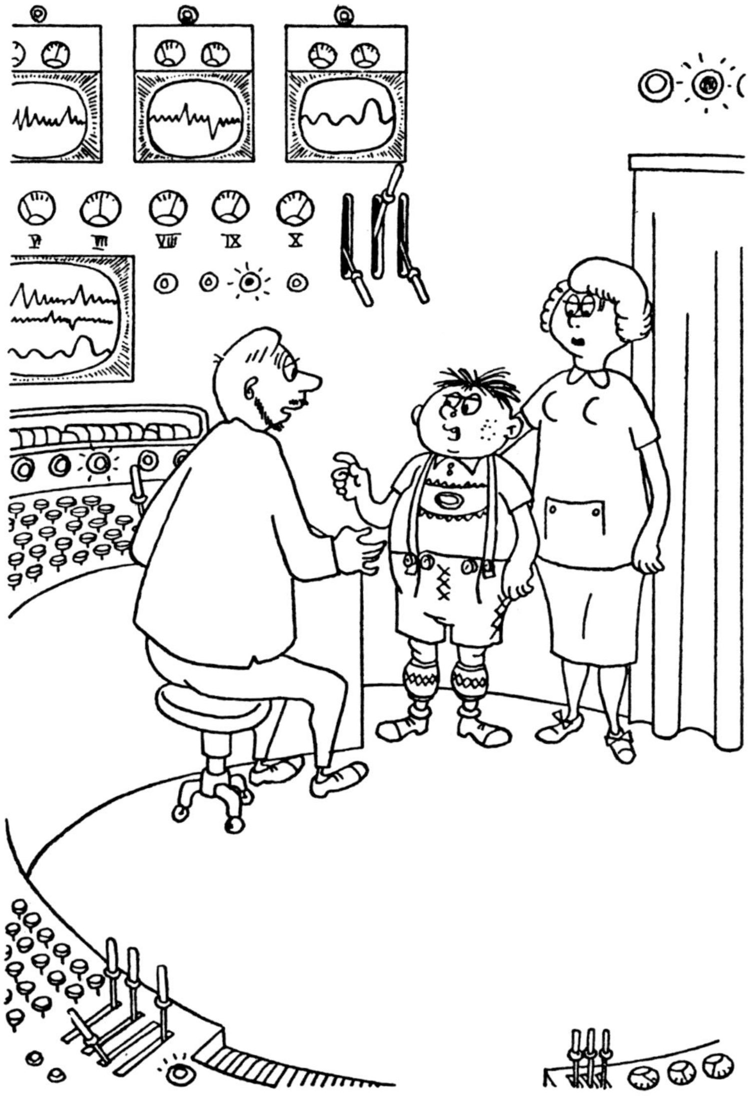

hat er nur die eine Begründung: Einer springt seinem Hosenknopf oder sonst einem blöden Ding durchs Fenster nach!"
„Das ist schon wieder merkwürdig, sehr merkwürdig", murmelte Franz.
[…]

XIII.

Dem Caruso – o Verzeihung! – vielmehr dem Professor Dr. Dr. Montinari aus Neapel war dieser Tag in Leipzig gar nicht gut bekommen. Als er gegen Abend das Hygienemuseum unbeobachtet durch einen Hinterausgang verließ, fühlte er sich sterbenselend. Sein Schädel war mit einem giftigen Nebel bis zum Platzen gefüllt, im Gesicht brannte eine schmerzhafte rote Beule, in seinen Gliedern schlackerte es wie flüssiges Blei, und über die Oberlippe rannen ihm ätzende, klebrige Tränen. Eine unheimliche Last drückte den Professor schon seit Mittag nieder und machte ihm das Denken, das Sprechen, das Sitzen, Gehen und Stehen, das Wachen und Dösen zur Qual. So kam es auch, dass er an diesem Nachmittag im Hygienemuseum bei einem wissenschaftlichen Streitgespräch ausgerechnet einem seiner früheren Schüler jämmerlich unterlag und anschließend aufs äußerste gekränkt flüchtete.

Professor Montinari hatte sich durch die Erforschung längst ausgestorbener Lebewesen unsterblich verdient gemacht. In den siebziger Jahren wurden nämlich durch vernichtende neue Heilmittel fast alle Gattungen der bisher gefürchteten Krankheitserreger total ausgerottet. Kurz nach dem Aufkommen der Cancerin-Tabletten (2-3 Stück im Wasser auflösen, Kinder die Hälfte!) waren zum Beispiel alle Krebsviren plötzlich spurlos verschwunden. Und einem Tuberkelbazillus konnte man ebenso wenig auf freier Wildbahn begegnen wie einem eiszeitlichen Mammut oder einem vorsintflutlichen Dinosaurier. Das wäre ja eine schöne Bescherung, meinten nun die Biologen; denn sie entdeckten auf einmal, dass jene winzigen teuflischen Wesen unerhört nützlich sein konnten, wenn man sie im Laboratorium nur richtig verwertete: Man brauchte sie jetzt dringend, um die durchschnittliche Lebensdauer der Menschen binnen kurzem von neunzig auf weit über hundert Jahre steigern zu können. Damit schlug Montinaris große Stunde. Es gelang ihm unter anderem, den begehrten Krebsteufel auf künstlichem Wege zu züchten. So päppelte er mit Fleiß und Genialität eine ausgestorbene Krankheit nach der anderen hoch – ein umgekehrter Robert Koch.

Nun stand er mutterseelenallein auf der Straße und spürte erbebend, dass ein schleichendes Verhängnis an Geist und Körper zehrte. Sogar die Leipziger Luft schmeckte anders als gestern, und alle Gegenstände besaßen merkwürdig verschwommene Umrisse. Heute morgen hatte es angefangen: mit dem rätselhaften kalten Guss, der den Professor auf dem Morgenspaziergang überraschte und ihn durchnässte. Dann die verdächtige Schlaffheit, der Druck, die Lähmung des Geistes ... Etwas Unaussprechliches braute sich zusammen. Aber noch waren Professor Montinaris Willenskräfte nicht ganz erloschen. Zum Glück erinnerte er sich in diesem Augenblick eines guten Rates. Ein Landsmann hatte ihm am Vortage mitgeteilt, dass es hier in Leipzig eine Stelle gäbe, wo die zweitbesten Ravioli der Welt verabreicht würden. Die heilsamsten und wundertätigsten Ravioli bekam man in einem bestimmten Haus in Mailand, das wusste Montinari. Aber die hier in Leipzig seien fast genauso gut, hatte der Landsmann versichert. Also beschloss der Professor, sich auf dem schnellsten Wege in diese rettende Heilstätte zu begeben.

Er flog zum Restaurant „Italia". Wenn er überhaupt noch gerettet werden könne, sagte sich Montinari, dann nur durch jenes bewährte Gericht aus Nudelteig, Hackfleisch und Tomatensoße, genannt Ravioli.

[...]

Ein Schrecken kommt selten allein. Es waren erst wenige Augenblicke seit dem Eintreffen des Krankheitsbefundes vergangen, der Menschenauflauf hatte sich noch nicht zerstreut und wieder fuhren alle zusammen. Noch einmal ein Schrei! Oder vielmehr: ein gequältes Jaulen. Der „Neapolitanische Winkel" hatte es heute wahrhaftig in sich.

Die Vorgeschichte dieses neuerlichen Attentats auf die gediegene Ruhe des Winkels begann damit, dass kurz vor der Entführung des Caruso eine etwa achtzigjährige Dame das Restaurant betrat. Sie erregte einiges Aufsehen, weil sie einen lebendigen Dackel an der Leine mit sich führte. Ein ungewöhnlicher Anblick. Es gab in der Millionenstadt Leipzig zurzeit schätzungsweise höchstens zwei- bis dreihundert Hundehalter. Die Tierliebe war nämlich so weit entwickelt, dass man es den armen Hunden nicht mehr zumutete, ihr Dasein in Menschenwohnungen, Menschenstraßen und bei Menschenfutter zu vertrauern. Wenn jemand Lust hatte, sich mit Vierbeinern zu vergnügen, ging er einfach in einen der weitläufigen Tierparks, von denen es genug gab. So fühlten sich beide wohler: die Hunde und die Menschen.

Jene Dame aber erklärte den nächstsitzenden Gästen wortreich in althochsächsischem Dialekt, dass sie sich von ihrem Dackel nie trennen könnte. Denn es wäre der Ur-Ur-Ur-Ur Enkel des treuen Pluto, der ihr im Jahre 1957 beinahe einmal das Leben gerettet hätte. Also verargte ihr ausnahmsweise niemand die Tierquälerei, ihren Hund hierher mitzubringen. Der Nachkomme Plutos wurde dann aber durch die all gemeine Aufregung derart angesteckt, dass er im „Neapolitanischen Winkel" hin und her sprang. Und als er gerade an den Tisch seiner Herrin zurückkriechen wollte, kreuzte er den Weg Radius', der wütend zum Ausgang stapfte.

[...]

XVIII.

[...]

Der große Hörsaal der Karl-Marx-Universität war schon überfüllt, und noch immer drängten neue Schlachtenbummler hinein. Mit Windeseile hatte sich unter den Interessierten die Kunde verbreitet: Ein einzelner hielt hundert Gegnern stand! Ein Unbekannter brachte die Schach-Elite der Welt in die Klemme! Schachturniere dauern oft eine Ewigkeit, ehe sich eine Entscheidung anbahnt. Aber hier war schon im Verlauf der ersten Stunden zu erkennen, dass da eine ganz außergewöhnliche Schlacht geschlagen wurde.

Hinter einer Barriere saßen an hundert Tischen die hundert Giganten des „Königlichen Spiels", an ihrer Spitze Weltmeister Zerbin aus Moskau. Der Schwächste unter ihnen war immerhin noch Meister der Sechsmillionenstadt Berlin. Und ihr einziger Gegner hockte abseits in einer kleinen, halboffenen Kabine, den breiten Rücken dem Publikum zu gewandt. Er hatte kein Schachbrett vor sich, er konnte auch die hundert großen Tafeln ringsum an den Wänden nicht sehen, von denen die Zuschauer den Stand des Turniers ab lasen. Er spielte blind. Die Züge seiner Gegner erfuhr er mittels eines Kopfhörers und dirigierte seine hundert Figurenheere durchs Mikrophon. Kaum hatte ihm etwa ein Kampfrichter mitgeteilt: „Spieler 23, L:c4" – da kam auch schon prompt die Anweisung: „S:a6!", und der Unparteiische brachte einen von den hundert Springern des Kabinenmannes in die befohlene Stellung.

Egon verstand zunächst von alldem gar nichts. Er zwängte sich energisch bis zur Barriere durch, um nach Radius zu sehen. Dann fand er jemanden, der ihm flüsternd das Wesentlichste erklärte. Nur sechs Spieler, erfuhr Egon unter anderem, seien zurzeit noch im Vorteil gegenüber Radius. Darunter natürlich der Weltmeister Zerbin …

Da ging auch schon ein Aufstöhnen durch den Saal. Der Unbekannte hatte nach scheinbar planlosem Hin und Her ganz unerwartet die Schlinge zusammengezogen und dem Weltmeister einen Turm genommen. Auf einmal war die Lage völlig verändert; Zerbins Figuren traten den Rückzug an.

Als Egon das hörte, erfüllte ihn erst recht ein unbändiger Hass auf diesen unerschütterlichen Kraftprotz da in der Kabine, der nun den Schachweltmeister auf die gleiche schamlose Weise hereinlegte wie vorgestern den herrlichen Jiri Atopek. Spielte den Übermenschen, dieser Unmensch! Egon musste an sich halten, um es nicht laut hinauszuschreien.

Kurz darauf machte ein Sprecher im Namen der Schachmeister den Vorschlag, den Kampf abzubrechen. Dies sei ein großartiges und spannendes Experiment gewesen, aber kein wirkliches Schachspiel.

„Ich habe meine Aufgabe noch nicht erfüllt!" lehnte Radius brüllend ab.

„Sie haben Unvergleichliches geleistet", entgegnete der Sprecher, „aber Sie sind kein geeigneter Gegner für uns. Verzeihung! Aber Sie verkörpern eben etwas ganz anderes als wir. Namens der hundert Weltbesten im Schach erkläre ich, dass wir den Kampf aufgeben."

Da erhob sich Radius mit einem Ruck und stapfte ohne jedes weitere Wort auf den Durchlass in der Barriere zu. Egon sah ihn herankommen: wuchtig, unheimlich fremd, stumpfsinnig, nicht im mindesten berührt von den tausend Augen, die ihn anblickten. Ein übermächtiger Koloss ohne Nerv und Wärme!

[…]

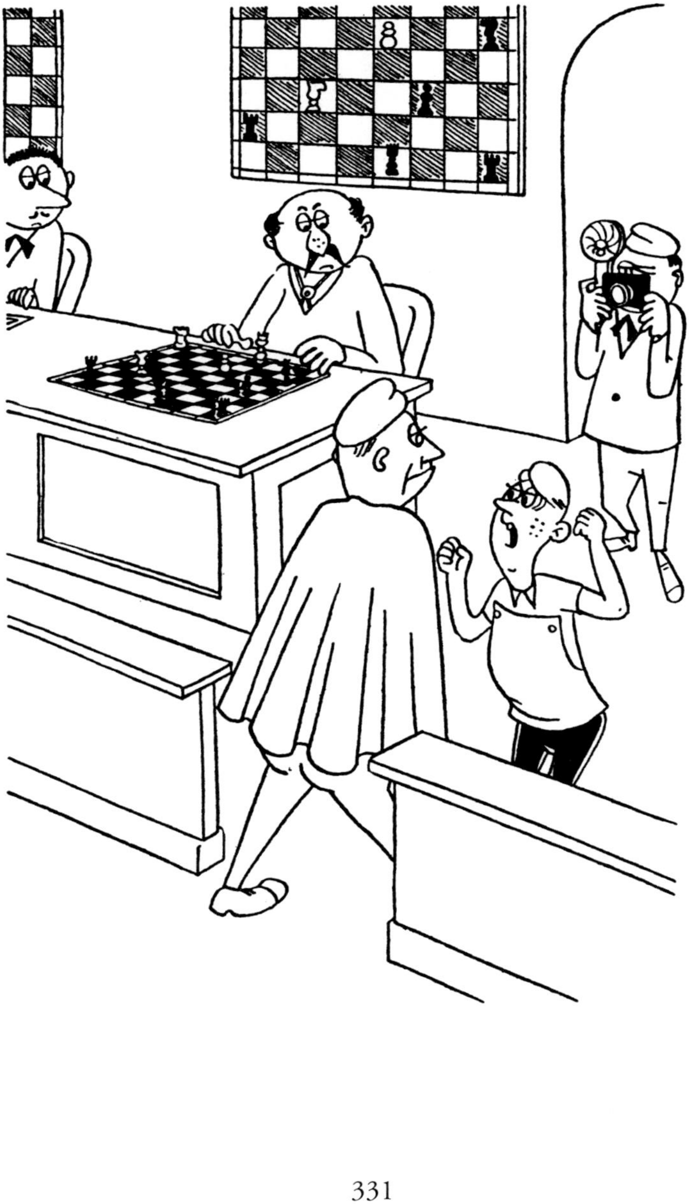

Band 644 · BASTEI · Neuer Roman

GEISTERJÄGER JOHN SINCLAIR

Die große Gruselserie von Jason Dark

Der Leichenfürst von Leipzig

Der Leichenfürst von Leipzig

Jason Dark

„Deutschland also?"

„Ja."

„Nicht die Niederlande?"

Sir James schüttelte seinen Kopf, bevor er die Brille wieder zurechtschob, die ihm durch die Bewegung verrutscht war. „Nein, er hat das Land gewechselt."

„Weiß man denn, in welcher Stadt er gesehen wurde?"

Der Superintendent nickte. Er tat es sehr langsam. Wenn Sir James so reagierte und es spannend machte, dann lag immer einiges in der Luft.

„Man weiß es, John. Man kennt die Stadt. Sie wird Neuland für Sie beide sein."

„Und?"

„Leipzig!"

Ich sagte nichts. Suko lachte, und Sir James setzte sein Lächeln auf.

„Überrascht, John?"

„Mehr als das." Ich fuhr durch mein Haar. „Aber warum nicht Leipzig? Die Grenzen sind offen. Der Sozialismus hat sich selbst in den Hintern getreten und über vierzig Jahre lang Eigentore geschossen. Und von Leipzig ging schließlich die gewaltlose Revolution aus, wenn ich mich nicht irre, oder nicht?"

„So ist es."

„Und dort soll van Akkeren stecken?"

„Genau."

„Glaubst du das, Suko?"

Mein Freund war gelassener geblieben. „Es ist auch für mich schwer vorstellbar."

„Wer hat ihn gesehen, Sir?" Ich kam wieder auf den Kernpunkt zu sprechen.

Der Superintendent rührte in seinem Magenwasser herum, obwohl sich darin keine Kohlensäure befand. „Wie Sie wissen, haben wir eine internationale Fahndung ausgeschrieben. Die schloss auch beide Teile Germanys nicht aus. Nun ja, Sie werden in den Zeitungen gelesen haben, dass in der DDR die RAF-Terroristen verhaftet worden sind. Das Land ist durchlässig geworden. Informationen kommen heraus und gelangen auch hinein. Es lief alles hervorragend, und van Akkeren steht natürlich auf der Liste ganz oben. Er wurde gesehen, in Leipzig, in der Innenstadt, in Auerbachs Keller. Das sagt Ihnen etwas, John?"

„Klar."

„Dort wurde er jedenfalls gesehen."

„Von wem?"

„Es war einer der Mitarbeiter dort drüben. Er heißt Erwin Mischke. Ein Mann um die Vierzig. Hier ist ein Bild von ihm."

Sir James reichte uns eine gefaxte Aufnahme.

Wir hatten ihn noch nie zuvor gesehen und erkundigten uns, zu welcher Gruppe er gehörte, weil uns beiden ein bestimmter Verdacht gekommen war.

„Man spricht davon, daß er für den Stasi gearbeitet hat."

„Ach ja? Früher oder …"

Sir James lächelte. „Alle haben doch nur früher für den Stasi gearbeitet, John. Es sind die berühmten Wendehälse. Wir sollten trotzdem unsere Vorurteile zur Seite stellen und uns auf diesen Mann verlassen. Ist das so richtig?"

„In unserem Sinne."

„Gut, dann fahren Sie nach Leipzig und treffen Sie ihn im berühmten Auerbach-Keller."

Suko, der schon vorher mit Sir James geredet hatte, als ich mich erholte, hatte noch eine Frage: „Sir, da war noch etwas von einem Mord, wenn ich mich nicht irre."

„Stimmt."

„Hat van Akkeren jemand umgebracht?", wollte ich wissen.

„Das ist uns nicht bekannt", sagte Sir James. „Aber in Leipzig ist ein ungewöhnlicher Mord passiert. Ob er mit van Akkeren in einem direkten Zusammenhang steht, das müssten Sie möglicherweise herausfinden. Eine junge Frau starb. Sie heißt Erika Meinhardt. Und sie starb, wenn man den Zeugen Glauben schenken soll, durch einen Schatten."

„Was bitte?" Ich fuhr über mein Haar. „Ein … Schatten hat sie umgebracht?"

„So sieht es aus."

„Wie das denn?"

Sir James hob die Schultern. „Wie gesagt, wir wissen nicht, ob Zusammenhänge bestehen, aber dieser ungewöhnliche Mordfall deutet eigentlich auf eine ebenso ungewöhnliche Tätigkeit hin. Suko und Sie sollten sich auch darum kümmern."

Mein Freund nickte. „Schon verstanden. Ich soll mich also mit dieser Zeugin in Verbindung setzen."

„Ja."

„Wie heißt sie, Sir? Den Namen hatten Sie mir nicht gesagt."

„Greta Schulz. Sie ist Ende Sechzig und hat in dem Haus gewohnt, in dem auch das Mordopfer lebte."

„Und sie sah den Mörder?"

„Ja, den Schatten."

Suko räusperte sich. „Nun ja, ältere Damen waren schon immer meine Spezialität."

Ich grinste ihn an. „Verschluck dich nur nicht."

Sir James sagte: „Ich würde meinen, dass Sie beide sich nicht verschlucken. Van Akkeren ist jemand, der keinen Spaß versteht. Leipzig wird er sich nicht grundlos ausgesucht haben. Er könnte dort etwas vorhaben, was uns überhaupt nicht gefällt."

„Das befürchte ich auch, Sir", sagte ich und drückte mich langsam in die Höhe.

„Finden Sie es heraus!"

Mit diesen Worten waren wir entlassen. Die Tickets lagen bereits auf dem Schreibtisch. Wir würden bis Frankfurt fliegen und dort in die Maschine nach Leipzig umsteigen. Es gab auch eine innerdeutsche Linie von West nach Ost und umgekehrt.

Suko hatte noch eine Frage. „Sollten wir nicht die Gasmasken einpacken?"

„Weshalb?"

„Ich habe mir sagen lassen, daß Leipzig furchtbar schmutzig ist. Die Luft dort ..."

Ich winkte ab. „Wenn du eine so große Angst davor hast, kannst du dir ja ein Taschentuch über die Nase binden und den großen Western-Helden spielen ..."

„Peng, peng", sagte Suko und ließ mich kopfschüttelnd stehen.

Es war eben heute nicht mein Tag.

Der große Johann Wolfgang von Goethe und Leipzig. Die beiden gehörten einfach zusammen, denn Goethe hatte von 1765 bis 1768 als Jurastudent in Leipzig gelebt und dort seine Milieustudien betrieben, die ihn in zahlreiche Lokale geführt hatten, unter anderem auch in den Kaffeebaum, Leipzigs ältestem Kaffeehaus, und natürlich in den Auerbach-Keller, Grimmaische Straße Nr. 2. 1525 ist das Lokal von einem Medizinprofessor eröffnet worden, durch Goethes Faust kam es zu Weltruhm. Und natürlich auch durch den Dichter E. T. A. Hoffmann, der im Auerbach-Keller so manche Nacht durchzecht hatte und von schlimmen Visionen angefallen worden war. Er hatte nicht mehr die Realität von der Vision unterscheiden können. Im Rausch hatte er schlimme Dinge gesehen und erlebt, sie auch niedergeschrieben und seine schrecklichen Phantasiegestalten so aus dem eigenen Erleben geschaffen.

Der Komponist Jacques Offenbach hatte ihm eine Oper gewidmet, die berühmten Hoffmanns Erzählungen. Der erste Akt dieser Oper spielt im Auerbach-Keller. Er zeigt die Qualen und Leiden, die der Dichter Hoffmann durchmacht.

Das alles war mir bekannt, als ich Leipzig erreicht und mich von Suko getrennt hatte. Es war uns sogar gelungen, einen Wagen zu ergattern, keinen Trabbi, sondern einen Lada. Suko fuhr ihn und setzte mich am Hauptbahnhof ab. Von dort konnte ich zu Fuß gehen.

Ich kam durch die Goethestraße und passierte den prächtigen Bau der alten Oper. Gegenüber lag die Uni und in deren unmittelbarer Nähe auch die berühmte Nikolaistraße, die zur Quelle der unblutigen Revolution geworden war.

Erinnerungen, Geschichte, wohin man ging und schaute. Aber auch das, von dem ich bisher nur in unseren Gazetten gelesen hatte. Die verfluchte Luftverschmutzung!

Möglicherweise hatte ich auch Pech, denn an diesem Junitag meinte es die Sonne überhaupt nicht gut, denn sie hielt sich hinter einer dicken und tiefhängenden Wolkendecke versteckt. Auch kein Wind sorgte wenigstens für etwas frische Luft. So sammelten sich die Abgase unter und in den gelblichen Wolken. Es stank zur Hölle.

Schade um diese Stadt. Hier mussten Abermillionen hineingepumpt werden, um für eine Besserung zu sorgen. Die Menschen sollten wieder frei atmen können, sie sollten wieder Spaß am Leben haben und nicht zusehen müssen, wie ihre Kinder krank wurden. Ich drückte den Deutschen in West und Ost beide Daumen und noch mehr, dass sie es schafften!

Ich mochte das Volk, ich verstand seine Sprache, aber an den sächsischen Dialekt musste ich mich erst gewöhnen. Er klang in meinen Ohren doch sehr fremd.

Nicht nur diesen Dialekt hörte ich. Leipzig war auch außerhalb der berühmten Messe einen Besuch wert. Das hatten zahlreiche Westler genutzt. Man erkannte sie an ihren Autos, an der Kleidung und an den Kameras, die ununterbrochen klickten, da konnten sie es sogar mit den Japanern aufnehmen.

Dann endlich erreichte ich den Auerbach-Keller, stand vor ihm, schaute hoch an der alten Gebäudefront und sah auch die Menschenmassen, die sich hier versammelt hatten.

Da unten im Lokal einen Platz zu bekommen, würde nicht einfach sein, das stand fest.

Ich versuchte es trotzdem und stand schließlich in einer Szenerie, die mich an eine Bühnendekoration erinnerte.

Decken- und Wandleuchten warfen ihr Licht auf die langen Tische, an denen die Männer und Frauen hockten, aßen, tranken, sich unterhielten, lachten und scherzten.

Hier war was los!

Nicht ohne Eindruck auf mich blieb auch die gewölbte Decke hoch über den Köpfen. Teilweise war sie bemalt worden, wie auch die Seitenwände. Wuchtige Malereien zwischen den breiten Intarsienarbeiten, die die Decke noch kostbarer machten.

Dieses Lokal besaß Atmosphäre. Da hatte sich noch etwas aus der früheren Zeit gehalten. Wenn ich die Augen schloss, glaubte ich die Stimmen der Sänger aus der Oper zu hören.

Vielleicht war ich zu sehr in einen Traum verfallen. Ein Ober stieß mich an und schaute böse.

„Gehen Sie doch aus dem Weg!" Er sprach ein breites Sächsisch und balancierte ein Tablett.

„Sorry, aber ..."

Da war er schon weg. Ich stand im Trubel und dachte daran, dass für mich und meinen Informanten ein Tisch reserviert war.

Fragte sich nur, wo das hatte geschehen sollen?

Ich schaute mich um. In einer der zahlreichen Ecken, durch den Lichteinfall einer Laternenleuchte wie eine kleine Insel wirkend, war ein quadratischer Zweiertisch tatsächlich frei gehalten worden. Ich drängte mich dorthin und hörte, wie andere Gäste mit dem Ober schimpften, weil sie dort nicht sitzen durften.

Ich bückte mich und schaute auf das Schild, das in der Tischmitte stand.

Mischke/Sinclair, las ich.

Das war der Tisch.

Ich setzte mich. Der Stuhl besaß eine ziemlich hohe Lehne. Seine Polsterung ließ zu wünschen übrig, aber das machte mir nichts. In diesem Lokal nahm man diese Dinge gern in Kauf.

Der Ober kam an, wie ein Geier flog.

„Besetzt, reserviert!"

„Ich weiß."

„Und?"

„Ich bin Sinclair!"

„Ja? Weisen Sie sich aus."

Das war mir auch noch nicht passiert, machte gute Miene zum bösen Spiel und zeigte ihm den Ausweis.

„Ja, gut, dann kommt der andere noch."

„Ich will es hoffen."

Der Ober verschwand, ohne dass er eine Bestellung aufgenommen hatte. Ich dachte an Mischke, der wohl einiges zu sagen oder gute Beziehungen haben musste, dass er es schaffte, hier einen Platz frei gehalten zu bekommen.

Auf ihn war ich gespannt.

Ein anderer Ober fragte nach meiner Bestellung. Ich hatte Durst und Hunger, bestellte ein Bier und eine Bratwurst mit Sauerkraut.

Das Bier kam zuerst. Es schäumte in einem großen Krug. Ich trank einige Schlucke und schaute dem Trubel zu, der mich umgab. Fast ein Wahnsinn. Die Menschen kamen und gingen, sie saßen, tranken, sie schwitzten, denn die Luft stand. Hinzu kam der Rauch zahlreicher Zigaretten und Zigarren. Ich ließ das Jackett an, denn ich wollte nicht unbedingt meine Beretta präsentieren.

Der Ober schob mir den Teller mit der Bratwurst und dem Kraut vor die Nase, legte das klirrende Besteck hinzu und wünschte mir so etwas wie einen guten Appetit.

„Danke, den werde ich haben."

Dann hetzte er zum Nebentisch, weil dort gezahlt werden wollte. Ich aß die Wurst, das Kraut, war damit beschäftigt und schaute erst auf, als ein Schatten über den Tisch und die Mahlzeit fiel.

Das war Erwin Mischke!

„Essen Sie ruhig weiter", sagte er zur Begrüßung. „Wer weiß, ob das nicht die letzte Mahlzeit in Ihrem Leben ist."

„Danke, Sie können einem Mut machen."

„Ja, das gehört dazu."

Der Senf schmeckte mir nicht besonders. Beim letzten Stück Bratwurst schaute ich Mischke kauend an.

Er war kleiner als ich, hatte schwarzes Haar, ein schmales Gesicht, flinke, dunkle Augen und Lippen, die aussahen, als wären zwei Messerrücken aufeinandergelegt worden, so schmal. Das dünne Haar wuchs ihm an den Seiten bis über die Ohren, sein Gesicht sah ungesund aus, als hätte er einige Jahre im Zuchthaus Bautzen gesessen. Der Anzug war unmodern, er saß viel zu eng. Eine Krawatte trug er nicht, dafür ein sehr blasses Strickhemd.

„Wie war die Fahrt?"

„Sehr gut."

„Oder sind Sie geflogen?"

„Natürlich."

„Hätten sie doch gleich sagen können."

Ich hob die Augenbrauen, zeigte mein berühmtes Stirnrunzeln und nahm sehr gemächlich die Serviette hoch, um mir die Lippen abzuwischen, Die Bratwurst war fett gewesen, von ihr würde ich bestimmt noch lange etwas haben.

„Sie sind nervös, Mischke."

„Klar bin ich das."

„Hat das einen Grund?"

Er rutschte auf der Stuhlfläche von einer Seite zur anderen, beugte sich dann vor und starrte mich an. „Klar hat das einen Grund, Sinclair. Überlegen Sie mal, weshalb Sie nach Leipzig gekommen sind."

„Es geht um eine Tote."

„Richtig. Und um ihren Mörder."

„Was wissen Sie denn darüber?"

Das erfuhr ich zunächst nicht, denn der Ober fragte nach der Bestellung. Mischke entschied sich für ein Bier. „Ich weiß nicht viel, ich habe nur gehört, dass Sie ein Spezialist sind, der sich um bestimmte Fälle kümmert, die man schlecht einordnen kann."

„Irgendwo stimmt die Definition. Aber sagen Sie mal, Mischke. Was machen Sie eigentlich? Sind Sie Polizist?"

Er grinste. „Was meinen Sie denn?"

„Keine Ahnung. Aber ich würde Sie eher in die Schublade Stasi hineinstecken."

Mischke trank und hätte sich beinahe verschluckt. Das Wort Stasi gefiel ihm nicht. Hastig stellte er das Glas ab, wischte über seine Lippen. „Sind Sie verrückt, Sinclair, dieses Wort hier so laut zu sagen. Man ist allergisch dagegen, in Leipzig besonders."

„Soll ich Mister Wendehals sagen?"

„Ist mir egal. Ich bin jedenfalls wertvoll. Auch heute noch. Ich könnte Ihnen den Weg zeigen. Sagen wir so: Ich bin kein Polizist und auch kein Stasi-Mann, aber ich habe Beziehungen zu beiden Stellen.

Man hat mich immer da eingesetzt, wenn sich gewisse internationale Verwicklungen anbahnten."

Progression

Erik Simon

Da sitzen sie in ihren Raumanzügen
in Schiffen von der neusten Konstruktion
und fliegen so seit vielen Jahren schon
und träumen sich ein Ziel, zu dem sie fliegen.

Und die sie schickten, leben unter Sphären
aus festem Plast, gepfercht auf engem Raum,
und konstruieren schon den nächsten Traum
und wünschten, dass sie selbst geflogen wären.

Sie spähn nach vorn, nach draußen wie besessen
und haben dabei schon sich selbst vergessen.
Und haben Kinder noch, die lernen müssen

wie unsre auch: Man darf nicht alles essen,
was in die Hände fällt. Doch unterdessen
glaubt jeder fest, man müsse alles wissen.

1977/78

Bilder um 11 (Auszüge)

Norman Spinrad

„Nein, das kam erst ein paar Inkarnationen später", sagte Kelly Jordan. Toby hatte ursprünglich vorgehabt, ein Einzelinterview mit Kelly und dann ein weiteres mit Horst zu machen und es so hinzutricksen, dass Klingermann so wenig Sendezeit bekam, wie es irgend ging. Vielleicht lag es daran, wie Horst herumzappelte.

Vielleicht lag es auch daran, dass Kelly sein Interview in einen Monolog umfunktionierte. Wie auch immer. Toby wusste nicht genau, warum, aber ein Instinkt, den er eben erst entdeckt hatte, ein Gefühl in seinem Bauch, das sich direkt in Worte umsetzte, riet ihm, diesen Plan ad acta zu legen, ihren Satz als Schlusssatz zu nehmen und die ganze Sache interaktiver zu machen. War das nicht die eigentliche Aufgabe eines Talkmasters?

„Tja, warum heben wir uns diese Geschichte nicht noch ein bisschen auf, Kelly, und informieren unsere Zuschauer zunächst über das ... äh ... Vorleben unseres anderen ... äh ... Gastes heute abend – Horst Klingermann." Toby zeigte der Kamera, die gerade auf Sendung war, sein Profil und sah Klingermann an.

„Wie wär's, Horst, warum erzählen Sie uns nicht etwas über sich?"

„Über mich?", sagte Horst unsicher.

„Ihre Kindheit, wo Sie aufgewachsen sind ..."

„Ich bin in Leipzig aufgewachsen. Meine Kindheit bestand aus Schule, Jugendaktivitäten und langen Stunden harter Arbeit, war aber ansonsten ziemlich langweilig. Nicht anders als bei den meisten kleinen Jungen in der DDR."

„Sie meinen ... äh ... im früheren Ostdeutschland? Dem ... äh ... alten kommunistischen Polizeistaat, wenn Sie mir diese Formulierung verzeihen?"

Horst sah Toby an, wie ein Lehrer einen unglücklichen Schüler, der gerade etwas besonders Dummes gesagt hatte. „Was haben Sie denn gedacht, wo Leipzig liegt – in Bayern?", blaffte er. „Und warum entschuldigen Sie sich dafür, dass Sie die Dinge beim Namen nennen? Es war tatsächlich ein Polizeistaat. Die Stasi hatte alles infiltriert, wie ein Madennest in einem verwesenden Stück Fleisch."

Toby begann unter den Scheinwerfern zu schwitzen. Das würde nicht wie das Interview mit Kelly laufen. Das würde ein harter Brocken werden.

„Aha ... ähm ... und was haben Ihre Eltern gemacht?"

„Meine Eltern waren politisch korrekte Proletarier", antwortete Horst. „Meine Mutter hat in einer Großwäscherei gearbeitet, mein Vater in einer Würstchenfabrik."

„In einer Würstchenfabrik?", platzte Toby heraus und biss sich auf die Lippe, um nicht schallend loszulachen.

„Klingt das für Sie komisch?", fauchte Klingermann.

„Glauben Sie mir, damals in der DDR war das nicht zum Lachen! Für mich war es ein Schritt auf dem Weg zur Karl-Marx-Universität."

„Karl-Marx-Universität?" Tobys professioneller Maske entwich jetzt doch ein kleines Kichern.

„Das finden Sie auch komisch?", sagte Klingermann wütend. „Sind Sie einer dieser Ignoranten, in deren Augen ein Abschluss in Geschichte an der Karl-Marx-Universität wertlos ist? Bilden Sie sich etwa ein, Ihre westlichen Pendants seien frei von der entgegengesetzten ideologischen Ausrichtung? Unsere intellektuellen Standards waren genauso hoch wie die in der Bundesrepublik, wenn nicht noch höher!"

Du liebes bisschen, was habe ich denn bloß gesagt? fragte sich Toby. Was immer es war, er musste die Sache abkühlen, und zwar schnell!

„Äh ... ich wollte Ihre Alma Mater nicht beleidigen, Horst", sagte Toby hastig. „Ich bin sicher, es war eine großartige Universität ..."

„Wir standen an der Spitze der Revolution! Wir haben sie mit unserem Marsch zum Opernplatz[1] begonnen! Wir waren diejenigen, die ihr Leben riskierten, um die Wiedervereinigung zustande zu bringen, nicht die Wessis!"

„Opernplatz? Wiedervereinigung? Wessis? Wovon sprechen Sie?"

---

[1] Der Platz hieß damals Karl-Marx-Platz und heißt heute Augustusplatz.

Horst starrte Toby an. Seine Verblüffung war ihm deutlich anzusehen. „Wovon ich rede?", sagte er ungläubig. „Was meinen Sie denn, wovon ich rede?"

Toby zuckte die Achseln. Was sollte er sagen? Was sollte er tun? Er setzte sein strahlendstes Lächeln auf und sagte die Wahrheit.

„Offen gestanden, Horst", sagte er, „ich habe nicht die leiseste Ahnung."

18:44

AUF DEM BILDSCHIRM:

Horst Klingermann in Großaufnahme. Seine Wut verebbt sichtlich, obwohl das Nachleuchten des Schmerzes in seinen Augen nicht so schnell erlischt.

„Ich vergesse mich", sagt er. „Ich vergesse, dass diese Dinge hier nichts bedeuten." Er bringt sogar ein kleines Lächeln zustande. „Ich vergesse, dass ich nicht einem Café in der Oranienburger Straße sitze oder in Leipzig unterrichte."

Ein unbeholfener, später Zwischenschnitt auf Toby Inman in Großaufnahme, eine Sekunde, nachdem er zu sprechen begonnen hat, sodass seine ersten paar Worte aus dem Off kommen, während man noch Horst Klingermanns Gesicht sieht.

„Ich war ein Fabelwesen. Es war so leicht. Verglichen mit dem, was ich gewohnt war, waren diese Leute so rein und simpel und unschuldig. Denen brauchte ich bloß Kriegsgeschichten von meiner Zeit im politischen Untergrund in Europa zu erzählen, ein bisschen deutsch zu plappern, und schon hatte ich sogar die sogenannte erwachsene Führung von Gruppen wie der MANC davon überzeugt, dass ich eine napalmspeiende Terroristin auf der Flucht mit allerbesten Baader-Meinhof-Connections war!"

Toby Inman in Großaufnahme aus einer anderen Position.

„Und das alles nur, um mit Ihrem Vater abzurechnen?"

Kelly Jordan in Großaufnahme, als sie die Achseln zuckt, dann den Kopf schüttelt. „Nein, es ging nicht nur darum. Wir wussten alle, dass es allmählich kritisch wurde, das Ozonloch, der Treibhauseffekt, die absterbenden Korallen, der Beginn dieser Dürre hier, aber unsere Analyse dessen, was geschehen war oder was wir unternehmen sollten, war ungefähr so tiefschürfend wie die von Las Vegas beim Warten auf Elvis' Wiederkunft."

Sie lächelt ziemlich frech, aber es ist die vergnügte Frechheit eines mit Begeisterung ungezogenen Kindes.

„Außerdem führte ich was ganz Bestimmtes im Schilde. Ich wollte sichergehen, dass Daddy mich nach meinem Abschluss, wenn ich achtzehn war, mit Freuden wieder nach Europa schicken würde!"

Troubadoure (Auszüge)

Marcus Hammerschmitt

Das typische dumpfe Dröhnen kündigte den Frachter an, und Jürgen, Nathalie und Katharina hoben ihre Sachen auf, um so schnell wie möglich an Bord gehen zu können. Außer ihnen gerieten vielleicht noch fünfzig andere Reisende in Bewegung, die nach und nach in dem Terminal aufgekreuzt waren, man tat allgemein ganz gelassen und dachte dabei nur eines: Ich will einen guten Platz. Die Fahrt würde lang sein. Sie über einem Heizungsschlitz, neben einem Besoffenen oder in einer der stinkenden Raucherkabinen zu verbringen, war eine ungute Aussicht. Das Maschinenleben im Wirtschaftsteil der Station wachte auf, und ein riesiger gelber Frachtarm ging wie der Rüssel eines gigantischen Urzeitelefanten in Bereitschaftsstellung. Das Dröhnen kam näher, Jürgen hatte irgendwo gelesen, dass sehr alte Leute sich durch die Ankunft eines Frachters an eine Bomberstaffel des Zweiten Weltkrieges im Anflug erinnert fühlten, manche verzichteten deswegen angeblich auf Reisen mit dem Frachter ganz. Als das Fahrzeug über die Hügelkuppe kam, in deren Schatten die Frachterhaltestation lag, wirkte es sofort sehr groß, und es wurde Jürgen wieder einmal sofort klar, warum die Alltrans einen so großen Einfluss beim hohen Rat hatte: Ihre Fahrzeuge waren mächtig, ihre Umsätze waren mächtig, und sie selbst war auch mächtig. Im Grunde war die Alltrans das deutsche Großunternehmen, das am ehesten noch wie einer der Industriegiganten des letzten Jahrhunderts aussah, die anderen Riesen hatten sich so unübersehbar diversifiziert und über Auslagerungen, Querfusionierungen von Geschäftsbereichen, Verkäufe und Rückkäufe miteinander verpilzt, dass sie nicht einmal mehr als Markennamen greifbar waren. Die Alltrans kannte jeder, weil ihre Produkte unübersehbar und mobil waren. Nach dem Niedergang der Bahn privat aus dem Nichts ein Transportsystem aufzubauen, das auf gigantischen Straßenfahrzeugen und der Nutzung des deutschen Autobahnnetzes beruhte, war eine Idee gewesen, die den Gründer der Alltrans, Michael Örstedt, so märchenhaft reich gemacht hatte, dass man seit zwei Jahrzehnten an seiner geistigen Gesundheit zweifelte. Angeblich hatte Örstedt die Idee zur Alltrans beim Urlaub in Australien bekommen, als einer der dortigen Roadtrains an ihm vorbeigedonnert war und ihn in eine Staubwolke gehüllt hatte. Die ersten Alltransfahrzeuge waren von den Herstellern der gigantischen Laster gebaut worden, die in Südafrika Abraum aus den Minen holten und in den USA Müll aus den Großstädten. Was die Alltrans heute benutzte, war zweimal höher als die erste Baureihe, dreimal so lang, und brach nur deswegen nicht durch die Erdkruste, weil die Ingenieure mit neuen Werkstoffen um jedes Kilogramm gefeilscht hatten. Die Alltransfahrzeuge der größten Klassen („Goliath" und „Herkules") trugen auf ihren Dächern in der Dunkelheit rote Signallampen für tieffliegende Luftfahrzeuge, sie waren satellitengesteuert und belegten die ganze Breite dreier Autobahnspuren, die Standspur eingeschlossen. Sie kosteten zwanzig Millionen neue Euro pro Stück. Ein findiger Berliner Architekt hatte neulich eine neue Methode zur Verwertung von abgenutzten Goliathreifen vorgeschlagen: Drei Stück reichten für ein kleines, aber komfortables Einfamilienhaus. Als der Frachter neben der Station zum Halten kam, verdunkelte er die Sonne, und die Reisenden warteten in seinem Schatten darauf, dass der Lift des Passagierabteils zu ihnen herunterkam. Der robotische Frachtarm hob sich dem Unterleib des Giganten entgegen, wurde automatisch angedockt, und begann Post, ganze verpackte und verschnürte Haushalte und wirtschaftliches Frachtgut in seinen Bauch zu spucken. Der Lift setzte neben den Passagieren auf. Alle passten auf einmal hinein. Jürgen zog seine Magnetkarte durch den Schlitz, und von seinem Konto in Frankfurt wurden dreihundert neue Euro abgebucht. Sie reisten dritter Klasse. Zum Stehen war die Fahrt nach Leipzig zu lang.

***

Leipzig war unruhig. Unter einem violetten Himmel bereitete sich die Stadtmiliz auf einen Großeinsatz vor. Ein indischer Endzeitkult namens „Die Freunde des Himmelssohns" hatte für die ganze kommende Woche mit „Aktionen" gedroht, was im Fall dieser Gruppierung meistens mit spektakulären Selbstverbrennungsritualen einherging. Manchmal verbrannten sie nicht nur sich selbst, sondern auch einige Passanten und Schaulustige gleich mit, oder steckten nahe liegende Gebäude im Verlauf ihrer Feuerhappenings an. Feuer war ihnen ein Mittel zur geistigen Reinigung, und sie wollten die Wohltat der Reinheit niemand künstlich vorenthalten. Die schwarze Fahne der „Freunde" mit dem aufgedruckten Wolken- und Augensymbol im Strahlenkranz war im Stadtbild überall präsent, wenn auch oft nur auf den T-Shirts von Jugendlichen, die auf der Suche nach einem Spektakel durch die Straßen flanierten. Das kam daher, dass es eine derzeit sehr populäre Rockband mit dem Namen „Die Freunde" gab, die das Symbol der Sekte gegen viel Geld lizenziert hatte und manchmal bei den größeren Selbstverbrennungsaktionen zum Tanz aufspielte. Die Mannschaftswagen der Stadtmiliz, in Blau und Grau gehalten, besetzten jede Kreuzung. Eine Atmosphäre der Hysterie durchwaberte die ganze Stadt. Auf dem Weg zur Künstlerbörse forschte Jürgen an einem öffentlichen Terminal nach allen bekannten Arten von Epilepsie. Unter Bergen des üblichen esoterischen Unsinns fand er auch einen Artikel, der Nathalies Form zu beschreiben schien. Der Artikel enthielt viele Querverweise zu anderen Dokumenten, die aber alle nicht für öffentliche Terminals zugänglich waren. Es deprimierte ihn, dass er nichts Genaues über Nathalies Krankheit erfahren, geschweige denn ihr irgendwie helfen konnte. Es deprimierte ihn so sehr, dass er am Eingang zu der Künstlerbörse überlegte, ob er wieder zurückkehren sollte. Die Börse machte einen wenig einladenden Eindruck. Veraltete Technik, ein schmutziger Boden, wenig Betrieb. Aber sein Engagement bei den Leipziger Anthroposophen neigte sich dem Ende zu, und er brauchte ein neues, möglichst nahe bei Braunschweig, der Reisekosten wegen. „Nun gut, das Kind wird ja wegfallen", dachte Jürgen, als er die ersten Angebote auf den Schirmen durchsah. Bei einigen hinterließ er den Code für seine Informationsangebote auf dem C-Netz, damit die Kulturmenschen der betreffenden Gemeinschaften sich an ihn wenden konnten, wenn sie seine Arbeiten interessant fanden. Er merkte schnell, dass er selbst keine Lust hatte. Eigentlich wollte er nicht hier sein, und an einem Tag wie diesem hätte er gewünscht, dass alles über das C-Netz abgewickelt wurde. Aber man hatte nun einmal vor zwanzig Jahren das Künstlerbörsensystem als Kontrollinstrument eingeführt, und jeder Troubadour, der etwas auf sich hielt und der seine Registrierung bei den anerkannten Gemeinschaften nicht gefährden wollte, ging zu den Künstlerbörsen, um sich Auftritte zu sichern. Man fand dort oft noch die besten Angebote, die Datenbestände wurden meistens besser als im öffentlichen C-Netz gepflegt, und wenn man Glück, oder, je nachdem, Pech hatte, traf man Leute wieder, die man lange nicht gesehen hatte. Künstlerbörsen konnten wie Szenerestaurants, Cafés oder bestimmte Sekten und Kulte in und schick sein, andere waren bloße Dienstleistungsbüros für die Durchreisenden und strahlten den defizitären Charme einer öffentlichen Krankenstation aus, in denen es an allem fehlte, bis hinunter zu den Gummihandschuhen. Fest stand, dass ein registrierter Troubadour zehnmal im Jahr einen Auftritt über eine Börse ergattern musste. Jürgen hatte für dieses Jahr erst drei davon zusammen. Er hielt sich etwa seit einer Viertelstunde in der Börse auf, da spürte er, dass ein anderer Pythagoräer im Raum war. Sein Herz machte einen Satz. Er wusste es, jemand anders aus der Gruppe war hier. Arignote hatte immer über diese „Ahnungen" gelacht, genau wie über den metallischen Geschmack an seinem Gaumen in der Nähe eines *Mundes*. Aber Arignote mochte sagen, was sie wollte, er spürte einfach, dass ein anderer Pythagoräer im Raum war. Er zwang sich zur Ruhe. War es der Hermaphrodit im pailettenbesetzten Overall, der direkt neben ihm stand? Der Mann im schwarzen Anzug drei Terminals weiter, dessen Brille die Lichter auf den Bildschirmen spiegelten, als seien sie selbst kleine Bildschirme? Die rot gekleidete Kindfrau in der anderen Ecke des Raums, die in rasender Geschwindigkeit von einem Angebot zum nächsten sprang und den Eindruck machte, als sehe sie gar nicht richtig hin? Jeder von ihnen hätte es sein können, und Jürgen hatte keine Möglichkeit, es herauszufinden, ohne sich und den anderen in große Gefahr zu bringen. Er sah sich zum Schein noch einige andere Angebote an, die ihn alle nicht interessierten, und verließ dann die Börse. Vor der Tür wurde er sehr traurig. Er merkte, wie ausgehungert er war. Er brauchte Kontakt mit den anderen. Er brauchte seine Leute. Müde und leer ging er nach Hause.

Die ganze Blavatskyallee war übersät mit Kreuzen. Überall lagen sie herum, auf der Straße, auf dem Bürgersteig, in Geschäftseingängen. Kreuze aus Strohhalmen, aus kleinen Zweigen, aus Draht, aus Papierstreifen. Die wenigen Passanten gingen achtlos daran vorbei, für sie war das alles offenbar eine völlig normale Erscheinung. Als Jürgen eines der Kreuze aufhob, brauste ein Hubschrauber der Stadtmiliz über die Straße hinweg, er flog so tief, dass Jürgen glaubte, etwas von dem Abwind des Rotors zu spüren. Das Kreuz bestand aus zwei Bündeln trockenen Spaghetti, die mit einem feinen Draht kreuzweise verbunden waren. Ein gelbes Flugblatt fegte vorbei, er setzte reflexartig einen Fuß darauf: Jesus befiehlt!!!, stand darauf zu lesen. Macht Kreuze!!! Daheim, auf der Straße, überall!!! Verstreut sie, verschenkt sie, verschickt sie! Jedes kleine Kreuz ist eine Tretmine für Satan. Das Kreuz ist die Flagge von Jesus! Pflanzt sie auf im Herzen des Feindeslandes! Kreuze machen ist Seligkeit. Wer 100 000 Kreuze gemacht und verteilt hat, kommt nicht ins Fegefeuer! Schon ein kleines Kreuz macht einen Ort dämonenfrei! Lebt im Zeichen des Kreuzes und Jesus sieht euch mit Wohlgefallen! Einhundert Kreuze pro Tag, und in drei Jahren seid ihr all eurer Sünden ledig! Jesus kommt bald, denkt daran! Schon blasen die Trompeten der Apokalypse. Wer Kreuze macht, ist vorbereitet. Wer Kreuze macht, wird von Jesus nicht übersehen, wenn da kommet der Tag des Gerichts. Kommt alle zur Leipziger Crossparade! Zeigen wir den Satansjüngern, den Rattenfängern, die mit ihrer unchristlichen Dekadenz das geistige Leben in dieser Stadt verpesten, dass Jesus auch hier noch Freunde hat! Jesus befiehlt!!! Unterzeichnet war das Flugblatt mit einem Kreuz und dem Schriftzug IHSV. Nach der Anzahl von Kreuzen zu urteilen, die auf der Straße lagen, war die „Crossparade" ein voller Erfolg gewesen. Jürgen zeichnete alles auf. Das hier musste relativ neu sein, „IHSV" fehlte noch in seiner Sammlung. Dann hob er witternd den Kopf. Der Wind trieb Brandgeruch zu ihm her. In der Richtung, in der er am stärksten war, stieg eine Rauchsäule über den Häusern auf, weiter hinten noch eine. Es war auf einmal sehr still. Die Straße war wie leer gefegt. Jürgen ließ das Flugblatt fallen und lief los.

Am Abend meldeten die Nachrichten, dass es zwischen den IHSV-Anhängern und den „Freunden des Himmelssohns" zu massiven Auseinandersetzungen gekommen war. Die Anzahl der Todesopfer stieg von Stunde zu Stunde. Zum Glück würde er am nächsten Tag aus Leipzig verschwinden. In Braunschweig wartete Sonja auf ihn.

Eine Billion Dollar (Auszug)

Andreas Eschbach

Eine halbe Stunde vor Leipzig hielt der Zug in dem kleinen Ort Naumburg an der Saale, und einem spontanen Impuls folgend stiegen John und Ursula bereits hier aus und benutzten für den Rest der Strecke ein Taxi.

Der Taxifahrer freute sich über die unerwartet lukrative Fernfahrt, und als Ursula mit ihm besprach, wo er sie absetzen sollte, meinte John nur: „Hauptsache, nicht am Bahnhof." Er war das Gefühl nicht losgeworden, dass Marco und die anderen dort schon auf sie warten könnten.

Sie stiegen in der Stadtmitte aus, an einem großen Platz mit einem großen Springbrunnen und beeindruckenden Fassaden ringsum. John bezahlte den Taxifahrer, der sich in holprigem Englisch bedankte und freundlich winkend davonfuhr, dann gesellte er sich zu Ursula, die abwartend dastand, ihre Tasche zu ihren Füßen und die Hände tief in den Taschen ihrer Jacke vergraben. Sie war immer schweigsamer und verschlossener geworden, je näher sie Leipzig gekommen waren, und jetzt wirkte sie so angespannt, als erwarte sie etwas Schreckliches.

„Und?", fragte er.

„Wir sind da", sagte sie und warf einen Blick umher, als müsse sie sich vergewissern, dass alles noch so war, wie sie es in Erinnerung hatte. „Augustusplatz. Früher hieß er Karl-Marx-Platz. Hier hat alles angefangen." Sie deutete auf das imposante Gebäude hinter dem Springbrunnen. „Das ist die Oper. Gegenüber ist das Gewandhaus, ein Konzertsaal." Dahinter erhob sich ein Hochhaus, das aussah wie ein riesiges, halb aufgeklapptes Buch. „Das gehört zur Universität, genau wie der Bau hier vorne ..."

„Angefangen?" hakte er ein. „Was hat hier angefangen?"

Sie sah ihn an. „Die Demonstrationen. Vor acht Jahren war das hier noch DDR. Warschauer Pakt. Wir haben hinter dem Eisernen Vorhang gelebt, und ihr Amerikaner wart unsere Feinde."

„Ah ja, richtig", nickte John. Vor acht Jahren? Da war seine Beziehung mit Sarah gerade auf ihr ebenso schmerzhaftes wie unausweichliches Ende zugeschlingert. „Ich erinnere mich dunkel. Damals ist die Berliner Mauer gefallen, oder?"

Ursula lächelte freudlos. „Sie ist nicht gefallen. Wir haben sie eingerissen." Sie blickte an ihm vorbei, aber es war ein Blick, der in Wirklichkeit in die Vergangenheit gerichtet war. „Hier hat alles angefangen. Die ersten Demonstrationen, September 1989. Hier in Leipzig. Im November sind die Leute schon überall im Land auf die Straße gegangen. Ungarn hat seine Grenzen in den Westen geöffnet, und am neunten November ist die Grenze nach Westdeutschland geöffnet worden. In die Bundesrepublik. Und ein Jahr später gab es keine DDR mehr." Sie schauderte unmerklich. „Das sagt sich alles so leicht. Es ist etwas anderes, wenn man dabei war."

Sie deutete auf einen einigermaßen modernen, rechteckigen Bau schräg gegenüber, viel Weiß und viel Glas, mit einem gewaltigen, dunkel angelaufenen Relief über dem Eingang. „Das war der Ort meiner Sehnsucht. Die Universität." Ein schmerzliches Lächeln glitt über ihr Gesicht. „Der Kopf auf dem Relief soll übrigens Karl Marx sein. Das Ding ist aus massivem Metall und derart mit dem Fundament verbaut, dass man das Gebäude einreißen müsste, um es zu entfernen. Nur deshalb ist es noch da." Sie drehte sich um und wies auf einen lang gezogenen Gebäudekomplex gegenüber. „Dort habe ich gearbeitet. In der Hauptpost, Verwaltungskram, Abrechnungen tippen, belangloses Zeug. Damals habe ich es für Zufall gehalten, dass die Universität in Sichtweite war. In den Mittagspausen habe ich mich manchmal unter die Studenten gemischt und mir vorgestellt, ich würde dazugehören."

„Und warum hast du nicht dazugehört?", fragte John behutsam.

„Dazu hätte ich die Polytechnische Oberstufe absolvieren müssen, und das hat man mir nicht erlaubt. Nicht, weil ich zu dumm dazu war, sondern weil ich aus der falschen Familie stammte. Aus politischen Gründen." Sie hob ihre Tasche hoch und schulterte sie unschlüssig. „Politik. Es war alles Politik. Ich habe mich lange von den Demonstrationen ferngehalten, wollte nicht noch mehr auffallen

„… Ich hatte Angst. Man hat gewusst, dass die Stasi jeden fotografiert, der zu den Gottesdiensten in der Nikolaikirche ging. Trotzdem sind immer mehr hingegangen, selbst als die Kirche längst zu klein für alle war. Nach dem Gottesdienst marschierten sie hier heraus, auf den Karl-Marx-Platz, und zogen dann weiter zum Bahnhof, den ganzen Innenstadtring entlang, mit Kerzen in der Hand, friedlich. Das hat die Regierung fertiggemacht: dass alle friedlich geblieben sind. Sonst hätte man Anlass gehabt, einzugreifen, verstehst du? Aber so … Sie zogen am ‚Runden Eck' vorbei, dem Hauptquartier der Stasi, sangen Lieder und stellten Kerzen auf die Eingangstreppe. Was sollten sie machen? Es war ja alles harmlos, oder? In Wirklichkeit war es der Anfang vom Ende."

John hörte ihr fasziniert zu, versuchte sich vorzustellen, wie dieser so alltäglich wirkende Ort, den er sah, damals gewesen sein mochte, und wusste, dass er es nicht einmal ahnen konnte.

„Der Höhepunkt war der neunte Oktober. Ein Montag. Die Demonstrationen waren immer montags. Es gab Gerüchte, dass das ZK der SED beschlossen hätte, an diesem Montag die Konterrevolution in Leipzig niederzuschlagen. So nannten sie das. In Wirklichkeit hieß das, dass sie auf die Demonstranten schießen lassen wollten. Das war das, vor dem alle immer Angst gehabt hatten – vor der ‚chinesischen Lösung'. Im Juni hatte es diese Studentenrevolte in Peking gegeben, weißt du noch? Auf dem ‚Platz des himmlischen Friedens', als die Regierung mit Panzern gekommen ist und es Tote gegeben hat. Viele haben geglaubt, dasselbe würde in Leipzig auch passieren. Aber sie sind trotzdem gegangen."

Sie sah zu dem langen, sandbraunen Gebäude hinüber, das immer noch die Hauptpost war. „Ich war an dem Abend im Büro. Ich bin länger geblieben, es gab viel zu tun und so weiter, aber vor allem … Ich weiß nicht. Vielleicht wollte ich sehen, wie es passiert. Ich weiß noch, wie wir am Fenster standen, da oben, im vierten Stock … wir hatten das Licht ausgeschaltet, standen nur am offenen Fenster, und da kamen sie … Tausende von Menschen, der ganze weite Platz voller Menschen, überall, den Springbrunnen gab es damals noch nicht … und sie riefen: ‚Wir sind das Volk.' Immer wieder diesen einen

Satz, wieder und wieder unter dem schwarzen Himmel, im Schein der Straßenlampen, wie mit einer Stimme – ‚Wir sind das Volk. Wir sind das Volk.' Das ging mir durch und durch. Es hat mich nicht mehr gehalten, ich bin runter und mit dazu. Mir war egal, was passieren würde. Wenn sie schießen würden, sollten sie schießen. Von da an bin ich immer mitgegangen, jeden Montag, bis zum Ende. Wenn ich schon am Anfang nicht dabei gewesen war, wollte ich wenigstens mithelfen, die Diktatur zu Grabe zu tragen, schätze ich."

Er sah sie staunend an. Der Verkehr um sie herum, die Leute, die Einkaufstaschen weltbekannter Modeketten schleppten oder mit dem Handy am Ohr auf die Straßenbahn warteten, das schien alles ganz unwirklich zu sein, eine dünne Tünche auf einer düsteren, beklemmenden Wirklichkeit.

„Interessiert dich das überhaupt?", fragte sie. Er erschrak vor dem Ernst in ihren Augen. Er konnte nur stumm nicken und war froh, dass ihr das zu genügen schien. Sie wischte sich über die Augen, die Reisetasche immer noch über der Schulter. „Es ist wie eine Reise in die Vergangenheit für mich. Entschuldige."

„Ich bin froh, dass man nicht auf dich geschossen hat", sagte er und nahm ihr die Tasche ab. „Dass es nur Gerüchte waren."

Sie schüttelte den Kopf. „Es waren nicht nur Gerüchte. Später stellte sich heraus, dass es einen solchen Beschluss tatsächlich gegeben hat. Das Wachregiment Feliks Dzierzynski war nach Leipzig abkommandiert worden, und die Soldaten hatten Befehl zu schießen. Aber sie haben nicht geschossen. Sie haben es einfach nicht getan. Sie haben in ihren Einheiten diskutiert und beschlossen, den Befehl zu verweigern."

***

Sie suchten sich einen Platz in einer der alten Kirchenbänke, deren weißer Lackanstrich alt und verwittert wirkte, setzten sich und schwiegen.

John ließ die Atmosphäre auf sich wirken. Es kam ihm ganz und gar unglaublich vor, dass dies ein Ort sein sollte, von dem eine Revolution ausgegangen war. Die Nikolaikirche war klein und unscheinbar, außen von Baustellen umzingelt, innen bescheiden erhellt und kaum besucht. Die Fenster ringsum hatte man von außen zugestellt, wo nicht dunkle Vorhänge hinter Mattglas zugezogen waren. In der Ecke neben ihnen stand, neben einer Anschlagtafel und einem Opferstock, ein großes handgemaltes Schild, das im Innern eines kreisförmigen Regenbogens die Gestalt eines Mannes zeigte, der mit dem Hammer auf etwas einhieb. „Schwerter zu Pflugscharen", übersetzte Ursula ihm flüsternd die Inschrift. „Friedensgebet in St. Nikolai, jeden Montag 17 Uhr."

Damit also hatte es angefangen. Mit einer schlichten Einladung in diese Kirche. John versuchte zu erspüren, ob dieser Ort eine Erinnerung bewahrt hatte an hoffende, verzweifelte, verängstigte, wütende, zitternde, zu allem entschlossene Menschen – aber da war nichts, oder wenn, dann spürte er es nicht. Er sah matte, weiße Holztäfelungen, Verzierungen in zartem Lindgrün, mächtige Säulen, die das Dach des Kirchenschiffes trugen, auf stilisierten Kränzen ruhend und weiter oben in ebenso stilisiertem grünen Blattwerk endend; eine ganz normale Kirche eben. Es kam ihm merkwürdig vor, dass nicht einmal eine Gedenktafel auf die Ereignisse des Herbstes 1989 hinwies. Dass nicht einmal die neue Regierung so etwas für nötig befunden zu haben schien.

Als ob auch die neuen Regierenden lieber vergessen machen wollten, wie einfach jede Regierung zu stürzen war – indem nämlich alle Menschen zugleich aufstanden und sagten: „Schluss!"

Ursula sah ihn forschend an. „Bist du eigentlich ... Wie sagt man ... Gläubig?"

„Meinst du, ob ich oft in die Kirche gehe? Das letzte Mal war ich vor zwanzig Jahren in einer Kirche, als Cesare geheiratet hat. Das ist mein ältester Bruder", fügte er hinzu.

Sie lächelte flüchtig. „Ich weiß. Ich habe einmal im Flugzeug neben ihm gesessen."

„Ach so, ja." Das war eine der Anekdoten gewesen, die sie sich in den vergangenen Nächten erzählt hatten.

„Nein, ich meine, ob du religiös bist. Ob du an einen Gott glaubst."

„Glaube ich an einen Gott?" John holte tief und seufzend Luft. „Vor drei oder vier Jahren hätte ich auf diese Frage eine klare Antwort gehabt, aber heute ... Ich weiß nicht. Du fragst wegen der Prophezeiung, nicht wahr?"

„Klar. Wenn du glaubst, dass Giacomo Fontanelli seine Vision von Gott empfangen hat, musst du logischerweise auch an Gott glauben."

John wiegte den Kopf. „Sagen wir, ich versuche offen zu sein für die Möglichkeit, dass hinter all dem ein göttlicher Plan stecken könnte ... Vielleicht hoffe ich es sogar. Aber dass ich es glaube ...?"

„So wie Cristoforo Vacchi es geglaubt hat?"

„Nein. So nicht", schüttelte John entschieden den Kopf. „Ich wollte, ich könnte es."

„Das letzte Mal habe ich bei der Jugendweihe an etwas geglaubt. Seid ihr bereit, alle eure Kräfte für ein glückliches Leben der werktätigen Menschen einzusetzen? Ja, das geloben wir. Für ein friedliches, demokratisches und unabhängiges Deutschland? Ja, das geloben wir. Und so weiter. Ich wollte im Geist der Völkerfreundschaft leben, mich in die solidarische Gemeinschaft der Werktätigen einreihen ... Und dann wurde ich nicht zur Oberschule zugelassen, obwohl ich die Beste in der Klasse war. Als ich mich beschwert habe, haben alle nur betreten geguckt und Ausflüchte gesucht – von wegen solidarische Gemeinschaft. Alles leere Phrasen. Glaube und Idealismus, das sind nichts als Einladungen an andere, einen auszunutzen."

Schweigen, das einem den fernen Verkehrslärm draußen zu Bewusstsein kommen ließ. „Du meinst, so wie Jakob Fugger den Glauben Ciacomo Fontanellis ausgenutzt hat?"

„Und den Michelangelo Vacchis, nicht zu vergessen."

Vorne beim Altar tauchte ein Mann auf, der Kirchendiener vermutlich, zog scheppernd zwei Kerzenständer an neue Standorte und machte sich dann an den Kerzen darauf zu schaffen. Es wirkte alles so bestürzend normal.

„Die Leute damals", fragte John, „woran haben die geglaubt? Ich meine, sie sind hierher in die Kirche gekommen. Sie müssen an etwas geglaubt haben."

Ursula zuckte mit den Schultern. „Ich weiß nicht. Ich hatte das Gefühl, sie waren einfach nur verzweifelt, und es gab keinen anderen Ort, wo man hingehen konnte. Ganz bestimmt haben sie nicht geglaubt, dass sie den Staat stürzen können."

„Nicht?"

„Niemand hat das geglaubt. Das haben auch die wenigsten gewollt. Die meisten wären mit ein bisschen mehr Demokratie und Reisefreiheit schon zufrieden gewesen. So hat ja alles angefangen – dass die Namen von Leuten, die Ausreiseanträge gestellt hatten, im Schaukasten der Kirche ausgehängt wurden, weil sie Angst hatten, sie verschwinden sonst vielleicht plötzlich spurlos." Sie wandte sich ihm zu. „Niemand hat im Ernst erwartet, dass es zu so etwas wie der Wiedervereinigung kommen würde – das ist ja der Witz, verstehst du? Trotz Gorbatschow in Moskau, trotz Glasnost und Perestroika hat kein Mensch auf der ganzen weiten Welt damit gerechnet. Die Geheimdienste nicht, die Regierungen nicht, niemand. Kein Hellseher hat es vorausgesagt, kein Computer hat es vorausberechnet, es gibt nicht eine einzige utopische Erzählung, die gewagt hätte, die Wiedervereinigung Deutschlands und den Zerfall des Warschauer Paktes zu schildern, und auch noch friedlich und ohne jedes Blutvergießen. Und ich behaupte, das war auch weder vorhersagbar noch zwingend. Es hätte genauso gut anders kommen können. Sie hätten schießen können am neunten Oktober. Der neunte November hätte genauso gut der Anfang des dritten Weltkrieges sein können. Es stand auf Messers Schneide. Wir haben einfach Glück gehabt."

„Oder es war Vorsehung."

„Dieselbe Vorsehung, die es manchmal in die andere Richtung gehen lässt? Na danke. Was nützt mir eine Vorsehung, die genauso gut meinen Tod vorgesehen haben kann? Da sage ich doch lieber, es war Glück, wenn es Glück war."

„War es denn wirklich so knapp? Daran kann ich mich gar nicht erinnern."

„Das ist auch nie sonderlich publik gemacht worden. Ich habe darüber recherchiert; eine meiner ersten Arbeiten während des Geschichtsstudiums später. Es gab keinerlei militärische Pläne für den

Fall, dass ein friedlicher Volksaufstand stattfindet und die Regierung daraufhin nachgibt. Außerdem sind am Abend des neunten November die Leute nur deshalb massenweise zu den Grenzübergängen geströmt, weil sie die entsprechenden Regierungserklärungen falsch verstanden hatten – eine simple Grenzöffnung war überhaupt nicht vorgesehen gewesen, nur die vereinfachte Abfertigung von Reiseanträgen. Was, wenn auch nur ein Grenzbeamter geschossen hätte?" Sie ließ das wirken und sah ihm zu dabei, und als sie merkte, dass es ihn beeindruckte, fügte sie hinzu: „Für mich heißt das, dass man alle diese schlauen Pläne und Hochrechnungen und Trendanalysen in der Pfeife rauchen kann. Es passiert, was passiert, und alle wirklich wichtigen Ereignisse in diesem Jahrhundert sind überraschend passiert. Und wenn man sich heute alte Prognosen anschaut, fünfzig Jahre oder älter, kann man nur lachen – so gut wie nichts ist so eingetreten wie vorhergesagt." Sie legte ihm die Hand auf den Arm. „Darum sage ich dir, es ist alles Humbug. Die Prophezeiung ist Humbug. Die Menschheit, die ihre Zukunft verloren hat – Humbug."

„Und dass mir der halbe Planet gehört? Ist das etwa auch Humbug?"

Ursula kniff die Augen zusammen. „Du musst vor deinen eigenen Leibwächtern fliehen wie ein Dieb. Wie würdest du das nennen? Ein erfülltes, freies Leben?"

***

Sie warteten vor dem Haus auf sie, in dem Ursulas Eltern ihre kleine Dreizimmerwohnung mit Balkon hatten. Wie aus dem Boden gewachsen stand Marco plötzlich vor ihnen und sagte: „Guten Tag, Mister Fontanelli", wobei er sich Mühe gab, es nicht vorwurfsvoll klingen zu lassen. Ganz gelang es ihm nicht. Die anderen Männer, die aus einem parkenden Auto stiegen, schauten finster drein und sagten nichts.

Valens wohnten im vierten Stock, einen Aufzug gab es nicht. Sie standen erwartungsvoll vor der Tür, als Ursula und John die düsteren Treppen hochgekeucht kamen, zwei bescheiden und bieder aussehende Leute, deren Gesichter beim Anblick ihrer Tochter aufzuleuchten schienen. Sie begrüßten sie, und Ursulas Mutter sagte zwar „Welcome", beeilte sich aber hinzuzufügen, „I don't speak English", doch das musste sie mehrfach sagen, ehe John verstand, was sie ihm mitteilen wollte.

Ihr Vater sprach ein paar Brocken Englisch; die Computerfirma, die früher sein Kunde gewesen und heute sein Arbeitgeber war, war die deutsche Niederlassung eines amerikanischen Konzerns, da hatte er sich ein wenig Englisch aneignen müssen. In der Schule habe er nur Russisch gelernt, erzählte er, aber davon könne er nichts mehr. Er lachte viel beim Reden und begrüßte John, als kennten sie sich schon ewige Zeiten. Bei Tisch legte er immer wieder das Besteck beiseite, um sich beiläufig die Handgelenke zu massieren, was, wie John von Ursula wusste, mit seinem Rheuma zu tun hatte.

Ursula selbst sah ihrer Mutter sehr ähnlich, die man für ihre ältere Schwester hätte halten können ohne das großmütterliche Blümchenkleid, das sie trug, und die graue Kittelschürze darüber. Sie musste die Übersetzerin spielen, weil ihre Mutter viel über John wissen wollte, seine Eltern, seine Geschwister, ob er sich Kinder wünsche und wie viele. Als John daraufhin „zehn" sagte, weigerte sie sich, weiter zu dolmetschen. Aber ihr Vater hatte es verstanden und verriet seiner Frau, was John gesagt hatte, worauf das Gelächter groß war und Ursula rot anlief.

„Hier bin ich aufgewachsen", sagte Ursula, als sie vom Balkon auf den Kinderspielplatz hinuntersah. „Da, immer noch die alte Schaukel. Die habe ich geliebt. Und dort hinten bei den Mülltonnen wollte mich ein Junge küssen, als ich elf war."

„Unpassender Ort."

„Fand ich auch."

Die Wohnung war klein und eng und zudem mit Möbeln und allerlei Krimskrams vollgestellt. Ursulas ehemaliges Kinderzimmer wurde von einer mit Hingabe gestalteten Modelleisenbahnanlage beansprucht, die ihnen Vater begeistert vorführte, während ihre Mutter in der Küche letzte Hand an das Abendessen legte. Vor dem Essen gab es Sekt, der nach einer Märchenfigur benannt war – John verstand nicht ganz, welche, und auch nicht, was sie mit Sekt zu tun haben sollte, aber der Sekt selbst schmeckte gut –, und nach dem Nachtisch wurden die Fotoalben herausgekramt, und John bekam Ursula als nacktes Kleinkind, im Kindergarten, bei der Einschulung und halbwüchsig beim Urlaub in Ungarn zu sehen. Sie mussten sich noch Dias von der Reise der Valens nach Gran Canaria ansehen, zur Feier des dreißigsten Hochzeitstages, und als sie sich schließlich verabschiedeten, war es fast Mitternacht und Vater Valen nicht mehr ganz nüchtern.

Es regnete leicht. Die auffallend schweigsamen Bodyguards fuhren sie zu Ursulas Wohnung am anderen Ende der Stadt und bleckten nur die Zähne, als John ihnen versicherte, sie diese Nacht nicht mehr zu brauchen.

***

Nach dem Aufwachen brauchte John einen Moment, ehe er wieder wusste, wo er war. Eine milde Sonne glomm durch eines der Dachfenster, ihr Licht hatte ihn in der Nase gekitzelt und damit aufgeweckt. Ursulas Wohnung war klein, bestand, je nachdem, wie man Mauervorsprünge und Raumteiler zu werten bereit war, aus ein bis zwei Zimmern und einem Bad, aber das alles war ideenreich in das komplizierte Dach hineingebaut und interessant anzusehen. Und obwohl man den meisten Möbeln ansah, dass sie nicht viel gekostet hatten, ging ein Zauber von allem aus, der einen sich spontan wohlfühlen ließ.

Ursula lag halb aufgedeckt neben ihm, und als ob sie gespürt hätte, dass er sie beobachtete, erwachte sie auch, blinzelte ihn verschlafen an und lächelte dabei. „Sieht aus, als gefalle ich dir", murmelte sie undeutlich.

„Sieht so aus", grinste John.

Sie wälzte sich herum, was ebenfalls ein attraktiver Anblick war, und langte nach dem Wecker. „Oh. Heute ist Samstag, oder?"

„Falls sie nicht den Kalender geändert haben."

„Mach keine Witze. Heute könnte unsere schöne Romanze ein abruptes Ende nehmen."

„Lass mich raten. Du willst mir deinen Ehemann vorstellen, und der ist Boxer."

„Viel schlimmer. Ich will dir meinen Großvater vorstellen, und der ist ein alter Nazi."

John fand Ursulas Nervosität merkwürdig. Schließlich wollte er ja nicht ihren Großvater heiraten, oder? Aber darauf reagierte sie nur mit einem angespannten „Warten wir's ab". Sie schien sich wahrhaftig zu sorgen, er könnte sie wortlos stehen lassen und die Flucht ergreifen. Das musste ja ein Viech sein, dieser Großvater. Allmählich wurde er regelrecht neugierig auf ihn.

Auf der Fahrt zum Altersheim war Ursula seltsam aufgekratzt, redete fortwährend mit den Bodyguards, wollte wissen, wie sie das eigentlich bewerkstelligten: die ganze Nacht ein Haus zu bewachen und am Morgen trotzdem ausgeruht und wie aus dem Ei gepellt auszusehen. Marco erläuterte ihr bereitwillig das Schema, wer von wann bis wann in dem Hotelzimmer, das sie sich in so einem Fall in der Nähe besorgten, schlafen und duschen durfte, wie sie es mit den Autos machten und wie man in einem Auto frühstückte, ohne es zu versauen.

„Es gibt noch Hoffnung", erklärte sie später, als sie durch das Portal des Heims traten. „Mir ist vorhin eingefallen, dass Großvater ja kein Wort Englisch spricht."

John musste grinsen. „Das wird dann ganz schön langweilig, wenn er seine Kriegsgeschichten erzählt." Zwei der Leibwächter gingen hinter ihnen. Ursula hatte recht: Zum ersten Mal seit Tagen sah man ihnen wieder hinterher.

„Er erzählt keine Kriegsgeschichten", sagte Ursula finster. „Er war Ausbilder bei der Totenkopf-SS. Er ist ein in der Wolle gefärbter Nazi, und Hitlers Mein Kampf kann er auswendig."

Er drückte ihre Hand, in der Hoffnung, sie dadurch zu beruhigen. „Er spricht kein Englisch, ich kein Deutsch. Du kannst mir alles erzählen, ich werde es wohl glauben müssen."

Josef Valen sprach tatsächlich kein Englisch.

Aber Italienisch, und das besser als John selbst.

„Ich war drei Jahre lang in Italien stationiert, auf Befehl von Reichsmarschall Himmler persönlich", kam die Erklärung militärisch-zackig. „Verbindungsoffizier zu den italienischen Kameraden.

Eingehendes Sprachstudium war obligatorisch, ich sollte einsetzbar für Geheimdienstaufgaben werden. Das hat sich später geändert, aber die Sprachkenntnisse sind geblieben."

Ursula hatte sich entgeistert setzen müssen. John war mehr als verblüfft. Ursulas Großvater war steinalt und saß im Rollstuhl, aber John hatte selten jemanden kennengelernt, der so hellwach und auf Draht gewesen war wie Josef Valen.

Und er verstand, warum Ursula Angst hatte. Etwas Böses ging von dem alten Mann aus, ein Fluidum von Erbarmungslosigkeit und Härte, das einem unwillkürlich die Nackenhaare aufstellte. Er trug die wenigen Haare kurz geschnitten und streng gescheitelt, und seine klaren, grauen Augen musterten John, wie ein Wolf ein Beutetier angesehen hätte. Man konnte sich von diesem Mann ohne Weiteres vorstellen, dass er Frauen und Kinder erschossen hatte. Und man hatte Angst, danach zu fragen, weil man die Antwort nicht wissen wollte.

„Sie sind also dieser berühmte John Salvatore Fontanelli", sagte Josef Valen. Er deutete auf einen der Stühle, die an der Wand standen. „Nehmen Sie Platz. Mein Sohn hat sie angekündigt; es ist mir eine Ehre."

„Grazie", murmelte John und setzte sich. Ursula hatte eine Hand vor den Mund gelegt und Panik im Blick.

Valen drehte seinen Rollstuhl ein wenig zur Seite. „Ich habe viel über Sie gelesen, Signor Fontanelli. Natürlich habe ich nicht ahnen können, dass ich Sie eines Tages kennenlernen würde. Was mich fasziniert hat, war, von dieser Prophezeiung zu erfahren."

„Ja", nickte John mit wachsendem Unwohlsein. „Mich auch."

„Der Menschheit die verlorene Zukunft zurückgeben ..." Der alte Mann hielt den Blick seiner kalten grauen Augen unverwandt auf John gerichtet, forschend. „Ich habe mich immer gefragt, ob Ihnen klar ist, wann die Menschheit ihre Zukunft eigentlich verloren hat?"

John lehnte sich zurück, bis er die Wand hinter sich hart im Rücken spürte. War es kalt im Zimmer geworden, oder bildete er sich das ein? „Offen gestanden", erwiderte er zögernd, „nein."

„1945", sagte Valen. „Als die jüdische Weltverschwörung unser Vaterland in die Knie gezwungen hat. Als sich gezeigt hat, wie fest die jüdischen Kapitalisten Amerika im Griff haben."

Irgendwie, überlegte John, hätte ihm klar sein müssen, dass er so etwas zu hören bekommen würde. „Ah, ja", nickte er. Auch das hier würde vorübergehen. „Ich verstehe."

„Sagen Sie nicht ‚ja, ich verstehe'! Sie verstehen es nicht, das sehe ich Ihnen doch an!", bellte der alte Mann. „Adolf Hitler war von der Vorsehung ausersehen, die Zusammenhänge zu erkennen, sich freizumachen von der Verblendung durch eine Irrlehre, die seit Jahrhunderten die Menschen vergiftet, und zu handeln. Und er hat gehandelt." Valen beugte sich vor und richtete die knochigen Finger auf ihn. „Ist Ihnen überhaupt klar, dass Hitler dasselbe gewollt hat wie Sie?"

John schnappte nach Luft. „Wie ich?"

„Die Zukunft der Menschheit erhalten – natürlich! Das war es, worauf er hingearbeitet hat. Ihm war klar, dass die Welt begrenzt ist, dass sie nicht reichen kann für alle. Dass es Kampf geben muss um Boden und Bodenschätze. Und er hat verstanden, dass dieser Kampf von der Natur so gewollt ist, dass sich die Rassen in ihm bewähren müssen, dass nur der Kampf es ist, der sie stark erhält."

„Wäre allgemeine Empfängnisverhütung nicht die originellere Idee gewesen, das Problem zu lösen?", fragte John spitz.

„Sie verstehen es nicht, Signor Fontanelli. Die Natur wirft die Lebewesen in die Welt, und dort müssen sie sich bewähren. Der Schwache stirbt, der Starke lebt – das ist das Gesetz der Natur, das aristokratische Prinzip des Lebens selbst. Die Natur kennt keine Empfängnisverhütung, sie kennt nur Überfluss und Ausmerzung dessen, was nicht lebensfähig ist. Nur das Lebenstüchtigste soll bleiben, so will es die Natur. Und heute? Schauen Sie sich doch um – da wird sich gepaart ohne jedes Rassenbewusstsein, da wird jeder Erbkranke und Debile mit allen Mitteln am Leben erhalten und darf sich fortpflanzen, und was ist das Ergebnis? Das Erbgut verwässert und verdirbt. Die weißen Rassen, die eigentlichen Träger der menschlichen Kultur, sind alle krank bis ins Mark. Degeneration, verstehen Sie? Die Welt, in der wir leben, ist eine Welt der Entarteten und Lebensuntauglichen, und deshalb ist sie dem Untergang geweiht."

John wollte etwas sagen, wollte dem Schwall gnadenloser Worte Einhalt gebieten, aber er wusste nicht wie.

„Die Menschheit muss sich wieder der Weisheit der Natur unterwerfen, oder sie wird aussterben. Das ist der einzige Weg, Signor Fontanelli", fuhr Josef Valen fort. „Aber die Weisheit der Natur ist grausam. Sie hat keinen Platz für Pazifismus und Mitleidsreligionen, sie kennt nur das Gesetz des Stärkeren. Der Starke unterwirft die Schwachen, und mit diesem Sieg beweist er sein Lebensrecht. Im Dritten Reich ging es nicht darum, einfach zu erobern – es ging darum, die Menschen selbst zu verbessern, es ging darum, den Fortbestand der Art zu sichern. Verstehen Sie? Der Fortbestand der Art, das war das Ziel. Dasselbe Ziel, das Sie verfolgen …"

„Eine Frage, Signor Valen", unterbrach John ihn mit einem Herzschlag, der bis hinauf in die Kehle spürbar war. „Sie sehen nicht mehr gerade wie ein Ausbund an Gesundheit und Fitness aus. Aber Sie dürfen hier leben und werden gepflegt – dagegen haben Sie aber nichts, oder?"

Josef Valen rollte heran, so nahe, dass John fast schlecht wurde von seinem Mundgeruch, und zischte: „Ich verhöhne sie alle, und diese Feiglinge erdulden es. Ich spucke auf ihr erbärmliches Mitleid, aber sie ertragen es. Also verdienen sie es nicht anders. Sklavennaturen, allesamt!"

„Gut zu wissen. Ich ertrage es nämlich nicht mehr." John stand auf und trat einen Schritt zurück. „Es hat mich nicht gefreut, Sie kennenzulernen, Signor Valen, und ich hoffe, es gibt kein Wiedersehen. Sterben Sie wohl." Damit ging er, und später sollte er sich eingestehen müssen, dass es ihm in diesem Augenblick egal gewesen war, ob Ursula ihm folgte oder nicht.

Aber sie folgte ihm, und er legte den Arm um sie und spürte, wie sie bebte. Sie hörten den alten Mann lachen, und John hörte ihn ihm nachrufen: „Sie gefallen mir, Fontanelli! Warten Sie's ab, eines Tages werden Sie doch das Richtige tun …!"

Dann waren sie ums Eck, und ein quietschend näher kommender Rollstuhl übertönte den unverständlichen Rest.

„Ich hasse es", murmelte John, mehr zu sich selber als zu irgendjemandem sonst. „Wenn mir noch einmal jemand vorhersagt, dass ich das Richtige tun werde, fang ich an zu schreien …"

„Er ist nach dem Krieg zu fünfundzwanzig Jahren Gefängnis verurteilt worden", erzählte Ursula auf dem Weg zum Flughafen. „Was vermutlich Glück war für meinen Vater, auf diese Weise ist er ziemlich unbelastet aufgewachsen. Er war ein Nachzügler, er hatte zwei ältere Brüder, die in den letzten Kriegstagen im Volkssturm umgekommen sind."

„Ich verstehe nicht, dass ihr euch überhaupt noch mit ihm abgebt."

„Ich auch nicht. Irgendwie kommt mein Vater nicht von ihm los. Ich denke manchmal, er will ihm etwas beweisen. Vielleicht, dass Liebe den Hass besiegt oder so, keine Ahnung. Ich fand es immer nur grässlich, wenn wir ihn besuchen mussten, in irgendwelchen Gefängnissen oder Krankenhäusern, und er uns mit seinen Sprüchen traktiert hat."

John spähte aus dem Fenster. Ein Flughafenangestellter schob das Gittertor beiseite und gewährte ihnen freundlich lächelnd die Durchfahrt aufs Rollfeld, wo der Jet schon bereitstand, der sie nach London bringen würde. „Von mir aus brauchst du ihn nie wieder zu besuchen", sagte er.

***

Der Consul (Auszug)

Christian v. Ditfurth

Auf den Straßen war nicht viel los. Wir sahen keine Bürgerkriegstruppen. Kurz vor Delitzsch überholten wir eine Reichswehrkolonne. Die Soldaten trugen Stahlhelme, in den MGs auf den Wagen steckten Patronengurte. Der Gefreite am Steuer überholte und setzte sich neben einen Reichswehrlaster. „Wohin?", brüllte er hinüber. „Ins Paradies", rief ein Kamerad aus dem Führerhaus des Lasters durchs offene Fenster zurück. „Idiot!", antwortete der Gefreite und beschleunigte. „Die fahren nach Leipzig", sagte der Gefreite zu mir, „wohin denn sonst?"

Ich fror, kalte Luft zog durch den Wagen. Das Verdeck schloss nicht dicht. Gutmann rauchte eine Zigarette nach der anderen. Meier saß unbeweglich, den Karabiner zwischen den Beinen. Er sagte nichts. Ich hoffte, er beobachtete das Umfeld, damit wir fliehen konnten, wenn Gefahr drohte …

Auf Kopfsteinpflaster über Wiederitzsch nach Leipzig hinein. Der Gefreite fuhr sicher und zielstrebig. Uns begegneten einige Fahrzeuge. Niemand schien in unserer Richtung zu fahren. Wir überquerten eine große Kreuzung, plötzlich standen wir vor einer Straßensperre. Reichswehr. Sie hatten mit Lastwagen eine Straßenschleuse gebaut. Man konnte sie nur passieren, wenn man eine enge Schlangenlinie fuhr. Ein Doppelposten hielt uns an, an den Seiten erkannte ich ein MG und Soldaten mit Gewehren im Anschlag. Sie zielten auf uns. Der Gefreite zog eine Mappe aus dem Handschuhfach und gab sie dem Posten. Der betrachtete die Papiere genau. Der Gefreite erklärte kurz, wer wir waren und wohin wir wollten. Ich wurde unruhig, hoffte, dass sich nicht versehentlich ein Schuss löste… Der Posten … klappte die Mappe zu. „Ich würde da nicht hineinfahren, Kamerad!", sagte er. Er hatte die Stimme eines Jungen. Sie passte nicht zu den Falten in seinem Gesicht. Der Gefreite wandte sich zu mir und schaute mich an. Ich spürte die Angst und fragte den Posten: „Was gibt's?" Ich hoffte, er würde das Zittern in meiner Stimme nicht hören.

Der Posten schaute mich gleichgültig an. „Da drinnen wird geschossen!" Er deutete kurz mit der Hand in Richtung Stadtzentrum.

„Wer schießt auf wen?", fragte ich.

Der Posten guckte mich an, als wäre ich begriffsstutzig. „Na, die Kommune auf die Nazis und alle gemeinsam auf den Stahlhelm. Und der Stahlhelm ballert zurück. Jedenfalls war es vorhin noch so. Und wenn die Helden vom Reichsbanner wieder aus den Kellern kommen, geben die vielleicht auch gute Ziele ab." Es klang so, als erklärte er einem Kind das Klötzchenspiel.

„Und warum greifen Sie nicht ein?", fragte ich.

Er zuckte mit den Achseln. „Wir schießen nicht ohne Befehl." Ich sah ein kurzes Grinsen in seinem Gesicht. Ihm gefiel die Vorstellung, die Bürgerkriegsarmeen schwächten sich gegenseitig. Vielleicht war dies Schleichers Plan, am Ende brauchte die Reichswehr nur die Reste wegzuräumen. Aber natürlich wusste ein Straßenposten in Leipzig nichts von Schleichers Absichten. „Wir können Ihnen keine Verstärkung mitgeben", sagte der Posten. Anscheinend konnte er es sich nicht vorstellen, dass wir zu dritt in die Stadt fuhren. „Glaube ich jedenfalls, fragen Sie mal unseren Leutnant." Er schickte seinen Kameraden mit einem Fingerzeig hinter einen Lastwagen in der Schleuse. Der kam zurück mit einem Leutnant. Der Offizier legte seine Hand lässig an den Rand des Stahlhelms.

Mein Fahrer salutierte und meldete: „Wir müssen zum Reichsgericht. Der Herr Kommissar hat dort einen wichtigen Auftrag zu erledigen. Es eilt."

Der Leutnant lachte auf. „Glaube ich ja. Und Verstärkung? Vielleicht eine Begleitkompanie? Mir wär's egal. Aber wir sind unterbesetzt. Und ich kenne keinen Auftrag, der es rechtfertigen würde, sich den Kopf wegschießen zu lassen. Nicht einmal den eines Polizisten."

Es passte eines nicht zum anderen. Einen Augenblick spielte ich mit dem Gedanken, ihm eine runterzuhauen. Mich überraschte der Hass, der mir entgegenschlug. Der Gefreite blickte mich Rat suchend an. Ich sagte nur: „Weiterfahren!"

Der Gefreite schüttelte ungläubig den Kopf und fuhr los.

Wir hörten das Schießen schon von weitem. Hell die Gewehrschüsse, das Geratter der Maschinengewehre. Dazwischen, laut und trocken, zwei oder drei Kanonen. „Feldgeschütz sieben Komma zwo Zentimeter", sagte Gutmann. „Haut schwer was weg. Die Frage ist, wer schießt mit den Dingern?" Der Gefreite hielt an. „Das ist so was wie eine offene Feldschlacht", sagte er. Er schaute mich an, als erwartete er eine Antwort auf eine Frage.

Ich blickte mich kurz um zu Meier. Er tat so, als ginge ihn das alles nichts an. Er hielt seinen Karabiner zwischen den Beinen und starrte irgendwohin.

„Das Reichsgericht liegt nicht im Zentrum", sagte ich.

„Richtig", sagte Gutmann. „Vielleicht haben wir eine Chance, wenn wir einen Umweg fahren. Ihr Auftrag ist wirklich unaufschiebbar?" Gutmann schaute mich an, vielleicht zweifelte er an meinem Verstand.

Sofia Schmolls Gesicht bei ihrer Vernehmung in Erfurt. Sie hatte traurig ausgesehen, wie jemand, der gerade erst zu begreifen begann, auf was er sich eingelassen hatte. Sie war unschuldig, ich durfte sie nicht in die Hände von Nazis fallen lassen. Ich spürte meine Erschöpfung und wie mein Widerstand wich gegen das Eingeständnis, das längst fällig war. Ich beging den Kardinalfehler eines Kriminalisten. Ich war parteiisch, ich hatte mich in eine Frau verliebt, die beschuldigt wurde, einen Mord begangen zu haben. Einen Mord, der einen Bürgerkrieg ausgelöst hatte. Ich war wahnsinnig geworden. Es würde mich den Kopf kosten, mindestens meine Stelle mitsamt der Pension. Ich würde zum Gespött der Kriminalisten werden als der Kommissar, der beim Anblick eines Rockzipfels den Verstand verlor.

Der Fahrer blickte mich immer noch an. „Wir fahren den Umweg", sagte ich.

Gutmann schüttelte fast unmerklich den Kopf. Dann zog er den Riemen seines Stahlhelms stramm und fuhr los. Er gab Gas. Irgendwann bog er rechts ab. Der Wagen rumpelte über das Pflaster, mit einem Knall raste er durch ein Schlagloch. Der Gefreite fuhr um den Zoo herum, querte eine Brücke und stellte den Wagen in der

Deckung eines kleinen Wäldchens ab. „Jetzt steigen wir erst mal aus und machen eine Pause."

Sie steckten sich Zigaretten an, rauchten in der hohlen Hand, damit der Schein sie nicht verriet. Das Schießen in der Stadt war weit entfernt, es klang unwirklich. Hin und wieder hörte ich das Gebrüll eines Tiers im Zoo. Ich überlegte unsere nächsten Schritte. War das Reichsgericht schon in die Hand einer Bürgerkriegspartei gefallen? Wenn sie noch lebte, wie konnte ich Sofia Schmoll befreien? … Je mehr ich mich dem Reichsgericht näherte, desto unsicherer wurde ich. Offenbar verlor ich den Verstand. Möglicherweise war Sofia in der Untersuchungshaftanstalt am besten geschützt. Aber dann hörte ich wieder Schüsse aus Richtung Innenstadt und wusste, dass in Leipzig niemand sicher war. Schon gar niemand, der in einem Gefängnis saß, das jederzeit gestürmt werden konnte. Ich dachte daran, was der Leutnant erzählt hatte. Braune hatten Gefängnisse gestürmt und inhaftierte Kommunisten ermordet.

Gutmann stupste mich am Ellbogen. „Herr Kommissar, auch etwas?" Er hatte eine Stulle in der Hand. Erst jetzt merkte ich, wie hungrig ich war. Ich nahm das Brot und nickte dem Gefreiten zu. Durfte ich ihn und seinen Kameraden in Gefahr bringen? In meinem Kopf rasten die Gedanken…

Der Halbmond leuchtete schwach durch Nebelschwaden. Die Soldaten hatten kaum etwas gesagt. Sie hatten eine Zeltplane mehrfach gefaltet und sich darauf gesetzt. Den Baum nutzen sie als Rückenlehne. Sie dösten. Ich war herumgelaufen, hatte mich zeitweise in den Wagen gesetzt und meinen Gedanken nachgehangen. Erschöpfung, Angst, wirre Phantasien. Was sollte ich tun, wenn es uns gelang, Sofia zu befreien? Ich musste mir etwas einfallen lassen, improvisieren. Aber mir fiel nichts ein.

Als die Soldaten gegessen hatten, sagte ich: „Los geht's!" … Die beiden Soldaten standen auf, verstauten die Plane im Kofferraum und setzten sich auf ihre Plätze. Es wurde kaum noch geschossen in der Stadt. Die Geschütze hatte ich schon einige Zeit nicht mehr gehört, ohne zu begreifen, was es bedeutete. Wir fuhren ohne Licht an der Uferböschung eines Flusses entlang, dann durchquerten wir einen Park. Es war niemand zu sehen, die Menschen hatten sich verkrochen. Manchmal schaltete Gutmann den Suchscheinwerfer ein. Ich erkannte ein Straßenschild: Mozartstraße. „Wir schleichen uns von hinten an", sagte der Gefreite. „Man weiß ja nie." Er flüsterte fast. Einige Minuten später bremste er, dann fuhr er in eine Seitenstraße und stellte den Wagen an den Rand. „Jetzt geht es zu Fuß weiter", sagte Gutmann. Er holte sich den Karabiner vom Rücksitz und bedeutete seinem Kameraden auszusteigen. „Haben Sie eine Waffe?", fragte er mich.

„Ja." Ich zog die Luger aus dem Schulterhalfter und zeigte sie ihm. Er lachte. „Dann hoffen Sie mal, dass sich der böse Feind direkt vor Ihrer Nase aufbaut und Sie zuerst schießen lässt."

Ich hörte die Schlösser der beiden Karabiner klicken.

„Bisher hat das immer geklappt", sagte ich. Ich kämpfte gegen die Angst an. Seit dem Krieg hatte ich auf niemanden mehr geschossen. Er antwortete nicht, vielleicht hatte er mich nicht gehört.

„Wir müssen mal sehen, wie wir die Lage aufklären können", sagte Gutmann. „Gibt es da so was wie einen Nachtportier?"

„Normalerweise schon."

„Na, was ist schon normal?", sagte Gutmann. „Ich werde mal nachsehen. Wenn es einen Portier gibt, liefern wir Sie bei dem ab. Wenn nicht, was machen wir dann?"

„Dann brechen wir ein, und ich überrasche die Herren morgen früh mit meinem unrasierten Gesicht."

Gutmann schüttelte den Kopf. Er fand es verrückt. Es war verrückt. Er öffnete den Kofferraum und steckte eine Flachzange in die Hosentasche.

Wir gingen los, Gutmann führte uns. Wir schlichen durch ein im Dunkeln liegendes Wohnviertel. Nach wenigen Minuten hob der Gefreite die Hand. „Da vorne ist es", sagte er. Im blassen Mondlicht erkannte ich die Umrisse eines riesigen Gebäudes. „Hier hinten ist ein Zaun", sagte Gutmann. „Warten Sie hier!" Er verschwand.

Meier stand neben mir und schaute sich um. Ich sah die Unruhe in seinen Augen. Es raschelte, ich hatte die Pistole in der Hand. Gutmann kehrte zurück. „Ein Stück weiter vorne ist eine gute Stelle."

Ich folgte ihm. Meier hielt sich an meiner Seite, den Lauf des Gewehrs in der Armbeuge. Gutmann führte uns zu einer Stelle, wo hinter dem Zaun ein Busch das Mondlicht verschattete. Er beugte sich auf die Knie und zeigte uns an, ebenfalls in die Hocke zu gehen. Ich hörte mich atmen. Im Schatten des Buschs kniff Gutmann mit der Zange ein Loch in den Zaun. Mit einer Handbewegung wies er Meier und mich an zu bleiben. Er kroch durch das Loch auf den Busch zu. Dann sah ich ihn nicht mehr. Meier starrte regungslos auf die Stelle, wo sein Kamerad verschwunden war. Ich setzte mich auf den Boden und lehnte mich an den Zaun ...

Wir warteten lange. Endlich kam Gutmann zurück zum Loch. „Einen Nachtportier oder sonst wen habe ich nicht gesehen. Nirgendwo Licht. Die Herren haben sich verkrochen bei Mama. Aber ich weiß, wie wir reinkommen. Jedenfalls in den Keller. Folgen Sie mir!" Ich kroch durch das Zaunloch, Meier tat es mir gleich. Gebückt rannte Gutmann zu dem Riesenbau vor uns. Wir liefen hinterher. Immer wieder schauten wir uns um, ob hinter oder seitlich von uns jemand zu erkennen war. Zwei einzelne Schüsse weit weg. Wir erreichten die Mauer, Gutmann kauerte sich auf den Boden. Wir schnauften schwer. Dann folgte er der Mauer nach links. Nach wenigen Metern kniete er sich auf den Boden. Es klirrte leise. Ich erkannte schemenhaft, wie er ein Kellerfenstergitter öffnete. „Schloss kaputt", flüsterte er. Mit den Füßen zuerst kroch er in das Loch. Er ließ sich hinunter, bis nur noch die Fingerspitzen am Fensterrahmen zu sehen waren. Dann verschwanden auch die Fingerspitzen. Ich hörte einen Aufprall und ein Scheppern. „Scheiße", sagte der Gefreite mit erstickter Stimme. „Warten Sie!" Ich hörte ein Schleifen, etwas quietschte. Dann erschien der Helm des Gefreiten in der Fensterluke. „Ich habe einen Tisch unter die Öffnung geschoben. Lassen Sie sich hinunter, bis Sie auf dem Tisch stehen." Der Helm verschwand. Ich kletterte durch die Fensteröffnung hinunter, bis meine Füße Halt fanden. Ich sprang vom Tisch ins Dunkel. Es staubte. Meier reichte Gutmann sein Gewehr und kletterte ebenfalls in den Keller.

Wir standen dicht gedrängt im Staub. Ich musste husten. Gutmann entzündete ein Streichholz. „Lauter Papier", sagte er. Ich erkannte Regale an den Wänden mit Aktenordnern. Gegenüber dem Fenster, durch das wir eingestiegen waren, lag eine Tür. Im verglühenden Licht des Streichholzes ging ich zur Tür und drückte die Klinke. Die Tür war nicht abgeschlossen. Ich öffnete die Tür, hintereinander verließen wir den Archivraum. Gutmann fasste mich am Arm und hielt mich zurück. Er wollte führen, er fühlte sich verantwortlich für mich. Wir gingen ein paar Schritte, dann lief ich gegen den ausgestreckten Arm des Gefreiten. Meier lief auf mich auf, sein Karabiner schlug gegen sein Koppel. Ich hielt den Atem an. Es war nichts zu hören. Gutmann zündete ein weiteres Streichholz an. Wir standen in einem Gang, der in eine Treppe nach oben mündete. Das Streichholz erlosch, als wir die Treppe erreicht hatten. Im Dunkeln stiegen wir in Reihe die Stufen hinauf. Als wir oben angekommen waren, blieben wir stehen und lauschten. Es war nichts zu hören. Es zischte, als Gutmann das nächste Streichholz entfachte. Wir standen in einem breiten Gang, Türen an beiden Seiten.

„Dahinten ist der Haupteingang", sagte Gutmann. „Warten Sie hier an der Wand." Er verschwand. Ich fühlte mich einigermaßen sicher, wenn der Gefreite bei mir war, Angst erfasste mich, wenn er allein loszog. Ich klammerte meine Hand um den Griff der Luger. Aber welche Chancen hätten wir gehabt, wenn eine Wache uns entdeckte? Sie würden das Gebäude sofort abriegeln und jeden Winkel absuchen nach uns. Weit vorn sah ich den Lichtschein, Gutmann hatte wieder ein Streichholz entzündet. Dann hörte ich Tritte. Sie kamen näher. Gutmann lief schnell. „Wirklich nichts und niemand. Alle ausgeflogen. So schnell stört uns hier keiner."

„Es sei denn, einer beobachtet von außen das Licht", sagte ich.

Gutmann schüttelte den Kopf. „Zu wem wollen Sie? Da vorne gibt es einen Lageplan."

Ich überlegte einen Augenblick, dann sagte ich: „Oberreichsanwalt Dr. Voß."

Ich deutete in Richtung Haupteingang. Ich wusste nichts Besseres. Der Gefreite ging zurück zum Haupteingang und suchte im Schein eines brennenden Streichholzes auf dem Lageplan nach dem

Dienstzimmer des Oberreichsanwalts. „Zweiter Stock, Zimmer 27", sagte er, als er zurückkehrte.

Ich ging zur Treppe, die beiden Soldaten folgten zögernd.

„Und was haben Sie vor?", fragte Gutmann.

„Ich warte auf Dr. Voß."

„Aha", sagte der Gefreite. Er kratzte sich unterm Stahlhelm. „Haben Sie eigentlich was Schriftliches?"

„Habe ich nicht mehr, ... liegt in meinem Auto an der Straßensperre", log ich.

Der Gefreite blieb auf der Treppe stehen. „Das heißt, der Oberreichsheini soll Ihnen das glauben."

„Ja."

„Tut der das denn?"

„Würden Sie mir das etwa nicht glauben?"

Gutmann fing an zu lachen. Meier starrte mich aus großen Augen an. Warum sprach er nie? „Und wie wollen Sie den Oberreichsirgendwas überzeugen?"

Ich deutete auf meinen Mund.

„Sie sind verrückt", sagte Gutmann.

Ich mühte mich, ruhig zu klingen. „Mag sein ... Es ist gewissermaßen Gefahr im Verzug, das werde ich dem Herrn Oberreichsanwalt schon klarmachen."

„Wenn er kommt."

„Wenn er kommt."

„Wenn nicht?"

„Dann müssen wir suchen."

Wir liefen den Gang entlang, bis wir das Zimmer des Oberreichsanwalts fanden. Es waren zwei Türen. Neben der einen war ein Schild befestigt: „Oberreichsanwalt Dr. Voß. Zugang nur durch das Sekretariat". Ich drückte die Klinke, die Tür war abgeschlossen.

„Können Sie die öffnen?" fragte ich den Gefreiten.

„Warum?" fragte Meier. Er sagte zum ersten Mal etwas. Es klang Plattdeutsch in der Stimme mit.

„Wollen Sie hier im Gang warten?", erwiderte ich.

„Also, die Tür eines Oberreichsanwalts habe ich noch nicht aufgebrochen", sagte Gutmann. Meier nickte. „Nachher landen wir im Bau", sagte Gutmann. Meier nickte. „Ich glaube, was Sie da machen, ist gegen das Gesetz", sagte er.

„Wir haben Bürgerkrieg", sagte ich. „Welches Gesetz?"

„Aber Sie sind doch Polizist", sagte Gutmann.

„Das geschriebene Gesetz", sagte Meier. „Ich habe es nie gelesen, aber ich glaube nicht, dass es darin heißt, man darf die Tür eines Oberreichsanwalts aufbrechen. Im Reichsgericht!"

Verzweiflung überkam mich. Wenn ich verzweifelt war, redete ich Unsinn. So auch in diesem Fall. „Es steht in keinem Gesetz, dass es verboten ist. Im Gesetz steht aber, wir sollen Leben schützen und verhindern, dass Leute umgebracht werden."

„Ich glaube, Sie führen uns an der Nase rum", sagte Meier. „Sie benutzen uns für etwas, das uns nichts angeht. … Ich mache Ihnen einen Vorschlag. Mein Kamerad und ich hauen jetzt ab. Wir sagen niemandem, dass Sie hier drin sind. Aber klären Sie Ihre Sache allein. Wir sollten Sie nach Leipzig bringen, Sie sind in Leipzig. Von Einbruch war nicht die Rede."

Ich gab auf. Sie hatten Recht. Es war meine Sache. Ich übertrat das Gesetz und brachte Leute, die mir halfen, in Teufels Küche.

„Gut", sagte ich. „Sie sagen niemandem, dass ich hier bin. Lassen Sie mir die Streichhölzer hier."

Gutmann klopfte mir auf die Schulter und steckte mir die Streichhölzer in die Hand. „Viel Glück, Kamerad", sagte er. Es klang nach schlechtem Gewissen.

Ich hörte, wie sich ihre Schritte entfernten. Einen Moment lang spürte ich den Drang, ihnen nachzulaufen, das Abenteuer abzubrechen. Mit etwas Glück hätte ich das Reichsgericht so unerkannt verlassen können, wie wir eingedrungen waren. Aber eine andere Kraft hielt mich fest. Ich lief den Gang entlang, hin und wieder entzündete ich ein Streichholz. Vor der Tür der Herrentoilette fiel mir ein, was ich tun könnte. Ich betrat die Toilette, öffnete eine Kabine und setzte mich auf die Kloschüssel. Nachdem ich mich erleichtert hatte, klappte ich den Klositz herunter und setzte mich darauf. Ich versuchte mich anzulehnen, aber das Rohr in meinem Rücken war unbequem. Ich setzte mich auf den Boden und lehnte mich an die Seitenwand der Kabine. Irgendwann fiel ich in einen Halbschlaf.

***

Ich schreckte auf, als in einer Nachbarkabine die Wasserspülung betätigt wurde. Vorsichtig erhob ich mich. Es war hell geworden. Ich betrachtete meine Kleidung. Sie war schmutzig, unmöglich, sie auch nur einigermaßen zu reinigen. Ich hörte den Wasserhahn. Dann fiel die Tür ins Schloss. Ich wartete einige Sekunden, dann nahm ich die Luger aus dem Halfter und steckte sie in die Manteltasche. Als ich den Griff der Tür schon in der Hand hatte, kam wieder jemand herein und setzte sich in die Kabine nebenan. Er schnaufte stark. Als er fertig war, verließ er die Toilette, ohne sich die Hände zu waschen.

Ich musste es jetzt riskieren. Ich ging zur Tür, öffnete sie einen Spalt und linste hinaus. Es war niemand zu sehen. Ich öffnete die Tür weiter und blickte nach beiden Seiten den Gang hinunter. Am entgegengesetzten Ende sah ich eine Frau in einem Zimmer verschwinden. Ich umklammerte die Pistole in der Manteltasche, als ich losrannte. Fast hätte ich die Tür des Sekretariats aufgesprengt. Eine schwarzhaarige Frau, die vor einem Aktenschrank stand, fuhr erschreckt herum. Sie schaute mich aus großen Augen an. Dann musterte sie meine Kleidung und fragte: „Wer sind Sie? Was wollen Sie?" Nun sah sie ärgerlich aus. Sie drehte sich zu ihrem Schreibtisch, darauf stand ein schwarzes Telefon. Als sie zum Hörer griff, zog ich die Luger und fauchte: „Kein Telefon!" Ihre Hand zuckte zurück. Sie starrte mich an, erst wütend, dann ängstlich. Eine Träne lief ihr die Wange hinunter.

„Bleiben Sie ruhig, es passiert Ihnen nichts. Niemandem passiert etwas."

Sie schaute mich ungläubig an.

„Ist Dr. Voß da?"

Sie schüttelte den Kopf.

„Wo ist er?"

„Eine Besprechung."

„Wann kommt er wieder?"
„Bald, er hat gesagt, es dauert nicht lange."
„Gut, wir warten in seinem Büro. Gehen Sie voraus."
Sie stand langsam auf, dann ging sie ins Nebenzimmer. Es war groß, in der Mitte stand ein mächtiger Schreibtisch, darauf Akten, sorgfältig gestapelt, und zwei Telefone. An der Wand das Porträt eines Mannes mit kurz geschorenen weißen Haaren. Durch ein Handzeichen forderte ich die Frau auf, sich an den Schreibtisch zu setzen. Ich trat ans Fenster. Draußen sammelten sich mindestens zwei Kompanien Reichswehr. Weit im Hintergrund flatterte eine Hakenkreuzfahne.
„Rufen Sie im Rathaus an", sagte ich zu der Frau.
Sie verstand nicht.
„Rufen Sie einfach an, und wenn jemand abhebt, geben Sie mir den Hörer."
Die Frau wählte, wartete, dann reichte sie mir den Hörer.
„Hallo, wer da?", fragte jemand.
„Reichsgericht, Dr. Voß, verbinden Sie mich mit dem Büro des Oberbürgermeisters."
Ein lautes Lachen war die Antwort. „Wen, den Oberbürgermeister? Meinen Sie den Gauleiter? Der ist leider verhindert, Standgericht. Sie kommen auch noch dran, Herr Oberreichsanwalt, keine jüdische Ungeduld!" Im Hintergrund hörte ich mehrere Männer mitlachen.
Ich legte auf.
Dann schaute ich wieder aus dem Fenster. Die Soldaten hatten sich in Stellung gebracht, es waren mehr Hakenkreuzfahnen zu sehen.
Ich setzte mich in einen Sessel an der Wand, in der die Tür eingelassen war. Die Luger legte ich auf den Beistelltisch. Die Frau schaute mich an. „Seien Sie vernünftig", sagte sie. „Gehen Sie, und wir vergessen, was geschehen ist."
Ich bewunderte sie, sie hatte sich im Griff.
„Haben Sie keine Angst", sagte ich. „Niemandem passiert etwas. Holen Sie mal die Akten … Schmoll."
Sie ging zum Vorzimmer, holte einen Ordner aus dem Aktenschrank und gab ihn mir. Dann setzte sie sich hinter Voß' Schreib-

tisch. Ich blätterte im Ordner, bis auf wenige Formulare kannte ich den Inhalt. „Überstellt in die Untersuchungshaftanstalt Leipzig", stand auf einem Blatt.

Ich fragte, wo die Haftanstalt sei, und sie erklärte mir den Weg. Es waren nur ein paar Minuten zu Fuß.

Wir warteten länger als eine Stunde. Mehrfach läutete das Telefon. Die Sekretärin erledigte die Gespräche ruhig. Dann ging die Tür des Sekretariats, und schnelle, kurze Schritte waren zu vernehmen. Der Mann war klein und fett, und er trug einen schmalen Oberlippenbart. Durch eine runde Brille mit milchigen Gläsern starrte er die Sekretärin an, die von ihrem Platz hinter seinem Schreibtisch aufgesprungen war. Er wollte etwas sagen, aber dann sah er mich im Sessel und schloss den Mund wieder.

„Sie gehen jetzt ins Vorzimmer und schließen die Tür ab", sagte ich zu Voß. „Wenn Sie einen Fehler machen, sind Sie tot."

„Wer sind Sie?" Er war empört.

Ich zeigte mit der Waffe auf ihn und stand auf. Er ging zum Vorzimmer, ich folgte ihm. Voß drehte den Schlüssel um.

Ich streckte ihm die Hand entgegen.

Er zog den Schlüssel ab und gab ihn mir. Seine Hände zitterten.

„Gehen Sie dort hin!", sagte ich und zeigte zum Schreibtisch.

Er gehorchte.

„Nehmen Sie Platz, Herr Oberreichsanwalt. Sie werden jetzt Ihrer Sekretärin eine Anweisung an die Direktion der Untersuchungshaftanstalt diktieren … Ich verstehe von diesem Juristenkram nichts, Sie werden das schon in eine geeignete Form bringen."

Voß gab seiner Sekretärin knappe Anweisungen. Dann ging die Sekretärin in ihr Zimmer zur Schreibmaschine. Ich stellte mich in die Türöffnung, sodass ich beide im Auge hatte. Als sie zwei Formulare ausgefertigt hatte, legte sie die Blätter Voß auf den Tisch. Voß unterschrieb …

Ich ging zum Schreibtisch, nahm die Papiere, las sie und steckte sie in die Innentasche meines Jacketts …

„Kennen Sie hier einen, der etwa meine Figur hat?", fragte ich die Sekretärin.

Sie blickte mich an, dann nickte sie. Sie begriff schnell, war intelligenter als ihr Chef. „Aber der ist nicht da", sagte sie.

Vielleicht log sie, vielleicht nicht. „Wir werden bald gemeinsam hinausgehen. Dann gibt es entweder eine wilde Schießerei oder keine. Wenn ich so aussehe, wie ich aussehe, haben wir gute Aussichten auf die Knallerei. Dabei erwischt es nicht nur mich, sondern auch Sie, denn Sie werden vor mir hergehen. Sie rufen jetzt jemanden, dessen Sachen mir passen könnten, und ich verspreche Ihnen, dass ihm nichts passieren wird. Einverstanden?"

Sie nickte, überlegte einige Sekunden, griff zum Telefonhörer und bat einen Herrn Weiterbaum zum Oberreichsanwalt. Ihre Stimme klang bewundernswert ruhig. Ich hätte mich an ihrer Stelle nicht so gut im Griff gehabt. Nachdem sie telefoniert hatte, gab ich ihr den Schlüssel, sie schloss die Tür zum Gang auf und setzte sich an ihren Schreibtisch. Ich stellte mich in das Zimmer von Voß, sodass ich sie im Blick hatte, mich aber jemand, der vom Gang eintrat, nicht sehen konnte. Kurz darauf klopfte es, und die Tür öffnete sich. „Gehen Sie gleich weiter", sagte die Sekretärin. Der Mann kam an mir vorbei, ich trat vor und hieb ihm den Griff meiner Pistole auf den Hinterkopf. Mit einem Ächzen fiel der Mann zu Boden. Er lag auf dem Bauch, auf seinem Hinterkopf zeigte sich eine dunkle Stelle.

Die Sekretärin stürzte zu dem Mann. „Sie haben doch versprochen, ihm passiert nichts!", schrie sie.

„Schließen Sie ab!"

Sie ging zur Tür und drehte den Schlüssel um. Dann kehrte sie zurück und musterte mich wütend.

„Dem Mann ist nichts passiert. Er schläft eine Weile, dann wacht er mit Kopfschmerzen auf."

Sie schnaufte.

Ich richtete den Lauf meiner Pistole auf sie. „Ziehen Sie den Mann aus."

Jemand rüttelte an der Tür zum Gang. Ich hielt den Zeigefinger an die Lippen und deutete auf meine Pistole.

Die Sekretärin fing an, den Mann auszuziehen. Er trug einen dreiteiligen dunkelgrauen Anzug guter Qualität.

„Hemd und Fliege auch."

Die Sekretärin schickte mir einen missbilligenden Blick.

Ich wandte mich an Voß. „Nun helfen Sie ihr doch!"

Voß öffnete den Mund, schloss ihn wieder und stand auf. Der Widerwillen stand ihm ins Gesicht geschrieben. Gemeinsam entkleideten sie den Mann.

Die Sekretärin hatte recht gehabt. Anzug und Hemd saßen gut. Ich durchsuchte meine Anzugjacke und meinen Mantel, um nichts zurückzulassen, was mich verraten könnte. Ich riss die Etiketten aus Jackett und Hemd. Mit meinem Jackett putzte ich mir die Schuhe. Die Aktentasche des Oberreichsanwalts lehnte am Schreibtisch. Ich öffnete sie und kippte den Inhalt auf den Boden. Dann stopfte ich Anzug und Hemd hinein …

„Sie haben bestimmt Paketschnur im Büro?"

Die Sekretärin nickte.

Ich befahl ihr, die Schnur zu holen und Voß zu fesseln. „Aber fest! Wehe, ich finde das zu locker."

„Entschuldigung, Herr Doktor", sagte sie, als sie ihm die Hände auf den Rücken band. Er ächzte.

„Legen Sie sich auf den Bauch", befahl ich. Voß legte sich auf den Bauch. Er schnaufte vor Wut, vielleicht auch vor Erleichterung, weil er ahnte, was ich vorhatte.

Die Sekretärin fesselte ihm die Füße.

„Und jetzt den anderen Herrn!"

Sie tat es.

Anschließend befahl ich ihr, sich ebenfalls auf den Bauch zu legen, am anderen Ende des Zimmers, neben einem hohen Aktenschrank. Ich fesselte sie und befestigte die Schnur am Fuß des Schranks. Sie stöhnte, es tat ihr weh. Ich hatte keine Wahl. Ich ging zu Voß, prüfte die Fesselung und verknotete die Schnur noch mehrfach, bevor ich sie am Heizungskörper festband. Im Garderobenschrank im Vorzimmer fand ich zwei Mäntel. Ich nahm den von Voß und schnitt mit einer Schere drei Streifen aus dem Stoff. Damit knebelte ich die Gefangenen. Wenn ich Glück hatte, würden ein paar Stunden vergehen, bis jemand auf sie aufmerksam wurde. Unwahrscheinlich, dass sie sich bald befreien konnten.

Ich blickte aus dem Fenster. Nazis und Reichswehr standen sich gegenüber. Ein Reichswehroffizier sprach zwischen den Fronten mit einem SA-Mann.

Ich ballte die rechte Hand zur Faust und rief: „Rot Front!"

Dann nahm ich die Aktentasche und verließ das Zimmer, schaute mich auf dem Gang um, sah niemanden und schloss das Büro des Oberreichsanwalts von außen ab. Den Schlüssel steckte ich in die Jacketttasche.

Ich stieg die Treppe hinunter ins Erdgeschoss und zwang mich, nicht zu rennen. Ich kam an einem Verhandlungssaal vorbei. An der Garderobe im Flur hingen Mäntel. Ich tat so, also würde ich den Aushang neben dem Eingang studieren. Als ich sicher war, dass niemand im Flur war, musterte ich die Mäntel und nahm einen schwarzen mit Pelzkragen, der mir zu passen schien. Ich legte den Mantel über den Arm und ging zur Eingangspforte. Darin saß ein uniformierter Justizbeamter. Er hob nicht einmal den Kopf.

Auch die Soldaten, die den Eingang bewachten und sich zum Teil hinter Sandsäcken verschanzt hatten, kümmerten sich nicht um mich. Sie kontrollierten nur Leute, die ins Gebäude hineinwollten. Es kam mir gespenstisch vor, dass das Reichsgericht seine Arbeit fortsetzte, als wäre auf den Straßen alles in schönster Ordnung. Wahrscheinlich hatte der Justizminister sich längst in Sicherheit gebracht.

Ich eilte zum Untersuchungsgefängnis. An der Pforte legte ich den Entlassungsschein vor und hoffte, die Beamten würden nicht nach meinem Ausweis fragen. Doch die hatten andere Sorgen, man konnte ihre Angst riechen. Ich wartete im Eingangsraum und mühte mich, meine Unruhe zu verbergen. Es dauerte eine gute Viertelstunde, dann öffnete sich die Tür …

„Sagen Sie nichts", zischte ich. „Haben Sie alles?" … Sofia starrte mich an. Sie verstand nicht, was geschah.

„Dann gehen wir. Beeilen Sie sich, die Nazis warten schon mit dem Schlachtmesser auf Sie." … Wir verließen den Eingangsraum. „Wir müssen hier schleunigst verschwinden", sagte ich. … Wir liefen schnellen Schritts Richtung Stadtrand. Jedenfalls glaubte ich, dass wir so aus der Stadt herauskämen.

„Warum?", fragte Sofia.
„Später", sagte ich.

Vom wirklichen Weltraum

Eine Bradbury-Nostalgie

Erik Simon

Wo ist die Raumfahrt heute hingeraten –
wer möchte schon zu toten Welten fliegen?
Die Fotos und die Bodenproben lügen,
und Wunderbares harrt noch unsrer Taten.

Die Marsianer fahren alt und weise
durch roten Wüstensand auf den Kanälen,
urzeitlich unter steten Regenfällen
dampft auf der Venus noch der Wald, der heiße.

Der Weltraum wäre Freiheit statt nur Leere,
wenn kein Meteoritenschauer wäre –
denn wie im Himmel, also auch auf Erden:

Man fliegt den Träumen nach, die man verlor,
und wer verglüht, wird selbst ein Meteor
und weiß, dass Wünsche wirklich Wahrheit werden.

Dezember 1996

Wolfgang Schüler

Sherlock Holmes

in Leipzig

KBV

Sherlock Holmes in Leipzig (Auszug)

Wolfgang Schüler

Aus den Aufzeichnungen von Dr. Watson, Leipzig 1910

Holmes wartete bereits in einer Droschke auf mich. Es war ein Landauer mit der Nummer 99. Der weißhaarige Kutscher sah aus wie 100. Er schien leicht senil zu sein, denn er brabbelte unentwegt vor sich hin. Wahrscheinlich plauderte er mit dem Pferd. Trotzdem er Sachse war, verstand er kein Angelsächsisch. Holmes, der ihn in exzellentem Deutsch nach den Namen der führenden Freimaurer der Stadt, den Adressen der Logenhäuser und den Stammsitzen der übrigen Geheimgesellschaften fragte, gab es bald auf, mit ihm reden zu wollen, denn der Fuhrmann sprach unentwegt von seiner Schwester, die Oni hieß.[1]

Wir kamen auch ohne die Hilfe eines Einheimischen gut zurecht. Ich hatte einen Baedeker-Reiseführer nebst Stadtplan auf meinen Knien liegen und konnte daher bestens verfolgen, dass wir uns auf dem richtigen Weg zum Völkerschlachtdenkmal befanden. Bereits nach wenigen Minuten Fahrt durfte ich erfreut feststellen, dass Leipzig eine sehr schöne Stadt mit vielen ansehnlichen Häusern von außergewöhnlicher Architektur war. Das relativ kleine, nahezu quadratische Zentrum lag eingebettet in einen Ring von Parkanlagen und auch darüber hinaus gab es sehr viel Grün zu sehen.

Von der Theatergasse aus fuhren wir zunächst auf die Baustelle des Hauptbahnhofs zu, ließen sie links liegen und bogen kurz danach scharf rechts in südwestliche Richtung ab. Wir passierten das *Neue Stadttheater*, ein gewaltiges spätklassizistisches Gebäude mit hohem Säulenportal, das laut meinem Baedeker Platz für 2.000 Zuschauer bot. Holmes lehnte sich ganz entspannt zurück und ließ das Panorama des großstädtischen Augustusplatzes auf sich wirken.

In halber Höhe vom Augustusplatz hielten wir uns scharf links und schwenkten südöstlich in den Grimmaischen Steinweg ab, eine

---

[1] Die sächsische Redewendung „schwesder oni" bedeutet ins Hochdeutsche übersetzt „Ich weiß doch auch nicht".

hübsche, baumbestandene Straße mit hohen Bürgerhäusern. Schräg hinter uns blieben ein Obelisk und ein großes Gebäude mit weit ausladender Barockfassade zurück. Wie mir der Stadtführer verriet, handelte es sich dabei um das Museum der bildenden Künste. Wir streiften den Johannesplatz, auf dem vor einer neubarocken Kirche ein Denkmal der beiden Reformatoren Martin Luther und Philipp Melanchthon stand. Weiter ging es die Hospitalstraße entlang, die nach etwa einer Meile nahtlos in die Reitzenhainer Straße überging. Die Gegend wurde allmählich ländlicher. Es verkehrten kaum noch Kraftdroschken. Stattdessen begegneten uns immer mehr bäuerliche Fuhrwerke sowie einige motorisierte Büssing-Lastkraftwagen, die darauf hindeuteten, dass wir uns in der Nähe einer größeren Baustelle befinden mussten.

Und dann sahen wir es vor uns liegen, das im Entstehen begriffene Völkerschlachtdenkmal. Das Kolossalmonument erhob sich bis weit in den Himmel hinauf. Auch wenn es noch lange nicht vollendet war, ließ sich sein zukünftiges Aussehen bereits erahnen. Während mir beinah der Atem stockte, meinte Holmes pietätlos: „Erinnert mich an einen zu groß geratenen Kaffeewärmer."

Auf mehreren unterschiedlich hohen Terrassen stand ein gewaltiger Baukörper, der komplett eingerüstet war. In dem weitläufigen Areal davor lagerten diverse Baumaterialien. Außerdem gab es eine ganze Reihe von roten Baracken mit flachen Dächern. Ein großes Schild zeigte ein Abbild vom zukünftigen Aussehen des Denkmals, und auf mehreren Tafeln wurden die Namen der beteiligten Baufirmen genannt. Unzählige Arbeiter wimmelten wie die Ameisen hin und her.

Ich entlohnte den Kutscher. Er musste nicht warten, denn in Sichtweite gab es einen Droschkenstandplatz, auf dem reger Betrieb herrschte. „Wir sollten es auf der Rückseite versuchen", schlug Holmes vor. Als wir die Fläche umrundeten, stießen wir auf einen übermannshohen Zaun aus rohen Kiefernbrettern, die gegen die Wetterunbilden mit einem braunroten Carbolineum-Anstrich versehen worden waren, der unangenehm nach Teer roch und die Atemwege reizte. Wir liefen einen Trampelpfad entlang, der auf verschlungenen

Linien durch dichtes Unterholz führte, aber breit genug für einen Karren war, wie sich an den Wagenspuren erkennen ließ. „Der Weg wird oft benutzt. Dafür muss es einen Grund geben. Also führt er nicht ins Nirgendwo", meinte Holmes optimistisch.

Nach einer Weile empfing uns wütendes Hundegebell. Ein riesiger schwarzer Köter, halb Bulldogge, halb Rottweiler, war an einen Baum gebunden worden. Nun zerrte er wie von Sinnen an dem Strick. Die Absicht des Untiers war unverkennbar. Es wollte uns unangespitzt zum Frühstück verspeisen. Seit den Erlebnissen mit dem Hund von Baskerville hatte ich eine Heidenangst vor großen Tölen.

Anders hingegen Holmes. Er näherte sich der geifernden schwarzen Bestie völlig furchtlos, obwohl sie die Größe eines stattlichen Kalbes besaß, und sprach beruhigend auf sie ein: „Gutes Hündchen, sei brav, hier kommt der gute Onkel." Zu mir gewandt meinte er: „Die meisten Hunde verfügen über die Psyche eines vierjährigen Kindes. Sie wirken durch ihr Äußeres furchterregend, sind aber in Wirklichkeit völlig harmlos und haben selbst mehr Angst als Vaterlandsliebe. Sobald man ihnen diese Furcht genommen hat, werfen sie sich auf den Rücken und lassen sich den Bauch kraulen."

In diesem Fall schien das bösartige Vieh eine schlechte Kinderstube gehabt zu haben, denn es schickte sich an, den Baum samt Wurzeln herauszureißen. Holmes änderte seine Taktik. Er lächelte auf eine Weise, die für seine Feinde nichts Gutes verhieß, und ließ blitzschnell seine rechte Hand vorschnellen. Ohne mit der Wimper zu zucken, stieß er sie dem Höllenhund mitten in den weit geöffnete Rachen. Mir stockte der Atem, aber ich ahnte, was er vorhatte.

Bei Säugetieren besteht der Kiefer aus dem unbeweglichen *Maxilla* (Oberkiefer) und dem beweglichen *Corpus mandibulae* (Unterkiefer). Beide Teile sind durch ein Gelenk miteinander verbunden. Die Kaumuskulatur und die Zunge werden durch den Nervus *mandibularis* (Unterkiefernerv) versorgt. Und ganz genau diese Nervenbahnen klemmte Holmes mit seinem eisernen Griff ab. Der Höllenhund konnte sein Maul nicht mehr schließen und erlitt unsägliche Schmerzen. Er wälzte sich winselnd am Boden und schoss tückische Blicke aus seinen blutunterlaufenen Augen ab. Holmes ließ sich davon nicht beeindrucken, sondern fragte ein um das andere Mal: „Willst du jetzt brav sein? Willst du jetzt brav sein?"

Schließlich resignierte der Köter und gab mit eingeklemmten Schwanz jeden Widerstand auf. Holmes zog ruckartig seine Hand aus dem Maul, trat einen Schritt zurück und beugte sich leicht nach vorn. Er war bereit, notfalls ein zweites Mal zuzulangen. Doch der Hund kapitulierte. Er kam auf ihn zugekrochen und leckte ihm die Stiefelspitzen ab.

„So, das wäre erledigt", meinte mein Freund und reinigte sich mit einem Taschentuch die von Geifer besprühten Hände. „Dieser Zerberus wurde nicht zufällig zurückgelassen. Er hält Wache. Demzufolge muss sich hier irgendwo der Eingang befinden." Er trat an die stabil wirkende Umzäunung heran und schob mühelos einige Bretter beiseite, die äußerlich stabil und fest wirkten, jedoch nur lose verankert waren. Ein schmaler Durchschlupf tat sich auf. Dahinter führte ein schmaler Saumsteig an die Rückfront vom Völkerschlachtdenkmal und endete an einem der gewaltigen Porphyrquader. In ihn waren unterhalb eines hervorstehenden Absatzes mehrere Dutzend ägyptischer Hieroglyphen eingemeißelt worden. Ich konnte auf Anhieb ein Auge, ein Boot, einen Falken, kleine und große Kreise sowie gewellte Linien erkennen.

„Lies mir bitte einmal vor, was dort geschrieben steht", bat mich Holmes.

Ich antwortete amüsiert: „Zwar bin ich einer toter Sprache mächtig, nämlich des Lateinischen, aber nicht des noch viel älteren Pharaonenkauderwelschs."

„Nun, ich zwar auch nicht, trotzdem kann ich dir verraten, was diese seltsamen Zeichen zu bedeuten haben."

„Ja, was denn?", fragte ich gespannt.

„Die Botschaft lautet: Zutritt nur für Mitglieder!"

„Du willst mich veralbern!"

„Keineswegs", entgegnete Holmes und suchte Zentimeter um Zentimeter des Felsblocks sorgfältig mit der Lupe ab. „So, nun habe ich erfahren, was ich wissen muss. Sieh hier, der haarfeine Riss, der entlang der Maserung verläuft. Ich markiere ihn mit meinem Bleistift. Was erkennst du nun?"

„Den Umriss einer Tür", staunte ich.

„Genau. Es handelt sich um eine ingenieurtechnische Meisterleistung, einen tonnenschweren Stein so passgerecht bewegen zu können. Aber was die alten Ägypter schon konnten, muss heute mit Hilfe von Dampfdruck, Hydraulik und gut geölten Kugellagern erst recht möglich sein. Nun betrachte bitte die Hieroglyphen etwas genauer. Fällt dir dort etwas auf?"

Da ich nicht wusste, wonach ich suchen sollte, gab ich mir keine Mühe und ließ den Blick nur oberflächlich über die einzelnen Symbole schweifen.

„Kalt, ganz kalt", stieß Holmes spöttisch hervor und deutete auf die Umrisse einer Hand im oberen Drittel der Hieroglyphenleiste.

Ich betrachtete sie aufmerksam, konnte mir aber keinen Reim darauf machen, was er von mir hören wollte. Deshalb riet ich munter drauflos: „Es ist eine linke Hand. Dies wird vermutlich die Grabstätte eines Linkshänders sein."

„Quatsch", lachte Holmes. „An dieser Stelle ist der Porphyr verfärbt, weil er häufig berührt wurde. Das ist der Klingelknopf." Er drückte mit dem Daumen auf das Symbol der Hand. Nichts geschah. Alles blieb ruhig. Holmes wiederholte den Vorgang ein zweites und ein drittes Mal. Vergeblich. Er wollte sich gerade resignierend abwenden, als von irgendwo tief aus dem Inneren des Steins eine Stimme zu uns sprach: „Was ist dein Begehr, Fremder?"

Holmes antwortete: „Machen Sie bitte die Tür auf."

Nichts geschah.

Mein Freund presste seinen Daumen erneut auf die Hieroglyphe. Wieder fragte die Stimme: „Was ist dein Begehr, Fremder?"

Nun platzte Holmes der Kragen: „Mach endlich die Tür auf, du Trottel, oder ich erschieße deinen verdammten Hund!"

Geräuschlos rutschte ein Teil der Wand nach innen, und wir traten ein. Vor uns tat sich ein Gang auf, der nach wenigen Schritten in einem sechseckigen Raum endete, von dem allerlei Türen abgingen. Nach einer Weile kam von links ein verhutzeltes altes Männlein an einer Krücke herbeigeschlurft. Der Greis war schon weit über siebzig, hatte einen fasrigen weißen Bart und nur noch wenige Zähne im Mund. „Ich hasse diesen Pförtnerdienst. Ich bin Kriegsinvalide. Die Franzosen haben mir ein Bein abgeschossen. Weshalb nennt Ihr nicht das korrekte Losungswort? Es lautet in dieser Woche »Ich komme im Zeichen des roten Löwen«."

„Also gut, mein Freund. Ich komme im Zeichen des roten Löwen. Bist du nun zufrieden?"

Der Alte nickte mürrisch.

„Wir suchen J. Wo können wir ihn finden?"

„Bruder Joachim ist heute noch nicht eingetroffen. Er hat einen wichtigen Auftrag des Großmeisters zu erfüllen und will sich am Nachmittag mit dem Prinzen treffen."

„Mit welchem Prinzen?"

„Drosselbart, Siegfried, was weiß ich denn."

„Wie heißt Bruder Joachim mit Nachnamen?"

„Joachim."

„Und mit Vornamen?"

„Bruder."

„Wo wohnt er?"

„Na hier, wo denn sonst."

Holmes Miene hellte sich wieder auf. „Zeige mir sein Zimmer."

„Das liegt dort drüben." Der Alte deutete auf die erste Tür rechter Hand. Holmes stieß sie auf und schaute in den Raum dahinter. Er war so karg eingerichtet wie eine Mönchszelle. Eine niedrige Pritsche, auf der eine dunkelgraue Rosshaardecke lag, ein dreibeiniger Hocker, ein leerer Tisch aus Fichtenholz, mehr nicht. Holmes rückte die Pritsche von der Wand, faltete die Decke auseinander, hob den Hocker hoch und klopfte die Fußbodenfliesen ab. Er fand nichts, rein gar nichts.

„Pech gehabt. Aber unser Besuch hat sich trotzdem gelohnt. Wir haben zwei wichtige Informationen einholen können." Er steckte dem Alten ein Fünf-Mark-Stück in die Hand und sagte: „Du darfst keinem verraten, dass wir hier waren. Es soll eine Überraschung werden."

„Was soll ich schon ausplaudern. Ich weiß doch nichts. Ich hasse diesen Pförtnerdienst. Ich bin Kriegsinvalide. Die Franzosen haben mir ein Bein abgeschossen. Jetzt habe ich auch noch das Losungswort vergessen."

Nachdem wir durch den Stein zurück nach draußen gekrochen waren, fragte ich Holmes: „Hattest du tatsächlich vor, den Hund zu erschießen?"

„Ich doch nicht. Ich kann keiner Kreatur etwas zuleide tun. Das hättest du für uns erledigen müssen. Du bist Mediziner und warst außerdem beim Militärdienst in Afghanistan."

Ich schob die Bretter auseinander und zwängte mich durch die Lücke. Kaum wollte ich mich vor dem Zaun aufrichten, da traf mich ein mächtiger Faustschlag mitten ins Gesicht. Ich schrie vor Entsetzen und vor Schmerzen auf, drehte mich um die eigene Achse und purzelte in einen Graben, der von Dornengestrüpp völlig überwuchert war. Über mir stand eine Gestalt und blickte auf mich herunter. Die linke Gesichtshälfte des Mannes war von einer tiefen Narbe entstellt, die quer über seine Augenhöhle lief. In ihr steckte ein starres Glasauge, das bösartig genug wirkte, um an den Teufel glauben zu lassen. Ich versuchte nach meinem Revolver zu greifen, aber die Dornen hielten mich fest umklammert. Im selben Moment erschien Holmes auf der Bildfläche und verpasste dem Bösewicht einen kräftigen Schwinger. Ein ungleicher Kampf entbrannte. Dem Strauchdieb mangelte es keinesfalls an Kraft, wie ich soeben am eigenen Leibe verspürt hatte. Aber er bewegte sich mechanisch und schlug wie eine Dampframme zu. Holmes hingegen tänzelte elegant wie ein Balletttänzer, tauchte unter den Schlägen seines Feindes weg oder wich ihnen seitlich aus. Er versetzte dem Angreifer einen Hieb nach dem anderen. Doch so sehr er auch auf den Hässling eindrosch, so wenig Wirkung zeigten seine Treffer. Das Kinn und die Brust des Mannes schienen aus purem Eisen zu sein.

Der schwarze Höllenhund, der sich vorhin wie ein Wahnsinniger gebärdet hatte, tat nun gar nichts mehr. Er hielt sein Maul und blickte verwundert von einem zum anderen, so als ob er sich weigern würde, Partei für eine der beiden Seiten zu ergreifen. Ich hielt das für eine nette Geste, denn jetzt, wo Holmes abgelenkt war, hätte das Untier mit Leichtigkeit blutige Rache nehmen können.

Ich zappelte so lange hin und her, bis ich mich endlich aus meinem Cut winden konnte. Ich riss den Revolver hervor, zielte kurz über den Kopf des Schurken und drückte ab. Der laute Knall und der scharfe Luftzug an seinem Scheitel brachten ihn zur Besinnung. Er hob noch einmal drohend die Fäuste und rannte dann den Weg entlang in jene Richtung, aus der wir gekommen waren. Wir folgten ihm unverzüglich. Holmes spurtete vorneweg, ich steckte den Revolver ein und hechelte hinterher. Die wilde Hatz führte uns direkt über die Baustelle. Arbeiter sprangen entsetzt beiseite. Mitten im Lauf griff der Flüchtende in seine Jackentasche und zog ein spitzes Messer hervor. Er drehte sich um und hielt es drohend in unsere Richtung. Wir hielten inne. Ich keuchte. Die Atemnot drohte mir die Brust zu sprengen. Ich musste mich nach vorne beugen, um mich mit meinen Armen auf den Knien abstützen zu können. Die Pattsituation hielt einen kurzen Augenblick an, bis ich wieder genügend Luft geschöpft hatte. Ich richtete mich langsam auf, zog den Revolver und zielte auf den Mann mit dem Narbengesicht. Er ging rückwärts und schwang das Messer von links nach rechts, dass es nur so durch die Luft zischte. Weil wir zwei Personen waren und dem Schurken das räumliche Sehen fehlte, musste er ständig seinen Kopf hin und her drehen, um uns beide im Blick behalten zu können. Auf diese Weise abgelenkt, stolperte er über einen Stapel Ziegelsteine, die ein unachtsamer Maurer am Boden hatte liegen lassen, taumelte nach hinten und prallte gegen die Absperrung. Sein Körpergewicht war zu groß. Die dünnen Latten splitterten und er stürzte rücklings in die Tiefe. Es gab einen dumpfen Knall. Wir traten an den Rand der Baugrube und sahen hinunter. Etwa zwanzig Yards unter uns lag der Mann in seinem Blute. Er war offensichtlich mausetot, denn er bewegte sich nicht mehr. Sein starr auf uns gerichtetes Glasauge musterte uns vorwurfsvoll.

HELAGONITIS
Das Leipziger Experiment

Das Leipziger Experiment

Tino Hemmann

Prolog

In welcher Zeit lebe ich? Ich werde im Februar des Jahres 2073 in einer Metropole mit dem Namen Leipzig geboren. Meine Eltern lernte ich nie richtig kennen, denn schon bald bekommen die Kontrollcomputer mit, dass sich meine Intelligenz auf einem hohen Niveau entwickelt. Wie es das deutsche Bildungsgesetz vorsieht, werde ich von meinen Eltern getrennt und in einem Bildungsheim untergebracht. Es ist die nördliche Bildungseinrichtung, idyllisch gelegen in einem Wäldchen mitten im Ortsteil Leipzig-Halle. Leider wird die Schule hermetisch abgeriegelt, damit möglichst wenig Faktoren unsere Bildung negativ beeinflussen können. Ich fühle mich mitunter wie ein Gefangener im Schlaraffenland.

Mit mir wohnen in der nördlichen Bildungsanstalt etwa zweihundert, angeblich ebenso intelligente Kinder zwischen drei und sechzehn Jahren.

Mein Name ist Tom.

Ich betrachte mich als einen normalen Jungen. Hier und da lerne ich streberhaft, wenn mich das Thema interessiert. Häufig versuche ich, die erwachsenen Hologramme und die wenigen Menschen unserer Schule auszutricksen.

Unsere Erziehung liegt in den Händen von zum Teil sehr geschmacklosen Hologrammen. Diese von den Decken projizierten Lichtgestalten reagieren über ständig kontrollierende Personenscanner. Das klingt kompliziert, ist jedoch technisch sehr einfach zu realisieren.

Irgendwo steht dieser Hauptrechner, ein gigantischer Computer. Uns wird erzählt, er befindet sich im Universitätshochhaus in Leipzig, einem riesigen, gigantischen Gebäude im Zentrum der Millionenstadt, dreißig Jahre vor meiner Geburt als Eliteuniversität geschaffen. Wie in jedem deutschen, menschlichen Körper, wird auch in meinem ein Personalchip eingepflanzt, der ständig vom Hauptrechner initialisiert und aktualisiert wird. Die Scanner in der Bildungsanstalt – es gibt sie auch überall im Freien und in der Öffentlichkeit – kontrollieren einfach alles: Gesundheit, Nahrungsaufnahme, den Ort, wo man sich befindet, Dinge, die man tut, sagt oder denkt. Alle gescannten Daten werden augenblicklich dem Hauptrechner zugeführt, der sie auswertet und über die Hologramme Anweisungen gibt. Die projizierten Gestalten tauchen dann plötzlich auf und geben kluge Kommentare von sich.

„Tom, du gehst in die verkehrte Richtung. Deinen Lehrraum findest du zweiundzwanzig Meter in entgegengesetzter Richtung. Und Tom, du solltest dich beeilen, dein Lehrer vermisst dich bereits."

Oder, wenn ich mich gerade hingelegt habe und einschlafen will: „Tom, an deinem Bauchnabel befinden sich noch Bakterien. Du hast dich nicht gründlich gewaschen. Geh in den Sanitärraum und korrigiere deinen Fehler. Und Tom, danach solltest du noch ein halbes Glas Flüssigkeit zu dir nehmen, dein Flüssigkeitshaushalt befindet sich auf einem niedrigen Niveau."

Ich habe mich an diese Hologramme gewöhnt, wenngleich sie keinesfalls Menschen ersetzen können. Immerhin ist es ihnen möglich, auch zu meinem Nutzen zu reagieren. Wenn ich sie etwas frage, dann können sie über den Hauptcomputer und die Scanner sofort ein Ergebnis finden.

„COMPUTER!" Ein Hologramm taucht auf. „Wo befindet sich mein Freund Vico?"

„Guten Tag, Tom. Vico befindet sich in seiner Wohneinheit im Sanitärtrakt und uriniert gerade. Er ist in zehn Sekunden fertig."

Sie sind peinlich genau und das ist auch das Schlimme an ihnen. Ihre Hologrammstimmen, die von überall kommen, klingen immer gleich, monoton und unglaublich wichtig. Natürlich kann man die Hologramme ignorieren. Und das können sie absolut nicht leiden. Wird die Projektion unterbrochen, weil man sie einfach durchquert oder ignoriert man die Typen, wenn man Fragen nicht beantwortet, dann rächt sich der Hauptcomputer, indem er sie ständig in der

Nähe auftauchen und dumme Bemerkungen machen lässt. Die Wissenschaft bezeichnet diesen Vorgang als „Erziehung".

Damit wir nicht völlig vereinsamen, unternehmen wir mitunter Ausflüge, die uns häufig in die Universität Leipzig oder in andere kulturelle Einrichtungen der riesigen Stadt führen. Es ist durchaus beeindruckend, zwischen den Wolkenkratzern hindurchzulaufen und überall flimmernde Verkaufswerbung zu sehen. Mitunter wird man von übereifrigen, aufdringlichen Hologrammen angesprochen: „Besuchen Sie unser Lokal im sechsundsechzigsten Stockwerk! Unser Heligleiter bringt Sie direkt hinauf! Das Essen ist wissenschaftlich geprüft und entspricht den Vorschriften der deutschen Lebensmittelgesetze."

Heligleiter gibt es in der Stadt unzählige. Die automatisierten, schwerkraftbetriebenen Flieger surren pausenlos durch die Luft und bringen die Menschen an fast jeden Ort. Bis auf einige wenige staatseigene Heligleiter gehören alle der Öffentlichkeit. Wenn man einen benötigt, informiert man den Hauptcomputer und kurz danach taucht so ein Flieger auf. Im Unterricht haben wir auch die alten Kraftfahrzeuge kennengelernt. Davon gibt es nur noch sehr wenige und die sind alle auf Solar- oder Elektroantrieb umgerüstet. Die Fahrzeugführer müssen sie außerdem selbst lenken! Zum Glück hat man die alten Beförderungsmittel in der Öffentlichkeit verboten.

Leipzig kann man trotz der dichten Besiedlung durchaus als schöne Stadt bezeichnen, es gibt noch viele echte Grünpflanzen und eine ausgesprochen großzügige Wasserwelt. Jede Menge alter Häuser hat man mit Kunststoffen saniert und erhalten.

Leipzig selbst liegt in Deutschland, das nach dem Bruch der Europäischen Union im Jahre 2049, seine nationale Selbstständigkeit zurückerlangte. Von Politik habe ich nur wenig Ahnung, mich interessieren auch nicht die politischen Unterrichtseinheiten. Mitunter mache ich mir ein wenig Sorgen, weil es nach wie vor in vielen Teilen der Welt noch Kriege gibt, in die meistens amerikanische Truppen verwickelt sind. Ich weiß auch, dass sich Deutschland mit den Amerikanern verträgt, werde jedoch irgendwann belehrt, dass auch ein weit entfernter Krieg verheerende Einflüsse auf uns in Deutschland ausüben kann.

Mein Leben ist also in erster Linie langweilig und wird ausschließlich von der Bildung beeinflusst. Als ich sieben Jahre wurde, stellte man im Verlauf einer medizinischen Untersuchung fest, dass ich zu den hochintelligenten Kindern unserer Bildungseinrichtung gehörte. Aus diesem Grund bekomme ich eine zusätzliche Ausbildung direkt an der Elite-Universität Leipzig, die von echten Menschen durchgeführt wird, sogenannten Professoren. Diese Ausbildung macht mir wesentlich mehr Spaß, und ich genieße die wöchentlichen Ausflüge zur Uni.

Aus Sicht der Verwaltung läuft mein Leben in völlig geordneten Bahnen. Ich bin ein Junge, der sich für viele Dinge interessiert. Es gibt aber auch Sachen, die ich mit einer großen Portion Argwohn betrachte. Und dazu gehören medizinische Untersuchungen, die außer der Reihe durchgeführt werden.

[...]

In der Nacht schreckte ich aus dem Schlaf hoch. Eine Hand rüttelte an meiner Schulter.

„Was ist denn nun schon wieder?", murmelte ich.

Neben meinem Bett standen Mara und Sophie. „Tom, du musst mir helfen!" Sophie hatte dicke Tränen in den Augen.

„Was ist los, Sophie, warum weinst du?" Ich setzte mich auf den Rand meiner Liege.

„Es ist wegen Sarah."

„Was ist mit Sarah?", fragte ich und begann mich anzuziehen.

„Sie ist in der Halle der Phantasie", antwortete Mara. „Seit zwei Tagen."

„Wie spät ist es jetzt?"

„Es ist vier Uhr fünfundzwanzig", erklang die Computerstimme, „und dreißig Sekunden, Tom."

Ich stand auf. „Mara, du bleibst mit Sophie hier, beruhigt euch. Wenn ein Programm in der Halle läuft, dann gelangt kein anderer hinein. Ich werde sehen, was sich machen lässt."

Ich verließ unseren Wohnbereich und lief in Richtung Sektor 4. Auf dem Weg dahin dachte ich mir einen Plan aus, wie ich den

Computer dazu bringen konnte, mich trotz der Sperre hineinzulassen.

Selbstverständlich war die Tür zur Halle fest verriegelt, so sehr ich auch daran rüttelte.

„Der Zugang zur Halle der Phantasie ist im Moment nicht möglich, Tom. Es läuft das Programm Sarah Drei. Wenn das Programm beendet ist, dann kann ich dir Bescheid geben, Tom."

„Computer! In der Halle liegt ein technischer Defekt vor. Ich habe als Chefingenieur Zugang zur Halle."

„Autorisierung erfolgte. Ich kann jedoch keinen Defekt feststellen, Tom. Die Sicherheitssperre kann nicht geöffnet werden."

„Wie lange läuft das Programm Sarah Drei jetzt schon?", fragte ich laut.

„Zweiundfünfzig Stunden, vier Minuten und zwanzig Sekunden."

„Siehst du es als normal an, dass Sarah seit zwei Tagen nicht gegessen und getrunken hat? Sind das nicht ausreichend Fehler, um einer Notöffnung der Sperre zuzustimmen?"

Es herrschte einen Moment Ruhe. Dann erklang die Stimme des Computers. „Medizinisch gesehen liegt ein Defekt vor. Ich muss darauf hinweisen, dass das Eindringen in die Halle der Phantasie gefährlich ist, wenn ein Programm läuft. Das Beenden eines laufenden Programms ohne Anweisung des Nutzers ist nicht möglich. Ich öffne den Sicherheitsverschluss für drei Sekunden, Tom."

Na also. Ich schlüpfte durch die Öffnung und blickte mich um. Ich stand auf einer Toilette, gerade kam eine Frau herein.

„Aber bitte, das ist die Frauentoilette", sagte sie mit hoher Stimme. Ich drängte mich an der Frau vorbei und verließ das Örtchen durch die Tür, trat auf einen runden Gang. Wo war ich nur? Ein wenig kam mir die Umgebung bekannt vor, ich konnte sie jedoch nicht einordnen. Ich lief durch einen großen Gastraum, in dem viele Menschen saßen. Ein Stimmenwirrwarr lag in der Luft. Es roch nach Essen. Ich wusste genau, dass ich schon hier gesessen und gespeist hatte. Langsam lief ich zwischen den Tischen hindurch und versuchte Sarah zu entdecken, was mir aber nicht gelang.

In der Mitte des Gastraumes befand sich ein Rondell, von dem aus eine Wendeltreppe nach oben führte. Vorsichtig stieg ich hinauf, Kinder drängten an mir vorbei.

Wind und kühlere Temperaturen wirkten auf mich ein. Ich stand im Freien, auf einer riesigen Plattform, umsäumt von einem Geländer und mannshohen Glaswänden.

‚Der Olympiaturm!', durchfuhr es mich. Er stand im Herzen von Leipzig, wurde einst zur Olympiade gebaut, die nie stattfand, war fast zweihundert Meter hoch und ich stand ganz oben auf der runden Plattform. Nun erschien mir der Wind sehr stark.

Langsam lief ich im Kreis, überall standen Menschen am Geländer und blickten hinunter auf die Stadt. Wir befanden uns in einer Höhe, in der keine Heligleiter fliegen durften, berührten fast die Wolken.

Dann sah ich Sarah. Sie saß auf dem hohen Geländer, die Handflächen gegen die äußerste Glaswand gedrückt.

Ich ging vorsichtig zu ihr, quetschte mich zwischen sie und einen dicken Mann, so dass ich nun am Geländer stand. Ich blickte zunächst hinunter, als würde mich der Ausblick interessieren. Es war ein wunderschöner Anblick, den ich fast vergessen hatte. Unter uns die blauen Streifen der Flüsse, die grünen Wälder, die großen Sportstadien. Kleiner wirkten auch die Wolkenkratzer rings umher, obwohl einige den Olympiaturm überragten.

„Hallo, Sarah", meinte ich, ohne dass sich meine Stimme erhob.

Ganz langsam senkte das Mädchen den Kopf. Ihre Augenhöhlen waren tief und fast schwarz, die Wangen bleich. Ihr Blick leer. Sie schaute wieder weg, als hätte sie mich nicht erkannt.

„Was machst du hier, Sarah?"

Sie blickte starr hinunter auf die Stadt.

„Sarah", ich berührte sie leicht, „ich bin kein Hologramm. Ich bin der echte Tom."

Wieder blickte sie einige Sekunden auf mich herab, versuchte etwas zu sagen, doch nur ihre Lippen bewegten sich.

„Sarah", begann ich wieder. „Sophie ist sehr traurig, dass du nicht zurückgekommen bist. Auch die anderen unserer Gruppe warten auf dich. Du musst essen und trinken. Beende dein Programm und komm mit mir. Gib mir deine Hand, Sarah!" Ich hatte mich auf Zehenspitzen gestellt und versucht ihre Hände zu erreichen, es gelang mir jedoch nicht.

„Alles ist so sinnlos", hörte ich nun endlich ihre Stimme.

„Was ist sinnlos, Sarah?"

„Alles. Dass wir in diesem Bunker sind, dass David sterben musste, dass wir die Fehler dieser Idioten korrigieren sollen, alles ist sinnlos."

„Wir haben aber eine Zukunft, Sarah. Wir sollten hoffen können."

„Zukunft?" Sarah lächelte künstlich auf mich herab. „Wo ist eine Zukunft? Wir haben weder Vergangenheit noch Zukunft. Sie haben mich meinen Eltern weggenommen, eingesperrt in diese hässliche Schule, ausgewählt für dieses dämliche Projekt. Wo ist die Zukunft? Unsere Zukunft war dort unten." Sie zeigte hinunter auf die Stadt. „Dort … Und dort … Da wäre vielleicht unsere Zukunft gewesen. Jetzt ist unsere Zukunft Vergangenheit. Sie haben uns alles genommen, alles. Wir sind dazu verdammt, in diesem Bunker dahinzuvegetieren, bis ES auch uns vernichten wird. Diese Arroganz unserer Vorfahren und diese Gier nach mehr. Nach mehr Macht, mehr Wissen, mehr Kraft. Was hat es uns gebracht? Es gibt keine Vergangenheit, es gibt keine Zukunft, es gibt nur noch dieses JETZT. – Was ist das wohl für ein Gefühl? Hinunterzuschweben, durch den Raum wie durch die Zeit. Das letzte, große, überwältigende Gefühl. Es muss so schön sein."

„Sarah, bitte komm jetzt da runter und beende das Programm."

„Programm? – Nein, Tom, hier ist meine letzte Wirklichkeit. Lass mich fallen, ich will das Gefühl erleben, schon früher fragte ich mich hier oben, was das für ein Gefühl sein müsste, zu fallen, zu fallen, zu fallen …" Sarah kletterte auf das Geländer, stützte sich dabei mit den Händen am Glas ab, bis die Hände den oberen Rand der Sicherheitsverglasung erreicht hatten. Ich versuchte ihre Beine festzuhalten, als sie sich nach vorn zog. Sie strampelte mit den Füßen und traf immer und immer wieder mein Gesicht. Meine Kräfte ließen nach.

„Helft mir doch! Sie will hinunterspringen!", schrie ich die Leute um mich herum an. Sie reagierten nicht auf mich, denn es war Sarahs Programm.

Plötzlich hatte ich nur noch einen ihrer Schuhe in den Händen. ‚Nur ein Hologramm …', sagte ich mir. ‚Es ist nur eine Projektion.' Trotzdem ging es mir durch Mark und Bein, als Sarah sich über den Rand schwang, an mir vorbei schwebte und fiel und fiel und fiel …

Ihr Körper wurde kleiner und kleiner, verschwand aus meinen Augen.

Ich drehte mich um und rannte die Treppe hinunter in den Gastraum, alle taten, als wäre nichts geschehen. Ich kam zu einer Lifttür, drückte auf den Knopf, es war nur eine glatte Fläche. Ich hatte die Grenze der Halle erreicht.

„Computer! Programm beenden!", schrie ich, jedoch ohne Erfolg.

„Du bist nicht autorisiert, das Programm Sarah Drei zu beenden, Tom."

Ich hockte mich an die Wand, vergrub mein Gesicht in meinen Händen. Ein kleines Mädchen kam auf mich zu und lachte mich schrill an, dann griff sie nach der Hand ihrer Mutter.

In diesem Moment wurde das Programm schlagartig beendet.

Ich hockte noch immer an der Hallenwand. Es war plötzlich ganz still um mich herum. Ich schloss meine Augen und öffnete sie wieder. Dann drehte ich mich langsam um und sah in die große Halle.

Vierzig Meter von mir entfernt, auf der anderen Seite der Halle, lag ein Bündel Mensch bewegungslos am Boden. Schwankend erhob ich mich und lief hinüber.

Sarah bewegte sich nicht mehr. Das Hologramm hatte Höhenebenen aufgebaut, um den Turm zu simulieren. In diesem Falle hätte Sarah das Programm dort oben auf der Plattform nicht beenden können, der Computer hätte sie aufgefordert, in die unterste Ebene, den Gastraum zu gehen, um das Programm zu beenden. Die Halle war zirka zwanzig Meter hoch, die Plattform war bestimmt direkt unter der Hallendecke simuliert. Also stürzte Sarah zwanzig Meter kopfüber hinunter.

Ihr Kopf war zerschmettert, ein Arm unnatürlich zur Seite weggeknickt. Sie lag mit dem Gesicht in einem roten See aus Blut, den ich erst Tage später persönlich entfernte.

Sophie erlitt einen Nervenzusammenbruch. Ich holte sie, nachdem ich Sarah zunächst ins MedLab geschleppt hatte.

Nun waren es noch 4.246 Tage bis zur Aufhebung des Schwerkraftfeldes, das den Bunker 3000 angeblich vor der Helagonitis schützen sollte.

Zukunftsbilder

Erik Simon

Er malte nicht besonders gut,
und dennoch: Seine Bilder sahn
sie lieber als die Filme an;
so fand er immer neuen Mut.

Den Wald im hellen Sonnenlicht
und Segelschiffe auf dem Meer,
auch hohe Berge malte er,
nur die verfluchten Sterne nicht.

Er starb im hundertvierten Jahr
der Reise nach dem Sirius
an Bord des Raumschiffs „Ikarus",
in dem er auch geboren war.

1977/78

Necroscope (Auszug)

Brian Lumley

Es war 15.15 Uhr. Auf dem Stadtfriedhof in Leipzig herrschte arktische Kälte. Harry Keogh hatte sich in seinen Mantel gehüllt, eine schon lange geleerte Thermoskanne Kaffee auf dem Schoß, und saß steifgefroren am Fuße von August Ferdinand Möbius' Grab und verzweifelte. Er hatte versucht, sein ESP-Bewusstsein – sein ‚metaphysisches' Talent – auf die hypothetischen Eigenschaften der veränderten Raumzeit und vierdimensionalen Topologie anzuwenden, und war gescheitert. Seine Intuition sagte ihm, dass es möglich war, eine Möbius-Reise ‚seitwärts' in der Zeit zu unternehmen, aber die Mechanik der Sache war ein Stolperstein, der sich wie ein Gebirge vor ihm auftürmte und den er einfach nicht überwinden konnte. Seine instinktive oder intuitive Beherrschung der Mathematik und nicht-euklidischen Geometrie war nicht genug. Er fühlte sich wie jemand, den man aufgefordert hatte, die Gleichung $E = mc^2$ durch die Auslösung einer Atomexplosion zu beweisen – aber allein mit seinem Geist! Wie verwandelt man körperlose Zahlen, reine Mathematik in physische Tatsachen? Zu wissen, dass ein Haus aus zehntausend Ziegelsteinen besteht, reicht nicht; man kann ein Haus nicht aus Zahlen erbauen, sondern nur aus Ziegelsteinen! Es war ein Unterschied, ob Möbius seinen körperlosen Geist hinaus zu den entferntesten Sternen sandte, oder ob Harry Keogh, ein physischer, dreidimensionaler Mensch aus Fleisch und Blut, dasselbe versuchte. Angenommen, er hätte Erfolg und würde wirklich entdecken, wie er sich selbst von A zum hypothetischen Ort B teleportieren könnte, ohne physisch den Weg dazwischen zurückzulegen. Was dann? Wohin würde er sich teleportieren – und wie würde er wissen, dass er angekommen war? Es könnte sich als genauso gefährlich erweisen wie der Sprung von der Klippe zum Beweis der Schwerkraft.

Seit Tagen beschäftigte er sich jetzt mit dem Problem und dachte an fast nichts anderes mehr. Er hatte gegessen, getrunken und geschlafen, war allen natürlichen Bedürfnissen nachgegangen, aber sonst nichts. Und dennoch blieb das Problem ungelöst, die Raumzeit weigerte sich, sich für ihn zu krümmen, die Gleichungen blieben düstere, undurchdringliche Schnörkel auf den mittlerweile schäbigen, abgegriffenen Seiten seines Geistes. Welch eine wunderbare Idee – sich selbst physisch in einem metaphysischen Bereich zu bewegen –, aber wie sollte er sie realisieren?

„Sie brauchen einen Ansporn, Harry", sagte Möbius, indem er müde in Harrys Gedanken eindrang, gewiss zum fünfzigsten Mal an diesem Tag. „Not macht immerhin erfinderisch. Bis jetzt wissen Sie, was Sie erreichen wollen – und ich glaube auf jeden Fall, dass Sie geschickt genug sind und die intuitive Fähigkeit besitzen, auch wenn Sie es noch nicht geschafft haben –, aber Sie haben noch keinen genügenden Grund, es zu tun! Das ist alles, was Sie jetzt brauchen, den richtigen Ansporn. Den Schubs, der Sie den letzten Schritt tun lässt."

Harry stimmte zu, nickte mental. „Vielleicht haben Sie recht. Ich weiß, ich werde es tun; ich habe es bloß … noch nicht versucht? Es ist ein bisschen so, wie wenn man das Rauchen aufgibt: Man kann es, aber man kann es auch nicht. Wahrscheinlich schafft man es, wenn man bereits an Krebs stirbt. Aber so lange will ich nicht warten! Ich will sagen, dass ich die Mathematik beherrsche, die ganze Theorie – ich habe wirklich das Bewusstsein und die Intuition –, aber das Bedürfnis ist nicht da, noch nicht. Der Schubs, wenn Sie so wollen. Ich sage Ihnen, wie sich das anfühlt: Ich sitze in einem gut beleuchteten Raum mit einem Fenster und einer Tür. Ich schaue aus dem Fenster, und draußen ist es dunkel. So wird es immer sein. Es ist nicht Nacht, sondern eine tiefere Dunkelheit, und sie wird ewig bestehen. Es ist die Dunkelheit der Räume zwischen den Räumen. Ich weiß, dass es dort draußen irgendwo andere Räume gibt. Mein Problem ist, dass ich keinen Wegweiser habe. Wenn ich durch diese Tür gehe, werde ich zum Teil der Dunkelheit. Vielleicht kann ich nicht wieder zurückkehren, hierher oder irgendwohin sonst. Es geht nicht darum, dass ich nicht hinaus kann, sondern dass ich nicht daran denken möchte, wie es dort draußen ist. Sie sind draußen, also kann ich auch hinausgehen. Ich spüre, dass es lediglich eine Erweiterung meiner

Fähigkeiten ist, aber in eine unerforschte Richtung. Ich bin wie ein Küken im Ei, und ich will nicht schlüpfen, bevor ich es nicht muss."

„Mit wem sprechen Sie, Harry Keogh?", fragte eine Stimme, die nicht die von Möbius war, eine flache, kalte Stimme, neugierig und emotionslos.

„Wie?" Erstaunt blickte Harry auf.

Es waren zwei, und es war offensichtlich, wer oder was sie waren. Auch wenn er nichts über Spionage oder Ost-West-Politik wusste, hätte er diese beiden bereits von Weitem erkannt. Ihr Anblick ließ ihn mehr frösteln als der schneidende Wind, der nun über den verlassenen Friedhof wehte und tote Blätter und Papierfetzen zwischen den Grabsteinen vor sich her wehte.

Einer von ihnen war sehr groß, der andere klein, aber ihre dunkelgrauen Mäntel, die ins Gesicht gezogenen Hüte und ihre Brillen mit dünnen Rahmen waren so ähnlich, dass sie wie Zwillinge aussahen. Und Zwillinge waren sie gewiss von ihrer Natur her, ihren Gedanken und in ihrem armseligen Ehrgeiz.

„Wie?", sagte Harry noch einmal und richtete sich steif auf. „Habe ich wieder mit mir selbst geredet? Tut mir leid, das mache ich ständig. Ist nur eine Gewohnheit von mir."

„Mit sich selbst zu sprechen?", wiederholte der Große und schüttelte den Kopf. „Nein, das glaube ich nicht." Sein Akzent war stark und seine Lippen so dünn wie sein gekünsteltes Lächeln. „Ich glaube, dass Sie mit jemand anderem gesprochen haben – vielleicht mit einem anderen Spion, Harry Keogh!"

Harry wich ein, zwei Schritte vor ihnen zurück. „Ich weiß wirklich nicht, was ...", begann er.

„Wo ist Ihr Funkgerät, Herr Keogh?", fragte der Kleine. Er trat vor und wühlte mit dem Fuß in der Erde des Grabes, wo Harry gesessen hatte. „Steckt es vielleicht hier, in der Erde vergraben? Tag für Tag sitzen Sie hier und sprechen mit sich selbst? Sie halten uns wohl alle für Idioten!"

„Hören Sie", krächzte Harry und wich noch weiter zurück. „Sie müssen mich verwechseln. Spion? Das ist doch Wahnsinn. Ich bin Tourist, sonst nichts."

„Ach?", sagte der Große. „Ein Tourist? Mitten im Winter? Ein Tourist, der daherkommt und tagelang auf einem Friedhof sitzt und Selbstgespräche führt? Ihnen sollte was Besseres einfallen, Herr Keogh. Und uns auch. Wir wissen aus sicherer Quelle, dass Sie ein britischer Spion sind und außerdem ein Mörder. Wenn Sie uns jetzt also, bitte schön, begleiten würden."

„Geh nicht mit ihnen, Harry!", ertönte Keenan Gormleys Stimme aus dem Nichts ungebeten in Harrys Bewusstsein.

„Lauf, Junge, lauf!"

„Was?", keuchte Harry. „Keenan? Aber wie ...?"

„Oh Harry! Mein Harry!", schrie seine Mutter. „Bitte sei vorsichtig!"

„Wie?", murmelte er wieder und schüttelte den Kopf, weiter von den beiden Männern zurückweichend.

Der Kleine zog Handschellen heraus und sagte: „Ich muss Sie warnen, Herr Keogh, leisten Sie keinen Widerstand. Wir sind Gegenspionage-Beamte der Grenzpolizei, und ..."

„Schlag zu, Harry!", drängte Graham ‚Sergeant' Lane in Harrys innerem Ohr. „Du kannst es mit diesen beiden Typen aufnehmen. Du weißt wie. Erwisch sie, bevor sie dich erwischen. Pass aber auf – die sind bewaffnet!"

Als der Kleine drei schnelle Schritte vorwärts machte und seine Handschellen ausstreckte, nahm Harry eine Verteidigungsposition ein. Der Große, der ebenfalls näher kam, brüllte: „Was soll das? Wollen Sie uns drohen? Harry Keogh, Sie sollten wissen, dass wir den Befehl haben, Sie tot oder lebendig zu fassen!"

Der Kleine machte Anstalten, die Handschellen um Harrys Handgelenke schnappen zu lassen. Im letzten Augenblick stieß Harry sie beiseite, drehte sich halb und trat hart zu.

Der Tritt traf den Kleinen an der Brust, brach ihm einige Rippen und warf ihn rückwärts gegen seinen Kollegen. Vor Schmerz aufschreiend, sank er zu Boden.

„Du kannst nicht gewinnen!", warnte Gormley. „Nicht so."

„Er hat recht", sagte James Gordon Hannant. „Das ist deine letzte Chance, Harry, und du musst sie nutzen. Selbst wenn du die zwei aufhältst, es kommen noch andere. So schaffst du es nicht. Du musst dein Talent benutzen, Harry. Dein Talent ist größer, als du glaubst. Ich habe dir überhaupt nichts über Mathematik beigebracht – ich habe dir nur gezeigt, wie du das nutzt, was in dir steckt. Dein volles Potenzial ist aber immer noch unerforscht. Junge, in dir stecken Formeln, von denen ich nicht einmal zu träumen gewagt habe! Du hast selbst einmal etwas Ähnliches zu meinem Sohn gesagt, erinnerst du dich?"

Harry erinnerte sich. Seltsame Gleichungen blitzten plötzlich in seinem Geist auf. Türen öffneten sich, wo es keine Türen geben sollte. Sein metaphysischer Geist streckte sich aus und berührte die physische Welt, entschlossen, sie nach seinem Willen zu formen. Er konnte den umgeworfenen Agenten in Zivilkleidung vor Wut und Schmerz schreien hören, hörte, wie der größere in seinen Mantel griff und eine hässliche, plumpe Waffe hervorzog. Aber das Bild der realen Welt wurde überlagert von den Toren der Möbius-Raum-Zeit-Dimension innerhalb seiner Reichweite. Die dunkle Schwelle lockte ihn.

„Das ist es, Harry!", schrie Möbius selbst. „Jedes von ihnen funktioniert!"

„Ich weiß nicht, wo sie hinführen!", schrie er gellend.

„Viel Glück, Harry!", riefen Gormley, Hannant und Lane fast gleichzeitig.

Die Pistole in der Hand des größeren Agenten spuckte Feuer und Blei. Harry drehte sich zur Seite und fühlte den heißen Luftzug des Geschosses, als es wütend den Kragen seines Mantels durchschlug. Er sprang nach vorne und trat zu; tiefe Befriedigung erfüllte ihn, als seine Füße krachend im Gesicht und in der Schulterpartie des Mannes landeten. Der Mann stürzte, und seine Waffe fiel klirrend auf den hart gefrorenen Boden. Fluchend und Blut und Zähne spuckend tastete er nach ihr, ergriff sie mit beiden Händen und richtete sich auf.

Aus dem Augenwinkel erspähte Harry einen Durchgang in der Möbiusschleife. Er war so nah, er konnte ihn fast mit seiner Hand berühren. Der Agent brabbelte etwas Unverständliches und schwang seine Pistole in Harrys Richtung. Harry trat sie beiseite, griff den

Mann am Ärmel, brachte ihn aus dem Gleichgewicht und wirbelte ihn durch das offene Tor.

Der deutsche Agent war verschwunden. Aus dem Nirgendwo erscholl ein grauenerregender, hallender, langsam abebbender Schrei. Es war der Schrei der Verdammten, einer Seele, die sich auf alle Ewigkeit in der endgültigen Finsternis verloren hatte.

Harry lauschte diesem Schrei und schauderte – aber nur für einen Augenblick. Über diesem verklingenden Schrei hörte er gebrüllte Befehle, das Knirschen rennender Füße auf Kies. Männer kamen an, verschanzten sich hinter Grabsteinen, umzingelten ihn. Er wusste: Falls er die Türen benutzen wollte, musste er es jetzt tun. Der verletzte Agent auf dem Boden hielt eine Waffe in den Händen, die wie Wackelpudding zitterten. Seine Augen waren grotesk aufgerissen, denn er hatte ... etwas gesehen! Er war sich nicht länger sicher, ob er es wagte, den Abzug zu drücken und diesen Mann zu erschießen.

Harry ließ ihm keine Zeit, länger darüber nachzudenken. Er trat ihm die Waffe aus der Hand, hielt für einen Moment inne und betrachtete noch einmal die fantastische Formel vor seinem geistigen Auge. Die rennenden Männer kamen näher; eine pfeifende Kugel traf Funken sprühend auf Marmor.

Vor Möbius' Grabstein erschien aus dem Nichts ein flackerndes Tor. Das war angemessen, dachte Harry – und hechtete kopfüber darauf zu.

Der angeschlagene ostdeutsche Agent lag auf dem kalten Boden und beobachtete, wie Harry Keogh hindurchsprang, in den Stein hinein verschwand!

Schnaufende Männer kamen schlitternd in einem Menschenknäuel zum Stehen. Alle Waffen streckten sich schussbereit nach vorne. Sie gafften in der Gegend herum, suchten mit eifrigen kalten Augen. Der Agent auf dem Boden deutete mit blutleerem, weißem Gesicht und zitterndem Finger auf das Grab von Möbius. Er war bis ins Mark erschüttert, und kein Wort kam über seine Lippen.

Und der schneidende Wind blies weiter.

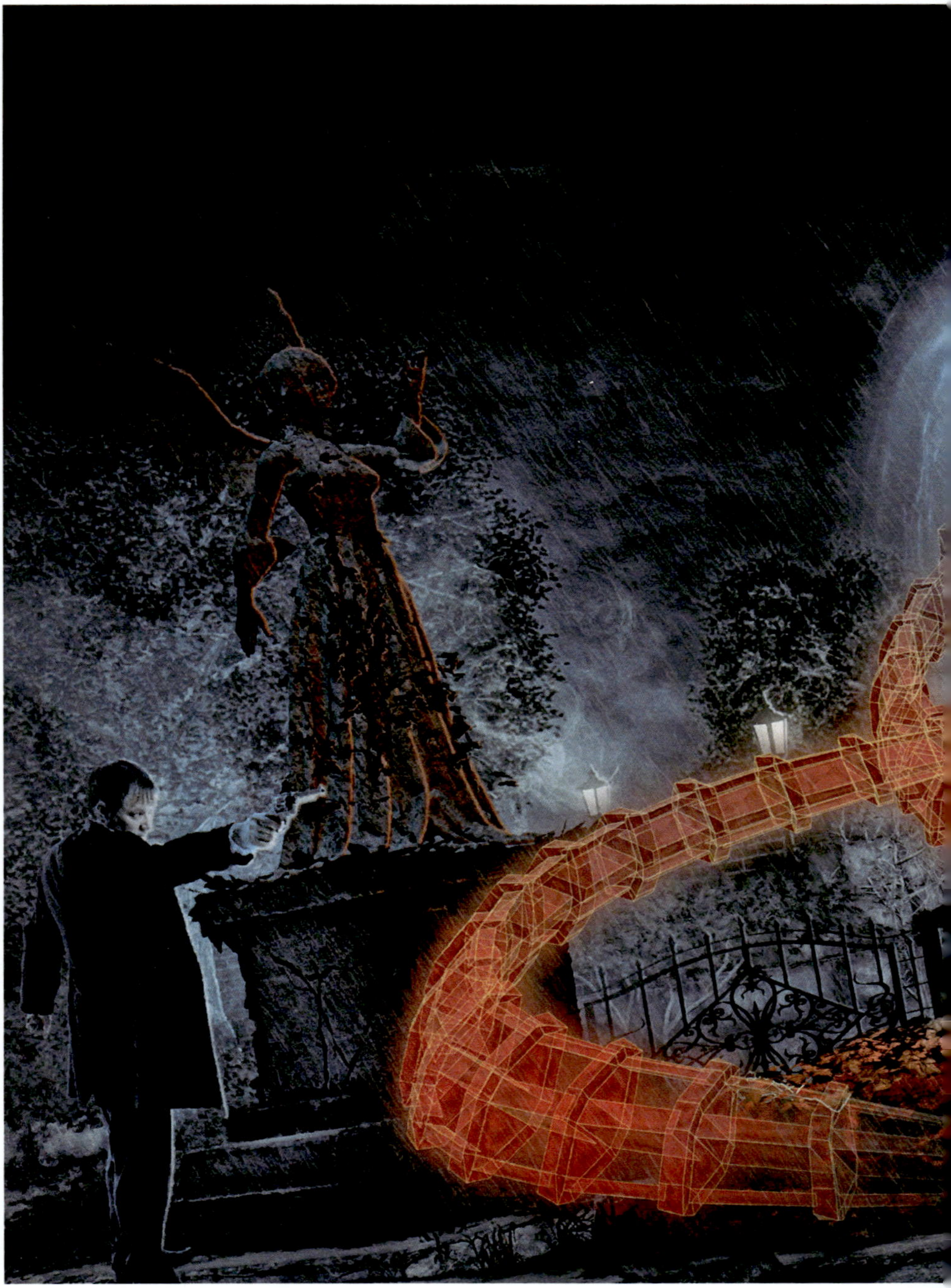

$$\frac{d\langle A\rangle}{dt} = \frac{\partial}{\partial t}\langle A\rangle \psi_s$$

$$\frac{1}{i\hbar}\langle\psi|AH|\psi\rangle - \frac{1}{i\hbar}\langle\psi|HA|\psi\rangle + \langle\psi|\frac{\partial}{\partial t}A\rangle$$

$$\frac{1}{i\hbar}\langle[A,H]\rangle_\psi + \langle\frac{\partial}{\partial t}A\rangle_\psi$$

$$\vec{\nabla}\cdot\vec{\Phi}_0 \quad \frac{\partial_\mu X}{\partial^\nu \sin}$$

Als sie mich schließlich doch bekamen

Christian von Aster

Aus dem Leben eines versehentlichen Touristen

Kürzlich beging ich den Fehler, mein Atelier in ein buntes kurzärmliges Hemd gekleidet zu verlassen. Und während das an sich freilich noch kein Problem darstellt, muss ich darüber hinaus erwähnen, leichtsinnigerweise und überdies sichtbar auch noch einen Fotoapparat mit mir geführt zu haben. Das daraus resultierende Problem erschließt sich womöglich, wenn ich die Lage des besagten Ateliers näher bezeichne: Es befindet sich am unteren Ende der Nikolaistraße und somit unweit des Leipziger Bahnhofes. Und das ist ein Ort, wo Passanten bereits durch vage touristisch anmutendes Auftreten die Aufmerksamkeit unerbittlicher Kopfgeldjäger auf sich lenken.

Ich kann – nicht ohne Stolz – von mir behaupten, im Lauf meines Lebens den klassischen Initiativen-Ausweichlauf landesweit in Fußgängerzonen und Einkaufszentren trainiert zu haben. Im Rahmen dieser sportlichen Laufbahn habe ich sowohl dem Abonnement verschiedener Tageszeitungen, der ein oder anderen Koalapatenschaft und allerlei Unterschriften für oder gegen irgendetwas zu entkommen gelernt. War ich auch all diesen Leuten mehr oder minder unbeschadet entgangen, half mir doch meine unverbindliche Fluchtfähigkeit mitsamt allen unauffälligen Davonstehltalenten hier schlussendlich nicht.

Mit dem unfehlbaren Instinkt des Hütehundes, der das verlorene Lamm auch noch in der Höhle hinter dem Dornbusch am Fuße des Hügels auf der anderen Seite des Tümpels jenseits des Zauns zwei Tage entfernt von der übrigen Herde aufspürt, hatte mich der erste rot bejackte Ticketverkäufer bereits ausgemacht, bevor ich auch nur die Straße überquert hatte.

Schon schallte aus seinem geschulten Mund ein „Hätten Sie …". Aus der Fülle meiner reichhaltigen Entkommensstrategien wählte ich alsgleich das Modul Blickkontaktvermeidung und den klassischen

90°-Kurswechsel (Variante unvermittelt). Doch auch auf meinem neuen Kurs sah ich mich im nächsten Augenblick mit einer Rotjacke konfrontiert, die den Satz ihres Vorgängers unbeirrt fortführte: „… vielleicht Interesse an einer …". 45°-Kurswechsel, Variante panisch, Beschleunigung der Schrittgeschwindigkeit, daraufhin Kollision mit Kopfjäger Nummer drei, der den Höhepunkt der Aussprüche seiner Kollegen zelebrierte: „… Stadtrundfahrt?"

Ich bin mir im Nachhinein nicht sicher, ob von meiner Seite an dieser Stelle wirkliches Interesse bestand oder ob ich nur diesen Männern in Rot entgehen wollte, die mich nunmehr komplett umstellt hatten. Dabei machten sie mir – zwar nonverbal, aber doch mehr als deutlich – klar, dass sie mich auch problemlos hätten ausrauben können, so dass eine Stadtrundfahrt doch das kleinere Übel war.

So saß ich also zwei Minuten später schon im Obergeschoss eines roten Oldtimerbusses inmitten einiger anderer Opfer der Stadtrundfahrtenmafia, von denen die wenigsten aussahen, als ob sie freiwillig hier waren … Aufgrund meiner nunmehr erhöhten Beobachterposition konnte ich wenig später das Erfolgsgeheimnis der Touristenjäger ausmachen, das tatsächlich aus mehr als bloß freundlicher Überzeugungsarbeit bestand.

Ich muss dazu sagen, dass ich vor einigen Jahren das zweifelhafte Vergnügen hatte, unweit der Reeperbahn zu wohnen, wo vor gewissen Etablissements Ausrufer postiert waren, die einen Touristen ebenfalls zehn Meilen gegen Wind wittern konnten und – wenn auch für andere Inhalte – auf ähnliche Weise wie diese Männer hier Begeisterung hervorzurufen suchten. Und wie auf der Reeperbahn schien es sich auch im Stadtrundfahrtsgewerbe – das meines Erachtens zumindest in Ansätzen den Tatbestand der Nötigung erfüllte – um eine rechtliche Grauzone …

Natürlich wird der ein oder andere mich an dieser Stelle kritisieren, derartige Vergleiche für unangebracht und eine Stadtrundfahrt für eine gute Sache halten. Diesen Kritikern möchte ich allerdings entgegenhalten, dass auch der Champagner, den leichte Damen dem unbedarften Betrachter Hamburger Hinterzimmer aufnötigen, mitunter durchaus gut ist. Außerdem aber mitunter übeteuert und nicht selten im Zuge einer euphorisch vergnügungssüchtigen Kurzschlusshandlung bestellt.

Derlei Gedanken äußere ich im Gedenken an mein damals frisch erworbenes 14-Euro-Hop-on-Hop-off-Tagesticket, das mir erlaubte, Leipzig busgestützt einen ganzen Tag lang von allen Seiten zu erfahren. Wobei, was freilich an mir liegen mag, auch eine Formulierung wie Hop on Hop off Assoziationen zum ältesten Gewerbe der Welt in mir wachruft.

Doch ich möchte nicht zu weit abschweifen.

Dort oben inmitten der anderen Doppelstockbusgeiseln begriff ich also das Erfolgsrezept der Leipziger Stadtrundfahrtticketverkäuferbluthunde: Auf jeden Passanten kamen drei von ihnen. Sie waren Legion! Und neben den erwähnten Rotjacken erkannte ich auch solche, die weiße und türkise trugen. Offensichtlich gab es unter ihnen eine Hierarchie, die Möglichkeit sich hochzudienen. Und tatsächlich war bei genauerem Hinsehen zu erkennen, wie eine junge Rotjacke verzweifelt einem jungen Pärchen nachhastete um sie mit vollem Einsatz zur vorübergehenden Aufgabe ihrer Freiheit zugunsten von Leipzigs Schönheit zu überreden, während zwei türkis befrackte Busschergen einen hilflosen Rentner einkreisten und zugleich ein stolzer Silberrücken in weißer Windjacke nur einer kurzen Geste bedurfte, um eine Gruppe japanischer Touristen in den Bus zu treiben.

Zwei gänzlich gegenwehrfreie Rentnergrüppchen später war der Bus ausreichend gefüllt, die Abfahrtszeit erreicht und wie Kälber zur Schlachtbank wankten wir los in die baustellengeschwängerte Innenstadt.

Ich möchte an dieser Stelle bemerken, dass Leipzig grundsätzlich interessant ist.

Dass die Geschichten, welche die Dame am Mikrofon mitsamt aller historischen Daten und Hintergründe darzustellen wusste, es ebenfalls waren, muss jedoch eingestehen, ihr nicht die notwendige Aufmerksamkeit entgegengebracht zu haben. Dieser Umstand war meinem investigativen Gespür geschuldet, dass sich nun im Inneren des Busses entfaltete. Denn wenn schon ich – der ich ursprünglich vor einer halben Stunde einen wichtigen Termin gehabt hatte – in diese schändliche doppelstöckige Stadtrundfahrtsfalle geraten war, wie mochte es erst um die anderen Passagiere dieser verfluchten Barkasse stehen …?

Unauffällig zückte ich Stift und Notizbuch, wechselte heimlich meine Sitzposition und suchte die Nähe jener verlorenen Seelen, die gemeinsam mit mir ihr Interesse für Kleinparis zu entdecken genötigt worden waren.

Bei den ersten beiden, mit denen ich einige offene Worte zu wechseln in der Lage war, handelte es sich um ein Ehepaar. Die beiden offenbarten mir, dass sie diese Rundfahrt nur unternehmen könnten, weil ein Ticketverkäufer unterdessen auf ihre kleine Tochter aufpasste. Implizit schwang freilich mit, dass sie das Kind nur unbeschadet wiedersehen würden, wenn sie artig ihren 14-Euro-Tagestrip absolviert sowie einen Stadtplan und das Souvenirbasisset erworben hatten.

Als dann der alte wurmstichige Seelenverkäufer nach der nächsten roten Ampel weiterschunkelte, ließ ich mich neben einem schmächtigen alten Herren nieder, der mich scheu um etwas zu essen bat, nachdem er mir gestanden hatte, den Bus seit einer Woche nicht verlassen und jeden Tag ein neues Ganztagesticket gelöst zu haben.

Mich schauderte. Und als ich eine Stunde später noch ein gutes Dutzend weitere Touristenschicksale kannte, die Geschichten umherirrender Fremder, die schanghait und zum Staundienst an Bord dieses schwankenden Ungetüms gezwungen worden waren, da wusste ich, dass es Zeit war aufzubegehren!

Noch während die Dame am Mikrofon uns Leipzigs Mysterien offenbarte, sprang ich in den Mittelgang des Busses, reckte meine Faust empor und rief die gequälten und geschändeten Seelen um mich herum dazu auf, ihre Ruder niederzulegen und zu meutern! Den Fahrer niederzuringen, beizudrehen und die Segel statt Richtung Völkerschlachtdenkmal Richtung Freiheit zu setzen!

Wenig später, als das Flagschiff der Leipziger Oldtimerbusflotte mitsamt einer Ladung meuterunwilliger Rentner und träger Touristen am Horizont in Richtung des erwähnten Denkmals verschwand, hatte man mich auf einem kärglich begrünten Mittelstreifen offgehoppt.

Inzwischen bin ich wieder zurück in meinem Atelier.
Und von hier oben beobachte ich sie. Sie haben ihre Methoden, sind überall. Sie kommen aus Hauseingängen und Gullydeckeln geschossen und kennen alle Tricks und Kniffe, die es braucht um gegebenenfalls auch noch einem taubstummen Blinden – solange dieser im Besitz von 14,00 Euro ist – für eine Stadtrundfahrt zu begeistern. Die einen arbeiten mit Worten, die anderen mit Gewalt und ich fürchte sogar, ein paar von ihnen beherrschen – auch wenn sie es nicht zugeben – die Kunst der Hypnose …

Gewiss werden auch jetzt noch einige sagen: Aber, das ist doch nichts Schlechtes, was die da machen. Und wenn jemand eine Stadtrundfahrt unternehmen will … Doch wer immer das sagt, geht dabei von zwei, meines Erachtens nicht gegebenen Umständen aus: zum einem vom Idealbild des mündigen Touristen und zum anderen davon, dass Ticketverkäufer der Leipziger Stadtrundfahrten sich der Genfer Konvention verpflichtet fühlen.
Wenn man allerdings bedenkt, dass einem während einer Stadtrundfahrt in Prag das Portemonnaie und in Moskau die Niere geraubt wird, dann kommt man in Leipzig doch noch immer ganz gut weg.

Was immer man aber auch von all dem halten mag; seit dieser Fahrt habe ich nicht mehr ruhig geschlafen. Denn ich träume von diesen Leuten und diesem Bus, der in meinen Träumen keine Ausstiegstüren hat.

Das bunte Hemd habe ich dementsprechend verbrannt, den Fotoapparat meinem Nachbarn geschenkt und hüte mich inzwischen davor, wie ein Tourist auszusehen. Darüber hinaus benutze ich bloß noch den Seitenausgang des Leipziger Bahnhofs.
Und jeden Abend bitte ich vor dem Schlafengehen:

Guter Gott, bewahre mich
vor Feuer, Pest und Übeltaten,
sowie Leipzigs Stadtrundfahrten.

Viva La Revolution

Anja Buchmann

Der Blick über den Rand meiner Datenbrille ist kurz. Meine Augen wandern über die Türme der Nikolaikirche, die zwischen den modernen Hochhäusern furchtbar klein und unbedeutend wirken. Da ziehe ich es vor, die Welt durch die ultradünnen und leichten Kunststoffgläser zu betrachten. Augmented Reality – erweiterte Realität – war ein Schlagwort im 21. Jahrhundert, doch das ist inzwischen überholt. Im Jahr 2112 möchte niemand mehr auf die sogenannte Angepasste Realität verzichten. Damit sieht jeder genau das, was er sehen möchte. Ob es eine Stadt ganz aus Gold ist oder Impressionen aus anderen Zeitaltern. Sie kann auch zeigen, was nur in der eigenen Fantasie existiert. An seine Grenzen stößt das mit Gedanken gesteuerte Wunderwerk der Technik erst dann, wenn der Nutzer in Kontakt mit realer Materie gerät, obwohl ihm das System leeren Raum oder ein anderes Objekt vortäuscht.

Ich weiß nicht, wie oft ich schon aus meinen Streifzügen durch das historische Leipzig gerissen wurde, weil ich gegen ein Hindernis lief oder fast von einer Schwebebahn überfahren wurde. Inzwischen bin ich geübt darin, der Realität aus dem Weg zu gehen, wenn ich mich auf virtuelle Zeitreise begebe. Den Weg, den ich heute gehen werde, kenne ich in- und auswendig. Die Gefahr, mit Menschen zusammenzustoßen ist auch eher gering, obgleich sie ebenso von der Angepassten Realität meiner Brille betroffen sind. Bei Überlagerungen mit Gebäuden werden sie ausgeblendet, ansonsten in zeittypischer Kleidung angezeigt. Aber die Anzahl der Passanten tendiert gegen Null, obwohl ich mich in der Innenstadt befinde. Die Menschen gehen nicht oft heraus. Warum auch? Wer kann, arbeitet von zu Hause aus. Menschen trifft man im Netz. Momentan ist TheCity The Place to be im Internet. Hier muss man sich nicht aufwendig zurechtmachen, um mit Freunden zu feiern. Ein paar Gedanken- oder Sprachbefehle und der Avatar ist bereit. TheCity bietet alles, was man sich wünschen kann. VR-Brille, Dufterzeuger und Sensopads sprechen alle

Sinne an. Ich hatte erotische Erlebnisse im Netz, die besser waren als in der Realität. Nichtsdestotrotz bin ich kein Freund dieser völligen Verlagerung des Lebens in den virtuellen Raum. Ich weiß, früher hießen solche alternativen Lebenswelten beispielsweise Second Life. Heute wäre die Bezeichnung First Life passender. Doch dieses Leben ist so anfällig für Manipulationen. Jeder kann vorgeben zu sein, was immer er will. Das gilt für Privatpersonen, aber in einem viel stärkeren Maße noch für Unternehmen und Regierung. Doch das erkennt man nur, wenn man aus den künstlichen Welten auftaucht und sich kritisch mit ihnen auseinandersetzt. Doch ich weiß, dies ist zu viel verlangt. Menschen, die der Technik skeptisch gegenüberstehen, gelten im besten Fall als seltsam, im schlimmsten als verrückt. Ich bin weder das eine noch das andere, sondern eine ganz normale Frau in den späten Zwanzigern, die denkt, dass es noch mehr geben muss als Arbeit und bedeutungslose Zerstreuung mithilfe der Technik. Ich wünsche mir Menschen um mich herum, echte Menschen, die ich anfassen und umarmen kann, Stimmen, die nicht aus Lautsprechern und Kopfhörern kommen, Lebensraum jenseits meiner Wohnung. Ich erträume mir einen Mann, der meine Einstellung teilt. Aber das steht nicht im Vordergrund bei dem, was ich plane, sollte es zumindest nicht. Trotzdem empfinde ich mehr als eine vage Hoffnung.

Um mich einzustimmen, starte ich mit einem Gedanken eine ganz besondere Sequenz auf meiner Brille. Tausend Jahre Geschichte rasen an mir vorbei, während ich mich nicht bewege. Entstehung, Umbau und Leben der Nikolaikirche innerhalb von wenigen Minuten. Die Geschehnisse des letzten Jahrhunderts stimmen mich traurig. Ein solch prachtvoller und geschichtsträchtiger Ort, versunken in der Bedeutungslosigkeit. Der Abstieg hatte begonnen, schon bevor ihr vor etwas mehr als fünfzig Jahren der Status als Kirche aberkannt wurde. Die gelegentlichen Konzerte und Ausstellungen, die seitdem dort stattgefunden haben, konnten diesem Ort kein Leben einhauchen, auch deswegen, weil immer weniger Menschen dazu erschienen. Es ist traurig, macht mich traurig. Aber jetzt will ich nicht betrübt sein, daher rufe ich ein ganz spezielles Bild der Kirche auf, eine spezielle Zeit: November 1982. Ich bin fasziniert von dem, was damals seinen

Anfang nahm. Es hat mich inspiriert. Ob es mir gelingt, eine neue Revolution von hier in Gang zu bringen? Das, was ich plane, wird keinen Staat stürzen, aber dennoch soll es Menschen befreien.

Ich prüfe die Uhrzeit, indem ich sie auf den Brillengläsern einblenden lasse. Es ist noch eine halbe Stunde Zeit.

Irgendetwas fühlt sich falsch an. Erst weiß ich nicht, was es ist, dann wandert meine Hand zur Datenbrille. Ich lasse sie in die Tasche gleiten. Es wäre konsequenter, sie gleich wegzuwerfen. So viel Stärke geht mir bedauerlicherweise ab. Ich habe lange mit mir gerungen herzukommen. Ich spüre noch immer das Zittern meiner Finger, welches mich befiel, als ich den Termin in diversen Netzwerken kundtat.

Zögernd mache ich einige Schritte in Richtung der Nikolaikirche. Ohne die Schönfärberei der Datenbrille erscheint das Gebäude so winzig zwischen all den glänzenden Fassaden der Hochhäuser, so schäbig und bar jeder Bedeutung.

Beim Betreten des Innenraums umfängt mich Kühle. Da keine Veranstaltungen geplant sind, gibt es nicht einmal Bestuhlung. Ich bin allein. Meine Befürchtung ist, dass ich es auch bleibe. Ich lehne mich an eine der Wände. Von hier habe ich einen guten Blick auf das Hauptportal. Dennoch zucke ich zusammen, als jemand die Kirche betritt. Ich mustere den Mann, der direkt auf mich zusteuert. Er trägt einen großen Hut, der sein Gesicht verdeckt. Deswegen kann ich nicht einschätzen, wie alt er ist. Seinem Körperbau nach eher jung. Als er mir die Hand entgegenstreckt, unterdrücke ich den Impuls, zurückzuweichen. Als ich ihm dann zögerlich die Hand reiche, zieht er mich in die Arme. „Ich dachte nicht, dass du kommen würdest. Dummes Mädchen", flüstert er mir ins Ohr. Die Stimme ist jung und sympathisch, dennoch läuft es mir eiskalt den Rücken herunter. Ein Hauch von Gefahr liegt darin. „Gib mir deine technischen Geräte!", fordert er, seinen Mund immer noch nah an meinem Ohr.

Was wird das? Ein Überfall? Ich habe Angst, so sehr, dass ich meine Datenbrille aus der Tasche ziehe und ihm gebe.

„Ist das alles? Kein Taschencomputer? Irgendwelche subkutanen Implantate?"

Würde er mir diese abnehmen? Ich bin froh, dass ich nie erlaubt habe, dass irgendwelche Chips in meinen Körper gelangen, trotz all der praktischen Gründe, die dafürsprechen: Überwachung des Gesundheitszustands, Telefonie über die Handfläche und vieles mehr.

„Was wollen Sie?", presse ich hervor.

„Ich will dich beschützen. Vor deiner eigenen Dummheit." Er lässt mich los, legt meine Datenbrille auf den Boden. „Komm!"

Er nimmt meine Hand und zieht mich mit sich. Meine Mischung aus Angst und Verwirrung verhindert, dass ich mich wehre. Erst als wir die Kirche verlassen haben, erhebe ich Einspruch: „Ich kann nicht gehen. Was, wenn noch mehr Leute kommen?"

„Dann werden sie auch ohne dich klarkommen. Immerhin geht es dir doch darum, dass die Menschen in der Realität zusammenkommen. Du musst darauf vertrauen, dass sie noch nicht zu abgestumpft sind, um dies hinzukriegen."

„Aber warum soll ich nicht dabei sein?"

„Es ist besser, wenn wir es ihnen nicht zu leicht machen."

Ich verstehe nicht, was er mir sagen will. „Wohin gehen wir?"

„An einen sicheren Ort."

Statt eines Raubs scheint dies eine seltsame Art der Entführung zu werden. Dennoch nimmt meine Furcht ab. Seine Hand ist so warm, seine Stimme so beruhigend.

„Wer sind Sie und was wollen Sie von mir?"

„Ich bin Sascha. Und ich will dich beschützen, Nadya."

„Woher kennen Sie meinen Namen?" Ich habe ihn nicht verraten und in meinem Aufruf stand er auch nicht.

„Das war einfach, zu einfach. Deswegen bist du ja in Gefahr. Es gibt viele, die sich sehr an deinen Bestrebungen stören."

„Warum?"

„Du bist hoffentlich nicht so naiv, wie es den Anschein hat. Du hast dazu aufgerufen, Technik Technik sein zu lassen. Das hört sich verdammt nach Revolution an. Der Treffpunkt macht es nicht besser. Du weißt hoffentlich, warum."

„Die Friedensgebete", murmele ich. „Ich weiß. Ich dachte, es wäre eine gute Idee."

Wir betreten ein verfallenes Gebäude. Wenn mich nicht alles täuscht, war es mal ein Museum. Aber Museen gehören zu den Sachen, die nicht mehr gefragt sind. Was mich wundert, ist der Umstand, dass man das Haus noch nicht abgerissen hat. Sascha öffnet eine Tür. Die Treppe führt nach unten. Bei unserem Abstieg passieren wir mehrere Stahltüren. Ich habe eine Ahnung, wo wir uns befinden. „Sind wir hier im Bunker unter der Runden Ecke?"

„Du kennst dich gut aus." Sascha öffnet eine weitere Tür. „Willkommen in meinem Zuhause."

Wow! Die riesige Couchlandschaft sieht so einladend aus, dass ich mich am liebsten darauf fallen lassen will. Einen Bunker hätte ich mir ungemütlich und kalt vorgestellt. „Warum leben Sie in einem Bunker?"

„Sicherheit! Abgeschiedenheit!"

Endlich nimmt er den Hut ab. Er ist noch jünger, als ich gedacht hätte. Vielleicht in meinem Alter. Seine Haare sind lang und fast schwarz. Ein interessanter Kontrast zu seinen hellgrünen Augen und der blassen Haut.

„Sicherheit scheint ein großes Thema für Sie zu sein."

„Kannst du bitte endlich aufhören, mich zu siezen."

„Ich weiß nicht. Ich kenne Sie doch überhaupt nicht."

„Du bist misstrauisch. Das ist gut. Es hilft, wenn du den Weg weitergehst."

„Welchen Weg?"

„Die Revolution."

Ich will ihm widersprechen, Sascha sagen, dass ich nie etwas wie eine Revolution im Sinn hatte. Ich will doch nur etwas mehr Menschlichkeit. Er lässt mich aber nicht zu Wort kommen. „Sich so gegen die Macht des Netzes zu stellen, ist sehr mutig. Damit hast du dir viele Feinde gemacht, mächtige Feinde."

Ungläubig schüttle ich den Kopf. Sascha schiebt mich durch eine weitere Tür. Der ganze Raum ist voll mit Computern und anderem technischen Equipment. Er schaltet einen Bildschirm ein. Seine Finger fliegen über eine altmodische Tastatur. Kein Touchpad, keine Spracheingabe. Wahrscheinlich ist er so schneller. „Schau."

Ich brauche einem Augenblick, um zu verstehen, was für Bilder da über den Bildschirm flackern. Dutzende, wenn nicht gar Hunderte von Menschen haben sich im Inneren der Nikolaikirche zusammengefunden. Der Zeitstempel verrät, dass es live ist. „Sind die alle meinetwegen dort? Ich muss zurück."

„Musst du nicht. Sie kommen ohne dich klar." Sascha hat recht. Die Gespräche sind zum Teil etwas verhalten, doch ich sehe auch Umarmungen und Gelächter.

„Wie kommst du an die Bilder?"

„Ich habe die Überwachungskameras angezapft."

Ich wusste nicht, dass es dort überhaupt Kameras gibt. Öffentlicher Straßenraum wird routinemäßig überwacht, das Innere von Gebäuden jedoch nicht.

Sascha zoomte in einen Bildausschnitt. „Der Typ ist von Google."

In einer weiteren Vergrößerung zeigte er auf eine Frau. „Geheimdienst."

„Woher wissen Sie das?"

„Ich beobachte viel. Ich könnte dir auch noch mindestens zehn andere Leute zeigen, die dort nach dir suchen."

„Warum?"

„Sie schätzen deine Initiative als Gefahr ein. Ich würde das als Kompliment sehen."

Ich kann es nicht glauben. Es fühlt sich alles so unwirklich an. „Was bedeutet das für mich?"

„Überwachung deiner technischen Geräte, Beschattung, vielleicht eine Vorladung wegen der ungenehmigten Versammlung."

„Ich ... ich hatte noch nie irgendwelche Probleme mit den Behörden."

Er schob mir einen Stuhl hin. „Setz dich, atme durch. Ich wollte dir keine Angst machen. Du wusstest offenbar wirklich nicht, worauf du dich eingelassen hast." Ist das Mitleid in seiner Stimme? Das will ich nicht. Am liebsten würde ich davonrennen. Aber vorher muss ich mehr wissen.

„Du musst keine Angst haben. Wir können dich beschützen."

„Wir?"

„Denkst du, ich bin der Einzige, der skeptisch ist?"
„Wie geht es nun weiter?"
„Das hängt ganz von dir ab. Willst du helfen, die totale Kontrolle zu stören? Oder willst du so tun, als sei die Aktion in der Nikolaikirche eine jugendliche Dummheit?"

Das mit der Dummheit trifft mich, auch wenn es eigentlich die Wahrheit ist. Doch mit dieser Unterstellung hat er mich bei der Ehre gepackt. „Haben wir da überhaupt eine Chance?"

Saschas Blick wandert zu den Bildern aus der Kirche, die noch immer über den Bildschirm laufen. „Sieht so aus, als hätten wir die. Es wäre ja nicht die erste Revolution, die von dort ausgeht." Er lächelt.

Ich erwidere das Lächeln, auch, weil es so ansteckend ist. Er versteht es als Aufforderung. „Dann werde ich dir mal mehr über meine kleine Operationszentrale erzählen und was ich hier mache. Wir können dazu gerne auch ins Wohnzimmer gehen. Da haben wir es bequemer. Das heißt, wenn du dich von den Bildern deines Coups losreißen kannst."

Ich merke erst jetzt, dass ich noch immer auf die Bilder schaue. Ich bin einfach überwältigt davon, wie viele Menschen meinem Aufruf gefolgt sind. „Ich wäre gerne dabei."

„Ein anderes Mal. Ich denke, nach dem guten Anfang wird es weitergehen. Und wenn du erst gelernt hast, dich ohne Spuren in der Menge zu bewegen, sehe ich keinen Grund, warum du nicht die Früchte deiner Idee genießen solltest."

„Ich danke Ihnen."

„Jetzt höre endlich auf, mich zu siezen."

„Okay, Sascha. Wäre ja auch Blödsinn, dir nicht zu vertrauen, wo du mich doch in eine geheime Organisation einführen willst."

„Ich freue mich, eine weitere Mitstreiterin zu haben." Er ist aufgestanden, umarmt mich. Ich spüre ein Prickeln, die Verheißung eines großen Abenteuers.

Die Rückkehr der Kraniche

R. C. Doege

2033

Immer schon hast du gemerkt, dass etwas nicht stimmt, hier bei der Arbeit – in deinem Leben – in der Welt. Dazu musste nicht erst der Bleistift unter den Tisch fallen. Mon crayon est large et jaune, denkst du und fühlst dich alt, nicht nur wegen der Referenz zu einem Film aus deiner Kindheit, sondern wegen der Ungelenkigkeit, mit der dein Fuß erfolglos im Halbdunkel herumstochert. Schließlich gibst du auf und kriechst unter den Tisch.

„Was machst du da?"

Ayumis Beine nähern sich. Sie trägt ein kurzes, hellblaues Sommerkleid und weiße Söckchen. Du betrachtest einen Moment verträumt ihre wohlgeformten, bald siebzehnjährigen Schenkel und weißt nicht, ob du sie niedlich, anziehend oder nur schön finden sollst.

Schönheit obsiegt.

„Hm?" Sie bückt sich zu dir herunter. Sadako-Effekt, nur nicht ganz so erschreckend, aber fast, denn als sie ihr Haar beiseitestreicht, vergisst du für einen kurzen Augenblick dein Alter, und du fühlst dich wie ein unerfahrener Junge.

„Ach, ich krieg den Bleistift nicht aus der Spalte."

Ayumis Lächeln verrät nicht, ob sie sich wundert, dass du so ein anachronistisches Schreibinstrument benutzt (aber der Bleistift gibt dir das Gefühl, wissenschaftlich zu arbeiten, mehr als dein Laptop, mehr als die vielen historischen Bücher hier im Raum) oder, ob sie deine Antwort als zweideutig interpretiert.

Du fummelst an dem gelben Ding herum und errötest leicht.

Mon crayon, denkst du, scheint sich mit den Jahren langsam zu beruhigen – zumindest wird er anspruchsvoller –, so ist das Hinschauen bei so jungen Dingern nur noch eine Art Gewohnheit, eine Reminiszenz vergangener Jahre; Anerkennung von Schönheit. Zumindest redest du dir das ein. Schöne Theorie, die Theorie des Schönen.

Aber der Stift bleibt verkeilt.

Während du weiter ungeschickt in der Spalte herumpuhlst, krabbelt Ayumi zu dir unter den Tisch. Auch sie ächzt ein wenig, und sagt, als sie neben dir ankommt, erschöpft: „Fuu!" Du spürst ein leichtes Brennen in der Brust. Dir bricht der Schweiß aus. Der Bleistift bewegt sich. Du fluchst. Du versuchst es mit Gewalt. Eine Diele löst sich. Wieder was kaputt gemacht … Mit den Jahren häufen sich die Dinge, die du zerstörst.

„Eeeh?", sagt Ayumi. „Nani kore?" Sie spricht eigentlich ziemlich gutes Deutsch, aber ab und zu kommt ihre Muttersprache durch. Das Holzbrett springt einen Zentimeter hoch und der Bleistift verschwindet in einer Vertiefung. Ein Rohrschacht? Wieder eine Herausforderung für deine Aversionen: Dein Leben lang bist du ein wenig ängstlich gewesen, was Insekten anging, deshalb schaust du nur vorsichtig in den Schacht hinein. Ungefähr 30x15 cm groß, und jeden Augenblick rechnest du damit, dass etwas daraus hervorspringt. Man weiß ja nie. Zu dunkel, nichts zu sehen. Ayumis Schulter stößt dich zur Seite. Dann greift das Mädchen beherzt in den Schacht und fördert den Bleistift zu Tage, den du schnell in die Hand nimmst wie einen Talisman, einen rettenden Strohhalm. Dein Fetisch, dein Erinnerungsstück. Du fragst dich, ob du nicht ein wenig übertreibst. Aber was ist das Leben schon ohne Spiel …

„Tanzt du heute Abend mit mir?", fragt sie, während sie weiter in der Öffnung herumtastet.

„Ich kann nicht tanzen …", sagst du trocken.

„Oh", sagt sie – und du erschrickst über die Leere, die dieses große O gefolgt vom kleinen h in deine Brust sticht.

„Da ist noch mehr."

Ein schwarzes Moleskine-Notizbuch.

***

Du darfst dir nichts anmerken lassen. Du weißt, dass das, was du hier liest, die Initialzündung zu deiner Verhaftung sein könnte, die Schwarzsäcke stehen schon mit einem Fuß in der Tür. Du hast einen falschen Buchumschlag um das Moleskine-Notizbuch gelegt und bist bemüht, die Innenseiten nicht offen in Richtung Himmel zu zeigen. Ayumi sitzt neben dir am Bassinrand vor dem Völkerschlachtdenkmal. Ihre Füße schweben über dem dunklen Wasser, wie die Libellen, die ab und zu vorbeihuschen. Die Sonne strahlt hell vom klaren Himmel, und du musst dir immer wieder den Schweiß von der Stirn wischen.

Was du in dem Notizbuch liest, verwirrt dich. Du bist dir nicht sicher, ob es Teile eines Romans sind oder ob sie der Wahrheit entsprechen, einer längst vergangenen Wahrheit. Letzteres erscheint dir dann doch zu phantastisch.

Verschwörungstheorien der übelsten Sorte, mehr nicht. Aber du merkst, wie die aufkommenden Gedanken in dir eine Alarmglocke auslösen. Denn wenn du dir die letzten dreißig Jahre anschaust, dann kannst du nicht umhin anzuerkennen, dass viele Aussagen solcher Verschwörungstheoretiker tatsächlich eingetreten sind. Aber ob dies wirklich Ergebnisse einer Verschwörung von Eliten oder Aliens oder einer dunklen Macht oder von wem auch immer war, bezweifelst du. Dennoch spürst du die kognitive Dissonanz, die aus dem Missverhältnis zwischen den von klein auf erlernten demokratischen Werten und dem Verhalten der angeblich demokratischen Staaten entsteht, angereichert durch ein Gefühl der Bedrückung; ein Gefühl, wie du es nur aus deiner Kindheit kennst. Von damals, als man noch Angst vor der Bombe hatte.

Du verdrängst das ungute Gefühl im Bauch und wendest dich wieder dem Moleskine-Notizbuch zu. Zu gerne würdest du im Netz nach einigen Begriffen suchen, aber wie, ohne aufzufallen? Es wurde nicht ohne Grund Netz genannt.

Du überlegst einen Moment, ob du Ayumi danach fragen sollst, denn du weißt, dass sie ähnlich tickt wie ihr Vater, aber du traust dich nicht, du hast das Gefühl, ihre unschuldige Unbekümmertheit zu beflecken, mit der sie neben dir sitzt. Ayumi faltet Origami-Kraniche. Immer wenn du sie irgendwo alleine sitzen siehst, faltet sie diese Kraniche. Es scheint sie glücklich zu machen, denkst du und fragst dich, woran sie wohl denken mag.

***

Später Abend. Die Wolken hängen tief und schwer, die Luft ist ungewöhnlich schwül und warm. Es riecht nach Gewitter.

Du stehst mit Takashi, Ayumis Vater, auf der Aussichtsplattform des Völkerschlachtdenkmals. Er erzählt davon, wie ihn seine Schwester als Kind in einen alten Schrank gesperrt hatte und sein einziger Lichtblick ein Spalt im alten Holz gewesen war, durch das er das Glitzern des fernen Meeres sehen konnte. Du versuchst umständlich, das Gespräch in die von dir gewünschte Richtung zu treiben: „Ayumi hat dir ja sicher von unserem Fund erzählt?"

Takashi schaut, als erwarte er eine unangenehme Wendung des Gesprächs. Vielleicht hatte er dich deshalb seit einer Stunde nicht zu Wort kommen lassen. „Bevor ich antworte", sagt Takashi langsam, „muss ich dir etwas zeigen." Er wartet nicht auf deine Reaktion und zieht zwei Dinge aus der großen Tasche hervor, die neben ihm auf dem Boden liegt. Ein seltsam anmutendes Gerät, das hauptsächlich aus Metallröhren besteht und ein Fernglas mit Nachtsichtfunktion. Er gibt dir das Fernglas und beginnt an dem Gerät aus Metallröhren zu hantieren.

„Das ist mein Portable Cloudbuster", sagt er, ein wenig zu stolz, wie du denkst. Dann zeigt er in den Nachthimmel. „Sobald sich ein Loch in der Wolkendecke ergibt, schau mit dem Fernglas hinein."

Was du siehst, neben den herumschwirrenden Drohnen, ist ein Sternenhimmel, wie man ihn normalerweise in der beleuchteten Stadt nicht zu sehen bekommt. Du hast davon gehört, dass der Nachthimmel auf dem Land eine subversive Macht entwickelt, zumindest sprachen davon einige Dichter, die du als Jugendlicher gelesen hast, Dichter, die vor der endgültigen Umsetzung der Agenda 2020 noch außerhalb der Ballungsgebiete lebten.

Heute als political incorrect verbotene Texte.

Das lässt dich wieder an das Notizbuch denken, dessen Inhalt dich in eine schmerzliche Melancholie versetzt. Bilder einer sauberen, heilen Welt, in der Kinder am Strand des Cospudener Sees spielen; Menschen, die einander helfen und nicht von Misstrauen und

Vorteilsdenken beherrscht werden. Eine Zeit, in der man ungeniert im Internet surfen kann, mit Bargeld bezahlen und nachts auf die Straße gehen kann; Wohnungen, die man selber gestalten kann, Alltag mit Freizeit und ohne Smartmeters und Terror durch Versicherungen und ihren Gesundheitsgadgets; Nächte ohne Schlägertrupps und Polizeikontrollen. Davon handeln die Texte in dem Notizbuch, und so sehr dir bewusst ist, dass es sich um Hirngespinste handelt, Geschichten aus einer nie da gewesenen und nie zu verwirklichenden Träumerei, bewegen sie dich doch zutiefst. So wie der Sternenhimmel, dessen Anblick dir die Irrelevanz des konstruierten Alltags bewusst macht. Wie unbedeutend erscheint dir nun die anstehende Steuererklärung!

Ayumi, die verschwitzt und schwer atmend auf der Plattform ankommt, stellt Getränke neben euch ab. Du nimmst einen Zug durch den roten Strohhalm und fühlst dich schuldbewusst wohl.

Während Takashi an der Kurbel des Cloudbusters justiert und die Röhren in den Himmel ausrichtet, spricht er weiter: „Was mir durch den damaligen Spalt in dem Schrank klar wurde, ist, dass es immer einen größeren Raum dahinter gibt, aber Raum trifft es nicht ganz – Ebene; dass nur die eigene Beschränktheit, sei sie von außen auferlegt oder selbstbestimmt, für den kleinen, schmalen Blick verantwortlich ist. Alles hat stets mehr Dimensionen, als man anfangs denken möchte oder kann. Es geht darum, die Risse zu finden; zu entdecken, was dahinter liegt. Man mag es nicht unbedingt mögen, was man sieht – und meistens versteht man es ohnehin nicht ... Vielmehr geht es darum, die eigene Souveränität wiederzufinden, jenseits von Konditionierungen. Das verwandelt einen heutzutage natürlich in den Augen der Eliten in einen Terroristen ..."

Du hast keine besondere Lust, politisch-philosophische Debatten zu führen, da sie letztendlich doch nirgendwohin führen. Also sagst du nur: „Die Leute erkennen doch, dass ihre Gesellschaften immer totalitärer werden."

„Aber sie passen sich an. Aus irgendeinem Grund scheinen sie vergessen zu haben, dass sie nicht dazu da sind, einem Staat zu dienen, sondern der Staat dazu da ist, ihnen zu dienen."

Ist dem so?

„Aber selbst wenn sie es wissen, was sollen sie tun? Sie haben Demonstrationen versucht, ein paar Verrückte haben es mit Anschlägen versucht usw. Bestenfalls torkeln die Leute auf ihrer Suche durch die verwirrende Welt verbotener Verschwörungstheorien, die aber nur noch mehr Fragen aufwerfen und letztendlich führt jede Aktion zu noch schlimmeren Gegenmaßnahmen …"

Noch fünf Minuten bis zu Ayumis Geburtstag.

Takashi lächelt. „Das, was wir konkret im Jetzt und Hier machen können, ist: nicht Mitspielen. Das heißt, im Kleinen, im eigenen Leben, sich den trennenden, Angst machenden und propagandistischen Dingen zu entziehen. Schmeiß den Fernseher weg! Versuch herauszufinden, was dich glücklich macht und versuche das umzusetzen. Sei kein Rad im Getriebe eines Konstrukts, das du ablehnst. Was die Leute immer wieder gerne vergessen, wenn sie darüber schimpfen, wie schlimm doch die Gesellschaft ist: Du bist Teil der Gesellschaft. Änderst du dich, ändert sich die Gesellschaft. Aber wir reden immer so, als würden wir außerhalb von allem stehen."

„Und man macht sich schon verdächtig in dieser Welt, wenn man kein Handy hat … Es ist soweit", sagst du und schneidest damit Takashis Satz ab, zu dem er gerade ansetzte. Takashi atmet durch und nickt. Ihr alten Männer stimmt ein schräges „Happy Birthday!" an. Dann versuchst du dich in Japanisch: „O-tanjôbi omedeto" und umarmst Ayumi. Du reichst ihr dein Geschenk: Ein neuer MP3-Player, voll mit J-Pop aus den Jahren 1980–2012, also bis zu ihrem Geburtsjahr – und bist dir sicher, dadurch mit einem Bein im Gefängnis zu stehen. Ayumi scheint sich zu freuen. „Siebzehn Jahre", sagst du. „Wird Zeit, dass du dir einen jungen Mann zulegst!"

Du merkst an Ayumis und Takashis Blicken, dass du etwas Dummes gesagt hast.

„Unser Nachbarjunge in Tokyo, Shota, machte ihr den Hof … Wir mussten so plötzlich flüchten, dass …" Er hebt die Arme und lässt sie schlaff herunterfallen.

Du merkst, wie die Stimmung umschlägt und suchst nach einem neuen Thema. „Was ist mit den Kranichen?", fragst du.

Ayumi hat zwei Beutel mit Papierkranichen neben sich.

Du erinnerst dich, wie du sie fast täglich hast basteln sehen. Origami scheint ihr Hobby zu sein, dachtest du bei diesen Gelegenheiten, wundertest dich aber nach einiger Zeit, dass es immer nur weiße, rosa und blaue Kraniche waren.

„Nach einer alten Sage erfüllen die Götter einen Wunsch, wenn man tausend Kraniche gefaltet hat", erklärt Takashi. „Ob die Götter uns hier oben sehen können?", sagst du und schaust einer Drohne hinterher, wie sie im Nachthimmel verschwindet.

„Ich fühle mich hier oben stets, als würde jeden Moment ein atavistisches Monster auftauchen", sagt Takashi.

„Das machen die Kriegerfiguren vermute ich. Vielleicht kommt tatsächlich gleich ein Drache – oder Godzilla."

Takashi lacht. „Eher", sagt er, „etwas mit Tentakeln oder ein Minotaurus, der sich im labyrinthischen Südfriedhof da unten versteckt."

Ayumi nimmt die Beutel und schüttelt die Origamivögel auf die Steinblöcke, die als Balustrade dienen. Es hat nur wenig Wind, er ist so schwach, dass ein paar Kraniche leicht erzittern, als würden sie ganz langsam zum Leben erwachen. Dann beginnt Ayumi leise etwas auf Japanisch zu flüstern. Du schaust zu Takashi, da du sie nicht verstehst.

„Sie wünscht sich, dass die Leute aufwachen und Leipzig den Anfang macht zu einer besseren Welt." Ayumi wischt die Papiervögel von den Steinen, so dass sie in die nächtliche Dunkelheit der Stadt fallen. „Lasst uns tanzen!", sagst du.

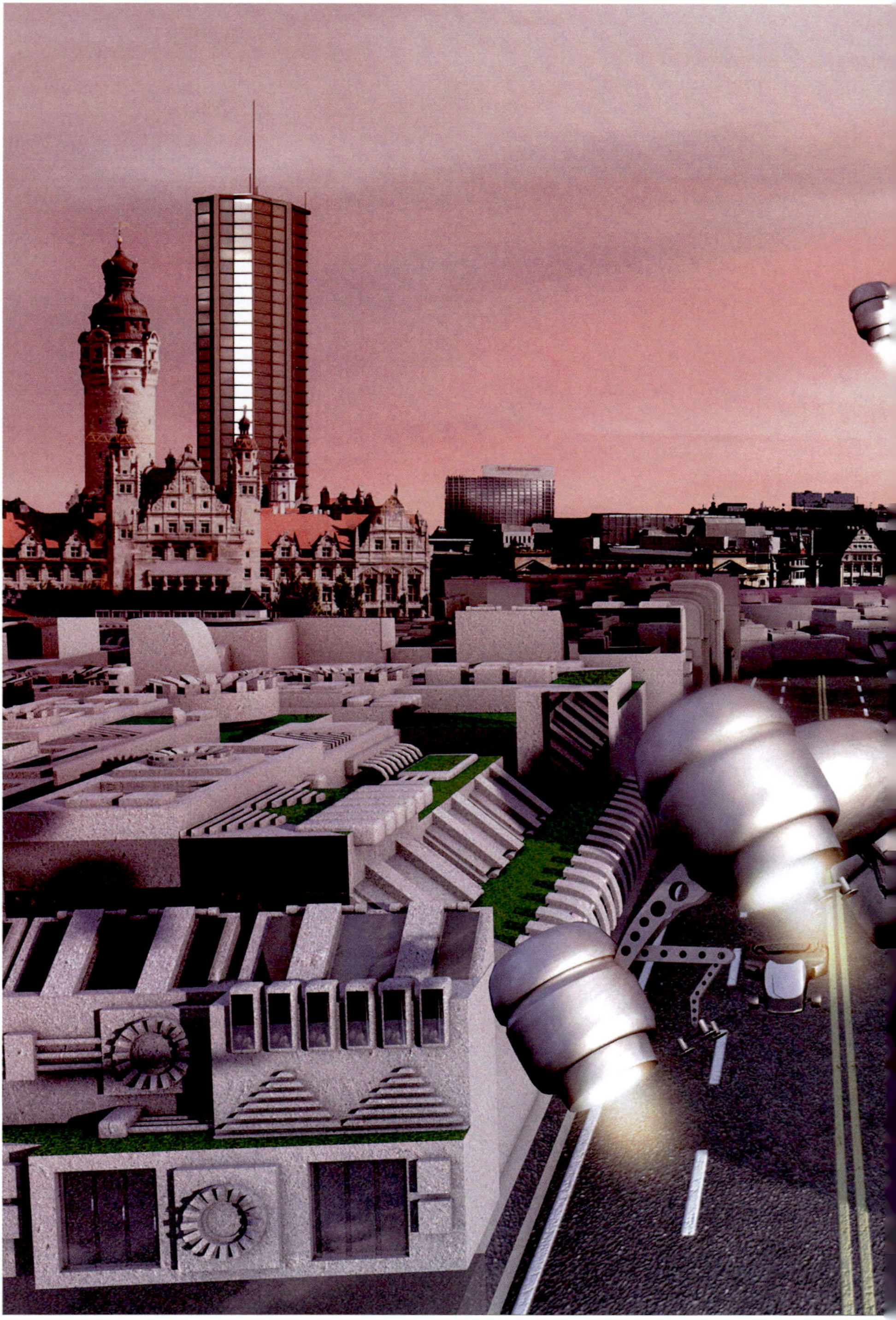

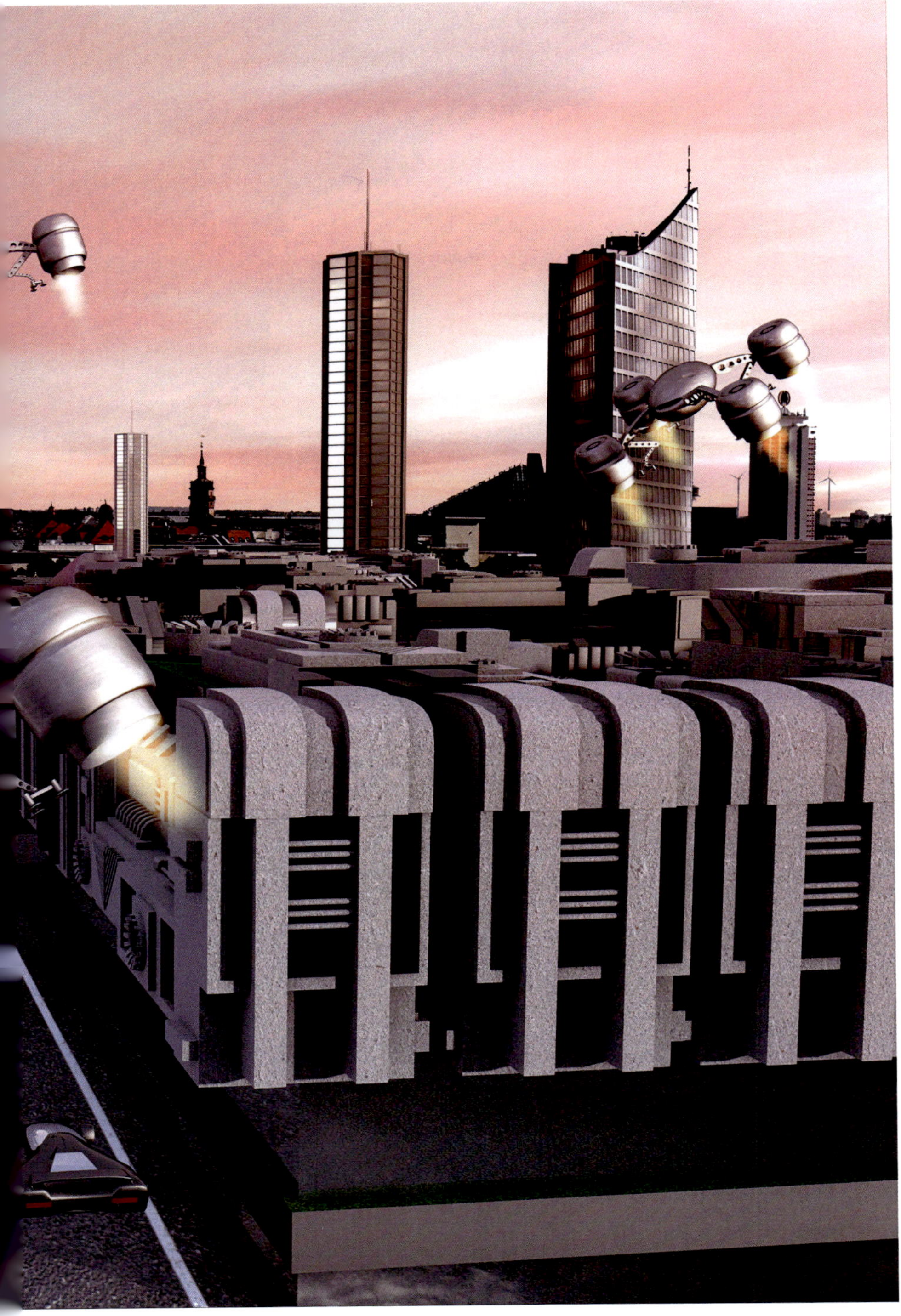

Der Wunschsand

Christiane Gref

Jarina wusste, dass ihr die Linsen der neugierigen Kameras folgten. Sie malte sich für einen Moment das enttäuschte Gesicht ihrer Mutter aus, wenn sie von Watch2watch über ihren heimlichen Ausflug informiert werden würde. Allen Verboten zum Trotz lief Jarina weiter, den Mund zu einem grimmigen Strich verzogen. Sie bog in die Erich-Weinert-Straße ein und klingelte an dem Haus, das ein spitzes Dach aus Aluminiumschindeln besaß. Mika öffnete die Tür und grinste sie verschwörerisch an. „Lass uns im Hof warten, bis die anderen kommen", schlug er vor. Jarina nickte und folgte ihm durch das Haus zur Hintertür.

Der Hof war umgeben von einer zwei Meter hohen Mauer, dunkel, und maß nur etwa sechs auf sieben Meter. Trotzdem war er etwas Besonders. Jarina kannte niemanden, der ein Grundstück außerhalb des Wohnraums besaß.

Ein Brummen war über ihren Köpfen zu hören. Eine Drohne von Watch2watch, die sie nach Hause beorderte und darauf bestand, sie den kompletten Weg zu eskortieren? Das war ja so peinlich. Der Himmel über dem Hof war jedoch leer. Nur hoch oben kreuzten ein paar Airshuttles. Die Hauptverkehrszeit kam erst noch, dann standen die Taxis dicht an dicht in der Luft.

Mika zerrte an einer blauen Regentonne. „Hilf mir bitte mal."
Gemeinsam wuchteten sie das Fass um. Das Wasser schwappte in den Hof und versickerte im Lehmboden. Mika rollte es zur Mauer. Mit vereinten Kräften gelang es ihnen, das Fass umzudrehen. Mika stieg hinauf und spähte auf die Straße.

„Wir dürfen aber nicht raus", wandte Jarina ein. Sie dachte an das letzte Mutter-Tochter-Gespräch zum Thema ungenehmigte Ausflüge zurück, das nicht gerade positiv verlaufen war.

Die Haustürklingel war hier draußen nur leise zu hören.
„Machst du auf?", bat Mika.

Jarina seufzte und ließ die anderen hinein.

„Wo ist Mika", wollte Steffi wissen.

„Er steht auf einem Fass und glotzt dämlich."

Sie stiegen nacheinander alle auf das Fass und blickten über die Mauer. Die Straße lag still da. Jarina sah einen Gullydeckel, der neben dem geöffneten Schacht auf der Straße lag. Einfach so. Ohne Absperrung und alles.

„Was haltet ihr von einem kleinen Ausflug in den Untergrund?", fragte Mika in die Runde. Die Mienen der Angesprochenen reichten von begeistert bis angewidert. Steffi meinte: „Da drin ist doch die Kanalisation, oder? Hab ich zumindest mal gehört."

„Die was?", wollte Ralf wissen.

„Ich weiß auch nicht genau, was das ist. Aber es soll gefährlich sein", betonte sie.

„Ach was", winkte Mika ab. „Für Memmen ist da sowieso kein Platz. Wenn du Angst hast, dann musst du nach Hause zu deiner Mami gehen."

„Das sagst du nur, weil ich als Einzige noch neun bin." Steffi schob beleidigt die Unterlippe vor.

„Dann beweise uns, dass du so viel Mumm wie eine Zehnjährige hast."

„Das mache ich auch", sagte Steffi und kletterte so geschwind auf die Mauer, dass Jarina verblüfft nach Luft schnappte.

„Bist du verrückt?", rief Mika ihr nach. Doch es war zu spät. Steffi war auf der anderen Seite der Mauer. Die schnelle Bewegung hatte den Einbrecher-im-Viertel-Modus aktiviert. Es dauerte nur wenige Sekunden, schon kam eine Drohne angeflogen. Die Kameras, die rund um den kugelförmigen Korpus angebracht waren, richteten sich allesamt nach unten.

„Steffi, lauf!", riefen die Kinder im Chor. Jarina presste die Hände auf die Ohren. Doch das Alarmgeheul blieb aus. Die Drohne kreiselte durch die Luft. Unschlüssig sirrten die Kameras, richteten ihre schwarzen Augen mal hierhin, mal dorthin. Nach einer Weile flog der Wächter davon. Jarina stieß den Atem aus. Wenig später tauchte

Steffis roter Haarschopf über der Mauerkrone auf. „Wo bleibt ihr denn?", raunte sie. Nun gab es für die Kinder kein Halten mehr. Jarina überwand das Hindernis ohne Probleme und rannte geduckt auf das Loch im Boden zu. Ihre Blicke huschten immer wieder in die Luft und zu den Überwachungskameras, die an den Laternenpfählen befestigt waren. Ein dumpfer Geruch drang aus dem Loch nach oben. Die Luft in Leipzig roch normalerweise nach gar nichts. Damit warb der Tourismusverband, denn in vielen anderen Städten gab es Smog-Alarm oder Faulgase, die von Parasitenpflanzen herrührten, die sich wie verrückt verbreitet hatten. Wälder waren nahezu ausgestorben. Globalisierung eben.

Tapfer sog sie die faulige Luft in ihre Lungen und versuchte sich vorzustellen, dass sie das immer ertragen müsste. „Wenn du mit deiner Schnüffelei fertig bist, würde ich ganz gerne da runter", ließ sich Mika vernehmen. Jarina machte ihm Platz und sah fasziniert zu, wie er die marode Eisenleiter meisterte. Als sie dran war, stellte sie fest, dass die Eisensprossen mitnichten so stabil waren, wie sie aussahen. Überall fehlten ganze Stücke, Rost bröselte. Wie durch ein Wunder schafften sie es alle unversehrt nach unten. „Wenn das unsere Eltern sehen würden", sagte Steffi andächtig und deutete auf die Dreckbrühe, die zu ihren Füßen in einem Betonbett gluckerte.

„Besonders deine", sagte Jarina schnippisch. Sie beneidete Steffi. Denn sie wohnte in einem exklusiven Apartment in der Nähe vom Hauptbahnhof. Ganz früher hatte da ein Hotel gestanden. Westind oder so. Jedenfalls lag bei Steffi zuhause nie etwas herum. Der Boden war immer picobello und die Putzdrohne hatte so saubere Wischblätter, dass man vermutlich ein Mikroskop brauchte, um den Dreck darauf zu finden. Und dann die Kleidung. Ehe sich Jarina richtig in ihren Neid hineinsteigern konnte, machte Mika plötzlich „Pssst" und blieb so unvermittelt stehen, dass Steffi und Jarina gegen ihn prallten.

„Da vorne ist was", wisperte er.

Jarina fühlte, wie Steffi nach ihrer Hand griff. Fest schloss sie die Finger um die der Freundin. Mit angehaltenem Atem lauschten sie in die Dunkelheit. Das Licht vom offenen Schacht drang kaum noch bis zu ihnen vor. Etwas glitzerte. „Oh mein Gott", stieß Mika hervor. „Das sind ja Augen."

Der Gestank ließ nach, da sich der Tunnel gabelte. Das Abwasser floss nur im rechten Gang. Die linke Seite war trocken. Das Glänzen war nun unmittelbar vor ihnen. Mika ging in die Hocke. Jarina merkte, wie sein Rücken ihre Knie streifte, die sich wie Pudding anfühlten. „Was siehst du?"

Plötzlich fuhr Mika schreiend hoch. Jarina und die anderen prallten vor Schreck zurück. „Spinnst du?", keuchte Ralf. Eine Weile war nichts zu hören, außer dem Gurgeln des Dreckwassers nebenan und dem hastigen Luftholen. Jarina stützte die Hände auf die Oberschenkel und versuchte das Zittern loszuwerden, das sie in Wellen schüttelte.

„Es ist ein Tier", sagte Mika leise.

„Was?", entfuhr es Jarina. „Das kann nicht sein. Es gibt keine freien Tiere mehr. Das weiß doch jedes Baby."

„Dann guck doch selber."

Jarina schob Ralf zur Seite und näherte sich dem Glänzen. Sie hörte ein leises Fiepen. Ihre Finger berührten verklebte Haare, eine spitze Schnauze und kleine, runde Ohren. Sie glitten über den Rücken des Tieres. Jarina fühlte, wie sich der kleine Leib hob und senkte. Das merkwürdige Glänzen rührte von den Augen des Tiers her. Augen, die im Dunkeln leuchteten. Gruselig. Jarina versuchte sich zu erinnern, um welches Tier es sich handeln könnte. Sie hatten vor einiger Zeit die wesentlichsten Tiere in der Schule durchgenommen. Pferde? Nein, die waren größer und Jarina verband die Information „Pferd" automatisch mit „Wiese". Augen, die selbst bei minimalstem Lichteinfall leuchten?

„Ich hab's", triumphierte sie. „Das Tier ist eine Katze." Bestätigendes Murmeln kam von den anderen.

„Gehen wir weiter?", fragte Steffi.

Das erste Mal, seit sie hier unten waren, ließ sich Patrick vernehmen. „Die Katze nehmen wir aber mit. Die scheint krank zu sein oder so. Vielleicht hat sie auch Angst."

„Ich trage die nicht, die stinkt", sagte Steffi.

Jarina verdrehte die Augen. „Schon gut, ich nehme sie. Dann musst du dich nicht schmutzig machen."

Vorsichtig hob sie den warmen Leib hoch. Die Katze stank tatsächlich fürchterlich. Jarina drehte den Kopf zur Seite und atmete durch den Mund. So ging es besser. Sie marschierten auf dem trockengelegten Tunnelabschnitt noch etwa fünf Minuten geradeaus. Das Laufen durch die Dunkelheit fand Jarina erholsam. Sie bewegten sich durch leeren Raum, in dem es keine Pflichten und Aufgaben, keine flimmernden Bilder und Kakophonien an Tönen gab, wie sonst an den meisten Orten Leipzigs.

„Sagt mal Leute", ließ sich Ralfs Stimme vernehmen. „Findet ihr nicht auch, dass es hier wärmer ist?"

Jarina stimmte zu. „Das ist, weil hier kein Wasser fließt", sagte Mika. Klingt logisch, fand Jarina.

„Okay. Ich wüsste gerne, wie es hier aussieht", sagte Patrick ernst. „Kurze Pause. Steffi, du hast bestimmt deine Watch2watch-Watch dabei."

„Ich habe aber extra gesagt, wer mit Watch kommt, der darf nicht mitmachen", beklagte sich Mika.

Patrick lachte spöttisch. „Mika, wir reden hier von Steffi. Von Streber-Steffi."

„Danke für den netten Spitznamen", schmollte Steffi.

Patrick ging nicht darauf ein. „Eine Lampe wäre jetzt nicht schlecht."

Es raschelte, dann erhellte ein kleiner Lichtkegel den Tunnel. „Ich glaub' s ja nicht. Steffi, dich lade ich nicht mehr ein", sagte Mika. „Wir sind jetzt unter dem Nordplatz", sagte Steffi nach einem Blick auf das Display. Dann richtete sie den Lichtkegel der integrierten Taschenlampe an die Decke des Tunnels. Fäden einer merkwürdigen Substanz hingen herunter. „Das ist ja echt eklig", sagte Jarina und hoffte, dass sich nichts von der Decke löste und ihr auf den Kopf fiel.

Sie sah sich die Katze an und wünschte sich, sie hätte es nicht getan. Sie bot einen jämmerlichen Anblick. Die Flanken des armen Tiers waren mit Beulen übersät, der Schwanz war haarlos. Die winzigen Pfoten erinnerten an Hände. Die Barthaare zitterten und die

Schnauze stand leicht offen. Der Lichtkegel wanderte weiter und beleuchtete nun eine große Metalldose vor ihnen, die ihnen bis zur Brust reichte. Die Außenhaut war narbig, von Rost zerfressen. Aber sie strahlte Würde aus. Ein magisches Relikt aus alter Zeit.

„Was da wohl drin ist?", sprach Ralf aus, was wohl alle in diesem Moment dachten. Sie tasteten das merkwürdige Gefäß ab, fanden jedoch kein Touchpad, um es zu öffnen. „Das ist bestimmt uralt", sagte Steffi. Ihre Stimme klang ehrfürchtig. Jarina kam nicht umhin zuzugeben, dass auch sie ergriffen war. Eine riesige Dose, die aus echtem Metall bestand und nicht aus einer Polymerverbindung. Mika trat dagegen. Der Rost rieselte und ein Stück der Dose brach heraus. Eine körnige Substanz floss heraus. Patrick hielt seine geöffnete Hand darunter und wartete, bis ein Häufchen des schwarzen Granulats auf seiner Handfläche zusammengekommen war, dann teilte er das Häufchen unter ihnen allen auf. Es fühlt sich an wie warmer Sand, dachte Jarina und schloss fest die Finger darum.

„Das ist unser Wunschsand", sagte Patrick feierlich. „Ein mächtiger Zauberer hat ihn hier versteckt, damit wir ihn eines Tages finden."

Tief aus Jarinas Inneren stieg ein Wunsch an die Oberfläche. Sie wollte mehr Zeit mit ihrer Mutter haben. Mit diesem Wunsch im Kopf, ließ sie den Sand los und klopfte sich die Handfläche an der Hose ab. In der anderen Hand trug sie immer noch die Katze.

Grelles Licht flutete mit einem Mal in den Gang. Jarina blinzelte und schirmte die Augen mit der freien Hand ab. Männer vom Städtischen Sicherheitsdienst näherten sich ihnen. Jarina hatte Angst, dass die Männer ihnen den Wunschsand wegnahmen. Schützend stellten sich die Freunde vor das Fass, um es vor den neugierigen Blicken der Wachleute abzuschirmen.

„Der Aufenthalt in der Kanalisation ist gemäß Paragraph 3, Absatz 24 Bürgerliches Pflichtengesetz verboten", sagte der vorderste der Männer und sah aufs Geratewohl Mika an. Jarina drückte die Katze fester an sich. Die Bewegung weckte die Aufmerksamkeit eines Sicherheitsmannes. Er leuchtete auf das japsende Fellbündel, dann drehte er sich von Jarina weg, hielt sich die Hand ans Ohr und murmelte leise vor sich hin. Dann ging alles ganz schnell. Mehr Männer kamen in den Tunnel. Jarina und die anderen wurden jeweils getrennt weggebracht. Mit jedem Schritt bekam Jarina stärkere Kopfschmerzen, die Wände des Tunnels schienen sich vor ihren Augen zu verformen. Das Licht tat in ihren Augen weh. Sie erbrach heftig, wobei sie darauf achtete, in das Abwasser zu spucken, das sie nun wieder flankierte. Besorgt fragte einer der Männer, ob sie laufen könne. Jarina nickte und taumelte an der Seite des Mannes weiter. Ein Medicar wartete vor dem Zugang, der ein anderer war als der Gullyschacht, durch den sie hineingekommen waren.

Jarina wurde in die Uniklinik gefahren. Die Katze musste sie einem Mann geben, der versprach, gut für sie zu sorgen, solange Jarina untersucht wurde. Er zog sich sogar Handschuhe und eine Maske an, ehe er sie anfasste. Das wiederum fand Jarina übertrieben. Die Untersuchungen vergingen in einem bunten Kaleidoskop aus Eindrücken, die meisten waren von der unangenehmen Sorte. Sie kam in den Genuss eines Einzelzimmers. Doch bald wünschte sie sich die überfüllten Säle zurück, die einen sonst im Krankenhaus erwarteten. Ihr war langweilig. Einmal am Tag kam ihre Mutter zu Besuch. Meist war ihre Wimperntusche verlaufen. Eine dicke Glasscheibe mit je einem Hörer auf jeder Seite trennte die beiden. Irgendwie machte Jarina eine Unterhaltung auf diese Weise keinen Spaß. Die Schwestern, die das Essen brachten, steckten in dicken Anzügen, die mit Schläuchen versehen waren. Am meisten belastete Jarina jedoch, dass sie nicht wusste, was ihr fehlte. Sie war einfach nur müde und genervt. Niemand sprach mit ihr, aber offenbar alle über sie. Der Arzt unterhielt sich mit ihrer Mutter, die nach diesen Gesprächen meist ein Taschentuch vor die Augen drückte und dann minutenlang besorgt durch die Glasscheibe blickte.

Eines Tages wurde Patrick zu ihr gebracht. Er sah fürchterlich aus. Seine Haare waren viel dünner als Jarina sie in Erinnerung hatte und unter seinen Augen lagen dunkle Ringe.

„Ich bin froh, dass du da bist", sagte Jarina und nahm Patrick fest in den Arm. Wie immer ließ er die Geste über sich ergehen und erwiderte sie nicht. Jarina lächelte. Zumindest das hatte sich nicht geändert. Patrick setzte sich auf sein Bett und drehte an dem Verschluss seines Vitamingetränks.

„Weißt du, wie es den anderen geht?", wollte sie wissen.

„Uns hat es am schlimmsten erwischt", sagte Patrick. Jarina glaubte, ein leises Zittern in seiner Stimme zu vernehmen. „Mich, weil ich das Gift am längsten in der Hand hatte und dich, weil du die kranke Ratte mit dir rumgeschleppt hast."

„Katze."

„Ratte."

„Besserwisser", giftete Jarina.

„Ein Arzt hat lange mit mir gesprochen und mir alles erklärt. Diese Fässer stammen von unseren Vorfahren, sie haben sie uns hinterlassen. Seit einiger Zeit tauchen sie an den merkwürdigsten Orten auf. Niemand weiß warum. Jedenfalls ist das schwarze Zeug daran schuld, dass wir krank sind. Vielleicht müssen wir sterben."

„Möglich. Aber mein Wunsch ist wahr geworden", sagte Jarina trotzig und verschränkte die Arme vor der Brust. „Meine Mutter hat viel mehr Zeit für mich als früher."

Die Rückkehr

Claudia Hornung

„Bist du sicher, dass wir hier richtig sind?", fragte Jon.

Florens nickte. Aufmerksam spähte er hinaus in die Dunkelheit, obwohl er wusste, dass die Außendetektoren des kleinen kosmischen Raumgleiters verlässlich waren.

„Sie werden bemerkt haben, dass wir weg sind."

Natürlich. Jon, der Angsthase unter den Schülern. Florens seufzte leise. „Bereust du es?"

„N..." Zögern. „Nein."

„Gut", sagte Florens. „Es ist wichtig, die Vergangenheit zu kennen. Unsere Wurzeln sind hier, auf diesem Planeten. Sie können uns nicht verbieten, die Erde zu besuchen."

Aber es war nun einmal verboten – und ihm war das genauso klar wie Jon. Außer für dringend notwendige Transporte durften die wenigen Schiffe, die der Akademie zur Verfügung standen, nicht benutzt werden – schon gar nicht von den Schülern.

Aber wenn sie Unbefugte am Reisen hindern wollten, warum sicherten sie die Frachtterminals dann nicht besser? Den Verriegelungscode zu knacken war eine Sache von Minuten gewesen. Die Steuerung zu bedienen ebenso. Alles schien wie für Idioten gemacht! Florens biss sich auf die Lippen. Vermutlich war genau das der Grund – es war für Idioten gemacht ...

Jon zog die Schultern hoch. „Ich finde es unheimlich, dieses Nichts da draußen."

„Da ist nicht Nichts."

„Ja, schon klar. Nur ... vielleicht hätten wir lieber versuchen sollen, eine von den alten Zeitmaschinen im Museumsdepot zu reparieren."

„Ich wollte aber nicht erleben, wie die Erde vor langer Zeit aussah", wandte Florens ein. „Ich wollte begreifen, wie sie heute ist. Wie es sich anfühlt, hier zu sein. Jetzt, im Jahr 2401, genau in diesem Moment!"

Aber es war kein Anblick, auf den er gefasst gewesen war. Sie starrten hinaus. Stumm, erschüttert. Ohne Worte angesichts der Trostlosigkeit.

„Dieser Planet wurde früher blau genannt." Jons Stimme war nur ein Wispern.

„Ja."

„Jetzt ist er schwarz."

Exakt. Finster wie Asche. Florens brauchte seine Gedanken nicht auszusprechen. Sie wussten beide, was hier passiert war. Wer für die Zerstörungen verantwortlich war. Im ganzen Universum gab es keine vergleichbare Art. Menschen.

Das Wort schmeckte bitter auf Florens' Zunge und am liebsten hätte er es ausgespuckt.

„Da!", flüsterte Jon. Gleichzeitig piepte die Anzeige in der Steuerung des Gleiters. Vor ihnen schälte sich eine markante Silhouette aus der Schwärze. Sie hatten die Zielkoordinaten erreicht. Und da war es. Nach einem halben Jahrtausend war es immer noch da. Ragte düster und trotzig in den lichtlosen Himmel, verlassen und einsam. Aber nicht vergessen.

„Das Leipziger Völkerschlachtdenkmal", murmelte Florens und konnte nicht verhindern, dass seine Hände zitterten. Wie verrückt musste man sein, einem solchen Anlass ein Denkmal zu setzen?

Die Anzeige blinkte wieder.

Material: Granitporphyr.

Zustand und Statik: stabil.

„Gehen wir raus?"

Hatten sie eine Wahl? Wozu hatten sie diesen verbotenen Ausflug unternommen, wenn nicht, um sich selbst ein Bild zu machen von den Spuren der Vergangenheit?

Mit eigenen Augen. Mit allen Sinnen.

Florens wartete, bis der Gleiter neben der oberen Plattform angelegt hatte, dann prüfte er seinen Schutzanzug. „Bleib hier und warte auf mich, wenn du dich nicht traust."

„Ich komme mit." Jon war ein echter Freund.

Wenig später standen sie leicht schwankend auf dem 91 Meter hohen Steinkoloss. Florens fühlte sich wie in einem Traum. Hier hatten sie einst gelebt und gewirkt, die Mitglieder der Leipziger Freimaurerloge Minerva zu den drei Palmen. Von hier aus hatten sie Kontakt aufgenommen. Florens spürte das Blut in seinen Schläfen pochen. Erinnerte sich ein winziger Teil seines Selbst noch an das alles hier?

Denn er und Jon stammten von Menschen ab. Menschen, denen die Flucht gelungen war. Nur wenige waren es damals gewesen und wenige waren es auch heute noch. Das Universum hatte kein Interesse daran, dieser Menschheit einen neuen Platz zuzuweisen. Also forschten und lehrten die wenigen Abkömmlinge, die es gab, mit ihren begrenzten Mitteln in einer geschützten Bastion am äußeren Rand des Kuipergürtels – geduldet, aber weitgehend gemieden von allen anderen Bewohnern des Alls. Die Akademie der Menschen besaß keinen großen Stellenwert. Sie waren Verbannte. Hauptsache: Unter Kontrolle. Ansonsten unwichtig und nicht von Interesse.

Außer für diejenigen, die dazugehörten. Die nach den Spuren ihrer Herkunft suchten und den Sinn der Zerstörung verstehen wollten. Die unablässig nach Weiterentwicklung strebten, nach Veränderung. Nach Visionen. Nach Vorankommen. Nach mehr. Selbst wenn sie so ängstlich waren wie Jon.

„Ich wünschte, wir könnten die Stadt betrachten, wie sie früher einmal ausgesehen hat", sagte er sehnsüchtig.

„Was, im Oktober 1813?" Florens lachte trocken. „Leipzig zur Zeit der Völkerschlacht?"

„Natürlich nicht gerade dann!" Jon hasste Blut. Ihm wurde schon beim vorgeschriebenen monatlichen Medizincheck schlecht. „In den Geschichtsdatenbanken steht, Leipzig war eine schöne Stadt."

„Ich bin sicher, das stimmt", sagte Florens versöhnlich.

Sie schwiegen und starrten in die Dunkelheit. Vielleicht hellte es sich gegen Morgen etwas auf, wenn doch jemals ein Sonnenstrahl durch die verschmutzte Atmosphäre drang. Aber Leben würden sie hier nirgendwo mehr entdecken. Alles ringsum war zerfallen, strahlenverseucht, vergiftet, tot.

Unfassbar, dachte Florens, was Menschen anrichten konnten. Weil sie zu dumm waren, die Fähigkeiten ihres Gehirns zu nutzen und über den nächsten Schritt hinauszudenken – zumindest behaupteten das seine Lehrer. Es würde Florens trotzdem immer ein Rätsel bleiben.

Bevor das Schweigen zu drückend wurde, tauschten die Jungen sich aus, worüber sie zuletzt gelesen hatten. Leipzig, die quirlige Handels- und Messestadt. Leipzig, das sich ab dem Mittelalter zur Wissenschafts- und Buchstadt entwickelte.

„Die Gründung der Universität war 1409", wusste Jon.

Florens erinnerte sich an Leipzig, die Wasserstadt. „Über 300 km große und kleine Flussläufe, ein Wasserknoten. Ein Kanal, der bis nach Hamburg führte. Viele Seen im Umland, entstanden aus gefluteten Tagebau-Restlöchern. Und in den Auwäldern roch es im Frühling intensiv nach Bärlauch."

Manche, die damals geflohen waren, hatten noch davon zu erzählen gewusst. Von Leipzigs berühmten historischen Forschungszentren – der Regenerativen Medizin zum Beispiel. Oder vom Leipziger Zoo und seinem Artenschutzprogramm.

„Nichts davon hat überdauert", murmelte Jon. „Nur dieses hässliche Denkmal aus Granit."

„Und wir", ergänzte Florens. „Vergiss das nicht! Wir würden nicht hier stehen, wenn unsere Vorfahren keinen Weg gefunden hätten, dem Unausweichlichen zu entkommen."

Er dachte kurz an den Physiker und Astronomen Ernst Florens Friedrich Chladni, nach dem er benannt worden war. Dieser kluge Kopf und Begründer der Meteoritenforschung, der hier in Leipzig studiert und zur Loge gehört hatte – Chladni war bereits seit Jahrhunderten tot, als der Planet in Schutt und Asche fiel, aber sein Name galt immer noch was.

„Willst du ihm symbolisch etwas aufs Grab legen? Eine Rose in den Staub zeichnen?"

Florens schüttelte den Kopf. „Er ist in Breslau gestorben, sein Grab befindet sich nicht hier."

Vom Südfriedhof unterhalb des Denkmals war ohnehin nichts mehr zu erkennen. Leipzig war inzwischen eine Ruinenstadt, überzogen von schwarzem Staub – so, wie der ganze Planet.

Jon erschauerte. „Nichts als Tod überall ..."

Florens wusste, was er meinte. Er spürte es auch. Durch jede Pore seiner Haut, trotz des Schutzanzugs. Selbst wenn er die Augen schloss, verschwanden die Bilder nicht. Er streckte den Arm aus und berührte seinen Freund an der Schulter. „Wir haben genug gesehen. Lass uns gehen."

Jon widersprach nicht.

Schweigend kletterten sie durch die schmale Seitenluke in den wartenden Raumgleiter und streiften ihre Anzüge ab. Jon kontrollierte sorgfältig die Daten der Instrumente, dann gab Florens die Zielkoordinaten der Akademie ein.

„Meinst du, wir bekommen ein Begrüßungskomitee?"

„Eher ein Strafgericht."

Jon schluckte. Typisch Angsthase. „Ist das dein Ernst?"

Florens zuckte die Schultern. Sicher war er nicht. Wenn sie Glück hatten – verdammt viel Glück –, dann hatte man ihre Abwesenheit möglicherweise nicht einmal bemerkt. Wenn sie Pech hatten ... – nun, sie würden es überstehen.

„Was sagen wir, wenn sie uns fragen, warum wir das getan haben?"

„Die Wahrheit."

Irritiertes Blinzeln. „Welche Wahrheit?"

„Jon!"

„Was? Dass wir nach Antworten gesucht, aber leider keine gefunden haben?"

„Ist es unsere Schuld, wenn es keine gibt?" Florens hielt inne. „Warte, schau ..."

Jon rang nach Atem. „Die Sonne geht auf!"

Draußen am östlichen Horizont zeigte sich ein rötlicher Schimmer. Trübe, staubverdunkelt, aber unverkennbar. Das Licht hatte die Erde nicht für alle Zeiten verlassen.

„Es gibt immer Hoffnung für die, die noch Visionen haben", flüsterte Florens. „Visionen von einer besseren Welt, einer gerechteren."

Jon nickte. Seine Augen schimmerten.

„Alle Schüler der Akademie sollten einmal nach Leipzig zurückkehren", beharrte Florens. „Das müssen wir ihnen zur Antwort

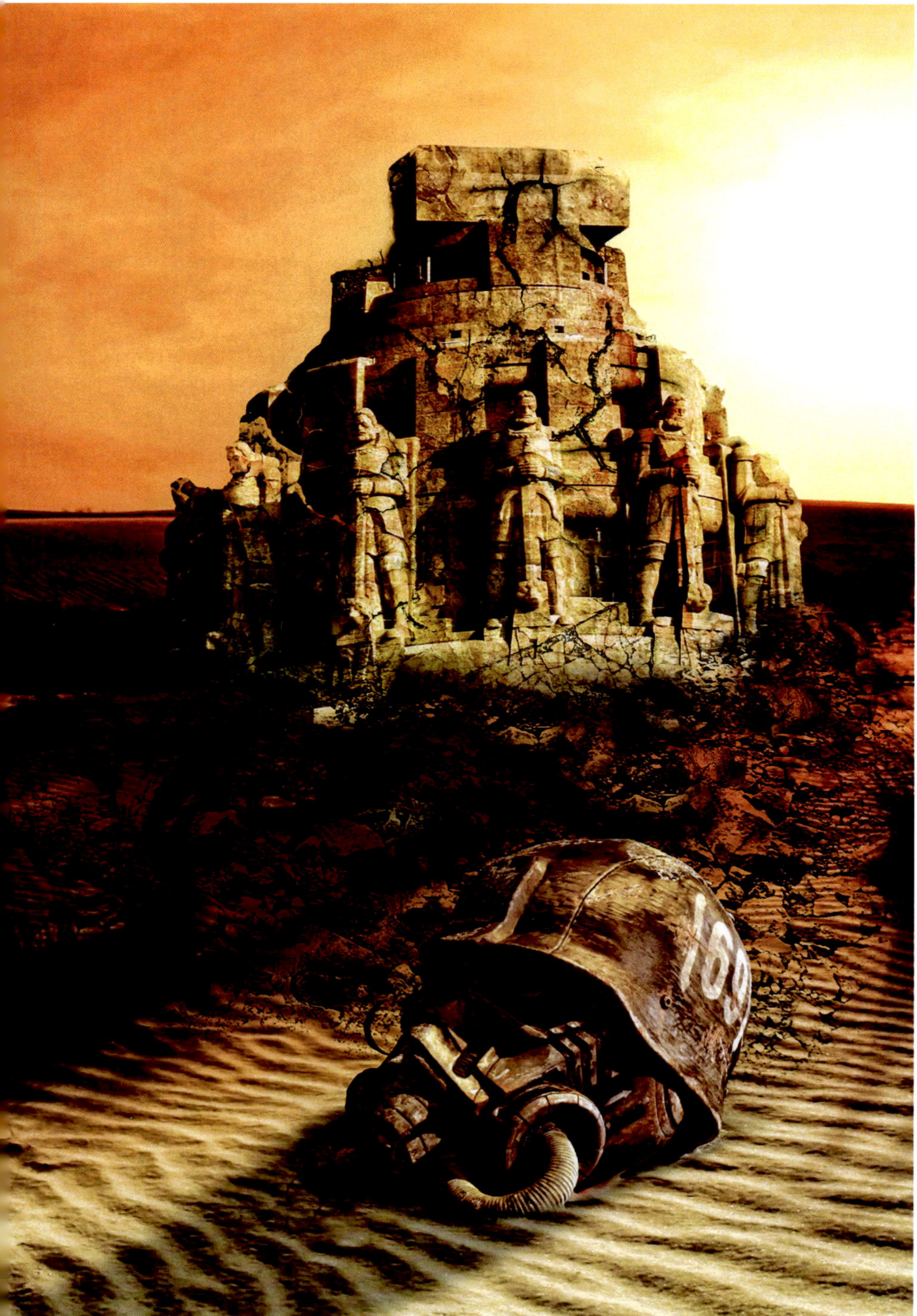

geben. Hier sind unsere Wurzeln. Dies ist der Ort, an dem unsere Vorfahren gelebt und gearbeitet haben. Von dieser Stätte aus hat die Loge den Kontakt hergestellt, der einige wenige Menschen gerettet hat. Wir dürfen das nicht vergessen. Nichts davon."

Jon verstand. „Es geht nicht nur um Tod und Zerstörung."

„Nein", sagte Florens. „Es geht auch ums Überleben und das Beschreiten neuer Wege. Darum, das Licht in der Dunkelheit wahrzunehmen."

Vielleicht war es doch keine so dumme Idee von Jon, eine der Zeitmaschinen funktionsfähig zu machen. Vielleicht würden sie eines Tages in ein lebendiges Leipzig zurückkehren – zum Beispiel ins Jahr 2015, zu den Jubiläumsfeierlichkeiten der 1000-jährigen Stadt. Sie sollten es den Lehrern vorschlagen.

Auf Florens' Gesicht lag ein Lächeln, als der Raumgleiter sanft aus seiner Parkposition ausscherte und das gewaltige steinerne Denkmal im Morgendunst verschwand.

Es fühlte sich nicht an wie ein Abschied für immer.

Eher wie ein funkelndes Stückchen Hoffnung.

Miranda

Liv Modes

„Nächster Halt: Hauptbahnhof."
Die elektronische Ansage der Leipziger Straßenbahn weckt mich aus meinen Gedanken. Kurz darauf sehe ich den Hauptbahnhof durch das Fenster. Wir fahren an einer Menge wartender Leute vorbei, bevor die Straßenbahn zum Halten kommt. Als ich aussteige, frage ich mich, wer diese Menschen eigentlich sind, die nun den Plastiksitz plattdrücken, auf dem ich eben noch gesessen habe.

„Vielleicht sind es ja Geheimagenten, oder Aliens", überlege ich grinsend, während ich der Straßenbahn Nummer 15 hinterhergucke, die ihren Weg Richtung Meusdorf fortsetzt. Ein gestresster Anzugträger eilt über den Bahnsteig und rempelt mich an.

„Naja, es sind wohl eher ganz normale Leute, die hier wohnen und arbeiten", denke ich, etwas enttäuscht. Mein Blick fiel auf einen beleibten Mann, der mit wirrem Blick umhersah. „Oder Touristen."

Ich gehe zu ihm hinüber.

„Kann ich Ihnen helfen?", erkundige ich mich und lächele freundlich. Ein erleichtertes Seufzen entschlüpft den Lippen des Mannes.

„Ach, danke! Können Sie mir sagen, wie ich zum Völkerschlachtdenkmal komme? Ich wollte doch meine Frau dort treffen! Sie will doch unbedingt hinaufgehen!"

„Keine Sorge", erkläre ich beruhigend und erkläre dem Mann, wie er am schnellsten zu einer der berühmtesten Sehenswürdigkeiten der Stadt gelangen kann. Dann drehe ich mich um und lasse den Straßenbahnknotenpunkt auf dem Willy-Brandt-Platz hinter mir und mache mich auf den Weg zum Arbeitsplatz meiner Mutter.

Zehn Minuten und einen erfrischenden Spaziergang durch einen von Leipzigs vielen Parks später stehe ich vor der Zentrale des Reiseunternehmens, in dem meine Mutter als Sekretärin angestellt ist. In ihrer Mittagspause will sie mich zu einer Freundin fahren, die in einem kleinen Dorf außerhalb der Stadt wohnt. Wir nennen es scherzhaft „Kuhdorf", aber ins Kuhdorf fährt kein Bus und deshalb sehen wir uns nicht oft. Umso mehr freue ich mich, sie heute besuchen zu können.

Durch eine Drehtür betrete ich die Eingangshalle des Unternehmens. Eine Atmosphäre hektischer Geschäftigkeit empfängt mich, zusammen mit dem Geruch von Reinigungsmitteln und dem Geräusch von klappernden Absätzen auf dem Steinfußboden.

„Etage 5, Etage 5, Etage 5", murmle ich vor mich hin und versuche, mich zu orientieren. Ich laufe ein wenig planlos durch die Eingangshalle und sehe mich unsicher um, doch ich finde keinen Aufzug. Meine Hand klammert sich um die schwere, silberne Taschenuhr in meiner Handtasche. Sie gehörte einmal meinem Großvater. Vor seinem Tod gab er sie mir, als Glücksbringer.

Die Wirkung der Uhr lässt mich nicht im Stich. Keine Minute später tippt eine Hand mit rot lackierten Fingernägeln auf meine Schulter.

„Suchst du jemanden?", erkundigt sich eine junge Frau mit blondierten Haaren und geübtem Lächeln. Beim Sprechen wackelt die zierliche Hornbrille auf ihrer Nase. Erleichtert nenne ich ihr den Namen meiner Mutter und weiß kurz darauf, dass ich den Aufzug auf der anderen Seite der Eingangshalle finde.

Schnell durchquere ich die Eingangshalle, die Mittagspause dauert schließlich auch nicht ewig. Im Aufzug suche ich zuerst nach einer Uhr. Beruhigt stelle ich fest, dass noch genug Zeit ist. Außerdem bemerke ich das Datum: 01-APR-15

Ich nehme mir vor, auf dem Weg über einen Aprilscherz für meine Freundin nachzudenken.

Mein Blick fällt auf ein Schild, welches unterhalb der Datumsanzeige angebracht ist.

Halten Sie sich bei längeren Zeitreisen gut fest.
Bitte bedenken Sie, dass es in einigen Zeiten keine Aufzüge gibt.
Maximal 5 Personen

Ich lächle ein wenig abfällig über den Aprilscherz und suche nach der Eingabetaste, die mich in die jeweilige Etage bringen würde. Aber alles, was ich finde, sind zwei Zahlenfelder an der Rückwand des Aufzugs. Über den Zahlenfeldern ist je ein Pfeil angebracht. Einer zeigt nach links, einer nach rechts.

Ein weiterer Aprilscherz?

Auf gut Glück entscheide ich mich für das rechte Eingabefeld und drücke die Fünf.

Auf dem Display darüber leuchtet eine Nachricht auf.

Bitte eine zweistellige Zahl eingeben

„Wie soll ich denn in einem Gebäude mit sechs Etagen eine zweistellige Zahl eingeben?", schimpfe ich mit dem Display und drücke eine Null. Der Aufzug setzt sich ruckend in Bewegung und ich bin erleichtert, auch dieses Hindernis überwunden zu haben.

Meine Erleichterung verfliegt allerdings, als sich die Türen des Aufzugs öffnen. Der Gang ist von merkwürdigen Pflanzen mit großen, fleischigen Blättern und orangen Blüten gesäumt. Die Blüten sitzen auf langen Stielen, die sich hin und her bewegen. Vor einer der Pflanzen, die mir am nächsten steht, hockt ein blauhäutiges Kind mit weißen Zöpfen und wirft der Pflanze Stücke eines rohen Steaks zu. Sprachlos beobachte ich, wie die Blüten der Pflanze nach den blauen Fingern des Kindes schnappen. Kleine, spitze Zähne blitzen auf. Das Kind gibt der Pflanze einen Klaps und erhebt sich.

Erst jetzt wird das Kind auf mich aufmerksam.

„Eine Weißhaut!", ruft es erschrocken. Auch ich zucke zusammen und weiche zurück, bis ich an die geschlossenen Türen des Aufzugs stoße. Das blauhäutige Kind läuft vor Aufregung rot an und seine Wangen färben sich dunkellila.

„Ach, eine Zeitreisende", sagt das Kind erleichtert und nähert sich mir. „Ich bin Miranda und soll einen Erfahrungsbericht für dieses Reisebüro schreiben. Man kommt ja herum in der Welt. Diese Zeitmaschine habe ich übrigens selbst gebaut. Damals hatte ich natürlich keine Aufenthaltsgenehmigung, aber ..."

„Ich habe eine Zeitreise gemacht?", unterbreche ich Miranda überrascht. Diese gibt einen genervten Seufzer von sich.

„Erzähl mir bitte nicht, du hättest das Hinweisschild für einen Aprilscherz gehalten!"

Betreten nicke ich. Miranda seufzt noch einmal und zieht mich zu dem großen Panoramafenster am Ende des Ganges.

„Fünfzig Jahre, nicht wahr?", vergewissert sie sich. Ich nicke, kann aber nicht antworten. Denn durch das Glas blicke ich auf die Zukunftsversion von Leipzig.

Die Straßenbahnen sind verschwunden, stattdessen scheinen die öffentlichen Verkehrsmittel und auch die autoähnlichen Maschinen zu fliegen. Der imposante Hauptbahnhof in der Ferne beruhigt mich ein wenig. Offenbar ist es auch den zukünftigen Leipzigern sehr wichtig, ihre historischen Gebäude zu erhalten.

„Die Straßenbahnen bewegen sich auf unglaublich starken Magnetfeldern. Das ist umweltfreundlicher", erläutert Miranda begeistert. „Schau mal, da hinten testen sie gerade eine Luftverbindung!"

Sie lenkt meinen Blick auf zwei irrwitzig hohe Wolkenkratzer, zwischen denen sich hohe Glasquader hin und her bewegen.

„Die Lufttransporter sind leider noch nicht ausgereift", sagt Miranda bedauernd, dann holt sie hörbar Luft.

„Ihr nennt diese Dinger ,Uhren', nicht wahr?"

Überrascht reiße ich mich von den unglaublichen High-Tech-Transportmitteln los und sehe auf meine Hände. Unbewusst habe ich die Taschenuhr aus meiner Handtasche genommen und sie geistesabwesend zwischen den Fingern gedreht.

„Ja, das ist eine Taschenuhr", sage ich zu Miranda und sehe sie neugierig an. „Damit messt ihr echt die Zeit?", murmelte sie fasziniert. Ich will ihr erklären, dass Taschenuhren kaum noch benutzt werden und die meisten Leute die Zeit auf ihren Smartphones ablesen, doch Miranda redet weiter: „Diese Teile sind sehr wertvolle Antiquitäten!"

Sie betrachtet die Uhr gierig. Schnell stecke ich sie zurück in meine Tasche.

„Das ist alles in fünfzig Jahren passiert?", frage ich schnell und deute aus dem Fenster.

Miranda lässt sich ablenken und nickt fröhlich.

„Der Wirtschaft und Wissenschaft eures Landes hat die Einreisegenehmigung für Außerirdische sehr gut getan! Wir Blauhäute vom Farbplaneten Korovea sind sehr clever, weißt du? Wir altern sehr langsam. So haben wir Zeit, um sehr viel zu sehen und zu lernen. Ihr Weißhäute habt ja ein verdammt kurzes Leben."

Miranda erzählt weiter, aber ich schalte auf Durchzug und konzentriere mich auf das wortwörtlich bunte Gewimmel in dem Park vor dem Gebäude, in dem wir uns befinden. Ich kneife die Augen zusammen und erkenne Wesen mit grünen Haaren und gelber Haut, die zusammen mit Mädchen auf einer Wiese sitzen, die Schmetterlingsflügel auf dem Rücken tragen. Auf den Wegen gehen Jungen spazieren, denen Widderhörner wachsen. Einige halten bunthäutige Kinder wie Miranda an den Händen. In der vielgestaltigen Menge leuchtet immer wieder die Haut eines ganz normalen Menschen auf.

„Ist das ganz sicher die Zukunft?", fragte ich aufgeregt, ohne den Blick von der Stadt abzuwenden. Wenn Leipzig in fünfzig Jahren so aussieht, dann würde ich die Stadt bis dahin auf keinen Fall verlassen!

Miranda zuckt mit den Schultern.

„Nein, nein. Zu dem Zeitpunkt, von dem du kommst, gibt es verschiedene Möglichkeiten. Du bist hier in einer leider sehr unwahrscheinlichen Zukunft gelandet. Wie die Zukunft wird, hängt ganz vom Handeln in der Gegenwart ab."

„Aber … ist meine Zukunft nicht das Gleiche wie deine Gegenwart?", hake ich hoffnungsfroh nach.

Miranda schüttelt hastig den Kopf und zieht mich weg von dem Fenster, zurück zum Aufzug.

„Solche Fragen dürfen nur die Hüter der Zeit beantworten!", flüstert sie unruhig, schubst mich in den Aufzug und stellt Fünfzig Jahre in die Vergangenheit ein.

„Und denk dran – Magnetfelder!", ruft sie mir nach.

Bevor ich mich verabschieden kann, schließen sich die Türen und ruckelnd setzt sich der Aufzug in Bewegung. So fühlt es sich also an, durch die Zeit zu reisen.

Ich verlasse den Aufzug mit brummendem Kopf. Die Gedanken kreiseln durcheinander und ich bin froh, als mir meine Mutter über den Weg läuft und mich mit Beschwerden über unzufriedene Reisegäste ablenkt.

„Habt ihr eigentlich Erfahrungsberichte aus Korovea?", frage ich, ein wenig abwesend.

„Korea? Ja, einige. Kein Land, das ich unbedingt besuchen will, da ..."

Während sie weiter plappert, überlege ich, ob ich mich nicht vielleicht auch verhört habe.

Wo ist Leipzig?

Wilko Müller jr.

‚Wo zum Geier ist Leipzig?', dachte der Pilot des Aufklärungsflugzeuges verwirrt und legte die Maschine mit einem Gedankenbefehl in eine steile Linkskurve. Gleichzeitig warf er prüfende Blicke auf die Instrumente, für den Fall, dass er sich tatsächlich verflogen haben sollte. Das war ihm zwar seit seiner Ausbildungszeit in den USA nicht mehr passiert und auch dort war er nur geringfügig vom Flugweg abgekommen, aber alles immer wieder zu checken, war für einen Kampfpiloten Routine.

Für einige Augenblicke erkannte er keinerlei Orientierungspunkte am Boden. Ihm lief es kalt über den Rücken, als er sich vorstellte, was das für einen Ärger und Gerede geben würde, wenn rauskam, dass er sich bei einem Flug mitten über Deutschland verfranst hatte. „Wärscht du halt diefer gange un hättst de Ortsschilder g'lese!", würde sein Kollege mit dem unverwechselbaren Dialekt sagen. „Kennst disch doch aus da, als aller Sachse."

Der Pilot war kein Sachse, sondern aus Sachsen-Anhalt, aber mach das mal einem Wessi klar. Es gehörte auch 50 Jahre nach der Einheit bei einigen dort noch immer zum guten Ton, „den Osten" als minderwertig und die Ossis als minderbemittelt zu betrachten. Das war eben kulturelle Tradition.

Nur Leipzig war weg. Er sah jetzt einige der Punkte am Boden, die er sich eingeprägt hatte, und auch die GPS-Daten der Instrumente seines Jets zeigten beharrlich an, dass er die große Stadt hätte sehen sollen.

Was er nicht tat.

„3750 für C-Command", sagte er in sein Mikro. Die Bestätigung krächzte in sein Ohr, als sei das Krisen-Kommandozentrum in Berlin ein Amateurfunker von vor hundert Jahren. Die Störungen gab es also noch immer. Na klasse! „3750: Ich sehe die Stadt nicht. Wiederhole: Die Stadt ist nirgends zu sehen. Ich müsste sie genau jetzt wieder überfliegen."

„Was meinen Sie, 3750, ist Leipzig zerstört?", fragte eine gereizt klingende Stimme zurück. Der Verteidigungsminister, wenn er den Tonfall richtig erkannt hatte.

„Negativ. Es ist nicht vorhanden. Hier befindet sich … Wald." Er hatte ein wenig gezögert, denn auch der Wald da unten sah irgendwie seltsam aus.

„Beginnen Sie mit den Aufnahmen des Gebietes!", befahl die Stimme des Leitoffiziers.

Natürlich, was sollte er sonst machen? Er wusste auch schon, wo er die Spezialkamera unter dem Rumpf starten würde. Genau dort, wo man die Autobahn und die Gleise sehen konnte, die wie abgeschnitten aufhörten.

‚Wo ist Leipzig?', dachte er dabei wieder. ‚Eine Großstadt kann doch nicht so einfach weg sein.'

***

Es hatte so etwas wie einen elektromagnetischen Puls gegeben, aber eben nur „so etwas wie". Die Meteorologen, Datennetz-Betreiber und das Militär hatten die Sache registriert und angefangen, sich mäßig zu wundern.

Die nächsten, die etwas merkten, waren Polizei und Rettungsdienste sowie der altehrwürdige ADAC. Nachdem etliche Fahrzeuge über das Ende von Straßen ins Gelände gerast waren, in ein Gelände, das dort nichts zu suchen hatte. Dann entgleiste ein Zug und nun war die Kacke wirklich am Dampfen. Bald fand man auch, dass es nach Leipzig keinerlei Nachrichtenverbindungen mehr gab. Weder über Festnetz noch Datennetz war dort jemand zu erreichen.

Da sich herausstellte, dass es auch keine einzige Straße mehr gab, auf der man sich der Stadt – die man zu diesem Zeitpunkt immer noch an ihrem Platz vermutete – nähern konnte, blieb nur der Luftweg. Inzwischen waren aber haufenweise Flugzeuge nach Berlin oder anderen Städten ausgewichen, weil der Flughafen Schkeuditz nicht mehr antwortete. Gerüchte von einer Katastrophe, von einer Super-Katastrophe begannen die Runde zu machen. Den Piloten, die behaupteten, sie wären tiefergegangen und hätten weder den Flughafen noch Leipzig finden können, glaubte zu diesem Zeitpunkt noch niemand.

In Berlin trat der Krisenstab zusammen. Nahe stationierte Bundeswehreinheiten sollten in Marsch gesetzt werden, aber die Politiker mussten erst einmal darüber befinden, ob man einen solchen Einsatz im Inland genehmigen müsse und könne. Schließlich schickte man einen Kampfjet zur Aufklärung los, denn auch der Einsatz von Drohnen war politisch nicht so recht geklärt. Seit langer Zeit schon trennte die Bundesregierung ihre Kriege in allen Teilen der Welt strikt vom Inland.

Das Resultat des Erkundungsfluges war allerdings niederschmetternd und verwirrend. Leipzig war fort! An seiner Stelle dehnte sich eine leicht hügelige, bewaldete Fläche aus. Alles, was in die Stadt hineingeführt hatte, war abgeschnitten – Straßen, Bahngleise, Energie- und Kommunikationsleitungen, sogar der Flusslauf der Elster. Man konnte auf den Bildern deutlich sehen, dass sich das kleine Flüsschen in völlig neues Gebiet ergoss und sich erst zeigen würde, wohin sein Wasser nun fließen würde.

Es dauerte nicht lange, bis jemandem auffiel, dass auch der Wald, der Leipzig scheinbar ersetzt hatte, recht seltsam aussah. Als die Armee dann zwei Tage später doch vor Ort eintraf, stellten die sie begleitenden Wissenschaftler fest, dass es sich um keine Pflanzen handelte, die irgendwo sonst auf der Erde vorkamen.

Der Krisenstab wies an, das Gebiet hermetisch abzuriegeln. Es hieß später, ein Bundeswehrgeneral habe den Herrschaften zunächst mal den Vogel gezeigt. So was sei seit dem Mauerbau nicht mehr gemacht worden und wer, bitteschön, solle das denn überhaupt tun?

Es wurde dann doch gemacht, auch wenn es fast eine Woche dauerte, den Ring um das Gebiet zu schließen, in dem nichts war. Keiner wusste, wer oder was inzwischen dort eingedrungen war oder umgekehrt. Im Nachhinein bezweifelten viele, dass die Entscheidung überhaupt irgendeinen Sinn gehabt hatte, denn der seltsame Wald war still und friedlich. Es brachen weder Dinosaurier noch außerirdische Monster aus ihm hervor, auch keine schrecklich mutierten

Leipziger – um die Ängste eines gewissen Boulevard-Netzdienstes zu zitieren. Nur Leipzig blieb verschwunden.

Die Bundesregierung gab schließlich eine Stellungnahme ab. Außer den Bürgern der verschwundenen Stadt, die man nicht als Opfer, sondern als vermisst betrachtete, hatte es überraschend wenige Tote gegeben, einige Verletzte. In der Regel war dies auf Verkehrsunfälle zurückzuführen, die sich mangels Straßen ereigneten.

Es gab Personen, die behaupteten, den Vorgang des Verschwindens beobachtet zu haben. Da sie unabhängig voneinander dasselbe beschrieben – es war, als würden die Lichter alle auf einmal ausgeschaltet – nahm man ihre Berichte als wahr an. Aber das brachte niemand weiter.

Die Biologen bestätigten, dass es sich bei der Pflanzenwelt im Raum des ehemaligen Leipzig um keine irdische Flora handelte. Tiere irgendeiner Art fehlten völlig. Da die Pflanzen keine Anzeichen für Probleme zeigten, ging man davon aus, dass auf ihrer Herkunftswelt irdische oder zumindest ähnliche Bedingungen herrschten.

Von dieser Aussage zu der Vermutung, dass Leipzig jetzt dort sei, wo diese Pflanzen herkamen, war es nur ein kleiner Schritt. Die Regierung benutzte die Ergebnisse der Biologen, um beruhigende Statements zu machen. Denn natürlich gab es unzählige, immer wütendere Anfragen von Menschen, die jemand in Leipzig hatten, wo denn die Leipziger hin seien – und was diese Regierung unternehmen würde, um sie zurückzubringen.

Niemand wagte zu diesem Zeitpunkt den Gedanken laut zu äußern, dass es vielleicht kein einmaliges Phänomen sein könnte und sich irgendwo auf der Erde wiederholen würde.

Leipzig war fort – welche Stadt würde die nächste sein?

Solidar-System

Uwe Schimunek

„Da drinnen bewegt sich was", flüstert Kropski.

Ich schiebe den Deckel des Müllcontainers ein Stück beiseite und gucke rüber zum Haus. Tatsächlich. Im ersten Stock wackelt die Gardine hinter dem zerborstenen Fenster.

„Ist vielleicht nur der Wind", entgegne ich.

„Langsam müsste er aber wach werden."

Nach meiner Uhr ist es kurz vor zehn. Ich rechne rückwärts. Am Mittag hat der Doc den Sniper operiert und die Narkose so dosiert, dass sein Patient schlummert, bis es dunkel ist.

Die Sonne ist weg. Die Dämmerung dauert auch nicht mehr lange. Kropski hat recht. Es geht gleich los.

Die Spitze der Gardine wird ins Innere der Ruine gewedelt. Hat der Sniper da drinnen eine Tür geöffnet? Ist er schon auf dem Weg zum Ausgang?

„Da links", zischt Kropski.

Ich fahre die Fensterfront mit dem Blick ab. In der Luke an der Ecke blinzeln zwei Augen unter einer Halbglatze. Der Sniper sieht so bleich aus wie ein Geist. Er dreht den Kopf. Die Narkotika bremsen die Bewegung sichtlich.

„Wird kein Problem. Der Kerl schüttelt uns nicht ab", flüstere ich.

„Wenn die da uns keinen Strich durch die Rechnungen machen." Kropski zeigt zum Ende der Straße.

Polizei-Robos. Hier sind wir zwar auf dem Freien Territorium. Doch der Mann wird sich umgehend in den Inneren Bereich flüchten. Und er hat den Chip mit der Zugangsberechtigung während der Nachtsperre – im Gegensatz zu Kropksi und mir. Für uns ist vorn an der Ecke zur Arno-Nitzsche-Straße bei den Polizeirobos Schluss.

„Los! Weg hier! Ehe die Robos uns sehen!" Kropski stößt mir in die Seite und winkt zur Gartenanlage hinter uns. Er geht in die Hocke und watschelt los.

Ich folge ihm. Meine Knie schmerzen, als würde jemand Nägel durch die Gelenke schlagen. Ich bin zu alt für so einen Mist. Kropski wird schneller, wie macht der das nur? Der hat noch fünf Jahre mehr auf dem Buckel und drei Sniper-Anschläge überlebt. Was für ein zäher Hund.

Kropski steigt über eine Hecke. Das Grünzeug reicht mir gerade bis zum Schienbein. Trotzdem bleibe ich fast in dem Gestrüpp hängen, als ich hinter Kropski her hetze. Ich bin zu alt für … aber das hatten wir schon. Also Zähne zusammenbeißen. Ich haste über den staubtrockenen Boden.

An der verfallenen Laube stoppt Kropski. Der ideale Platz. Von hier aus sehen wir die Robos und das Abrisshaus, in dem der Sniper gerade zu sich kommt. Vom Fenster ist er verschwunden.

„Bestimmt nimmt er den Nebenausgang", murmle ich. Als Kropski mich komisch anguckt, füge ich hinzu: „der Sniper, mein ich."

„Wer sonst?" Kropksi zeigt auf die Robos: „Aber er wird warten, bis die Cops weg sind. Die würden den glatt ins Krankenhaus schleppen."

„Wäre wahrscheinlich das Beste für ihn."

„Erst mal. Und dann würde sein Boss ihn richtig zur Schnecke machen."

‚Zur Schnecke machen'; oh Mann, die Redewendung hatte ich seit Jahrzehnten nicht mehr gehört. Mindestens seit der Agenda 2040 nicht mehr. Doch zweifellos hat Kropski recht. Der Sniper wird sich in seine Zentrale schleichen. Nur deswegen haben wir den Kerl am Leben gelassen. Damit wir ihm folgen können. Damit er uns den Weg zu seinen Hintermännern zeigt.

„Und wenn ihm doch die Jacke näher ist als die Hose?", frage ich, ebenfalls mit einer antiken Floskel.

Kropski ignoriert den ironischen Unterton in meiner Stimme und entgegnet: „Dann wäre er längst auf der Straße." Er zeigt auf ein Fenster an der Ecke des Abrisshauses.

Hinter den Glasscherben, die aus dem Rahmen ragen, steht der Sniper. Er ist kaum zu erkennen, die Dämmerung legt einen Grauschleier über die Stadt.

Die Robos registrieren weder den Sniper noch uns. Sie schweben los, an der Reihe Mittelklasse-Limousinen entlang Arno-Nitzsche-Straße hinunter Richtung Connewitzer Kreuz – auf die Yuppies aufpassen und bei den Kneipentouristen auf dem Weg ins Delirium Präsenz zeigen. Sie bewegen sich langsam, scannen jedes Auto mit ihren optischen Sensoren.

Kaum gerät die Robo-Streife aus unserem Sichtfeld, taucht der Sniper in der Torfahrt des Abrisshauses auf. Auch er bewegt sich langsam wie eine Schildkröte auf Valium, auch er schaut sich um. Mit seinem speckigen Trenchcoat sieht er aus wie ein Clochard.

„Runter", zischt Kropski, dabei habe ich meine Wange längst gegen die Holzwand der Laube gepresst.

„Der sieht uns nicht", flüstere ich, „nicht mit dem Tunnelblick."

Wir stehen einen Augenblick still und halten die Luft an.

Ich gucke rüber zum Haus. Der Sniper humpelt Richtung Inneren Bereich.

„Los!", sagt Kropski.

***

Wir haben die Lößniger Straße erreicht. In den Eigentumswohnungen leuchten die Fenster in Wohlfühlfarben. Der Sniper hält sich auf der linken Straßenseite im Schatten der Klinkerwände.

Die Gefahr, dass jemand aus dem Fenster guckt oder gar aus dem Haus tritt, ist in dieser Straße freilich gering. Hier wohnen die gutbürgerlichen Familien, die um diese Uhrzeit längst die Kinder gebettet haben und sich der Entspannung am Virtuainmentcenter widmen.

„Da vorn hab' ich früher gewohnt." Kropski flüstert und klingt, als würde ihn nebenbei jemand erwürgen. Er zeigt auf ein Gründerzeithaus an der Straßenecke. „Im zweiten Stock, dort wo die Pflanzenkörbe im Fensterbrett stehen."

Kropksi trottet mit kurzen Schritten neben mir her – fast wie ein Delinquent auf dem Weg zum Henker. Ich kann ihn verstehen. Jeder Gedanke an die guten alten Zeiten vor der Reform deprimiert mich. Bevor ich ins Solidar-System gerutscht bin, habe ich drüben in Schleußig gewohnt, mit dem Fahrrad vielleicht 'ne Viertelstunde von hier.

Wenn ich schon das Wort höre: Solidar-System. Und wir wohnen in den Solidar-Gebieten der Stadt. Was für eine Frechheit. Wir Alten mit Kassenversicherungen vegetieren vor uns her – mit Bezugsscheinen für Junkfood, in Vierteln ohne regelmäßige Stromversorgung und ordentliche Krankenhäuser, dafür mit nächtlicher Ausgangssperre. Und die nennen das Solidar-System.

Ich merke, wie ich wütend werde. Mein Herz rast. Ich klopfe mir vor die linke Brust. Es wird nicht besser. Ich fummle eine Pille vom Doc aus der Jackentasche. Bei mir helfen die Selbstgepfuschten aus dem Bunkerlabor zum Glück. Dennoch muss ich an was anderes denken. Ist besser für die Pumpe.

Zwanzig Meter vor uns zwängt der Sniper sich an den Autos vorbei auf die Kreuzung, überquert sie diagonal und verschwindet in der Hardenbergstraße.

„Der will bestimmt in die alte Gewerbeanlage", zischt Kropski. Die Spannung ist in seinen Körper zurückgekehrt. Der Kerl flitzt über die Straße wie ein Sprinter.

Ich japse nach Luft. Hoffentlich hat Kropski recht. Bis zur alten Medienstadt halte ich durch, viel weiter wohl nicht mehr.

An der Ecke bleibt Kropski stehen und guckt vorsichtig in die Hardenbergstraße. Er lacht leise. Der Sniper hat es kaum fünf Eingänge weiter geschafft. Wie ein Betrunkener lehnt er an der Hauswand und reibt sich mit der Rechten über den Rücken. Vermutlich schmerzt die frisch genähte OP-Wunde.

Kropski nickt und rennt los. Zurück. Was macht der denn?

Ich traue mich nicht, ihn laut zu fragen. Nicht dass der Sniper mich noch hört, oder gar ein Bürger in seinem trauten Heim aufgeschreckt wird. Also folge ich Kropski so gut ich kann. Schnell gewinnt er zehn, fünfzehn Meter Vorsprung. Der Kerl hat Kraft wie ein Stier und eine Lunge wie ein Pferd. Der alte Knacker scheint in einen Jungbrunnen gefallen zu sein. Ich dagegen spüre jedes einzelne Jahr in den Knochen. Verdammt.

Kropski verschwindet in der Steinstraße. Will er dem Sniper den Weg abschneiden? Damit würde der Kerl bestimmt nicht rechnen. Die Frage ist nur, ob wir schnell genug an der alten Medienstadt sind, um den Snipers ins Gewerbegebiet humpeln zu sehen. Kropski schafft das bestimmt, aber ich?

Als ich die Steinstraße erreiche, steht Kropski schon an der nächsten Ecke und winkt hektisch. Ich nehme all meine Kraft zusammen für einen Sprint.

Unter meinen Rippen sticht es in den Seiten, als würde mir jemand ein Stuhlbein ungespitzt in den Leib treiben. Ich erreiche die Straßenecke und ringe nach Luft. Kropski legt mir den Arm auf die Schulter. Er drückt mich vorwärts. Wir biegen in die Altenburger Straße. Wenn uns jemand sehen würde, könnte er uns für ein absonderliches Liebespaar halten, so eng nebeneinander wie wir hier entlang schleichen.

Wir halten uns dicht an der Hauswand. Über die Straße beobachten wir den maroden Zaun, der das Wohngebiet von der alten Medienstadt trennt. Vom Sniper keine Spur. Der wird sich doch nicht aufgerappelt und ins Gewerbegebiet gerettet haben?

Nein, das kann ich mir nicht vorstellen. Der Doc hat ihm eine Niere entfernt. Die Warteliste in unserem Bunkerhospital ist lang. Und wer weiß, was der Doc bei der Gelegenheit für die Organ-Brutanlagen im Labor gleich noch mit rausgenommen hat. Der Sniper wird ein paar Wochen brauchen, bis er wieder halbwegs in Form ist. Wenn er Glück hat.

Früher haben wir das nicht gemacht – irgendwelchen Menschen aus den Bürger-Gebieten die Organe klauen, meine ich. Aber seit der Verordnung über das Solidar-Ableben ist das etwas anderes. Seitdem geht es nicht nur mit 70 raus ins Solidar-System, ab 75 wird „Sterbehilfe" mit einer Prämie belohnt. Solche wie der Kerl, hinter dem wir her sind, verpassen uns das Gift mit Präzisionsgewehren. Dann verschleppen sie die Leichen in ihre Zentrale und präparieren sie, bis es wie ein Humansuizid aussieht. Ein paar frisierte Papiere und sie können die Prämien kassieren – bei einem toten Alten mit Kassenversicherung guckt keiner genau hin, solange die Form halbwegs gewahrt bleibt. Mindesten drei Sniper-Banden haben wir identifiziert. Die von dem Kerl ist die schlimmste und irgendwo müssen wir ja anfangen ...

„Da ist er", zischt Kropski uns zerrt mich in einen Hauseingang.

Der Sniper torkelt zwischen den parkenden Autos hindurch auf die Straße und stellt sich mitten auf die Kreuzung. Er zieht eine Pistole aus der Jacke. Mit eckigen Bewegungen hebt er die Waffe an, es sieht aus, als wöge die kleine Knarre eine Tonne.

„Hat der uns gesehen?", flüstere ich.

„Glaub' ich nicht", antwortet Kropski.

„Was macht der dann?"

Ein Schuss hallt durch die Nacht. Ein Glasscheibe splittert. Eine Alarmanlage heult los.

„Scheiße", sagt Kropski.

Schon jaulen die Sirenen der Polizeirobos heran. Mindestens drei. Aus verschiedenen Richtungen.

Der Sniper humpelt auf den Zaun der alten Medienstadt zu. Erst jetzt erkenne ich das Loch. Er zwängt sich ins Innere.

„Du lenkst die Robos ab und ich verfolge den Sniper", sagt Kropski.

„Nein, umgekehrt machen wir's", entgegne ich. „Die Robos werden dir einen Strafbescheid verpassen und dich aus dem Bürger-Bereich ausweisen." Ich zeige zur alten Medienstadt. „Wenn da drinnen die Zentrale ist, wartet ein Portion Gift auf mich. Es ist besser, wenn ich gehe. So fit wie du bist, führst du noch das Sprengkommando dorthin."

Kropski guckt mich an, als wolle ich ihm ein Abo für eine Frauenzeitschrift verkaufen. Er zögert kurz und fragt: „Ich? Wahrscheinlich würde ich nicht einmal bis nach Hause kommen. Je nachdem, wann der Drogen-Cocktail vom Doc aufhört, mich unter Dampf zu halten." Er klopft sich an die Brust und fährt fort: „Was da drin alles hinüber ist, willst du gar nicht wissen. Außerdem habe ich keine Zeit für einen mehrstündigen Vortrag. Also kümmer dich um die Robos." Kropski zieht eine Silvesterrakete aus der Tasche seiner zerschlissenen Jeansjacke. „Wenn die Zentrale da drin ist, jage ich das Ding hoch.

Dann wisst ihr, wo ihr mit dem Strafkommando zuschlagen müsst. Haut die Schweine weg, bevor sie umziehen können."

Ich nicke und er verschwindet ohne ein weiteres Wort in dem Durchschlupf.

***

„Weisen Sie sich bitte aus, Bürger! Bitte reichen Sie mir neben Ihrer ID-Card auch den Versicherungs-Nachweis für den Bürger-Bereich." Der Polizei-Robo steht vor mir, starr wie eine Säule. Ein weiterer steht zwei Meter hinter ihm. Die Deeskalationshilfen stecken bei beiden noch in den Halftern.

Ich muss Zeit gewinnen. Wer weiß, wie lange Kropski den Sniper da drinnen noch verfolgt, bis die beiden an der Zentrale angekommen sind.

„Ich wiederhole, weisen Sie sich bitte aus, Bürger. Reichen Sie mir neben Ihrer ID-Card auch den Versicherungs-Nachweis für den Bürger-Bereich."

„Da hat einer geschossen. Ein Mann mit einer Maske. Er ist dorthin gelaufen." Ich wedle mit dem Arm und zeige Richtung Innenstadt, auf die leuchtenden Fenster des City-Hochhauses.

„Das ist die letzte Aufforderung vor dem Zugriff, weisen Sie sich bitte aus Bürger!" Der Robo wiederholt seine Worte in exakt demselben Tonfall.

Mir fällt auf, dass er beim letzten Mal die Dokumente nicht mehr aufgezählt hat. Die haben die Maschinen so programmiert, dass sie die Geduld verlieren. Ich muss auf der Hut sein.

„Jaja, ich mach' ja schon", brummle ich und greife in die Innentasche meiner Jacke. Früher, als noch menschliche Polizisten Streife liefen, hätte ich die Handbewegung besser angekündigt. Heute hilft es nichts mehr, die Waffe gegen einen Polizisten zu erheben. Selbst wenn man zum Schießen kommt und trifft, erhöht sich lediglich das Strafregister um Sachbeschädigung.

Ich überreiche meine ID-Card.

Der Robo überprüft die Daten und leiert seinen Spruch herunter: „Sie haben nach 22 Uhr ohne privaten Versicherungs-Schutz keine

Berechtigung den Bürger-Bereich zu betreten. Bitte zeigen Sie mir Ihren Versicherungs-Nachweis. Sonst muss ich Sie zuführen und Ihren Status auf dem Revier prüfen lassen!"

Ich trete einen Schritt zurück.

Beide Robos ziehen ihre Deeskalationshilfen.

Mein Gegenüber sagt: „Im Falle einer Flucht bin ich berechtigt, angemessenen Zwang auszuüben. Ich weise Sie darauf hin, dass dies zu Schmerzen und körperlichen Beeinträchtigungen führen kann."

Ein Schuss hallt aus der Medienstadt herüber. Ich kann die genaue Herkunft nicht orten. Hinter dem früheren Fuhrpark? In der Nähe der alten Satellitenschüssel?

Hoffentlich hat es Kropski nicht erwischt. Dann wäre alles umsonst.

Da ist der Leuchtkörper. Direkt hinter der alten Werkstatt.

Ein zweiter Schuss fällt.

Ich sage: „Nun bringt mich schon aufs Revier."

Mit den Robos zu meinen Seiten schlurfe ich gen Innenstadt; zur Polizeiwache und denke: „Ich komme wieder. Das verspreche ich dir, Kropski."

Leipzig durch die Cyber-Brille

Angela und Karlheinz Steinmüller

CyberLipsi stand in grellen Neonlettern über dem kleinen Laden in der Hainstraße nahe dem Markt. Im Schaufenster hingen 3D-Ansichten von Gebäuden und darunter lagen – wie sollte es anders sein! – Ausläufer des Inselbuch-Tsunamis, der nun schon zum zweiten Mal die Geschäfte in Leipzigs Innenstadt überschwemmte. Ich hatte noch über eine halbe Stunde Zeit, war, geschniegelt und gekämmt viel zu zeitig zu meinem Blind Date, wie das neudeutsch hieß, gekommen. Nun stand ich, das Erkennungszeichen, einen Prospekt des Zeitgeschichtlichen Forums, in der Innentasche meines Mantels, wie bestellt und nicht abgeholt in der Gegend herum …

Kurz entschlossen stieß ich die Tür auf, mit einem satten Schnappen fiel sie hinter mir ins Schloss. Ein Mann in der Uniform eines österreichischen Husaren eilte mir, ein geschäftstüchtiges Lächeln im Gesicht, entgegen: „Sie wollen in eines unserer Leipzigs ziehen, welches darf es denn sein?"

Ja nu …, solche Überfälle an der Ladentür mochte ich nicht. Und eigentlich wohnte ich ganz gern in Markkleeberg und wollte eigentlich nur …

Der Husar fixierte mich, eines seiner Augen wirkte gläsern, vielleicht von einem Gefecht? Er schien durch mich hindurchzusehen. „Sie lassen sich gern frischen Seewind um die Nase streichen? Genießen den ruhigen Blick auf das weite, offene Meer? – Vielleicht Leipzig an der Ostsee?"

Jetzt erst bemerkte ich, dass der Hintergrund des Ladens wie eine Halle wirkte, deren Eingang den Blick auf eine merkwürdig verwandelte Stadtlandschaft freigab: linker Hand der Naschmarkt und die Alte Börse, rechter Hand die Mädlerpassage, aber die Grimmaische lief nicht auf den Augustusplatz zu, sondern weitete sich zu einer Uferpromenade, und hinter den Dünen ahnte man – nein, roch man! – die Ostsee.

„Schauen Sie", er hämmerte mit den Fingern auf eine unsichtbare Tastatur ein, „der Mensch war schon immer ein Bewohner zweier

Städte: einer aus Holz und Ziegelsteinen, Beton und Glas und einer Stadt aus dem flüchtigen Stoff der Wünsche und Träume, Hoffnungen und Befürchtungen. Wir geben der flüchtigen Stadt Substanz, wenn auch nur digital. Wir machen Ihre Träume begehbar." Es klang wie ein Werbespruch, und er lachte selbst darüber.

Er goss mir einen Muckefuck ein, wie ein Espresso-Trinker sähe ich ja wohl nicht aus. Ich überlegte währenddessen, ob er das Husarenkostüm, das mit seinen Litzen, Tressen, Epauletten und goldblitzenden Knöpfen gewiss nicht billig gewesen war, als Berufsbekleidung absetzte ...

„Unsere Virtuellen Realitäten", erklärte er unaufgefordert, „haben die Stadtplanung gewaltig vereinfacht. Aber wir wollen mehr. Wir können nun endlich die Träume und Wünsche der Menschen dreidimensional umsetzen und dann abgleichen, und wir haben für jeden und für jede das Leipzig ganz nach individuellem Gusto. Für die einen die zugleich bröckelnde und brodelnde Messestadt zu DDR-Zeiten, mit schicken Mantelmenschen aus dem Westen und aufgedonnerten Sächsinnen, alles im Zeichen des Messemännchens und hübsch ostalgisch wie damals, als noch die Trabbis durch die Straßen töfftöfften ..."

Eine Glocke ertönte, die Tür schwang auf, eine junge Frau in modisch-pinkfarbenem Leder trat herein. Der Virtualienhändler, seinen Namen hatte er noch nicht genannt, sprang ihr entgegen und begrüßte sie mit seinem Standardspruch. Es klang, als wolle er die Leipzigs gleich dutzendweise aus dem Ärmel schütteln. Sein Glasauge durchschaute sie: „Etwas Spannung? Der harte Sound von Cyberpunk? Einen Espresso?" Und schon schwärzte sich das Diorama in der Halle ein, bekam einen Stich ins Grüne, die Ostsee war verschwunden, Gotham City ließ grüßen, athletische Gestalten in Sadomaso-Schwarz huschten vom düsteren Völkerschlachtdenkmal herab und verschwanden in den Schatten des alten Messegeländes. Und über allem vibrierte Richard Wagners Walkürenritt ...

„Das ist", meinte er, „nicht untypisch. Jeder hat sein Wunsch-Leipzig. Wenn jetzt die Südvorstadt modernisiert wird, wonach sollen sich die Planer richten? Wie soll es ausschauen: Altsächsische

Gründerzeit? Postmodern-weltläufig? Zuckerbäcker-sozialistisch? Techno-futuristisch? Alles auf einmal geht nicht? Aber doch!"

Sie trank ihren Espresso, einen doppelten selbstverständlich. Dabei sah sie aus, als würden ihre roten Blutkörperchen ohnehin schon mit doppelter Geschwindigkeit zirkulieren. Mich beachtete sie überhaupt nicht. An ihrem Handgelenk zählte eine neumodische Smart Watch irgendeinen Countdown.

„Indem Sie sich in den Entwurf hineinversetzen, können Sie feststellen, ob er Ihnen zusagt oder nicht. Früher, mit den Pappmodellen, hatte man ja nur die Draufsicht. Jetzt aber können Sie durch den Entwurf hindurchspazieren, straßauf, straßab und vergleichen: Was steht noch? Was ist neu, was ist anders? Die Vergangenheit lebt noch, und die Zukunft lauert um die Ecke. Ihre ganz persönliche Zukunft! Warten Sie, ich zeig es Ihnen."

Er zog ein Schubfach auf, holte zwei Brillen mit dicken Rand und gelblich schimmernden Gläsern heraus. Ich setzte eine auf, die junge Frau die zweite. Nichts geschah, der Raum um mich hatte einen leichten Gelbstich, das war alles.

Der Husar bugsierte uns zur Tür. „Werfen Sie einen Blick hinaus, ich schalte derweil die Brillen online." Und tatsächlich, vor das Alte Rathaus legte sich plötzlich eine Art Comic-Sprechblase, die in der Luft zu schweben schien: „Old Town Hall", am unteren Bildrand lief wie im Börsenticker ein Schriftzug: „Erected in 1558 by mayor Hieronymus Lotter – Reconstructed in 1949/1950 and refurbished in 1999 …"

„Tschuldigung. Da ist mir der Touristenmodus dazwischengerutscht, Erläuterungen in mehreren Sprachen. Er zeigt aber das Prinzip: Positionsbestimmung per GPS, Blickrichtungsidentifikation, Überlagerung eines virtuellen Bildes. – Und da ist sie, die Neubebauung des Platzes nach dem Entwurf eines japanischen Stararchitekten."

Das Alte Rathaus war gerade noch zu erkennen, es stak wie ein Insekt im Bernstein in einem gläsernen Gebilde, das mindestens 200 Meter hoch aufragte, genauso hoch wie die Wolkenkratzer ringsum. Auch die Häuser an der Thomasgasse hatte der Japaner buchstäblich geliftet – auf Höhe des fünften bis zehnten Geschosses. Wie hoch mochte nun Auerbachs Keller liegen?

„Da möchte ich nicht begraben sein", entfuhr es mir unwillkürlich. Die junge Frau aber fand es einfach „schnieke". Ein Stückchen Zukunft im „betulichen" Leipzig. Weg mit den alten Klamotten!

„Und hier ein Konkurrenzentwurf." Die Hochhäuser waren wie weggewischt, über den Markt fuhren gemächlich Fahrrad-Rikschas und kleine Elektroautos, Grünpflanzen, vielleicht Lianen, rankten sich am Alten Rathaus empor, oben auf dem Dach saßen – bitte mit der Zoomfunktion heranholen – Paviane und drehten uns ihre rückwärtigen Gesichter zu. Da hatte sich wohl ein Architekt einen Scherz erlaubt?

Sie lachte kurz und höhnisch. „Leipzig nach der Öko-Katastrophe?" In dem Punkt gab ich ihr recht.

„Lässt sich auch was modifizieren?", fragte sie. Der Husar nickte, sie nahm ihm einfach das kleine Steuergerät aus der Hand, hatte innerhalb von ein paar Sekunden den Dreh heraus und begann den japanischen Entwurf „aufzupimpen": in aufgeständerten, übermannshohen Röhren eilten Fußgänger auf Rollsteigen entlang, in der Alten Salzgasse war eine Kampfsportzone – Lipsi Fight Arena – eingerichtet worden, im Winter war der Markt eine einzige Eisfläche, nicht etwa für Schlittschuh laufende Normalbürger, sondern für ein Karate-on-Ice-Turnier. Und draußen im Schatten des Völkerschlachtdenkmals fand ein endloses Reenactment des großen Gemetzels von 1813 statt mit viel Kanonendonner und Pulverdampf, mit Dragonern, die getroffen aus dem Sattel kippten, so dass das virtuelle Blut nur so spritzte ...

Ja, die junge Frau war atemberaubend, aber ich bekam bei ihren Visionen allmählich Hirnsausen und zugleich dämmerte mir, dass ich sie wohl schon einmal in einem SF-Thriller gesehen hatte, da war sie eine mörderische Roboterin ...

Der Husar grinste verzückt, räusperte sich, fand endlich die Sprache wieder. Auch ihr Entwurf wäre wahrscheinlich nicht mehrheitsfähig. „Glauben Sie mir: Wenn man die Bürger abstimmen lässt, wird viel weniger umgestaltet. Die meisten Leipziger mögen's bedächtig.

So etwa." Tatsächlich war nun kaum eine Veränderung zu erkennen, außer vielleicht am Brunnen, ein paar Kleinigkeiten an den Fassaden, eine Werbung für eine ominöse „Bachinale" und hier: ein neues Straßencafé.

„Zum Einschlafen", meinte sie. Ich drehte mich zu ihr um, nur ein blass-rötlicher Schemen war von ihr geblieben, die Cyber-Brille hatte sie aus meinem Leipzig ausradiert.

Es wurde Zeit für mein Date. Ich begleitete die junge Frau in Pink noch bis zum Eingang von Auerbachs Keller, kam dort keine Minute zu früh, keine Minute zu spät an. Ich schaute auf die Uhr, sie auf ihre Smart Watch, war wohl ebenfalls verabredet. Wir warteten eine Weile; wechselten noch ein paar Worte, dann trennten wir uns, sie verschwand in Richtung Grimmaische, ich setzte mich in Richtung Konditorei Kandler ab, vorbei an den Schaufenstern der Commerzbank, die neuerdings ebenfalls Inselbücher verkaufte. Erst später fiel mir auf, dass ich vergessen hatte, den Prospekt des Zeitgeschichtlichen Forums hervorzuholen.

Seither begegne ich immer häufiger Menschen mit dickrandigen, gelblich oder rosa getönten Brillen, und ich frage mich: Durch welches Leipzig laufen sie gerade?

Auditorium maximum

Rat der Stadt Leipzig
Leipzig, den 29.3.1968

Ideenwettbewerb für die städtebaulich-architektonische und bildkünstlerische Gestaltung des Karl-Marx-Platzes, dem politisch-gesellschaftlichen Zentrum der sozialistischen Großstadt Leipzig

Protokoll der Sitzung des Preisgerichtes am 29.3.1968 in Leipzig
[…]
3. Empfehlungen des Preisgerichtes für die weitere Bearbeitung
[…]
4. Die Gestaltung des südlichen Platzbereiches mit organischem Übergang zum Großgrün des Promenadenringes ist von allen Wettbewerbsteilnehmern unter Abweichung von der Ausschreibung mit einer Bebauung vorgesehen, wobei in jedem Falle alle das Auditorium maximum im Vorschlag enthalten ist (sic!). Aus Gründen der städtebaulichen Ensemblewirkung und der optimalen Lösung des gebenen (sic!) Raumprogramms sollte an diesem Standort das Auditorium maximum unter Berücksichtigung des Grünzuges gestaltet werden.

Ergebnis der Vorprüfung
Entwurf Nr. 3 – Kollektiv BMK Süd-Leipzig
(1.) Von den Verfassern wird eine der Bedeutung des Karl-Marx-Platzes und der Karl-Marx-Universität entsprechende repräsentative Platzgestaltung ausgewiesen, die der Bedeutung des zentralen Platzes gerecht wird.
[…]
Die Südseite des Karl-Marx-Platzes wird eindeutig vom ausdrucksvoll gestalteten Baukörper des Auditorium maximum in mittiger Anordnung beherrscht, das auf Grund seiner Form beidseitig einen guten Übergang zum Großgrün gewährleistet.

Mach mit - für Dein Leipzig, das Dir am Herzen liegt!

ick auf den Karl-Marx-Platz u.a. mit Auditorium maximum [1968]; Quelle: Archiv Thomas Braatz

Zentraler Komplex der Karl-Marx-Universität
Modellansichten

odell vom Karl-Marx-Platz u.a. mit Auditorium maximum [1968]; Quelle: Archiv Thomas Braatz

Modell vom Karl-Marx-Platz u.a. mit Auditorium maximum [1968]; Quelle: Archiv Thomas Braa

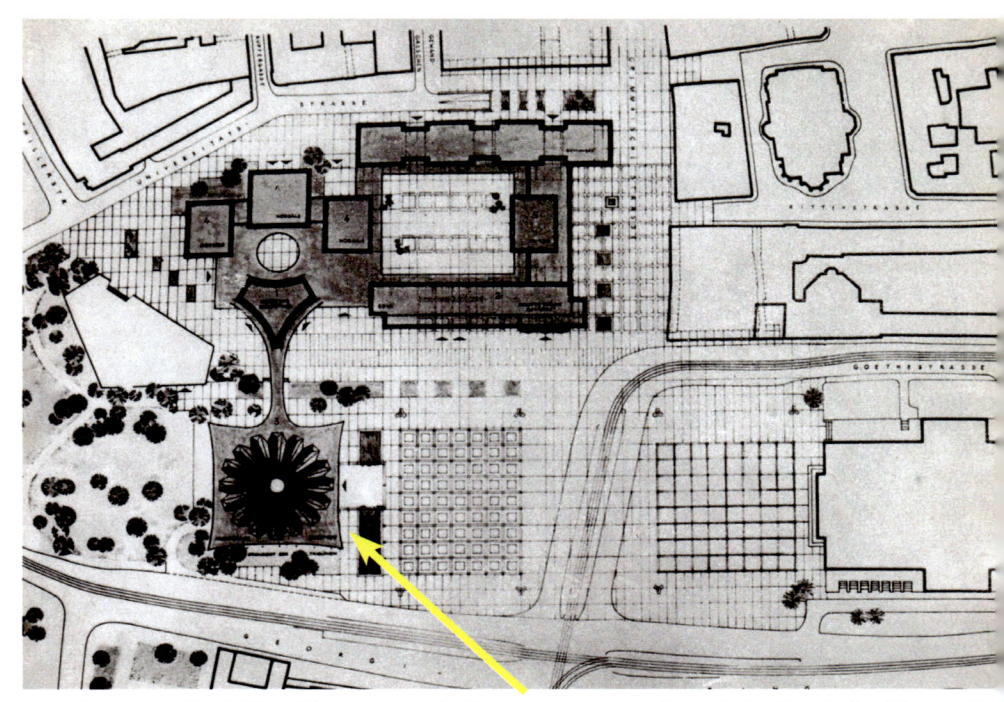

Lageskizze vom Karl-Marx-Platz u.a. mit Auditorium maximum [1968]; Quelle: Archiv Thomas Br

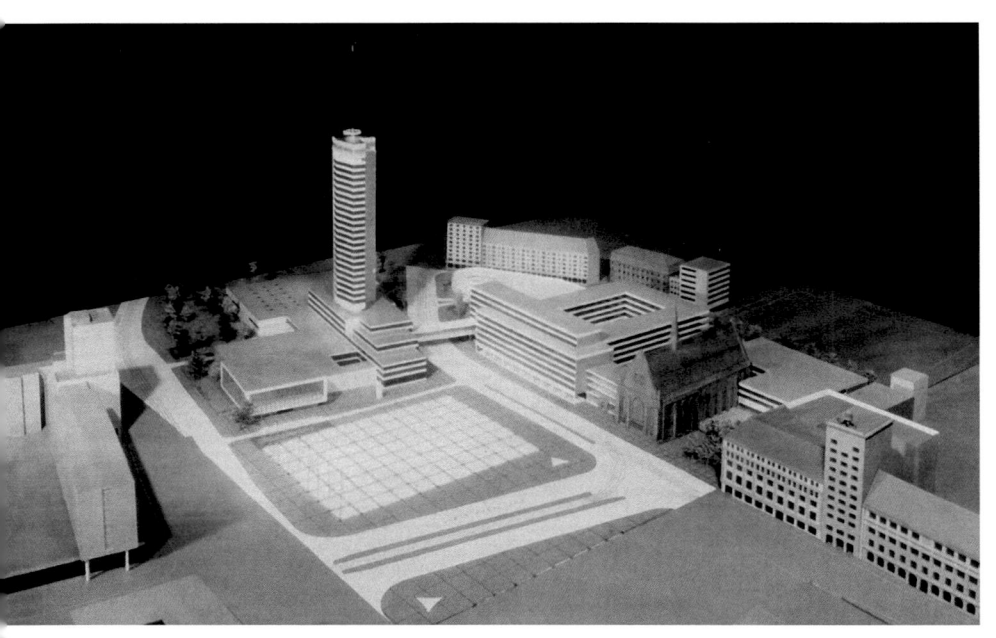

Modell vom Karl-Marx-Platz mit Hochhaus, Hauptgebäude, Auditorium maximum und Kirche [1968]; Quelle: Stadtarchiv Leipzig

Modell vom Karl-Marx-Platz mit Hochhaus, Hauptgebäude, Auditorium maximum und Kirche [1968]; Quelle: Stadtarchiv Leipzig

Ergebnis der Vorprüfung
Entwurf Nr. 5 – Kollektiv WBK Rostock
(1.) Der vorgeschlagenen Konzeption liegt eine Idee zugrunde, eine räumliche Wirkung nach Geschlossenheit des Karl-Marx-Platzes durch Bebauung von West- und Südseite zu erreichen. Es entsteht dadurch eine nicht zu akzeptierende Überbetonung der Südseite des Platzes. Der Gesamteindruck der Platzwirkung läßt eine repräsentative Großzügigkeit vermissen und entspricht nicht seiner gesellschaftlichen politischen Bedeutung als Zentrum der sozialistischen Großstadt Leipzig.
[…]
(5.) Die Hochhausform ist zwar interessant, wird aber als nicht typisch für diesen Standort gewertet.
Der Versuch, die historische Substanz der Universitätskirche in das Gesamtensemble mit einzubeziehen, ist weder gestalterisch noch funktionell überzeugend bewältigt.

Anm.: Mit dem Spruch „Mach mit – für Dein Leipzig, das Dir am Herzen liegt" wurde eine Kampagne gestartet, in der verschiedene Bauprojekte für Leipzig der Bevölkerung vorgestellt wurden. Unter dem Namen erschien ein Buch, aus dem die meisten abgebildeten Bilder stammen. Mit dem gleichen Slogan wurde in einer Sonderbeilage der LVZ auch die Jugend angesprochen. Das Auditorium Maximum wurde letztendlich nicht an dieser Stelle gebaut. Durch den Machtwechsel in der DDR wurden mehr Gelder für die ambitionierten Bauprojekte in Berlin benötigt und von Leipzig abgezogen. Erst Jahre später wurde an dem Standort das heutige Gewandhaus errichtet. Die Universität durfte das Gebäude immer für Feierlichkeiten nutzen. Mit der Übergabe des Campusneubaus 2012 erhielt die Universität im Neuen Augusteum ein Auditorium maximum (Audimax), das von außen an ein Iglu erinnert. Der Karl-Marx-Platz wurde nach der Wende wieder in Augustusplatz umbenannt.

Politisch-ideologische Grundlage für die Gestaltung des Karl-Liebknecht-Platzes

Abteilung Kuttner
Leipzig, den 23.8.1968

Dem Bayrischen Platz kommt als Schnittpunkt wichtiger Verkehrsstraßen, als Mittelpunkt eines großen Arbeiterwohnbereiches und als Auftakt zur neuen Messemagistrale Straße des 18. Oktober, die in sich die Gedanken der deutsch-sowjetischen Freundschaft (Russische Kirche, Völkerschlachtdenkmal), des Internationalismus, der Völkerverständigung (Messe) und der Bewahrung aller humanistischen Werte (Deutsche Bücherei) vereint, eine besondere Bedeutung zu.

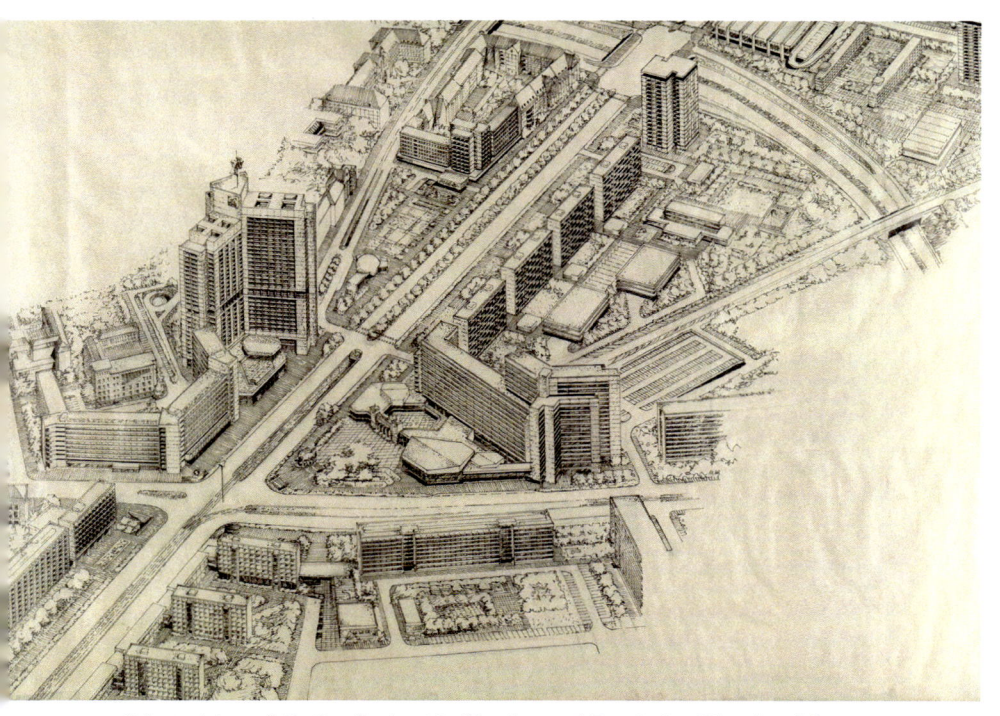

Schrägsicht auf die Straße des 18. Oktober und Bayrischer Platz [1968];
Quelle: Stadtarchiv Leipzig, Nachlass Hans-Dietrich Wellner

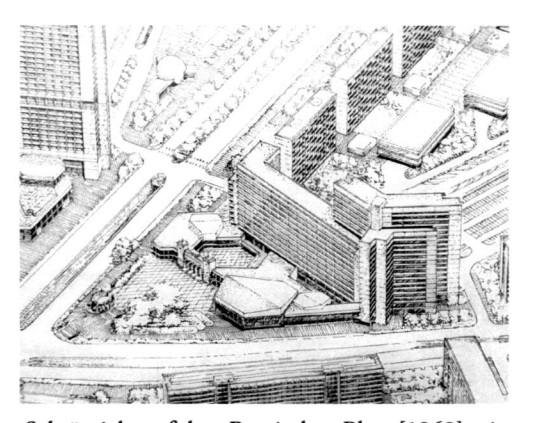

Schrägsicht auf den Bayrischen Platz [1968] mit umbauten Bahnhof; Quelle: Stadtarchiv Leipzig, Nachlass Hans-Dietrich Wellner

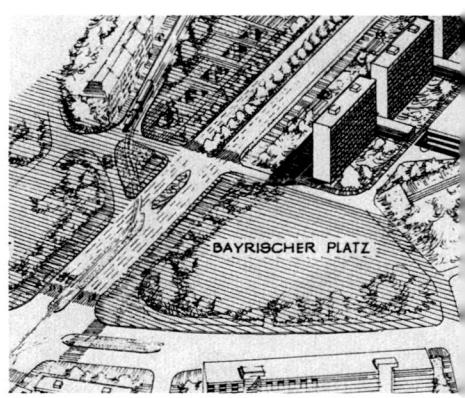

Schrägsicht auf den Bayrischen Platz [1968] Bayrischer Platz noch unbebaut; Quelle: Archiv Thomas Braatz

Wettbewerb für die Neugestaltung des Karl-Liebknecht-Platzes (bisher Bayrischer Platz) in Leipzig (13.2.69)

Erläuterungsbericht

1. Die wesentlichen Gesichtspunkte der Ausschreibung

Nach der Gestaltung des politischen, gesellschaftlichen und geistig-kulturellen Zentrums der Bezirksstadt Leipzig, dem Karl-Marx-Platz, sowie den Hochhausdominanten am Nordring, wird mit der Neugestaltung des Karl-Liebknecht-Platzes (bisher Bayrischer Platz) ein weiterer Höhepunkt im Aufbau der Messemetropole als sozialistische Großstadt entstehen.

Der Karl-Liebknecht-Platz ist dominierender Bestandteil der Messemagistrale, städtebaulicher Auftakt des Wohnkomplexes Straße des 18. Oktober, ein bedeutender Verkehrsknotenpunkt der Stadt Leipzig und ein wesentlicher Punkt im System der räumlichen Hauptbeziehungen … des zentralen Bereiches.

1.1. Aufgabe des Wettbewerbes:
Der Wettbewerbsentwurf soll geeignete Vorschläge für die komplexe bauliche Gestaltung des Platzes im Sinne der sozialistischen Umweltgestaltung zu einer Gesamterscheinungsform unter Einbeziehung der bildenden Kunst, der Freiflächengestaltung, Werbung und Beleuchtung, der Verkehrsplanung und weiterer funktioneller, technischer und künstlerischer Komponenten wie der Belange der Karl-Marx-Universität und des komplexen Wohnungsbaues unterbreiten.

Entsprechend seiner repräsentativen politischen, gesellschaftlichen und kulturellen Aufgaben mit zeitweilig internationaler Bedeutung (z. B. während der Leipziger Messen) soll der Platz im Rahmen des Aufbaues des Stadtzentrums und im Anschluß an die Errichtung des Wohnkomplexes Straße des 18. Oktober endgültig gestaltet werden.
[…]
2.2. Gesichtspunkte der Einordnung des Platzraumes in die Messemagistrale

Die Leitidee für die grundlegende Neufassung der gesamten Achse von ca. 4 km Länge besteht darin, die Straße des 18. Oktober über das Gelände der Technischen Messe bis zu dem Völkerschlachtdenkmal so fortzuführen und auszubauen, daß diese Elemente auch städtebaulich voll wirksam werden und völlig neue Erlebnismomente ermöglichen.

Eine vorrangige Stellung in dieser Achse werden der neu gestaltete Karl-Liebknecht-Platz sowie der noch zu gestaltende „Deutsche Platz" als Eingang zur Technischen Messe erhalten.

Dabei kommt den Höhendominanten sowohl für die Blickbeziehungen im Verlauf der Achse als auch für die Wirkung in der Stadtsilhouette eine große Bedeutung zu. Die Standorte für die Hochhäuser zwischen dem Rathausturm und dem Völkerschlachtdenkmal am Karl-Liebknecht-Platz und am Deutschen Platz sind in dem Schemaplan der städtebaulichen Komposition untersucht worden.

Bedingt durch das Abweichen der Achse am Deutschen Platz sowie durch die Blickbeziehungen in beiden Richtungen der Messemagistrale ergibt sich der Standort für das Hochhaus am Karl-Liebknecht-Platz an der Nord-Ost-Ecke des Platzes.

[…]
5.7 Das Raumflugplanetarium wurde der großen, als Erholungsfreiraum gärtnerisch gestalteten Freifläche vor dem Gästehaus des Wohnkomplexes Straße des 18. Oktober eingeordnet und bildet mit der städtebaulichen Dominante der Großwohneinheit am Karl-Liebknecht-Platz eine kontrapunktische Einheit.

Als Grundform wurde zur unverkennbaren Ablesbarkeit der besonderen Funktion des Geländes das Kugelhaus gewählt. Die Kugel, die den Kuppelraum des Vorführsaales aufnimmt, wird statisch und optisch durch drei flache Seitenflügel gestützt.

Anmerkung:
Vorgesehen waren laut Wettbewerb zwei Hochhäuser am Karl-Liebknecht-Platz, das Bürogebäude 1 mit 17 Normalgeschossen und das Bürogebäude 2 mit 8-19 Normalgeschossen. Eine Überbauung der späteren Schnellbahntrasse mit dem Bürogebäude 2 war geplant.

An der Ecke Arthur-Hoffmann-Straße und Straße des 18. Oktober sollte ein Karl-Liebknecht-Monument errichtet werden. In den Akten heißt es dazu: „Aus der thematischen Vorgabe für die Neugestaltung des Platzes (‚Karl-Liebknecht – Kämpfer gegen den Krieg und für das Glück der Arbeiterklasse') wurde das folgende Thema für das Monument abgeleitet: ‚Gemeinsam mit Karl-Liebknecht sind wir die Sieger der Geschichte'."

Zum Raumflugplanetarium wird ausgeführt: „Das Raumflugplanetarium ... stellt die neueste Entwicklung des VEB Carl Zeiss Jena auf diesem Gebiete dar und entspricht den Anforderungen des Raumflugzeitalters."

Laufzeit des Wettbewerbs war der Zeitraum vom 15.9.1968 bis zum 24.2.1969.

Das Kosmodrom an der Nonne

Im Frühjar 1970 erschien eine vierseitige LVZ-Sonderbeilage unter dem Titel „Mach mit für Dein Leipzig, das Dir am Herzen liegt!" Dort wurden einige Ideen für Leipzig vorgestellt u.a. ein Torpenhaus im Palmengarten, ein Aussichtsturm auf dem Alten Scherbelberg, ein Delphinarium im Zoologischen Garten, die Umgestaltung der Müllkippe Möckern in eine „alpine Oase" und die Umgestaltung des Zoos. Das „Grünsystem" der Stadt Leipzig sollte ausgebaut werden und ein Kosmodrom an der Nonne war geplant. Es gab den folgenden Aufruf:

Liebe Mädchen und Jungen!

Wie werden die Städte von morgen gebaut, Maschinensysteme und Automaten gesteuert, der Kosmos und die Tiefsee weiter erobert und erforscht?
Wollt ihr das wissen?
Dann begebt euch in den Leipziger Kinder- und Jugendpark, der viele Überraschungen zu bieten hat.
Aber bitte noch nicht heute.
Denn wir unterbreiten euch heute erst mal den Vorschlag, ein Kosmodrom zu bauen, das im Zentrum des Kinder- und Jugendparkes stehen soll. Dort sollt ihr alles finden, was zur sinnvollen Freizeitgestaltung gehört. Wir denken an ein Hochhaus der jungen Generation, das die „Perle" eures künftigen Parks sein soll – mit einem neuen Theater der jungen Welt, mit Räumen für eure Gruppen- und Zirkelarbeit, mit einer Bibliothek, einem Filmstudio und einer Gaststätte mit Milchbar, mit Möglichkeiten für Musikgruppen, Chöre, Solisten und andere junge Künstler.
Im Park soll Platz sein für die technischen und naturwissenschaftlichen Zirkel und Arbeitsgemeinschaften, Platz für ein Planetarium und einen botanischen Lehrgarten, ober auch für einen Verkehrserziehungsgarten und eine Werkstatt mit Rennstrecke für K-Wagen. Denn natürlich ist der Park auch ein Sportzentrum und

Das Kosmodrom an der Nonne [1970]; Quelle: Stadtarchiv Leipzig, Nachlass Hans-Dietrich Wellne[r]

eins für die Touristen, die Schutzhütten bauen, mit dem Kompaß hantieren, die Mahlzeiten im Freien bereiten und auch sonst alles üben, was man für das Touristenabzeichen beherrschen muß.

Der Kinder- und Jugendpark soll seinen Platz im Zentralen Kulturpark „Clara Zetkin" finden, im jetzigen Gebiet der „Nonne".

Und nun: Sprecht in euren Gruppen, Zirkeln und Arbeitsgemeinschaften über unseren Vorschlag. Was habt ihr für Gedanken, für Ideen und Vorschläge für euren Park? Schreibt sie auf, zeichnet sie, entwerft eure Pläne und schickt sie bis zum 15. Mai 1970 an den Rat der Stadt, Abteilung Volksbildung, 701 Leipzig, Neues Rathaus. Kennwort: „Kinder- und Jugendpark".

Noch eins: Die besten Ideen, Skizzen, Zeichnungen und Vorschläge werden wir zum Internationalen Kindertag 1970 prämieren.

Anm.: Das Kosmodrom ist nie verwirklicht worden.

Olympia

Thomas Nabert

Hintergrund [der Ausrichtung einer Olympiade] war ein Treffen von Partei- und Staatschef Erich Honecker mit dem frisch gewählten Regierenden Bürgermeister von Berlin (West) Walter Momper am 19. Juni 1989 im Berliner Schloss Niederschönhausen. Momper brachte bei der Unterredung, ohne Rücksprache mit dem NOK der Bundesrepublik, eine gemeinsame Olympiabewerbung von Ost- und Westberlin ins Gespräch. Den ersten Anstoß für eine solche Gemeinschaftsbewerbung gab bereits zwei Jahre zuvor der damalige US-Präsident Ronald Reagan, als dieser am 12. Juni 1987 anlässlich der 750-Jahr-Feier Berlins anregte, „… in naher Zukunft die Olympischen Spiele hier in Berlin, im Osten und im Westen, abzuhalten …", was postum vom DTSB-Vorstand der DDR als „Phantasterei und schamlos betriebene Demagogie" zurückgewiesen wurde. Derartige grenzüberschreitende Projekte mussten auch zwei Jahre nach dieser Provokation auf Ablehnung Honeckers stoßen. Nur die Begründung der Absage überraschte alle. Laut Protokoll der Sitzung sagte Honecker: „Auch die DDR hat Ideen. So ist es beabsichtigt, dass sich Leipzig um die Ausrichtung dieser Spiele im Jahr 2004 bewirbt. Ein solcher Vorschlag ist angesichts der bedeutenden Erfolge der DDR auf dem Gebiet des Sports ohne Zweifel zeitgemäß." Dem hatten die Kommentatoren nichts entgegenzusetzen und selbst der verdutzte NOK-Präsident (der BRD) Willi Daume, der sein Projekt Olympische Spiele in Berlin davonschwimmen sah, musste gestehen: „Im übrigen kein Wort gegen Leipzig. Olympische Spiele dort haben auch einiges Gutes." In Leipzig wusste man vor dem 19. Juni 1989 offenbar nichts von einer möglichen Olympiabewerbung. Umso wichtiger schien es, dass am 21. Juni Leipzigs Oberbürgermeister Dr. Bernd Seidel die erste offizielle Verlautbarung zum Thema über den Nachrichtendienst der DDR verbreiten ließ. Der entscheidende Satz darin lautete: „… die Stadt Leipzig hat die Absicht, zum gegebenen Zeitpunkt einen Antrag an das Internationale Olympische Komitee zu stellen."

Dennoch ist es eher unwahrscheinlich, davon auszugehen, Honecker hätte Leipzig spontan ins Gespräch gebracht, nur um mauerübergreifende Spiele zu verhindern. Schon nach der genannten Reagan-Rede, also im Juni 1987, hatte Politbüromitglied Egon Krenz den Leiter der Abteilung Sport im Zentralkomitee der SED und NOK-Vizepräsident (der DDR), Rudi Hellmann, beauftragt, einen Standpunkt zur Austragung der Olympischen Spiele in der Hauptstadt der DDR, also Berlin (Ost), auszuarbeiten. Dieser fiel nicht zuletzt wegen Mangels an geeigneten Sportstätten negativ aus. Die Arbeitsgruppe konzentrierte sich fortan auf eine Olympiabewerbung im Raum Leipzig-Halle-Dresden-Gera-Karl-Marx-Stadt-Magdeburg und sah diese dezentrale Struktur möglicher Standorte gleichzeitig als Chance für die Sanierung der wichtigsten Leistungssportzentren der DDR an. Insgesamt wurden daher Investitionen von stolzen 25 Milliarden Mark ermittelt. Als Olympiastadion war das rekonstruierte und überdachte Leipziger Zentralstadion vorgesehen, das nach dem Umbau noch 80 000 Zuschauer fassen sollte. Auch andere bedeutende Sportbauten, wie der Neubau eines Schwimmstadions, eines Radstadions, eines Hockeystadions, der Ausbau des Elsterbeckens und die Nutzung von Messehallen für Handball, Volleyball, Basketball und Tischtennis waren an den Standort Leipzig gebunden. Am 15. März 1989 erhielt Egon Krenz ein Exemplar der fertigen Studie, wenige Wochen bevor Honecker Leipzig als Bewerberstadt ins Spiel brachte. In Leipzig wurde unmittelbar nach dem Vorstoß Honeckers vom Oberbürgermeister eine „Arbeitsgruppe des Rates der Stadt zur Vorbereitung und Durchführung Olympischer Spiele in der Stadt Leipzig im Jahr 2004" gebildet.

[…]

Ende Juli 1989 legte diese Arbeitsgruppe erstes Arbeitsmaterial vor. Darin wurden die Anforderungen, Potenziale, aber auch Defizite der Stadt für die Austragung eines solchen Ereignisses überaus realistisch eingeschätzt. Als negative Faktoren galten, neben der mangelnden Infrastruktur, dem internationalen Ansprüchen nicht gerecht werdenden Stadtbild und den die Lebensqualität stark beeinträchtigenden Umweltbedingungen auch die mangelnde Qualität

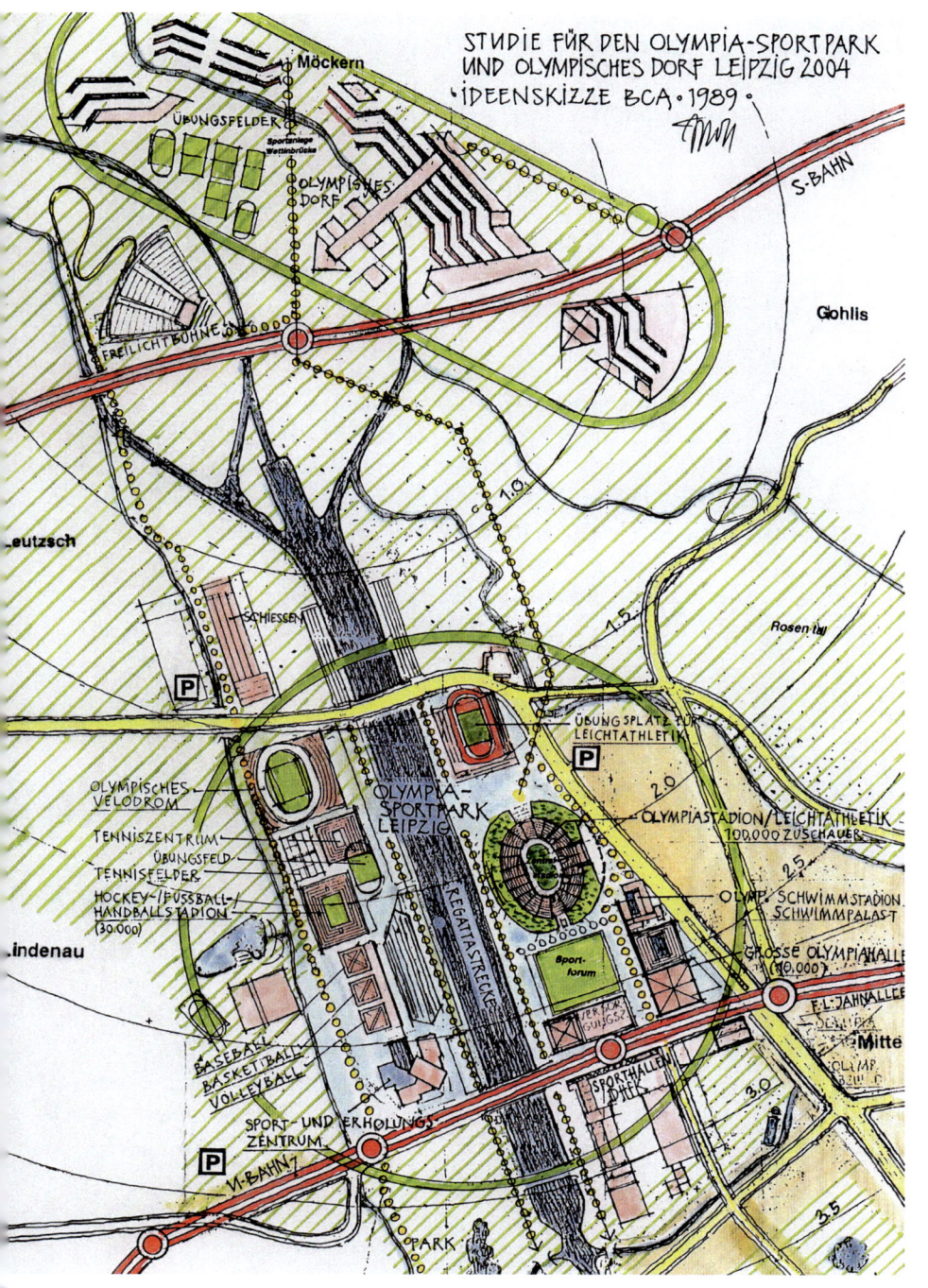

Studie für den Olympia-Sportpark und Olympisches Dorf 2004 von Ambros Georg Gross [1989];
Quelle: Maria Gross

der Sportstätten. Das Zentralstadion genügte längst nicht mehr internationalen Wettkampfbedingungen. Fehlende Überdachung der Zuschauerränge (und damit Neubau der Flutlichtanlage), fehlende Sicherheitseinrichtungen wie Blockabtrennungen, Schutzzäune oder Paniktore, mangelnde Bestuhlung, nicht ausreichende sanitäre Anlagen und VIP-Bereiche waren nur einige Punkte. Hinzu kam, dass sämtliche Anlagen baulich verschlissen waren …

[…]

Die ersten Ansätze für ein Sportstättenkonzept sahen das Sportforum als Mittelpunkt. Es sollte zusammen mit dem Gelände am Cottaweg zum Olympiapark erweitert werden, in dem sich neben dem Olympiastadion und dazugehörenden Nebenanlagen mindestens der Schwimmpalast, die große Schwimmhalle und der Ruderkanal befinden. Weitere Anlagen sollten im Bereich der Rennbahn, an der Alfred-Rosch-Kampfbahn, in Hallen des Messegeländes, auf der agra und im Bereich Bruno-Plache-Stadion eingeordnet werden. Die meisten Trainingsstätten wollte man in die Stadtbezirke legen und nach den Spielen dem Massensport zugutekommen lassen. Der Standort des Olympischen Dorfes war für den Nordrand der Elsteraue in Gohlis, Möckern und Wahren vorgesehen. In Weiterführung dieser ersten Ideen entstand unter Federführung von Ambros Gross im Büro des Chefarchitekten eine Ideenskizze mit dem Titel „Studie für den Olympia-Sportpark und das Olympische Dorf Leipzig 2004". Sie sah eine viel stärkere Bündelung von Sportstätten im geplanten „Olympiapark Leipzig" vor. Auf der Westseite des Elsterbeckens, das als Regattastrecke dienen sollte, lagen an der Hans-Driesch-Straße die ausgebauten Schießanlagen, südlich der Straße das „Olympische Velodrom", das Tennisstadion, ein kombiniertes Fußball-, Handball-, Hockeystadion für 30 000 Zuschauer, Hallen für Baseball, Basketball und Volleyball und ein Sport- und Erholungszentrum an der Jahnallee. Auf der Ostseite des Beckens folgten von Nord nach Süd das erweiterte Leichtathletikstadion, das Zentralstadion mit 100 000 Plätzen, die Festwiese und östlich neben ihr Schwimmstadion, Schwimmpalast und „Große Olympiahalle" für 10 000 Zuschauer.

Die von Leipzig ausgehende friedliche Revolution in der DDR und die ihr folgenden „Runden Tische" nahmen das Thema Olympia zu Recht von der Tagesordnung. Dennoch setzte die damalige Beschäftigung mit Olympia für die Stadtentwicklung neue Prämissen und rückte das Streben nach internationaler Wettbewerbsfähigkeit der Stadt stärker in den Vordergrund. Viele der in dem genannten ersten Arbeitspapier der Olympia-Planer aufgeführten Ziele der Stadtentwicklung konnten in dem darauffolgenden Jahrzehnt erreicht oder deren Realisierung begonnen werden.

Leipzig 2000 – Das Greenpeace-Modell

Ute Müller

Eckpunkte für eine ökologische Verkehrsentwicklung der Stadt Leipzig

Im Frühjahr 1994 stellt Greenpeace – stellvertretend für alle anderen deutschen Städte – seine Studie zur „Verkehrswende in Leipzig" vor. Mit der politischen Wende hatte der Autoverkehr in Leipzig explosionsartig zugenommen und damit auch die Belastung der Luft mit Schadstoffen. Die Stadt setzt bei ihren Planungen auf den Ausbau der Straßen für den Autoverkehr mit drei konzentrischen „Ringen", die autofreie Innenstadt aus DDR-Zeiten ist Geschichte.

Die Greenpeace-Vision beinhaltet die sofortige Befreiung der historische Innenstadt vom Autoverkehr, ausgenommen Behindertenfahrzeuge, Krankenwagen, Polizei, Taxi und zu bestimmten Zeiten Lieferverkehr. Außerdem soll der erweiterte Citybereich zwischen Rosental, Mariannenpark, Friedenspark und Clara-Zetkin-Park bis zum Jahr 2000 in ein autoarmes Gebiet umgewandelt werden. Das bedeutet, nur noch Anwohner können in diesen Bereich mit ihrem Kfz einfahren und es gibt keinen Durchgangsverkehr mehr; Fußgänger, Radfahrer und die LVB haben Vorfahrt. Hauptstraßen im autoarmen Bereich lassen sich, wie z. B. die Windmühlenstraße in der Grafik, menschenfreundlich gestalten.

Auf einem Verkehrsforum lehnten es die für die Verkehrsplanung zuständigen Amtsleiter der Stadt ab, konsequente Verkehrsvermeidung zum obersten Prinzip ihrer Planungen zu machen. Obwohl die Mehrheit der Bürgerinnen und Bürger eine Förderung von Fußgängern, Radfahrern und öffentlichen Verkehrsmitteln auf Kosten des Autoverkehrs befürwortet, wird die Stadtplanung bis heute entscheidend von der Autolobby bestimmt. Visionen für menschenfreundliche Städte werden weiterhin gebraucht.

Leipzig 2000 - Das Greenpeace-Modell

Hauptstraßen im autoarmen Bereich lassen sich menschenfreundlich und funktionell gestalten: So könnte die Windmühlenstraße im Jahr 2000 aussehen.

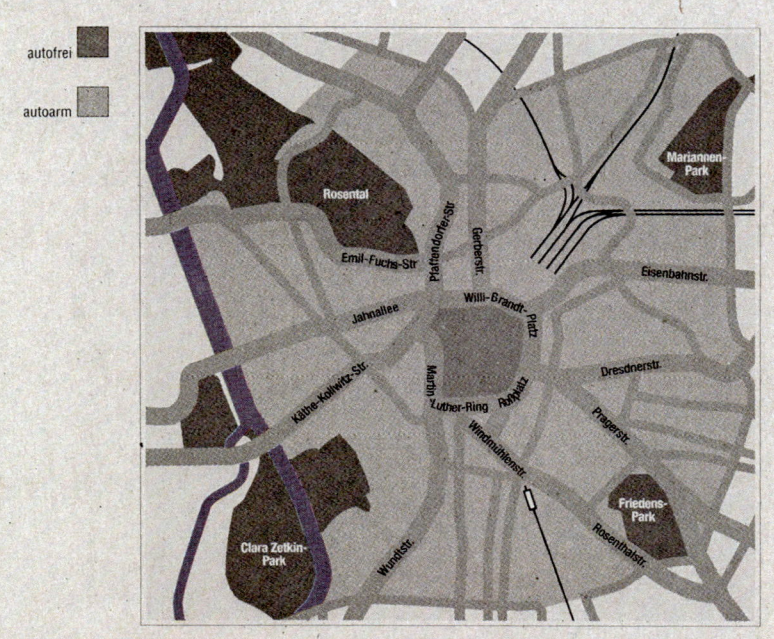

autofrei
autoarm

Mobilität statt Auto - Metropole mit Zukunft

Der Traum des neuen Leipzig, geträumt kurz nach der Wende [1997];
Quelle: Archiv Gerhard Hauser

Plagwitzer Hochhaus-City

„1997 präsentierte der Münchner Bauunternehmer Manfred Rübesam ein Modell, für das die einen ihn als Nachfolger des Großvisionärs Karl Heine lobten, die anderen ihn aber für vollkommen verrückt erklärten: Im südlichen Plagwitz, nahe des ehemaligen Güterbahnhofs, sollten bis zu 32 neue Gebäude errichtet werden, darunter bis zu 150 Meter hohe Wolkenkratzer.

[…]

Das Vorhaben war derart verwegen, dass seine Verwirklichung nie ernsthaft zur Debatte stand, allzumal zum Zeitpunkt der Vorstellung über ein Drittel aller Büroflächen in Leipzig leer stand … Der Bauunternehmer ging wenig später insolvent."[1]

---

[1] Clemens Haug „Werden wir das noch erleben?", LVZ Online 31.05.2015

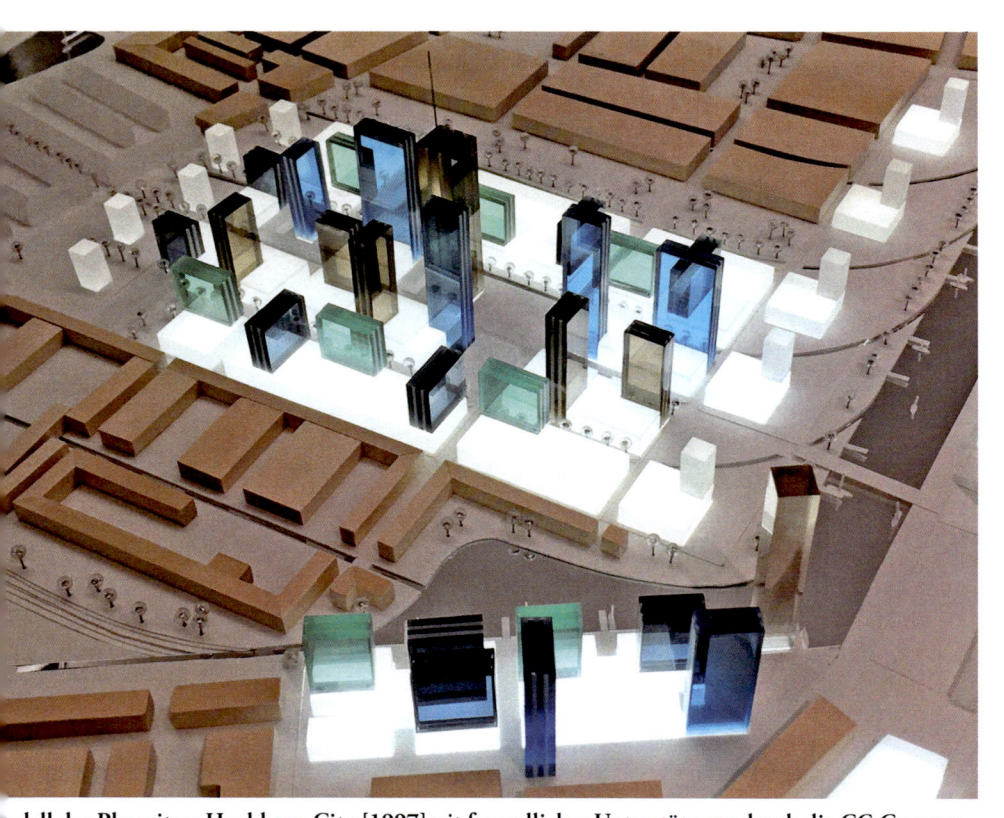

Modell der Plagwitzer Hochhaus-City [1997] mit freundlicher Unterstützung durch die CG Gruppe; Quelle: Archiv Thomas Braatz

Zurzeit verwirklicht die CG Gruppe, die 1995 in Leipzig gegründet wurde, zur Revitalisierung des im Volksmund sogenannten Rübesam-Areals zwischen Zschocherscher und Gießerstraße ein Großprojekt, das u.a. die Errichtung eines Fachmarktzentrums sowie die Ansiedlung von Gewerbe- und Dienstleistungsunternehmen umfasst.[2]

---

[2] Jens Rometsch „Plagwitz zwischen Traum und Wirklichkeit", LVZ vom 21.08.2012, S. 16

Eine Zeitreise in das Jahr 2012 – Leipzig nach den olympischen Spielen

Engelbert Lütke Daldrup und Marta Doehler-Bezahdi

Laura B. sitzt im Zug und ihre Spannung steigt. In wenigen Minuten wird sie in den Leipziger Hauptbahnhof einfahren. Sie hatte Leipzig vor acht Jahren verlassen und war zum Studieren ins Ausland gegangen. Eine Tournee ihrer Compagnie hatte sie in den letzten Wochen festgehalten; sie hatte die Zeit wie gebannt am Fernseher verbracht, um den Übertragungen der XXX. Olympischen Sommerspiele zu folgen und Aufnahmen aus ihrer Geburtsstadt zu erhaschen. Leipzig hatte sich den acht Millionen Gästen als ein pulsierendes, urbanes Zentrum präsentiert. Laura B. buchte kurz entschlossen ein Ticket. Heute Vormittag nun ist sie auf dem hochmodernen Leipziger Airport gelandet und fährt gerade mit dem Flughafenshuttle in Richtung Innenstadt.
[…]
Wenn Laura B. an Leipzig gedacht hatte, war ihr stets die riesige Halle des Bahnhofs in den Sinn gekommen. Nach ihrer Ankunft hält sie zunächst einmal auf dem Querbahnsteig inne und stellt fest, dass kein Bahnhof, den sie auf ihren Touren durch fremde Länder gesehen hatte, einen solchen überwältigenden Eindruck auf sie auszuüben vermocht hatte. Der Trubel ist größer geworden als sie ihn von damals in Erinnerung hatte. Heute halten hier die Intercity-Züge im Viertelstundentakt. Unter dem größten Kopfbahnhof Europas verkehren S-Bahnen im Nord-Süd-Tunnel, den man schon fast Hundert Jahre zuvor zu planen begonnen hatte. Aber auch der neue Ost-West-Tunnel war rechtzeitig zu den Olympischen Spielen fertig geworden.
[…]
Laura ist erfreut, dass Fahrradfahren in Leipzig immer alltäglicher, sicherer und bequemer wird. Das war in dieser Stadt schon immer ihre bevorzugte Fortbewegungsart. Um in die Innenstadt zu gelangen, so erinnert sich Laura B., muss sie zunächst einmal die breite Verkehrsschneise mit allen Fahrspuren und Straßenbahnhaltestellen

direkt vor dem Hauptbahnhof überwinden. Umso überraschter ist sie, als sie nach dem Verlassen des Bahnhofs einen völlig umgestalteten Promenadenring erreicht. Die aus dem Zeitgeist der 70er Jahre entstammende stadtautobahnähnliche Verkehrsanlage ist einem städtischen Boulevard mit breiten Geh- und Radwegen und vier Baumreihen gewichen. Nach einer breiten Diskussion in der Stadtbevölkerung hätten zu guter Letzt die Autobefürworter überstimmt werden können, wird ihr die Schwester später berichten. Kurz vor den Olympischen Spielen sei der Umbau der Verkehrsflächen schrittweise durchgeführt worden.

[…]

Laura B. macht am Markt Pause. Hier ist der Kristallisationspunkt des Stadtlebens, hier treffen sich die Leipziger und ihre Gäste. Laura wartet auf ihre Schwester und beobachtet das Treiben. Man sollte einmal ein Tanzstück produzieren, in dem die normalen Leute einer Stadt die Hauptdarsteller sind und ihre Straßen und Plätze als urbane Bühne der Selbstdarstellung nutzen. Leipzig wäre dazu ein hervorragendes Anschauungsmaterial und der Leipziger Marktplatz könnte die Probebühne sein. Die Schwester trifft mit großem Hallo ein, es gibt einen Kaffee und ein typisches Leipziger Gebäck, eine Leipziger Lerche. Die Schwestern beratschlagen, was man unbedingt anschauen muss und nicht verpassen darf. Laura möchte gern zu den Adressen, die sie von früher kennt.

[…]

Es geht quer durch Plagwitz. Vom Karl-Heine Kanal sieht man attraktive Wohnungen am Wasser. Aber nein, lacht die Schwester, das ist doch noch nicht das olympische Dorf! Hier haben private Investoren die attraktive Wasserlage erkannt und schnell realisiert, dass der Olympiapark dem Leipziger Westen entscheidende Impulse verleihen würde. Zuvor hatte die Stadt Leipzig begonnen, Prototypen für neue Stadthäuser auf leeren und relativ preiswerten Grundstücken anzubieten. So war eine Entwicklung ins Laufen gekommen, die das alte Industriequartier Plagwitz zu neuem Leben erweckte.

Das olympische Dorf am Lindenauer Hafen bildet ein völlig neues ökologisches Stadtquartier mit besonderem Ambiente. Hier wird

Olympiapark Leipzig (2. Phase, Blatt 1); Quelle: Peter Kulka Architektur Köln-Dresden

das Thema der Nachhaltigkeit ernst genommen: Solarstrom liefert Energie; Erdwärme und aufwendige Wärmedämmsysteme sowie eine hochmoderne computergestützte Steuerungsautomatik helfen beim Heizen, der Wasserkreislauf ist optimiert und das Recyclingsystem vorbildlich. BUND, Öko-Institut und Greenpeace haben die Planung intensiv unterstützt. Laura könnte nicht so schnell ein anderes Beispiel nennen, wo man heute in Europa so bewusst mit den Ressourcen umgehen würde, die ja überall knapper und teurer werden. Auch auf Grund des angrenzenden „Olympic-Sport-Club" sind die Miet- und Eigentumswohnungen sehr gefragt. Der zeitgemäße Wohnstandard hatte dazu geführt, dass sich viele Käufer für die Olympiabauten interessierten. Die Vermarktung ist im vollen Gange und zahlreiche Besucher besichtigen die Musterhäuser.

Das wäre doch etwas für ihre sportbegeisterte Tante, überlegen die Schwestern. Die hatte seinerzeit ganz hinten in Grünau, fast an der Grenze zu Miltitz gewohnt und war später in eine andere Plattenbauwohnung in den stadtnahen Wohnkomplexen gezogen. Es gefällt ihr in Alt-Grünau, das wissen die beiden. Diese ältesten Wohnviertel der Großwohnsiedlung sind ein durchweg akzeptierter Wohnstandort geworden oder, genauer gesagt: Sie sind es geblieben. Für diese Lagen war es von Vorteil, dass mit dem Stadtumbau und dem damit verbun-

Olympia 2012 Leipzig, 1. Preis Albert Speer & Partner; Quelle: Peter Seitz Archiv

denen Rückbau von 12 Tsd. Plattenwohnungen in den hinteren Wohnkomplexen und an anderer Stelle der Stadt der Wohnungsleerstand gar nicht erst so recht zum Ausbruch gekommen ist. Dieser Kraftakt und die wiedergewonnene Anziehungskraft Leipzigs durch die Olympischen Spiele haben den Wohnungsmarkt stabilisiert. Aber das alte Haus der Tante ist nicht mehr zu finden. Dort spaziert man heute durchs Grüne.

[...]

Die beiden Frauen lassen ihre Räder am Kanal stehen und nehmen ein Boot, um in die Innenstadt zurück zu gelangen. Die Schwester muss wieder zur Arbeit auf das alte Messegelände. Sie ist an einem Forschungsprojekt beteiligt und darf ihre Versuchspersonen nicht zu lang warten lassen. Laura hatte nur von einer „Event-Arena" für Sport und Entertainment, von einem Spielkasino und einem großen Hotel mit Tausend Betten gehört, aber offenbar ist die alte Messe vor allem ein Wissenschaftscampus, eine „Stadt des Wissens", geworden. Max-Planck-Institut, Universität und BioCity waren dafür die Inkubatoren. Hier hat sich ein moderner Wissenschaftszweig und Wirtschaftssektor etabliert, der bereits viele neue Arbeitsplätze geschaffen hat. Diese beachtliche Leipziger Entwicklung hat viel mit der Attraktivität der Kultureinrichtungen und Hochschulen in der Stadt zu tun. Viele Studenten, die zunächst nur zum Studieren nach Leipzig gekommen waren, weil die Bedingungen gut, das Wohnen billig und die Szene bunt waren, sind geblieben und haben ihre Existenz begründet. So ist Leipzig mittlerweile eine international bekannte Stadt der Wissenschaften und neuen Medien geworden und ist mehr denn je eine anerkannte Kulturstadt.

Neues Stadtviertel auf der Westseite des Hauptbahnhofs

Clemens Haug

Vor rund drei Jahren präsentierte das Immobilienunternehmen Aurelis einen aufwändigen Plan: Auf der rund 13 Hektar großen Brache westlich des Hauptbahnhofs sollte ein neuer Stadtteil mit Mischnutzung entstehen. Neben rund 250 Wohnungen sollten Gewerbebetriebe Platz finden, ein Hotel gebaut werden und ein grünes Band entlang der Parthe angelegt werden. Die Stadt wünschte sich Platz für ein vierzügiges Gymnasium. Am Alten Zoll sollte das Quartier heißen. Aurelis, früher ein Tochterunternehmen der Bahn, das nicht mehr benötigte Grundstücke vermarkten sollte, hatte bereits 2008 einen städtebaulichen Wettbewerb durchgeführt und Entwürfe präsentiert.

Derzeit sind die Realisierungschancen gering: Nachdem sich nur schleppend Investoren fanden, zog sich Aurelis vergangenes Jahr aus der Planung zurück. Das Unternehmen sucht jetzt andere Interessenten, die die Fläche entwickeln wollen. Das Problem: Mit der Erschließung der Brache sind sehr hohe Kosten verbunden. Es müsste eine neue Straße durch das Quartier samt Brücke über die Parthe gebaut werden. An der Berliner Straße wäre dann der Umbau zu einer großen Kreuzung nötig. Dafür habe die Stadt derzeit kein Geld, sagte Leipzigs Baubürgermeisterin Dorothee Dubrau (parteilos) vergangenes Jahr und ergänzte: Vielleicht sei der Markt erst nach 2020 reif für das Projekt.

Wolkenkratzer am Goerdelerring

Clemens Haug

Für das spitz zulaufende Grundstück an der Ecke Goerdelerring, Ranstädter Steinweg, existieren bereits seit den 1920er Jahren Pläne, ein Hochhaus zu errichten. Vorgesehen war beispielsweise der Messeturm, dessen Entwurf an das Empire State Building in New York erinnerte. Bei einem Wettbewerb 1994 siegte der Entwurf des Mailänder Architekten Vittorio Gregotti, der eine Doppelturmanlage vorsah, ähnlich dem Wolkenkratzer der Deutschen Bank in Frankfurt am Main. Vor zwei Jahren präsentierte ein Berliner Investor dann einen neuen Entwurf. Das Gebäude sollte ein Hotel werden und wäre mit 100 Metern nach Cityhochhaus, Rathausturm und Wintergartenhochhaus die neue Nummer vier in der Skyline geworden.

Durchwachsen sind die Realisierungschancen. Die Verwaltung und Baubürgermeisterin sind zwar grundsätzlich für ein Hochhaus an dieser Stelle. Da es sich aber um einen stadtplanerisch prominenten Standort handelt, soll auch die künftige Nutzung besonders sein. Für ein x-tes Hotel sei ihr das Grundstück zu schade, sagte Dorothee Dubrau (parteilos) im vergangenen Jahr. Hinzu kommt, dass zunächst die Offenlegung des Pleißemühlgrabens abgeschlossen werden soll. Erst wenn klar ist, wie das Gewässer künftig verläuft, könne auch der genaue Rahmen der Bauplanung abgesteckt werden, heißt es aus der Verwaltung.

City-Tunnel Nummer zwei

Clemens Haug

Hätte Leipzig den Zuschlag für die Olympischen Sommerspiele 2012 erhalten, wären ganz neue Nahverkehrskonzepte notwendig geworden, um die enormen Besuchermassen zu Spielstätten und Übernachtungsorten bringen zu können. Dabei helfen, sollte eine zweite Tunnelverbindung von Ost nach West. Sie hätte Teil einer neuen S-Bahn-Verbindung zwischen Plagwitz, Möckern und dem Hauptbahnhof werden können, über die auch das Sportforum direkt angebunden sein sollte.

Das Vorhaben hat sich mit der Olympia-Absage an Leipzig erledigt. Interessant ist der Plan dennoch: Rund 1,5 Kilometer der Verbindung sollten unterirdisch verlaufen, die S-Bahn damit direkt vom Bahnhof Plagwitz, über Karl-Heine-Straße und Sportforum zum Hauptbahnhof geführt werden. Die Kosten für den Tunnel wurden mit 500 Millionen Euro taxiert. Angesichts der Steigerungen, die sich beim Bau des jetzigen, 2013 fertiggestellten Citytunnels ergaben, kann man diese Schätzung mindestens als optimistisch bezeichnen. Allerdings: Mit U-Bahnen verhält es sich in Leipzig offenbar ähnlich wie mit Hochhäusern oder Kanälen – die Visionen sind einfach nicht totzukriegen. Insofern bleibt die Frage, wann die Idee des Ost-West-Tunnels das nächste Mal wieder hervorgekramt wird.

Visionen

Sebastian Ringel

Es zählt das Jahr 2030. Die Zeit verging wie im Fluge. Zweitausend Jahre wird Leipzig alt. Erst 1965 hatte die Pleißemetropole ihren achthundertsten Jahrestag gefeiert, 2015 bereits den tausendsten. Und nun, im Jahr 2030 steht schon das zweitausendste Jubiläum an? Die Vorlage für die abermaligen Feierlichkeiten stammt aus den Geheimarchiven des Vatikans, deren überraschende Freigabe zahlreiche antike Reisebeschreibungen zutage gefördert hat. Diesen zufolge war im Jahr 30 n. Chr. eine römische Strafkolonie namens Leipopolis inmitten Germaniens gegründet worden, wo von der Kreuzigung verschonte Bewohner Judäas angesiedelt worden waren. Eine Mitteilung, die den gesamten Planeten aufhorchen lässt. Und so gräbt sich in den folgenden Jahren eine Heerschar internationaler Archäologen durch den kompletten Leipziger Innenstadtbereich und entdeckt neben zweitausend Jahre alten Latrinen überraschenderweise auch noch das Bernsteinzimmer – der Stern berichtet exklusiv.

So oder so ähnlich könnte die Zukunft aussehen, auch wenn zugegebenermaßen realistischere Annahmen existieren. Dass die Realität selbst von den wissenschaftlich fundiertesten Prognosen abweichen kann, zeigt sich beispielsweise an den Bevölkerungsvorausberechnungen der Vergangenheit, die für Leipzig äußerst zuverlässig zumeist völlig danebenlagen. In der aktuellsten Prognose des Landesamtes für Statistik Sachsen aus dem Jahr 2011 wird von einer Einwohnerzahl von 538 600 für das Jahr 2025 ausgegangen, sodass diese, da Leipzig bereits Ende des Jahres 2014 mehr als 540 000 Bewohner aufwies, wieder fallen müsste. Allerdings macht es die Stadt den Statistikern auch nicht gerade leicht. Die Einwohnerentwicklung der letzten zweihundert Jahre bewegte sich stets in Extremen, egal ob diese stieg oder fiel.

Auch die städteplanerischen Prioritäten verschoben sich in der Vergangenheit mehrfach, wobei dies nicht nur für Leipzig gilt. Es wechselten sich diesbezüglich insbesondere im 20. Jahrhundert teils völlig konträre Ansichten ab. Die aktuellen Trends propagieren eine Rückbesinnung zur europäischen Stadt. In diesem Zusammenhang stehen auch viele der derzeitigen Vorhaben der Leipziger Stadtplanung. Damit sind nicht nur Sanierungsaktivitäten gemeint, sondern beispielsweise auch eine weitere Stärkung und Verdichtung des Stadtkerns. Eine Prämisse für die Erhöhung der Aufenthaltsqualität in der Innenstadt ist eine noch stärkere Einschränkung des Durchgangsverkehrs. Dieser Ansatz hat die Vitalität des Zentrums bereits stark erhöht. Zudem soll auch das bereits ungemein dichte Passagennetz in Zukunft weiter ergänzt werden, insbesondere dort, wo auch in der Vergangenheit Passagen oder Durchhöfe existierten. Möglichkeiten dafür existieren allerdings nur noch im Bereich der Reichsstraße, am Brühl, am Burgplatz und am Matthäikirchhof, womit auch die noch existierenden Brachflächen der Innenstadt bzw. die Standorte zukünftiger Neubauten aufgezählt wären. In den kommenden Jahren wird insbesondere der Leuschner-Platz in den Fokus rücken. Neben dem Neubau der Propsteikirche St. Trinitatis, einer im Mai 2015 geweihten katholischen Kirche, die interessanterweise ausgerechnet am Martin-Luther-Ring entstanden ist, ist hier auch eine neue Markthalle auf den Kellern des alten Gebäudes in Planung. Ob am Platz tatsächlich irgendwann noch einmal ein Freiheits- und Einheitsdenkmal stehen wird, ist nach der Beendigung des bisherigen Wettbewerbsverfahren durch den Stadtrat im Juli 2014 überaus spekulativ, da nach zugleich erfolgter Aufhebung des früheren Beschlusses zum Ort des Denkmals dieses nun nicht mehr auf dem Wilhelm-Leuschner-Platz entstehen muss.

Weit konkreter gestalten sich indes die Planungen für die Leipziger Gewässer. Sowohl der Durchstich des Karl-Heine-Kanals im Juli 2015 zum Lindenauer Hafen als auch die Freilegung der letzten verrohrten Abschnitte des Elstermühlgrabens befanden sich 2014 bereits im Bau. Auch die Freilegung des Pleißemühlgrabens gilt als gesichert, wenngleich die vollständige Umsetzung hier erst im Jahr 2020 zu erwarten ist. Um den Hochwasserschutz der Stadt zu verbessern, soll aber auch der Alten Elster wieder ins frühere Bett geholfen werden.

Das Elsterbecken käme dann nur noch bei Hochwasser zum Einsatz, würde hierdurch nicht permanent versanden und böte sich zugleich, da es dann mit Grundwasser gespeist würde, als zentrumsnahe Badewanne an, vorausgesetzt, es würde zuvor vom Industrieschlamm vergangener Jahrzehnte befreit werden. Zu guter Letzt sei auch noch die Parthe erwähnt, die zwar unverrohrt dahinfließt, deren leblose Uferlandschaft jedoch ebenfalls zur Umgestaltung prädestiniert wäre. Hierbei wird allerdings sehr zögerlich vorgegangen, was vermutlich dem Umstand geschuldet ist, dass es sich bei der „Attraktivierung" des Flussüberflusses um eine Luxusproblematik handelt, deren Umsetzung weit weniger bedeutsam erscheint als andere Aufgaben. Aufgrund der stark angestiegenen Geburtenrate steht aktuell der Ausbau der Bildungsinfrastruktur im Vordergrund, bei weiter wachsenden Einwohnerzahlen dürften zukünftig aber auch die Finanzierbarkeit des vorhandenen Wohnraums und die Zunahme des Verkehrs eine Rolle spielen. Diesen so zu integrieren, dass die Stadtstruktur nicht noch stärker beeinträchtigt wird, dürfte nicht leicht werden, insbesondere weil hierfür benötigte Finanzmittel noch langsamer fließen als der Feierabendverkehr.

Was die Zukunft jedoch bringen wird, vermag der Autor leider nicht zu sagen – die Quellenlage ist ausgesprochen dünn. Es ist allerdings zu vermuten, dass die so wechselhafte Geschichte Leipzigs sich auch weiterhin wechselhaft gestaltet und dass die Stadt auch künftig von ihrer Vergangenheit profitiert. Allerdings nicht nur. Das Faszinierendste am Leipzig des Jahres 2015 ist wohl das Zusammenspiel zwischen Alt und Neu, zwischen Tradition und Frische, das Thomanerchor und Wave-Gotik-Treffen genauso vereinbart wie elegante Passagen und ein modernes Messegelände oder den Trubel der Innenstadt und die Stille des Auwalds. Bleibt zu hoffen, dass das zum zweitausendsten Jubiläum, wann auch immer dieses sein mag, noch genauso ist.

Postkarten-Visionen

In vergangenen Zeiten war es üblich Postkarten von besonderen Bauvorhaben bereits vor der Fertigstellung zu drucken. So weichen dann die Postkartenabbildungen häufig von den dann realisierten Objekten ab. Die Phantasie der Künstler wurde durch Entwicklungen entfacht, war es die Inbetriebnahme der Elektrischen Bahn, oder aufsteigende Zeppeline. Auf den nächsten Seiten gibt es einige Beispiele.

Leipzig in der Zukunft [ca. 1920];
Quelle: Archiv Frank Gaitzsch

Leipzig im Zeichen des lenkbaren Luftschiffes; Quelle: Archiv Thomas Braatz

Das Völkerschlachtdenkmal mit nicht realisiertem Durchblick [1907]; Quelle: Archiv Günter Clem

Das neue Rathaus mit nicht realisiertem Turm [1900/1904/1903]; Quelle: Archiv Günter Clemens

Sächsisch Thüringische Industrie- und Gewerbeausstellung (nicht so realisierter Entwurf) [1897]
Quelle: Archiv Günter Clemens

Sächsisch-Thüringische Industrie- und Gewerbeausstellung (Meß-Gebäude wurde nicht gebaut)
[1897]; Quelle: Archiv Günter Clemens

Leipzig in der Zukunft [ca. 1905]; Quelle: Archiv Frank Gaitzsch

Leipzig in der Zukunft [ca. 1915]; Quelle: Archiv Frank Gaitzsch

Der Leipziger Scherbelberg in der Zukunft [1913]; Quelle: Archiv Frank Gaitzsch

Zukunftsbild aus dem Luna Park [1917]; Quelle: Archiv Frank Gaitzsch

Leipzig in der Zukunft [1908]; Quelle: Archiv Frank Gaitzsch

Der Leipziger Scherbelberg im Jahr 2000 [1912]; Quelle: Michael Tiltack

Grüsse aus der Seestadt Leipzig [1906]; Quelle: Archiv Frank Gaitzsch

Gruß aus der großen Seestadt Leipzig! [1936]; Quelle: Archiv Frank Gaitzsch

Wenn mir ärscht Seeschtadt sin …

    Lene Voigt

Wenn mir ärscht Seeschtadt sin,
das wärd famos!
's is nich mehr lange hin,
dann geht das los.

Das war als Schulgind schon
mei gihnster Wunsch.
Se neckten mich voll Hohn,
ich zooch ä Flunsch

Doch heite endlich gann
ich schtill mich frein:
Gloobt feste an was dran,
dann trifft's ooch ein!

Lindenauer Hafen [1943];
Quelle: Archiv Klaus Petermann

Das neue Leipzig: Linden-Becken [ca. 1910]; Quelle: Archiv Frank Gaitzsch

Gruß aus Leipzig [1897]; Quelle: Archiv Frank Gaitzsch

Badeleben der Seestadt Leipzig [1909]; Quelle: Archiv Frank Gaitzsch

**Luna-Park, Leipzig-Wahren am Auensee - nicht realisierter Geländeentwurf [vor 1912];
Quelle: Archiv Günter Clemens**

Die Elektrische Bahn kommt! [1899]; Quelle: Archiv Frank Gaitzsch

Die Elektrische Bahn kommt! [1897]; Quelle: Archiv Hans-Joachim Schindler

Gruss aus Leipzig [1900]; Quelle: Archiv Hans-Joachim Schindler

Ausgunfd

Robert Zimmermann

Uffn Fußsteig loofd ä Frauchen ganz verängsdidgd hin un her
mechde niewer iewern Fahrdamm, doch zu doll is dr Vergehr.
Ganz besonders die Geleise von der schdädt'schen
Schdraßenbahn
blinzelnd se mid scheien Oochen aus dr Ferne ängsdlich an.
Schließlich faßd se sich ä Herze un gehd uff ä Schudzmann los:
„Sie entschuld'chen, liewer Härre, eene eenzche Frahche bloß:
Wenn ich nu hier niewer mache un ich drede aus Versähn
mid'm Been uff die Gleise, gann mir da nich was geschehn?"
„I bewahre!" sahchd dr Schudzmann,
„da kann Ihnen nischd bassieren,
wenn S mid'n anderen Beene de Oberleidung nich beriehrn!"

nächste Seite: Hauptbahnhof 12.12.1912 [1912];
Quelle: Archiv Hans-Joachim Schindler

Haupt-Bahnhof

12 1912

12 Uhr

12 Donnerstag

12 Dezember

12 Minuten

12 Sekunden

POST-AMT 12

ZUG NR: 12

Leipzig.

Gruss aus den Leipziger Bergen [1905]; Quelle: Archiv Frank Gaitzsch

Der Scherbelberg

In der Zeit von 1887 bis 1896 wurde im nordwestlichen Teil des Rosentals der Rosentalhügel unter der Verwendung von Hausmüll angelegt. Ein Kommentar auf einer Postkarte lautet „Zu manchen Zeiten ist das Betreten dieses Gebietes nur mit Gasmaske zu empfehlen …" Die volkstümliche Bezeichnung lautete „Scherbelberg". 1896 wurde ein hölzerner Aussichtsturm errichtet.

Der Scherbelberg spielt in den abgedruckten Geschichten keine Rolle, bei den Postkartenherstellern regte er die Phantasie umso mehr an. Insbesondere als „ultimativer" Ausflugsort im Sommer und im Winter. Auch Vulkanaktivitäten wurden ihm angedichtet.

Der Scherbelberg
Monte Scherbelino
50000 ½ milliMeter ü.d.M.

GRUSS aus LEIPZIG!

Das Turmgeschoß soll später als Observatorium dienen. 1 Opernglas ist bereits vorhanden!

Der Turm wird mit einer Taschenlampe nachts erhellt. Für Flugzeuge als Leuchtturm auf 10.000 Millimeter sehr gut sichtbar!!!

Naturschutz-Park für Mücken, Fliegen u. Frösche.

Wolkenkratzer dürfen nur bis ¼ der Turmhöhe hier erbaut werden.

Kletterschule für angehende junge und tüchtige Spritzenmeister.

O, der schöne Strahl!

Kurpromenade nach den Klär-Anlagen

Glühwürmchen

BERG-THEATER

125 Serpentinen-Übungs-Spiralen für Gebirgs-Auto-Fahrer!

linke Seite: Der Scherbelberg – Gruß aus Leipzig [1931]; Quelle: Archiv Frank Gaitzsch

oben links: Eruption des Leipziger Scherbelberges [ca. 1900]; Quelle: Archiv Frank Gaitzsch

unten: Der Scherbelberg in vulkanischer Thätigkeit [ca. 1915]; Quelle: Archiv Frank Gaitzsch

Festung Scherbelberg bei Leipzig.
(Uneinnehmbar.)

No 3571.

Druck u. Verlag v. Bruno Bürger & Ottillie, Lith. Anst. Leipzig.

Gruss aus den Leipziger Alpen [1918]; Quelle: Archiv Hans-Joachim Schindler

oben: „duftiger" Gruß vom Scherberg [1900]; Quelle: Archiv Frank Gaitzsch
linke Seite: Festung Scherbelberg [1903]; Quelle: Archiv Frank Gaitzsch

Der Scherbelberg mit Start- und Abschussfeld der Zukunfts-Mond-Rakete [1932];
Quelle: Archiv Hans-Joachim Schindler

Luftverschmutzung [vor 1905]; Quelle: Archiv Hans-Joachim Schindler

Autoren

Christian von Aster (*22. Oktober 1973) ist Schriftsteller, Regisseur und Drehbuchautor. Er studierte Kunst und Germanistik und ist unter anderem als Regisseur von Filmen und Hörspielen sowie als Zeichner von Comics tätig. Er veröffentlichte zahlreiche Texte (unter anderem Satirisches, Fantasy, Krimis), teils in Anthologien. Er tritt regelmäßig auf und nimmt an Lesungen und Workshops teil und lebt derzeit in Leipzig.

Werner Bender (*18. September 1928 in Mittweida/Sachsen; †24.11.2004 in Berlin) war Schriftsteller. Nach nicht beendetem Studium der Naturwissenschaften und der Philosophie an der Universität Leipzig, in Berlin 1949 als Volontär, später als Redakteur bei Rundfunk und Presse tätig. Seit 1952 freischaffend. 1956 erschien „Messeabenteuer 1999", welches verschiedene Preise erhielt und 1975 als „Abenteuer mit Blasius" verfilmt wurde. 1972 veröffentlichte er das SF-Kinderhörspiel „Die Erfindung, die alles erfindet".

Thomas Braatz (*1962), lebt in Leipzig und ist Vereinsvorsitzender des Freundeskreis Science Fiction Leipzig e.V. Beschäftigt sich mit dem Leben und dem Werk des Autors Robert Kraft (Herausgeber der Kraft-Biographie und -Bibliographie). In der „Edition Braatz & Mayrhofer" erscheinen Werke von R. Kraft und H. R. Haggard.

Anja Buchmann (*1985), lebt in Berlin. Mit großer Leidenschaft schreibt sie Fantasyromane und Kurzgeschichten. Der Wunsch nach schreiberischer Fortentwicklung lässt sie sich immer wieder an neuen Genres versuchen, auch wenn Fantasy den klaren Schwerpunkt der Arbeit darstellt.

Max Bunge, Pseudonym von Hans Reimann (eigentlich Albert Johannes Reimann, *18. November 1889 in Leipzig; †13. Juni 1969 in Schmalenbeck bei Hamburg) war ein humoristischer Schriftsteller, Dramatiker und Drehbuchautor. Er verwendete auch die Pseudonyme Hans Heinrich, Artur Sünder, Hanns Heinz Vampir und Andreas Zeltner. Hans Reimann stammte aus bürgerlichem Milieu. Nach seiner Schulzeit absolvierte er in Leipzig eine Grafikerausbildung, besuchte die Kunstakademie in München und studierte Deutsche Philologie und Kunstgeschichte. Im Ersten Weltkrieg war er an der galizischen und der Sommefront eingesetzt. Danach kehrte er nach Leipzig zurück und gab hier die satirische Zeitschrift „Der Drache" (1919–1925) und anschließend in Frankfurt am Main „Das Stachelschwein" (1924–1929) heraus. Außerdem war er für den „Simplicissimus" und „Die Weltbühne" tätig und gründete die Kabaretts „Retorte" (Leipzig) und „Astoria" (Frankfurt am Main). Seit 1925 lebte er in Berlin.

C. D., unbekannter Autor, der 1836 „1936 oder Leipzig in hundert Jahren – ein poetischer Traum, geträumt am Osterheiligabend 1836" schrieb und aus dem die Idee dieses Bandes entsprang.

Jason Dark, eigentlich Helmut Rellergerd (*25. Januar 1945 in Dahle bei Altena) ist ein Autor. Er rief unter dem Pseudonym Jason Dark die Romanfigur Geisterjäger John Sinclair ins Leben und ist einer der meistgelesenen Autoren seiner Sparte. Helmut Rellergerd wuchs in Dortmund auf und schrieb seinen ersten Roman, nachdem er die Schule und die Bundeswehr beendet hatte. Jedoch wurde dieses Erstlingswerk von den Verlagen abgelehnt. Der erste bei Bastei veröffentlichte Roman Rellergerds war „Im Kreuzfeuer des Todesdrachen" in der Serie Cliff Corner. Nachdem er sich am Anfang seiner schriftstellerischen Karriere mit Krimis befasste, schrieb er 1973 den Roman „Die Nacht des Hexers" und erschuf in der weiteren Entwicklung die Romanfigur John Sinclair.

Christian v. Ditfurth (*14. März 1953 in Würzburg) ist studierter Historiker und lebt als freier Autor und Lektor in Berlin-Kreuzberg. Nach der Veröffentlichung einer Reihe von Sachbüchern tritt er seit 1999 auch als Autor von Kriminal- und Alternativweltromanen in Erscheinung. 1999 erschien sein erster Roman „Die Mauer steht am Rhein".

Ralph Doege (*1971 in der Nähe von Osnabrück) studierte Bibliothekswesen in Leipzig. Doege ist Verfasser von mehreren Essays und Erzählungen, die in verschiedenen Magazinen und Anthologien veröffentlicht wurden. Seine Erzählung „Schwarze Sonne" brachte ihm 2005 Nominierungen für den Kurd-Lasswitz-Preis sowie den deutschen Science-Fiction-Preis ein. Er lebt in Leipzig. 2010 erschien sein erster Erzählungsband „Ende der Nacht".

Ralf Eiben, Mitglied des Freundeskreis Science Fiction Leipzig e.V.

Andreas Eschbach (*15. September 1959 in Ulm) ist verheiratet und hat einen Sohn. Inzwischen lebt er in Frankreich. Er studierte in Stuttgart Luft- und Raumfahrttechnik. 1995 erscheint als erster Roman „Die Haarteppichknüpfer" bei Schneekluth, München. Dieses Buch wie auch zahlreiche weitere Bücher von Eschbach wurden u. a. mit dem Kurd-Laßwitz-Preis und internationalen Preisen geehrt. Der Roman „Das Jesus Video", der später verfilmt wurde, bekam 2014 mit „Der Jesus Deal" ein Fortsetzung. Parallel schreibt er Jugendromane u.a. die Reihe „Das Marsprojekt" und riskiert in regelmäßigen Abständen einen Abstecher zu Perry Rhodan.

Christiane Gref (*1975 in Köln) lebt und arbeitet seit 1999 in Hanau. Seit Januar 2007 schreibt sie auch Artikel für die Incoming Message der „Trekzone", einem monatlichen Science-Fiction-Newsletter. Im Jahr 2010 erschien im Verlag M. Naumann ihr erster historischer Roman „Das Meisterstück", in dem es um einen Pokal für den Hanauer Stadtrat geht.

Marcus Hammerschmitt (*1967 in Saarbrücken) ist Journalist und Schriftsteller. Er studierte Philosophie und Literaturwissenschaft an der Eberhard Karls Universität Tübingen. Seit 1994 ist er als freier Schriftsteller tätig. Neben seinen Science-Fiction-Romanen sowie (Multimedia-)Gedichten veröffentlichte er bisher in unregelmäßigen Abständen Essays und Dokumentationen in den Internet-Magazinen „Telepolis" und „Futurezone". 1995 erschien sein erster Erzählungsband „Der Glasmensch". 2001 erhielt er für „Troubadoure" den Kurd-Laßwitz-Preis in der Kategorie Kurzgeschichte.

Tino Hemmann (*2. Februar 1967 in Leipzig) ist Autor (u. a. auch unter dem Pseudonym Frank Steif). Er wuchs in Leipzig auf. Nach einer Berufsausbildung zum Waagenmacher holte er im Rahmen eines Offiziersstudiums in Zittau das Abitur nach. Nach der Wende begann Hemmann in der Digitaldruckbranche zu arbeiten. Ab 2002 publizierte er eigene Bücher im Selbstverlag unter den Labeln Engelsdorfer Verl.-Ges. (VHEVG) sowie DDF. Daraus ging 2004 der von ihm in Leipzig gegründete Engelsdorfer Verlag hervor.

Gustav Herrmann (*3. April 1871 in Leipzig; †20. August 1940 in Leipzig). Er studierte Philosophie, Germanistik und Chemie an der Leipziger Universität. In den Jahren 1893 bis 1895 hielt er sich in den Vereinigten Staaten auf. Danach kehrte er nach Leipzig zurück und leitete nach dem Tod seines Vaters dessen Rauchwarengroßhandlung und -fabrik bis 1914. Nach dem Ersten Weltkrieg widmete er sich zunehmend mehr den geistigen und künstlerischen Dingen. Seit 1914 war er Dozent für Rhetorik an der Leipziger Volksakademie. Darüber hinaus war er am Leipziger Schauspielhaus tätig. Bekanntheit erlangte Herrmann in erster Linie als Bühnenschriftsteller, beispielsweise durch das Drama „Der große Baal" (1907). Einigen Ruhm erntete er auch mit seinem 1930 erschienenen Roman „Einer vom Brühl".

Claudia Hornung (*1968 in Stuttgart). 1987 legte sie ihr Abitur in Marbach am Neckar ab und studierte Soziologie und Pädagogik in Tübingen. 1994 beendete sie das Studium und begann ihre berufliche Tätigkeit im Bereich Behindertenhilfe. 1998 zog sie nach Leipzig und war dort in der Suchtkrankenhilfe beschäftigt. Seit 2010 ist sie freiberufliche Autorin.

Emil Erich Kästner (*23. Februar 1899 in Dresden; †29. Juli 1974 in München) war ein Schriftsteller, Publizist, Drehbuchautor und

Verfasser von Texten für das Kabarett. Bekannt machten ihn vor allem seine Kinderbücher wie „Emil und die Detektive", „Das doppelte Lottchen" und „Das fliegende Klassenzimmer" sowie seine humoristischen und zeitkritischen Gedichte.

Emil Robert Kraft (*3. Oktober 1869 in Leipzig; †10. Mai 1916 in Haffkrug) war Schriftsteller. Robert Kraft wurde in Leipzig als Sohn eines Weinhändlers geboren. Nach Abbruch des Gymnasiums begann er eine Lehre als Schlosser und besuchte ab 1887 die Königliche Höhere Gewerbeschule in Chemnitz. Nach einem abenteuerlichen Leben auf See und Militärdienst zog er nach London, heiratete und schrieb zahlreiche Kolportageromane im Abenteuer- und Science-Fiction-Bereich.

Brian Lumley (*2. Dezember 1937 in Horden, County Durham) ist ein englischer Autor von Horrorliteratur und wurde im Nordosten Englands geboren. Er ging zur britischen Armee, wo er während seiner knappen Freizeit erste Geschichten verfasste. Später wurde er beruflicher Schriftsteller. Von 1996 bis 1997 war er Präsident der Horror Writers Association (HWA). Im Deutschen wurde er bekannt mit seiner „Necroscope"-Reihe und der „Dreamland-Saga".

Liv Modes (*1997) studiert Gesundheitsökonomie. Seit ihrer Kindheit liest sie viel und entdeckte bald auch das Schreiben für sich. Neben dem Schreiben fotografiert sie gern.

Wilko Müller jr. (*1962 in Halle/Saale) ist Science-Fiction- und Fantasy-Autor und Herausgeber der Edition SOLAR-X. Der gelernte Astronomie- und Physiklehrer ist auch als Übersetzer (Englisch/ Deutsch) tätig. Er gründete Anfang 1989 in Halle-Neustadt den Andromeda SF Club und rief das Fanzine SOLAR-X ins Leben, dass er bis 2006 produzierte. In seinem Verlag Edition SOLAR-X verlegt er heute Phantastik und andere Literatur und veröffentlichte zahlreiche Romane und Kurzgeschichten.

Kurt Reiße schrieb den Roman „Der Yokh von Elmo", der 1936 im Leipziger Zschäpe-Verlag erschien.

Uwe Schimunek (*14. Mai 1969 in Erfurt) ist ein Journalist und Autor. 2003 begann er mit dem Schreiben von Kurzgeschichten. Inzwischen wurden mehr als zwei Dutzend Kurzgeschichten in diversen Anthologien und einschlägigen SF-Magazinen wie „Exodus" und „Solar-X" veröffentlicht und mehrere historische Kriminalromane.

Wolfgang Schüler (*24. September 1952 in Mühlhausen/Thüringen) ist Schriftsteller, Rechtsanwalt und Journalist. Schüler studierte Rechtswissenschaft in Leipzig und arbeitete mehrere Jahre lang als Gerichtsreporter bei der „Berliner Zeitung". Seit 1984 ist er als freiberuflicher Journalist, seit 1990 auch als Rechtsanwalt tätig. 1987 erschien sein erstes Buch „Verbrecher im Netz". Schüler veröffentlichte weit über 1.000 literarische Gerichtsberichte in diversen Zeitungen und Zeitschriften.

Erik Simon (*1950 in Dresden) ist SF-Schriftsteller, -Übersetzer und -Herausgeber. Nach Abitur und Ausbildung zum Elektromonteur studierte Erik Simon an der TU Dresden Physik. Er hat seither SF und Phantastik aus dem Englischen, aus mehreren slawischen Sprachen und aus dem Niederländischen übersetzt. 1974 wurde er Lektor im Verlag Das Neue Berlin und betreute hauptsächlich SF aus dem sozialistischen Ausland. Er veröffentlichte mehrere Erzählungsbände und erhielt verschiedene Preise.

Norman Richard Spinrad (*15. September 1940 in New York City) ist ein US-amerikanischer Science-Fiction-Autor und lebt heute in Paris. 1963 wurde seine erste Erzählung veröffentlicht. Spinrad gilt als einer der Mitbegründer der New-Wave-Strömung der Science-Fiction in den 1960er Jahren in den USA. Norman Spinrad war von 1980 bis 1982 und von 2001 bis 2002 Präsident der Science Fiction and Fantasy Writers of America (SFWA). Sein Roman „Der stählerne

Traum" (1972, dt. 1981) sorgte sowohl in Amerika als auch in Europa für Aufsehen.

Angela Steinmüller (*15. April 1941 in Schmalkalden als Angela Albrecht) ist eine deutsche Diplom-Mathematikerin und Science-Fiction-Autorin. Angela Steinmüller wuchs in Berlin auf und absolvierte das Abitur per Abendschule. Sie studierte von 1971 bis 1975 Mathematik an der Berliner Humboldt-Universität. Seit 1980 ist sie freischaffende Autorin. Sie schreibt regelmäßig mit ihrem Mann zusammen diverse Science-Fiction- und Fantasy-Texte und in neuerer Zeit populärwissenschaftliche Werke.

Karlheinz Steinmüller (*4. November 1950 in Klingenthal) ist Diplom-Physiker, Futurologe und Science-Fiction-Autor. Mit seiner Frau Angela Steinmüller Verfasser zahlreicher Romane und Erzählungen. Der erste Erzählungsband „Der letzte Tag auf der Venus" erschien 1979. Der Roman „Andymon" wurde mehrfach ausgezeichnet. Beide verfassen auch Sachbücher.

Wahrmann wahrscheinlich das Pseudonym von **C. Wilhelm Heinrich Morgenstern**, einem Mitglied der Kramerinnung und Händler für englische und französische Kurzwaren in Leipzig, der 1836 „Leipzig im Jahr 2036 – ein vielverheißendes Gemälde in Briefform, den verehrlichen Gründern und Aktionärs der Leipzig-Dresdener Eisenbahn gewidmet" veröffentlichte.

Quellen- und Literaturverzeichnis

Aster, Christian von: Als sie mich schließlich doch bekamen, Erstveröffentlichung 2015

Auditorium maximum (Quelle: Stadtarchiv Leipzig, BCA V 984 Bd.1)

Bender, Werner: Messeabenteuer 1999 (Auszüge), Berlin 1956

Buchmann, Anja: Viva la revolution, Erstveröffentlichung 2015

Der Bücherhof, in: Deutsche Bauzeitung, 52. Jahrgang, Nr. 74 und 75, Ausgaben vom 14. und 18. September 1918, S. 329-337 (Quelle: Digitales Repositum der Brandenburgischen Technischen Universität Cottbus Senftenberg, Retrodigitalisiert, Einzellizenz, lizenzfrei, Volltext unter: https://opus4.kobv.de/opus4-btu/frontdoor/index/index/docId/2615)

Max Bunge [Pseudonym für Hans Reimann], Die Dollarfürstin aus der Petersstraße. Ein Meß-Roman, Leipzig 1921

D., C.: 1936 oder Leipzig in hundert Jahren – ein poetischer Traum geträumt am Osterheiligabend 1836, Grimma 1836 (Quelle: UB Leipzig [Hist.Sax.1095 (K) 24])

Daldrup, Engelbert Lütke und Doehler-Bezahdi, Marta: Eine Zeitreise in das Jahr 2012. Leipzig nach den Olympischen Spielen, in: Plusminus Leipzig 2030. Stadt in Transformation (Hg.: Engelbert Lütke Daldrup, Marta Doehler-Behzadi), Wuppertal 2004, S. 125-131

Dark, Jason: Der Leichenfürst von Leipzig (Auszug), Köln 1990

Ditfurth, Christian von: Der Consul (Auszug), München 2003

Doege, R. C.: Die Rückkehr der Kraniche, Erstveröffentlichung 2015

Eschbach, Andreas: Eine Billion Dollar (Auszug), Köln 2001

Flachbauten und Hochbauten. Ein 30-stöckiges Meßhaus für Leipzig, in: Leipziger Tageblatt, Sonntagsausgabe, 29. Februar 1920, S. 21, Leipziger Messe (Quelle: Stadtgeschichtliches Museum Leipzig, I G 561-2)

Gesamtplanung der Deutschen Bücherei in Leipzig, in: Denkschrift zur Einweihungsfeier der Deutschen Bücherei des Börsenvereins der Deutschen Buchhändler zu Leipzig am 2. September 1916, Leipzig 1916, S. 47f. (Quelle: UB Leipzig [Bibliogr. 655-uhi])

Goecke, Theodor: Die Vorschläge zur Bebauung der Frankfurter Wiesen in Leipzig, in: Der Städtebau. Monatsschrift für die künstlerische Ausgestaltung der Städte nach ihren wirtschaftlichen, gesundheitlichen und sozialen Grundsätzen, 9. Jg. 1912, 8. Heft, S. 85-86 (Quelle: Stadtgeschichtliches Museum Leipzig, G 234)

Goldfreund, Ernst: Sollen wir den Schwanenteich zuschütten?, in: Leipziger Allgemeine Zeitung, 6. Mai 1921, S. 1-2 (Quelle: Stadtgeschichtliches Museum Leipzig, I G 561-31)

Gref, Christiane: Der Wunschsand, Erstveröffentlichung 2015

Gutachten über den Messeturm, Faltblatt [ohne Titel und Jahr] (Quelle: Stadtgeschichtliches Museum Leipzig, I G 561-29)

Gutenberg-Reichsausstellung Leipzig 1940, in: Gutenberg-Reichsausstellung Leipzig 1940, hrsg. von der Gutenberg-Reichsausstellung, Leipzig 1940 (Quelle: Günter Clemens Archiv)

Hammerschmitt, Marcus: Troubadoure (Auszug), in: Das Wägen von Luft, hrsg. Wolfgang Jeschke, München 2000

Hansen, Ed.: Das zukünftige Leipzig, Leipzig 1894

Hasse, Ernst: Eine Hochbahn durch die Innenstadt Leipzig. Vorschlag zur Lösung der Leipziger Centralbahnhofsfrage und zur Neugestaltung des Leipziger Verkehrs. Sonderdruck aus dem Leipziger Tageblatt vom 23. bis 27. März 1893 (Quelle: UB Leipzig, [Hist.Sax.2484-vd])

Haug, Clemens: Neues Stadtviertel auf der Westseite des Hauptbahnhofs, in: LVZ-Sonntag vom 31.05.2015

Haug, Clemens: Wolkenkratzer am Goerdelerring, in: LVZ-Sonntag vom 31.05.2015

Haug, Clemens: City-Tunnel Nummer zwei, in: LVZ-Sonntag vom 31.05.2015

Hauptbahnhof – Messeforum, in: Peter Leonhardt, Moderne in Leipzig : Städtebau in Leipzig 1918 bis 1933, Leipzig 2007, S. 138

Hemmann, Tino: Das Leipziger Experiment (Auszug), Engelsdorf 2008

Herrmann, Gustav: Einer vom Brühl, Leipzig 1930

Hocquél, Wolfgang: Das unvollendete Richard-Wagner-Nationaldenkmal in Leipzig. Umgang mit seinen baulichen Resten in Sachsen und Bayern, in: Wissenschaftliche Zeitschrift/Hochschule für Architektur und Bauwesen, Weimar 40, 1994, S. 71-74

Hornung, Claudia: Die Rückkehr, Erstveröffentlichung 2015

Kästner, Emil Erich: Karneval und Messe, in: NLZ Nr. 62 vom 2.3.1924, S. 3

Kästner, Erhart: Gutenberg Reichsausstellung Leipzig 1940, in: Leipziger Jahrbuch 1939, Leipzig 1939, S. 29 f.

Das Kosmodrom an der Nonne, in: Sonderausgabe der LVZ vom 1.3.1970 (Quelle: Stadtarchiv Leipzig, Nachlass Hans-Dietrich Wellner)

Kraft, Robert: Die Totenstadt, Dresden 1901

Kuhn, Max: Erläuterungen des Bauprojektes Königsplatz, in: Die Leipziger Mustermesse. Amtliche Zeitung des Messamts für die Mustermessen in Leipzig, 26.2.1921, 5. Jg., Nr. 5 Sonderdruck (Quelle: Stadtarchiv Leipzig, Hochbauamt 242)

Leipzig im Jahr 2036 – ein vielverheißendes Gemälde in Briefform, Leipzig 1836 (Quelle: Stadtgeschichtliches Museum Leipzig, I A 241a)

Der Leipziger Messeturm, unbekannte Zeitung vom Januar 1922 (Quelle: Stadtgeschichtliches Museum Leipzig, I A G 561-11)

Der Leipziger Milliardenbau, in: Der Leipziger Milliarden-Bau, Denkschrift, 1921, S. 3-6 (Quelle: Stadtgeschichtliches Museum Leipzig, I A G 561-36)

Leonhardt, Peter: „Stern des Bundes" – Haus der Volkshochschulgemeinschaft, in: Moderne in Leipzig. Architektur und Städtebau 1918 bis 1933, Leipzig 2007, S. 161

Leonhardt, Peter: Weltverkehrshafen, in: Moderne in Leipzig. Architektur und Städtebau 1918 bis 1933, Leipzig 2007, S. 139

Lumley, Brian: Auszug aus: Necroscope® – Auferstehung, Originaltitel: Necroscope 1; Necroscope® is a registered trademark of Brian Lumley; © 1986 by Brian Lumley; © dieser Ausgabe 2012 by Festa Verlag, Leipzig

Meßbaracken, -Palast oder -Turm?, in: Sonder-Abdruck aus dem Leipziger Tageblatt Nr. 194 vom 24. April 1921 (Quelle: Stadtgeschichtliches Museum Leipzig, I G 561-35)

Messeturm oder Welthandelspalast?, Faltblatt 1922 (Quelle: Stadtgeschichtliches Museum Leipzig, I G 561-19b)

Modes, Liv: Miranda, Erstveröffentlichung 2015

Müller jr., Wilko: Wo ist Leipzig?, Erstveröffentlichung 2015

Nabert, Thomas: Messe- und Bürohaus auf den Lindenauer Wiesen, in: Sportforum Leipzig. Geschichte und Zukunft, 2004, S. 27-28

Nabert, Thomas: Olympia, in: Sportforum Leipzig Geschichte und Zukunft, Leipzig 2004, S. 138-139

Der Generalbebauungsplan der Stadt Leipzig, hrsg. vom Rat der Stadt Leipzig, Stadterweiterungsamt (1929), Verteilung der Flächen für Arbeit, Wohnung und Erholung in Leipzig, S. 40-45, S. 61 (Quelle: Stadtgeschichtliches Museum Leipzig, G 271/3)

Politisch-ideologische Grundlage für die Gestaltung des Karl-Liebknecht-Platzes (Quelle: Stadtarchiv Leipzig, BCA V 19, Bd. 1)

Poser, Steffen: Die Kampfbahn Leipzig vor dem Völkerschlachtdenkmal, in: Völkerschlachtdenkmal, Leipzig 2003, S. 134-136 (Quelle: Stadtgeschichtliches Museum)

Reiße, Kurt: Der Yokh von Elmo, Leipzig 1936

Ringel, Sebastian: Visionen, in: Die ganze Welt im Kleinen – Leipziger Geschichten aus 1000 Jahren, Leipzig 2015, S. 221-223

Rometsch, Jens: Plagwitz zwischen Traum und Wirklichkeit, in: LVZ vom 21.08.2012, S. 16

Spinrad, Norman: Bilder um 11 (Auszug) (Originaltitel: Pictures at 11), München 1997

Schimunek, Uwe: Solidar-System, Erstveröffentlichung 2015

Schuchardt, Ernst: Luftbahnhof im Zentrum der Stadt (Quelle: Stadtarchiv Leipzig, Bauakten 16249)

Schüler, Wolfgang: Sherlock Holmes in Leipzig (Auszug), Hillesheim 2011

Ein Spaziergang, in: Der Leipziger Milliarden-Bau, Denkschrift, 1921, S. 8-14 (Quelle: Stadtgeschichtliches Museum Leipzig, I A G 561-36)

Steinmüller, Angela und Karlheinz: Die Cyberbrille, Erstveröffentlichung 2015

Voigt, Lene: Wenn mir ärscht Seeschtadt sin..., in: Neue Leipziger Nachrichten vom 01.05.1936 (Quelle: Lene-Voigt-Gesellschaft)

Welt-Mess-Hof Leipzig, in: Welt-Mess-Hof Leipzig, S. 12-13 (Quelle: Staatsarchiv Leipzig, LMA-D 1009)

Der Wolkenkratzermeßpalast, in: Der Leipziger. Illustrierte Wochenschrift für Leipzig und seine Umgebung, Heft 22 vom 30. Mai 1920, S. 484 f. (Quelle: UB Leipzig [Dt.Zs.442-na])

Zimmermann, Robert: Ausgunfd (Quelle: http://www.mouli.de)

Abbildungen/Grafiken/Zeichnungen

Architekturmuseum München: S. 204, 205, 255, 257, 258, 259, 260, 261, 262, 263, 264
Dirk Berger: S. 10, 16, 17, 66, 67, 408, 409
Heinz-Jürgen Böhme: S. 253, 280
Thomas Braatz Archiv: S. 58, 63, 95, 137, 155, 188, 190 (unten), 204, 205, 471, 472, 476, 489, 502 (oben)
Günter Clemens Archiv: S. 97, 204, 221, 246, 247, 248, 279, 282, 283, 285, 502 (unten), 503, 504, 511
Steve Crisp: S. 332
Deutsche Bauzeitung: S. 193, 195, 197, 199
Deutsche Nationalbibliothek: S. 189, 190 (oben)
Otto Droge Nachlass: S. 161, 254
Ralf Eiben Archiv: S. 193, 195, 197, 199
Mario Franke: Einband, S. 4, 157, 445
Frank Gaitzsch Archiv: S. 101, 159, 161, 185, 186, 187, 501, 505, 506, 507 (oben), 508, 509 (oben), 510, 511 (oben), 512, 515, 516, 517, 518, 519 (unten)
Greenpeace-Archiv: S. 487
Maria Gross Archiv: S. 161, 483
Gerhard Hauser Archiv: S. 488
Tino Hemmann: S. 392
Thomas Hofmann: S. 81, 103, 105, 107
Roland Hoigt Archiv: S. 145, 150
Ralf Kramp: S. 383
Peter Kulka: S. 492, 493
Leipziger Jahrbuch 1939: S. 161
Leipziger Neueste Nachrichten: S. 205, 265
Carsten Mell: S. 430
Heinz Musculus: S. 287
Wieland Paul Archiv: S. 161, 184, 277
Klaus Petermann Archiv: S. 509 (unten)
Pro Leipzig Archiv: S. 279, 280
Hans-Joachim Schindler Archiv: S. 153, 512 (unten), 513, 514, 519 (oben), 520

Erich Schmitt: 289, 293, 295, 299, 311, 315, 325, 331
Peter Seitz Archiv: S. 161, 494
Staatsarchiv Leipzig: S. 213, 215, 216
Stadtarchiv Leipzig: S. 161, 203, 204, 205, 207, 208, 209, 225, 226, 227, 228, 231, 235, 473, 475, 476, 480
Stadtgeschichtliches Museum Leipzig: S. 29, 34, 41, 51, 56, 57, 180, 181, 182, 204, 205, 268, 269, 275
Michael Tiltack: S. 507 (unten)
Universitätsbibliothek Leipzig: S. 18, 161, 163, 167, 169, 171, 172, 173, 175, 177, 178, 189, 190, 218, 219
Volkshochschule Leipzig Archiv: S. 251, 252